越文化研究丛书编委会

浙江省哲学社会科学规划课题成果

越文化研究丛书

王建华　主编

越文化通论

ZHONGHUA WENHUA GEJU ZHONG DE YUEWENHUA

中华文化格局中的越文化

潘承玉　著

人民出版社

责任编辑：陈来胜
装帧设计：吕　龙
版式设计：王　舒

图书在版编目（CIP）数据

中华文化格局中的越文化/潘承玉 著.
-北京：人民出版社，2010.11
（越文化通论）
ISBN 978-7-01-009300-0

Ⅰ.①中…　Ⅱ.①潘…　Ⅲ.①文化史-研究-浙江省　Ⅳ.①K295.5

中国版本图书馆 CIP 数据核字（2010）第 187585 号

中华文化格局中的越文化

ZHONGHUA WENHUA GEJU ZHONG DE YUEWENHUA

潘承玉　著

人民出版社 出版发行
（100706　北京朝阳门内大街 166 号）

北京新魏印刷厂印刷　新华书店经销

2010 年 11 月第 1 版　2010 年 11 月北京第 1 次印刷
开本：710 毫米×1000 毫米 1/16　印张：27.75
字数：423 千字　印数：0,001-3,000 册

ISBN 978-7-01-009300-0　定价：49.00 元

邮购地址 100706　北京朝阳门内大街 166 号
人民东方图书销售中心　电话（010）65250042　65289539

前　言

王建华

中国是一个幅员辽阔的国家。中华民族在其长期奋斗的过程中，既形成了大一统的中华文化，又形成了主要因地域差异所造成的地域文化。

谈地域文化，必须做三个区分：文化核心区、文化基本区、文化边界区。文化核心区是文化发源地，也是此文化最为集中的区域；文化基本区是此文化相对比较稳定的区域；文化边界区是此文化影响曾达到过但比较弱的区域。

文化核心区当然是最重要的，因此，首先要做的，是确定文化核心区。我们现在说的地域文化，其名多取自周代的诸侯国，这些诸侯国早在秦统一中国时就陆续消亡了，因此，这种国名实际上只是一个历史名词。显然，楚文化、越文化、吴文化都不等于楚国的文化、越国的文化、吴国的文化。不过，也毋庸置疑，以周代诸侯国取名的地域文化与原诸侯国有一种内在的联系。这种联系是十分重要的，从某种意义上讲，原诸侯国所创造的文化是该地域文化之源。因此，一般将古诸侯国的疆域划定为该地域文化的核心区。

问题是，古诸侯国的疆域是变化的，越国在灭吴称霸后，不仅据有现在的浙江全境，还拥有江苏、江西、安徽、山东之一部，其都城也一度北移至山东境内。显然，根据越国强盛时的疆域来划定越文化的核心区是不妥当的。

就越文化的实际来看，我们认为，将越文化的核心区划在以绍兴为中心的方圆一百公里左右的地区是比较妥当的。这块地区，亦称“越中”。绍兴，原名会稽，大禹时立的名，秦统一中国后，设会稽为郡，唐改会稽郡为越州，南宋绍兴元年，高宗南渡，驻跸龙山，命改州为府，冠以年号，即为绍兴。元、明、清三代均称绍兴（路、府）。关于绍兴府的范围，在清代，“属邑八：山阴、会稽、萧山、诸暨、余姚、上虞、嵊、新昌。东至宁波府慈溪县界，西至杭州府钱塘县界，南至金华府义乌县界，北至大海，东南至台州府天台县界，西南至杭州府富阳县界，西北至杭州府钱塘县界，东北至宁波府慈溪县界。濒海之邑凡五：山阴、会稽、萧山、余姚、上虞是也；濒浙江之邑一，萧山是也”①。

越文化的基本区是古越国领土比较稳定的区域，大致相当于今浙江省。浙江省因浙江（今名钱塘江）而得名。古越国的许多重要的历史事件都发生在浙江流域。《越绝书》载：“越王句践与吴战于浙江之上。”②又说，越王句践兵败后与大夫文种、范蠡去吴宫为奴，“群臣皆送至浙江之上”③。又据《史记·越王句践世家》说：“楚威王兴后而伐之，大败越，杀王无疆，尽取故吴地至浙江。”

越文化的边界区是越文化基本区周围的地区，它曾属于古越国的版图，也曾属于其他诸侯国的版图。值得指出的是，文化中的区域概念与行政中的区域概念是不同的，前者只是大致上的，其边界是交融的，模糊的；而后者是明确的，其边界则是清楚的。因此，即使我们将越文化的核心区确定在今绍兴地区，越文化的基本区确定在今浙江省地区，也不能将两者等同起来。

越文化的历史可追溯到大禹。据《史记·夏本纪》：“禹会诸侯江南，计

① 吴悔堂：《越中杂识·越中图识》。

② 袁康、吴平：《越绝书·勾践入臣外传第七》。

③ 同上。

功而崩，因葬焉，命曰会稽。”大禹死后传位子启，夏朝开始。据史载：“启使使以岁时春秋而祭禹于越，立宗庙于南山之上。”①此是越的开始。不过，此时的越，虽有了大禹的宗庙，尚只是地，不是国，据《吴越春秋》：“禹以下六世而得帝少康。少康恐禹祭之绝祀，乃封其庶子于越，号曰无余。”②少康封无余于越，意味着越有了自己的地方政权。无余是越国的第一位君主。无余传世十多代后，因“末君微劣，不能自立，转从众庶为编户之民，禹祀断绝”③。十几年后，有奇人出，自称是无余之后，指着天空，向着禹墓，说着鸟语，立志要“复禹墓之祀，为民请福于天，以通鬼神之道”④。顿时，凤凰翔集，万民喜悦。大禹之祭恢复，越国开始强大。

大禹是中国古代全民族共同尊崇的帝王，是中国第一个国家政权——夏朝的实际奠基人。越文化源于禹，说明越文化不只是组成中华民族文化的诸多地域文化之一支，而且是中华民族主流文化的直接继承者。

在地域文化中，越文化是有着鲜明特色的，比如名士辈出，清人吴悔堂《越中杂识·越中图识》用了八个字概括越文化的特点：“风景常新，英贤辈出。”关于“英贤”，吴悔堂《越中杂识序》说：“守斯土者，皆辅相之才；生斯土者，多菁华之彦。”毛泽东有诗咏越，诗云：“鉴湖越台名士乡，忧忡为国痛断肠。剑南歌接秋风吟，一例氤氲入诗囊。”虽然中国大地到处都出人才，但人才出得多、档次高、历代不中断，形成一种名士文化现象的，大概只有越了。

又如文武兼融。从越文化源头古越国历史事迹看，它是尚武的，后人概括其精神为胆剑精神，胆剑精神之剑，意味着勇猛进击。这种尚武的精神，发展为革命的精神，在近代反清革命中表现得鲜明突出。虽然越文化中有尚武的一面，但是越文化更多地表现出来的却是重文，此地出的文人多，在儒学、佛学、玄学、文学、艺术等方面，创造出辉煌的业绩。

再比如道器并重。道学代表人物明有王阳明、刘宗周、黄宗羲承前启后，脉系分明；实学是道学之外别一种学术⑤，此派重经世致用，古越有范

---

① 赵晔：《吴越春秋·越王无余外传》。

② 同上。

③ 同上。

④ 同上。

⑤ 冯友兰先生在《中国哲学史新编》（人民出版社 1999 年版）中将陈亮与叶适说成是“道学外的思想家”，见该书第 56 章。

蠡、文种、计倪，重农倡商，开其先河，南宋有陈亮、叶适开宗创派。从而充分见出越文化道器并重的特色。

研究越文化，最早始于东汉，代表性事件是袁康、吴平整理《越绝书》。《越绝书》是越人在越世系断绝以后虑越史之绝而撰写的一部地方史书，袁康、吴平整理此书，增加了当时流传的于越故事，补充了先秦以后的资料，所以他们的工作属于早期的越文化研究。从袁、吴的工作联系到东汉初期，这实在是越人流散以后越文化研究的发端时期，也是一个很有成就的时期。从现存的成果来看，除《越绝书》之外，还有《吴越春秋》和《论衡》两种。从保存越文化资料的价值来看，《越绝书》无疑是首要的，但《吴越春秋》和《论衡》的价值也都远远超过先秦人的著作。① 其后，这种研究没有间断过，但没有出现标志性的成果。

越文化研究的跃进是从上世纪二三十年代发轫的，当时出现了一批思想活跃、见识宽广、根底扎实、治学勤奋的史学家，他们既深入钻研古代有关越人的大量文献，又细致地鉴别分析这些文献，先后提出了不少前无古人的科学创见。如顾颉刚、罗香林、卫聚贤、蒙文通、杨向奎诸氏，都发表过关于越文化的不同于前人见解的论文。80 年代以来，越文化研究有了很大的发展，研究队伍空前扩大，研究成果，包括专著和论文，大量涌现。同时借助于考古的发现，多学科交叉综合的研究也大量出现，获得了大量的成果。

一如越文化是一条绵延不息的历史长河，有关越文化的研究也是个没有尽头的学术之路。

我们认为，今后越文化研究需注意以下三点：一、历史研究与现实问题研究的结合，越文化是历史形态，但其发展则为现实形态。对越文化，我们不能只做历史的研究，也应做现实问题的研究，并且将这两者很好地结合起来，要注重从越文化的历史形态中发掘出更多的对当代有价值的启示。二、单项研究与整体研究的结合。在单项研究上，我们过去做得比较地多，整体研究相对较弱。三、多角度地研究。文化，本就是人类物质文明精神文明的总和，涉及人类生活的方方面面。文化研究应是多角度的，目前我们的越文化研究，角度还不够丰富。

---

① 参见陈桥驿：《越文化研究的回顾和展望》，《杭州师范学院学报》2004 年第 2 期。

本丛书名为“越文化通论”，就是试图在以上三个问题上做一些新的探索。

本通论将遵循马克思主义的历史与逻辑相结合的原则，以历史唯物主义和辩证唯物主义为根本方法，建立文化地理学和文化生态学的理论框架，综合利用考古学、人类学、民俗学、历史学、社会学等各种方法，从纵横两个角度全面揭示越文化的历史演变真相和丰富内涵，并从形而下走向形而上，分析越文化的基本精神，论述越文化和整个中国文化的关系，指明越文化精华对当代中国先进文化建设的特殊价值。

作为一项综合性的研究成果，这套论著要在各卷次的专题探讨上保持前沿性，体现独特性，拓展越文化的研究领域，争取在越文化研究的方法论问题、越文化的发展演变、越文化在中国文化中的地位、越地特有的经济思想和行为模式、越文化在意识形态领域的精神特征、越地学术思想与学术流派、越地文学艺术成就、越地方言和民俗等一系列方面有较大的收获，力图让此项研究成果成为越文化研究史上的一块基石，通过此次探索为今后越文化的研究找到新的起点。与此同时，本通论的研究成果也可以为其他地域文化的研究提供一种模式以及一些有益的经验，甚或进而为国家整体文化的发展提供某种启示。

由于选题的内容部分是有交叉的，难免有些重叠；又由于作者认识上的差异，每部书的观点和看法不一定全然一致。我想这样也许有它的好处，有兴趣的读者可以互相参校，生发出自己的看法。

越文化是一块沃土，我们希望，为了越文化研究的繁荣，为了学术事业的不断创新，有更多的朋友参与到我们的队伍中来。

目录
CONTENTS

第一章　越文化研究的学理背景和价值意义

众所周知，当代社会早已是中西文化会通交融的时代，西学东渐，取他人之长以助自我发展，早已成为时代的一个选择。然而，多年前现代新儒家的告诫至今并未过时：“自己之主宰提不起，一切外入者，将何处栖泊？接受西洋文化之长亦要力量，要度量，要胸襟，要气魄，此力量气魄等，只能内出，不能外入，这是决无疑义的。自己要有力量，有气魄，先要信得过自己。……祖先之生命，即我之生命，祖先之文化精神，即我之文化精神，我何忍践踏他？他人之长，我学他；我即以我之心胸度量涵盖他，我有何卑屈？如此方可言民族生命文化生命之贯通的发展。”①越文化研究的首要意义，在于体认祖先的文化精神与文化生命，以为当代中国社会的人文精神建设提供智慧资源，以为中华民族的伟大复兴添加精神助力。作为越文化历史遗产自然继承人的浙江省社会，正在当代中国的全面发展中承担着率先实现现代化的神圣历史使命，经济的率先腾飞呼唤着文化的比翼齐飞，

① 唐君毅：《人文精神之重建》，台湾学生书局 1977 年版，第 125—126 页。

经济的高度繁荣需要文化品牌的交相辉映，深入开展越文化研究必将为浙江省经济社会的全面发展直接提供动力，为浙江省人民的精神文化生活直接提供长效营养。同时，我们的研究也将为区域文化的研究提供充沛的个案资源，在区域文化学上彰显其学理价值。

一、紧迫的学术课题

1912 年 1 月，伴随着中国历史上第一个资产阶级民主共和国——中华民国的诞生，鲁迅在家乡绍兴创办了浙江历史上第一份日报《越铎》日报，并亲撰发刊词，欢呼辛亥革命推翻满清统治的成功，华夏故物，光复太半，表示必须“纾自由之言议，尽个人之天权，促共和之进行，尺政治之得失，发社会之蒙覆，振勇毅之精神”，人人咸与维新，才有可能谋得中华民族的真正解放和新生，“自今而天下兴亡，庶人有责，使更不同力合作，为华土谋，复见瘠弱槁枯，一如往日”，于始于终，皆以弘扬越文化为激扬奋起的号角与大纛。“於越故称无敌于天下，海岳精液，善生俊异，后先络驿，展其殊才；其民复存大禹卓苦勤劳之风，同勾践坚确慷慨之志，力作治生，绰然足以自理”，这是开篇的雄健自豪之言；“猗此於越，故称无敌于天下，鸷夷纵虐，民生槁枯，今者解除，义当兴作，用报古先哲人征营治理之业”①，这是结束前的思昔抚今，蹈厉自强。这表明，不仅“五四文化运动在激烈的反封建传统和深广的忧患意识上，和越文化有着内在的同构关系”，“越人才乘着五四思想革命的大潮，成为新文学的弄潮儿”②，而且，以鲁迅为代表的五四新文化文学运动中的一批越籍弄潮儿，在送走漫长的中国封建时代伊始，就已自觉援引越文化精神为创造整个中华民族新纪元的智慧资源。

过了一代人的时间，正当中国大地燃烧其熊熊的抗日烽火，中华儿女奋力投身反抗外敌入侵的斗争最为坚苦卓绝之时，1939 年 3 月，中共领导人周恩来自重庆辗转回到故乡绍兴，宣传抗日救国的方针政策，在讲演中说：“会稽乃报仇雪耻之乡，吾为越人，未忘斯义。”给表妹书写题词鼓励：

---

① 鲁迅：《〈越铎〉出世辞》，《鲁迅全集》第 8 卷，人民文学出版社 2005 年版，第 41 页。

② 陈建新：《五四新文学与越文化》，《读书》1997 年第 2 期。

"勿忘鉴湖女侠之遗风,望为我浙东儿女争光。"又在4月2日的《东南日报》上发表回乡感想,向全国抗日民众发出号召:"绍地民族精神之史略,如大禹与越王勾践之耐苦奋斗意志,均足以资模仿。"可以想见,近百年来中华民族反抗外族入侵取得的第一次完全胜利,越文化传统作为全民族自强图存的精神财富之一,在其中发挥了激励包括领袖和普通民众在内的广大人民的重要作用。

迨至20世纪又一次伟大的社会变革——改革开放事业进入攻坚阶段,越文化故里绍兴以骄人成绩奠定其中国大陆沿海经济发达地区地位之时,北京大学著名学者季羡林先生撰文谈道:"绍兴大名垂宇宙。物华天宝,人杰地灵","虽然王羲之、蔡元培、鲁迅、董秋芳等先生,以及已故志士俱往矣;然而这些人诞生地的绍兴精神却依然影响着我们。建国首先必须重视文化、教育、科学、技术。在这方面,绍兴古今人物都有一切重要的贡献。此外,更必须有炽热的爱国主义精神。在这方面,明末痛斥奸相马士英的绍兴文人,发言掷地作金石声。近代的秋瑾为国牺牲的精神,直可与岳飞、文天祥等争辉。这是中华民族的骄傲,当然也是绍兴的骄傲。今天的绍兴人一定能继承和发扬这种精神,为祖国的伟大建设工作增砖添瓦"。① 越文化作为中华民族优秀文化传统的重要组成部分,在世纪之交的中国改革开放事业中,在中华民族的伟大复兴进程中,更加彰显出国人智慧资源的无限魅力,也必将发挥更大的作用。这是海内外学者对越文化高度肯定的新的代表性评价之一。

以上提供的一个视角表明,在既往一百年的中华民族自强历程中,越文化始终是全民族最可宝贵的精神财富和智慧资源之一,对中华民族的民族独立和民族复兴发挥了不可或缺的作用。而这仅仅是越文化在其漫长衍生发展历程中,对整个中国历史和中华文明发挥作用的一个极为狭小的片段而已。面对21世纪中华民族伟大复兴与和谐社会建设的新任务,面对浙江省文化大省工程建设的需要,对这份不仅是浙江的,也是全中国人民的重要精神遗产加以总结和清理,以服务于创建新的美好生活的人民的精神需要,已成为一项紧迫的学术课题。

---

① 引自朱元桂主编:《绍兴百镇图赞》,季羡林序,百花文艺出版社1997年版,"序",第1页。

二、“文化战略选择”的时代

之所以说开展越文化研究是一项很紧迫的课题，一个很重要的原因是，当今世界，不论是我国，还是国际社会，已经进入了一个可以称之为“文化战略选择”的时代。

先看国内。2002 年 11 月，江泽民在中共“十六大”报告中明确提出：“当今世界，文化与经济和政治相互交融，在综合国力竞争中的地位和作用越来越突出。文化的力量，深深熔铸在民族的生命力、创造力和凝聚力之中。全党同志要深刻认识文化建设的战略意义，推动社会主义文化的发展繁荣。”“民族精神是一个民族赖以生存和发展的精神支撑。一个民族，没有振奋的精神和高尚的品格，不可能自立于世界民族之林。……面对世界范围各种思想文化的相互激荡，必须把弘扬和培育民族精神作为文化建设极为重要的任务。”①作为全社会和全民族智慧的结晶，这个报告首次阐述了“文化建设的战略意义”，把它提到了影响综合国力竞争的突出高度，指明了文化建设的主要使命在于培育民族精神。2006 年 9 月，在全面贯彻落实“十六大”报告和中共十六届三中、四中、五中全会关于文化发展的一系列重要论述和基本要求的基础上，我国第一个专门部署文化建设的中长期规划——《国家“十一五”时期文化发展规划纲要》又向全社会发布。这个堪称全民族行动指南的纲要旗帜鲜明地提出：“文化是国家和民族的灵魂，集中体现了国家和民族的品格”，“五千年悠久灿烂的中华文化，为人类文明进步作出了巨大贡献，是中华民族生生不息、国脉传承的精神纽带，是中华民族面临严峻挑战以及各种复杂环境屹立不倒、历经劫难而百折不挠的力量源泉”，文化的重要性和中华传统文化的历史地位得到前所未有的确认；它呼吁全体国人，“在开创中华民族美好未来的历史进程中，文化既为经济社会全面协调发展提供强大的精神动力，也是经济社会发展的重要内容”，第一次深刻阐明了文化建设不仅具有促进经济社会发展的“精神动

---

① 江泽民：《全面建设小康社会，开创中国特色社会主义事业——中国共产党第十六次全国代表大会报告》，《人民日报》2002 年 11 月 7 日。

力"作用,也是"经济社会发展的重要内容"本身,使文化建设的全局性和独立自足性受到前所未有的关注;它并且着眼于世界各民族竞争的现实,指出:文化"越来越成为衡量一个国家综合实力强弱的重要尺度之一","在复杂的国际环境中,要赢得国际竞争,不仅需要强大的经济实力、科技实力和国防实力,同样需要强大的文化实力",打造"强大的文化实力",遂成为全社会全民族的共同使命和战略选择。① 由此可见,21 世纪初的中华民族,已经从 20 世纪 60、70 年代对整个文化的"革命"毁灭(即"文化大革命")中完全走出来,同时也从五四运动和 80 年代初两次全盘西化对民族文化的虚无主义中走出来,走上了"文化立国"的道路。

再看域外。在西方,为了从根本上解决资本主义工业化造成的种种社会危机,疗救两次世界大战给人们带来的心灵创伤,重建濒临崩溃的社会秩序,英国左翼批评家理查·霍加特和雷蒙德·威廉斯分别于 1957、1958 年发表了《有文化的用处》(The Uses of Literacy)和《文化与社会:1780—1950》(Culture and Society:1780—1950)等奠基性论著,雷蒙德·威廉斯并于 1964 年在所任职的伯明翰大学创建了"伯明翰当代文化研究中心"(CCCS),在英语世界和欧洲大陆产生了巨大影响,掀起了一个波及东西半球、影响持续深远的文化研究热潮。需要特别注意的是,第一,在这一研究热潮中,民族和民族性问题一直是关注的焦点之一。例如,1990 年在美国召开的以文化研究为主题的国际研讨会上,与会者归纳出的文化研究的 16 个主要课题,其中三个民族性与民族特征、种族与少数民族、民族志与文化研究,即与此直接相关;加拿大文化研究注重反映本国的文化历史经历,关注的领域涉及加拿大国民性和抵御来自美国的文化侵略;与加拿大情形相似,澳大利亚的文化研究也把研究重点放在突出其民族性上;在欧洲大陆,法国的文化研究引人注目,围绕着民族文化认同、国民性等问题出现了热烈的探讨;等等。② 第二,文化作用的发现,被推到牵引历史前进的最前端地位。例如,著名文化学家丹尼尔·帕特里克·莫伊尼汉就指出:"真理的中心在于,对一个社会的成功起决定作用的,是文化。"③相当一批学者向各

---

① 参见《国家十一五时期文化发展规划纲要》,《人民日报》2006 年 9 月 13 日。

② 参见张平功:《文化研究的开放性与全球性》,《外国文学研究》2000 年第 4 期。

③ [美]塞缪尔·亨廷顿等主编:《文化的重要作用——价值观如何影响人类进步》,程克雄译,新华出版社 2002 年版,第 3 页。

国政府建言献策，"明确提出一个新的以文化为中心的发展范式或人类进步范式"①，这一范式目前正得到越来越多的国家的学者和决策人士的肯定和采纳。正是在这一背景下，1998 年 4 月，联合国教科文组织在瑞典斯德哥尔摩召开"文化力量——文化政策促进发展"政府间会议，提出了《文化政策促进发展行动纲要》，指出"文化的创造性是人类进步的源泉。文化的多样性是人类最宝贵的财富，对发展是至关重要的"，"发展可以最终以文化概念来定义，文化的繁荣是发展的最高目标"，"文化政策和文化战略将是发展政策的基本组成部分"。

在东方，根据有关学者的调查考察②，日本近一百多年来的国家发展战略，在先后走过了军事立国战略（明治维新至第二次世界大战）、经济立国战略（二战以后至 20 世纪 80 年代）两个阶段后，于 20 世纪 90 年代十分明确地迈上了文化立国战略阶段。1990 年，作为日本政府的官方咨询机构，由专家学者和文化艺术权威组成的文化政策促进会议在东京成立；1995 年 7 月，该会发表《新的文化立国目标——当前振兴文化的重点和对策》报告，正式提出"文化立国"战略的初步设想。1996 年 7 月，日本政府公布《21 世纪文化立国方案》，标志着日本"文化立国"战略的正式确立。1998 年 3 月，文化政策促进会议又向日本政府提交了《文化振兴基本设想——为了实现文化立国》的报告，对"文化立国"战略进行了具体阐释，把 21 世纪作为日本依靠本国的文化资源与文化优势开始新一轮发展的世纪，标志着"文化立国"作为日本国家未来发展的核心战略得到进一步巩固和深化。无独有偶，韩国也有一个"文化立国"战略的形成经过。早在 20 世纪 60 年代，韩国政府就试图从传统文化里寻找现代化的力量根基，开始支持传统文化的研究和传承；到 80 年代，韩国政府更加注重治理社会弊端和消除现代大众文化中的负面因素，试图从传统文化中寻找整合社会的力量。1986 年，"文化的发展与国家的发展同步化"成为韩国经济发展第六个五年计划的重要政策目标之一，"文化立国"政策开始成为国家发展的战略选择。进入 90 年代以后，韩国的"文化立国"步伐不断加快：1990 年，颁布《文化发展十年规划》，提出"文化要面向全体国民"的政策理念；1993 年，出台《文化

① 刘敏中：《文化学学·文化学及文化观念》，黑龙江人民出版社 2000 年版，第 7 页。

② 参见安宇、沈山：《日本和韩国的"文化立国"战略及其对我国的借鉴》，《世界经济与政治论坛》2005 年第 4 期。

繁荣五年计划》，将文化产业的开发作为重要目标之一；1998 年，正式提出“文化立国”战略，通过颁布《国民政府的新文化政策》，文化产业作为“文化立国”战略的实践选择的思路更加明晰，作为 21 世纪发展国家经济的战略性支柱的地位进一步确立。此后，《文化产业发展五年计划》（1999）、《文化产业发展推进计划》（2000）、《21 世纪文化产业的设想》（2000）、《文化韩国 21 世纪设想》（2001）等重要计划和配套保障措施又陆续出台，标志着文化立国战略在产业层面的不断深化。

由此可见，文化已经成为影响和决定一个国家、一个地区发展的最关键的要素，传统文化在后工业社会的重要地位，无一例外得到中外国家和学界的空前确认。

这当然是有着深刻的原因的。

作家冯骥才曾经说过：“文化似乎不直接关系国计民生，但却直接关系民族的性格、精神、意识、思想、言语和气质。抽出文化这根神经，一个民族将成为植物人。”①这是当代人对文化功能的形象解读。实际上，我们的祖先关于文化的作用，有着更深刻的洞见。《周礼》有曰：“观乎人文，以化成天下。”汉语中“文化”一词的这个公认来源，清楚揭示了文化对一个社会、一个时代、一种民族历史的根本决定作用。从文化的这个语源，我们也可以明确把握中华文明系统中“文化”概念的多种意涵。首先，文化内含着一种“人文”精神，这是主导一个社会、一个时代、一个民族能否生生不息、日日更化、日臻完善的内在精神。用我们今天的语言来说，文化首先是文化精神，一种导引历史前进的健康的文化精神，这种文化精神也就是周一良先生所说的“深义文化”②（庞朴先生所说的“社会潜文化”亦近之）。其次，文化包含了“成天下”的机制、因素在内，而“成天下”除了指促使人类不断地脱离动物属性、抵制物化外，还应指为维持人类的社会化存在属性而必须进行的制度选择和管理安排，这也就意味着，文化是内含了制度文化与管理文化在内的。再次，将“观乎人文”的“人文”两字展开，也就是人类智慧性创造活动的一切有迹可寻的成果，其表现形式包含具体物质的、观念意识的和生活习俗的三个层次，亦即文化包含了物质文化、意识文化和生

---

① 引自蔡毅：《建设小康社会所需的素质》，《云南社会科学》2003 年理论专辑。

② 周一良：《略论南朝北朝史学之异同》，《北京大学学报》（哲学社会科学版）1990 年第 3 期。

活习俗文化；任何一个民族、一个社会的生存和发展，都离不开先人的物质文化、意识文化和生活习俗的积累和熏染，都有赖于先人智慧性创造活动的成果。从这样的解析里已然可以看出，文化，是一个民族在长期历史发展中结晶形成的、广泛影响各个体生存的一种精神取向，是一个民族保持凝聚力、维持其社会性生存状态（否则就是一盘散沙）的制度设计，是这个民族给予其后代的全部精神和物质财富。试想，没有文化，一个现代民族怎么生存，任何发展又从何谈起？割弃了传统文化，现代文化岂非成了无源之水、无本之木？

或许正是基于国内国际的上述战略背景、学术动向和历史依据，2005年7月中共浙江省委十一届八次全会才讨论通过《中共浙江省委关于加快建设文化大省的决定》这一纲领性文献，提出要实施“文化研究工程”、“文明素质工程”、“文化产业促进工程”等八大工程，提出要“挖掘浙江文化底蕴，深入研究浙江现象，打造浙江学术品牌，指导浙江未来发展”①。这个纲领性文献既是浙江省各界智慧的结晶，更是浙江省上下共同的选择。开展越文化研究，是顺应时代潮流，落实省委这一纲领性文献，扎实推进浙江省文化大省建设的必由之路。

三、不同凡响的区域文化——越文化

现代文化的基础是传统文化，传统文化的基础是区域文化，越文化是中国最具特色和魅力的地域文化之一。

进一步考察传统文化，它从来就不是什么单质纯净物，而是由各区域文化有机融合形成的恢弘的网络体系。著名旅美历史学家许倬云，就曾指出中国文化的发展存在这样的网络体系：

> 在空间的平面上，中国的各个部分，由若干中心地区，放射为树枝形的连线，树枝的枝柯，又因接触日益频繁，编织为一个有纲有目的网络体系。几个地区的网络体系，逐渐因为体系的扩大，终于连接重叠

① 《中共浙江省委关于加快建设文化大省的决定》（2005年7月29日中国共产党浙江省第十一届委员会第八次全体会议通过），《浙江日报》2005年8月2日。

成为更庞大的体系。中国的道路系统，经过数千年的演变，将中国整合为一个整体。①

这个区域文化的网络体系覆盖十分广远。除位于边疆地带、属于这个网络的第一外环的东北文化、草原文化、滇云文化等，属于这个网络的第二外环、为体系内多种文化交汇的燕赵文化（游牧文化与农耕文化的交汇）、巴蜀文化（汉族文化与少数民族文化的交汇）、岭南文化（土著文化与移民文化的交汇）等外，属于这个网络的内环，发祥历史最为悠久、影响中国历史最为深远的，是黄河中下游流域的三晋文化（古代中国理想国尧舜禹三代的都城所在）、齐鲁文化（古代中国正统思想儒家的发祥地）、三秦文化（古代中国主导性统治思想法家的发祥地和最为显赫的盛世汉唐两代的都城所在）、中州文化（华夏文字文明诞生地、汉唐盛世的陪都所在和中国历史的转折时代北宋的都城所在）与长江中下游流域的楚文化（以盛产人才和文学艺术极富浪漫精神著称）与吴越文化（稻作农业和航海文明的发祥地、唐代以后中国的经济中心、宋代以后中国的文化中心）。黄河中下游流域的四大区域文化与长江中下游流域的两大区域文化又分别构成中国传统文化的两大亚系统——中原文化与江南文化。从中国传统文化的发生学角度来说，诚如诸多学者业已指出的那样，过去人们长期信从的中国文化起源“单一中心论”和“中原中心论”早已不符合历史事实，大量出土的文化遗址和遗存已雄辩地证明：中国文化起源地不限于中原一个中心，不是单一地从一个氏族文化中心向四周传播，而是各个氏族文化区相互交流、逐渐融合，逐渐形成中国文化共同体；在相互交流、逐渐融合的过程中，黄河中下游地区和长江中下游地区的氏族部落处于文化领先地位，它们对各个文化区影响较大，为形成中国传统文化做出了特殊的贡献；就江南地区而言，早从旧石器时代开始，我们的祖先就劳动、生息、繁殖在这片广大的土地之上，而到新石器时代已经形成了一个古老的文化体系，逐渐形成了自己数千年的文明发展史；这个拥有自己数千年发展史的江南文化，乃是人类黎明时期几个古老文化之一，与中原文化共同构成了中华民族光辉灿烂的古代文明。②

随着研究的不断深入，越文化越来越从过去笼统视之的吴越文化中被

① 许倬云：《中国文化与世界文化》，贵州人民出版社 1991 年版，第 1 页。

② 参见向一尊：《不能以“中原中心论”否定江南古文明》，《江淮论坛》1984 年第 3 期。

还原为独立的历史存在,越来越在中国各区域文化中彰显出其独特性。

从民族的角度来说,中原文化的始创者是上古华夏族,江南文化的始创者是古越人。《尚书·周书·武成》:“华夏蛮貊,罔不率俾。”孔颖达疏:“夏,大也,故大国曰夏。华夏谓中国也。”由此可见,华夏族实际上是一个以方位为种族的“族类”概念。换言之,它不是单一民族,而是若干原始部族、若干民族在从野蛮跨入文明门槛之际,经过漫长时间的竞争、磨合、融会,在共同的黄河中下游农耕文明基础上形成的民族融合体。众所周知,其最早的部落集团包括了“黄帝轩辕氏”部落和“炎帝神农氏”部落。炎帝神农氏没落时期,黄帝轩辕氏“习用干戈,以征不享,诸侯咸来宾从”(《史记·黄帝本纪》),经过阪泉之战和涿鹿之战后,兼并、融合、统一了中原一带的诸多民族,形成了华夏族主体。华夏族作为一个多民族共同体的属性,以后并没有改变。由此可见,中原文化的始创者原来是一个多民族共同体。文化创造主体的多民族共同体属性当然决定了中原文化是一种多元和合型的文化。

与此不同,江南文化的始创者和越文化的缔造者则是比较单一的古越人——於越民族。考古发现证明,於越民族进入文明门槛的时间一点也不比北方华夏族晚,甚至远远超过他们。以距今5000年左右创造的良渚文化为例,遗址中出土有绢片、丝带和丝线,其中绢片采用平纹织法,每平方厘米有经纬线各47根,丝带为30根单纱分3股编织而成的圆形带子,是中国远古时代最重要的家蚕丝织品;麻布片经鉴定为苎麻纺织品,也是采用平纹织法,每平方厘米经纬线一般各有24根,有的细麻布经线31根、纬线20根,是迄今中国最早的苎麻织品。於越民族作为中国丝绸文明的缔造者,由此得到有力的证明。遗址中出土的玉器类多量大,有珠、管、坠、瑗、璜、镯、琮、璧、蝉等,总计不下上万件;工艺精湛,在全国同时期的玉器文化中,显得十分突出,其中玉琮个体大,高达18—23厘米,上面雕刻圆目兽面纹,似神似兽似人,纹理细如毫发、复杂规范,绝非出自野蛮人之手,必定是在凌驾于社会之上的力量支配之下,由专职工师匠人为少数统治阶级而制作的文明器物,是当时政权、等级和宗教观念的物化形式,打上了文明时代的烙印。[①] 特别是总面积达290多万平方米的良渚古城的发现,以庞大的城

① 参见《中国文明起源研讨会纪要》中宋建、邵望平的发言,《考古》1992年第6期。

市、坚固的城墙雄辩地证明，早在距今五千年左右的於越民族就建立了政权、国家，建造了繁荣的城市，进入了成熟的史前文明发展阶段，证明了於越民族创造中华文明的国家形态史要比北方的华夏族整整早了两千年（后者以夏朝为起点）。长期以来人们津津乐道的“中华上下五千年文明史”，只是在於越民族这里，才找到了最确凿的证明；中华上下五千年文明史，一开始就以於越民族的杰出创造为开端。

不仅如此，於越民族作为上古中华民族的优秀代表，其所创造的连贯文明史还可以大大前推：在距今6000年左右，於越民族创造了崧泽文化；在距今7000年左右，创造了马家浜文化和河姆渡文化；在距今8000年左右，创造了跨湖桥文化；在距今9000年左右，创造了小黄山文化；在距今1万年左右，创造了上山文化。由此可见，越文化的缔造者於越民族，是在上古各民族中率先书写“万年中华文明史”的开路人，於越民族的文明史长达上万年！

尤其重要的是，越文化的缔造者於越民族不仅是古代中华各民族中文明启动最早者，拥有自己数千上万年一贯的文明史，拥有极为丰厚的历史遗产，还是古代各民族中最富有开拓精神的民族，中国最早的海洋民族之一。河姆渡遗址和跨湖桥遗址的发现以及大量其他考古遗物和历史记载揭示了这个历史秘密。在河姆渡的出土遗物中，有大量的鱼类骨骼、蚌壳等水生动物标本，其中包含了生活在深海的鲨鱼和鲸鱼；还发现了六支木桨和两件夹碳黑陶质的小桃舟模型。这说明，早在六七千年前，於越民族就开始了航海和深海捕鱼生产。《越绝书》记载勾践时越国有“戈船三百艘”、“楼船卒二千八百人”，越吴对立时战船“大翼一艘，广一丈五尺二寸，长十丈”、“中翼一艘，广一丈三尺五寸，长九丈六尺”、“小翼一艘，广一丈二尺，长九丈”，《史记·越王勾践世家》记载越国有独立的舟师建制“习流二千人”，其海军舰队的庞大和强盛，自是於越民族不断传承和发展的航海能力和海洋权益开发和保护能力向军事领域长期转移的结果。跨湖桥遗址出土的残长560厘米、残宽53厘米的独木舟，经碳14测定，其年代达8000年左右，不仅是目前发现的国内最早的独木舟，也是现知世界上最早的船，它把於越民族作为我国最早的海洋民族的海洋开发史又向前推进了一大段时间。

事实上，於越民族的开拓精神绝非仅仅体现在很早就开辟海洋渔业上，它更多地体现在敢于进行披荆斩棘的异域迁徙，敢于进行远洋航行，敢于不断进行远方"旅行"和种族迁徙，在开辟广阔的海内外生存空间的同时，也把文明的种子播洒到东南沿海、东亚、东南亚，甚至密克罗尼西亚岛群、伊里安岛、澳大利亚，甚至美洲各地。众所周知，羽鸟崇拜和有段石锛是於越民族的两个基本文化特征。羽鸟崇拜形成了考古发现中众多的羽人纹饰，遍布以於越民族发祥地为中心辐射展开的周边各地。毛昭晰先生曾指出："根据羽人纹饰的比较，说明在古代的东海和南中国海存在着海上的道路。以古代越族的发源地浙江为起点，一方面出东海向南到达南中国海和越南，其中一部分人到两广后溯江而上，最后到达贵州、云南、四川等地。"①根据考古发现，有段石锛最早出现在浙江，而且有一个完整的发展演变序列，从良渚文化开始逐渐扩散到周边地区和东南亚及南太平洋诸岛，"有段石锛出现在这些岛屿上，一方面证明了古代越人曾经到达这里，同时也证明了他们横渡太平洋所取的航线"②。日本学界承认"越文化和日本列岛的原始古代文化间有很密切和深厚的关系"③，越南陶稚英教授等编著的《越南古代史》声称"我们的祖先勾践"，公开承认是於越民族的后裔④，美国文化人类学家从语言、习俗、物质文化方面的考证结论是"越国人的后代与马来—玻里尼西亚文化有悠久的联系"⑤，我国台湾学者在包括北美印第安民族在内的环太平洋原始部落中发现於越民族中盛行的鸟图腾屋顶柱⑥，等等，无不证明着於越民族无与伦比的开拓精神和辉煌历史。这样一个历史最为古老，生命力最为顽强，力量辐射最为广远，对外影响最大，对中华文明的贡献最为持久和卓越的民族，它的先人和后裔在其发祥的父母之邦所创造的文化，难道不最值得给予特殊的青睐，进行专门的系统的研究吗？

---

① 毛昭晰：《从羽人纹饰看羽人源流》，浙江省文物局、浙江省考古研究所、河姆渡遗址博物馆编《河姆渡文化研究》，杭州大学出版社 1998 年版，第 30 页。

② 孟文镛：《于越的海上远航》，《越文化实勘研究论文集》，中华书局 2005 年版，第 154 页。

③ [日]森浩一：《关于日本弥生文化的山城与越文化的关系》，魏桥主编《国际百越文化研究》，中国社会科学出版社 1994 年版，第 427—428 页。

④ 引自杨成鉴：《吴越文化的分野》，《宁波大学学报》（社会科学版）2005 年第 4 期。

⑤ [美]杨江：《马来—玻里尼西亚与中国南方文化传统的关系》，魏桥主编《国际百越文化研究》，中国社会科学出版社 1994 年版，第 459 页。

⑥ 参见杨淑蘋：《鸠杖——兼谈古越俗中的鸟崇拜》，台湾《故宫文物月刊》1993 年第 10 期。

四、越文化研究的现实意义与理论价值

回顾中国传统文化在20世纪的命运，经历了60、70年代“文化大革命”的一次直接的毁灭性打击和此前20年代五四新文化运动和此后80年代全盘西化的两次间接性打击。人们看到了直接的毁灭性打击的种种恶果：无数典籍化为乌有，无数文化遗产和古建筑被毁于一旦，无数文化工作者、研究者和文化遗产传承者被扫入社会的畸零阶层甚至死于非命，等等，种种惨状，不一而足，触目惊心。其实，间接打击的危害或许更为致命。追寻“文化大革命”的思想根源，不能完全排除五四新文化运动在观念上给予传统文化极大“污名”的影响：出于极端张扬西方“科学”、“民主”理念的需要，出于极端标榜破旧立新的需要，新文化运动的旗手轻易用一个“旧文化”、“古久先生的陈年流水簿子”的“旧”字抹杀了传统文化的一切（殊不知这些旗手的叱咤风云，几乎无一例外都得益于他们曾经很深的“旧文化”的熏染），一棍子打倒了全部二十四史。可以说，“文化大革命”乃是20世纪20年代民族虚无主义在新的历史条件下的一次武力大发作和大膨胀而已。“文革”结束，但民族虚无主义的影响阴魂不散，又造成了以“《河殇》现象”为突出标志的对传统文化的又一次片面诋毁和歪曲。中华民族的伟大复兴绝不能以釜底抽薪地“删除”传统文化，一股脑儿移植西方的方式来实现，这就像希望一个人活得健康长寿，绝不能把其肌体内的所有血液和五脏六腑全部换掉了，换成另一个人的一样。中华民族的伟大复兴首先需要也完全可能的是在文化上的复兴与革新。由此，90年代传统文化研究再度兴起，并呈现出向区域文化研究不断倾斜之势，区域文化研究郁然成热，勃然成流，几可称为百花齐放，万芳竞妍。

区域文化研究热的兴起，自有其种种依据。例如，第一，这是多年来爱国主义教育和国情观念的新发展和深化。爱国从爱家乡开始，只有了解了家乡的文化历史传承，才有可能真正了解祖国的历史，这极大地改变了过去爱国主义教育过于空乏，往往施教者费尽唇舌，受教者却耳进耳出、不为所动的局面。第二，这是优化区域经济发展机制的需要使然。政治、经济、文化永远是推动历史发展的相互作用相互影响的三大要素，就区域社会的

竞争而言，在政治要素等量齐观的情况下，更可靠的竞争选择只能是区域经济和区域文化的竞争。区域文化的发掘和发展固然离不开区域经济，区域经济的竞争最终亦离不开区域文化的制约。只有在区域文化的研究和传承、发展上做足了文章，区域经济发展才有长久的可靠的保障。第三，这是壮大区域文化产业的需要使然。在后工业社会，文化不仅成为影响和促进经济发展的一个核心因素，文化本身也早已成为一个产业，直接构成了区域经济的一大板块，区域文化产业也已然成为区域经济竞争的一个领域。如何找到自己的文化产业立足点，形成文化产业特色，在竞争中立于不败之地，区域文化研究是一道必做的作业题。第四，这是提高全社会的创新意识和创新水平的需要使然。历史早已进入知识经济的时代，创新成为这一时代的核心价值和主流精神，中共"十六大"以后，建设创新型国家的使命意识在我国上下骤然紧迫。胡锦涛在21世纪我国第一次全国科学技术大会上的讲话主题就是《坚持走中国特色自主创新道路，为建设创新型国家而努力奋斗》，《国家中长期科学和技术发展规划纲要（2006—2020）》和中共"十七大"报告也都提出"要把建设创新型国家作为面向未来的重大战略选择"。走中国特色的创新道路，不能不借鉴弘扬中国历史上的创新文化遗产；中国历史上的创新文化遗产，实际上大多存在于处在长期竞争中的中国古代各区域社会。加强区域文化的研究，发掘其中的创新精神，对当代的核心价值建设，裨益不言而喻。第五，这是建设和谐区域社会，提高区域社会凝聚力和美誉度的需要使然。中共"十七大"把建设和谐社会，作为全体国人的使命提了出来。全社会的和谐前提是区域社会的和谐，区域社会的和谐，区域文化是必不可少的黏合剂和润滑剂。另一方面，和谐区域社会的建设，并不意味着就不再有区域社会之间的竞争，实际情形将相反，区域社会之间的竞争将更加激烈；在"以人为本"的理念深入人心的时代，区域社会的竞争将越来越离不开区域人文环境的温馨、优美和令人向往。区域社会凝聚力和美誉度的大小，将越来越取决于区域文化在其中发挥的渗透作用。区域文化使命所系甚重，对其展开深入的全面的研究，也就不可避免。第六，从根本上说，这是恢复过来的民族自信心和中华民族伟大复兴的使命意识在区域层面的体现。一代人时间的改革开放，中华民族经历了深刻的历史变革，迎来一个巨大的发展机遇，物质财富的极大积累，人文环境在严格束缚多年后获得思想解放的宽松，激发了全体国人的民族自信心，也激发了各区域社会的文化自信心。同时，“后冷战”时代西方在政治、军事上的跋扈和在文化上的骄横，也在在唤起中华民族的复兴使命，唤起中华民族的文化使命觉悟，而全民族的复兴必以各区域的复兴为前提，全民族文化的觉悟必以各区域文化的觉悟为肇端。

开展越地区域文化研究，显然，同样具有上述多项现实意义。这就是说：

第一，研究越文化，可以更全面地把握在於越民族发祥和其后裔繁衍的核心区域——今浙江地区所诞生的历史，更深刻地认知先贤留给我们的文化业绩和精神财富，知之深，爱之切，更好地激发广大人民爱国爱省爱家乡的情感和民族自信心。

第二，研究越文化，将越文化中最有生命力的东西提升出来，将越地人民固有的经济智慧提升出来，将最有利于经济发展的文化元素提升出来，可以为浙江继续走在全国前列，率先实现现代化，乃至为整个长三角地区的二次腾飞，提供可靠的智力支撑。

第三，研究越文化，对越文化遗产的方方面面进行深度清理，分析、总结越文化的特色、优势，寻找越文化遗产当代化的有效途径，可以进一步推动浙江省文化产业的发展，进一步壮大浙江省文化产业在各区域文化产业竞争中的优势和发展后劲。

第四，研究越文化，深刻体认和论证这一区域文化是古代中国最富有开拓精神、最具有创新意识、最多开风气之先的区域文化之一，追踪溯源其创新理念的生生不息和历史效应，可以为建设当代创新型国家、创新型大省找到文化上的先天血缘。

第五，研究越文化，包含了对於越民族及其后裔在历史条件下所构成的区域社会的研究，涉及对区域社会人文氛围和区域社会魅力的研究等，这既可以考察越地在历史时期在全国文化心理版图上的位置变迁，更可以为当代建设和谐区域社会提供历史启示。

同样在根本上，这是浙江三十余年改革开放，在区域文化上启动的一次信心大发现，这是浙江数千上万年文化史向当代人文精神领域的一次扬眉吐气的回归。

但是，当前区域文化研究热浪滚滚，固然可喜，可忧的地方也不少。综观学界内外，把区域文化看做一种资源，通过挖掘区域文化资源优势，树立文化品牌，促进区域经济社会发展，在很多热心区域文化研究者那里，成为几乎唯一的用心。对区域文化采取单纯“消费”的心态，其结果必然走向实事求是这一基本科学精神的反面。常见的弊端：一是片面拔高区域文化，似乎研究成了拔高、神化的同义词。如果把诸多区域文化论著摆到一起，会发现一个有趣的现象，几乎每一种区域文化在研究者的视阈中都成了中国历史上最优秀的区域文化。刻意贬低是污损，应该说，对区域文化加以任意拔高，达到夸张失实、扭曲变形的地步，那也是损害。二是大量雷同，对区域文化特色精神也就是深义文化的概括，都走向放之四海而皆准的若干尽人皆知的普适理念。不难看到，几乎每种区域文化特色精神的提出都振振有辞，却又都几乎完全等同于世人、学界对“中华民族精神”、“中国传统文化精神”等命题的一般认知和概括，其结果，所有区域文化特色精神都一样，它们本应具有的特色精神反而在表面拔高中被实质阉割了。三是其所以的解说占多数，之所以的解剖甚少，缺乏对区域文化演变来龙去脉、制约影响左右前后的分析，更缺乏从一种区域文化的阐释到普遍的区域文化生态学原理的升华，缺乏从古代区域文化已然定型的历史把握，到当代区域文化发展的未来展望。不客气地说，那样的研究实际上是对区域文化的一种肤浅的简单的利用，不啻是对先人文化创造的一种粗暴，在区域文化学上也很少有什么学理的建设意义。

前人、他人的殷鉴已经如此，那么，我们的越文化研究当然应该显示出不同的学术追求，具备不同的学术品格，展现不同的理论价值：

第一，我们的越文化研究将严格遵循实事求是的原则，并对越文化在根本上是历史条件下的一种意识形态和观念化的物质存在保持十分清醒的头脑，也就是说，我们将严格区分爱国爱乡的情感与科学的研究态度的差别，客观地准确地勾画越文化在中华传统文化中的历史地位，我们对越文化的研究不是对其简单的美化的素描，而是对其进行全方位的多元的科学的X线透视，我们将尽可能重塑出一个合乎历史本来面目的站在中华传统文化基座上的立体的越文化“真人”。

第二，任何一种区域文化都是民族性和区域性的统一，也就是说，其特色精神既有作为中华民族传统文化组成部分之一理应具有的全民族性的共同的东西，也有作为单独的这一个，由于其特殊的地理背景、风土人情、历史传承诸成因所构成的区域特殊性，我们的越文化研究将以此为价值评判的标杆之一，将在全面研寻、估价越文化的诸多文化品格的基础上，十分注意找出它自己的真正的特色精神，这种特色精神与中华传统文化整体、与其他区域文化的特色精神存在辩证统一的关系，是“中华民族精神”的重要来源之一，与其他区域文化既有相通相似相互涵摄的地方，更有迥然相异的地方。通过多层多元深义文化的对勘，越文化“个性”所在将真正确立。

第三，任何传统文化的研究，都不是纯然为了过去而过去，不是纯然为了“翻拍逝去的风景”，在根本实质上乃是为了推动传统文化的当代化，促进传统文化在当代精神价值建设中的新生。区域社会不会中断生命，区域文化当然也不会溘然作古，但区域文化的盲目演化与建设性的不断优化的发展，其差别与意义不言而喻。任何个案研究的最终生命还有待于其学理上的发现对学科的推动。我们的越文化研究将保持敏锐的当代视点和学理意识，尽可能将越文化萌芽、滋生、壮大过程中规律性的东西完整地揭示出来，既对越地当代文化建设提供尽可能充分的历史借鉴，促使越地当代文化继续走在全民族的前列，又为区域文化生态学的深化和完善提供充沛的个案资源。

第二章　越文化的创造主体

研究越文化，一个首先的问题，是认识文化创造的主体。

任何区域文化都是区域人民创造的，越文化乃越地人民所创造，这没有任何问题。

问题是，这个人民是怎么来的？怎么构成的？

一、从“分子”的组成到“分母”的疑问

这里的“分子”是指作为文化创造主体中的主体，即精英人物，“分母”是指最广大最基层的普通百姓。

我们先选择“越地人民”概念内的一个小概念“绍兴人民”（历史上的绍兴包含今萧山、余姚）概念，来看看绍兴文化创造主体之主体——文化精英人物的组成，到底如何。文化艺术出版社出过一本《绍兴名士》[①]，收录

① 参见李永鑫主编：《绍兴名士》，文化艺术出版社 1998 年版。

了绍兴文化史上最有代表性的15位文化名人的事迹。这里将他们的姓名和祖籍情况，按原顺序表列如下：

绍兴文化名人	籍贯情况
范蠡	楚国宛县（今河南南阳）人，弃楚奔越者
王充	绍兴土著（祖籍魏郡元城今河北大名人，祖辈来浙，父辈迁绍兴）
王羲之	祖籍琅琊临沂（今山东临沂），因官晚年定居绍兴
谢安	生于陈郡阳夏（今河南太康），随家族迁于绍兴
贺知章	绍兴土著（今萧山人）
陆游	绍兴土著（今绍兴市人。祖籍吴郡，远祖唐末五代迁钱塘，再迁绍兴）
杨维祯	绍兴土著（今诸暨人）
王阳明	绍兴土著（今绍兴市人。王羲之后人，曾祖由府城迁余姚，再迁府城）
徐渭	绍兴土著（今绍兴市人）
刘宗周	绍兴土著（今绍兴市人）
张岱	绍兴土著（今绍兴市人。祖籍四川绵竹，远祖宋末以官迁于绍兴）
章学诚	绍兴土著（今上虞人）
秋瑾	绍兴土著（今绍兴县人）
鲁迅	绍兴土著（今绍兴市人。祖籍湖南道州①）
蔡元培	绍兴土著（今绍兴市人）

不知道这份名单的择定是否特别考虑了地域代表性。无论如何，这里：

1. 纯粹的绍兴土著，有贺知章、杨维祯、徐渭、刘宗周、章学诚、秋瑾、蔡元培七人，占了46.7%；

2. 可以算绍兴土著，但文化血脉中程度不同地带上其他区域文化成分的，有王充、陆游、王阳明、张岱、鲁迅五人，占了33.3%。以上两项合计，恰好占了80%；

① 参见胡正耀、蒋聪顺：《鲁迅和周恩来的祖籍考》，《辽宁大学学报》（社会科学版）1991年第2期。

3. 纯粹移民身份者，有范蠡、王羲之、谢安三人，占20%。

显然，从绍兴文化创造的主体之主体——精英人物的组成来看，十分纯粹的绍兴土著出身，先天文化血缘中基本没有异域文化因子的只占不到一半；但合并先天血缘虽受程度不同的异域文化影响，但在绍兴出生者，却占了绝大多数比例。实际上，如果我们放宽眼界，考察绍兴文化的创造主体之主体——精英人物，其组成除了以上纯粹土著、土著加移民、纯粹移民等三项外，似乎还应包括：父祖籍贯在绍兴但生于外地的绍兴人后裔，如清初的张竹坡，近代的朱自清、周恩来等；短暂寓停于绍兴的过客，如在"浙东唐诗之路"上流连忘返的唐代北方诗人和辛弃疾、陈子龙等各代在绍兴做官的士人。这样一来，创造绍兴文化的精英人物实际上就由五块构成：(1)纯粹土著，(2)纯粹移民，(3)移民后代成为土著者，(4)土著后代成为异域移民者，(5)暂时客居者。尽管对他们的身份可以做这样的区分，作为绍兴文化的创造主体之主体，他们的文化创造与越地绍兴山川的激发、民风的影响、经济的发展和文化精神的熏陶和浸润都直接间接相关；他们的来源去向不同，但生活和精神生命无疑都打上了绍兴的烙印。例如，就拿辛弃疾和陈子龙来说，辛弃疾在绍兴知府任上创作了大量豪放风格的词作，陈子龙在绍兴推官任上诗词风格也发生由婉丽而劲健的变化，其原因除了时代影响，恐怕和他们接触到自古尚勇强悍、刚硬不屈的绍兴民风相关。但从这五块本身来看，绍兴文化创造的主体之主体，移民与土著几乎完全构成了一半对一半的关系。

我们再选择某种程度上与"越地人民"约略相等的"浙江人民"概念，来看看浙江文化创造主体之主体——浙江文化精英人物的组成情况。省社会科学院在各界学者的通力合作下，近年推出了一项重大文化工程"浙江文化名人传记丛书"，集中展示了古往今来最有代表性的一百多位浙江文化名人的嘉言懿行。其中古代部分50种，涉及63人，现参阅有关资料，将他们的籍贯情况列如下表：

王充	浙江土著（祖籍魏郡元城今河北大名人，祖辈来浙，父辈迁绍兴）
赵晔	浙江土著（绍兴人）
袁康	浙江土著（绍兴人）
吴平	浙江土著（绍兴人）

续表

魏伯阳	浙江土著(上虞人)
王羲之	祖籍山东琅琊,因官晚年定居绍兴
王献之	浙江土著(祖籍琅琊,生于绍兴)
谢灵运	祖籍陈郡阳夏(今河南太康),移籍上虞
沈约	浙江土著(德清人)
寒山	祖籍长安,隐居天台
拾得	浙江土著(临海人)
罗隐	浙江土著(富阳人)
杜光庭	祖籍长安,隐居天台
沈括	浙江土著(杭州人)
周邦彦	浙江土著(杭州人)
陆游	浙江土著(祖籍吴郡,远祖唐末五代迁钱塘,再迁绍兴)
吕祖谦	浙江土著(祖籍山东东莱,祖辈迁金华)
陈亮	浙江土著(永康人)
叶适	浙江土著(永嘉人)
徐照	浙江土著(永嘉人)
徐玑	浙江土著(祖籍福建晋江,父辈始迁永嘉)
翁卷	浙江土著(乐清人)
赵师秀	浙江土著(永嘉人)
李唐	祖籍河阳三城(今河南孟县),北宋灭亡流寓杭州
刘松年	浙江土著(杭州人)
马远	祖籍山西河中(今山西永济县),流寓杭州
夏圭	浙江土著(杭州人)
赵孟頫	浙江土著(湖州人)
黄公望	祖籍江苏常熟,少随母迁永嘉
吴镇	浙江土著(嘉兴人)
王蒙	浙江土著(湖州人)
张可久	浙江土著(宁波人)
朱震亨	浙江土著(义乌人)
高明	浙江土著(瑞安人)
宋濂	浙江土著(浦江人)
刘基	浙江土著(青田人)
于谦	浙江土著(杭州人)
王阳明	浙江土著(王羲之后人,余姚人)

续表

范钦	浙江土著(宁波人)
徐渭	浙江土著(绍兴人)
潘季驯	浙江土著(湖州人)
王士性	浙江土著(临海人)
李之藻	浙江土著(杭州人)
杨廷筠	浙江土著(杭州人)
刘宗周	浙江土著(绍兴人)
谈迁	浙江土著(祖籍汴梁今开封,远祖随宋室南渡迁海宁)
陈洪绶	浙江土著(诸暨人)
朱舜水	浙江土著(祖籍山东琅琊,远祖南渡迁余姚)
黄宗羲	浙江土著(余姚人)
李渔	浙江土著(祖籍福建长汀,远祖唐时迁浙兰溪)
吕留良	浙江土著(桐乡人)
朱彝尊	浙江土著(嘉兴人)
万斯同	浙江土著(祖籍安徽定远,远祖明初迁宁波)
万斯大	浙江土著(祖籍安徽定远,远祖明初迁宁波)
姚际恒	祖籍安徽休宁,长期寓居杭州
全祖望	浙江土著(宁波人)
袁枚	浙江土著(杭州人,中晚年居南京)
章学诚	浙江土著(上虞人)
严可均	浙江土著(湖州人)
龚自珍	浙江土著(杭州人)
李善兰	浙江土著(海宁人)
俞樾	浙江土著(德清人,晚年居苏州)
赵之谦	浙江土著(绍兴人)

从上述统计可见:

1. 纯粹移民,有王羲之、谢灵运、寒山、杜光庭、李唐、马远、黄公望、姚际恒等 8 人,占 12.7%。

2. 移民的近世或远世后裔,出生于浙江,但文化血脉中程度不同地带上其他区域文化成分的,有王充、王献之、陆游、吕祖谦、徐玑、王阳明、谈迁、朱舜水、李渔、万斯同、万斯大 11 人,占 17.5%。

3. 纯粹的浙江土著,包括一生中大部分时光并不在浙江度过的袁枚在内，有44人，占69.8%。

由此可见，就浙江文化创造的主体之主体——浙江文化名人的构成而言，纯粹移民和移民的近世与远世后裔合在一起占了三成，七成则是纯粹的浙江土著。

由上两项考察，我们应该可以确认这样一个事实：越文化创造的主体，从精英人物这个角度去看，纯粹越地土著的构成在五成到七成，移民和移民后裔的构成在三成到五成。换言之，越地土著精英人物和移民及移民后裔精英人物共同参与了越文化的创造，两者都在其中发挥了重要作用，两者都不容忽视。越文化发展的动态开放格局，越文化精神中最可宝贵的一些东西如海纳百川的兼容并包襟怀，同舟共济的团结协作精神等，也可以从这样的比例中得到体认。但土著出身的比例毕竟比移民和移民后裔出身的比例高。

以上我们粗浅分析的是“越地人民”的“分子”。下面我们需要继续探讨“越地人民”的“分母”情况。

毋庸讳言，文化研究给予精英人物的关注向来颇多，但精英人物的趣味、追求、价值观念和思维模式，从根本上说都决定于最广大最基层的普通百姓。因此，文化主体的终极关怀还是应该指向最广大最基层的普通百姓，我们还是要坚持“人民群众创造历史”的观点。就越文化的创造主体而言，我们还是应该深入地研究越地人民的主体——越地普通百姓的源流变迁，只有这样才能找到越文化真正的力量之源。

要研究越地普通百姓的源流变迁，首要的问题就是，越地最早的先民属性如何？它是否是异域外迁来的？或者是一个独立自足的、在越地自行发祥壮大的民族？有一种具有代表性的观点说：“春秋末称霸中原的东南地区的越国，是从现在河南省西部嵩县境内搬迁过去的。”①又有人说，於越先民源自江苏，乃从宁（南京）镇（镇江）山脉地区，经杭嘉湖平原向浙东蔓延而来。② 还有其他似乎言之有据的说法。历史的真相到底如何？

---

① 黄伟城：《古越地望刍议》，陈衣主编《百越民族史论丛》，广西人民出版社1985年版，第58页。

② 参见丁家钟等：《长江文化体系中的吴越文化》，《南京大学学报》（社会科学版）1998年第4期。

二、於越先民并非南迁"禹之苗裔"

实际上,所谓於越先民乃从中原腹地南迁而来的说法,乃是十分古老的中原学者的"越为禹后说"之当代"翻译"和演绎。大批历史材料和一些前辈专家的考证成果,足以推翻"信史"上的这个古老说法。

所谓信史,指的就是《史记》。在《越王勾践世家》中,生于中原腹地的司马迁这样记载越王勾践的出身所自:

> 越王勾践,其先禹之苗裔,而夏后帝少康之庶子也。封于会稽,以奉守禹之祀。文身断发,披草莱而邑焉。后二十馀世,至于允常。允常之时,与吴王阖庐战而相怨伐。允常卒,子勾践立,是为越王。①

合并《夏本纪》中司马迁对会稽禹祀的由来交代:"帝禹东巡狩,至于会稽而崩。……或言禹会诸侯江南,计功而崩,因葬焉,命曰会稽。会稽者,会计也。"显然,在司马迁看来,中原夏朝的开国大帝禹东巡到江南,最后死在了今天绍兴这个地方,大约因为路途遥远,不便将其遗体运回北方,所以也就葬在这里,故而后来他的第五代继承者少康(按《夏本纪》,禹之后,夏朝的帝位传承是:启、太康、中康、相、少康)就把其庶出之子中的一位封到这里来,于是便有了大禹的一支后裔在这里繁衍壮大起来。至于大禹为什么要东巡至江南,绍兴这里为什么有座山叫"会稽",司马迁援引他人的说法推测以为,大禹到江南乃是为了在这里会集天下诸侯,核算他们的功劳簿,对他们论功行赏,"会稽"就是核算的意思。《史记》的这一"或言",于前有据。如《墨子·节葬下》:"禹东教乎九夷,道死,葬会稽之山。"《国语·鲁语下》:"吴伐越,堕会稽,获骨焉,节专车。……仲尼曰:'丘闻之,昔禹致群神于会稽之山,防风氏后至,禹杀而戮之,其骨节专车。'"《韩非子·饰邪》:"禹朝诸侯之君会稽之上,防风之君后至而禹斩之。"《史记》的"越为禹后说"更是在后代得到普遍流传。例如,东汉绍兴赵晔的《吴越春秋·越王无余外传》,就完全采信了司马迁的说法并有一个更具体完整和生动有趣的发展:

---

① 本书引用古籍,除出自现代学者整理本或有特殊需要,一般不注版本来源,以省篇幅。越王名勾践,《越绝书》等写作"句践",《史记》绝大多数场合写作"勾践",少数写作"句践",《吴越春秋》与绝大多数秦汉子部著作均写作"勾践",故本书统一写作"勾践"。

越之前君无余者，夏禹之末封也。禹父鲧者，帝颛顼之后。鲧娶于有莘氏之女，……家于西羌，地曰石纽。石纽在蜀西川也。帝尧之时，遭洪水滔滔，……帝乃忧中国之不康，悼黎元之罹咎。……观鲧之治水无有形状，乃殛鲧于羽山。……禹伤父功不成，循江，溯河，尽济，甄淮，……功未及成，愁然沉思。乃案《黄帝中经历》，盖圣人所记，曰：在于九疑山东南天柱，号曰宛委，赤帝在阙。其岩之巅，承以文玉，覆以磐石，其书金简。……三月庚子，登宛委山，发金简之书，案金简玉字，得通水之理。……禹行，使大章步东西，竖亥度南北，畅八极之广，旋天地之数。禹济江，南省水理，……于是，周行宇内，东造绝迹，西延积石，南逾赤岸，北过寒谷；徊昆仑，察六扈，脉地理，名金石；写流沙于西隅，决弱水于北汉。青泉、赤渊，分入洞穴；通江东流至于碣石，疏九河于涽渊，开五水于东北；凿龙门，辟伊阙；平易相土，观地分州；殊方各进，有所纳贡；民去崎岖，归于中国。尧曰："俞！以固冀于此。"乃号禹曰伯禹，官曰司空，赐姓姒氏，领统州伯，以巡十二部。尧崩，禹服三年之丧，如丧考妣，昼哭夜泣，气不属声。尧禅位于舜，舜荐大禹，改官司徒，内辅虞位，外行九伯。舜崩，禅位命禹。禹服丧三年，形体枯槁，面目黎黑，让位商均，退处阳山之南，阴阿之北。万民不附商均，追就禹之所，状若惊鸟扬天、骇鱼入渊，昼歌夜吟。……禹三年服毕，哀民不得已，即天子之位。三载考功，五年政定，周行天下，归还大越，登茅山以朝四方群臣，观示中州诸侯。防风后至，斩以示众，示天下悉属禹也。乃大会计治国之道，内美釜山州慎之功，外演圣德以应天心，遂更名茅山曰会稽之山。因传国政，休养万民，国号曰夏后。……天下喁喁，若儿思母，子归父而留越。恐群臣不从，言曰："吾闻食其实者，不伤其枝；饮其水者，不浊其流。吾获覆釜之书，得以除天下之灾，令民归于里闾。其德彰彰若斯，岂可忘乎？"乃纳言听谏，安民治室居，靡山伐木为邑，画作印，横木为门；调权衡，平斗斛，造井示民，以为法度。……遂已耆艾将老，叹曰："吾晏岁年暮，寿将尽矣，止绝斯矣。"命群臣曰："吾百世之后，葬我会稽之山。"……禹以下六世而得帝少康。少康恐禹祭之绝祀，乃封其庶子于越，号曰无余。……春秋祠禹墓于会稽。①

---

① 此段文字据苗麓点校、江苏古籍出版社 1992 年出版的《吴越春秋》，与张觉编撰、贵州人民出版社 1993 年出版的《吴越春秋全译》之校注合参。

按照赵晔的信仰，大禹当年接受尧的命令，继续父亲鲧未竟的事业，一度束手无策，后来得到圣人所记的提示，才在东南今绍兴宛委山的山巅找到一本金简天书，一下子掌握了治水的奥秘，获得了最终治平天下水患的大成功；大禹因为功劳巨大，继承舜的帝位不久，就“归还大越”，回到今绍兴这个地方，在苗山（宛委山对面，比宛委山更高）接受中州诸侯的朝拜，并通过旗帜鲜明地杀伐罚罪，确立了“天下悉属禹”的权威；为了纪念他在这里和天下诸侯讨论治国之道的这件大事，大禹把苗山的名字改成了会稽山；在创立夏朝之后，大禹又把国家大政托付给了别人，不顾天下百姓的喁喁思慕和群臣的竭力劝阻，以“吾获覆釜之书〔于此〕，得以除天下之灾，……岂可忘乎”为由，选择“留越”终老，“止绝斯”——让自己的生命轨迹在此慢慢进入终点了。大禹和越地，和今绍兴的命运原来这样息息相通：大禹作为治水英雄，其业绩起死回生的关键转折发生在这里；大禹作为“中国”帝王，他和天下诸侯的第一次大讨论以及他的第一次重大“执法”，也发生在这里；而作为一个急流勇退和知恩图报的贤者，大禹有所作为的晚年和灵魂，也结束和安息在这里。几乎可以说，没有“大越”，就没有大禹的一切；同样，没有大禹，“大越”的未来也不可想象。有了大禹的安息于此，大禹的一支子孙就在这里繁衍、发祥起来；有了大禹带领百姓“治室居”、“为邑”、“为门”，有了大禹“调权衡，平斗斛，造井示民，以为法度”，这里才结束了比较野蛮的状态，过上了像模像样的比较文明的人类社会的生活！

但是，从司马迁到赵晔的上述记载，都是丝毫经不住推敲的。例如，《史记》说自少康庶子“后二十馀世”至允常、勾践。《正义》引《舆地志》载：“越侯传国三十馀叶，历殷至周敬王时有越侯夫谭，子曰允常，拓土始大。”由此可见，《史记》“后二十馀世”的记载，原文有可能是“后三十馀世”。但是，不论是二十馀世还是三十馀世的记载，都是绝对不合理的。众所周知，夏帝少康在位的时间约为公元前 1940 年至公元前 1880 年，从那以后到公元前 519 年周敬王开始在位的时间差，约有 1300 年。可是，《史记》“二十馀世”或“三十馀叶”的时间长度，按照 20 年一世的算法，只有四百多年或六百多年；即使按照 30 年一世的最多算法，也只有六百多年或九百多年。南北王朝同步传承的年代差距，竟高达九百年到四百年。清代钱大昕《廿二史考异》卷四则揭示了两者的世代差距：“少康至桀十一传，殷汤至纣三十传，周自武王至敬王又二十五传，而越止二十馀传，理所必无也。”两者相差了二三十代。显然，《史记》关于越王勾践源出“禹之苗裔”的记载很不可靠。

更主要的是，在这个问题上，司马迁、赵晔都淡忘了起码的地理观念。尧、舜、禹是中原地区传说中的上古圣君，实际上是黄河流域众多原始部落中先后崛起、一统四方的三个部落领袖，夏朝是中原华夏族在黄河流域建立的第一个王朝，大禹治水也好、领导国政也好，都不出黄河流域的范围，而绝不可能跑到遥远的浙东来。实际上，我们看《吴越春秋》所写大禹治水足迹所到，“昆仑”为上古中原学者所认定的黄河源头，“碣石”为古黄河入海口，“寒谷”在今河北，“积石”、“流沙”、“弱水”在今甘肃，“赤岸”、“青泉”、“赤渊”在今陕西，“龙门”即黄河晋陕大峡谷最窄处，“伊阙”即今河南嵩县，没有跨越黄河流域半步，又哪里来什么“禹济江，南省水理”呢？再看《吴越春秋》自己的记载，大禹是奉“忧中国之不康”的尧之命令治水，也就是替“中国”治水，治水的成效也是“民去崎岖，归于中国”，其本人也因而被授予“领统〔中国〕州伯，以巡十二部”的司空高官；在升官司徒，“内辅虞位，外行九伯”，成为“中国”帝君虞舜的第一辅佐之后，又继其位为“中国”帝君。由此可见，大禹是一位彻头彻尾在“中国”成其大功，又在“中国”做官称帝的人物，而上古的“中国”，众所周知乃指华夏族所在的黄河流域，即《吴越春秋》所说的“中州”，即一般所说的中原地区，那么，他又怎么会撇开他亲自定名为“夏”的“中国”不管，万里迢迢跑到江南来，以今天绍兴这个地方为“归”，在这里“朝四方群臣，观示中州诸侯”，又在这个老百姓不知道室居户处，不知道为邑打井的荒莽僻野之地“大会计治国之道”呢？岂非咄咄怪事！《逸周书·度邑》记载：“自洛汭延于伊汭，居阳无固，其有夏之居。”《战国策·魏策》则载：“夏桀之国，左天门之阴，而右天谿之阳，庐、睪在其北，伊、洛出其南。”《史记·孙子吴起列传》亦载：“夏桀之居，左河济，右泰华，伊阙在其南，羊肠在其北。”由此可见，夏朝统治的中心只在黄河、洛河、伊河汇流处，今河南西部与陕西、山西三省交界的一小块；势力辐射范围，也不过今河北南部到山东东部；今洛阳西南洛河、伊河一带，一直到夏桀时代，都是夏朝的南部边陲。这样一个统治范围逼仄的夏朝，何曾把领土范围延伸到了极为遥远的浙东？於越先民何曾是北方大禹的后裔南下繁衍而成？

实际上，不少严谨的古代学者也看出了《史记》等书的破绽。如清代梁玉绳《史记志疑》卷二载："禹巡狩葬会稽之事，起自春秋后诸子杂说，不足依据。……禹会万国诸侯，定择四方道里之中。其时，建国多在西北，不宜独偏江南。若果巡狩所至，总会东南诸侯，亦不应远来於越。盖虞夏之世，会稽不在中国，故会稽之山，不书于《禹贡》。"与赵晔同时的越地学者王充，也早在他的著作中对此说进行了有力的驳斥。《论衡·书虚篇》载："儒书言：舜葬于苍梧，禹葬于会稽者，巡狩年老，道死边土；圣人以天下为家，不别远近，不殊内外，故遂止葬。夫言舜、禹，实也；言其巡狩，虚也。……吴君高说：会稽本山名，夏禹巡守，会计于此山，因以名郡，故曰会稽。夫言因山名郡可也，言禹巡狩会计于此山，虚也。巡狩本不至会稽，安得会计于此山？宜听君高之说，诚会稽为会计，禹到南方，何所会计？……巡狩考正法度，禹时，吴〔越〕为裸国，断发文身，考之无用，会计如何？"这真是一个一针见血的论断。

现代的考古发现同样可以雄辩地驳斥"越为禹后说"，因为考古发现的夏文化与越文化是没有任何传承或连带关系的完全不同的两种文化。夏文化的考古学代表是二里头文化。从洛河、伊河之间出土的二里头文物来看，夏文化可分为四个时期——一二期属石器、陶作坊、村落文化，三四期属青铜和宫殿文化，但存在着共同的特征，即："陶器中鼎、鬲相对地较少，而以夹砂中口罐为主要炊器。瓦足簋、平底盆、绳切纹小罐、研磨器等为常见的器型。觚、爵、盉等酒器比较流行。生产工具中石铲和石镰大量使用，也有小件青铜工具。卜骨大多有灼无钻。"①而众所周知，越文化的标志性的考古特征则是几何印纹硬陶文化。浙江省考古工作报告指出："从中原先后建立夏商周奴隶王朝（前21世纪）到越国兴灭（前5—4世纪）阶段，正是我省几何印纹硬陶流行的时期。全省已发现此类遗址数百处，范围遍及绝大部分县。……从我省已发现印纹陶遗址看，可分为杭嘉湖平原、宁绍平原、金衢丘陵地和瓯江水系四个系统。除瓯江水系的面貌和福建有许多相似之处外，另外三个区域总特征还是接近的。它们既受到良渚文化的影响，又较多地继承了河姆渡文化因素。"②和夏文化是在黄河流域单独发展

① 北京大学考古组编：《商周考古》，文物出版社1979年版，第16页。

② 浙江省博物馆：《三十年来浙江文物考古工作》，收入文物编辑委员会编《文物考古工作三十年》，文物出版社1979年版，第220页。

的，形成了自己的器物特征一样，越文化也是在自己的区域按照河姆渡文化、良渚文化等顺序渐次单独发展的，形成了普遍的几何印纹硬陶的器物特征。

《荀子·儒效篇》说："居楚而楚，居越而越，居夏而夏。"看来，越与夏的各自单独存在，越文化与夏文化的各自单独发展，两千多年前的北方学者就十分清楚了。

凡此可见，勾践不可能是什么中原夏朝开国帝君大禹的南下后裔，於越先民更绝非中原华夏族从伊河岸边搬迁南来的结果。——退一万步说，即使大禹真的曾经从黄河流域到今浙东绍兴，勾践的先祖真的属于南来华夏族，那也只是说於越民族国家形态的最高统治者是南来华夏族的后裔，而越地土著仍然自有人在，否则大禹"安民"、"示民"的"民"又从何而来？

然则，"吴越"向来被人笼统称之，於越先民会不会源出近邻江苏，从宁(南京)镇(镇江)山脉一带迁来呢？科学的回答是於越先民亦非源自近邻江苏。

三、於越先民亦非源自近邻江苏

古今都有很多人把吴、越看做一体，把於越先民与古吴先民看做一个民族。

例如，著名历史地理学家谭其骧就曾"详细列举了很多地名，论述了今江浙地方多以'句'、'於'、'姑'、'无'、'乌'等为地名，与古代吴越语的发语音有关，认为吴越是同语系的一族两国"①。王文清先生更曾专门撰文，对吴、越同族说进行了比较系统的论证。他的理由是：吴、越两国土著居民地域相邻；语言相同，均被中原人视为"夷语"、"夷言"；过着"其谷宜稻"，"其畜宜鸡、狗、鸟、兽"，"其利宜金、锡、竹箭"的共同经济生活；均"断发文身"，善于下水用舟，具有共同的性格和习俗等。"吴、越两国土著居民具有这一切特征，自是同族。"②其他影响较大的学者，还有陈桥驿先生也认为

① 邹逸麟：《谭其骧论地名学》，《地名知识》1982 年第 2 期。
② 王文清：《论吴、越同族》，《江海学刊》1983 年第 4 期。

"句吴与於越属于一个部族的两个分支"[①]。如果不考虑其中另有原则性的分歧(如陈桥驿相信以苏南为中心的句吴是於越先民因卷转虫海侵被迫北迁的一支[②],这是吴、越同族,吴源于越;丁家钟《长江文化体系中的吴越文化》与周国荣《古吴族初探》则认为吴、越同族,越源于吴[③]),信从"吴、越同族"说的现代学者还真不少。

这些现代学者还可以古人为知音。例如,《吕氏春秋·知化篇》载伍子胥语:"齐之与吴也,习俗不同,言语不通,我得其地不能处,得其民不得使。夫吴之与越也,接土邻境,壤交通属,习俗同,言语通,我得其地能处之,得其民能使之,越于我亦然。"《吴越春秋·夫差内传》载文种谴责夫差:"吴与越,同音共律,上合星宿,下共一理,而吴侵伐,大过五也。"《越绝书·越绝外传纪地传》亦载:"吴、越为邻,同俗共土。""吴、越二邦,同气共俗。"

但是,深入地推究考古遗物,还原於越先民和句吴先民的信仰世界,诚如蒋炳钊先生所言:"吴、越民族主要都是由当地原始住民发展形成的,是两个不同的民族","吴、越两族出现文化类同是在后来的历史发展中形成的"。[④]《百越民族史》一书曾经从几何印纹硬陶的遗存调查入手,考证指出,杭嘉湖平原和绍宁平原的原始文化,存在两个独立发展的文化演变序列,"当进入印纹陶时期,就融合为一,发展成为於越文化",形成於越民族,"这一进程都是在杭嘉湖和绍宁平原地区土生土长的"[⑤],雄辩地证明了於越是与句吴民族并无血缘关系的土著民族。肖梦龙先生也利用考古发现和文献记载指出:"吴文化的渊源应为以南京北阴阳营下层(第四层)为代表的新石器时代文化",有着自己独立的原始文化发展序列,与越地原始文化发展序列完全不同;其立国在商末周初,立国之地即在宁镇一带,与越国的情况也完全不同。[⑥] 同样雄辩的证据还在于,於越和句吴还是两个具有完全不同图腾信仰的民族。

谭其骧先生提出江浙古今不少地名中的"句"、"姑"、"无"、"乌"等,都

---

① 陈桥驿:《吴越文化论丛》,中华书局1999年版,第17页。

② 参见同上书,第17、44页。

③ 参见周国荣:《古吴族初探》,《民族研究》1988年第1期。

④ 蒋炳钊:《吴、越是否同族》,魏桥主编《国际百越文化研究》,中国社会科学出版社1994年版,第117、121页。

⑤ 陈国强等:《百越民族史》,中国社会科学出版社1988年版,第129—132页。

⑥ 参见肖梦龙:《初论吴文化》,《考古与文物》1985年第4期。

是古代吴越语的发语音遗存，这确是一个卓见。但“於越”的“於”与“句吴”的“句”、“姑苏”的“姑”，并不能等量齐观，因为后两者是无意义的纯粹发语词，前者却是货真价实的意义载体，蕴涵着有关於越先民图腾信仰的一个重大秘密。“於越”的“於”并不是发语词，“於越”并不是於越族的本来全称，它的本来全称另有发语词在。

《逸周书·王会解》记载周成王七年(前1038)，成周洛邑建成，诸侯来朝，天下诸侯贡献方物者来自四面八方，其中东方贡献者，从今朝鲜半岛、东北到东海岛屿等各地之后，最终有：

> 东越海蛤。
>
> 欧〔瓯〕人蝉蛇。蝉蛇顺，食之美。
>
> 姑於越纳曰：姑妹珍。且瓯文蜃。若人玄贝。海阳大蟹。自深桂。会稽以鼍。

这一段记载有很清楚的地方，也有后人因误解文法而不免错谬的地方。很清楚的地方在，它记载了西周初年和“东越”(又称“闽越”，即今福建)、“瓯越”(即今温州瓯江流域)并列而三的民族“於越”，本来的全名乃是“姑於越”，“姑”才是“於越”族名本有的发语词。由此可见，“於越”一名乃是“姑於越”全名在历史的发展中简化、省略的结果。因为那时“姑於越”就是个很有生命力，繁衍、蔓延范围极为广泛的东南民族，所以王朝的史官不厌其烦地记述了“姑於越”从其治下各地搜集上来，向周天子虔诚朝贡的贡品。我们看这里写到的可知地名，除“会稽”即今绍兴是於越民族的发祥地，“姑妹”即姑蔑，在今浙南衢州，“且瓯”即“西瓯”，在今衢州以南闽西北，“共人”即“供人”，即后来的“南越”亦即今广东，“自深”即“目深”，即今粤北湘南的桂阳等，全都处在於越民族活动的边境以内(这几个地名所勾勒的范围很可能也是西周初年於越国家的统治范围)。遗憾的是，这条宝贵的材料，其间所蕴涵的重要信息，近两千年来从未引起人们的注意。偶有注意者，也是错解误读的多。因为历代传世文本“纳”字后面的“曰”字都漫漶残缺，所以很多古人都把“姑於越纳曰……”，读成了“姑於越纳”。可是这样一来，其他地方的陈述都是地名加贡品，是省略了谓语“贡”或“献”的一个主宾结构，唯独关于“姑於越”的陈述，是地名加动词，有主谓语，没有宾语，不知道“纳”了什么，实在不可理解。如此就衍生了“纳，谓纳贡也，诸国各书贡物，而於越总言纳字，非也；必其时已有细纳绉积之布矣”,“以类言之,纳龟、鳝、蛤,皆水族也,何得以纳为纳布”(清徐文靖《管城硕记》卷二十九“通雅曰有纳文者”条)等妄断和唇舌纷争。今人黄怀信先生虽据历史材料知有此“曰”字,却因缺乏对材料中多点信息的整体把握,同时也因受到古人的影响,因而一方面把“纳”字也像古人的做法之一那样强解作了“魶”(还如《管城硕记》卷二十九“通雅曰有纳文者”条),一方面又把“曰”字分配给后面的“姑妹”,当做“姑妹”的发语词,与之连读成“曰姑妹”①,造成了新的识读舛乱。这是令人遗憾的。或许正是诸如此类的遗憾,造成了“姑於越”这一重要信息在其中的沉睡!

“於越”的“於”字不是语气词已明。那么,“於”又是什么意思呢?

《说文解字》:“於,象古文乌省。”“乌,古文乌,象形。”段注:“象古文乌而省之。”《康熙字典》:“於……同乌,隶变作於,古文本象乌形。”由此可见,从汉至清的文字学家都认为,“於”就是古文象形字“乌”的笔画简化,简言之,“於”就是“乌”,是一种鸟,“於越”族名包含了於越先民对鸟的图腾崇拜,是鸟图腾符号和“钺”武器符号的统一。

於越民族对鸟的图腾崇拜广泛见于各种记载和考古遗物。

首先,是形态多样的鸟田信仰。《吴越春秋·越王无余外传》载:“禹……留越……凤凰栖于树,鸾鸟巢于侧,麒麟步于庭,百鸟佃于泽。……禹崩之后……天美禹德而劳其功,使百鸟还为民田,大小有差,进退有行,一盛一衰,往来有常。……人民山居,虽有鸟田之利,租贡才给宗庙祭祀之费,乃复随陵陆而耕种,或逐禽鹿而给食。”在这种信仰中,从“百鸟佃于泽”到“百鸟还为民田”,人民因而“有鸟田之利”,有了最基本的生活保障,都是因为大禹以於越为归宿而带来的效应,是上天因此而给予於越人民的报偿。《越绝书·越绝外传记地传》又载:“大越海滨之民,独以鸟田,小大有差,进退有行,莫将自使。其故何也?曰禹始也,忧民救水到大越,上茅山,大会计,爵有德,封有功,更名茅山曰会稽。及其王也,巡狩大越,见耆老,纳诗书,审铨衡,平斗斛,因病亡死,葬会稽。苇槨桐棺,穿圹七尺,上无漏泄,下无即水,坛高三尺,土阶三等,延袤一亩,尚以为居之者乐,为之者苦,无以报民功,教民鸟田,一盛一衰。”在这种信仰中,独一无二的於越鸟田,是大禹自己有感于在越地推行教化,得到人民的配合,特别是有

① 参见黄怀信:《逸周书校补注译》,西北大学出版社 1996 年版,第 347—349 页。

感于人民为他经营圹葬坟冢之不易,“无以报民功”,才“教民鸟田”,是大禹自己直接给於越人民的报答。《论衡·书虚篇》又载:“传书言:舜葬于苍梧,象为之耕;禹葬会稽,鸟为之田。……实者苍梧多象之地,会稽众鸟所居。《禹贡》曰:‘彭蠡既潴,阳鸟攸居。’天地之情,鸟兽之行也。象自蹈土,鸟自食苹,土蹶草尽,若耕田状,壤靡泥易,人随种之。”这可以说是一种比较理性、比较科学的信仰。总之,不管是哪种具体形态,有“鸟田”信仰存在,相信鸟有恩于於越人民世世代代的生活,则是事实。

其次,是“鸟语”、“鸟书”的传说和考古发现。《水经注》卷三十七“过交趾”条引《周礼》:“南八蛮……人民鸟语。”这是於越境内曾广行“鸟语”的记载。更重要的是《吴越春秋·越王无余外传》的记载:“无余传世十馀……禹祀断绝,十有馀岁,有人生而言语,其语曰鸟禽呼:嚥喋嚥喋。……众民悦喜,皆助奉禹祭,四时致贡,因共封立,以承越君之后,复夏王之祭,安集鸟田之瑞,以为百姓请命。”在这一信仰中,“鸟语”足以沟通神明,天生“鸟语”者竟因而具有了继位为君,上续禹祀、下请民命的神圣合法性。“鸟书”,是於越民族独有的文字,见于考古出土的诸多青铜器和石器上,如“越王勾践剑”、“越王矛”、“越王戈”、“越王钟”等。最著名的是湖北望山江陵1号墓出土的“越王勾践剑”,在靠近剑格处铸有意为“越王勾践,自作用剑”八个鸟书铭文(现代学者称为“鸟篆”)。①

再次,“鸟名”、“鸟相”记载与“鸟居”、“鸟杖”、“鸟人”的考古发现。根据“越王勾践剑”上的铭文,勾践的真名乃是“鸠浅”,是以鸠鸟为名。《史记·越王勾践世家》记载勾践的长相“长颈鸟喙”,当是司马迁到绍兴收集史料时对民间传说中勾践“伟人”长相的记录(司马迁本人作为北方学者无法理解其间的“伟大”,所以撰文时加了否定性的阐释)。“鸟居”,更准确的说明是“带有鸟图腾屋顶柱的居屋”,1982年绍兴坡塘狮子山306号墓铜屋模型的出土,见证了於越先民这种建筑的存在。这座模型的屋顶呈四角攒尖形,顶心立一图腾柱,上有云纹,柱顶塑一大尾鸠鸟。专家对此的解读是:“图腾之所以常常见于屋脊或专门建立的图腾柱上,不仅仅是为了表现人们对它的崇敬,在古代地方,还与那种图腾来自天上的天命观念有关。

① 参见湖北省文化局文物工作队编:《湖北江陵三座楚墓出土大批重要文物》,《文物》1966年第5期。

铜屋图腾柱上雕饰的云纹，显然是象征柱身高入云端和图腾（鸠鸟）居住上苍之意。”①“鸟杖”，即“青铜鸠杖”，1990 年在绍兴漓渚镇中庄村坝头山出土，底部为一跪人，顶塑一短喙翘尾立鸠。春秋时期越国的这一敬老之物，无疑和“鸟名”、“鸟相”、“鸟居”一样，反映了於越先民在生活的每一个实体层面都在模仿、亲近和崇拜图腾鸟。此外还有很多“鸟人”，多数学者又称为“羽人”，也就是毛昭晰先生探讨的《山海经》中所记载的东南“羽民国”人②，杨成鉴先生分析的“史书上失踪了的有巢氏”人③。相关的诸多考古遗物，如宁波鄞县甲村出土的有羽人划船纹饰的铜钺、广州南越王墓出土的有羽人划船纹饰的铜提筒、广西贵县罗泊湾出土的鼓胸满是羽人划船纹的铜鼓与广西西林县普驮出土的鼓胸有六组羽人划船纹的铜鼓，全都发现在於越先民曾经繁衍、生息的范围之内，这些“鸟人”或曰“羽人”全都以鸟羽为壮观的头饰，是於越先民鸟图腾崇拜最生动的体现。

复次，河姆渡遗址和良渚遗址中大量的鸟形器与鸟纹遗物。在河姆渡遗址第三、第四文化层中出土了大量以象牙、骨、木和陶为质料的鸟形雕塑和鸟纹图案，有些造型“与它同时的一些写实动物形象完全不同，作者特意给它们蒙上了一层神秘的色彩，使之超然于现实之上”④。王士伦先生曾对这些考古发现进行全面分析，指出：“越国本土土著部族的先祖河姆渡人是鸟图腾和鸟崇拜最早的部族。”⑤在良渚遗址中同样发现了大量的鸟形器，其从河姆渡鸟形器演变发展而来的线索十分清晰。研究者考察的结果，“大约从 7000 年前河姆渡文化开始，鸟形器就成为这一地区原始艺术创作活动一个重要的题材，并以一种相对稳定的造型结构和母题元素而被其后的文化所承继。至良渚文化时期，伴随着崇鸟观念的丰富和成熟，良渚文化鸟形器的制作和使用也发生了两点重要的变化”⑥。

又次，后代遗留的“鸟祖”传说。晋张华《博物志》卷一：“越地深山有

---

① 牟永抗：《绍兴 306 号墓刍议》，《文物》1984 年第 1 期。

② 参见毛昭晰：《从羽人纹饰看羽人源流》，浙江省文物考古研究所等编《河姆渡文化研究》，杭州大学出版社 1998 年版，第 20—31 页。

③ 参见杨成鉴：《河姆渡遗址文化与越族先民》，《宁波大学学报》（社会科学版）1994 年第 2 期。

④ 吴玉贤：《河姆渡的原始艺术》，《文物》1982 年第 7 期。

⑤ 王士伦：《越国鸟图腾和鸟崇拜的若干问题》，《浙江学刊》1990 年第 6 期。

⑥ 黄厚明：《良渚文化鸟形玉器的宗教文化功能》，《中国历史文物》2006 年第 4 期。

鸟如鸠,青色,名曰冶鸟。……越人谓此鸟为越祝之祖。”宋初钱俨《吴越备史》卷一:“越中尝有圣经云:有罗平鸟,主越人祸福,敬则福,慢则祸,于是民间悉图其形以祷之。”

由此可见,於越民族以鸟为恩人,以鸟为祖宗,以鸟语、鸟书为通天地神明,取鸟名、乐鸟相、戴鸟羽、执鸟杖、住鸟居,又无所不在地把鸟的姿态和自己对鸟的崇拜形塑在各种有形的象牙、骨、木、陶器、铜器、玉器上和无形的传说中,数千年一往情深,始终不渝,乃是一个彻头彻尾以鸟为图腾崇拜对象,达到无以复加程度的民族。

可是在关于句吴先民的一切文化信息中,我们却极少看到鸟图腾的踪影;在句吴先民那里,另有一番图腾崇拜景象。秘密还是在“句吴”族名的“吴”中。

吴,据清代学者陈启源《毛诗稽古编》卷二十三介绍,唐陆德明《释文》曾引何承天语云:“吴字误,当作吳,从口下大,故鱼之大口者。”何承天是南朝刘宋时期著名的文字学家、历史学家,在姓名学、礼仪学、吴地历史文化等多个方面也均有很高造诣,堪称中古历史上最博学的学者,所著两部文字学著作《纂文》、《文字指归》,在中古以后的文字学研究上屡屡被称引;其姓名学著作《姓苑》,宗法礼仪著作《礼论》三百卷和近百卷《宋书》(其中大量内容都涉及吴地历史文化),也受到当时和后世的高度推重。可以想象,这样一个资深文字学家和渊博的文化学者,他把“吴”的本意解作“鱼”,绝不可能是在进行什么随心所欲的“惊俗”①“发明”。

卫聚贤,20 世纪 30 年代吴越文化研究的开创者之一,利用新发现的甲骨文和金文资料,对“吴”的本意即“鱼”重新进行了证明。其《吴越释名》说:吴,甲骨作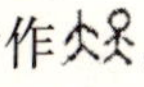,金文作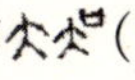(字型不少,以此四者为典型),均为“鱼”之简形。吴王寿梦以前的“吴”,都写作“”,即“虞”,寿梦自称为“工王”,即鱼、虞两字的合写,亦即两字的通写。姑蘇的蘇字,金文作,活灵活现的一条鱼(嘴边一棵水草)。姑蘇台,《吴郡图经》云“一名姑蘇,一名姑馀”,按古音同字通例,蘇亦即馀亦即鱼。又,苏州城南磨盘山上的吴城,《吴郡志》作“鱼城”,也证见吴即鱼。由此可见,“句吴”的“吴”,“姑蘇”的

① 陈启源《毛诗稽古编》卷二十三在转引何承天对此字的字意和读音分析后,加有按语说:“此音恐惊俗也。”《四库全书》本。

"蘇",本来的字形、字意、字音都作"鱼"。①

而且,不管是按吴人自己的说法,吴地"方言谓鱼为吴"②,还是像卫聚贤(山西万泉人)这样外人的说法,吴地方言谓吴为鱼,根本的一点,吴、鱼一个读音,都读[ňg],这种情况在越地绝不存在,也绝对难以理解,如陆游《老学庵笔记》卷六就说:"吴人讹鱼字,一韵皆开口",而在吴地却保持了数千年的历史一贯性,至今依然没有改变。重要者还在于,[ňg]还是吴方言中"我"的读音。试看吴地学者的说法:"时至今日,苏州人还呼自己为鱼[ňg]","按摩尔根《古代社会》中印第安人取名常以图腾物来命名之通例,就可豁然明白了"。③

这一切向我们证明,句吴原是一个以鱼为图腾的民族,这和於越完全不同。

综上可见,於越的图腾是乌,是鸟,句吴的图腾是鱼,"於越"、"句吴"两个不同的族名,本身就包含了两者原是两个根本不同民族的重大信息。

正如吴地学者业已证明的:"吴国文化与太湖地区的青铜时代文化应是同一文化,吴国文化的'根'是在太湖地区"④,句吴民族是由太湖地区的原始文化发育而成的土著民族,其民族主体自足性无假于他人一样,我们同样有十足的理由相信,於越民族也是在自己的杭嘉湖平原和绍宁平原上独立发展起来的土著民族,其以图腾崇拜为中心的文化血脉完全不同于句吴民族,绝不可能是由吴地先民南下而来。

四、於越先民的主体自足性同样无假于楚

以上已经探明於越民族的主体自足性。为了进一步明确这一问题,还有一个观点,即 20 世纪 80 年代有学者提出的"楚、越同源"说,有必要也在这里一提。

---

① 《吴越释名》,《论文月刊》第 1 卷第 11 期,1935 年。

② 明王鏊:《姑苏志》卷三十三"鱼城"条,并见明钱谷《吴都文粹续集》卷十一"鱼城"条,均为《四库全书》本。

③ 周国荣:《说吴族》,《苏州大学学报》(社会科学版)1991 年第 1 期。

④ 刘建国:《吴越文化三论——兼与董楚平先生商榷》,魏桥主编《国际百越文化研究》,中国社会科学出版社 1994 年版,第 136 页。

检核史料,确有楚、越关系密切的记载。如《世本·越世家》载:“越芈姓,子爵,与楚同祖,祝融之后。”①《墨子·非攻》载:“越王繄亏,出自有遽,始邦於越。”孙冶让《墨子闲诂》:“有遽即楚君熊渠。”《国语·吴语》韦昭注:“勾践,祝融之后,允常之子,芈姓也。”但是仅凭这样几条极简单、极不可靠的记载,就说“楚、越在远古时是来自同一祖先,是同一氏族中血缘关系比较亲近的亲族”②,实在是太轻率、太武断了。

首先,这几条材料说的是楚、越两国国君同姓芈,并非说先楚与於越先民原是一个民族。国君的姓氏与民族的性质有关系,但根本是两个问题。

其次,韦昭是三国时代人,孙冶让更是晚清学者,二人所言当属后世的以讹传讹,因此这几条材料中重要的是此一信息的滥觞者——《世本》和《墨子》,但它们是先秦北方学者的著作,所言实属北方学者对南方国君世系传承的误解。为什么这样说呢?《史记·楚世家》记载:“楚之先祖,出自帝颛顼高阳”,高阳第五代子孙,“六曰季连,芈姓,楚其后也”,“季连之苗裔曰鬻熊,鬻熊子事文王,蚤卒。其子曰熊丽,熊丽生熊狂,熊狂生熊绎。熊绎当周成王之时,举文武勤劳之后嗣,而封熊绎于楚蛮,封以子男之田,姓芈氏,居丹阳”,熊绎第四代子孙为熊渠,“当周夷王之时,王室微,诸侯或不朝,相伐。熊渠甚得江汉间民和,乃兴兵伐庸、杨粤,至于鄂〔今湖北东南的鄂州市〕”。根据这些记载,第一,我们参考《通志·氏族略》“三代之前,姓氏分而为二”,“氏所以别贵贱,贵者有氏,贱者有名无氏”,“楚以鬻熊之故,世称熊氏”等材料可知,楚国国君远出上古颛顼部族,原为芈姓,因周立国前鬻熊获事周文王,特别是因为周成王时熊绎得封于丹阳(今鄂西枝江),地位尊贵,才获得“熊”氏称号并世守以传。楚国国君的姓氏来源和传承法则,彰明昭著。可是,遍查史籍,“可知越族〔国君〕没有姓的习惯”③。这在根本上,因为颛顼属夷人的一个分支,较早融入华夏族④,受到华夏族氏族观念的影响,而於越则是一个完全独立于中原华夏族,有着自己不同的语

① 此据秦嘉谟辑补本,见该本第47页;陈其荣增订本作“越芈姓也,与楚同祖”,见该本第37页;张澍稡集补注本作“越为芈姓,与楚同祖”,并引《春秋会盟图》“芈姓,古南越国,在广州”,见该本第55页。诸本并见《世本八种》,商务印书馆1957年版。

② 吕荣芳:《楚越同姓析》,《江汉论坛》1980年第3期。

③ 庄为玑:《楚越两族并非同源》,《江汉论坛》1981年第4期。

④ 参见郭沫若:《中国史稿》第1册,人民出版社1976年版,第114页。

言文化系统和氏族观念的东南民族。不论如何，一方有清楚的类似中原的姓氏来源和传承，一方则完全没有姓氏习惯，如此又怎么能说楚、越国君同姓同源呢？第二，熊绎是在周成王时才受封于丹阳即今鄂西，《左传·昭公十二年》载楚灵王右尹子革说："昔我先王熊绎辟在荆山，筚路蓝缕以处草莽，跋涉山川以事天子，唯是桃弧棘矢以共御王事"，《国语·晋语》载晋大夫叔向也说："昔成王盟诸侯于岐阳，楚为荆蛮，置茅蕝，设望表，与鲜牟守燎，故不与盟"，均反映了立国初期楚国的卑微处境，周夷王时（比周成王晚七世）熊渠才挥师袭取了鄂，将领土扩大到今鄂东南，可见疆域范围一直极为狭小，而於越至迟早在周成王七年（按上述《逸周书》的记载）就已成为获得中原统治集团承认、可以与之抗礼而宾的南方泱泱大国了。今本《竹书纪年》载：周成王"二十四年〔前 1040〕，於越来宾"。《逸周书·王会解》载：周成王二十五年，"大会诸侯于洛邑，……於越来朝"。《艺文类聚》卷七十一引《周书》亦说："周成王时，……於越献舟。"这些记载说明，早在西周初年，越国就和周天子发生了比较频密的交往关系。根据《史记·越王勾践世家》正义引《舆地志》："越侯传国三十馀叶，历殷至周敬王时，有越侯夫谭，子曰允常，拓土始大，称王"，在公元前 6 世纪末 5 世纪初中原周敬王在位（前 519—前 476）和勾践祖父夫谭为越王之前，越国作为一个独立的南方国家已经经历了三十多代，存在了一千多年（"一叶"即"一世"，古代一世三十年）；其国家形态的建立当在公元前 16 世纪左右，正当夏商之交，比楚国始封约早五百年；如果緊亏真是於越的开国君王，他比熊渠要早七百年，怎么可能会"緊亏出于楚君熊渠"呢？退一万步，即使说緊亏出于楚君熊绎在时间上没有问题，一个那么狭小的弹丸之国，又怎么可能去封千里之外一个十倍于己的大国？

再次，从先秦到两汉，专门记载或涉及於越和楚国历史比较系统全面、也比较信实可靠的著作，不管是成于北方历史学家之手，还是为越地自己的学者所撰，从《国语》、《左传》、《战国策》，到《史记》、《吴越春秋》、《越绝书》等，没有一家提到楚、越同姓，越为楚裔。如果真的存在《世本》和《墨子》所说的楚、越关系，这些正规的历史著作，这些对於越和楚国历史最熟稔的越地内外学者，在上古重视世族的观念氛围中，又怎么会统统对此缄默不语？

在上面的基础上，我们再指出两点：

第一，追寻於越和先楚民族的原始文化起点，楚族的原始文化为长江流域的“屈家岭文化”，是介于仰韶和龙山之间的一种特殊文化，特点是泥质黑陶和泥质灰陶居多与连间式住房；而於越先民的原始文化则为东南沿海的几何印纹陶文化和干栏式建筑。两个民族所由发育的原始文化起点完全不同。

第二，不同的民族有不同的语言，不同的语言也标志着不同的民族。刘向《说苑》卷十一记载：“越人拥楫而歌”，楚王母弟“鄂君子晰曰：‘吾不知越歌，子试为我楚说之。’于是乃召越译”。越语要经过正规的翻译才能被楚人听懂，这个故事足以说明，於越民族和先楚民族拥有完全不同的语言。

由此可见，於越与先楚确乎是两个完全不同的民族，两者不存在同姓同源的关系，於越民族的主体自足性同样根本无假于楚。

综上所述，从最广大最基层的普通百姓角度去考察越文化的创造主体，去研究首要的问题即越地最早的先民属性如何，答案业已确凿无疑：它绝非自任何异域外迁而来，而是一个在越地自行发祥壮大，有其特殊原始文化、特殊语言的独立自足的民族。

但是，要比较彻底地解决越文化的创造主体问题，还有一个问题必须回答：越地最早的先民虽为土著，但后代越地人民的主体，还是不是於越先民的后裔？是否在於越先民创建的先秦越国灭亡之后，於越人民已经扫地以尽，历代生活在今浙江境内，继续创造着越文化的普通百姓，其主体成分早已换了他人？也就是说，先秦之后的越地浙江，是否早已“换了人间”？

五、关于“换了人间”的真相

“换了人间”说法的提出，并非无因。

例如有学者就提出，中国历史上的第一个大一统王朝秦朝建立后，“在钱塘江南，经过秦始皇下令迁徙以后，大越改名山阴，已不再有越人留下来安居了。新迁入的居民大多来自中原。所以现在绍兴一带人喜欢自称为‘越王子孙’或‘大禹子孙’，与历史事实并不相符”①。新出《浙江通史·秦

① 邹身城：《越国都邑、疆域考释》，《杭州师范学院学报》（社会科学版）1990年第4期。

汉六朝卷》第一章“秦朝统一越国故地”，专节阐述秦始皇对越地移民，改变越地民族结构问题时，更两次直接使用了“换了人间”的说法：

> 秦始皇此次将大越民北迁和当年“徙天下豪富于咸阳十二万户”不一样，他是把大越民迁到故吴地西部，今浙江西北和安徽东南丘陵山区，其中主要集中在太湖西南缘——苕溪流域和新安江流域。大越被迁往的这些地方，今大多可考。乌程，县治在今湖州市区；余杭，县治在今杭州市余杭区西南余杭镇；黝、歙、无湖，在皖南；石城，在今安徽当涂东北；于潜在今临安市区。这些地方大抵皆为故吴地，原本是越人聚居地，但到楚威王败越至秦一统，基本上已“换了人间”。……
>
> 秦始皇将越人迁出大越的同时，又“徙天下有罪適吏民，置海南故大越处，以备东海外越”。这些被强制迁到大越的人当然是华夏人，而不是越人。这是中原人民首次大规模地徙居越地，从秦始皇“以备东海外越”的动机来看，这些华夏人当安置在山阴县以东地区，主要分布在上虞—余姚—句章—鄮—鄞一线。……秦始皇的这一移民措施致使越国故地中心区的居民成分发生根本性的变化，上述山阴、上虞、余姚、句章、鄮、鄞等6个县成为钱塘江以南地区最早“换了人间”的区域。①

论者的文献根据在东汉时期越人的《越绝书》。该书有两处文字，非常清楚地记载了这个问题。一是《越绝外传记地传》：“〔秦始皇〕三十七年东游会稽。……是时徙大越民置余杭、伊攻、□故鄣，因徙天下有罪適吏民，置海南故大越处，以备东海外越，乃更名大越曰山阴。”二是《越绝外传记吴地传》：“乌程、余杭、黝、歙、无湖、石城县以南，皆故大越徙民也，秦始皇帝刻石徙之。……秦始皇并楚，百越叛去，东名大越为山阴也。”

但是，这样的材料能不能说明秦以后当年的越国故地、今浙江全境的居民成分“发生根本性的变化”，秦以后当年的越国故地、今浙江全境果真“换了人间”呢？

答案是否定的。

这是长期以来对史料的一个错误识读，对越地历史真相的一个莫大误解。

---

① 王志邦：《浙江通史·秦汉六朝卷》，浙江人民出版社2005年版，第16—17页。

第一，我们看移民的来源。从“更名大越曰山阴”、“东名大越为山阴”逆推可知，所谓“徙大越民”、“大越徙民”乃是指从越国故都、秦以后被称为山阴、今绍兴市城区包括附近绍兴县在内这样很小一块地方迁出居民，并非指秦始皇对过去越国统治的全境或大部分地区居民进行了全面迁出、清空政策。简言之，秦始皇下令迁徙移出的居民范围，就过去越国统治的大部分疆域、今浙江全境而言，极为狭小，完全不足以根本改变后者的人口结构。

第二，我们看移民的归宿。诚如论者所言，《越绝书》所言大越徙民的归宿，乃在今浙江西北和皖东南丘陵山区，主要又集中在太湖西南缘苕溪流域和新安江流域。但是，众所周知，今浙江西北、太湖西南缘的苕溪流域和新安江流域，本来就属春秋越国的统治范围，在越国灭吴进而北上称霸中原以后，更与今浙东一起，有约一个半世纪的时间成为越国统治的腹心之地。今皖东南丘陵山区，虽然春秋隶吴，但从越王勾践于周元王三年（前473）灭吴，尽有吴地，至周显王三年（前333）越被楚大败，“杀王无疆，尽取故吴地，至浙江”（《史记·越王勾践世家》），中间也有140年时间，是在越国的统治之下。实际上，越国占有故吴地的时间至少还可以后推到周赧王元年（前314）①；这样，皖东南和越国连为一体的历史，就不少于160年之久了。皖东南地区归属越国的历史和其后的归属演变，见于诸多史书的记载。如宋罗愿《新安志》卷一：“徽州……春秋时属吴，吴亡属越，越灭属楚，秦并天下，置黟、歙二县，属鄣郡也。”雍正《江南通志》卷一：“徽州府……春秋时属吴，战国属越，后属楚，秦属鄣郡。”“宁国府……春秋时属吴，战国属越，后属楚，秦属鄣郡。”“太平府……春秋时属吴，战国属越，后属楚，秦属鄣郡。”卷七：“广德州……春秋时属吴桐汭地，战国属越，后属楚，秦属鄣郡。”鄣郡即《越绝书》记载的“□故鄣”。我们知道，只要有了一代人的时间，就可以造就“皇恩浩荡”的效果；越国160年以上对皖东南的统治，其对皖东南故吴地沦肌浃髓的影响，自可想象。很明显，从越国故都迁出的居民，并没有被迁往完全隔膜的秦王朝的其他地方，而只是受命前往了原来也属越国统治、在精神文化血脉上两地久已息息相通的附近地区。如果秦

① 据董楚平先生考证，越国占有故吴地的时间至少还可以后推到公元前314年。见其《楚败越过程考略》，彭适凡主编《百越民族研究》，江西教育出版社1990年版，第194—205页。

始皇的移民目的，真的与史家所谓秦始皇发现“东南有天子气”（《史记·高祖本纪》），需要加以破坏相关，或如《越绝书》所说，乃是为了防备内、外越勾结，以维持国家的长治久安，那么，完全不应该把他们迁往同为东南地区的毗邻地带，而应该也可以把他们迁到遥远的陌生的他乡异域去，须知在国家空前大一统的形势之下，可以这样安排的地方实在太多太多。但是，按照《越绝书》的记载，秦始皇将来自越国故都的移民迁入到了近在肘腋的原来同样世世代代接受越国统治的地区，绝大部分人的迁徙都没有越出过去越国统治的范围，没有越出今浙江境，甚至所有人都没有脱离原来的越地文化精神氛围，可以说，这基本上只是从今浙江境内一点（越国故都所在）到今浙江境内一片（浙西北）的一次域内扩散型移民，又怎么能改变过去越国统治的大部分疆域、今浙江全境的人口结构呢？

第三，根本的问题还在这次移民的存在与否或者说移民的数量规模。秦始皇对大越移民的迁徙，仅见载于《越绝书》和《吴越春秋》两部越地文献①，而不见载于任何其他书籍。《越绝书》以其文能“纵横曼衍”（《四库全书提要》）而著称，它说这次移民发生在秦始皇三十七年东巡会稽时。可是，亲自“上会稽，探禹穴”（《史记·太史公自序》），在《越王勾践世家》中曾历数越国的世系传承和后代播迁的司马迁，他在《秦始皇本纪》中细陈秦始皇君临天下后的行踪，包括其移民举措，包括其三十七年封禅会稽时的一举一动时，却只字未提《越绝书》所书的这次大越移民。请看《史记·秦始皇本纪》中相关的记载：

> 二十五年……王翦遂定荆江南地，降越君，置会稽郡……
>
> 二十六年……秦初并天下，……徙天下豪富于咸阳十二万户。……秦每破诸侯，写放其宫室，作之咸阳北阪上，南临渭，自雍门以东至泾、渭，殿屋复道周阁相属……
>
> 二十八年，始皇东行郡县……与鲁诸儒生议，刻石颂秦德，议封禅望祭山川之事，乃遂上泰山。……南登琅邪，大乐之，留三月。乃徙黔首三万户琅邪台下。……作琅邪台……
>
> 三十三年，发诸尝逋亡人、赘婿、贾人略取陆梁地，为桂林、象郡、

---

① 《吴越春秋》的记载实际上只有一条佚文。《太平寰宇记》卷九十三“于潜”条，引《吴越春秋》云：“秦徙大越鸟语之人置。”

南海，以適遣戍……

三十四年，適治狱吏不直者，筑长城及南越地……

三十五年，除道，道九原抵云阳。……隐宫徒刑者七十馀万人，乃分作阿房宫，或作丽山。……因徙三万家丽邑，五万家云阳……

三十六年……始皇卜之，卦得游徙吉。迁北河榆中三万家……

三十七年十月癸丑，始皇出游。……十一月，行至云梦，望祀虞舜于九疑山。……过丹阳，至钱唐。临浙江，水波恶，乃西百二十里从狭中渡。上会稽，祭大禹，望于南海，而立石刻颂秦德。……还过吴，从江乘渡。并海上，北至琅邪。……至平原津而病。……七月丙寅，始皇崩于沙丘平台。

《秦始皇本纪》还写到统一全国前，秦始皇九年的一次惩罚性移民，为了彻底铲除"长信侯〔嫪〕毐作乱"的影响，秦始皇下令将其党羽"夺爵迁蜀四千馀家，家房陵"。遍查《史记》，秦始皇一生的主要移民事件，都在这里。从"徙天下豪富于咸阳十二万户"，到"徙黔首三万户琅邪台下"、"徙三万家丽邑，五万家云阳"、"迁北河榆中三万家"，甚至到"夺爵迁蜀四千馀家，家房陵"，其间的数量、原因，司马迁都写得清清楚楚，但是，他却根本没写《越绝书》所说的"大越徙民"；秦始皇和越地的关系，特别是秦始皇死前半年上会稽的前前后后，司马迁也交代得清清楚楚，但是，对大越来说绝对是扫地以尽的这次移民，在他的交代里却丝毫没有踪影。这说明什么呢？说明要么根本就不存在什么大越徙民，要么移民的规模太小，根本就可以忽略不计，两者必居其一！

再说，如果"乌程、余杭、黝、歙、无湖、石城县以南，皆故大越徙民也"，确有其事，当是相当大规模的一次移民，但秦始皇本人上会稽后半年即死于途中，秦王朝亦迅即陷于土崩瓦解、鱼烂不可收拾的境地，揆以时势事理，濒死、濒亡之际的秦始皇、秦王朝，又哪有时间、心境和必要性来组织、实施这么大规模的一次移民？

第四，我们再推敲一下所谓"中原人民首次大规模地徙居越地"问题。引发论者作此判断的《越绝书·越绝外传记地传》原文是："因徙天下有罪適吏民，置海南故大越处，以备东海外越。"清清楚楚，明明白白，是有一批"天下有罪適吏民"，被秦始皇下令征调到越国故都附近，"以备东海外越"，亦即成为防备外敌（"外越"就是当时秦王朝的外敌）入侵和骚扰，保卫边疆安全的边防驻军了，这和《史记·秦始皇本纪》所载"三十三年，发诸尝逋亡人、赘婿、贾人……以適遣戍"，"三十四年，適治狱吏不直者，筑长城及南越地"，所反映的边防或前线驻防安排性质完全一样，根本不是一般的移民。这些人的身份是"戍卒"。虽然不可避免和当地一般百姓也有交往，但他们自有其固定而狭窄的活动空间（边境线），自受到一般百姓所无的边防纪律的约束，更自有其不同于一般百姓生活的日常职责（承担防守边境或其他带有国家使命的任务）。实际上，《越绝书·越绝外传记吴地传》在"寿春东凫陵亢"条下有一段文字，就记载了会稽戍卒执行的一次国家水道开浚工程：

> 秦始皇造通陵，南可通陵道到由拳塞；同起马塘，湛以为陂，治陵水道到钱唐越地，通浙江。秦始皇发会稽戍卒，治通陵高〔"高"当为"江"误〕以南陵道，县相属。

"由拳"为今嘉兴的秦代地名。"马塘"，古名又叫马塘堰，在嘉兴城南七里。《元丰九域志·两浙路·上秀州军事》："马塘堰，图经云，秦始皇三十年东游至此，改长水为由拳县，遏水为堰以厌水市之谣，其堤既立，斩马祭之，因名。""通陵"，即通陵江，按《论衡·书虚篇》说伍子胥抛尸之所，"有丹徒大江，有钱唐浙江，有吴通陵江"，通陵江应为苏杭运河中苏州到嘉兴一段。根据《越绝书》的这条材料，古代江南地区最重要的苏杭运河，原来就是越地戍卒当年按照秦始皇的部署，分为苏州到嘉兴和嘉兴到杭州两段，进行两地同步开挖、疏浚，最后打通到钱塘江的。这个记载雄辩地证明"因徙天下有罪適吏民，置海南故大越处，以备东海外越"者，绝不是一般的移民入越，所谓"中原人民首次大规模地徙居越地"纯粹是论者的想象！这些"天下有罪適吏民"的到来自然不能说对越地的人口和风尚没有丝毫影响，但这种影响和一般的大规模的移民迁入不可同日而语，同样绝不足以改变越地人口的根本结构。

综上所述，秦始皇末年，在当年的越国故地、今浙江全境，并没有发生什么根本的"换了人间"的大事，当年的越国故地、今浙江全境的民众应该仍然主要是於越先民的后裔。

事实上，从战国末到汉初整个历史大转折时代的越地人口变化，还是司马迁的记载最为精确。《史记·越王勾践世家》记载楚威王"大败越，杀王无彊，尽取故吴地，至浙江"后的措辞是："而越以此散，诸族子争立，或为王，或为君，滨于江南海上，服朝于楚。后七世，至闽君摇，佐诸侯平秦。汉高帝复以摇为越王，以奉越后。东越、闽君，皆其后也。”这意味着，第一，此间受冲击和变动最大的是原来越国的王族成员，而不是越地的普通百姓；第二，这些王族的流散去向，主要是对中原王朝来说更加边远的福建和广东沿海，而不是逆向迁往离中原王朝更近的所在。这两点中最重要的是第一点。王族成员的数量，较之受其统治的越地的广大百姓来说，当然极为有限。这也就意味着，从人口迁出的角度来说，在当年的越国故地、今浙江全境，当战国末到汉初的历史大转折之际，只有很小一部分人成为远徙天涯的永恒游子，而大多数越地人民仍然留守在自己的家园，并没有离开故土。

综观后代各个时期各种方式的越地人口迁出，皆可作如是观。不论是宋元之交和明清之交士人的感于异族统治，愤而出走异域，或者明代中后期沿海居民因与日本海商的交往而落籍彼邦，近代甚至当代知识分子的因留学而侨居美、日，正如因出仕做官而升走远迁者毕竟极少一样，从越地走出的人口数字，相对于整个人口数字来说，比例毕竟很小很小。即使是在江南移民史上最为突出的明初移民事件，其对浙江整体人口的撼动，也是非常有限的。

试看《明史・食货一・户口》的记载：

> 其移徙者，明初，当徙苏、松、嘉、湖、杭民之无田者四千馀户，往耕临濠。……复徙江南民十四万于凤阳。户部郎中刘九皋言：“古狭乡之民，听迁之宽乡，欲地无遗利，人无失业也。”太祖采其议，迁山西泽、潞民于河北。后屡徙浙西及山西民于滁、和、北平、山东、河南。……又徙直隶、浙江民二万户于京师，充仓脚夫。太祖时徙民最多，其间有以罪徙者。建文帝命武康伯徐理往北平度地处之。成祖核太原、平阳、泽、潞、辽、沁、汾丁多田少及无田之家，分其丁口以实北平。自是以后，移徙者鲜矣。
>
> 太祖……惩元末豪强侮贫弱，立法多右贫抑富。尝命户部籍浙江等九布政司、应天十八府州富民万四千三百馀户，以次召见，徙其家以实京师，谓之富户。成祖时，复选应天、浙江富民三千户，充北京宛、大二县厢长，附籍京师，仍应本籍徭役。

明初洪武、建文、永乐三朝的移民大政俱见于此。不难发现，明初的移民主要分为开发性移民(即所谓“移徙”)和贫富调节性移民(即所谓“右贫抑富”)两项。在前一项下,成规模、有记录的移民,是从今苏南(明清上海属苏南)和浙西北地带,向明中都凤阳和京师南京进行的三批移民,分别是4000户、14万人和2万户,其中14万人按4到5人为1户计算当近3万户,则总数约为54000户;按浙西北占其中1/2的粗略计算,则迁自浙江的移民,约为27000户。在后一项下,两次成规模的移民,一是太祖时从浙江等9布政司和直隶应天府等18府州县,也就是从浙江等9布政司和南京所在的江南行省(《明史·地理一·南京》载南京“统府十四、直隶州四”),也就是从包含浙江在内的天下10个行省,向京师南京进行的移民,数字是14300户,按浙江占1/10的平均率算,则约为1430户;按浙江最多占其中1/2算,则约为7150户。后一项下另一次,成祖时期向北京的移民,按浙江占1/2算,当为1500户。合并明初两大项、五次成规模的移民,总计从浙江向南京、北京和凤阳迁移的人口,数字在29930户到35650户之间。可是,明初浙江全境的人口数字是多少呢?文献记载的数字是:洪武十四年,215万以上;洪武二十四年,228万;洪武二十六年,213.8万以上。① 两项对照,前者只占后者的1%到2%之间!

这个比率有力地说明,明初的江南富民迁徙,根本未曾也不可能动摇当时浙江境内的人口结构。影响是有的,但应该说,不可能存在任何实质性的冲击。

至于从两晋之交到两宋之交以降,历代外地移民向越地的迁入,按照上述思路来考察其间的人口比例,也可作如是观。

一个根本的原因在于,让於越后裔欣慰的是,从汉唐以来,这里就从未发生过任何大规模、全局性、毁灭性的天灾人祸,从未出现严重的人口损耗,这里日出而作、日入而息的生活节律基本上是一直平静地延续着,也就从未出现“江西填湖广”、“湖广填四川”那一类移民运动的悲剧前提和大规模移民运动本身。

由此可见,在当年的越国故地、今浙江全境,历代都有移民的迁入和迁出,但这些迁入和迁出,没有一次属于根本的对越地人口结构的改造。越地人间的风景一如既往,这种一如当然伴随着日新月新,但彻底的“换了人

---

① 参见陈剩勇:《浙江通史·明代卷》,浙江人民出版社2005年版,第65页。

间”的演变,确实从未发生。

我们的最终结论是:越文化的最初缔造者,就是土生土长、栖息繁衍于今杭嘉湖平原和绍宁平原的於越先民,他们不是南来的华夏族后裔,也不是毗邻的句吴或先楚宗支;秦汉以来的越地从未和周遭隔离、封闭,也就从未停止移民的迁入和迁出,但历代越地百姓的主体,确实一直就是於越先民的后裔。越文化就是於越先民和他们的后裔——包括普通人和其中的精英,与程度不同地打上了异域文化色彩的移民及移民后裔精英人物,共同创造的。作为越文化的创造主体,移民及移民后裔精英人物的贡献不可磨灭;但如果一定要在於越先民和他们的后裔与移民及移民后裔精英人物两者之间进行“权重测定”的话,那么,毋庸讳言的是,前者的重要性要更形突出。

第三章　越文化衍生的地理环境

根据恩格斯的观点，“人本身是自然界的产物，是在自己所处的环境中并且和这个环境一起发展起来的”①。区域文化作为区域人类的创造产物，自然也离不开区域环境，其衍生、发展的过程离不开区域环境的格局及其变迁，其文化特性的形成与区域环境的影响紧密相关。普列汉诺夫对此也曾有精辟的阐述，他指出，人类生活方式等许多东西无不“依赖于该社会的历史环境的影响，但人类发展的地理背景毕竟无疑地表现出强烈的影响”②。这也就是文化发生学的理论核心所在：一种区域文化及其特征之形成，取决于与外部文化交流的历史机遇与其自身地理环境的特殊性两大要素，后者往往具有更为重要的前提性和决定性的意义，如梁启超所言：“史迹之为物，必与‘当时’，‘此地’之两观念相结合”，“地理与人民二者常相

① 恩格斯：《反杜林论》，《马克思恩格斯选集》第3卷，人民出版社1995年第2版，第375页。

② 普列汉诺夫：《谈谈历史》，《普列汉诺夫哲学著作选集》第2卷，三联书店1961年版，第250页。

待,然后文明以起”,“其相关之要,恰如肉体与灵魂相待以成人也”。① 因此,要考察越文化的历史发展和特性形成,其自然地理基础这一物质前提自当予以审视。古人对此已有涉及。如《雍正浙江通志》卷九十九《风俗上》载:“两浙水土风气不齐,故民俗淳漓不一。”又引周起莘《雷琴記》的说法以为:“两浙人文区薮,浙以西之文华而靡,浙以东之文清以淑。”差异何以如此?该卷引旧《浙江通志》的记载说:“浙东多山,故刚劲而邻于亢;浙西近泽,故文秀而失之靡。”这说明,古人已经看到了区域文化个性后面的环境因素。现在,我们将对此进行比较全面和深入的把握。

一、越地地理环境的基本格局与优势

越地,如果按照古越国统治的主要区域、今浙江省全境来理解,位于北纬27°03′—31°11′、东经118°02′—123°08′之间,属于温带靠近热带的亚热带中北部,气候类型为亚热带季风气候。在距今7万—1万年前,年平均温度比现代要低3°C左右;在距今9500—7500年前,平均温度比目前约低1°C—2°C;在距今7500—3000年前,平均温度比目前约高2°C左右,此后再次转凉;在距今900—550年前,又逐渐转暖到现代温度。② 总体而言,年平均温度适中,四季分明;冬夏季风交替明显;光照较多,热量资源比较丰富;雨量丰沛,常年降水量在1100—1900毫米之间,空气湿润;光、热、水的配合,有利于农林和经济作物的生长,具有发展农业文明的天然优势。

这里的地形特点是坐陆临海、半面抱海。越地东部面向大海,海岸线从东北转东往东南,曲折漫长,超过2200公里,以今浙江省的范围来考虑,在全国各省中名列前茅;沿途有不计其数的突出岬角和杭州湾、象山港、三门湾、台州湾、乐清湾、温州湾等程度不同地深入内陆的海湾,交错点缀其间;近海大小岛屿星罗棋布,总数超过2160个,占全国岛屿总数的2/5。位于杭州口外海域的舟山群岛,由680多个岛屿组成,为全国第一大群岛,宛

① 《饮冰室专集》四十七《地理及年代》、《饮冰室文集》六《中国史绪论》,《饮冰室合集》,中华书局1989年版,第9册第1页,第1册第5页。

② 参见王开发、张玉兰:《根据孢粉分析推论沪杭地区一万多年来的气候变迁》,《历史地理》创刊号(1981年)。

如越地大陆这艘不沉舰艇向东海大洋抛出的一只冲锋舟。东海波涛直接环抱的陆地面积占了全部陆地面积的整整一半,这使越地在长足发展稻作农业和农耕文明之外,同时具备了进军海洋国土、发展海洋文明的又一天然优势。

这里的陆地地貌特点是西南高、东北低,山峦起伏,沟谷纵横,平原逶迤,具有"七山一水二分田"的陆地表面结构。越地山脉自北而南共分四支,均呈自西南向东北延伸扩展的走向:第一支为浙西北的白际山脉—天目山脉,由皖南的黄山山脉延伸而来。其中,白际山脉为浙皖的分界线;天目山脉又分东天目山脉和西天目山脉,峭壁突兀,森林幽深,是长江和钱塘江水系的分水岭。第二支为自浙西向杭州湾口方向延伸的千里岗山脉—龙门山脉,由赣东的怀玉山脉延伸而来。其中,千里岗山脉山麓溶洞遍布,为新安江和衢江水系的分水岭;龙门山脉为低山丘陵,为富春江和浦阳江水系的分水岭。第三支山脉系由闽北的武夷山脉进入浙西南部的仙霞岭山脉,再向东北偏东进一步延伸扩展为大盘山脉,又向东北偏北三分而为会稽山脉、四明山脉、天台山脉。其中,仙霞岭山脉地势高峻险要,为钱塘江与瓯江水系分水岭;钱塘江、瓯江、曹娥江、灵江等诸水均可寻源于大盘山;天台山东北没入海中,构成舟山群岛。第四支山脉由浙闽交界的浙南洞宫山脉,向东和向北延伸扩展为雁荡山脉和括苍山脉(瓯江以南称南雁荡山脉,瓯江以北称北雁荡山脉和括苍山脉)。按现在的浙江省全境来计算,山区面积占70.4%,森林覆盖率为59.4%,古代森林覆盖率必在60%—70%之间。广袤的山区面积蕴涵着大量的矿产资源,特别是非金属矿产资源丰富;繁茂的森林植被,意味着林业资源和植物作物资源丰富。这为越地先民的生存提供了比较充沛的自然资源。

这里的农业耕地主要分布在中部的金衢盆地和东北部的杭嘉湖平原和宁绍平原。金衢盆地为越地最大的盆地,西南起自浙赣边境,东北铺展至会稽山南麓,北邻千里岗山脉和龙门山脉,南依仙霞岭山脉,宽约10—20公里,长达220公里,是一个呈西南—东北走向的走廊式盆地。该盆地系由浙东华夏褶皱带与浙西钱塘台拗两大构造单元接洽部位,在燕山期构造变动中断裂凹陷而成,内部沉积了巨厚的侏罗系和白垩系的红色沙砾岩和页岩,在流水的侵蚀作用下,逐渐形成盆地中疏松的红土层和红岩低丘。杭嘉湖平原位于杭州湾北岸,太湖以南,天目山脉和浙西丘陵以东,为长江三角洲的组成部分，以太湖为中心呈东南略高、西北略低的浅碟形，面积约为6400平方公里，为越地最大的堆积平原。其中，北部表层沉积物以细颗粒泥沙（细粉沙、粘土）为主，属河流湖泊堆积物，系由长江、钱塘江和太湖水系泥沙堆积而成；南缘属潮滩相沉积物，土质粗而疏松，为海水顶托和多次海侵作用形成。位于杭州湾南岸的宁绍平原，是越地第二大堆积平原，面积约4800平方公里，倚山枕海，南高北低，系全新世末最后一次海侵对龙门、会稽、四明山麓的拍击、侵蚀与钱清江、曹娥江、甬江等沿岸河流带来上游泥沙等共同作用而成。金衢盆地中贯穿了常山港、江山港、衢江、兰江、金华江等钱塘江水系河段，杭嘉湖平原现代河网密度达到平均12.7公里/平方公里，宁绍平原仅宋代以来地方史籍有记载的湖泊就有217个，故两平原均堪称全国河网密度之冠。这些地表条件为越地先民的生存提供了从事农业开发的第一舞台，使金衢盆地、杭嘉湖平原、宁绍平原很早就成为越地人民赖以为生的"聚宝盆"、"粮仓"和文化衍生的沃壤。

越地主要河流有钱塘江、瓯江、灵江、东西苕溪、甬江、飞云江和鳌江等。其中，最北端的东苕溪、西苕溪分别发源于天目山脉的东麓和北麓，属太湖水系，为太湖的重要水源之一。最南端的飞云江和鳌江都是独流入海的河流，分别源出洞宫山支脉和南雁荡山狮子岩，东流176公里和82公里，流域面积达到3730多平方公里和1540多平方公里，在今瑞安市东南和平阳县鳌江镇入海。飞云江以北，瓯江为越地第二大河流，发源于浙闽交界处的洞宫山西北麓，经今丽水、青田、永嘉等地，沿途汇入龙泉溪、松阴溪、大溪、小溪和楠江等支流，干流全长约376公里，流域面积达1.7万平方公里，在今温州市区注入大海。瓯江以北，灵江为越地第三大河流，发源于大盘山脉西南仙都山与括苍山夹角的天堂尖，经仙居、台州东流而下，沿途有永安溪、始丰溪、灵江、永宁江等干支流，干流全长近200公里，流域面积达6600平方公里，在今椒江牛头山颈入海。甬江由分别发源于四明山东麓和北麓的西南奉化江和西面姚江汇集而成，干流全长105公里，流域面积达4500多平方公里，在今宁波镇海口流入东海。而越地最大、最重要的河流则是堪称越地人民的母亲河，古称"浙江"、"之江"的钱塘江。钱塘江主要发源于皖南休宁和闽西北浦城，主要支流有乌溪江、新安江、分水江、金华江（婺江）、浦阳江、曹娥江等。干流各段则随地异名：乌溪江在衢州与江山港汇合以后，称衢江；衢江至兰溪与金华江汇合之后，称兰江；兰江至建德与新安江汇合后到桐庐，称桐江；桐庐以下，称富春江；富春江至萧山闻家堰纳入浦阳江后，始称钱塘江。钱塘江干流全长668公里，流域面积达55558平方公里，超过了现有浙江省陆地全部面积101800平方公里的一半。大大小小的河流将山脉、盆地、平原勾联在一起，以充沛的水资源滋润着越地四面八方，孕育了越地儿女；这些河流还与海洋的万顷波涛连为一体，构成了独特的水环境这一越文化发育的又一载体。

由此可见，越地地理环境的基本格局是温带亚热带气候；陆地水资源与林业资源丰富，土地资源农耕价值高；海岸线将山区高地、平原、盆地连为一体，陆地向大海全面开放。这为越文化的发祥、壮大，提供了比较优越的自然条件。

马克思曾经指出温带气候对人类文明的发育作用："资本的祖国不是草木繁茂的热带，而是温带。不是土壤的绝对肥力，而是它的差异性和它的自然产品的多样性，形成社会分工的自然基础，并且通过人所处的自然环境的变化，促使他们自己的需要、能力、劳动资料和劳动方式趋于多样化。"他还从经济的角度谈到地理环境对文化衍生的具体影响："外界自然条件在经济上可以分为两大类：生活资料的自然富源，例如土壤的肥力，鱼产丰富的水域等等；劳动资料的自然富源，如奔腾的瀑布、可以航行的河流、森林、金属、煤炭等等。在文化初期，第一类自然富源具有决定性的意义；在较高的发展阶段，第二类自然富源具有决定性的意义。"①黑格尔更曾断言人类历史的主要舞台都是在温带，"有好些自然的环境，必须永远排斥在世界历史的运动之外"，"在寒带和热带上，找不到世界历史民族的地盘"，"历史的真正舞台所以便是温带，当然是北温带，因为地球在那儿形成了一个大陆，正如希腊人所说，有一个广阔的胸膛"；作为一个西方学者，他还把欧洲看做"世界精神"的故乡（在我们看来，应该是"西方世界"精神的故乡），而这在地理环境上的一个重要原因在于，欧洲把高地、平原、海岸三种地形集于一身，从而消除了大江、大山、沙漠、平原等地形在其他地方的隔绝、对峙以及由此而造成的居民孤立和闭关自守。② 我国近代学者梁启超也曾指出："人必能自养其欲，自给其求，然后高尚之思想事业乃起焉。

① 《资本论》第1卷，人民出版社2004年第2版，第587、586页。

② 参见[德]黑格尔：《历史哲学》，王造时译，三联书店1956年版，第124、146页。

极寒极热之地，其人穷日之力以应付天然界之洊迫，犹且不给"，"酷热之时，使人精神昏沉，欲与天然力相争而不可得；严寒之时，使人精神憔悴，与天然力相抵太剧，而更无馀力以及他"，气候因素对文化创造的主体——人的这种作用，导致了世界文明的最初诞生不在寒带、热带而在温带；同时，世界文明最初诞生在温带，还与温带地区土地这一人类最基本的生活资料的产出潜能紧密相关，"盖文明之初发生，必在得天独厚之地。厚者何？即气候温暖，物产饶足，谋生便易是也"，"埃及、印度、中国、巴比伦诸地，其所以能为文明祖国者，非徒地势使然，亦地气使然也"，因为远古初民控制自然的能力低下，"必其地之天然力极丰饶，常足偿其劳力而有馀者，然后文明生焉"。梁启超也曾分析欧洲的地理环境对其文明进程的影响，他指出："欧罗巴洲之半岛之海角之湾之岛屿，视他洲为特多，其海岸线之比例视他洲为特长，以故船舶交通之利便冠绝宇内，以故物产之交换易，言语技术思想之交换易，凡有形无形之各种事物莫不彼此相摩相厉相竞相师，开化速进，皆此之由。"此外，梁启超还谈到水、平原等地理环境因素对文化的催生作用，以为"文明之发生，莫要于河流"，"中国、印度、埃及、巴比伦皆在数千年以前庞然成一大国，文明烂然，盖平原之地势使然也"。①

不难发现，中西哲人所述有利于文化发展的各种优越地理条件，在越地都具备。

首先，在气候方面，如前所述，越地地处亚热带中北部，亦即温带的南部。而且，在距今约 7 万年的大多数时间内，年平均气温都比现代要低。这是一种非常适宜文明和文化孕育的气候条件。

其次，在自然资源方面，如前所述，越地具有堪称文明"乳汁"的丰富水资源，具有不啻为文明"温床"的潜力巨大的盆地和平原等土地资源；依托于这些土地和更多的山区，马克思所说的第一类自然富源和第二类资源富源在越地也极为丰富。越地"天然力极丰饶"显而易见。拜这些优厚的物质基础之赐，越文化最早的种子就在盆地、平原和河谷间破土而出。众所周知，距今 1 万年左右的上山文化诞生在浦阳江水系上游、龙门山与会稽山脉之间，距今 9000 年左右的小黄山文化诞生在曹娥江流域上游、会稽山

① 以上引文见《饮冰室文集》十《地理与文明之关系》、《欧洲地理大势论》、《中国地理大势论》，《饮冰室合集》第 2 册，中华书局 1989 年版，，第 107—111、101、78 页。

和四明山之间，距今8000年左右的跨湖桥文化诞生在宁绍平原，距今7000年左右的马家浜文化和河姆渡文化分别诞生在杭嘉湖平原和宁绍平原，距今6000年左右的崧泽文化和距今5000年左右的良渚文化亦均诞生在杭嘉湖平原。

再次，在地形方面，如前所述，越地拥有漫长的海岸线、众多的海湾和全国最多的岛屿、最大的群岛，这使越文化的壮大和特色形成实际上具有了内陆区域文化所没有的海洋国土的又一温床。

但是，历史的演变和文化的衍生从来不是简单的直线运动，地理环境对区域文化的影响也从来不是只有正面的简单的促进作用。换言之，越地人民在充分利用大自然的"恩赐"，创造出悠久辉煌的越文化过程中，还受到了越地自然灾害的考验，经受了环境灾难的挑战；考察越文化发展的地理环境因素，自然灾害与环境挑战亦应纳入视野。

二、越地自然灾害与环境挑战

上述关于越地气候适宜、"天然力极丰饶"、具有海洋国土独特温床等描述，应该说，只是一种总体上的，而且是比较静止、比较纯净的把握。但历史的存在从来不是静止的，也从来没有纯净的状态，阳光明媚、风和日丽总是与雨怒云愁、狂风交加迭为起伏，今天秀丽的越地平畴沃野、明流幽溪、层峦叠嶂，在历史上曾经一再呈现为哀鸿遍野的惨状。如果把越文化比作一把锐利的钢刀，把越地地理环境中的有利条件和各种历史机遇比作铁矿石，把越地人民的文化创造比作采矿以炼铁、熔铁以锻刀的功夫的话，那么，自然灾害和环境挑战的考验，一定程度上则可以称为炉中的烈火。

最先出现的环境灾难和挑战是晚更新世的海侵。根据有关专家的研究，第一次海侵为星轮虫海侵，约始于距今11万年前，海水沿深切河谷而上，海面上升到比现代海面高出5—7米的位置，近海大片平原均被淹没；到距今7万年前才开始海退，约经2.5万年，海岸线后退到东海外大陆架上，海面比现代海面约低70米，舟山群岛与大陆连为一体。第二次海侵为假轮虫海侵，规模比星轮虫海侵为大，约始于距今4万年前；海退则发生于距今约2.5万年，且起初异常迅速，约经2000年的时间，海岸线已后退到比现代海面低 110 米的位置，到距今 2 万年前，又后退到比现代海面低 136 米的位置，到距今 1. 5 万年前，海岸线进一步后退到今海岸以东 600 公里，海面比现代海面低 155 米的位置。应在这次海退以后，越地先民就在杭嘉湖平原和宁绍平原上繁衍生息。此时，杭嘉湖平原和宁绍平原比现在广阔得多，气候暖热，河湖交错，南有山林之饶，东有鱼盐之利，自然条件十分优越。但假轮虫海退结束，又立即发生了卷转虫海侵，海水沿东海大陆架不断抬高、西进，沿海平原面积逐步收缩，土壤盐碱化渐渐提高，陆上生物资源持续减少，农业生产和日常生活越来越困难；在距今约 8500 年前海侵达到最高峰①，杭嘉湖平原和宁绍平原沦为一片浅海，海水直拍天目山、会稽山和四明山麓。面对这一不可克服的环境灾难，生活在这一带的越地先民不得不一方面与步步进逼的海潮作斗争，一方面选择了迁徙流散：一支向西，迁往浙西的丘陵地区；一支向南，迁往会稽、四明山麓，并进而再迁往会稽、四明山区；一支向东漂洋过海，迁往临近的日本、琉球、韩国、台湾以及东南亚和南太平洋诸岛。史前成千上万年与海侵灾难的漫长搏斗，无疑成为形塑越文化坚韧品格和开拓精神的第一个重要力量。

虽然卷转虫海侵之后紧接着又出现海退，杭嘉湖平原、宁绍平原和瓯江口南侧平原又相继恢复成陆，在最近 7000 年内海面都稳定在现代海平面附近（大多数时间内比现代海平面低 1—2 米，只在距今 3800—3100 年、2600—1200 年、200 年前三个时间段内比现代海平面高 1—2 米），海水未再以海侵的形式大规模吞没越地，但包括海潮在台风裹挟下扑向古越大地，夺走人民生命、生产资料和生活财产在内的各种自然灾害和环境灾难，从史前一直到近代，几乎从未停止；可以说，越文化的诞生，有其地理环境风调雨顺、平安无事的岁月，但更多的时候，它承受了在烈日苦旱中暴晒或在大风大浪中簸荡等种种磨练。

如前所述，越地属亚热带季风气候。冬季在蒙古冷高压的控制下，盛行偏北风，以晴冷干燥天气为主，容易发生寒潮、大雪、严重冰冻等灾害；春季气旋活动频繁，锋面降水丰富，冷暖变化较大，容易发生低温连阴雨、冰

---

① 这里采信林华东先生的见解（《浙江通史 · 史前卷》，浙江人民出版社 2005 年版，第 11 页）。陈桥驿先生以为高峰发生在距今 7000—6000 年（《吴越文化论丛》，中华书局 1999 年版，第 43、59 页），冯怀宗等则以为仅在距今 6000—5500 年前海面比现今略高（《全新世浙江的海岸变迁与海面变化》，《杭州大学学报》社会科学版 1986 年第 1 期），均有未当。

雹、暴雨等灾害；夏季受太平洋副热带高压控制，以东南风为主，从海洋带来充沛的水汽，空气湿润，初夏冷暖空气常在境内上空交汇，暴雨、洪涝灾害时有发生；盛夏属高温、干旱期，秋季一般气候温和少雨，所以都容易发生干旱、台风等灾害。由于季风的不稳定性，冬夏季风的强弱变化和进退的迟早，每年有所不同，同时由于地处中低纬度的过渡地带和江南山地与长江三角洲大平原的接壤处，容易遭受西伯利亚寒流的侵袭和海洋热带系统的影响，所以常导致反常的低温和高温，或者雨水失常，形成旱涝。更由于地貌特点是西南高、东北低，山脉走向和排列与季风环流方向呈正交或斜交，对来自北方的寒流与来自东南海洋的台风，虽起到一定的屏障作用，但当台风侵袭时，山脉的阻挡使台风移速减慢，气流受阻抬升，而使雨势加大，容易加剧台风产生的大风、洪涝灾害。而且，越地河流大多源短流急，落差大，不易储水，所以少雨时易发生干旱；河流下游直接入海，常受潮汛顶托，遇到暴雨，又排水不畅，更容易加剧洪涝灾害的发生。此外还有人为的因素，随着经济的发展，人口增长，人、地矛盾愈演愈烈，山林损毁、湖泊堙废的现象也越来越多，进一步损坏了大自然自身的水旱调节功能。这些因素使得越文化萌生的地理环境，在“富饶之地”的特色之外，又具备了“多难之邦”的又一属性。

越地地理环境的多灾多难，还可以通过定量数字来说明。这里，我们可以引用一部著作的研究成果。这就是凝聚了众多学者心血的《中国气象灾害大典·浙江卷》①，该卷在按台风、暴雨、洪涝、干旱、热害、寒潮、大雪、低温冷害、雷电、冰雹、龙卷风、大风为序，分类深入总结了浙江历史上各种气象灾害的原因、特点、频次和突出个案之后，用附录一《浙江气象灾害年表》的形式，直接反映了各朝各代浙江历史上的主要自然灾害。我们可以将这个年表记载的内容，统计如下：

朝代	灾害年数（其中两种以上灾害同时发生年数）	朝代	灾害年数（其中两种以上灾害同时发生年数）
东周	2(1)	唐	59(10)
西汉	1(0)	五代	8(0)

① 参见温克刚主编：《中国气象灾害大典·浙江卷》，气象出版社2006年版。

续表

<table>
<tr><th>朝代</th><th colspan="2">灾害年数(其中两种以上灾害同时发生年数)</th><th>朝代</th><th colspan="2">灾害年数(其中两种以上灾害同时发生年数)</th></tr>
<tr><td>东汉</td><td colspan="2">4(0)</td><td>宋</td><td colspan="2">北宋 93(13);南宋 142(111)</td></tr>
<tr><td>三国</td><td colspan="2">4(0)</td><td>元</td><td colspan="2">72(38)</td></tr>
<tr><td>晋</td><td colspan="2">26(5)</td><td>明</td><td colspan="2">261(211)</td></tr>
<tr><td>南朝</td><td colspan="2">25(3)</td><td>清</td><td colspan="2">270(249)</td></tr>
<tr><td>隋</td><td colspan="2">2(0)</td><td>民国</td><td colspan="2">38(38)</td></tr>
<tr><td>总体合计</td><td>1007(679)</td><td>晋代以后合计</td><td>996(678)</td><td>宋代以后合计</td><td>876(660)</td></tr>
</table>

由表可见,从有灾害记载的周敬王二十六年(前 494)开始到公元 1949 年,越地 2443 年的历史中,有 1007 年都发生了自然灾害,其中有 679 年的灾害在两种以上,平均每 10 年有 4 年多发生了自然灾害,在灾害年数中多灾害发生的频率达到近七成。这已经是一个不小的数字。实际上,因为中国有文字记载的历史最初主要记载的都是北方,对南方甚少留意,因此,史书上有关晋以前越地灾害的记载甚少,并非真实的历史状况就是如此。中国历史舞台向南方转移,包括越地在内的广大南方较多地进入历史学家的视野,众所周知始于两晋之交,因此,有关越地自然灾害的记载从晋代开始才比较接近历史的本来面目;进入宋代特别是南宋,越地在经济、文化各方面都开始成为全国的中心,有关的历史记载也就更加翔实。因此,更值得重视的是合计栏的后面两组数字:从晋泰始元年(265)到公元 1949 年,越地 1684 年的历史中,有 996 年发生自然灾害,年频率达到 59.1%,平均每 10 年有近 6 年发生自然灾害;996 年灾害中,两种以上的多灾害同时发生的年数为 678,多灾害同时发生的年频率及与灾害年数的比率分别为 40.3%、68.1%。从宋太祖建隆元年(960)到公元 1949 年的 989 年中,越地有 876 年发生自然灾害,发生自然灾害的年频率高达 88.6%,也就是 10 年有 9 年遭受自然灾害之苦,而且其中 660 年是多灾害同时发生,多灾害同时发生的年频率及与灾害年数的比率分别为 66.7%、75.3%。再看其中南宋以后(1127)到公元 1949 年 822 年间的情况,有 783 年发生自然灾害,年频率高达 95%;有 647 年两种以上灾害同时发生,多灾害同时发生的年频率及与灾害年数的比率分别高达 78.7%、82.6%。如果再考察三种以上的灾害同时发生(也就是大灾)的情况,可以发现,有历史记载的大灾全部发生于南

宋以后，总计822年间同时发生三种以上灾害的大灾年数多达450年，年频率高达54.7%。

自然灾害发生的年频率从59.1%到88.6%再到95%，两种以上的灾害同时发生的多灾年频率从40.3%到66.7%再到78.7%，乃至54.7%三种以上灾害同时发生的大灾年频率，也就是10年9年灾，10年7年多灾，乃至不到两年就一大灾，这些数字为我们揭示了一个令人触目惊心的历史图景！

值得关注的还有灾害的广泛性和持续性，也就是说，频频发生的灾害不仅常常是多灾害并发的，也是大范围广泛发生和持续发生的。如《雍正浙江通志》所载，宋淳熙三年（1176）四月，"天台、临海二县大风、雹伤麦"，八月，"台州大风雨连日，海潮合溪流激决江岸，坏民庐"，同时"大雨坏〔临安〕德胜、北新、江涨三桥及仁和、钱塘、余杭三县田，湖、秀州害稼，浙东西郡县多水，婺州、会稽、嵊县为甚"；次年，"五月己亥夜，钱塘江潮大溢，败堤八十馀丈，庚子，又败堤百馀丈；九月丁酉，连日大风雨驾海潮，败堤三百馀丈；余姚县败堤二千五百六十馀丈，上虞县败堤及梁湖堰运河岸，明州大风驾潮坏定海、鄞县海岸七千六百馀丈"；八年（1181），"五月壬辰，严州、绍兴大水，漂民居十万馀家，田稼尽腐；自七月至十一月，临安府、越、婺、衢、严、湖州皆旱"；绍熙五年（1194），"春，浙东西郡县自去冬不雨，至于夏秋；七月壬申，慈溪县水漂庐决田，乙亥，会稽、萧山、余姚、上虞，大风驾海潮坏堤伤田；八月辛丑，钱塘、临安、新城、富阳、于潜大雨，水漂没田庐，安吉县平地水丈馀；冬，无麦苗，浙东西皆饥，明州为甚，人食草木"。这样的记载简直不胜枚举。

实际上，《中国气象灾害大典》，顾名思义，反映的是气象方面的自然灾害，如果考虑到陈桥驿先生《浙江灾异简志》所包含的蝗虫灾害和地震灾害①，并且将由自然灾害引起的饥荒、瘟疫和长期干旱所引起的火灾等其他灾害和环境灾难也考虑进来，那么，越文化成长的地理环境之历来险象环

① 陈桥驿：《浙江灾异简志》，浙江人民出版社1991年版。统计该志的记载，从晋太康四年（283）到民国，发生较大规模的蝗虫灾害年数为66年；从东汉永元元年（89）到民国，发生破坏性明显的地震年数为268年；而从先秦到1911年的两千多年间，发生水灾的年数有749年、发生旱灾的年数有546年、发生冰雹灾害的年数有215年、发生较大春寒灾害的年数有204年，合并虫灾、地震灾害年数在内，共计2048年，基本每年都有灾害发生。

生，要更令今天一般人震惊了。

令人震惊的不仅是越地自然灾害和环境灾难的发生频率，还有它们的严重危害程度，也就是说，大量发生，大范围发生，甚至多种灾害齐来的这些自然灾害，很多还是重灾、恶灾，它们一再给古越大地和古越人民带来毁灭性的破坏和极其惨重的生命和财产损失。如宋庆历六年（1045）海潮冲毁台州城墙，溺死万馀，城外台境庐舍半数以上尽皆漂没；熙宁八年（1075）全境大旱，百姓饥馑疾疠，死者殆半；元祐六年（1091）六月太湖泛滥，浙西大水，杭州知府苏轼奏报朝廷，浙西诸郡两年灾伤，今岁大水犹甚，杭州死者50馀万；绍兴十四年（1144年）四月，桐庐洪水浸城，溺死万馀人，五月，金华夜水暴至，溺死数万人，兰溪洪涝浸城市，死万馀人；乾道二年（1166）八月台风海啸，永嘉溺死2万馀人，平阳浮尸蔽川，乐清民存者什一，玉环溺死数万，市肆皆尽；乾道九年（1173）婺州、处州、台州、温州久旱无苗麦，九月温州大旱引发大火，烧毁县治及民居7000馀家；绍熙五年（1194）八月天目山山洪暴发，民罹其祸者10万馀人；开禧三年（1207）夏秋大旱，湖州大蝗群飞蔽天，豆粟食尽，慈溪飞蝗蔽天，集地厚五寸，禾稼一空，继食草木亦尽，人相食；嘉定二年（1209）七月大风雨海潮，台州漂没百姓2280馀家，山阴、会稽、余姚大水，漂没民居5万馀家，溺死无算；绍定二年（1229）九月大雨，天台、仙居山洪暴发，溺死2万多人；嘉熙四年（1240年）六月杭州大旱，西湖涸为平地，湖州大旱，两地复大旱蝗，人相食；淳祐四年（1244）浙西大旱，左浙近辅，殍尸盈道，气象萧条；淳祐十二年（1252）六月衢州、金华、临海等处大水，民溺死者金华、临海各以万计；元大德十一年（1307）绍兴大旱，六种绝收，人饿死者十之八九，人食人至不顾父子；至顺四年（1330）六月两浙全境大水，湖州、嘉兴淹没田16600馀顷，嘉兴被灾者450500馀户，溺死无算；明洪武二十三年（1390）七月海溢，海盐溺死2万馀人；洪武二十六年（1393）闰六月绍兴大风海溢，山阴、会稽民舍漂没殆尽，伏尸蔽野；永乐二十一年（1423）温州大旱，草根木皮，食之殆尽，死者枕藉于道；景泰元年（1450）春正月，嘉兴大雪二旬，平地丈馀，鸟雀绝迹，民多饿死；正德二年（1507）绍兴飓风海溢，滨海居民死者万计；正德七年（1512）七月宁波、绍兴飓风大作，滨海居民溺死万数，余姚海溢平陆数十里，所过溺死无算；隆庆二年（1568）七月二十九日台州飓风挟潮，同时天台山洪暴发，溺死3万馀人，水退人畜尸骸满闾巷，旧传台州仅剩18家；嘉靖二十三年（1544）嘉兴大旱，途中饥殍为鸢狗所食者不可胜计；万历三年（1575）五月大风海溢，海盐、平湖庐舍漂没，溺死无算，定海溺死万馀，六月杭州海溢，漂没官民船千馀只，山阴、会稽、上虞亦大风雨海溢；崇祯元年（1628）七月杭、嘉、绍三府风雨海啸，海宁海溢深入平野20里，浮尸牛马畜物蔽海至上虞县，山阴、会稽、桐乡、海宁溺死各数万；崇祯十五年（1642）杭州、湖州旱，飞蝗集地数寸，颗粒皆尽，草木呼吸亦尽，民强半饿死；等等。

动辄就是“人相食”、“溺死万人”、“死者殆半”、“饿死者十之八九”，越地地理环境之危难万重，绝非今日一般人所想象总是风调雨顺、财富日积月累也易之情形；越地人民在文化创造过程中曾经经历之千辛万苦、千难万险、坚苦卓绝，由此亦可见一斑！

先人曰：“殷忧启运，多难兴邦。”①《孟子》又曰：“天将降大任于斯人也，必先苦其心志，劳其筋骨，饿其体肤，空乏其身，行拂乱其所为，所以动心忍性，曾益其所不能。”天之待人如此，天之有待于区域文化，或亦如此？越地地理环境之作用于越文化之兴起、壮大，原理或亦在于，其优越的气候、土壤、水与陆海一体的开放空间等，最有利于文化种子的萌芽；其层出不穷、险象环生的自然灾害和环境灾难，既是对越地人口的持续不断的淘汰选择，更是对越地先民坚韧刚毅、顽强不屈、奋力拼搏、创新图存的优秀品质的锻造。正是在充分利用越地地理环境中的有利因素，不断克服和战胜种种匪夷所思的自然灾害和环境灾难的过程中，越地先民才形成了集过人胆略、顽强意志、勤苦作风、宽广视野、创新理念等等于一体的优秀的区域人格，才为自己赢得了生存与发展，才创造出了悠久博大、辉煌灿烂的越文化。《国语·鲁语下》说：“昔圣王之处民也，择瘠土而处之，劳其民而用之，故长王天下。夫民劳则思，思则善心生。逸则淫，淫则忘善，忘善则恶心生。沃土之民不材，淫也；瘠土之民，莫不向义，劳也。”所论视角虽有不同，却也正可以用来说明越地自然灾害和环境灾难对越地先民区域人格优秀品质的形塑作用，说明越地地理环境中的负面因素对越文化发展的逆向促进作用。

越地地理环境中的灾害灾难因素对越文化发展的这种逆向促进作用，还可以历史事实上两者的正比例关系来说明。众所周知，越文化的发展从

---

① 始见《唐大诏令集》卷一百十所载唐隆元年（710）七月十九日敕令，《四库全书》本。

宋代特别是南宋开始走上快车道①,而越地自然灾害和环境灾难的发生频率和危害性也是从宋代特别是南宋开始大大提高和急剧恶化的。如前所述,从北宋初到民国,越地发生自然灾害的年频率达88.6%(其中从南宋开始到民国达95%),同时发生两种以上灾害的多灾年频率达66.7%(其中从南宋开始到民国达78.7%),从南宋初到民国,三种以上灾害同时发生的大灾年频率达54.7%(南宋以前未见三种以上灾害同时发生的记载)。而从晋代一直到五代(265—959)的694年间,越地发生自然灾害的年数是120年,年频率为17.3%;同时发生两种灾害的年数是18年,年频率为2.6%;没有三种以上灾害同时发生的记载。由此可见,尽管前后记载可能有疏漏与详全之分,但越地自然灾害和环境灾难到宋代以后才突然出现猛烈增加的势头,绝大多数最严重的自然灾害也都出现在宋代以后,则是无可置疑的。越文化发展进入宋代以后的加速趋势,与越地自然灾害和环境灾难进入宋代以后的急速加剧态势,呈现出明显的共振特性。尽管后者并非就是前者的唯一原因,但后者对前者存在的重要影响,则同样是无可置疑的。

正是鉴于上面的考虑,我们说,越地地理环境不仅为越文化的萌生提供了温床,它还通过自然灾害和环境挑战对文化创造主体越地人民的考验,为越文化优秀品质的形成提供了炉中烈火。

三、"浙东多山,民性有山岳气"

从越地走出的文化巨子鲁迅曾经指出:"浙东多山,民性有山岳气"②,这不仅是对越地地域人格的一种精当概括,也包含了对越地地理环境与文化发展,在上述"顺境"、"逆境"效应之外,还存在另一种关系的深切体悟。

文化,从人与自然的关系角度来说,归根到底,就是自然的人化,是人的本质力量向自然环境投射的产物,是人与自然矛盾关系的产物。但人与

① 参见方如金:《南宋浙江文化的大发展》,《浙江师范大学学报》(社会科学版)1986年第1期。

② 引自徐梵澄:《星花旧影——对鲁迅先生的一些回忆》,《鲁迅回忆录》下册,北京出版社1999年版,第1317页。

自然的矛盾从来就不是单向的关系，而是一个辩证的双向互动的过程；在这一漫长的互动过程中，人的本质力量固然在自然环境中获得各种形式的对象化，自然环境的某些风貌、特点也从来没有停止向人的精神世界的转移和渗透，从而构成了地理环境参与地域人格塑造与地域文化创造的又一种更司空见惯和习焉不察的方式。《汉书·地理志》载："凡民函五常之性，而其刚柔缓急，音声不同，系水土之风气"，宋人庄绰《鸡肋编》亦云："大抵人性类其风土，西北多山，故其人重厚朴实；荆扬多水，其人亦明慧文巧"，说的就是这个道理。《文心雕龙·物色篇》说："若乃山林皋壤，实文思之奥府，……然屈平所以洞鉴风骚之情者，抑亦江山之助乎？"所道亦即湘楚地理环境通过对屈原主体人格的影响，在楚辞文化创造中发挥了不容忽视的作用。关于越地地理环境对越地区域人格的作用，我们的先人也早有相当清醒的认识。本章开头所引《雍正浙江通志》的记载，"两浙水土风气不齐，故民俗淳漓不一"，"浙东多山，故刚劲而邻于亢；浙西近泽，故文秀而失之靡"，即是很好的证明。晚明台州学者、古代历史上最杰出的文化地理学家之一——王士性，在《广志绎》卷四中更是写道：

> 杭、嘉、湖平原水乡，是为泽国之民；金、衢、严、处丘陵险阻，是为山谷之民；宁、绍、台、温连山大海，是为海滨之民。三民各自为俗。泽国之民，舟楫为居，百货所聚，闾阎易于富贵，俗尚奢侈，缙绅气势大而众庶小；山谷之民，石气所钟，猛烈鸷愎，轻犯刑法，喜习俭素，然豪民颇负气，聚党而傲缙绅；海滨之民，餐风宿水，百死一生，以有海利为生不甚穷，以不通商贩不甚富，闾阎与缙绅相安，官民得贵贱之中，俗尚居奢俭之半。……东阳、义乌、永康、武义万山之中，其人鸷悍飞扬，不乐畎亩，岛夷乱后，此数邑人多以白衣而至横玉挂印。

或许，王士性将越地区域人格又分为三种类型，这样做有点过于简单和拘泥（因为越地实为山、水和海三大地形要素的紧密统一，而非截然分开的三大地形要素的拼凑）；其分析中贯穿的"闾阎"与"缙绅"的对比原则，在与其他区域文化进行比较以进一步确立越文化特色时，也大多可以忽略；他说海滨之民不通商贩，主要是针对明王朝海禁政策而言的表面文章，而非实际情形如此。但他指出越地地理环境中的三大地形要素山、水、海，对越地民俗和区域人格的形成产生了深远的影响，与鲁迅的体悟比起来，却是同样极为精辟，而又更加全面的。

如前所述，越地多山，山区面积占70%以上，山间水源丰沛，形成了众多水势湍急的河流，越文化最早的种子就萌发于这些山间河谷：距今1万年左右的上山文化诞生在龙门山与会稽山脉之间的浦阳江上游，距今9000年左右的小黄山文化诞生在会稽山和四明山之间的曹娥江上游。毫无疑问，山是越地先民最早的生活栖息之地；由于海侵，宁绍平原和杭嘉湖平原数度沉没海底，但四明、会稽、天目诸山总是一次次以其强固的胸膛，为先民提供了可靠的生存凭依；越王勾践兵败夫椒，越国面临灭顶之灾，还是会稽山，以其一如既往的敦厚忠诚呵护了五千铁甲，保证了国脉的存续未绝。在漫长的栖息于山、感恩于山的历史过程中，山的"石气"（内含了刚猛劲直、浩然正大、朴实重厚等等品质）以及"松风"、"竹节"等，融入了越地先民的生命之中。借用王士性的视角，在广大的闾阎底层人民那里，这种融入应该是潜移默化、不自觉地发生的；而在许多缙绅上层士大夫文人那里，这种融入还带上了明显的自觉仿效的性质。如南宋初直臣、台州仙居籍的吴芾，一生就酷爱山居，非常注意从山居环境的清旷、古朴和山石的奇崛、松竹的清操中汲取人格力量，在诗歌中一再流露出借山居以"养高"的志趣。如云："平生事幽讨，性与山水便。"（《湖山集》卷三《忧居杜门……作数语呈诸亲友》）"嗟我椎钝姿，处世百不便。性独爱山水，固非嗜好偏。本来中山人，家与青山连。"（《湖山集》卷三《再和》）"平生好山水，至老心不移。……高山与流水，到处皆崛奇。"（《湖山集》卷三《纪梦》）"千古山川埋剑气，半空台阁雨天花。"（《湖山集》卷七《和蒋宣卿韵》）"溪山深处养清高，名位虽穷节行饶。"（《湖山集》卷八《和范迁善见寄》）"吾爱山间十八公，俨然风操出樊笼。四时已占青青色，更有松黄胜万红。""此君生长此山中，直节从来自不同。今日高标还卓出，万人谁不仰清风。"（卷十《松岭》、《竹坞》）宋末另一位著名直臣、台州黄岩籍的杜范，其倔强人格同样离不开以山为镜、以山为范的深省自觉。如其《灵峰》诗："造物幻奇杰，立石环坚城。拔地数千尺，变见百怪形。两夫屹当关，左右排戈兵。崛起万古雄，护此钟鼓声。我来自尘寰，一见心目惊。把酒对此奇，坐使世念轻。明朝下山去，此石留吾膺。"（《清献集》卷一）又如其《雁荡》诗："东南富山水，杰气钟雁峰。巨灵排肩赑，妙力开鸿濛。断崖据险绝，峭壁凌寒空。分岑献万状，转盼无一同。或叠如锦缬，或铸如青铜。或前如舞凤，或却如飞鸿。或伏如卧虎，或矫如游龙。并如兄语弟，差如儿对翁。锐如笔露颖，岐如剪开锋。二湫分大小,二灵俨西东。古语聊近似,天巧难形容。我久埋世埃,幸此拔天风。应接费耳目,块磊罗心胸。"(《清献集》卷一)微如一峰石,巨如一山脉,都以其奇崛而又雄杰的风姿气概进入了杜范的心胸,荡涤着心中的"世念"、"世埃",参与了其骨鲠人格的形塑。明初的方孝孺在习染"山性"、"石气"的自觉性方面,也丝毫不逊色于前人。其《幼仪杂箴》20首劝人养其心志,约其形体,从细节着手,一再以山为喻。如《坐》:"维坐容,背欲直,貌端庄,手拱臆;仰为骄,俯为戚。……坚静若山,乃恒德。"《诵》:"诵其言,思其义,存诸心,见乎事,……日化岁加,山立川驶,圣道卓然,焉敢不至。"《杂铭·食案》亦云:"为善终世,一眚而蹶,务德如山,一言而残。"(《逊志斋集》卷一)其《五云山房铭》又云:"惟山房奥而明,弘而有容,君子是则,厥德以充;峻而洁,不污不涅,君子是则,以保清节。"(《逊志斋集》卷七)其《追次文公先生岁暮燕集韵》云:"哲人善操养,渊澄复山峙","用为江河流,处作乔岳峙"(《逊志斋集》卷二十三),《重告胡先生墓》称赞胡氏"介如山岳,峭拔穹窿",《祭郑仲舒太常》推崇郑氏"静重而有守,和平而有量,居之如山,发之如渊"(《逊志斋集》卷二十)等,也都表明他特别注意向大山去求证一种挺拔而厚重、昂然又浩大的知识分子人格。其《龟岩隐居记》还结合了自己的体验,指出士大夫的品德树立,可以大山的峻洁清刚来消除既有的人格缺陷,士大夫的学术思考也可以充分借鉴山区环境的自然变化之理,从而在山区环境中同时获得"道"与"德"的启迪:"山岳川流,霞云草木,流峙卷舒,荣瘁之态,变化至无穷尽也,然咸出天地自然之理。使身居其所,目寓其象,以充大其德业,以蜕濯污垢,以通乎出处消长,隐微而不谬乎理,则山川云木固为人学道之助。……余少也好游,每遇夫名山秀川之寓乎目而乐乎心者,辄左右瞻眺。"(《逊志斋集》卷十七)其他如于谦赞美友人:"躯干玉立,标格冰清,既屹然而山峙,亦浑然而天成"(《忠肃集》卷十二《徐尚书画像赞》),沈炼鼓励为官蜀地的同仁要造福一方,建立不朽业绩:"不与岷峨、巫峡并峙于天壤不已也"(《青霞集》卷一《赠东沙公拊揗四川序》),王阳明告诫门徒:"贤人如山岳,守其高而已"(《王文成全书》卷一《传习录》上),等等,也都表明了对山岳"高格"的自觉推崇。

总之,多山的环境作用于越地人民,于底层百姓而言,即"石气所钟,猛烈鸷愎,轻犯刑法","鸷悍飞扬,不乐畎亩","豪民颇负气,聚党而傲缙绅",即民性勇猛刚毅、无所畏惧、不怕牺牲、敢于反抗,这从诸书所载先秦越国民风民情好勇轻死，如《汉书·地理志》“吴粤〔越〕之君皆好勇，故其民至今好用剑，轻死易发”，《越绝书》“锐兵任死，越之常性也”，到汉末三国时代散居在今绍兴、台州、温州、丽水、衢州、杭州、湖州各地和今皖南、苏南、赣北、闽北地带“山越”之“依阻山险，不纳王租”（《资治通鉴》汉纪胡三省注）、“好武习战，高尚气力”（《三国志·诸葛恪传》），连绵不断地奋起反抗官府苛酷统治①，甚至到明代浙籍兵、民的表现，均一以贯之。明万历间曾出任浙江巡抚的陕西三原籍温纯评价越地民风：“姑蔑之墟，事简俗厚，有古遗风，然边楚好勇，轻生易发，踵吴越故习，不可长也；男耕女绩，瓯、括间俗犹近古，然郡远，又以负山阻海，故法令多玩，积逋贼以千万计矣。此浙俗之大较也”（《温恭毅集》卷七《送御史中丞萧公之浙督抚序》），这位前抚靖越地风纪大僚的微词，恰从反面证明了越地底层百姓，一直到明代依然保存了勇猛无畏、敢于反抗的可贵遗风，一直保存了顽梗不屈的可贵“石气”。这种“石气”，在承平之际固然表现为反抗暴政的起义壮举，在民族危亡的关键时刻，更燃烧成为舍身救国、义无反顾的爱国主义烈火。嘉靖末急风暴雨般驰骋于东南沿海，粉碎了倭寇的侵略，后来又扬威于长城沿线，捍卫了北国边防的大规模的“浙兵”群体是如此，在明清易代之际，在台州、宁波、绍兴各地揭竿而起，从钱塘江保卫战到舟山保卫战，从绍兴沦陷到宁波“翻城”，用一次又一次的壮烈牺牲阻止了满清铁蹄南下的越地各方抗清武装是如此，即使是零星的个别的抗争，也是如此。如周景王元年（前544），吴王“馀祭伐越，胜之，刑其俘以为阍，使守舟”，馀祭观舟，“阍以刀弑之”（《刘氏春秋传》卷十一）。明嘉靖三十三年（1554），倭寇侵入柯桥，执乡民姚长子为向导，姚长子将之引入绝境，并设法传信官兵来歼，“贼知为所绐，杀长子，剉其尸。贼百三十馀人尽歼”（《雍正浙江通志》卷一百六十四）。清顺治五年（1648），萧山七都沈村乡民沈烈士、张锯匠起义反清，以两人之力打退上千清兵的围剿，直至力竭而亡，“北骑曰：‘自入关来，未曾见此好蛮子。若再得十数人，江东非吾有矣。’退至新坝，侦探数日，闻沈、张二人死，不信，再迟数日，得确信，始纵骑上山，沈村一带，掳掠如洗”②。

另一方面，多山的环境作用于从山石松竹中自觉汲取人格力量的越地

① 参见陈国强等：《百越民族史》，中国社会科学出版社 1988 年版，第十章“山越”。

② 张岱：《石匮书后集》，中华书局 1959 年版，第 321—322 页。

上层士大夫，更是形成了一种傲骨嶙嶙、不屈不挠的越地士人精神，普遍而广远，历久而弥新。如晋代上虞士人嵇康自称“刚肠嫉恶，轻肆直言”（《嵇中散集》卷二《与山巨源绝交书》），“将刑东市，太学生三千人请以为师”，“顾视日影，索琴弹之”，曲尽从容就义（《晋书·嵇康传》）。北宋山阴士人陆佃，在王安石为相时虽有师生之情却毫无阿附之迹，在王安石于内外交攻中失意去世，朝廷“去安石之党，士多讳变所从”之际，却“率诸生供佛，哭而祭之”，在甚嚣尘上的诋毁王安石氛围中撰写史书，勇敢捍卫王安石历史功绩，不怕“佞史”指责，而痛斥黄庭坚落井下石的当代史著作是“谤书”，迭遭废弃而不改其初（《宋史·陆佃传》）。两宋之交仙居士人吴芾，身为故旧却与专权为相的秦桧形同陌路，并痛谏高宗亲征半路而废、弃中原遗民之望于不顾之非，痛斥“秦桧壅塞言路，挫折士气之馀毒”（《宋史·吴芾传》），又毅然革去所属各邑沿之久远的献钱上峰、病民累民旧例，一生以“直谅敢言之士”，“伟然有闻于时”，“刚鲠”之气，老而弥坚（朱熹《晦庵集》卷八十八《龙图阁直学士吴公神道碑》）。南宋末黄岩士人杜范，第一次觐见理宗就直陈对方即位两年，“未睹更新之效，而或者乃有浸不如旧之忧”，“其原不过‘私’之一字耳”，又揭露权臣与言官朋比为奸的现实，先后参劾对敌主和的两位宰相的祸国殃民之举，“凡侍从近臣之不合时望者，监司郡守之贪暴害民者，皆以次论斥”，“凡行事有得失，除授有是非，悉抗言无隐情”，而擘画抗元，又指挥若定，“记功行赏，莫不曲当，军士即皆悦”（《宋史·杜范传》），几成为人间正义与力量的化身。再如被鲁迅称为表现了“台州式的硬气”（《为了忘却的纪念》）的明初宁海士人方孝孺，以“文章醇深雄迈”、有“天下读书种子”之名（《明史·方孝孺传》）而被篡位的朱棣强迫起草登极诏，“孝孺悲恸，声彻殿陛”，“投笔于地，哭且骂，复强之，乃大书‘燕贼篡位’四字”而惨遭寸磔，临刑，“孝孺慷慨就戮，赋绝命词而死”（乾隆《御批历代通鉴辑览》卷一百一），家人、戚属、亲故累累弃市者“凡八百四十七人”（黄宗羲《明儒学案》卷四十三）。同时瑞安士人卓敬亦立朝慷慨，不臣于朱棣，以“不奉迎乘舆，厉声不逊”，又断然拒绝“以管仲、魏征事讽”降而被杀，“临刑从容”，“神色凛然，经日犹如生。夷三族”（李维樾、林增志《忠贞录》卷二《明史·卓敬传》）。再如明嘉靖朝一代巨奸严嵩权倾朝野时期，上虞士人谢瑜在举国唯唯中率先向其发难，直指严党四人为“圣世之四凶”，被废罢为民（《明史·谢瑜传》）；同里叶经复参奏严氏贿赂公行，被杖杀阙下(《乾隆绍兴府志》卷四十八);同里陈绍与会稽士人沈束等前仆后继,分别被遣放边方与囚禁十八年;“其后余姚赵公锦以御史,上虞徐公学诗以刑部主事,会稽沈公炼以锦衣经历,先后上书论严氏,率被逮,谴谪以去,时号‘越中四谏’,而严氏恨越人特甚”(《明文海》卷四百六十二《沈束墓铭》),监禁、刑杖与屠戮接踵而至,但越地士人一直没有停止抗争,直到巨奸垮台。再如明亡之际绍兴、台州、宁波士人祁彪佳、余煌、陈函辉、陈潜夫、张煌言、华夏、董志宁、王家勤、毛聚奎等等,领导抗清事业,九死一生终归失败,或愤而自杀殉国,或从容引颈就戮。再如义无反顾投身反清的徐锡麟、秋瑾,如被誉为“骨头是最硬的,没有丝毫的奴颜和媚骨”的鲁迅先生,如为捍卫其《新人口论》公开向陈伯达、康生等声明“我虽年近八十,明知寡不敌众,自当单身匹马,出来应战,直到战死为止”,“决不后退半步”的马寅初①,等等。鲁迅曾经指出:“我们从古以来,就有埋头苦干的人,有拼命硬干的人,有为民请命的人,有舍身求法的人。……这就是中国的脊梁。”(《且介亭杂文·中国人失掉自信力了吗》)鲁迅对中国古代知识分子优秀品质的认知,很大程度上是以越地士人绵延几千年的勇猛刚烈、不屈不挠精神为基础的。

可以说,弥漫于越地民间百姓与上层士大夫文人中的这种刚硬“石气”,既是中华民族顽强不屈“脊梁”精神的具体体现,更是越地人民战胜一切艰难险阻,创造出悠久辉煌的越文化的内在力量。

四、“水摇篮”中诞生的明慧和胸襟

纯粹的山区,容易使人走向封闭;由此形成的民性强悍是优点,但也容易走向愚昧、鲁莽。令人骄傲的是,越地多山,而且多水;越地踞陆,而且面海;它的山地、平原被置身在一个具有极大开放性而又百脉贯通、生生不息的水环境之中;无所不在的江、湖之水,曲包一切的无垠大海,为越地区域人格还带来了过人的智慧、宽广的胸襟和顽强的开拓精神。“石气”品节与这些“水质”要素的和谐交融,保证了越地区域人格刚毅而不鲁莽,顽强而

① 参见《绍兴籍院士风采》,浙江人民出版社2002年版,第472页。

无愚昧，厚重而又灵秀，并敢于冒险拼搏、锐意进取的多种优秀特质。这从文化创造的主体内部，奠定了越文化发祥发展的坚固基础。

不少学者都谈到了水环境与越文化发展的紧密关系。① 但这些研究和其他一些更宏观的研究一样②，主要都是着眼于水作为一种最基本的自然资源，对区域人类的生产和生存的物质基础而言。水是地球上一切生命的起源，就此而言，它也是一切文化的起源。因此，这样的研究自然不会有任何错误。而就越文化的发祥发展而言，我们觉得，更有意义的是指出这样几点：

第一，越地水环境在中国各区域文化中具有独一无二的优势，其“水体密度”堪称最高。如前所述，越地位于亚热带季风气候区，雨量丰沛；自然形成的河流、湖泊众多，从北而南分布着太湖、东西苕溪、钱塘江、甬江、灵江、瓯江、飞云江、鳌江等水系，仅钱塘江流域就覆盖了越地面积的一半以上；在杭嘉湖平原和宁绍平原上，还分布着数以百计的中小规模的湖泊。③除此之外，历史时期，越地人民还在杭嘉湖平原和宁绍平原上开凿出了杭（州）嘉（兴）苏（州）运河（京杭大运河或称南北大运河的南端）和从杭州经绍兴、宁波直达东海的浙东运河。如此密集的运河、大江、湖泊，再加上2200多公里海岸线与全国最多的岛屿勾画点缀其间的东海大洋，使得越地的水体密度超过了可以比较的闽文化、粤文化和齐鲁文化、燕赵文化等各地，成为全国各区域文化带之最。由此，我们完全可以说，越文化就发祥发展于这样一个独一无二的“水摇篮”之中。诚如《管子·水地篇》所言：“水者，……万物之本原也，诸生之宗室也，美恶、贤不肖、愚俊之所产也”，这个“水摇篮”的独一无二，也就参与塑造了越文化的独一无二。

第二，先秦儒家圣人的“智者乐水”观（《论语·雍也章》），在越地人民中存在着广泛的自觉不自觉的体认，因此，这个“水摇篮”固然根本地影响了越地人民的生产方式和生存选择，也潜移默化地影响了越地人民的精神

---

① 参见陈桥驿：《越文化与水环境》，《浙江学刊》1994年第2期；孟文镛：《水环境与越国复兴》，《绍兴文理学院学报》（社会科学版）2001年第1期等。

② 参见韩宝平：《水环境变迁对社会、文化演变的影响》，《中国矿业大学学报》（社会科学版）2001年第2期。

③ 例如，根据陈桥驿先生的研究，在宁绍平原上，仅宋代以来地方史籍有记载的湖泊就有217个，每20平方公里有一个较大的湖泊，堪称全国湖泊分布最密集的地区之一。见其《论历史时期宁绍平原的湖泊演变》，《地理研究》1984年第3期。

气质和文化人格。例如南宋心学思想家、慈溪士人杨简曾经在讲学中反复向人提示孔子“智者乐水”的启迪意义（《慈湖遗书》卷十五）；他的弟子、教育家同时也是政坛直臣、鄞县士人袁甫，也是自觉向水看齐，以海为师的，如其《蒙斋集》卷十五《叶朝宗字说》所言：

古括〔苍〕叶君名东字子润，绍定癸巳〔1233〕访余鄱阳，……余更其字曰朝宗而语之曰：子尝乐水而得其趣乎？昼夜周流，一息不停，虽过颡在山，然亦未有不下者。江、河、淮、济同归于海，海受众流而不加多焉，故百川虽异，万折必东，朝宗于海，万古一日。子而有得乎此，为学以至海为准，学海以不动为本，识智者乐水之旨，与乐山实相贯通，则可以跃然有省矣。省而习焉，习而熟焉，会归于海，动静一源，智、仁匪二，其于学殆庶几乎？朝宗勉之……

同样，元代有“清风高节，如冰壶三尺，纤尘弗污”（《元史》本传）之誉的义乌士人黄溍，其《文献集》卷三也有《说水赠蒋春卿》一文曰：

阳羡蒋君春卿嗣主安定〔书院〕教事于吴兴，以秩满去，友生金华黄溍送之苕溪之阳，酌之水而与之言曰：君知水之为物乎？嵌岩罍空，一掬之多，遗针堕芥，可指而取，非不冷然冰骨雪齿也；无摇焉，无溷焉，斯可耳。及其去，而为湍为涧也，蓦山跨谷，历百折而弗顾，不既壮欤？然而迫于风则惊，扼于石则怒矣。若夫釃为三江，钟为七泽，茫洋演溢，涵烟霏而滔日星者，漫不知其几百里，泊乎其休，汩乎其不可留。沉沉乎，黄龙之所宫，穹龟钜鱼之所家，虾蛤生焉而不以为隘也，来牛去马饮焉而不以为耗也，凫鸥出没焉而不以为亵也，蛲蚘投焉而不以为污且辱也，神妖物怪居焉游焉而不以为异也；千沤万泡，交起互灭，瀇滉尔，浡潏尔，浊之莫能害其蓄，挠之莫能乱其澄；潜渊之珍，参错朗耀，而荒查丑石、屑琐附丽之物，亦无所不容也。嗟乎，水一而已，其量之相远顾如此，非夫所处者异势耶？今君之去山谷也久矣，接天潢，度瀛海且有日，盍亦拓七泽以为襟，舒三江以为带，而无以是冰雪者沾沾自喜哉？虽然，水行天地间，其适也逾远，则其趋也愈下，孔子盖称智者乐水，夫不激不流，非智者不足以与此。君非智者欤？……

明初鄞县士人郑真《荥阳外史集》卷二十五《一湾烟水图诗序》一文流露的信息，亦耐人寻味：

海宁贾君惟敬谪居颍上县，扁其室曰“一湾烟水”，邑簿庐陵颜朝宗绘为一图，题诗其上，赓而和之者有人矣。会惟敬南还，舟次濠梁，出以相示。予笑而谓之曰："此所以示归兆也。"天壤之间，水居其多，智者乐水，以其周流不滞，有似于水也，惟敬其智者欤？且水之大者，莫海若也，惟敬家黄冈①，在沧海上，水之大者，固常见之矣。客处淮颍，其取义于一湾烟水者，所以志不忘焉尔，宜君子以为必归也。……

方孝孺《逊志斋集》卷十六《观海楼记》一文同样可圈可点：

中国之地，南至吴越而尽，吴越之东南，际海而穷。宁海陈君与文，所居直海滨，因作楼，以据高爽、临溟渤，暇日登览，以舒忧娱情。……苟欲观海之形，其茫洋弥漫，浮天地，浴日月，抗阴阳以侔大，敝古今以为寿者，章亥不能测其数，海若不能述其概，庄周不能尽其辞，苟识其理，则浮沤流沫举足为学者师。……彼其倏焉而盈，忽焉而涸，进退消长，与时升降者，能知其故，以处贵贱、贫富、荣辱、祸福之际，则可以忘得丧，捐忧喜，浩然而无疑矣；彼之无所不下以成其深者，能以之为法，则可以自卑而下人，以成其德；彼之兼容泛受，不择细大，暴以久旱而不灭，灌以洪流而不加者，能因之以廓吾之量，则可以容众养人，临大事，遇大变，而不惑于其摩荡涵浸之势，可以作吾气；于其恬波怒涛、开阖变化之态，可以发吾文；于其生育濡载之利，可以推吾仁，是则得于观海者亦多矣……

如果说，越地底层民众对水体习性的观察、把握和随之而来的水居生活本领②、以水为鉴的精神旨趣的形成，是一个不自觉的漫长作用过程的话；由此数例可见，那么，越地精英士大夫文人对"水德"、"海境"的借鉴，则存在着普遍的自觉。他们不论是栖居越地境内，还是借寓邻境外地，不论是促膝他方友人，还是针对越地同仁，都往往以孔子的"智者乐水"观，以水的周流不滞和海的浩瀚有容来自我慰勉，自励励人。越文化创造主体中精英人物深厚的"亲水"情怀，在其他区域文化中十分少见。

第三，水体的"运动"和"善于处下"特性长期作用于人的思维"活动"，形成了越地区域人格崇尚智慧的倾向和素养；视线之外皆是"无垠"大海的

---

① 又名皇冈、凰冈，在海宁境南缘，濒临杭州湾。

② 例如，明王樵《方麓集》卷七《檇李记》即记载："浙东人习于潮性水势，他处人下海即吐浪眩晕，故虽吴地，亦募彼处之人。且南人懦弱，彼独勇悍，故南自闽广，北及蓟镇，皆募焉。"

开放环境，培养了越地区域人格中的浩然博大气象和勇于追求人生最高境界、敢于为天下先的进取精神和冒险精神。早在先秦时代，越地先民就以头脑灵活，智慧超群，善于思考，识见精明，谋划得当而迎来由小到大、由弱到强的越国鼎盛时代。历史的陈迹虽然一去不复返，但先辈们超群的智慧和计谋，却在文化转型的秦汉时代得到全面系统的总结和弘扬，形成为一种崇尚智慧和计谋的区域精神，在独具特色的"乡土教材"中得到代代传播。东汉出于越人之手、集中反映越王勾践报仇复国并进而称霸中原、扶持周室事迹的《越绝书》、《吴越春秋》，就是这样两部我国古代最早的乡土教材。以《越绝书》为例，前人云"书多阴谋秘计，而其精奥，又在《计倪内经》、《外传枕中》二篇"（王谟《增订汉魏丛书》本跋）。考察全书，现存19篇除首尾两篇为序跋性质，集中记载越国权谋、术数、兵法，涉及军事、政治、外交、经济等各方面的战略方针和具体措施的，多达11篇，文字篇幅占十分之九。而且这些计谋并非后世"阴谋"所指的纯粹谲诈阴险动作。诚如明人云："其文辨而奇，博而机，藏知周信，重仇明勇，与《国策》谲权倾捭者异。"（张佳胤双柏堂刊本序）近人更指出："越自勾践归国，行计倪、范蠡之术，霸于中国，其道在富民贵谷。古所谓'民为邦本，食为民天'、'耕三馀一，耕九馀三'，越尽行之。"（1956年商务印书馆本张宗祥跋）作者自己在第一篇中阐明宗旨云："勾践之时，天子微弱，诸侯皆叛。于是勾践抑强扶弱，绝恶反之于善；取舍以道，沛归于宋，浮陵以付楚，临沂、开阳复之于鲁。中国侵伐，因斯衰止。以其诚在于内，威发于外，越专其功，故曰越绝。……夫越王勾践，东垂海滨，夷狄文身；躬而自苦，任用贤臣；转死为生，以败为成。越伐彊吴，尊事周室，行霸瑯琊；躬自省约，率道诸侯：贵其始微，终能以霸。"对越国以"小越"、"弱越"战胜"大吴"、"彊吴"（两组概念是作者在序言中特地对比提出的）的智谋，进而"霸于中国"、"率道诸侯"的正义性同等强调。在最后的跋记文字中，作者又对吴越两国阵营中两个最关键的正面人物直接加以评论说："问曰：'〔伍〕子胥、范蠡何人也？''子胥勇而智，正而信；范蠡智而明：皆贤人。"对基于正义的智慧的鲜明推崇，成为这部著作最后的画龙点睛之笔。也早在先秦时代，越地先民的进取和冒险精神就进行了惊心动魄和精彩纷呈的表演。河姆渡文化遗址中留存的许多鲸鱼、鲨鱼骨骼与陶舟、木桨说明，早在距今七千年前，於越民族就在东海大洋中捕捉鲸、鲨等烈性鱼，实现了从农耕文明向海洋文明的开拓；公元前5世纪勾践北上中原，号令中国，称霸天下，当时“天子微弱，诸侯皆叛，于是勾践抑彊扶弱，绝恶反之于善，取舍以道”，“中国侵伐，因斯衰止”（《越绝书·越绝外传本事》），开创了南方蛮夷、断发文身之族北上中国，主宰天下秩序，替天下万民担起政治责任的伟大先例。在崇尚智慧和追求至上境界的精神影响之下，越地产生了历代无数的状元、进士和近代众多大科学家、大教育家、大文学家、大历史学家、大思想家和大政治家。越文化在许多领域取得了登峰造极的成就，在众多的中国区域文化中独领风骚，个中重要原因之一，与这种独一无二的水环境的影响息息相关。

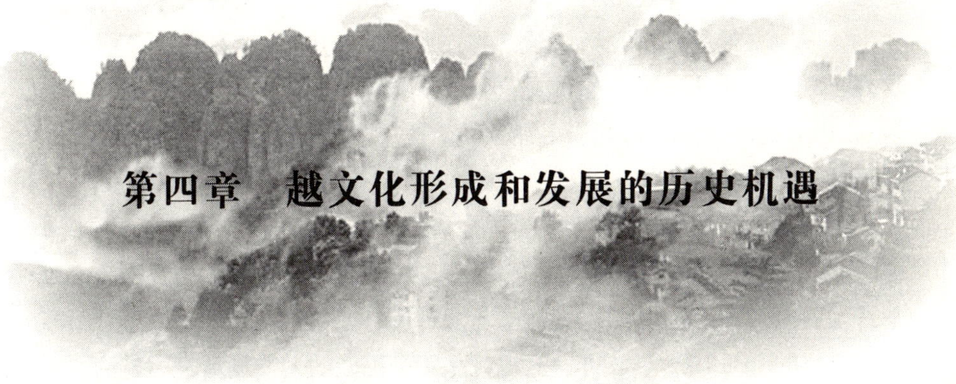

第四章　越文化形成和发展的历史机遇

如前所述，一种区域文化及其特征的形成，取决于与外部文化交流的历史机遇与其自身地理环境的特殊性两大要素。就影响文化发展的历史机遇而言，它还内含着一个区域文化的创造者亦即区域文化主体的先天素养问题，这个先天素养既成为整个历史时代某种区域文化特色的“胚胎”，也成为影响某种区域文化对外部历史环境采取应对姿态，导致其形成与其他区域文化的交流自觉性和交流向度的关键因素。本章对越文化形成和发展的这种大范围的历史机遇试作考察。

一、天资不凡：於越先民的卓越天赋

众所周知，“文化和人类的生命本质是一体的”，“文化赖于人去创造，人的本质和精神赖文化去完善、保留和传播。文化是人类精神的载体，人是文化精神的生命本质"①;自然而然,区域文化亦为区域人类所创造,区域人格是区域文化精神的生命本质。而探究区域人格的来龙去脉,又不能不追溯到最初的祖先身上。这正如法国文化学家丹纳所言:"你们不妨把一些大的民族,从他们出现到现在,逐一考察;他们必有某些本能某些才具,非革命、衰落、文明所能影响。这些本能与才具是在血里,和血统一同传下来的。……在最初的祖先身上显露的心情与精神本质,在最后的子孙身上照样出现。……这便是原始的花岗石,寿命与民族一样长久,那是一个底层,让以后的时代把以后的岩层铺上去。"②

越文化的创造主体——越地人民的祖先,有哪些特殊的天赋呢?

美国著名文化学家克拉克·威斯勒曾经分析文化作为人类行为的结果,它建立于人类的两个主要反应之上:一是反思性反应,"文化是由人类反思性思维发展出来的积累性结构","世界上没有一种发明不具有反思性思维",反思性反应的主动强弱与否的问题,也就是一个民族的创造创新发明能力大小的问题。二是保护性反应,拿文化始创时期各民族部落的情况来说,"当文化的连续性受到威胁时,部落成员就会起而进行抵抗","这种反应与母亲保护自己婴儿的反应没有区别"。③ 实际上,这两种反应一者涉及各民族获得其文化特质的最主要方式——独立的发明创造能力,一者涉及各民族维护其文化特质和文化尊严(一切爱国爱乡情感归根到底都属于这一性质)的自觉意识。除此之外,在各民族文化特质形成中发挥了不容忽视的作用,与以上两种反应紧密相关并并列为三的,我们认为,还有一个各民族吸收、借鉴外来文化,接受其他区域文化扩散的胸襟问题。可以说,反思—创造能力、保护—自尊意识与吸收外来文化胸襟,是衡量一个民族文化创造禀赋的三个关键指标。以此来观照我们的於越先民,他们确是上古时代极为卓越优异的民族。

让我们先看第一个禀赋。

(一)於越先民的反思—创造能力

无法直接评价越地先民的反思能力,他们的这种能力实际上几乎全部

---

① 何勇、王海龙:《文化发生终极原因溯源》,《上海师范大学学报》(社会科学版)1993年第1期。

② [法]丹纳:《艺术哲学》,傅雷译,人民文学出版社1996年版,第356页。

③ [美]克拉克·威斯勒:《人与文化》,钱岗南等译,商务印书馆2004年版,第250—251、92—95页。

物化在了他们的发明创造活动上，这化成了足可傲视千古的一长串清单。

例如，在距今1万年左右的上山文化遗址中，考古工作者从出土的夹碳陶片表面发现不少稻壳印痕，胎土中也夹杂大量的稻壳，对此进行植物硅酸体分析显示，这是经过人类选择的早期栽培稻。上山遗址是迄今所发现的保存丰富的栽培稻遗存、年代最早的新石器时代遗址，这就证明，於越先民极可能是世界稻作农业的最早发明者之一。在上山遗址中还发现干栏式房子建筑遗迹和带有基槽的地面建筑房址遗迹，推测其平面结构大致呈后室封闭、前堂敞开的房子形式。而此前已发现万年以上的早期新石器时代遗址中，以洞穴、山地遗址类型为主。但上山遗址位于浙中盆地，四周平坦开阔，这说明，於越先民很可能就是人类早期结束穴处、山栖而选择定居盆地生活的第一批开拓者。

在曹娥江上游的小黄山文化遗址，考古学家发现了中国最早的立柱建筑遗迹，其中有两处以九个柱子、三排构成的完整房屋单元，系采用挖深坑的方式将柱子竖立起来，底部用石块垫在柱子下面，起到承重和防潮的作用，其架构与至今一些农村建造的房子结构基本一致。专家肯定这是目前所知道的中国最早的建筑用柱。也就是说，是於越先民开创了中国用立柱建筑的先河。该遗址出土的夹砂灰陶胎壁由粗趋薄，出现交错拍印（滚压）绳纹、镂孔放射线和红底白彩等装饰感强的纹饰，夹炭红衣陶红色艳丽、夹炭黑陶黑色乌黑纯正；还出土了距今大约9000年左右的石雕人首，这是目前我国新石器时代遗址考古中发现的时代最早的石雕人首。这意味着，於越先民乃是世界上最早进行审美创造的民族之一。

在跨湖桥文化遗址，出土了一条距今8000年、现知中国最早的独木舟和与独木舟相关的木作加工场。独木舟仅残长、残宽就分别达560厘米和53厘米，是当之无愧的“中华第一舟”，也把整船发明发现的世界纪录推前了两千多年。这表明，於越先民乃是世界上舟船文明的最早发明者，是最早开辟水上交通的民族。专家在该遗址还发现了钻木取火的弓钻，这比此前已知世界上最早的巴基斯坦俾路支省梅尔伽赫遗址的弓钻取火痕迹，早了二千多年。由此可见，中国传统文化中发明了钻木取火技术，为民造福万代的三皇五帝之首“燧人氏”，极有可能就是我们的於越先民。专家在该遗址出土的黑光陶器上还发现了最古老的用陶轮加工的陶器特征——环状平行弦纹，还发现了带有轴的木质陶轮基座，经过陶轮复原实验，确证黑光陶器的弦纹就是用陶轮修整技术加工而成,也确证了於越先民是世界上最早发明慢轮制陶技术的民族,这比此前已知两河流域和中国北方黄河流域发生的这一制陶业革命分别提前了两千多年和一千年。专家发现跨湖桥文化出土石器和骨器很多是用砂轮磨床打磨的,并找到了一块用火山岩制成的砂轮磨床残件,其加工工艺极为先进,与现代砂轮没有本质区别。而此前科技界一直认为砂轮磨床是欧洲人于公元1850年发明的,而近年考古发现的中国北方砂轮磨床最早的是吉林白城靶山墓地出土的距今近5000年的有孔石锤,这说明,於越先民比欧洲早6000多年,比中国北方早3000多年就发明了砂轮磨床技术,是人类机械工业的始创者。

在河姆渡遗址的第三、第四文化层,发现大量带榫卯的木建筑构件,其中主要榫卯类型就多达11种,结构科学,足以承受各种复杂的压力,后世常见的梁柱相交榫卯、水平十字搭榫卯、横竖构件相交榫卯以及平板相接的榫卯等都已具备,对我国木构建筑技术产生了深远的影响。在该遗址的第二、第三、第四文化层,都发现了以这些木建筑构件为基础的相当成熟和完善的干栏式建筑遗迹,在当时世界范围内显示出最为先进的建筑水平——建筑水平公认是衡量一个民族文明水平的最重要标志之一。专家断言,於越先民对力学原理的发现和利用,创造了我国木构建筑史乃至世界建筑史上的奇迹。在该遗址出土的一件朱红色木质漆碗,经科学家对其外表涂料和周围采集样品进行测定,证明这是世界上最早的采用生漆髹漆工艺制成的漆器,这把我国使用生漆的历史提早到距今约7000年前,从而也进一步证明,我国是世界上最早使用天然涂料"漆"的国家,於越先民是世界上最早发明髹漆工艺的民族。考古专家在河姆渡遗址还发现了一口木结构的水井遗迹,这表明,我国水井的开凿,并非传统文献所记载的始于传说中的黄帝时期或夏时的伯益,水井的首创者同样是我们的於越先民。於越先民在6000年前的发明极大地改善了人类对水的利用,这对促进原始人的身体健康和人类社会的演进,意义不可估量。河姆渡遗址中还出土了许多珍贵的纺织工具实物,包括数量众多的陶制和木制纺轮等纺纱工具,木制定经杆、绞纱棒、机刀、布轴、骨梭形器等纺织工具,以及长短不一的骨针和骨锥等缝纫工具,同时还出土了一件象牙雕刻盅形器,其外表刻有一圈编织纹和四条蚕纹图案。

在距今约5000年的良渚文化遗址还出土了我国最早和最为完整的玉

质纺砖和原始腰机部件，特别是还直接出土了现知世界上最早的家蚕丝织品——绸片和丝带、丝线等遗物，其中的绸片为平纹组织，绞织的纬丝由20多根蚕丝合成一根生丝，经密为134根/寸、纬密为122根/寸，表面细致平整，丝缕平直光洁，同今天生产的11153电力纺的精密度接近，其先进性可见一斑。这说明，丝绸文明作为中华文明的一大瑰宝，其首创者竟也是我们的於越先民。在良渚文化遗址考古工作者还发掘出总面积达290多万平方米的良渚古城，无论从时间、规模，还是从城墙的建筑方式以及城内高等级墓地、祭坛，或者从包含玉钺、神人兽面神徽等在内的大量礼器来看，都堪称“中华第一城”，显示出政教合一的社会政权形式与国家形态，流露出一个以城市为中心的古国的雏形。这表明，是我们的於越先民创造了中国文化史上最早的国家形态和最初的城市生活方式。良渚文化最具特色的器物还有大量的玉器和琳琅满目的冠戴服饰用品。其中，玉器光器型就多达61种以上，每一器型又千变万化，在全国乃至世界史前文化中均独一无二，堪称中国玉器文化的一大源头；冠戴服饰用品，装饰到人体从头到足的每一个部位，光耀炫目，精美绝伦，诚如董楚平先生所言：“冠戴服饰是人类的第二肌肤，是人类文化的标志之一。冠戴服饰特别繁缛华美，是中国古代文化的一大特色”，“目前仍还找不到第二个史前文化，其衣冠服饰像良渚文化那么丰富、那么精美”。① 众所周知，中华民族向来喜欢“以玉比德”，向以衣冠礼仪之邦闻名于世，歆动四方。良渚文化遗址出土的玉器和冠戴服饰用品表明，我们的於越先民也是中国玉器文化和衣冠服饰文化的首创者。

如此等等，无不说明於越先民乃是世界上最富于创造发明精神的民族。

这种巨大的发明创造能力，当然来源于於越先民善于反思的天赋。只有在不断的反思中，才能发现问题，解决问题，不断创造出新的生活，也不断创造出丰富多彩的文化。很显然，后代越地诸贤，从范蠡、王充、陆游，到王阳明、刘宗周、鲁迅、马寅初等等，作为文化建树最卓越的大家，他们也无不具有所在时代最深刻最彻底的反思精神。可以说，从王充到鲁迅的历史时期越地文化史，与从浦江上山文化到良渚文化的史前越地文化史，在演

---

① 董楚平：《良渚人的衣冠文化》，《东南文化》1988年第3、4期。

绎、传承於越先民的反思—创造文化品格上,精神实质是完全一致的。

再看第二个禀赋。

(二)於越先民的保护—自尊意识

保护—自尊意识,反映的是一个民族维护其文化特质和文化尊严的自觉意识,亦即后世所谓乡邦情怀和爱国主义感情的基础所在。於越先民的保护—自尊意识之强烈,很早就绚烂于历史文献之中。众所周知,越王勾践以其卧薪尝胆的坚苦卓绝,成为中华民族勇于和善于报仇复国精神的最突出象征。勾践的存在绝不是偶然,这实际上是於越先民保护—自尊意识和全民族爱国主义精神在自己领袖身上的集中体现而已。如《左传·襄公二十九年》载:“吴人伐越,获俘焉,以为阍,使守舟。吴子馀祭观舟,阍以刀弑之。”这是发生在公元前544年的一件大事。馀祭即著名的延陵公子季札的二兄,时为吴国国君。根据有关史料,这是馀祭在位的第四年,季札出使鲁国观乐,正在为诗歌、音乐、舞蹈三位一体的《诗经》无限倾倒之际,在他的祖国吴国,一个来自敌国越国的前战俘,乘吴国阅兵海军战舰之机,成功刺杀了馀祭,完成了震惊当时诸侯各国的一大壮举,也引发了诸多学者的议论纷纷。透过“吴之诸君往往轻以蹈祸”(明姜宝《春秋事义全考》卷十二)的肤泛表象,历史为后人留下了一个具有深沉爱国情怀和善于报仇灭敌,谋以待动、动即应手而成之大智大勇的普通越国士兵形象。不知其名,而又惊天动地,这是两千五百多年前的超凡“忍者”和爱国者。这位阍者无疑可以看做越国不计其数普通民众的代表。再如《吴越春秋·勾践入臣外传》记载,公元前492年,勾践君臣横渡浙江,准备入臣于吴之时:

> 越王夫人乃据船哭,顾乌鹊啄江渚之虾,飞去复来,因哭而歌之,曰:“仰飞鸟兮乌鸢,凌玄虚号翩翩。集洲渚兮优恣,啄虾矫翮兮云间,任厥兮往还。妾无罪兮负地,有何辜兮谴天?帆帆独兮西往,孰知返兮何年?心惙惙兮若割,泪泫泫兮双悬。”又哀吟曰:“彼飞鸟兮鸢乌,已回翔兮翕苏。心在专兮素虾,何居食兮江湖?徊复翔兮游飏,去复返兮于乎!始事君兮去家,终我命兮君都。终来遇兮何辜,离我国兮去吴?妻衣褐兮为婢,夫去冕兮为奴。岁遥遥兮难极,冤悲痛兮心恻。肠千结兮服膺,於乎哀兮忘食。愿我身兮如鸟,身翱翔兮矫翼。去我国兮心摇,情愤惋兮谁识?”

三年之后，当他们结束屈辱的臣虏生活归来，来到浙江边：

望见大越山川重秀，天地再清。王与夫人叹曰："吾已绝望宫阙，永辞万民，岂料再还，重复乡国？"言竟掩面，涕泣阑干。此时万姓咸欢……①

越王夫人的悲怆长号似惊涛骇浪，与钱塘江的洪波一起奔涌，反映了她对祖国的眷恋是那样的深长隽永、浓挚动人。越王夫人的眼泪与民众欢迎领袖归来的激动欢呼融为一体，更说明越王夫人"去我国兮心摇"所折射出的爱国情怀，乃为越国许许多多的普通民众所共有。而这中间，显然也包括了许许多多的越国女性。联系史料记载越国美女西施、郑旦舍身侍吴，终使吴亡越兴的事迹，越王夫人的爱国情怀不啻是於越女性先民爱国赤诚的代表，其赤诚程度，当与上述阍者所代表的男性先民相映生辉！

此间犹有其他诸多骄人傲人者。如《史记·张仪列传》载：

陈轸适至秦，惠王曰："子去寡人，之楚，亦思寡人不？"陈轸对曰："王闻夫越人庄舄乎？"王曰："不闻。"曰："越人庄舄仕楚执珪，有顷而病。楚王曰：'舄故越之鄙细人也，今仕楚执珪，贵富矣，亦思越不？'中谢对曰：'凡人之思故，在其病也。彼思越则越声，不思越则楚声。'使人往听之，犹尚越声也。今臣虽弃逐之楚，岂能无秦声哉！"

陈轸是战国时代广仕大江南北的谋臣策士和著名政治家，他在秦惠王面前对越人庄舄事迹的述评和所表达的敬慕效仿之忱，揭示了那个时代由于各种原因被迫出仕他国的越国知识分子的心灵世界，以及由此在诸侯各国政界形成的良好口碑。纵然在祖国曾属细民琐琐，而在异邦早已锦衣玉食，位极人臣，庄舄也一刻也没有忘怀祖国，而时时处处毫不掩饰地流露出对祖国的思念。可以说，在绝大多数文人士大夫唯功名利禄是求的战国时代，越国出身的庄舄②以自己的行动，为当时的文人士大夫举起了一面爱国主义旗帜。从庄舄的例子，我们无疑可以看出於越先民中知识精英阶层的爱国倾向。

再如南宋张淏《会稽续志》卷八引孙因《越问》载：

---

① "终来遇兮何辜"之"辜"，江苏古籍出版社1992年校点本和多种其他版本皆误作"幸"，兹从《绎史》、《古乐苑》和《四库全书》本校改。

② 考诸史料，庄舄的生存时代越国应已衰落，在公元前333年决定性的楚越之战中被楚威王彻底打败，开始臣服于楚。所以，庄舄在楚都出仕，实有迫不得已的情形。

庄舄，越人也，仕楚而为越吟。夏统，越士也，入洛而为越唱。

夏统的故事是越地进入中华大一统之后，我们的祖先传诵四海的又一爱国爱乡佳话。《晋书·隐逸传·夏统传》载：

夏统，字仲御，会稽永兴〔即今萧山〕人也。幼孤贫，养亲以孝闻，睦于兄弟，每采稆求食，星行夜归。……后其母病笃，乃诣洛市药。会三月上巳，洛中王公已下并至浮桥，士女骈填，车服烛路。统时在船中曝所市药，诸贵人车乘来者如云，统并不之顾。太尉贾充怪而问之，……乃徐答曰："会稽夏仲御也。"充使问其土地风俗，统曰："其人循循，犹有大禹之遗风、太伯之义让、严遵之抗志、黄公之高节。"又问："卿居海滨，颇能随水戏乎？答曰："可。"统乃操舵正橹，折旋中流，初作鲻鯔跃，后作……飞鷁首，掇兽尾，奋长梢而船直逝者三焉。于是风波振骇，云雾杳冥，俄而白鱼跳入船者有八九。观者皆悚遽，充心尤异之。乃更就船与语，其应如响；欲使之仕，即俯而不答。充又谓曰："昔尧亦歌，舜亦歌，子与人歌而善，必反而后和之，明先圣前哲无不尽歌。卿颇能作卿土地间曲乎？"统曰："先公惟寓稽山，朝会万国，授化鄗邦，崩殂而葬。恩泽云布，圣化犹存，百姓感咏，遂作《慕歌》。又孝女曹娥，年甫十四，贞顺之德过越梁宋，其父堕江不得尸，娥仰天哀号，中流悲叹，便投水而死，父子丧尸，后乃俱出，国人哀其孝义，为歌《河女》之章。伍子胥谏吴王，言不纳用，见戮投海，国人痛其忠烈，为作《小海唱》。今欲歌之。"众人佥曰："善。"统于是以足叩船，引声喉啭，清激慷慨，大风应至，含水嗽天，云雨响集，叱咤欢呼，雷电昼冥，集气长啸，沙尘烟起。王公已下皆恐，止之乃已。诸人顾相谓曰："若不游洛水，安见是人！听《慕歌》之声，便仿佛见大禹之容。闻《河女》之音，不觉涕泪交流，即谓伯姬高行在目前也。聆《小海》之唱，谓子胥、屈平立吾左右矣。"充欲耀以文武卤簿，觊其来观，遂命建朱旗，举幡校，分羽骑为队，军伍肃然。须臾，鼓吹乱作，胡笳长鸣，车乘纷错，纵横驰道，又使伎女之徒服袿襹，炫金翠，绕其船三匝。统危坐如故，若无所闻。充等各散曰："此吴儿是木人石心也。"统归会稽，竟不知所终。

这位生于越地，栖居于越地海滨，以夏禹后裔自居，成就非凡海上生活技能和歌唱才华的夏统，他在洛阳桥边的惊天一唱，无不是家乡人民世世代代所爱唱，更是越地悠久文化传统之高度浓缩，他在举手投足间表现出的对家乡文化传统的强烈自豪和热爱，以及由此而来对北地高官发动的“文化攻势”之岿然不动，和他的歌唱一样，至今仍令人动容！

即使是於越先民中犯有罪错的“另类”人物，他们也有非同寻常的爱乡恋土情怀。试看《庄子·杂篇·徐无鬼》中的这段文字：“子不闻夫越之流人乎？去国数日，见其所知而喜；去国旬月，见所尝见于国中者喜；及期年也，见似人者而喜矣。”仔细寻味，“越之流人”之所喜，实在是他们乡邦祖国情怀之曲折流露。

正是有了上述阍者、越国夫人、西施、勾践、庄舄、夏统甚至包括越之流人等等最早、较早的越地先民的存在，越地文化史才有了由宋代陆游、朱光，明末何腾蛟、孙嘉绩、祁彪佳、刘宗周，清末徐锡麟、秋瑾、蔡元培、陶成章，近现代以来鲁迅、周恩来、竺可桢、陈建功、钱三强等等人物书写的光辉灿烂的爱国主义篇章。可以毫不夸张地说，越地先民爱国爱乡禀赋之鲜明，积淀之深厚，在中国各区域文化中，是最首屈一指的。季羡林先生在《绍兴百镇图赞序》的结尾曾经特别强调指出：“建国首先必须重视文化、教育、科学、技术。在这方面，绍兴古今人物都有一切的贡献。此外，更必须有炽热的爱国主义精神。在这方面，明末痛斥奸相马士英的绍兴文人，发言掷地作金石声。近代的秋瑾为国牺牲的精神，直可与岳飞、文天祥等争辉。这是中华民族的骄傲，当然也是绍兴的骄傲。”“中华民族的骄傲”，这是对绍兴精神传统的精当概括之一，亦完全可以用来移评整个越地。

再看第三个禀赋。

（三）於越先民吸收外来文化的胸襟

於越民族吸收、借鉴外来文化，接受其他区域文化扩散的胸襟问题，在於越民族较早独立建立的国家——先秦越国的领袖身上，表现得最为充分。越国得以成为春秋五霸的最后一霸，叱咤中原，威震四海，一个根本的原因就在于广纳四方英才，由此吸收了各地先进的思想文化，接受了这些思想文化的指导。《墨子·所染篇》曾经指出：“齐桓染于管仲、鲍叔，晋文染于舅犯、高偃，楚庄染于孙叔、沈尹，吴阖闾染于伍员、文义，越勾践染于范蠡、大夫种。此五君者所染当，故霸诸侯，功名传于后世。”《吕氏春秋·当染篇》也说：“齐桓公染于管仲、鲍叔，晋文公染于咎犯、郄偃，荆庄王染于孙叔敖、沈尹蒸，吴王阖庐染于伍员、文之仪，越王勾践染于范蠡、大夫种。

此五君者，所染当，故霸诸侯，功名传于后世。”其《尊师篇》又曰：“神农师悉诸，黄帝师大挠，帝颛顼师伯夷父，帝喾师伯招，帝尧师子州支父，帝舜师许由，禹师大成贽，汤师小臣，文王、武王师吕望、周公旦，齐桓公师管夷吾，晋文公师咎犯、随会，秦穆公师百里奚、公孙枝，楚庄王师孙叔敖、沈尹巫，吴王阖闾师伍子胥、文之仪，越王勾践师范蠡、大夫种。此十圣人、六贤者未有不尊师者也。”《史记·货殖列传》中的一段话，更以经济方面的建设为例，详细指出了来自范蠡、文种等人的思想，对越国崛起的关键作用：

> 昔者越王勾践困于会稽之上，乃用范蠡、计然。计然曰：“知斗则修备，时用则知物，二者形则万货之情可得而观已。故岁在金，穰；水，毁；木，饥；火，旱。旱则资舟，水则资车，物之理也。六岁穰，六岁旱，十二岁一大饥。夫粜，二十病农，九十病末。末病则财不出，农病则草不辟矣。上不过八十，下不减三十，则农末俱利，平粜齐物，关市不乏，治国之道也。积著之理，务完物，无息币。以物相贸，易腐败而食之货勿留，无敢居贵。论其有馀不足，则知贵贱。贵上极则反贱，贱下极则反贵。贵出如粪土，贱取如珠玉。财币欲其行如流水。”修之十年，国富，厚赂战士，士赴矢石，如渴得饮，遂报强吴，观兵中国，称号“五霸”。

与其他明哲贤君所染、所师不尽相同的是，越王勾践所染、所师人物，几乎全部为其他区域文化的代表人物。例如，越国最杰出的政治家范蠡、文种，最优秀的军事家陈音都是楚国人，最成功的经济学家计然则是齐国人。唐张守节《史记正义》卷四十一引《会稽典录》载：

> 范蠡字少伯，越之上将军也。本是楚宛三户人，佯狂倜傥负俗。文种为宛令，遣吏谒奉。吏还曰：“范蠡本国狂人，生有此病。”种笑曰：“吾闻士有贤俊之姿，必有佯狂之讥，内怀独见之明，外有不知之毁，此固非二三子之所知也。”驾车而往，蠡避之。后知种之必来谒，谓兄嫂曰：“今日有客，愿假衣冠。”有顷种至，抵掌而谈，旁人观者耸听之矣。

同卷又引古本《吕氏春秋》载：

> 大夫种姓文名种，字子禽。荆平王时为宛令，之三户之里，范蠡从犬窦蹲而吠之，从吏恐文种惭，令人引衣而鄣之。文种曰：“无鄣也。吾闻犬之所吠者人，今吾到此，有圣人之气，行而求之，来至于此。且人身而犬吠者，谓我是人也。”乃下车拜，蠡不为礼。

由此可见，范蠡、文种本是楚国“有贤俊之姿”，“有圣人之气”者，在某种程度上可以说，是楚国先进思想文化的最新代表；但他们的特立独行，他们的“佯狂”（文种作为官吏对范蠡不同寻常的礼遇，实际上也是一种特立独行，也是一种“佯狂”），妨碍了他们作为先进文化的代表被楚国上下接受。越王勾践最终拥抱了他们，并为他们提供了一个极为宽广的历史舞台，使他们的聪明才智得到最充分的利用。《越绝书·越绝外传纪策考》载：“种躬正内，蠡治出外；内浊不烦，外无不得。臣主痛心，遂霸越邦。种善图始，蠡能虑终。越承二贤，邦以安宁。”《吴越春秋·勾践阴谋外传》载越王勾践十四年，越国在连续获得农业丰收后，开始壮大军事力量，教练兵卒：

> 于是范蠡复进善射者陈音。音，楚人也。越王请音而问曰：“孤闻子善射，道何所生？”音曰：“臣，楚之鄙人，尝步于射术，未能悉知其道。”越王曰：“然，愿子一二其辞。”音曰：“臣闻弩生于弓，弓生于弹，弹起古之孝子。”越王曰：“孝子弹者柰何？”音曰：“古者人民朴质，饥食鸟兽，渴饮雾露，死则裹以白茅，投于中野。孝子不忍见父母为禽兽所食，故作弹以守之，绝鸟兽之害。故歌曰：‘断竹，续竹，飞土，逐肉’之谓也。于是神农皇帝弦木为弧，剡木为矢，弧矢之利，以威四方。黄帝之后，楚有弧父。弧父者，生于楚之荆山，生不见父母，为儿之时，习用弓矢，所射无脱。以其道传于羿，羿传逄蒙，逄蒙传于楚琴氏，琴氏以为弓矢不足以威天下。当是之时，诸侯相伐，兵刃交错，弓矢之威不能制服。琴氏乃横弓著臂，施机设枢，加之以力，然后诸侯可服。琴氏传之楚三侯，所谓句亶、鄂、章，人号麇侯、翼侯、魏侯也。自楚之三侯传至灵王，自称之楚累世，盖以桃弓棘矢而备邻国也。自灵王之后，射道分流，百家能人用，莫得其正。臣前人受之于楚，五世于臣矣。臣虽不明其道，惟王试之。”
>
> 越王曰：“弩之状何法焉？”陈音曰：“郭为方城，守臣子也；教为人君，命所起也；牙为执法，守吏卒也；牛为中将，主内裹也；关为守御，检去止也；锜为侍从，听人主也；臂为道路，通所使也；弓为将军，主重负也；弦为军师，御战士也；矢为飞客，主教使也；金为实敌，往不止也；卫为副使，正道里也；又为受教，知可否也；缥为都尉，执左右也。敌为百死，不得骇也，鸟不及飞，兽不暇走，弩之所向，无不死也，臣之愚劣，道悉如此。”越王曰：“愿闻正射之道。”音曰……“愿闻望敌仪表，投分飞

矢之道。"音曰……越王曰:"善。尽子之道,愿子悉以教吾国人。"音曰:"道出于天,事在于人,人之所习,无有不神。"于是乃使陈音教士习射于北郊之外,三月,军士皆能用弓弩之巧。陈音死,越王伤之,葬于国西,号其葬所曰陈音山。

由此可见,陈音本是楚国悠久而先进的军事文化的集大成者,却为越国的灭吴崛起在军事力量的壮大上做出了最大的贡献,甚至为此献出了生命。可以推想,陈音能向越王勾践倾囊倒出其渊博的军事知识,将其家族五世以来在军事科技上的悉心钻研所得也毫无保留地奉献出来,一定离不开越王勾践宽广胸怀的感召。

至于计然,《史记集解》卷一百二十九载:"计然者,范蠡之师也,名研。……《范子》曰:计然者,葵丘濮上人。姓辛氏,字文子。其先,晋国亡公子也。尝南游於越,范蠡师事之。"濮上,时属齐国(今属与山东交界的河南濮阳)。由此可见,计然本是中原文化区所诞生的一代杰出经济学家。可是,与范蠡、文种、陈音一样,他的不朽英名却书写在了越国大地。

《越绝书》、《吴越春秋》等书还直接记载了勾践对其他区域文化及其代表人物的良好心态。《越绝书·越绝内传陈成恒》载:"子贡公见越王,越王闻之,除道郊迎至县,身御子贡至舍。"这里的"子贡"当然不能当成孔子的弟子端木赐;但这段文字却颇可以说明勾践对来自其他区域文化贤者的敬慕与尊尚。值得指出的是,史料表明,勾践的继承者也较好地继承了先辈的宽广胸怀。如《吕氏春秋·离俗篇》载:"子墨子游公上过於越。公上过语墨子之义,越王说之,谓公上过曰:'子之师苟肯至越,请以故吴之地、阴江之浦,书社三百,以封夫子。'"其时应在越王勾践之后第三代或第四代,越王朱句(公元前449—412年在位)或越王翳(公元前412—376年在位)对齐国思想家墨子的敬重、仰慕溢于言表。

於越民族早期领袖对其他区域文化的态度,应该是於越先民群体性精神倾向的一个集中反映。有了这种精神,越文化才可能在"纷吾既有此内美"的基础,"又重之以修能",广泛吸收其他文化的长处,缔造一系列文化奇迹。

於越先民的不凡天资已如上述。但是文化的发展之路总是充满曲折,文明的缔造从来不会一蹴而就。我们认为,於越先民凭借上述种种天赋,在距今一万到四千多年间创造了辉煌的史前文化之后，其文化命运有过多次衰落，也有过多次崛起。在公元前5世纪灭吴北上，称霸中原，创造当时最先进的少数民族文化之前，越地与中原地区比较起来，其经济文化已经落后不少；在灭吴崛起之后不久，由于自身因素与生存环境的双重影响，越文化的发展再次进入一个衰落时期，逐渐落后于北方中原文化区，成为中华大一统文化中的边缘区域。自身因素中最根本的一条，就是当北方中原文化区“敬鬼神而远之”，儒家理性精神成为社会上下的指导思想之时，越地先民仍然没有抛弃属于原始宗教范畴的鬼神观念。此如《淮南子·人间训》载：“荆人鬼，越人禨。”《吕氏春秋·孟冬篇》同样有：“荆人畏鬼，而越人信禨。”《史记·孝武本纪》载：“越人俗信鬼，而其祠皆见鬼。”鬼神迷信思想束缚了人们的手脚。外在生存环境中最主要的一点，就是海侵不断发生，水资源和土地资源的盐碱化，从根本上破坏了赖以生存的起码物质基础。食不果腹，生存尚面临威胁，文化与文明的发展自然退居其次。故有《管子·水地篇》之言：“越之水浊重而洎，故其民愚疾而垢。”在“断发文身”风俗礼仪与相应鬼神观念背后，亦隐然可见衣不披体的生存状况和随之而来的文化自卑。如《说苑·奉使》就记载越国使节诸发的言论，越人“不得冀、兖之州，乃处海垂之际，屏外蕃以为居，而蛟龙又与我争焉，是以剪发文身，烂然成章以像龙子者，将避水神也”，其“屏外蕃以为居”一语实包含了自居于文化边缘地位的无奈，以及生存条件恶劣所带来的物质匮乏。

但是，历史提供了种种难得机遇，它们把“处海垂之际，屏外蕃以为居”的先天不利，变成了文化发展的独特优势。凭借上述种种天赋，越地先民抓住了这些难得机遇，默默耕耘，黾勉奋发，终于从中华大一统文化中的边缘地位一步步走回中心区域。

著名美籍华裔学者黄仁宇曾经主张，用长远的眼光来看中国历史，“秦汉帝国是一个阶段，隋唐宋帝国是另一阶段，而明清帝国已是第三阶段”①，这是他考察中国明代历史特性时所取的一种“中国大历史”视角。此一视角或许对研究中国历史与中国文化诸问题并非都适用，但我们仔细考察越文化发展的历史机遇，其间所呈现的历史阶段性，与这种“中国大历史”观确乎相当吻合。

① ［美］黄仁宇：《放宽历史的视界》，三联书店2001年版，第80页。

二、秦汉到六朝：越文化抬升的早期历史机遇

（一）历史变动对越文化的四大影响

考察这一时期的历史变动对越文化成长、发展的影响，可以指出四点：

第一，在北方中原地区战乱一直断断续续，而越地社会长期处于相对平静的状态，这保证了越地经济社会缓慢、持续而不间断地发展，为文化的积累和崛起提供了物质基础。秦末，陈胜、吴广农民大起义与项羽起义、刘邦起义，都起于江淮流域而指向黄河流域，兵烽所指，以项羽屠咸阳，火烧阿房宫为标志，两周以来华夏文明的核心区域中原一带，从物质文化到图书典籍等精神文化，皆遭到惨重的破坏；越地偏远，除了如野史所言曾是项羽起义前的避难之地外，与北方天翻地覆的大战乱几乎没有瓜葛。在西汉时代，前期有"七国之乱"，中期有武帝酷政、重赋激起的大量农民暴动，末期有绿林赤眉起义，战火亦均在中原和长江沿线一带燃烧，而很少涉及越地。以"七国之乱"来说，参与叛乱的七国赵、济南、淄川、胶西、胶东均在黄河中下游，楚在黄河流域和淮河流域之间，吴的范围虽包括越地，但吴王濞封地在沛即淮河流域，与越地实际关系不大。关键的是，"七国之乱"发生的战场，都在广陵（今扬州）以北、以西的淮河流域和黄河流域，即今苏北、皖北、山东、河南等地，越地未见一星战火。武帝时期，由于连年对外用兵，开支浩繁，"赋税既竭，犹不足以奉战士"（《史记·平准书》），加上兵役、徭役畸重，大批丁壮男子被派赴战场或赴边境筑城，同时酷吏治狱广事株连，严刑逼供，"商贾中家以上大抵破"（《汉书·食货志下》），人力和物力几乎被洗剥殆尽，迫使农民暴动不断发生。史载："南阳有梅免、白政，楚有殷中、杜少，齐有徐勃，燕赵之间有坚卢、范生之属。大群至数千人，擅自号，攻城邑，取库兵，释死罪，缚辱郡太守、都尉，杀二千石，为檄告县趣具食；小群以百数"（《史记·酷吏列传》），大规模的农民起义主要都发生于黄河流域，但长江流域要少得多，越地更是未见一件大规模的暴动。西汉末年的绿林赤眉起义首先发生于今湖北和山东，中期形成群雄割据、互相攻伐局面，最终发展到南阳起义，光武帝称雄，消灭割据群雄，建立起东汉帝国，黄河流域绝大部分地区，以及长江中游地区和下游沿线，长期为战争硝烟和动乱灾祸所弥漫，越地则基本置身事外。东汉末年的黄巾大起

义首先爆发于冀州巨鹿，冀、幽、豫、青、兖、徐、荆、扬等八大州三十六区——几乎占了当时全国的四分之三——几乎同时而起，很快形成三大主力，即冀州张角黄巾军、南阳张曼成黄巾军和颍川波才黄巾军，他们焚烧官府，捕杀官吏，夺回被地主豪强霸占的土地，并互相配合，从四面八方向东汉王朝的首都洛阳展开包围，以百万之众，在黄河流域和淮河以北与东汉政府军进行了长期的殊死决战；主战场之外的起义在长江中下游沿线虽有发生，却距越地甚远。紧接而来的是军阀混战和三国争霸，六七十年间发生的大规模战争和动乱多达数百起，几乎无月不战，无日不战，前期主要发生在黄河流域，后期主要发生在江苏、湖北、四川等长江沿线和陕西一带，可以说，丝毫未波及越地。再后又是西晋末年的“八王之乱”，八王为争夺统治权在黄河流域进行了16年凶残的内战，人民死亡过半；两晋之交，匈奴人刘曜率军先后攻下京城洛阳和长安，纵兵焚掠，中原地区经济文化发达的都市大多化为灰烬；东晋时代，北方又是“五胡十六国”的混战和递相更代，中原以至整个北中国一直战火纷飞，掠夺与屠杀不断。但这前后长达150年的中原混战、中原大乱，可以说，依然未损及越地。可以说，从两汉到六朝的七八百年，北方中原地区一直多事多战多乱，“出门无所见，白骨蔽平原”（王粲《七哀诗》）、“白骨露于野，千里无鸡鸣”（曹操《蒿里行》）、“肝脑涂地，白骨交衢”（潘岳《关中诗》）的惨状不止一次地上演，江南吴地因为接壤淮河流域，也受到一定影响，而越地除了熹平元年（172）曾发生过一次短暂的会稽勾章人许昌起义，被富春孙坚“以郡司马募召精勇，得千馀人，与州郡合，讨破之”（郑樵《通志》卷九《吴纪第九》）外，包括杭嘉湖平原、宁绍平原和浙南山区、浙中盆地在内，在漫长时代均一派安宁景象。越地经济社会发展和文化成长由此获得一个极为良好的环境空间。

第二，不仅如此，由于种种原因，在这个时期的封建国家内部（包括大一统时期和分裂割据时期），越地还曾获得一种类似今天准“特区”、半“自治”的待遇，获得单独的发展机遇。这个机遇首先来自西汉前期。本来，自秦始皇完成统一，在全国推行郡县制，归属越地的建制有会稽、鄣郡、闽中郡等三郡和十多个县①，汉沿秦制，继续通过郡、县两级行政体制，实现中央对越地地方的统治。但是，秦代越地不少地方，尤其是包括浙东南椒江流

① 《雍正浙江通志》载有县18，谭其骧《中国历史地图集》载有县12，另有人认为其时越地有县16，详见王志邦：《浙江通史·秦汉六朝卷》，浙江人民出版社2005年版，第10页。

域、瓯江地域在内的闽中郡地区，郡县制实际上处在虚设状态，中央政府对越地采取了很大程度上可以说是听任自治的政策；秦如此，西汉前期也是如此。《汉书·严助传》就记载：

建元三年〔公元前138〕，闽越举兵围东瓯，东瓯告急于汉。时，武帝年未二十，以问太尉田蚡。蚡以为越人相攻击，其常事，又数反复，不足烦中国往救也，自秦时弃不属。……上……遣助以节发兵会稽。会稽守欲距法，不为发。……

后三岁，闽越复兴兵击南越，南越守天子约，不敢擅发兵，而上书以闻。上多其义，大为发兴，遣两将军将兵诛闽越。淮南王安上书谏曰：……越，方外之地，劗发文身之民也。不可以冠带之国法度理也。自三代之盛，胡越不与受正朔，非强弗能服，威弗能制也，以为不居之地，不牧之民，不足以烦中国也。故古者封内甸服，封外侯服，侯卫宾服，蛮夷要服，戎狄荒服，远近势异也。自汉初定已来七十二年，吴越人相攻击者不可胜数，然天子未尝举兵而入其地也。臣闻越非有城郭邑里也，处溪谷之间，篁竹之中，……得其地，不可郡县也。……越人名为藩臣，贡酎之奉，不输大内；一卒之用，不给上事。……且越人愚戆轻薄，负约反复，其不用天子之法度，非一日之积也。……臣窃闻之，与中国异，限以高山，人迹所绝，车道不通，天地所以隔外内也。……

助侍燕从容，……上问所欲，对愿为会稽太守。于是拜为会稽太守。数年，不闻问。……

太尉田蚡、淮南王刘安所说，虽不是专门针对勾践越地，而是就东瓯、闽越、南越的广泛争议地区泛泛而言，却也包含越地在内。因此，中原统治集团对越地的定位判断，“方外之地，劗发文身之民”，“不居之地，不牧之民”，“蛮夷要服”，“与中国异，……天地所以隔内外也”；以及随之而来的统治政策，“不足烦中国”，“自秦时弃不属”，“不可以冠带之国法度理”，“不与受正朔”，“不可郡县”，“不用天子之法度”；还有由此造成“贡酎之奉，不输大内；一卒之用，不给上事”，几乎不用承担封建国家赋税，人民自给自足的经济状况，大多也都适用于越地。长期事实上的政治自治，还在越地内外形成了相当坚固的心理传统，所以一当汉武帝要加强对越地的军政干预和管理，就遭到了太尉田蚡、淮南王刘安的质疑；对中央甚至是皇帝本人的决策旨意,越地地方长官竟也敢于公开抵制,或者不理不睬,正如建元三年会稽郡守的抗命行为,“欲距法,不为发”,和后来的会稽郡守严助“数年,不闻问”的作为,自行管理地方一切,长期不向汉武帝请示汇报。越地获得这种准“特区”、半“自治”政治待遇,经济上几乎处于赋税全免状况,持续了近百年,无疑为越地的经济发展和文化成长提供了又一难得环境。当然,仔细考察,在这近百年的半“自治”状态中,西汉初年吴王刘濞在越地的经营,堪称“自治中的自治”,也颇值得一提。吴王封地包括会稽、鄣、东阳和豫章四郡,越地为其所辖。《史记·吴王濞列传》载:“吴有豫章郡铜山,濞则招致天下亡命者盗铸钱,煮海水为盐,以故无赋,国用富饶。……其居国以铜盐,故百姓无赋;卒践更,辄与平贾;岁时存问茂材,赏赐闾里。”《史记·货殖列传》又载:“夫吴自阖庐、春申、王濞三人招致天下之喜游子弟,东有海盐之饶,章山之铜,三江五湖之利,亦江东一都会也。”“三江五湖”,即太湖流域和钱塘江流域诸水系;据考证,吴王煮海水之地,在今海盐县境内,章山指安吉与余杭、德清交界的山区。由此可见,吴王濞在位40年,曾经卓有成效地组织矿山开采,海水煮盐,大力发展经济,形成“国用富饶”,“百姓无赋”、徭役给价①的可喜局面,并网罗人才,厚遇人才,表彰先进,有意识地进行了地方文化建设。吴王刘濞在封国内自行采取的这些措施,既大多与越地相关,自然对越地的发展起到了良好的作用。此后在三国吴时期,孙权对江东的经营,也发挥了这种作用。

第三,这个时期有大量北方人口迁入江南暨越地,使得越地人口总数增加,人口密度提高,人口素质得到提升,从人口因素方面为文化的发展注入了新的活力。这个时期,除在武帝初年发生过瓯江流域人口的两次整体北迁②外,北方人口南迁越地,主要有两种形式:(1)和平时期由封建国家中央政府组织的有特定用意的移民。如武帝时期,由中原迁往越地的移民

---

① “卒践更,辄与平贾”,即需要百姓从事徭役劳动时,根据服务时间给钱补偿,即把义务徭役变成给薪服务。

② 根据《史记·东越王列传》记载,建元三年(前138),闽越进攻东瓯,鉴于对方强大,“东瓯请举国徙中国,乃悉举众来,处江淮之间”。此后武帝封原闽越王弟馀善为东越王,与新立闽越王繇并处,封地当即原东瓯。元封元年(前110),武帝平定东越叛乱,“于是,天子曰东越狭多阻,闽越悍,数反复,诏军吏皆将其民徙处江淮间。东越地遂虚”。宋代王益之《西汉年纪》卷十记载:“东瓯王望率其众四万馀人来降,处庐江郡”,反映的是第一次北迁移民的规模和最终去向。

就有属贫民安置的开发性移民和离散大族强宗的惩罚性移民两种。《汉书·武帝纪》即记载:“〔元狩〕四年〔前119〕,有司言关东贫民徙陇西、北地、西河、上郡、会稽凡七十二万五千口,县官衣食振业,用度不足。”清代王鸣盛《十七史商榷》卷九“徙民会稽”条,对此有一个估计:“会稽生齿日繁,当始于此。约增十四万五千口也。”但这个“会稽”的范围,唐杜佑《通典》卷一的解释是:“今浙江东,晋陵郡以东,直至信安、永嘉郡地。”众所周知,晋陵为东晋至隋初常州之名,信安为南朝至唐衢州之名,永嘉为东晋至唐温州之名。因此十四万五千多北方人口的迁入“会稽”,实际是指迁入今常州以东的苏南和从绍兴到温州、衢州的整个浙东地区。按唐宋以后的行政区划来说,常州以东的苏南州府一般有三,即常州、苏州、松江;浙东州府有八,即越州、明州、台州、温州、处州、婺州、衢州、严州;常州以东苏南三州府和浙东八州府既然均为北方移民迁入地,则夹在中间至少还有秀州(嘉兴)等州府亦为移民迁入之所。这样算来,按唐宋以后的州府单位计,每地迁入人口当在万人左右,相对数字并不很大。但以当时尚属地广人稀、经济落后的越地状况①来说,这仍然是一个比较可观的北方劳动人口的迁入,明显增加了越地的劳动生产力,提高了人口密度。惩罚性移民又叫“徙强宗”,即为防止世家大族势力壮大对封建国家统治构成威胁,将其从故里强行遣散到边远地区居住,武帝时期不少北方大族就这样被迁往越地。例如,清代何焯《义门读书记》卷十九即引谢承《后汉书》记载:“郑宏会稽山阴人,其曾祖父本齐国临淄人,官至蜀郡属国都尉,武帝时徙强宗大姓,不得族居,将三子移居山阴,因遂家焉。”(2)王朝更迭和战乱年代,为躲避灾祸,不少北方人口自发举家举族南迁越地,属逃难性移民,这是这一时期北方移民南迁的主要形式。这个时期这种形式的移民潮前后发生了三波,规模一波比一波急剧扩大,时间分别在两汉之交、东汉末年至东吴时期,以及西晋末年。例如,从王莽篡汉到东汉初年,中原举家举族南迁越地者众,如《后汉书·循吏列传》所载,新莽灭亡之际,“天下新定,道路未通,避乱江南者皆未还中土,会稽颇称多士”。这里的会稽,指会稽郡,约与“江南”的范

---

① 《汉书·严助传》载淮南王刘安语,以为“越非有城郭邑里”,“林中多蝮蛇猛兽,夏月暑时,呕泄霍乱之病相随属也”,所说虽指今温州以南闽越地区和岭南南越地区,并不包括作为勾践故里的今浙东地区,但勾践故里当时既与闽越、南越共为百越,则人口与经济发展状况较之中原北方亦当有不小距离。

围等同，包括了越地在内。根据有关学者的研究，中原各家族迁入越地的具体情况有：范氏迁入钱唐（今杭州市），姚氏、丘氏、钱氏、吴氏迁入乌程（今湖州市），徐氏迁入太末（今龙游），等等。东汉末年至东吴时期，“四方贤士大夫避地江南者甚众”（《三国志·吴书·华歆传》裴松之注引华峤《谱叙》），中国历史上第一次人口大规模南迁发生，越国故地开始成为江南接纳北方移民的主要地域之一。其中，仅陆续迁入今湖州境内的北方家族，就有琅邪徐氏、东莱曲氏、孟氏、青州萧氏、南阳黄氏、陈郡殷氏、临淮徐氏、下邳丁氏等；在钱唐全氏一家身边，就聚集了上百北方迁居者。如《三国志·吴书·全琮传》所载：“是时中州士人避乱而南，依琮居者以百数。”此际还出现了几乎卷地而来的大规模北人南迁现象。如《三国志·吴书·吴主传》记载，建安十八年（213），丞相曹操“恐江滨郡县为权所略，征令内移，民转相惊，自庐江、九江、蕲春、广陵户十馀万皆东渡江，江西遂虚，合肥以南惟有皖城”。这些迁居江东的移民，其中不少辗转流入越地。西晋末年，中原陷入灾难深渊，北人南迁形成更大的浪潮。如《晋书·王导传》载：“洛京倾覆，中州士女避乱江左者，十六七。”此后到东晋甚至南朝时代，北人南迁一直未曾消歇。综合有关史料的记载，陆续迁入越地的北方移民，主要分布在会稽郡、吴兴郡和吴郡的余杭、钱唐、海盐等地，也就是绍虞平原和杭嘉湖平原各地。其中，仅先后迁居会稽郡城和剡溪—上虞江流域的北方家族和士人，就有北地泥阳傅氏、颍川鄢陵庾氏、高阳许氏、陈郡阳夏谢氏、陈留阮氏、太原中都王氏、乐安高氏、琅邪高僧竺道潜、太原中都孙氏、江夏李氏、琅邪王氏、谯国戴逵、高平金乡郗氏、陈留高僧支遁、陈留尉氏阮氏、济阳考城江氏，等等。在这两种主要形式之外，还有个案性质的仕宦落籍、避仇远徙、婚姻就亲等移民。重要的是，一方面，移民的持续到来加上长期的和平开发，大大增加了越地的人口总数和人口密度。如山阴一县，《宋书·顾恺之传》即出现了南朝初“山阴民户三万，海内剧邑”的记载，其人口规模已数倍于西汉初年的整个东瓯国人口。另一方面，移民中既有大量的平民、贫民、难民、军卒，又有相当部分是当时当世的文化名人、文化世家，所谓“会稽颇称多士”、“中州士人”、“中州士女”，一个“士”字揭示，很多移民迁入实际都是文化名人、文化世家的迁入。特别是西晋末年以来，“寓居会稽的北方人士，其最大的特征是：文化名流接踵而至，高僧名士云集剡溪—上虞江流域。孙绰、李充、支遁皆以文义冠世；戴逵好谈论、善属文、能鼓琴、工书画，其馀巧艺靡不毕综，为多才艺术家；王羲之一门以书法绝妙著称于世"①。这不能不对整个越地文化氛围的形成，文化品位的提升，文化创造的展开，产生直接的促进作用。

（二）越地文化面貌的四大变化

在以上诸因素作用下，此一时期越地文化面貌，从日常生活到政治、学术、艺术均出现一系列重大变化。其中尤可指出者：

第一，经济发展，越地独特的物质文化形式崭露头角。《史记·货殖列传》曾载"江南卑湿，丈夫早夭"，反映包括越地在内的江南地区比较恶劣的生存条件，以及与经济落后紧密相关的男性寿短状况。针对这一现实，南迁、南仕北人和土著越人联合起来，共同实施了一系列大型水利工程，建立起越来越完善的农田水利系统，极大地促进了农业和社会经济的全面发展。初期比较大的水利工程如：在萧绍平原，会稽太守、扶风茂陵（在西安西北，今陕西兴平）人马臻于永和五年（140）在山阴、会稽二县创筑鉴湖蓄水，"水高丈馀，田又高海丈馀。若水少则泄湖灌田，如水多则闭湖泄田中水入海，所以无凶年。其陂塘周回三百一十里，都溉田九千馀顷"（施宿等《嘉泰会稽志》卷二本传），从而划时代地掀开了萧绍平原农业开发的新篇章。在杭嘉湖平原，鉴于"余杭居天目万山之下，苕溪一带，下贯杭嘉湖三府"，"诸水并泻，于溪不能骤泄，以致漂没居民"，熹平二年（173），余杭县令陈浑"开辟南湖一万三千七百馀亩，分杀水势"（《雍正浙江通志》卷二百六十七载明陈善《南湖考》），采用两级分洪水库的方式，有效地减轻了山洪暴发的威胁，并"灌溉县境公私田一千馀顷"（宋潜说友《咸淳临安志》卷三十四）。在金衢盆地，更有东汉初从北方南来的辅国将军卢文台，沿金华江支流"开堰三十六处，灌溉金华、汤溪、兰溪三县田土，为利甚溥，农多赖之"（《雍正浙江通志》卷五十九"白沙溪"条）。诸如此类的水利工程根本改善了越地的农业产业基础，同时，牛耕、铁制农具等先进的耕作方式也得到大力推广。在这些因素的作用下，在此一时期开始不久，越地即成为中国历史上"南粮北调"最早记录的诞生地之一。如《后汉书·安帝纪》即载："〔永初元年〕调扬州五郡租米，赈给东郡、济阳、陈留、梁国、下邳、山阳"；又

① 王志邦：《浙江通史·秦汉六朝卷》，浙江人民出版社 2005 年版，第 262 页。

载:“〔永初七年〕九月,调零陵、桂阳、丹阳、豫章、会稽租米,赈给南阳、广陵、下邳、彭城、山阳、庐江、九江饥民。”当时的扬州五郡为九江、豫章、庐江、丹阳、会稽,而越地即包括会稽、丹阳郡中。以农业发展为基础,再加上总体和平安宁的时代环境,越地经济有了全面发展,到东晋以迄刘宋初年,越地独具特色的物质文化形式如越地丝织品、越地青瓷,也获得长足发展,取得海内外瞩目的成就。晋元帝曾经说:“今之会稽,昔之关中。”(郑樵《通志》卷一百二十八《诸葛恢传》)武康籍沈约在《宋书》卷五十四《孔羊沈列传论》中自豪地指出:“江南之为国,盛矣。……自义熙十一年马休之外奔,至于元嘉末,三十有九载,兵车勿用,民不外劳,役宽务简,氓庶繁息,至馀粮栖亩,户不夜扃,盖东西之极盛也。既扬部分析,境极江南,考之汉域,惟丹阳、会稽而已,自晋氏迁流迄于太元之世,百许年中,无风尘之警,区域之内,宴如也。及……至大明之季,年逾六纪,民户繁育。……地广野丰,民勤本业,一岁或稔,则数郡忘饥。会〔稽〕土带海傍湖,良畴亦数十万顷,膏腴上地,亩直一金,鄠、杜之间①,不能比也。……丝绵布帛之饶,覆衣天下。”都说明这一历史动向。

第二,风俗改变,教育推广,越地民众价值观丕变,奠定越地精神文化嬗变的深厚基础。如前所述,先秦以来制约越地经济社会发展和文化进步的另一关键因素,是民众意识中根深蒂固的鬼神观念。有鉴于此,迁越、仕越北人在越地土著中开明士人的支持下,一方面用强有力的手段禁除陋俗,改造民风,一方面普设学校,在民众中传播中原儒家理性精神和礼仪道德观念,并培养文化人才,从底层开始,逐步酝酿出越地精神文化的新生机。如在会稽郡,东汉建武二十九年(53),京兆长陵(在今陕西咸阳)人第五伦出任会稽太守,“会稽俗多淫祀,好卜筮,民常以牛祭神,百姓财产以之困匮,其自食牛肉而不以荐祠者,发病且死先为牛鸣,前后郡将莫敢禁。伦到官,移书属县,晓告百姓,其巫祝有依托鬼神诈怖愚民,皆案论之;有妄屠牛者,吏辄行罚。民初颇恐惧,或祝诅妄言,伦案之愈急,后遂断绝”(《后汉书·第五伦传》),这样做既扫荡了“淫祀”迷信和鬼神观念,对妄屠牛的禁罚,实际上又保护并推广了新兴的牛耕技术。与此同时,学校在山阴、上

① 太元、义熙,分别为东晋武帝、安帝年号,公元376—396年、405—418年;元嘉、大明,分别为刘宋文帝、武帝年号,公元424—453年、457—464年。鄠、杜,《汉书》颜师古注:鄠属扶风,杜属京兆,因此,“鄠、杜之间”,即关中长安一带,中原经济文化中心。

虞、余姚等地陆续开办，源源不断地传播了中原儒家的思想学说和礼仪道德观念；地方官还采用奖励措施，促使形成向学慕贤的风气。如上虞王充《论衡·自纪篇》即自道："八岁出于书馆，书馆小僮百人以上"，"手书既成，辞师受《论语》、《尚书》，日讽千字"。余姚人黄昌，"本出孤微，居近学官，数见诸生修庠序之礼，因好之，遂就经学"（《后汉书·酷吏列传》）。东汉中期永元年间（89—104），蜀郡成都人张霸"为会稽太守，表用郡人处士顾奉、公孙松等"，"其馀有业行者，皆见擢用。郡中争厉志节，习经者以千数，道路但闻诵声"（《后汉书·张霸传》）。又如在今浙西北所属的丹阳郡，东莱黄（在今山东黄县）人李忠建武六年（30）出任太守，"以丹阳越俗不好学，嫁娶礼仪，衰于中国，乃为起学校，习礼容，春秋乡饮，选用明经，郡中向慕之"（《后汉书·李忠传》）。越地民众的价值观在有意识地引导下，翕然丕变。如以儒家价值观的核心"忠孝"来考察，此一时期越地士人出仕为官者，大多忠于国家，勤于职守。或戮力边疆，功在社稷。仅以东汉晚期对西南的经营为例：山阴郑弘，鉴于"旧交趾七郡贡献转运，皆从东冶泛海而至，风波艰阻，沉溺相系"，以大司农"奏开零陵、桂阳峤道，于是夷通，至今遂为常路"（《后汉书·郑弘传》），堪称"西南丝绸之路"的开创者。上虞綦毋俊，出任交趾刺史，"拔济一郡"；平定合浦反叛，"俊以苍梧当合浦下蛮，或流劫，猝难回顾，乃先保障苍梧，后往合浦，所向摧靡"（《雍正浙江通志》卷一百七十三本传），保障了西南的稳定。上虞孟尝，"其先三世为郡吏，并伏节死难"，"迁合浦太守。郡不产谷实，而海出珠宝，与交址比境，常通商贩，贸籴粮食。先时宰守并多贪秽，诡人采求，不知纪极，珠遂渐徙于交址郡界。于是行旅不至，人物无资，贫者饿死于道。尝到官，革易前敝，求民病利。曾未逾岁，去珠复还，百姓皆反其业，商货流通，称为神明"（《后汉书·循吏列传》），不啻为西南边疆商业繁荣的守护神。或政兼宽猛，惕厉一方。如《后汉书·酷吏列传》所载余姚黄昌，"政尚严猛，好发奸伏"，"大姓战惧，皆称神明"，"朝廷举能，迁蜀郡太守。先太守李根年老多悖政，百姓侵冤。及昌到，吏人讼者七百馀人，悉为断理，莫不得所"，"宿恶大奸，皆奔走他境"。或抗节不阿，表率朝野。如余姚严遵，"王莽数聘，抗节不行；光武中兴，然后俯就，矫首不拜，志陵云日"（《雍正浙江通志》卷二百六十八载三国吴朱育《问士对》）。此一时期民间以孝行享誉当世，名垂青史者，亦累若贯珠。汉代最有名的孝子、孝女均出在越地。孝子即句章（今宁波市)董黯,史书记载:"董黯尽心色养,丧致其哀,单身林野,鸟兽归怀,怨亲之辱,白日报雠,海内闻名,昭然光著。"(明董斯张《广博物志·人伦·孝子》)孝女即上虞曹娥,不仅是越地列名《后汉书·列女传》的第一女性,也是整个江南地区女性在正史中列传的第一人。此外,东汉由拳(今嘉兴)张武、上虞朱儁、乌程费泛,三国时期乌程沈瑜、山阴祁庚、皮延、上虞樊正等等,亦均以孝节受重于时。《晋书·孝义传》列传 14 人,属越地者 5 人。此后,《宋书》、《南齐书》、《南史》等书《孝义传》列传分别为 28、16、94 人,属越地者则分别为 16、5、26 人①,比例均高于其他任何地区。由此可见,此一时期越地竟一变而为海内忠臣孝子的最大渊薮,而且重孝之风一当形成,即历代相延不衰。无怪乎三国时代的余姚虞翻曾说:"夫会稽……山有金木鸟兽之殷,水有鱼盐珠蚌之饶,海岳精液,善生俊异,是以忠臣继踵,孝子连间,下及贤女,靡不育焉。"(《三国志·吴书·虞翻传》裴松之注引《会稽典录》)越地民俗的革故鼎新,儒家思想和价值观的全面流布和深入人心,既与居越北人的努力和越地土著的合作紧密相关,又在根本上奠定了越地精神文化嬗变的深厚基础。

第三,出现三种类型的文化精英,他们的创造共同构成越来越明亮的越地文化空间,标志越文化在全国文化版图上的地位开始显著抬升。

第一种类型为纯粹越地土著精英,代表人物有西汉全盛时期的严助(本庄姓,《汉书》避东汉明帝讳而改)、朱买臣,东汉时期的吴君高、周长生、魏伯阳、韩说、赵晔,以及三国时期的虞翻,两晋之交的贺循等。严助、朱买臣均以文化学术为汉武帝所重,官至九卿,成为独领风骚的全国第一流学者、文学家和举足轻重的著名政治家。《汉书》本传载:"郡举贤良,对策百馀人,武帝善助对,由是独擢助为中大夫","上令助等与大臣辩论,中外相应以义理之文,大臣数诎。其尤亲幸者,东方朔、枚皋、严助、吾丘寿王","朔、皋不根持论,上颇俳优畜之,唯助与寿王见任用,而助最先进";朱买臣接受武帝召见,"说《春秋》,言《楚词》,帝甚说之,拜买臣为中大夫,与严助俱侍中";《汉书·东方朔传》载武帝还曾亲口对东方朔说,朱买臣、严助与董仲舒、司马相如、吾丘寿王、主父偃、汲黯、终军、司马迁等,"皆辩知闳达,

① 统计数字来自王志邦:《浙江通史·秦汉六朝卷》,浙江人民出版社 2005 年版,第 475 页。

溢于文辞”之士。吴君高、周长生,《论衡·案书篇》列入当世弘文伟著说,“东番邹伯奇、临淮袁太伯、袁文术、会稽吴君高、周长生之辈,位虽不至公卿,诚能知之囊橐,文雅之英雄也。观伯奇之《元思》,太伯之《易章句》,文术之《咸铭》,君高之《越纽录》,长生之《洞历》,刘子政、杨子云不能过也”,二人学术与文学造诣不在刘向、扬雄之下,其在全国文化界的地位由此可见一斑。上虞魏伯阳,道教丹鼎派的鼻祖,也是“全世界公认的最早的炼丹理论家”;他的《周易参同契》被称为“万古丹经之祖”,是先秦方士法术向科学实践转变的产物,记载了多种化学反应,有力地推动了中国古代化学的发展,在世界科技史上占有重要地位。山阴韩说,《后汉书》本传载其“博通五经”,与中原大学者蔡邕友善;亦与之并驾齐驱,共同参与熹平石经雕刻这一伟大的文化工程,“正定《六经》文字”,“使工镌刻立于太学门外,于是后儒晚学,咸取正焉”(《后汉书·蔡邕传》),又一起“校中书《五经》记传,补续《汉记》”(《后汉书·卢植传》)。山阴赵晔,以《吴越春秋》知名当时后世,而又建树多宗,《后汉书·儒林列传》载:“晔著《吴越春秋》、《诗细》、《历神渊》。蔡邕至会稽,读《诗细》而叹息,以为长于《论衡》。邕还京师,传之,学者咸诵习焉。”余姚虞翻,为三国时代最杰出的《易》学家,所著《易注》被中原名儒孔融推崇为“东南之美”,“与神合契,可谓探赜穷通”,晚年“虽处罪放,而讲学不倦,门徒常数百人”(《三国志·吴书·虞翻传》)。山阴贺循,除疏凿西兴运河,推动浙东经济发展,还“博览众书,尤精礼传”,“为当世儒宗”(《晋书》本传)。此后南朝山阴孔稚珪以骈文超越时流,武康沈约以倡行“永明体”领袖诗坛,故鄣吴均以“吴均体”风靡南北,均为当时全国最有声望的文学家,可以说,是对这一时期乡贤文化遗风的弘扬。

第二种类型为越地土著精英而有先祖移民背景者,典型代表有西汉后期的郑吉,东汉的王充,东晋的孔安国、谢灵运等。山阴郑吉,即上述曾祖籍贯为齐临淄的郑宏的长子,《汉书》本传载其“以卒伍从军,数出西域”,“破车师,降日逐,威震西域”,“中西域而立莫府,治乌垒城,镇抚诸国,诛伐怀集之。汉之号令班西域矣,始自张骞而成于郑吉”,为西域纳入汉朝版图做出重大贡献,实乃与张骞比肩而立的汉代最杰出外交家和军事家。先祖籍贯为魏郡元城(今河北魏县)的上虞王充,曾北上京师洛阳,拜大儒班彪为师,接受中原理性主义精神的浸染;又博通众流百家之言,以理性精神对当时知识阶层墨守陈规的错误观念，进行了全面检验和批判。《后汉书》本传载“充好论说，始若诡异，终有理实。以为俗儒守文，多失其真，乃闭门潜思”，著作《论衡》85 篇，“正时俗嫌疑”。《论衡·对作篇》亦旗帜鲜明地自道：“《论衡》之造也，起众书并失实虚妄之言胜真美也”，“所以铨轻重之言，立真伪之平”。王充以汉朝知识集大成者和理论检验师的资格，获得了后人“一代英伟，汉兴以来，未有充比”（葛洪《抱朴子》，《北堂书钞》卷一百、《全晋文》卷一百十七）的崇高评价。山阴孔安国，先祖避乱徙居会稽，遂为会稽人；安国“以儒素显”于世，晋武帝、安帝皆极为倚重，以“贞慎清正，出纳播誉”，“领东海王师”，“历尚书左右仆射”（《嘉泰会稽志》卷十四本传），贵至宰相。谢灵运，祖籍陈郡阳夏，出生于始宁（即今上虞），一生酷爱登山临水，足迹遍于浙东各地，以大量穷形尽相、融情入理的诗歌作品，成为中国山水诗派的开山鼻祖和文学史上的一代巨擘。

第三种类型，纯粹的北方移民精英，以西晋末到东晋为盛，代表人物有许询、干宝、王羲之、孙绰、谢安、戴逵、顾恺之以及竺道潜、支遁、帛僧光等一大批高僧。许询、孙绰，并为玄言诗的开创者和一代文宗；干宝，志怪小说的集大成者；王羲之，千古书圣；谢安，中古无出其右的政治大师；戴逵、顾恺之，东晋时代最杰出的画家，等等。他们一生中最绚烂的文化创造全部发生在越地。诚如《通典》卷一百八十二《古扬州下》所云：“永嘉之后，帝室东迁，衣冠避难，多所萃止，艺文儒术，斯之为盛！”这种盛，应该是北方文化名流的主观素养与越地山水、风俗，磨砺激荡，共同作用的结果。

总而言之，三种类型精英人物的文化创造，无疑标志着越文化在全国文化版图上的地位出现显著抬升。董楚平先生曾经考察三国时期各郡国著作的书籍数量提出：“三国时期，太湖、钱塘江地区在全国的文化地位，比东汉时期明显提高。”①实际上，整个两汉到两晋时期的越文化，都已无复旧观。

第四，语言是文化的最基本载体，作为越地文化在一系列因素作用下出现显著改观的重要标志，越地先民原有的独特语言越语，在此一时期也完成向汉语的转变，首先形成一种具有地方特色的汉语江东语，后来又从江东汉语方言中衍生出吴语。从上古以来，都是越人说越语，而越语与汉

① 董楚平：《吴越文化的三次发展机遇》，《浙江社会科学》2001 年第 5 期。

语不属同一语族，越人与今侗台语各族的先民同源。但从战国后期开始，越语不得不一次次被汉语覆盖：首先是楚对吴越的占领，给越地带来楚语这一南方最古的汉语；随后又是秦的统一，带来中原秦语的影响。两汉在越地长达四百年的稳固统治，官方文化、教育政策的推行，南下士宦和军人的影响，南北人员的交往，此期以至两晋潮水般涌来的中原移民，各种因素加在一起，终于使中原汉语（所谓“雅言”）在越地扎下根来，完全取代了越语。保存《越人歌》越语记音汉字和汉语翻译的《说苑》，问世于西汉末年；保存勾践《维甲令》越语原文对音和汉语译文的《越绝书》，成书于东汉初年；《论衡·自纪篇》载“以雅言而说丘野，不得所晓”，把新的中原汉语说给老农听，他们听不懂，这是东汉前期的王充所言。这几个因素说明，两汉特别是两汉之交，应该是越语向汉语转变的关键时代。其时仍然有人在说越语，仍然有学者听得懂越语，其时平民百姓也还有人听不懂正宗的中原汉语。汉代以后，这些情况已不复存在，连残存的用汉语记音的一些越语地名，也完全不为人所理解。越语经汉代始完全为汉语所取代，殆无疑义。这是越地文化发生显著改观的语言标记。但中原汉语落脚江南，落脚越地，又不能不与江南包括越地的各种地域因素相结合，于是此一时期包括越地在内的整个所谓江东地区，有了自己的汉语方言——江东语。两晋甚至到南朝，随着移民和中原文化向更远的南方迁移，江东语使用人群出现分离，闽语从江东语中独立出去，原来的江东语又演变成吴语；同样基于使用人群的逐渐分离，吴语内部亦形成苏州和绍兴两个中心。这是越地文化作为江南文化，在此一时期后期开始不同于闽文化、赣文化，以及越地文化与吴文化又从江南文化中各自独立出来，在语言上的又两个标记。

三、隋唐到两宋：越文化崛起的中期历史机遇

封建国家民族、政治、军事、经济等各种力量斗争融合的结果，造成了古代中国统治核心——王朝首都，在南北东西间的巨幅摆动，这种摆动，反过来又影响了封建国家民族、政治、军事、经济等各种力量的消长，带动了各区域文化在中华文化版图上进一步的起落移动。从西汉、东汉到东晋南朝，中国的首都顺黄河流势从长安东迁洛阳，再从黄河流域东南迁至长江

流域到建康(南京),包括越地在内的广大江南地区,遂在二百多年间(从公元317年东晋建国到公元581年隋建国统一南北前)成为全国的文化重心所在。但南朝末年,江南地区亦陷入战乱,作为江南腹地重要组成部分的越地自然受到殃及。自侯景之乱发动三吴攻夺战(549)开始,三十多年间,越地战乱频仍,人口锐减①,经济萧条,越地文化的抬升势头亦不得不骤然停滞下来。更重要的是,隋统一南北,唐继之而起,封建国家的首都重回"秦汉故地",黄河流域很快恢复传统优势,创造出封建中国的"壮年时代"和"黄金盛世",中国文化重心重回北方,越地文化和江南文化一起,自然亦重归边缘位置。

然而,历史在这次中国文化重心北移之初,就已经为它的再次南返埋下种子,隋朝短命而逝,把中原推入天翻地覆的农民大起义和易代的战乱中;疮痍平复一百多年后,随着唐天宝十四年(755)安史之乱的爆发,曾经经历的历史演变趋势以更大的力度再次出现:从安史之乱历五代至两宋,封建中国的统治核心再次顺黄河流势从长安东迁,到达比洛阳更加接近东部沿海的汴梁(开封),又从黄河流域东南迁至长江流域,到达比建康更加深入江南腹地的临安(杭州),中国的政治、经济、文化重心再次南返。这一新的历史演变,为越文化的崛起提供又一重大历史机遇。

(一)历史演变对越文化的三大影响

考察这一时期的历史演变对越文化成长、发展的影响,可以指出三点:

第一,北方中原地区先后遭到六次大规模战乱的蹂躏,这些战乱每次均殃及广泛而经年累月,它们接续发生,使整个黄河流域在六百多年间(从公元581年到1234年金代灭亡)除初唐、盛唐一百多年外,近五百年鲜有宁日,即便毗邻地区亦多受波及,而越地社会再次处于政治、军事上长期相对和平、宁静时期,这保证了越地经济持续而不间断的发展,越地人口不断繁衍,为越地精神文化的大发展奠定了坚实物质基础和人才基础。北方中原地区的六次大规模战乱先后为:(1)隋唐易代战乱;(2)安史之乱;(3)唐末黄巢起义;(4)五代战伐;(5)北宋时期的宋夏对峙、宋辽对峙和宋金对峙;

① 根据陈国灿等的研究,这种局面导致隋统一后,越地大批郡县被裁撤,城池被废弃,大业(605—618)初年,今浙江全境只剩下24个郡县城市,仅为六朝兴盛时的一半。参见陈国灿、奚建华:《浙江古代城镇史》,安徽大学出版社2003年版,第70页。

(6)南宋时期的金宋对峙和金蒙对峙。六次大规模战乱,后三次从数十年至一百多年,时间漫长,前三次相对时间短暂,但对北方中原包括越地毗邻地区的大破坏,亦足以触目惊心。如安史之乱,前后9年战争,官兵与叛兵递为杀戮、焚掠,战火自河北、河南向山西、陕西、山东、安徽延烧,整个黄河中下游地区再次出现极为凄惨的历史图景,史载“宫室焚烧,十不存一,百曹荒废,曾无尺椽。中间畿内,不满千户,井邑榛荆,豺狼所号。既乏军储,又鲜人力。东至郑、汴,达于徐方,北自覃、怀,经于相土,人烟断绝,千里萧条”(《旧唐书·郭子仪传》),“洛阳四面数百里人相食,州县为墟”(《旧唐书·史思明传》),“自东都〔洛阳〕至淮泗,缘汴河州县,自经寇难,百姓雕残,地阔人稀”(《册府元龟》卷六十四),“汝、郑等州,比屋荡尽,人悉以纸为衣”(《旧唐书·回纥传》)。其凄凉情形亦见于时人杜頠《故绛行》所吟:“君不见铜鞮观,数里城池已芜漫;君不见虒祁宫,几重台榭亦微蒙”,“一代繁华皆共绝,九原唯望冢累累”,并见于元结所记:“方城县,旧万馀户,今二百户已下;其南阳、向城等县,更破碎于方城”,“自经逆乱,州县残破,唐、邓两州,实为尤甚。荒草千里,是其疆畎;万宝空虚,是其井邑;乱骨相枕,是其百姓;孤老寡弱,是其遗人”(《次山集》卷十乾元元年上来大夫《请省官状》)。唐末黄巢农民起义以公元875年爆发于河南、山东交界的黄河北岸,从黄河中下游流域、淮河流域蔓延到长江流域、珠江流域和福建沿海,战争持续十年,“黄巢渡过长江四次,黄河两次。这位历史上空前绝后的流寇发现唐帝国中有无数的罅隙可供他自由来去”①,中国历史上空前绝后的广大地区随即为死亡和灾难所覆盖,以人肉为粮草的可怕图景频频出现,其中仍以包括洛阳、长安在内的黄河中下游地区受祸最重。如韦庄《秦妇吟》言,“内库烧为锦绣灰,天街踏尽公卿骨”;《新唐书·黄巢传》载:“巢自围之〔陈州〕,略邓、许、孟、洛,东入徐、兖数十州。人大饥,倚死城堑,贼俘以食,日数千人,乃办列百巨碓,糜骨皮于臼,并啖之”;袁枢《通鉴纪事本末》卷三十七上《黄巢之乱》亦载:百姓遭“半驱半杀,焚其庐舍”,“疮痍数千里”,“千里涂炭”,长江中游地区亦不相上下,如两次江陵之役,第一次焚掠,“江陵城下旧三十万户,至是死者什三四”,第二次“大掠江陵,焚荡殆尽,士民逃窜山谷,会大雪,僵尸满野”。这两次大规模的战乱均可说与越

① [美]黄仁宇:《中国大历史》,三联书店1997年版,第125页。

地擦肩而过。如安史之乱，据宋范祖禹《唐鉴》卷十一记载："安史之乱乱兵不及江淮"，至上元元年、二年（760、761）之交，从扬州、楚州到宣州、常州、苏州各地，"大掠，杀商胡以千数，城中穿掘略遍"，"其民始罹荼毒"，越地只有湖州、杭州短暂染于烽火。黄巢农民军，只在乾符五年（878）曾剑指越州，遭到挫败后即开山路七百里疾走福建，广明元年（880）回师北返途中亦只短暂占领睦州（今建德）、婺州（今金华）等地，越地绝大多数时间和地方均相当平静。从五代战伐到金蒙对峙，后三次加在一起近三百年漫长的战乱，绝大部分时间和绝大多数祸患亦发生在北方，从黄河流域到淮河流域以及长江流域北部，可以说，迭遭蹂躏，而越地只在南宋鼎建初期的建炎三年、四年（1129、1130）受到南侵金兵相当大的杀戮和掳掠破坏。总起来看，从隋唐之交到两宋的五六百年，北方中原地区虽有和平与发展，但相当漫长的时间均陷入战乱之中，北方中原地区在中国政治、经济、文化上的中心地位再次遭到破坏。而越地因为地理位置偏远，再次获得长期的和平发展机遇。当然，六百年间的越地内部，自然也会出现一些动乱和战伐，绝对的宁静不可能存在，但这些难以避免的战乱与北方相比，其破坏性和持久性不可同日而语。如永徽四年（653）十月淳安陈朔真举旗反唐，一个月后被镇压；宝应元年（752）八月台州袁晁起义，次年四月即告完全失败；大中十三年（859）十二月越州裘甫起义，七个月后被镇压；从中和二年（882）到光启二年（886），刘汉宏与董昌的争权之战，局限于杭州与越州两个城市之间；乾宁二年（895）二月越州董昌谋反，次年五月以授首京师告终；即宋代影响较大的方腊起义，宣和二年（1120）十月爆发，次年四月亦被朝廷完全扑灭。

第二，与前期类似而又更加优越的特殊发展机遇，在这个时期的越地再次出现，这就是五代吴越国的存在和杭州被确定为南宋首都，越地在总共超过两百年的时间里成为一个特殊的"藩国中心区"和"首善之区"，赢得无可匹敌的"超特区"发展机遇。杭州成为南宋首都，其对越地经济社会和文化发展的拉动作用，自不言而喻；这里，特别值得提出的是吴越国。当北方中原为藩镇割据、黄巢起义、五代迭起迭灭等战乱所涂炭、糜烂，灾祸频仍，愈演愈烈之际，越地临安人钱镠于光启三年（887）出任杭州刺史，以此为基础开始了创建独立藩国的历程，于天复二年（902）被李唐王朝封为越王，后梁开平元年（907）被封为吴越王，后唐同光元年（923）钱镠又被封为吴越国王，至此正式"建国，仪卫名称多如天子之制，谓所居曰宫殿，府署曰朝廷，教令下统内曰制敕，将吏皆称臣，惟不改元，表疏首称吴越国”（《通鉴纪事本末》卷三十九上《钱氏据吴越》）；到公元978年纳土归宋，吴越国历三代四王（若包括在位半年即被废的钱弘倧，则为五王），绵延近百年，统治范围包括今浙江全境和江苏东南部、福建东北部，换言之，今浙江全境作为吴越藩国的中心区域存在近百年。“惟不改元”，也就是一直奉中原王朝为正朔，始终坚持“藩国”体制，这既保持了越地官方行政管理的高效，又为越地的发展营造了良好的外在环境，它和保境安民一起成为吴越国的立国基础和发展前提。史载钱镠一再拒绝称帝①，临终尚谆谆告诫：“子孙善事中国，勿以易姓废事大之礼。”（《通鉴纪事本末》卷三十九上《钱氏据吴越》）与此同时，吴越国几代统治者还十分注重与毗邻藩国遣使通好，以休兵养民；十分重视兴修水利和发展海上交通，曾派人凿平钱塘江近海礁石，解除舟楫往来的险阻，并修筑宏伟的捍海石塘工程，极大地减轻千百年来的钱塘江潮患；大力发展农业，创造出“圩田”耕种方法，组建“营田军”以“专为田事导河筑堤，以减水患”（李焘《资治通鉴长编》卷一百四十三）；同时大力发展蚕丝业，诚如袁枚《重修钱武肃王庙记》所言：“世方喋血以事干戈，我且闭关且修蚕织”；并重视发展与日本、朝鲜等东亚邻国的友好交往，“海中诸国，皆封拜其君长”（《新五代史》卷六十七《吴越世家》），海外贸易亦出现兴盛局面，“航海所入，岁贡百万”（《旧五代史》卷一百三十三《钱佐传》）；吴越国还高度重视城市建设，一方面组建“撩湖军”，专责清理西湖葑草之事，一方面不断拓展杭州新城，逐步把杭州建设为首屈一指的东南都会。综合各方面来看，吴越国堪称9世纪末以来中国百年乱世中的世外桃源，其和平、安宁、繁荣的发展态势，以及其以和平方式与中原正统王朝归为一体的最终结局，不仅为北方中原地区所未见，即同时其他割据藩国亦绝难望其项背。宋人蔡襄对此曾肯定指出：“杭州，二浙为大州，提支郡数十，而道通四方。海外诸国，物货丛居；行商往来，俗用不一。自钱氏专有吴越，治兵蓄财，日为战守，……其风流治迹，有足称者。”（《端明集》卷二十八《杭州新作双门记》）苏轼对此的评价亦公允而更全面：“吴越国……三世四王，与五代相终始。天下大乱，豪杰蜂起，方是时，以数州之地盗名字者

① 《十国春秋》卷七十八《吴越武肃王世家二》载：“是时中原多事，西川王氏称蜀，广陵杨氏称吴，南海刘氏称汉，长溪王氏称闽，皆窃大号。或通姻戚，或达聘好，咸以龙衣玉册劝王自帝。王笑曰：‘此儿辈自坐炉炭之中，又踞吾于上耶？’却之不纳。”

不可胜数，既覆其族，延及于无辜之民，罔有孑遗。而吴越地方千里，带甲十万，铸山煮海，象犀珠玉之富，甲于天下；然终不失臣节，贡献相望于道，是以其民至于老死不识兵革，四时嬉游，歌鼓之声相闻，至于今不废。……皇宋受命，四方僭乱以次削平，而蜀、江南负其嶮远，兵至城下，力屈势穷，然后束手；而河东刘氏，百战守死，以抗王师，积骸为城，酾血为池，竭天下之力仅乃克之。独吴越不待告命，封府库，籍郡县，请吏于朝，视去其国如去传舍。”（《东坡全集》卷八十六《表忠观碑》）欧阳修亦曾比较吴越国和同时的南唐，提出：“若乃四方之聚，百货之所交，物盛人众，为一都会，而又能兼有山水之美，以资富贵之娱者，惟金陵、钱塘。然二邦皆僭窃于混世，及圣宋受命，海内为一，金陵以后服见诛，今其江山虽在，而颓垣废址、荒烟野草，过而览者，莫不为之踌躇而凄怆；独钱塘，自五代时知尊中国，效臣顺，及其亡也，顿首请命，不烦干戈，今其民幸富完安乐。”（《欧阳文忠集》卷四十《有美堂记》）在五代吴越“藩国中心区”地位结束一百年后，越地又迎来南宋“首善之区”时代，这一次更把整个封建国家的政治、经济和文化精英都荟萃到越地。历史无疑为越文化的发展提供了一个长达两百年的黄金机遇。

第三，与前期类似的大规模移民南迁在这个时期重新出现，并形成四波浪潮，分别发生在隋末唐初、安史之乱、唐末五代和两宋之交，而且一波比一波更加猛烈。关于第一波浪潮的具体情形，尚待进一步研究；我们这里重点关注的是后三波浪潮。安史之乱，中原板荡，北方中原人口向南大量迁徙。李白《永王东巡歌》描绘其情形曰：“三川北虏乱如麻，四海南奔似永嘉。”又有《为宋中丞请都金陵表》言：“天下衣冠士庶，避地东吴，永嘉南迁，未盛于此。”吕融《和峡州冯使君题所居》诗亦云：“记得街西邻舍否，投荒南去五千馀。”郎士元亦有《盖少府新除江南尉问风俗》诗云：“闻君作尉向江潭，吴越风烟到自谙。客路寻常随竹影，人家大底傍山岚。缘溪花木偏宜远，避地衣冠尽向南。”足见安史之乱继西晋永嘉之后，再次掀起了中原人口南迁的高潮。据周振鹤研究，这些南下的北方移民在淮汉以南各地沉淀下来，形成三道波痕，最近停留在淮南江北、鄂北和川中地区，最远（也最少）达到湘南、岭南、闽南一线，最多则集中于长江沿线的苏南浙北、皖南赣北、鄂南湘西北一带①，越地

① 参见周振鹤：《唐代安史之乱与北方人口的南迁》，《中华文史论丛》1987 年第 2、3 期合刊。

所在的太湖流域和洞庭湖流域等长江沿线，一起成为安史之乱之后北人南迁的最主要栖息地。此如历史所载："缘顷经逆乱，中夏不宁，士子之流，多投江外，或扶老携幼，久寓他乡"（《唐大诏令》卷一百二十一肃宗《受贼伪官令均平改拟诏》）；"至德后，中原多故，襄、邓百姓，两京衣冠，尽投江湘，故荆南井邑，十倍其初"（《旧唐书·地理志二》）；"两京蹂于胡骑，士君子多以家渡江东"（《旧唐书·权德舆传》）；柳宗元之父"举族如吴"（《柳河东集》卷十二《先侍御史府君神道表》）；梁肃"当上元辛丑〔761〕盗入洛阳，三河间大涂炭，因窜身东下，旅于吴越"（《文苑英华》卷一百三十《过旧园赋并序》）；《文苑英华》卷八百九十六《工部尚书鲍防碑》称，"中原多故，贤士大夫以三江五湖为家，登会稽者如鳞介之集渊薮"；独孤及一家即"属中原兵乱，避地于越"（《文苑英华》卷九百二十四《常州刺史独孤及神道碑》）；齐抗一族亦"属幽陵横溃，中夏如毁"，"违难于越"（《文苑英华》卷八百八十七《户部尚书齐成公神道碑》）；等等。唐末黄巢起义和五代时期，作为吴越国中心区的越地，以其乱世中首屈一指的和平乐土，更成为北方中原移民争先恐后托寓的主要渊薮。如宁海李氏，"李氏之先出唐宗室敦煌房，五代时避地于越，后之台之宁海家焉"（杨士奇《东里续集》卷三十三《中顺大夫兴化府知府李公墓表》），逐渐繁衍为浙东的一个望族。据 1939 年修台州黄岩礦山《任氏族谱》，任氏世居河南开封，历仕后汉殿前都承旨、后周监门大将军等要职，五代末饱受兵燹战乱之苦，才由河南迁往湖州，吴越国纳土归宋以后再从湖州迁住台州黄岩，蔚为大族。① 《十国春秋》卷七十八《吴越武肃王世家二》载：钱镠"尊贤下士，惟日不足，名其居曰握发殿，取周公'吐餔握发'之意；常使画工数十人居淞江，号鸾手校尉，伺北方流移来者，咸写貌以闻，择清俊福厚者用之"。"鸾手校尉"这种创造性人才网罗体制在吴越国的建立，充分说明此际北方移民和人才南下入越的规模和频率达到空前的水平；否则绝难想象会有这样的体制产生。变本加厉的是两宋之交北方中原移民的南迁入越，其规模人数超过了唐末五代和安史之乱，甚至也超过了包括晋室南渡在内的此前一切形式的北人南迁。有人把宋室南渡与东晋建立与五代十国时期的北人南迁，看做中国历史上最大的三次北人南迁，比较其规模说："这第三次北人南迁，规模之大，南迁人数之多，远远超过前两次。……

① 此据任崇岳：《中原移民简史》，河南人民出版社 2006 年版，第 92 页。

第一次南迁，从东晋到南朝，约300年，建都于建康，王导过江后，学着说吴语，可见那时江南仍以吴语为主；第二次南迁，五代十国，五个小朝廷占了中原，都是半开化的沙陀人坐龙廷，十国中有九国在江南割据称王，约80年；第三次，即这次宋室南渡，整个儿的汴京，一锅儿都端了过来，建都于杭州达150年！'直把杭州作汴州'，连杭州话也让位于汴京话，至今杭州城里还是说'我们，你们，他们'，就不同于江南的吴语。"①这是很有见地的。

（二）越地文化面貌的深刻变化：从全国经济中心走向全国文化中心

在以上三因素作用下，文化创造的主体——越地人口总数不断增加、结构不断优化，文化——从物质层面到精神层面，均迅速崛起，使越地先后成为全国的经济中心和文化中心。这些情况我们可以概括为两大点：

第一，此一时期越地人口总数和人口密度在持续增加，人口素质在不断优化，为文化的崛起从主体因素方面奠定了坚实的基础。我们首先可以看两组数字。第一组数字是隋大业五年（609）与唐贞观十四年、开元元年（713）、天宝十一年（752），经历隋末农民起义和隋唐易代战乱后、安史之乱前，今浙江省全境与全国其他地方的人口变化比较。根据赵文林等《中国人口史》的研究资料②进行统计，我们可以将有关情况列为下表（其中，人口数以万为单位，密度为人/平方公里，全国比重即占全国人口百分比）：

省份		河南	河北	山东	山西	陕西	安徽	江苏	浙江
人口数	609年	950.8	770.4	766.5	448.9	373.2	196.8	135	51.7
	640年	117.9	139.8	61.8	114.7	176.3	31.5	49.4	79.2
	713年	553.2	585.2	421.2	368.5	258.5	213.4	248.9	226.6
	752年	759.4	749.4	566.6	397.1	417.3	286.3	310.6	452.9
密度	609年	56.93	35.21	49.77	28.59	19.06	14.07	12.49	5.08
	640年	7.09	6.39	4.01	7.31	9.01	2.25	4.57	7.78
	713年	33.13	26.75	27.35	23.47	13.2	15.26	23.05	22.26
	752年	45.47	34.25	36.79	25.29	21.31	20.47	28.76	44.49

① 王遂今：《吴越文化史话》，浙江大学出版社2005年版，第143页。

② 参见赵文林、谢淑君：《中国人口史》，北京人民出版社1988年版，第146—148、226—228页。

续表

省份		河南	河北	山东	山西	陕西	安徽	江苏	浙江
全国比重	609 年	18.5	14.99	14.91	8.73	7.26	3.83	2.63	1.01
	640 年	5.71	6.77	2.99	5.56	8.54	1.52	2.39	3.34
	713 年	12.05	12.75	9.16	8.03	5.63	4.65	5.42	4.94
	752 年	12.64	12.48	9.43	6.61	6.94	4.77	5.17	7.54

此表颇能说明问题。由表可见，从公元609年到公元640年，由于隋末农民大起义和易代的战乱破坏，中原各地人口出现巨幅下降，如山东从766.5万下降到61.8万，人口密度从每平方公里49.77人下降到4.01人；河南从950.8万下降到117.9万，人口密度从每平方公里56.93人下降到7.09人；河北从770.4万下降到139.8万，人口密度从每平方公里35.21人下降到6.39人，极为触目惊心，用“十室九空”来形容战乱所造成的死亡、破坏和人口剧降，一定也不为过；与中原地区比较接近的安徽、江苏人口下降幅度，同样极为惊人。只有浙江，经过隋末战乱，人口非但没有下降，还有相当可观的增长，30多年间人口总数、人口密度的增长幅度均超过50%，占全国人口的比例更大幅成长了3倍，从1.01%增加到3.34%。这当然是由于当北方中原严重受困于隋唐易代的巨大破坏之时，越地不仅基本安然无恙，还接纳了大量中原移民的结果。再从表中最后一列的数字来看，从隋末到唐初，再到盛唐，越地人口总数、人口密度、占全国人口的比重，各项指标均处在稳步而显著的增长之中，到安史之乱前夕，其人口总数已达452.9万，为隋末人口总数的9倍，人口密度更高达每平方公里44.49人，与唐代鼎盛时期人口最稠密的中原腹地河南不相上下。

这组数字反映的是这一时期前期，亦即从隋到唐和从唐初到盛唐越地全境的人口增长情况。我们还可以根据《旧唐书》卷四十《地理志三 · 江南东道》和《雍正浙江通志》卷七十一至卷七十四《户口》等史料的记载，剔除其中明显有误的数字①，整理出另一组数字，以见出这一时期后期，亦即从唐到宋和从北宋到南宋越地人口的增长变化。为节省篇幅，下表数字仅限

① 如《雍正浙江通志》卷七十二记载元和年间越州人口仅有户20685，约为开元年间的五分之一，北宋太宗年间也只有户56491，约为开元年间的一半，均极不合理。查向有“信志”之誉的《万历绍兴府志》卷十四关于唐代和北宋时期越州人口的记载，并无这两个数字。

于历史上其行政区划一直清晰属于越地（嘉兴部分曾隶苏州），且范围相对稳定（严州、处州先后变化较大），而又具有一定代表性的湖州、杭州、绍兴、宁波、台州、温州六地（宋代户数合并主客户在内；其中差异数字，▲代表《通典》的记载，▼代表《旧唐书》的记载）：

年代	唐代	宋代
湖州	开元，户 61133；天宝，户 68581▲或 73306▼	大中祥符，户 129,510；神宗间，户 145,112；淳熙，户 254,509
杭州	天宝，户 86454	太宗间，户 70457；神宗间，户 202,416；咸淳，户 391,259
绍兴	开元，户 107,645；天宝，户 88336▲或 90279▼	大中祥符，户 187,180；神宗间，153,720；嘉泰，273,343
宁波	开元，户 42400；天宝，户 42027	神宗间，115,208
台州	开元，户 5 万；天宝，户 55658▲或 83868▼	大观，户 243,506；嘉定，户 266,014
温州	开元，户 37554；天宝，户 42028▲或 42814▼	太宗间，户 40740；神宗间，户 121,916；淳熙，户 170,035

表中太宗间的户数，实来自《太平寰宇记》，反映的是北宋太平兴国（976—984）初年天下重归一统后的越地人口数字，此时杭州、温州在籍人口分别为户 70457、40740，与各自最高人口纪录、唐天宝年间的户数相比均不相上下。而根据有关学者的研究，唐代天宝年间全国的在籍人口约为 962 万，宋初太平兴国年间的数字则约为 611 万①，从唐代天宝年间到北宋初的全国总人口减少的幅度超过 30%。这说明，经过安史之乱、唐末黄巢农民起义与五代战乱的一系列破坏，全国总人口特别是北方中原人口出现了大规模下降，但同时越地人口规模却并没有受到多大影响。尤为重要的是，从太平兴国年间到真宗大中祥符年间（1008—1016），不过 30 年时间，湖州的人口总数就从天宝时的户 68581 或 73306 上升到 129,510，绍兴的人口总数也从天宝时的户 88336 或 90279 上升到 187,180，分别增加了约 80% 和一倍以上。这说明，在北宋建国约 50 年时，越地大部分地方人口已快速增加到唐代天宝年间的两倍左右。此后，越地各处人口仍在加速上

① 参见葛剑雄主编、冻国栋著：《中国人口史》第 2 卷，复旦大学出版社 2002 年版，第 152、178 页。

升，只不过上升的前后速率有所差异而已：杭州、宁波、温州、台州在北宋时期上升最快，到神宗元丰年间（1078—1085），杭州、宁波、温州三地人口总数均已高达天宝年间或北宋初的三倍，台州到徽宗大观（1107—1110）更已高达天宝年间的至少四倍；杭州、温州在南宋时期继续快速上升，前者到南宋灭亡前的咸淳年间（1265—1274），其人口总数比神宗年间又翻了一番，后者到淳熙年间（1174—1189）亦比神宗年间增加约40%；湖州、绍兴因由唐入宋后的前期增加幅度已经很大，故而北宋年间的变化不太明显（绍兴神宗间的户数153,720比大中祥符年间有所减少，应出于统计之误），但南宋时期两地（尤其是湖州）人口的上升速度大大加快，前者到淳熙年间（1174—1189）已增加到北宋初的两倍，后者到嘉泰年间（1201—1204）亦比北宋初增加约50%。

综合以上记载，不难看出，文化创造的主体要素——人，在这一时期的越地，有了总量上的四波增长。第一波的大增长，在安史之乱之前，与整个"唐江南道户数自唐初以后一直呈上升趋势，与北方五道迥然有别"①相一致，到安史之乱前夕，其人口密度已达全国之最；这一波大增长形成的人口态势并没有受到安史之乱、农民起义和五代战伐的实质破坏，相反，湖州、绍兴两地大中祥符年间人口总数比天宝增加约一倍，表明从晚唐五代到宋初，在越地相当部分地区也构成了一波人口增长；第三波的大增长在北宋，通过增长，杭州、宁波、温州、台州等地人口总数达到唐代天宝年间高峰纪录的三倍以上；第四波的大增长在南宋，通过增长，杭州、湖州又比北宋后期翻了一番，温州、绍兴的增长亦相当可观。经过这四波增长，越地人口日趋饱和，并从全国人口密度之最，稳步走到了全国人口总体规模之最的位置。李心传《建炎以来系年要录》卷三十记载，建炎三年（1129），"两浙路户二百一十二万二千七十二，口三百五十六万七千八百"；《宋史》卷八十八《地理志四》记载，绍兴三十二年（1162），两浙路"户二百二十四万三千五百四十八，口四百三十二万七千三百二十二"；刘克庄《后村集》卷四十四《玉牒初草》记载，嘉定十二年（1219），"两浙路户二百八十九万八千七百八十二，口五百八十三万九千七百八十七"；《元史》卷九记载，宋德祐二年、

① 葛剑雄主编、冻国栋著：《中国人口史》第2卷，复旦大学出版社2002年版，第258页。

元至元十三年(1276)蒙古军队攻占杭州,“两浙路得府八、州六、军一、县八十一,户二百九十八万三千六百七十二,口五百六十九万二千六百五十”。重新考虑这些材料中极不合理的户、口之比(均不到1/2;根据分析,其中的口应为纳税人口而非纯粹的自然人口),按照葛剑雄《中国人口发展史》的研究,西汉以后“绝大多数一统政权比较稳定阶段的全国性统计数字每户平均人口都在4.5~6之间”①,尤其是根据吴松弟对宋代人口史的研究,“南方户均口数估计为5.2”②,取较为保守的户均5口比例计算,并四舍五入到以千为单位,南宋两浙人口,1129年,约为户212.2万、口1061万;1162年,约为户224.4万、口1122万;1219年,约为户289.9万、口1449.5万;1276年,约为户298.4万、口1492万,其中浙江的人口约为1161.5万,人口密度约为每平方公里114.1人,遥遥领先于南宋其他各地(排在第二、第三、第四位的江西、江苏、福建人口密度分别为每平方公里87.47、74.78、50.48人)③。不仅如此,根据元初学者胡祗遹《紫山大全集》卷十一《效忠堂记》依据亲理其事者的记载,南宋降元时有“府三十二、州百廿三、郡三十四、县六百九十八,兵卒百万,户千一百七十四万六千”。由此可见,南宋灭亡之际,以越地为大宗的两浙人口户298.4万,已占到南宋全国户1174.6万的25.4%!而就越地内部而言,越地人口的持续增长,最终导致“民聚而多,莫如浙东西”(叶适《水心集》卷十《瑞安县重建厅事记》),“浙间无寸土不耕”(黄震《黄氏日钞》卷七十八《咸淳八年春劝农文》),农业社会中最基础的土地资源得到极大开发,为其他一切资源的开发和文化发展奠定了坚实基础。

在这不断增长的人口中,不言而喻,上述北来中原移民应当占了相当的比例;而中原移民的主体又是北方文化精英,所谓“避地衣冠尽向南”,“士君子多以家渡江东”,“贤士大夫以三江五湖为家”,以及杭州吴氏,“先世家濮阳”,“六世祖忠仕宋为殿前司统制官,靖康之难,从高宗南渡江,始居杭州”(明刘基《诚意伯文集》卷九《吴孟思墓志铭》),周氏“其先汲人,四世祖询从高宗南渡,侨居杭之新城,其后遂占籍焉”(明徐一夔《始丰稿》卷

① 葛剑雄:《中国人口发展史》,福建人民出版社1991年版,第308页。

② 葛剑雄主编、冻国栋著:《中国人口史》第3卷,复旦大学出版社2002年版,第162页。

③ 参见赵文林、谢淑君:《中国人口史》,北京人民出版社1988年版,第594、611页。

六《周处士小传》)，俞氏，“其先本河间人，以宋外戚从高宗南渡，始家杭之临安集贤里”(明王直《抑庵文后集》卷二十五《知县俞公墓表》)，绍兴商氏“自宋南渡，从汴〔今河南开封〕徙浙，入明多闻人”(明倪元璐《文贞集》卷十二《诰封商母刘太夫人行状》)，司马氏，“高宗南渡，温公〔司马光〕曾孙伋吏部侍郎”，“护家从迁，因迁会稽山阴”(清端方《壬寅销夏录书司马氏家藏耆英图卷后》)，上虞贝氏，“其先河南祥符人，宋秘书少监守亮从高宗南渡，始家上虞”(明杨士奇《东里文集》卷十九《东阿知县贝君墓志铭》)，“宋之南，文献故家多萃于四明”(明贝琼《清江文集》卷三十《故福建儒学副提举王公墓志铭》)，衢州孔氏，“其先自宋衍圣公端友，随高宗南渡，家于衢”(《东里文集》卷三《鲁林怀思图诗后序》)，等等，无不说明了这一点。这意味着，他们一波波的南迁入越，不仅促进了越地人口密度和人口总数的不断增加，也极大地推动了越地人口素质的不断优化。这无疑为越文化在这一时期的崛起准备了饱满而强劲的主体力量。

第二，此一时期越地经济持续、快速发展，传统农业、城市建设和工商业、海外贸易齐头并进，越地独特的物质文化形式发展到历史的最高水平，促使越地在唐代成为全国的经济中心；以经济发展为基础，随着人才辈出，南北文化的汇流和交融，南宋时代越地又进一步发展成为全国的文化中心。冻国栋先生指出，整个江南地区人口占全国在籍总户数的比例，唐代天宝年间仅为22%，中唐元和年间(806—820)则高达约66%；江南人口的增长带来了江南经济开发的同步推进，“江南地区在六朝时期的开发主要体现在点和线上，而面上的开发还要经历一个漫长的过程。唐代江南地区的显著开发便是在深度和广度上都超过了以往的时代。这从江南特别是长江中下游地区农业生产的精耕细作、水利事业的发展、土地面积的扩大、粮食产量的提高以及手工业部门的显著迈进等方面均可获得充分的证明”；这促成了中国古代经济重心的南移，在中晚唐时期基本完成。① 这一研究结论是有充分历史根据的。如孟郊《赠转运陆中丞》诗云：“楚仓倾向西，吴米发自东。帆影咽河口，车声聋关中。尧知才策高，人喜道路通。皆惊内史力，继得酂侯功。”《唐文粹》卷九十六载韩愈贞元十八年(802)《送

---

① 参见葛剑雄主编、冻国栋著：《中国人口史》第2卷，复旦大学出版社2002年版，第527—528页。

陆歙州诗序》云:“当今赋出于天下,江南居十九。”宋人林駉《古今源流至论续集》卷三《漕运》更明载:“唐……天宝每岁二百五十万,广德岁转亦不下百一十万,甚至江淮之运少缓,六军脱巾于道;韩滉之米一至,君臣举酒相庆,则唐人所以倚办于此可谓急矣。……大抵汉漕皆仰于山东,唐漕皆仰于江淮。故武帝时潘系言漕者,山东也;宏羊益漕者,亦山东也。……天宝以后,刘晏所漕者,江淮也;韩滉所漕者,亦江淮也。盖自开济漕渠,而甸农或至挼穗,而关中不足给;自藩镇不申户口者十五道,而河北不足给;故诸道之漕不通,而皆仰于江淮矣。”所云江淮即包含越地在内的整个江南地区。这些材料充分证明,中晚唐时代的江南地区已成为唐王朝的最主要粮食来源,对封建国家的生死存亡开始发挥举足轻重的作用。必须指出的是,在整个江南地区的经济发展和中国古代经济重心的这一历史转变中,越地扮演的角色尤为突出。

隋唐时代,越地实施了一系列大型水利工程:江南运河从京口(今镇江)开通至杭州,杭州湾南北两岸唐代修筑了长达150多公里的海塘;唐代在全境兴办的其他重要农田水利工程多达70多项。其中,在杭嘉湖平原和宁绍平原创建、重建的水利工程,溉田千顷的就有湖州荻塘、长兴西湖、余杭南北湖、杭州西湖、鄞县仲夏堰、它山堰等六处;在浙中、浙南创建、重建的溉田万亩的水利工程亦有东阳都督堰、武义长安堰、永嘉会昌湖、丽水好溪堰、衢州西安神塘等多处。“全境十州,州州都有水利工程”,“反映了浙江的开发,已经跳出了杭嘉湖萧绍地区,浙东沿海和浙南的开发已经加速了步伐”。[①] 与此同时,越地在唐代最早采用当时世界上最完善的耕地农具——“江东犁”,灌溉农具水车的使用也达到全国最先进的水平;种植制度实现重大改革,不仅产生和推广了一年一作制,更为先进的种植制度——稻麦复种制和水稻复种制(即双季稻种植),在杭嘉湖平原和宁绍平原也获得推广。这些因素加在一起,使唐代越地耕地面积不断扩大,亩产量不断提高,粮食总产量达到有史以来的高峰,成为唐代封建国家最为倚重的一个粮食生产中心。《旧唐书·玄宗纪》记载,开元十五年(727)秋,“河北饥,转江淮之南米百万石以赈给之”;《新唐书·权德舆传》记载,贞元八年(792)“淮南、浙西州县大水”,权德舆建言,“江淮田一善熟,则旁资数

① 李志庭:《浙江通史·隋唐五代卷》,浙江人民出版社2005年版,第117、121页。

道,故天下大计,仰于东南”;同时吕温《吕衡州集》卷四《代文武百僚贺放浙西租赋表》云:“天下经赋,首于东南。浙右诸州,荐罹灾歉,全予逋债,大敷湛恩,人谣勃兴,朝听震动”;李观《李元宾文编》卷一《浙东观察判厅壁記》云:“浙右之疆,包流山川,控带六州,天下盛府也,国之虚盈,于是乎在”;《唐文粹》卷二十一载李翰《苏州嘉兴屯田纪绩颂并序》云:“浙西有三屯,嘉禾为之大”,“扬州在九州之地最广,全吴在扬州之域最大,嘉禾在全吴之壤最腴。故嘉禾一穰,江淮为之康;嘉禾一歉,江淮为之俭”,“嘉禾大田二十七屯,广轮曲折,千有馀里”。这些记载均充分说明嘉兴、浙西等越地产粮对唐代“天下大计”、“天下经赋”、“国之盈虚”的支撑作用和决定作用。事实上,宁绍平原和金衢盆地,当时也是封建国家的重要粮食来源,成为唐代国家安宁和稳定的命脉所在。这从李绅《追昔游集》卷下《却到浙西》诗序所言,太和八年(834)“浙西六郡灾旱,百姓饥殍,道路相望,米价翔贵,是岁浙东大稔,因请出米五万斛,贱估以救浙西居人”,以及李华《李遐叔文集》卷四《衢州刺史厅壁记》所言:“去年江湖不登,兹境稍穰,故浙右流离多就遗秉,凡增万馀室”,仅衢境田中遗穗就可养活万馀家饥民,明显可以看出。整个越地在唐代(更具体的时间是唐代中晚期)成为国家最仰赖的粮食主产区之一,应该毋庸置疑。不仅如此,越地独特的物质文化形式“越窑青瓷”和“越丝”、“越罗”在唐代的发展,也达到炉火纯青、登峰造极的境界,出现了“夺得千峰翠色来”(陆龟蒙《秘色越器》)的“秘色瓷”和“天上取样人间织”(白居易《缭绫》)的“越溪缭绫”等品种,驰名中外,衣被天下。除江南运河开凿外,以浙东运河疏浚为代表的越地交通和随之而来的国内外贸易,在唐代也出现迅速发展。这些同时带动了越地城市建设的大发展。如《李遐叔文集》卷四《杭州刺史厅壁记》:“杭州东南名郡,……咽喉吴越,势雄江海。……骈樯二十里,开肆三万室。”《会稽掇英总集》卷一载元稹《再酬复言和夸州宅》:“会稽天下本无俦,任取苏杭作辈流。……莫著诗章远牵引。由来北郡似南州?”这些记载表明,越地杭州、越州等城市和当时的苏州,均已成为唐代全国最兴盛、最繁华的城市。基于上述种种历史依据,我们完全可以说,越地经济和物质文化在隋唐时代取得了长足发展,在唐代中晚期成为全国的经济中心。而且,从此后的文献记载来看,这种经济中心地位一当确立,入宋之后,只有不断强固,再无动摇。如北宋宋祁《景文集》卷二十八《请募民入米京师札子》:“江浙二方,天下仰给。”同书卷四十五《送张端公转运两浙序》:“二浙……地殖稻鱼,山采铅铜,熬盐赋莽,错出珍贝,飞舻长帆,以输都藏,号令经营,天下之甲。”范仲淹《范文正集》卷十四《龙图阁直学士工部郎中段君墓表》:“二浙财赋,为天下之最。”刘攽《彭城集》卷二十一《新差知越州熊本可知杭州制》:“今赋税出东南,二浙为盛;舟车之所走集,余杭居要。”苏轼《东坡全集》卷三十二《进单锷吴中水利书状》:“两浙之富,国用所恃,岁漕都下米百五十万石,其它财赋供馈不可悉数。”范祖禹《范太史集》卷二十《封还臣僚论浙西赈济事状》:“今国家建都于汴,实就漕挽东南之利;京师亿万之口所食,赡军养民,皆出于二浙。此乃国之根本。”南宋初苏籀《双溪集》卷九《务农札子》:“素所仰者东南数十郡,今淮南往往为斥候之郊,罕复种植,赋入惟恃二浙而已。”等等,均充分说明了这一点。

重要的是,越地经济基础的这种重大变化,唐代中晚期越地全国经济中心地位的获得和奠定,最终把越地文化也推上快速崛起的道路,经过中晚唐和北宋的发展,到南宋时代,越地亦一跃而成为全国的文化中心。这一点我们可以从文化创造主体中的主体——精英文人占全国的比重来考察。唐代越地全境中进士有 92 人,占全国 6427 名进士总数的 1.4%,虽然比例偏低,但肃宗之前仅有 15 人,绝大部分为中晚唐人,显示出逐渐增多的趋势;唐代越地还诞生了两位杰出的政治家陆贽和王叔文,他们也都是中晚唐时代的人物;整个隋唐时代越地全境诞生的文学家约 150 人①,隋和初盛唐的人物如虞世南、骆宾王、许敬宗、丘为、贺知章等亦较少,约四分之三都是中晚唐的人物,其中如钱起、皎然、顾况、孟郊、沈既济、姚合、张志和、沈亚之、方干、罗隐、杜光庭等,或以领袖一代诗风,或以创作传奇小说,或以讽刺小品无出其右,而无不成为全国文坛的翘楚,再加上中原文坛名流颜真卿、白居易、元稹分别以刺史身份在湖州、杭州、越州掀起的诗会创作都发生在中晚唐,多达数百位南北诗人在浙东山水间的赓续联唱绝大部分也发生在中晚唐,文学文化上的上升趋势更加明显;再将唐五代视为一个整体来考察,根据陈尚君先生对《全唐诗》和《全唐诗补编》作者籍贯的统计,总共 1924 位唐五代诗人中,籍属今浙江省的有 170 人,约占作者总数的

① 此处唐代越地进士数字和文学家数字均从李志庭《浙江通史·隋唐五代卷》,浙江人民出版社 2005 年版,第 209—211、234—248 页。

9%，位居全国第四①，越籍文学家占全国文学家的比例大大超过了既往，说明文学文化上的上升趋势非但没有受到唐末五代战乱的影响，还因北方中原的凋敝而获得相对加速。由五代入宋，再从北宋到南宋，越地文人崛起、文化上升，经历了一个长达两百年、更加明显的加速过程。洪迈《容斋四笔》卷五“饶州风俗”条载宋仁宗间吴孝宗曾说：“古者江南不能与中土等，宋受天命，然后七闽、二浙与江之西东，冠带诗书，翕然大肆，人才之盛，遂甲于天下。”这一评价指出了越地文化、文人在宋代的崭新气象，但用定量数据来检验这个定性分析（见后），就北宋初期的越地情况而言，或许有所夸大；但到北宋中晚期，由于长期上升趋势的累积作用，加上教育的普及和图书文化产业的发展，国家在政治文化上长期实行的“重北抑南”政策得到纠正并出现逆转②等因素，越地文化确乎逐渐走到“甲于天下”、全国“首乡文邦”的高峰地位。神宗间蜀人蒲宗孟《重修至圣文宣王庙记》云：“今四方学可谓至盛，而持其术者可谓不弃其人矣。然犹教化之所浃，风俗之所尚，与其讲磨养育之具，独完于京师，浸渍于齐、鲁、闽、益，而盛大于吴、越”（《全蜀艺文志》卷三十六），指出了越地教育的大盛，越地教育的大盛既是文化大盛的基础，也是文化大盛的特征。其同时同乡、宰相王珪《华阳集》五十一《丹阳郡夫人李氏墓志铭》更云：“二浙首乡文邦”，更直接点出越地全国文化首邦的地位。北宋末叶梦得《石林燕语》卷八说：“今天下印书以杭州为上，蜀本次之，福建最下。京师比岁印板，殆不减杭州，但纸不佳。蜀与福建多以柔木刻之，取其易成而速售，故不能工。”这个“天下印书”之“上”，主要是就印书质量而言，但也内含了印书的规模，否则不足以当“天下”两字；杭州在北宋末即成为全国最重要的四大刻书中心（包括“京师”汴梁）之首，应无问题。显然，此四地之所以成为刻书中心，汴梁与首都的政治因素脱不了干系，蜀和福建离不开物质条件便利（“柔木”“取其易成”）

---

① 参见陈尚君：《唐代文学丛考》，中国社会科学出版社1997年版，第170页。

② 北宋前期，朝廷长期奉行“尊北抑南”政策，导致南北士子录取比例严重不均，如《欧阳文忠集》卷一百十三《论逐路取人札子》所言：“今东南州军进士取解者，二三千人处只解二三十人，是百人取一人，盖已痛裁抑之矣；西北州军取解至多处不过百人，而所解至十馀人，是十人取一人，比之东南，十倍假借之矣。”南北士子录取比例，竟相差十倍。在这一政策影响下，南北士子科举及第后的处境亦高下悬殊；到北宋中期以后，这一政策才被调整过来，并出现逆转之势，如陆游《渭南文集》卷三《论选用西北士大夫札子》即云：“天圣以前，选用人才多取北人，寇准持之尤力，故南方士大夫沈抑者多。仁宗皇帝照知其弊，公听并观，兼收博采，无南北之异。……及绍圣、崇宁间，取南人更多，而北方士大夫复有沈抑之叹。”

的作用，似乎唯有杭州仅仅出于文化本身的原因和需要。——图书是文化的最主要载体，高质量图书的刊刻有赖于刻工的素养，大批高质量图书的刊刻传播更以一定的市场为动力，这两点都和一地的总体文化水平和文化氛围紧密相关。可以说，杭州在北宋末全国刻书业的声誉鹊起，正是越地文化在全国独占鳌头的先导。南宋建都杭州，王朝首都文化作用力的辐射，以孔庙南迁为代表的几乎是卷地而来的南下中原文化向越地的广泛渗透，这些时代因素和上述中晚唐以来即已形成的文化上升趋势结合到一起，终使越地的文化大盛达到空前的文化盛世水平，成为全国无可置疑的文化中心。这种文化盛世既见于以"浙东学派"为代表的学术层面，亦见于越地社会民众层面。前者，学界的论述已经很多；后者，过去不太为人所重，时人的记载亦足以让我们领略越地文化史上的一个辉煌时代。如杭州耐得翁《都城纪胜》记载："都城内外，自有文武两学、宗学、京学、县学之外，其馀乡校、家塾、舍馆、书会，每一里巷须一二所，弦诵之声，往往相闻。"金华吕祖谦《东莱集》卷十二《潘朝散墓志铭》有云："自建炎省方吴会，二浙之民，渐王泽为近，溪皋谷陬，往往化韦褐为簪组；其士大夫家仕者，亦蕃于初，一门之内，或四三，或六七，或累十数而未止也。"瑞安叶适《水心集》卷九《汉阳军新修学记》提到越地，"家能著书，人知挟册"。越地文化在宋代快速崛起，越地在南宋成为全国的文化中心，这一定性判断，更可以有关越地人才、文人的定量统计为力证。根据程民生对《宋史》列传及《循吏传》所载文臣，与《宋史》中《道学传》、《儒林传》、《文苑传》、《方技传》所载纯粹知识分子（姑称为"学者"）的籍贯（不明者不计）分别统计的结果①，宋代全国（北方五路一府与南方十三路）各时期文臣和各类型学者的地域分布，可用如下二表表示：

宋代文臣的地域与时代分布

	北宋				南宋		
	前期	中期	晚期	总计	前期	后期	总计
开封	13	23	22	58	5	0	5
京西	19	49	25	93	6	2	8

① 参见程民生：《略论宋代地域文化》，《历史研究》1995 年第 1 期。

续表

	北宋				南宋		
	前期	中期	晚期	总计	前期	后期	总计
京东	31	63	16	110	14	0	14
河北	45	44	19	108	5	1	6
河东	8	3	2	13	0	0	0
陕西	17	18	15	50	3	0	3
成都	6	14	20	40	12	18	30
梓州	1	2	0	3	7	9	16
利州	4	3	1	8	0	0	0
夔州	0	0	0	0	0	1	1
湖南	0	4	1	5	0	7	7
湖北	1	5	4	10	0	1	1
淮南	2	28	23	53	16	5	21
江东	7	15	10	32	16	23	39
江西	3	19	26	48	19	25	44
两浙	5	40	55	100	68	80	148
福建	11	20	35	66	26	30	56
广东	1	2	0	3	1	1	2
广西	1	0	0	1	1	0	1

宋代各类型学者的地域与时代分布

	道学		儒林		文苑		方技		总计	
	北宋	南宋	北宋	南宋	北宋	南宋	北宋	南宋	北宋	南宋
开封	0	0	4	0	7	0	4	0	15	0
京西	7	1	4	0	7	3	5	0	23	4
京东	0	0	8	0	11	0	4	0	23	0
河北	0	0	2	0	3	0	4	0	9	0
河东	0	0	2	0	0	0	1	0	3	0
陕西	3	0	0	0	2	0	4	0	9	0
成都	0	1	1	5	8	0	0	1	9	7
梓州	0	0	1	0	1	0	0	0	2	0

续表

	道学		儒林		文苑		方技		总计	
	北宋	南宋	北宋	南宋	北宋	南宋	北宋	南宋	北宋	南宋
利州	0	0	0	0	0	0	0	0	0	0
夔州	0	0	0	0	0	0	0	0	0	0
湖南	1	0	1	1	1	0	1	0	4	1
湖北	0	0	0	1	1	0	0	0	1	1
淮南	1	0	1	0	7	1	3	1	12	2
江东	0	2	0	2	6	2	1	0	7	6
江西	0	1	1	8	8	0	1	0	10	9
两浙	0	0	0	16	11	2	1	2	12	20
福建	2	6	4	12	7	1	0	0	13	19
广东	0	0	0	0	0	0	0	0	0	0
广西	0	0	0	0	0	0	0	0	0	0

由表可见，第一，宋代文臣，北宋前期，全国文臣诞生最多的地方在河北(45 人)、京东(31 人)、京西(19 人)、陕西(17 人)和京师开封府(13人)，全部属于北方黄河流域，越地仅有 5 人；北宋中期，越地诞生的文臣数从前期的 5 人猛增到 40 人，不仅在南方各路中高居第一，还大幅超过北方京师开封(23 人)、陕西(18 人)，而接近于京东(63 人)、京西(49 人)、河北(44 人)，位居全国第四；北宋晚期，越地文臣数再上一个台阶，达到 55 人，既把北方黄河流域各人才渊薮如京东(25 人)、开封(22 人)、河北(19 人)、京东(16 人)等地远远甩到后面，又对南方和西部各新兴人才摇篮如福建(35 人)、江西(26 人)、淮南(23 人)、成都(20 人)等地继续保持大幅领先，无可置疑地占据全国第一的位置；南宋前期、后期，越地文臣数继续攀升，分别达到 68、80 人，不仅牢牢巩固全国第一的位置，还比位居全国第二的福建的同期数字 26、30 人领先两到三倍；而统计整个南宋时代文臣数字，全国402 人，越地所产 148 人，竟占到全国的 37%。第二，宋代学者，北宋学者集中于京东、京西两路和都城开封，越地诞生学者 12 人，与福建所产 13 人接近，虽都位居南方前列，但与京东、京西二路相比，数量仍然较为悬殊；南宋时代，统计全国学者总数有 69 人，越地所产 20 人，高居全国各地之首，比例亦近于全国的三分之一。此外，我们还可以看两组数字。其一，进士的数

量。根据有关学者的统计,"南宋进士总数大约为18500人,其中浙江6900人"①,越地所产多达全国的37.3%。如前所述,唐代越地所产进士仅占全国的1.4%;从唐代的1.4%到南宋的37.3%,越地所产进士占全国比例无疑经历了巨大飞跃。其二,学派的数量。学术是高层次的文化,学术流派是学术地位和学术影响力的表现,学术地位和学术影响力又是文化地位和文化影响力的深刻反映。黄宗羲、全祖望《宋元学案》记载南宋全国学案40个,其中17个为越地所有,也就是南宋全国有40个学术流派,浙江就有17个学术流派,竟占到全国的42.5%。② 南宋越地所产文臣占全国37%,学者近于全国的三分之一,进士占全国37.3%,学术流派占全国42.5%,这些数字无可置疑地折射出越地文化的快速、强劲崛起,无可置疑地证明越地在南宋时代取得全国文化中心的显赫地位。

---

① 姚兆余:《两宋时期中原文化的南移北渐》,《甘肃社会科学》1999年第2期。

② 参见陈爱平:《浙江学术文化通史》,重庆出版社2008年版,第189页。

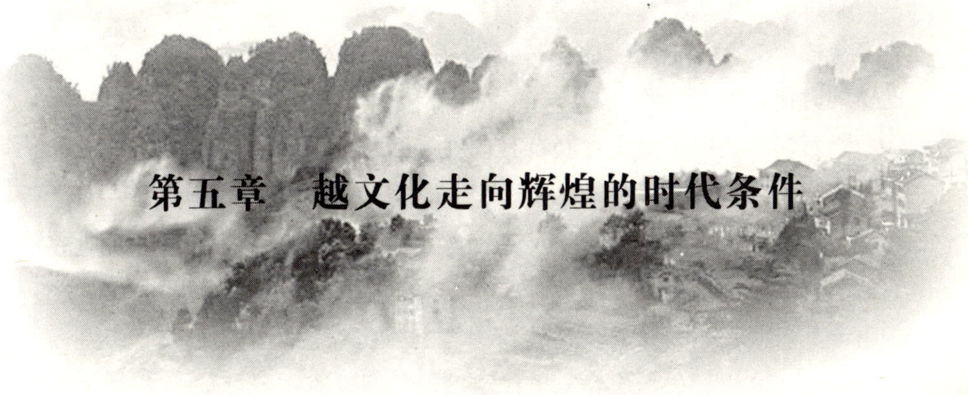

第五章　越文化走向辉煌的时代条件

南宋灭亡，天下重归大一统，封建国家的首都重回北方，而且回到比汉、唐、北宋都更为靠近北方大漠，更为远离江南的燕赵之地，而且此后六百多年间除短期摆回江南（明初和民国建都南京）外，绝大部分时间中国的首都亦均在那里，越地在中国政治版图上的位置出现急剧滑落，此诚如《浙江通史》元代卷“导论”所言：“元朝建立后，杭州和浙江的政治地位可谓一落千丈”，“由宋入元，浙江士人在政治领域充分体验了繁华逝尽的悲凉”。[①] 政治地位如此，文化地位会不会也这样呢？事实恰恰相反。越地在南宋成为全国的文化中心，如前所述，很大程度上还与南宋建都于此的特殊机遇相关，而且事实上，唐宋五六百年间北方的发展都被战乱拖累，越地在南宋取得全国的文化中心地位，并非是在同等条件下与其他区域竞争的结果；越文化更大程度上是依赖越地人民自己的进取与创造而迎来历史上最辉煌灿烂的发展阶段，越地成为真正全国的文化中心，恰恰是在元明清

① 桂栖鹏、楼毅生等：《浙江通史 · 元代卷》，浙江人民出版社 2005 年版，第 1 页。

时代直到民国初期。

如果说，在越文化发展的早期和中期阶段，其所获得的历史机遇，主要和越地“处海垂之际”的空间位置紧密相关，因而所获得的历史机遇我们可以称之为“空间机遇”的话，那么，在越文化发展的近世阶段，其所获得的历史机遇则主要属“时代机遇”亦即时代条件。有元以降六百多年的历史，为越文化的进一步发展和高度繁荣，提供了一系列难得的新的时代条件。

六百多年的中国历史发展有其内在一致性。18 世纪晚期的英国经济学家亚当·斯密曾经写道:“长期以来,中国一直是最富的国家之一,是世界上土地最肥沃、耕种得最好、人们最勤劳和人口最多的国家之一。但是,它似乎长期处于停滞状态。五百多年前访问过中国的马可·波罗所描述的关于其农业、工业和人口众多,与当今的旅行家们所描述的情况几乎完全一致”①;20 世纪的历史学家黄仁宇也曾举例说道:“元朝创业之主,也钦定编修《农桑辑要》,以后出版多次,公元 1315 年的印数更达一万部。书中有很多农具图解,看来与本世纪上半期在中国使用的仍是一般无二,而这中间已有了 600 多年的距离”②;这是单从历史停滞性角度——也是最消极角度,看到的六百多年的历史一致性。但是,黄仁宇又建议:“中国现代史的基线向后推转五百年,包括明朝”,这样才能“看清好多问题互相连锁的情形”③,这是有道理的。然而,我们认为,把黄先生所认为的中国历史“第二帝国(隋唐宋)与第三帝国(明清)间的一个过渡阶段”元代,与明清五百年以及民国初放在一起考虑,对中国历史的大的演变趋势或许能看得更清楚。实际上,半个多世纪前严中平先生著作《中国棉纺织史稿(1289—1937):从棉纺织工业史看中国资本主义的发生与发展过程》④,早已成功做过这样的时间处理;20 世纪 70 年代美国中国史家 Mark Elvin 提出,在 14 世纪的某个时候,中国历史发展的内在规律发生改变,在此后的五个世纪中,不论就人口还是资源而言,在中国的经济成长中一直起着重要作用的

---

① [英]亚当·斯密:《国富论》,唐日松等译,华夏出版社 2005 年版,第 55 页。

② [美]黄仁宇:《中国大历史》,三联书店 1997 年版,第 171—172 页。

③ [美]黄仁宇:《放宽历史的视界》,三联书店 2001 年版,第 206、166 页。

④ 参见严中平:《中国棉纺织史稿(1289—1937):从棉纺织工业史看中国资本主义的发生与发展过程》,科学出版社 1955 年版。

边疆，已经开始被“填满”①，尽管着重考察的是所谓中国历史的停滞一面，但毫无疑问是把元以降的六百年作为一个整体来看待；近年李伯重先生的专著《多视角看江南经济史：1250—1850》②，所取时间范围亦近之。

从更全面也更本质的角度来看，六百多年的历史发展无疑存在以下几点共同趋势；越文化在此一时期走向空前辉煌，越地在此一时期真正走到全国的文化中心位置，其动力正在这些共同趋势。

一、持续大一统：越文化长足发展的战略纵深

有元以降的中国历史是一个空前大一统的历史，不论是传统汉族还是蒙古或满清等北方少数民族主宰国家政权，全国大一统总是历史的常态，这种历史常态前后接续六百多年，超过历史上的任何大一统时间，即使汉、唐大一统的时间加在一起，与之相比亦明显不及；六百多年间，割据与分裂即使偶尔存在，亦逡巡一隅，旋起旋灭，极为短暂，与南北朝、五代十国和宋、辽、金之俨然分庭抗礼，旷日持久，有霄壤之别，几可忽略不计。六百多年的大一统表明，经过漫长时代共同文化精神的熏染和文化血脉的反复贯通勾连，中华民族越加形成为一个不可分割的民族共同体，辽阔的中国国土越加成为全民族的共同生活空间和精神家园。从来没有如此宏伟而持久的空间为中国各民族所共有，越地文化的发展也从未长期拥有如此广阔的活动舞台。封建社会晚期国家首都之北迁燕赵，实在是为越文化的长足发展打开了一个前所未有的战略纵深（这当然和元代疆域之横跨欧亚有关），而绝非意味中国政治、经济、文化中心在远离越地而去。

如前所述，越地人口在盛唐时代即已差不多达到全国人口密度之最，在南宋时代更达到全国各区域人口总量之最，文化创造的主体——人，与一切资源中最基本的资源——土地，两者的开发/涵容关系，自然亦逼近极限。由南宋入元，由于不少平人、女性被掳掠北上，或竟被元军直接屠杀，如《元史》卷十载至元十六年（1279），“千户托略、总把忽带擅引军入婺州

① Mark Elvin：*The Pattern of the Chinese Past*，Stanford University Press（Stanford），1973，pp. 203－204。

② 参见李伯重：《多视角看江南经济史：1250—1850》，三联书店 2003 年版。

永康县界，杀掠吏民”；舒岳祥《阆风集》卷三有诗题《去年大兵入台，仙居幸免，今冬屠掠无噍类，衣冠妇女相随俱北……》，内云：“儿向草间没，夫随剑口离。琵琶犹带怨，况是作俘累”，等等，越地人口有所减少；但随着战乱平息，经济恢复，北方人口或为寻求江南相对富足的生活，或为逃避蒙古贵族统治中心区沉重的徭役，而再次掀起南迁的移民潮，这些都使越地人口出现恢复性增长。许有壬《至正集》卷五十三《葛公墓碑》载：“昔江南平，中土人南走若水趋下，家而占籍者有之，衔命仕者又倍蓰焉，芬华因循，忘弃乡里。”《元史·崔彧传》载崔彧至元二十年(1283)曾上奏：“内地百姓流移江南避赋役者，已十五万户。”《元史》卷十四还载，当时“以汉民就食江南者多，又从官南方者秩满多不还”，元世祖“遣使尽徙北还，仍设托克托禾孙于黄河、江淮津渡，凡汉民非赍公文适南者，止之”。可以想象，这些为数可观的南下北方移民，有相当一部分进入了越地。如《永乐大典》卷二二七七引《吴兴续志》，载湖州至元末年(约在至元二十七年到至元三十一年，公元1290—1294年)，就有“北人户”1493。根据《资治通鉴后编》卷一百五十九等资料，贞元元年(1295)元朝廷“升江南诸县为州，以户为差，户四万、五万者为下州，五万至十万为中州”，“凡为中州二十八、下州十五”，其中越地就有11个县升为州，有力地反映了越地人口的增长。在元代越地，有些地方人口的恢复性增长还十分突出，如杭州城市人口，“基本上保持了南宋时的规模”；嘉兴路及其附近州县，元中期“较元初增加了一倍”①。同时，宋代出现的中国人口重心南移东南的趋势，进入元代不久亦明显加快。根据有关学者对1290年的人口数字的统计，当时“北方十三个省区人口加起来才占全国总人口的14.31%，而苏南、皖南、浙江、江西、湖南的人口合计就达60%，如果再加上广东、广西和福建，比重就达76%”，“全国四分之三的人口不再是挤在黄河中下游，而是挤在长江以南、云贵高原以东的东南一隅”。②

元代末年，方国珍、张士诚与朱元璋在越地拉锯争夺，对越地人口构成较大的损耗。严重的例子，如《光绪桐乡县志》卷一载，县治后北街凤鸣市，“元季兵屯皂林，游兵进掠，故家旧族十存一二，仅成墟落而已”；皂林镇，“自元至正间，张士诚据苏州，元将路成驻此御之，嗣常遇春破士诚于此，始遭兵燹”，

① 陈国灿、奚建华：《浙江古代城镇史》，安徽大学出版社2003年版，第213、218页。
② 赵文林、谢淑君：《中国人口史》，北京人民出版社1988年版，第334页。

居民星散。明初朝廷组织的开发性移民和贫富调节性移民(一般理解为对江南豪族的打击),亦明显减少了越地人口;但如前所考,减少的比例并不大,仅在1%到2%之间。在此之后,随着天下太平、经济发展,越地人口持续增长,再次走到全国人口密度之最的位置。根据洪武二十六年(1393)的人口统计,东南沿海诸省进一步成为全国的人口集中地,其中又以浙江、江西和南直隶三区的人口最为密集,人口密度分别为每平方公里114.38人、58.37人、47.97人,而全国平均每平方公里19.07人①,越地人口密度竟然高达全国的600%。《浙江通史》从另一个角度指出明代越地人口的高度密集情况说,明初"土地面积还不到全国总面积1/36的浙江省境内,竟生活着全国1/6以上的人口","明代浙江的人口密度之高,不仅位居全国第一,从当时世界各国的人口统计数据看,也是绝无仅有的"。② 更有甚者,依据著名人口学家曹树基先生的推算,"崇祯三年(1630)浙江人口共约2490万,每平方公里大约247人"③,从明初到明末,越地人口密度又翻了一番还多。

此后,经历明清易代之际各种自然灾害和战乱、屠杀造成数百万人口减少,到乾隆年间,越地人口总量又一次回到2200万以上,并在嘉庆二十五年(1820)创造出2733.5万的新纪录;尽管这一人口总量此时已被安徽、河南、山东等地超越,但人口密度依然高居全国前列,达到每平方公里272.1人,仅次于江苏;在咸丰八年(1858)太平军攻占浙江前,越地人口继续增加到3127.4万,人口密度增加到每平方公里301.3人以上,其中嘉兴、绍兴的人口密度更增加到每平方公里962.9人、666.6人的天量,在全国府级建制中分别仅次于苏州、江宁的967.6人、800.0人。太平天国对越地的七年占领造成52%的人口损失。④ 但仅仅四十多年过去,到1911年,越地人口密

---

① 参见梁方仲:《中国历代户口、田地、田赋统计》,上海人民出版社1980年版,第207页。

② 陈剩勇:《浙江通史·明代卷》,浙江人民出版社2005年版,第71页。

③ 葛剑雄主编、曹树基著:《中国人口史》第4卷,复旦大学出版社2002年版,第278页。

④ 根据曹树基的研究,江苏嘉庆二十五年的人口总量为3943.5万,人口密度为每平方公里383.2人,为全国第一;同时安徽、河南、山东的人口总量分别为3206.8万、2749.7万、3232.6万,但人口密度分别为每平方公里223.5人、163.9人、213.3人,均明显小于浙江;太平天国从1858年占领浙江,到1864年被清军打败退出,使浙江人口从战前的3127万减少到1497万,损失了1630万。参见曹树基《中国人口史》第五卷,第三章、第八章、第十一章、第十六章相关各节。

度又一次恢复到每平方公里 207.02 人，紧步江苏之后①，再次高居全国前列。

总起来看，元代以降六百多年间越地人口一直处在过度密集状态，为全国所罕见，当无疑问。重要的是，如上所考，当南宋越地人口密度由每平方公里约 112 人向 148 人递增时，越地的发展就已面临“浙间无寸土不耕”的极限；此一时期越地人口密度由每平方公里约 114 人先后递增到 247 人、272 人，短暂衰减后又恢复到 207.02 人，越地经济社会发展受到制约之严重，自不难想象。如果没有全国长期大一统带来的又一个数十倍于自己的开放空间，越文化的发展亦势必在“空间挤压”的严重自闭中裹足不前，甚或散失生命力。幸运的是，历史为越地生存与越文化发展提供了这样一个空前辽阔而悠长、宽广而富深度的空间。如果说，此前的越文化主要是在越地境内创造的比较单纯的区域文化；那么，此一时期的越文化完全可以说是在越地境内和全国舞台上同时创造，既有区域个性又有全国品格的区域文化；而且越到后来，随着越地人口密度越大，越地空间对人口和社会经济发展的挤压效应越加严重，越人走出越地的现象就越来越频繁、越来越大规模地发生，从而使得越文化在越地境外创造的比例和成分亦越来越增大，越文化的全国品格和对全国的影响也越来越鲜明和突出。

任意翻检，在元代，越地出身的绝大多数文学艺术家，如戏曲家和散曲家金仁杰、杨梓、张可久、徐再思，文言小说家仇远、郑元佑、陶宗仪，诗文作家邓牧、袁桷、黄溍、柳贯、杨维祯、李孝光、陈基、戴良，画家赵孟頫、黄公望、王振鹏、柯九思、王冕，等等，均曾走出越地，游历四方，他们相当部分杰出文化创造也都诞生在越地以外，甚至挟累累著述而终身未归越地。如堪称元代后期最优秀散曲家的张可久，其作品完全是其足迹遍及整个长江中下游人生旅程的写照；堪称元代最优秀笔记小说家的陶宗仪，其名著《南村辍耕录》成于晚年隐居松江之时；堪称元代诗、书、画“三绝”外加戏曲“一绝”（创作《荆钗记》）的柯九思，早年在远走北京受知于元英宗，中年在南京、北京为元文宗所倚重，晚年在苏州广结各地文士以殁，所至皆有佳章鸿篇，为世景仰；堪称元代后期最杰出诗人的杨维祯，也在晚年迁徙松江以终，在那里掀起一个影响深远的铁崖诗派创作高潮。元代绝大多数越地文学艺术家的文化创造，皆有赖于他们走出越地的经历，这是越地历史上未

① 参见赵文林、谢淑君：《中国人口史》，北京人民出版社 1988 年版，第 613 页。

曾有过的。但是，另一方面，这些文化人物走出越地的主要形式毕竟还是个体单一的，单一形式的“个体出走”尽管众多，与大规模的“成批外流”仍不是一回事；同时，越地也还有一些很有造诣和影响的学者，如金华“北山四先生”之二的金履祥、许谦，他们就未曾走出越地，而是依然安居乡里，在传统的深思熟虑中完成文化创造。

但是，进入明清，随着人口压力的日益加剧，越地民众大批外出谋生，越地士人的走出越地，已变成各种层次的文化人以空前的力度，大规模持续不断地流向全国各地，在明清越地文化名人中已经根本找不到一个一生未曾走出越地者。以绍兴、宁波、金华等地为例。晚明祁彪佳《救荒杂议》有载：“越中依山阻海，地窄民稠，即以山阴一县计之，田止六十二万馀亩，民庶之稠，何止一百二十四万。以二人食一亩之粟，虽甚丰登，亦止供半年之食。”①同时稍前的王士性《广志绎》卷四更载：“宁、绍盛科名逢掖，其戚里善借为外营，又佣书舞文，竞贾贩锥刀之利，人大半食于外。……宁、绍人什七在外，不知何以生齿繁多如此。……绍兴、金华二郡，人多壮游在外，如山阴、会稽、余姚生齿繁多，本处室庐田土，半不足供，其儇巧敏捷者入都为胥办，自九卿至闲曹细局无非越人，次者兴贩为商贾，故都门西南一隅，三邑人盖栉而比矣。”清初绍兴府萧山毛奇龄也说：“吾越地狭人稠，多走京师，图为幕宾，为掾房，为仓场、库务、巡驿、尉簿之属，岁以千计。”（民国《萧山县志稿》卷二十八《遗闻轶事》）同时稍后章学诚同样说，绍兴“地僻齿繁，游宦四方，所至为家”，“吾乡山水清远，其人明锐而疏达；地僻，人工不修，土之所出，不足食土之人。秀民不得业，则往往以治文书、托官府为幕客”（《章学诚遗书》卷十六《史府君墓志铭》、卷十七《汪泰岩家传》）。因为“地窄民稠”，“本处室庐田土，半不足供”，遂使绍兴、宁波、金华等地民众“什七在外”，凭借与科举成名的居官乡贤即“科名”人物拉上关系（所谓“戚里善借为外营”），或“佣书舞文”（即成为师爷、“胥办”），或“贾贩锥刀”（以刊刻传播图书文献为生），或“兴贩商贾”，竟俨然将越地社会搬到了大一统国家的四面八方；换言之，以越地“科名”人物为隐然的领袖，凭借他们之间的热络互动（所谓“盛逢掖”），以及这些科名人物与家乡的密切联系，在明清时代的全国各地，形成了由“科名”人物、“佣书舞文”者（即所谓

① 《祁彪佳集》卷六，中华书局1960年版，第116页。

师爷、“胥办”）、“竞贾贩锥刀”者（以刊刻流通图书文献为生者）与一般“兴贩商贾”者等四个群体构成的一个既界限分明又相互沟通，具有强烈渗透性和扩展性的“天下越人”大网络，“都门西南一隅，三邑人盖栉而比矣”是其中一个生动的例证。

这些托身在外的越人，既在大一统国家的四面八方谋生，也随其所遇而做出文化创造。绍兴师爷对明清封建国家政权运转的支撑性贡献，以及其中像汪辉祖那样“名幕”的多方面文化建树①，是明清越地低层次士人群体文化创造的方面之一；明清越地文化人物对封建国家的贡献和在明清文化版图上的重要地位，主要还体现在这个网络的领袖身上。这可以从越地“科名”人物占全国的比例和层次上看出。以明代为例，根据多洛肯的资料，明代全国进士共24876人，其中数量最多的两地，浙江3458人，占全国14.8657%，南直隶4090人，占16.44%；明代进士中的“精英”即状元、榜眼共178人，其中浙江40人，占22.472%，南直隶42人，占23.596%。但明代南直隶包含今江苏、安徽两省在内，因此，这些统计数字的实际含义相当于：明代浙江进士3458人，占全国14.8657%，江苏、安徽分别为2045人，各占8.22%；明代状元、榜眼共178人，其中浙江40人，占22.472%，江苏、安徽分别为21人，各占11.798%。② 两项数字，越地比例均为江苏、安徽的近两倍，牢牢占据了全国第一的位置。越地进士与状元、榜眼比例遥遥领先于全国任何其他地方，可以说是越地高层次士人群体在全国文化版图上占据举足轻重地位在科举上的一种反映。不言而喻，这些科名人物的成功过程本身，就是走出越地，在大一统国家折冲樽俎、纵横捭阖的结果；而他们在文化史上最终真正立足，建立不朽功名，更无一不借助于他们在大一统国家的历练磨洗或叱咤风云，如明代的杰出政治家于谦、祁彪佳、张煌言，哲学家王阳明、陶望龄、刘宗周，地理学家王士性，水利专家潘季驯，文献学家胡应麟、范钦、祁承㸁，文学家茅坤、臧懋循、王思任、屠隆，等等，他们的建树均与其曾宦迹四海相关。当然，所谓高层次士人群体，绝不仅仅是那些进士、举人等科举幸运者；明清科举不名或根本无意科举而文化建树卓越者，在越地亦大有人在，如明代在文学艺术上堪称当世第一流人物

① 参见鲍永军：《绍兴师爷汪辉祖研究》，人民出版社2006年版。

② 参见多洛肯：《明代浙江进士研究》，上海古籍出版社2004年版，第155、162页。

的戴进、徐渭、张岱、孟称舜、凌蒙初、陈洪绶,等等,他们能成为当世第一流的文化人物,无一例外,亦全部与他们曾在大一统国家东西南北广泛阅历相关。不论科举及第与否,在明清乃至民国越地出身的文化人物中,我们很难找到一个终生老死户牖而未曾在大一统国家游历者。总之一句话,六百多年的国家大一统为越地民众发挥聪明才智,为越文化创造出新的辉煌,为越地真正走向全国的文化中心地位,提供了前所未有的大舞台和开放空间。

二、三大时代主题:越文化走向辉煌的灵魂与方向

有元以降的六百多年的中国历史不仅为越文化的发展打开一个前所未有的战略纵深,还为它的走向辉煌确定了鲜明的主题和灵魂。中国历史上有元以降的六百多年,在大一统的总体框架之下,贯穿了三大时代主题,这就是:民族压迫和反民族压迫之民族斗争的主题、外敌侵略与反外敌侵略的国家生存的主题、坚持闭关锁国与勇于走向世界的国族命运选择的主题。这三大主题像三道电光,照亮了越地无数儿女包括文化人物的精神空间;亦像三大熔炉,煅烧出近世越文化将胆剑与兰心融为一体的卓异品格。

(一)反民族压迫之民族斗争主题与近世越文化的薪胆意志

众所周知,蒙元贵族对传统中国的统治,一开始就建立在以屠城空地为代表的血腥军事占领和赤裸裸的掳掠基础之上,从北方边地到中原和江南,无不如此。如蒙古军占领东北时,"广宁刘琰、懿州田和尚降,穆呼哩曰:'此叛寇,存之无以惩后。'除工匠优伶外,悉屠之,拔苏、复、海三州"(《元史》卷一百十九《穆呼哩传》);占领西夏肃州时,因统帅锡琳甘布的家人在城中,"帝怒城久不下,有旨尽屠之,惟听甘布求其亲族、家人于死所,于是得免死者百有六户"(卷一百二十二《锡琳甘布传》);占领河北诸地和金中都(即今北京)时,"招谕永清;不降,拔而屠之"(卷一百五十《舒穆噜明安传》);占领云南大理时,"进师取龙首关","取附都善阐,转攻合剌章水城,屠之"(卷一百二十一《苏布特传》);占领湖北樊城时,"樊城人以栅蔽城,斩木列置江中","以回回炮击之而焚其栅","遂破樊城,屠之"(卷一

百六十一《刘整传》);占领郢城即今武汉时,"顺风掣金汁炮,焚其庐舍,烟焰涨天,城遂破","生擒虎臣、大用等四人,馀悉屠之"(卷一百二十七《巴延传》);占领福建时,"敕泉州行省,所辖州郡山寨未即归附者率兵拔之,已拔复叛者屠之"(卷十一《世祖本纪八》)。蒙古军在广东沿海对南宋残馀势力的穷追猛打和随之而来的占领、掳掠、动乱,甚至使"广东之户十耗八九"(姚燧《牧庵集》卷十六《平章政事史公神道碑》)。类似记载举不胜举。铁幕统治确立以后,蒙元贵族更公开推行了分天下人为蒙古、色目、汉人、南人四等,一切大权、特权皆属蒙古人,其次属色目人,以汉族为主体的原南宋统治范围各民族的南人为最卑贱民族的民族歧视政策。朱元璋等人以"驱除胡虏,恢复中华,立纲陈纪,救济斯民"为号召,进行了伟大的反民族压迫的斗争,重新建立了以汉族为主体的明朝政权。随后历史又出现相似而变本加厉的一幕:满清贵族对中国的铁幕统治建立在更加残暴的军事掠夺、屠杀与民族压迫基础上,后金在明亡前入关抢掠100万以上人口和200万以上的人畜,清军在占领中原和江南过程中展开一系列屠城,"扬州十日"屠杀80万至100多万,"嘉定三屠"、"苏州半屠"、"江阴屠城"合计屠杀不下50万,"赣州屠城"10.8万户剩下0.3万户,"南昌屠城"亦使人口几乎灭绝,"南雄屠城"、"广州屠城"、"潮州屠城"合屠杀30万以上,"湘潭屠城"剩下不满百人,"大同屠城"、"朔州屠城"、"浑源屠城"人民全部灭绝,等等,罪证累累,罄竹难书,与蒙元当年的暴行相比,诚令前人"相形见绌";这当然激起以汉族为主体的广大人民进行更加不屈不挠的斗争,并最终由孙中山等领袖再次高举起"驱除鞑虏,恢复中华"的大旗,赢得反抗民族压迫的彻底胜利。

早在先秦时代的越国,勾践君臣就创造了发奋图强、继绝存亡的中国政治文化典范;从根本上说,越国对吴国的反戈一击,具有反民族压迫的性质。因为,吴国占领越国之后,"杀败吾民,鄙吾百姓,夷吾宗庙,国为墟棘",美女、宝器皆被搜括入吴,越王勾践夫妇亦"身为佣隶,妻为仆妾",在被监禁石室的条件下,"越王服犊鼻,著樵头。夫人衣无缘之裳,施左关之襦","夫斫剉养马,妻给水、除粪、洒扫"(《吴越春秋》卷五《夫差内传》、卷七《勾践入臣外传》),吴国对越国实行的是相当彻底的民族奴役和灭亡主义政策。勾践的最终胜利表明,越地本土即有深厚的反抗民族压迫的精神传统。从两晋之交到两宋之交,南下北方士人又带来中原汉民族的民族忧患意识和反抗民族压迫的精神传统；南宋建都于越，更是让越地一百数十年间皆沉浸于民族耻辱和民族自强的激烈煎熬之中。凭借着这种极为悠久深厚的民族危亡意识和不屈不挠的政治文化传统，越地人民与文化人物毫不犹豫地站到了此一时期民族斗争的前列，在三波反抗民族压迫、追求民族独立的斗争浪潮中，坚韧顽强，前仆后继，构成中华民族反抗民族压迫之自强不息斗争运动的中坚力量。

第一波即是元末朱元璋领导的反元民族革命，以“浙东四先生”刘基、宋濂、章溢、叶琛为代表的越地文化人物，或以军事谋略，或以文章学问，或以安邦治民之才，为这一民族革命的彻底胜利发挥了“指导教师”的作用。其中刘基对反元战争的全局和一些关键性战役，提出了一系列正确的战略设想和战役战术方针，从军事上一步一步奠定了反元民族革命成功的可靠基石；宋濂不仅是明朝建国初期各项典章制度的主要设计者，还是反元民族革命最杰出的鼓动家，那篇旗帜鲜明地高举“驱逐胡虏，恢复中华，立纲陈纪，救济斯民”这一民族革命大纛，旗帜鲜明地提出“蒙古、色目，虽非华夏族类，然同生天地之间，如能知礼义，愿为臣民者，与中夏之人抚养无异”（《明太祖实录》卷二十一）这一正确民族政策，对朱元璋大军挥师北上，彻底扫荡元朝势力的北伐檄文，就为宋濂所写。据《明史纪事本末》卷八记载，这一檄文发出之后，“大军勘定者犹少，先声归命者更多，……乃在人心之豫附矣”。这篇檄文在当时所起的巨大作用，诚如吴晗所言，它使“当时各阶层人民所欢迎所拥护所争取的目标在这篇檄文中特出的揭示出来，这样也就自然产生出不可抗拒的力量，为最后胜利铺平道路”①。

第二波是清人占领江南以后，南明时期的反清民族自卫斗争，越地文化人物和其他人民一起，为抵抗清军的掳掠、屠杀、占领和赤裸裸的文化奴役主义（迫使广大的汉族人民改变千百年的衣冠服饰，留发不留头，留头不留发，从而不仅在实际行动上把汉族人民变成被奴役者，还在文化心理上打上被侮辱者的烙印），进行了最坚决的反抗，做出了最壮烈的牺牲。如顺治二年闰六月，平湖人、崇祯四年进士屠象美组织嘉兴保卫战，坚持二十多天被清军攻破，城中“逃出者十二三”，“其馀尽行杀戮，血满沟渠，尸积里

① 吴晗：《朱元璋传》，三联书店1965年版，第132页。

巷；烟焰涨天，结成赤云，障蔽日月，数日不散”①，被清军屠杀的嘉兴士民不下十万；同时，大学士朱大典组织金华保卫战，“七月十六，城破，屠城，朱合家焚死”②；顺治八年八月，抗清基地舟山，因主力北伐吴淞，“城中兵六千、居民万馀，坚守十馀日而破”，“总兵刘世勋、马泰、李向荣、单登公、杜芳、夏霖、解龙、朱起光、沈云、任则治、曹维周、张率治率兵民巷战死，宫眷皆沉井死”，南明鲁王监国大学士“张肯堂衣蟒玉，南向坐；令四妾、一子妇、一女孙先死，乃从容赋诗自经”③，“礼部尚书吴钟峦、兵部尚书李向中、工部尚书朱永佑、通政司参议郑遵俭、兵科给事中董志宁、兵部侍郎中朱养时、户部主事林瑛、江用楫、礼部主事董玄、兵部主事李开国、朱万年、顾珍、工部主事顾宗尧、工部所正戴仲明、礼部主事苏兆人、安洋将军刘世勋、左都督张名扬、锦衣卫指挥王朝相、内官监太监刘朝、定西侯参谋顾明楫、贡生娄文焕、诸生林世英、朱锡龄等并死之。北兵相谓曰：‘吾兵南下，所不易拔者，江阴、泾县合舟山而三耳！’”；顺治十三年，“北师复取舟山，英义伯阮骏、总制陈雪之并赴海死。北人以舟山不可守，迫其民过海，溺死者无算，遂空其地”④。

尽管这一波反抗以失败告终，但越地士人的民族思想在惨烈的斗争实践中获得了发展，民族情怀和民族意识在越地士人和越文化中更深刻、更持久地潜藏下来，一如当年勾践卧薪尝胆，蓄志图吴时所言，“孤之怨吴，深于骨髓”，一切坚忍只待最终“一与吴交战于天下平原之野”，“越之士继踵连死，肝脑涂地者，孤之愿也”（《吴越春秋》卷五《夫差内传》）；亦如南宋初王十朋说越地的精神传统：“其俗至今能慷慨以复仇，隐忍以成事。”（《梅溪后集》卷一《会稽风俗赋》）梁启超回顾青年时代投身反清民族革命的时代氛围时曾说：“凡大思想家所留下的话，虽或在当时不发生效力，然而那话灌输到国民的‘下意识’里头，碰着机缘，便会复活，而且其力极猛。清初几位大师——实即残明遗老——黄黎洲、顾亭林、朱舜水、王船山……之流，他们许多话，在过去二百多年间，大家熟视无睹，到这时忽然像电气一般把

① 南园啸客：《平吴事略》，《台湾文献丛刊》第 246 种《江阴城守纪》附录，台北明文书局 1984 年版，第 49 页。

② 徐芳烈：《浙东纪略》，《台湾文献丛刊》第 268 种，第 32 页。

③ 李天根：《爝火录》下册，浙江古籍出版社 1986 年版，第 871 页。

④ 翁洲老民：《海东逸史》卷二，《台湾文献丛刊》第 99 种，第 12、14 页。

许多青年的心弦振得直跳。……总而言之,最近三十年思想界之变迁,虽波澜一日比一日壮阔,内容一日比一日复杂,而最初的原动力,我敢用一句话包举他,是残明遗献思想之复活。"①梁启超列举对晚清民族民主革命产生巨大影响的清初五位民族主义思想家,其中两位黄宗羲、朱舜水皆为越人,由此足见越地文化人物在清以后三百多年中华民族抗争史上的重要地位。

职此之故,在第三波反清民族民主革命的每一阶段,越地越人都发挥了十分关键的作用:在兴起阶段,1901 年创办全国最早宣传反清民族革命的报刊《国民报》,1902 年成立志在推翻满清的全国最早革命团体"中国青年会",1903 年创办当时全国最著名、影响最大的反清革命刊物《浙江潮》;在发展阶段,越地诞生了辛亥革命全国三大主要团体之一的光复会,诞生了反清民族民主革命最著名的宣传家章太炎,最勇猛的实干家徐锡麟、秋瑾、陶成章和影响最大的教育家蔡元培;在高潮阶段,浙军联合友军以英勇顽强的战斗取得光复南京战役的胜利,为中华民国南京临时政府成立和满清贵族宣布"清帝逊位",直接奠定了基础。

总之,从"驱除胡虏,恢复中华"到"驱除鞑虏,恢复中华",在两次三波反抗民族压迫的伟大斗争过程中,越地士人和越地民众以胆略、韧性、智慧始终走在斗争的前列,为中华民族彻底结束民族压迫和奴役的历史做出不可磨灭的贡献,进一步书写了越地政治文化的辉煌篇章,其中刘基、宋濂、刘宗周、张岱、朱舜水、黄宗羲、章太炎、蔡元培等等在民族斗争中经受洗礼的越地诸文化精英,他们在政治、哲学、文学、史学、民族、教育乃至军事等方面的思想和文化建树,无疑成为五百多年间中华民族最可宝贵的思想资源和精神遗产之一。

(二)反外敌侵略之国家生存主题与近世越文化的利剑精神

历史越发展到近世,人类总数增大与资源有限的矛盾越来越突出,各区域发展水平和贫富程度的差异越来越明显,不仅导致越来越激烈的国内民族矛盾斗争,还引发越来越频繁和急剧的周边民族、国家对中国的侵略与中国人民反侵略的矛盾斗争。中国元朝实际上是横跨欧亚大陆、世界历

① 梁启超:《中国近三百年学术史》,东方出版社 1996 年版,第 35—36 页。

史上空前强大的蒙元军事帝国的一个组成部分和核心腹地，由于元朝的强大，当时中国周边国家、民族多数采取了臣服和甘为附庸的选择；即使不甘臣服与附庸，亦绝无可能对中国的生存构成威胁。入明以后，尽管以先进的科技和雄厚的物力为基础，朱明王朝曾组织强大舰队，七次远下西洋，经历亚、非三十多个国家和地区，创造了世界航海史上的奇迹，但由于儒家文化的内敛倾向与和平主义精神占据上风，1405—1432 年间的郑和舰队既没有侵占任何一片外国领土，宣德年间（1426—1435）亦放弃了对安南的长期战争，撤消了永乐五年（1407）设置的交趾行省，使安南重新立国，从此中国的版图再无任何扩展。

但树欲静而风不止，中国版图的守势迅即为腹背受敌的危险所笼罩；此后五百多年间，中华民族的生存一再面临风雨飘摇、朝夕不保的严峻局面。15 世纪中期，北方蒙古瓦剌也先部首先侵占了从新疆（哈密卫）到辽东（乌良哈三卫）的整个北部边疆，然后大举入侵内地，1449 年在土木堡全歼五十多万明军，俘虏明英宗，包围北京城一个月，并展开对宁夏、山西、京畿地区的大规模抢掠，馀部又在新疆、青海、甘肃等地进行了长期劫夺。16 世纪中期，北方蒙古鞑靼俺答部再起，从嘉靖八年（1529）到隆庆四年（1570），对西北、华北、东北各地进行了四十多年的恣肆侵略与劫夺，多次兵临北京城下，其中嘉靖二十九年（1550）对北京附近的焚掠长达八日之久，明朝国家的心脏几乎完全坏死；同时东南沿海的倭寇侵略，亦在这个时候达到高潮，从嘉靖二年（1523）到嘉靖四十四年（1564），对山东、南直隶、浙江、福建、广东等地大肆烧杀掳劫，中国经济文化的腹心地带遭到长达 40 年的疯狂蹂躏；同时，来自欧洲的葡萄牙人，亦于嘉靖三十二年（1553）侵占了珠江流域南端的澳门。17 世纪，最初是荷兰人在天启年间（1621—1627）侵占了东南沿海的台湾，随后沙俄帝国从东北开始了对中国领土的持续侵略。19 世纪中期西方列强更联合发动了两次“鸦片战争”，19 世纪末法国、日本还单独发动了侵略中国的“中法战争”和“甲午战争”。进入 20 世纪，西方列强进一步疯狂瓜分中国的“八国联军侵华”和日本妄图彻底灭亡中国的侵略战争又先后于 1900、1937 年爆发。然而，尽管迭遭来自各方的侵略磨难，中华民族终究凭借其强大生命力，凭借“埋头苦干”、“拼命硬干”、“为民请命”的“中国的脊梁”人物（鲁迅《且介亭杂文·中国人失掉自信力了吗》）为之奋斗、呐喊，一次又一次打退了外敌的入侵，捍卫了其悠久的文化和民族特性，屹然自立于世界民族之林。

在近五百年来抗御外敌入侵、捍卫中华民族生存权的漫长斗争历程中，越地诸多文化人物和越地人民就发挥了这种“中国的脊梁”作用，生动演绎和大力弘扬了越文化的利剑精神。《越绝书·越绝外传记宝剑》载：“越王勾践有宝剑五，闻于天下。”《吴越春秋》卷九《勾践阴谋外传》载勾践从越女研习“剑戟之术”，得其“见之似好妇，夺之似惧虎”之神髓，率领部下大练“越女剑”；影响之下，汉代中原学者还惊叹：“吴、粤〔越〕之君皆好勇，故其民至今好用剑，轻死易发。”（《汉书·地理志》）由此可见，早期的越族是一个酷爱宝剑，以剑器精良、剑道高深闻名天下的民族。同时，在越人的信仰中，按《吴越春秋》卷六《越王无余外传》的记载，“越之前君无余者，夏禹之末封也”，越地领袖是大禹的后裔；而大禹曾承担着解除“帝乃忧中国之不康，悼黎元之罹咎”之使命，“劳身焦思”，“周行宇内”，“平易相土，观地分州”，使滔滔洪水尽去，乾坤得以重整，“民去崎岖，归于中国”，是个有功于天下苍生百姓的英雄；根据《史记》卷四十一《越王勾践世家》的记载，勾践兴越灭吴以后，“乃以兵北渡淮，与齐、晋诸侯会于徐州，致贡于周”，“以淮上地与楚，归吴所侵宋地于宋，与鲁泗东方百里。当是时，越兵横行于江、淮东，诸侯毕贺”，以强大的武力为基础，亦对重整华夏中国的“天下”秩序，发挥了关键作用。这表明，越族还是一个很早就具有“天下”即“大一统国家”观念（周代以周天子为核心，各诸侯国联成一体的“天下”局面，本质上是一个松散的大一统国家），勇于为大一统国家的生存、稳定与发展做出贡献的成熟的区域民族。“好用剑”与“利天下”结合在一起，遂成为越文化精神传统中英雄主义与爱国主义的标志——“利剑精神”。明英宗以降五百年来的多次反侵略斗争，见证了越文化“利剑精神”悲壮而绚丽的闪光。

在明代的两次反侵略斗争中，越地士人和越地人民都站到了险恶的前线，以大无畏的勇气和才略、智慧，起到了首屈一指的中流砥柱作用。例如，在1449年蒙古瓦剌入侵，制造“土木之变”，明军精锐土崩瓦解，皇帝被俘，文武大臣五十多人亦顷刻丧命郊外，京师北京，连同整个明朝国家的前途都命悬一线，“群臣聚哭于朝”、“天命已去，惟南迁可以纾难”（《明史·徐有贞传》）的逃跑主义论调开始喧嚣的危急时刻，从越地走出的永乐十九年（1421）进士、兵部左侍郎于谦挺身而出，痛斥：“言南迁者，可斩也！京师天下根本，一动则大势已去，独不见宋南迁乎！”（《明英宗实录》卷一百八十一）在断然斩断了逃跑主义的退路后，于谦迅速调遣各路部队和粮草向北京集结，严密组织北京的防守，取得北京保卫战的伟大胜利，彻底打击了敌人的侵略气焰；同时用推出新皇帝，遥奉英宗为太上皇的非凡智谋，粉碎了瓦剌以英宗为傀儡勒索明朝的阴谋；在此之后，于谦又总结军事理论，对军制进行根本的改革，赢来北方边境地区长期的安定局面。于谦以一介文官，成功领导了15世纪中期一场大规模的严峻的反侵略战争，使中华民族转危为安，对明朝国家确乎有再造之功。清初明遗民、海宁查继佐《罪惟录》卷十一即将于谦的这一贡献比之朱棣的靖难之役说：“而谦之再造，更光于靖难。”同时另一位海宁明遗民谈迁《国榷》卷三十二亦引袁袠的话说：“于公以一书生，砥砺狂澜，坐使社稷危而复安。观其分守九门，移营城外，坚壁清野，以挫贼锋；而丧君有君，庙算无失，专意战守，罢绌和议，……故能返皇舆于绝漠，正帝座于黄屋，谋国之善，故未闻也。”不仅如此，阎崇年先生还更为深远地提出：“于谦率领中原军民，抗击瓦剌也先南犯，其历史意义在于：不仅是维护大明社稷、保卫皇都北京，而且是捍卫农耕文明、抵御野蛮文化侵扰。”①明人张吉《古城集》卷六《拜少保于公遗像》曾经感伤：“万古中原耻未删，徽、钦怀愍不生还。拊髀豪杰空叹息，无计登公晋、宋间”，这一遗憾与痛惜，亦从反面折射出于谦抵抗外敌侵略、捍卫中华农耕文明的巨大历史贡献。这是于谦的骄傲，亦是越文化的骄傲。

值得注意的是，从于谦的传世诗文频频歌吟到“剑”的意象，如《于忠肃集》卷十一《处世若醉梦》“起看明月团，拔剑舞中庭”，《太行途中杂咏》“壮怀成激烈，弹剑欲高歌”，《春日客怀》“萧涩行囊君莫笑，独留长剑倚晴空”，《秋兴用陈绣衣韵》“黄鹄摩云壮气增，青虹贯斗剑光腾”，《又顺用韵》“弹剑高歌明月下，几回壮气欲飞腾”，《夜半散步庭下有感》“虹光吐剑冲冥漠，豪气随诗破寂寥”，《晚坐窗下偶题》“湖山旧业书连屋，江海狂歌剑倚空”，《送道士史志中》“枕中鸿宝千金秘，袖里龙光一剑闲”，卷十二《颍国武襄公杨洪画像赞》“江湖宇量，铁石肝肠。胸盘韬略，而鬼神莫测；手操剑戟，而星斗垂芒”等，并一再提到越地历史和身在异乡眷怀越地，如该集卷

① 阎崇年：《于谦六百年祭》，载于谦研究会编《于谦研究》，中国文史出版社1998年版，第10页。

五兵部奏文"固边"条,提出对蒙古各部采取分化离间策略时,建议借鉴当年越国的经验,"昔越王被吴攻围之急,能用范蠡之计,卑辞厚礼,遣大夫种献宝器、美色与吴太宰,行间而解其围,复用蠡计而灭吴",卷十一《春阴感怀》"越水吴山频引领,沈腰潘鬓不胜情。何时归去西湖路,载酒携柑听早莺",可以看出,于谦曾深受越文化浸染,其文化人格传承了越文化的"利剑"精神无疑。

再如,在明代另一次大规模反侵略战争即16世纪东南沿海的抗倭之战中,越地人民再一次代表全民族挺起了脊梁;与上一次反侵略战争不同的是,这是在越地人民自己的领土上进行的反侵略战争,倭寇侵略者的暴行激起了越地几乎所有人物包括大字不识的普通农夫和女性的觉醒和顽强抵抗,使得"绍兴姚长子"这样的越地乡民,"慈溪沈氏六节妇"这样的越地女性,"戚家军"这样的越地男儿,以及徐渭这样的越地落魄文人,这些越地最普通最平凡的人物,成为决定战争胜负的关键力量,他们和其他将领一起,万众一心,同仇敌忾,以巨大的牺牲赢得了最后的胜利。"沈氏六节妇"堪称史所罕见的死于反侵略战争的女性英雄群体。据《明史》卷三百二载,六节妇"所居近海","人多骁黠善斗。嘉靖中,倭贼入犯,屡歼其魁,夺还虏掠,贼深雠之。一日,贼大至,沈氏豪誓于众曰:'无出妇女,无辇货财,共以死守,违者诛。'章亦集族中妇女誓曰:'男子死斗,妇人死义,无为贼辱。'众竦息听命。贼围合,群妇聚一楼以待;既而贼入,章先出投于河,周与冯从之。柴方为夫砺刃,即以刃斫贼,旋自刃;孟与孙为贼所得,夺贼刃自刺死。时族中妇死者三十馀人,而此六人尤烈"。越地儿女如此"拼命硬干"甚至同归于尽的反抗,沉重地打击了侵略者的贪婪欲望;主要由金华、义乌、余姚等地山民组成的"戚家军",他们同样的"拼命硬干"精神在这次反侵略战争的后半段得到有效组织,遂千里驰骋,排山倒海,将倭寇侵略者彻底赶出了越地,随后又赶出了福建、广东等整个东南沿海。可以说,如果没有以越地健儿为骨干的"戚家军",没有各种各样的"绍兴姚长子"和"沈氏六节妇",明朝的反侵略抗倭战争就不可能取得胜利。

此后,在清以降影响中国命运、决定中国前途的两次最重要的反侵略战争即鸦片战争中,越地人民从普通民众到精英人物,再度表现出"利剑"精神,发挥出"中国的脊梁"作用。大量史实已经证明,1840年7月5日英国大举入侵浙江定海,遭到定海人民的顽强抵抗,标志鸦片战争的正式爆发;从此到1941年2月浙东人民特别是舟山民众的自发抗英斗争,以可歌可泣的英勇壮举迫使英军撤出浙江,堪称"近代中国人民反侵略斗争的第一声"①。在抗日战争中,除了富阳保卫战、钱江战役、镇海战役、宁绍战役、浙赣战役等等在越地进行的一系列反侵略战役,越地出身的中国抗战政府的最高领导人与中共领袖周恩来,以及一大批前线将领等越地精英人物,以彪炳千秋的辉煌业绩为鸦片战争一百年来中国人民第一次获得反侵略战争的完全胜利,做出不可或缺的贡献。1939年3月,周恩来以国民政府军事委员会政治部中将副部长的身份,在抗战间隙回到故乡,在绍兴题词:"埋头苦干,只要抗战胜利,定必苦尽甘来。""勿忘鉴湖女侠之遗风,望为我越东女儿争光。"②五百年来中华民族的反侵略斗争史,见证越地儿女的"埋头苦干"和无上荣光,见证了越地政治文化中英雄主义、爱国主义的又一重辉煌。

(三)勇于走向世界之国族命运选择主题与近世越文化的兰心慧性

民族与民族、国家与国家的关系,并非仅有矛盾与斗争,还有交往与交流;交往与交流的范围不断扩大,程度不断提高,成果不断整合,自然就形成所谓的"全球化";"全球化"尽管是个当代新名词,全球化的历史却并不都是当代史,早期全球化或者说走向世界,作为一个历史过程确乎早已存在。当然,中世纪封建制度的保守惯性,不会也从来没有停止对这一近世历史进程的阻滞作用。有元以降六百多年的中国,就前后出现了冲破封建制度闭关锁国保守惯性、走向世界的四次历程。

第一次走向世界发生在元代。长期活动于中国北方,尚未受到封建制度保守性拖累(蒙元建国前尚处在奴隶制社会)的游牧民族——蒙古,凭借其积累数千年的军事文化能量,横扫欧亚大陆,创建了北达北极圈,西达多瑙河和地中海,西南到达波斯湾,东达东亚太平洋的世界性大一统帝国,不仅开创了中国内部各民族文化全面交流与融合的新局面,更把传统汉、唐领土区域的封建中国一下推到世界的各个方向,促进中国与东亚、南亚、西亚以及欧洲甚至非洲各国家地区展开前所未有的人员交往和经济文化交

① 王和平:《从中外档案史料看浙江在鸦片战争中的地位》,《浙江档案》1991年第10期。

② 绍兴市兰花协会编:《越兰与名人》,上海社会科学院出版社2004年版,第44页。

流，第一次实现了人类文明成果大规模的融合与共享。以东欧以迄西亚、南亚等西域各民族人民进入中国出现的“华化”即中国化而言，陈垣曾经考证指出：“畏吾儿、突厥、波斯、大食、叙利亚等国，本有文字，本有宗教；畏吾儿外，西亚诸国去中国尤远，非东南诸国比。然一旦入居华地，亦改从华俗，且与文章学术有声焉，是真前此所未闻，而为元所独也。”[①]第二次走向世界即明初的郑和下西洋，同样属于中华民族主动走向世界。第一次主要是蒙古游牧民族的武力诉求，这一次是一生大半在北方军旅生涯中度过，较少受到儒家保守内敛思想束缚，具有多民族团结意识和世界主义眼光的汉族皇帝——明成祖朱棣[②]所主导，多民族合作创造的和平壮举。行动统帅郑和即祖籍西域，世代信奉伊斯兰教，本人亦是虔诚的基督徒。郑和下西洋首航比哥伦布发现美洲新大陆早 87 年；尤为重要的是，“西方学者也承认：郑和远航，带去的是礼仪和礼物；哥伦布远航，带去的却是‘剑’”，“郑和下西洋带去的是文化、礼物和友谊，这就大大促进了中外经济文化和科学技术的交流，增进中国和亚非各国人民的友谊”。[③] 第三次走向世界发生在明末清初，是中华民族在自己家门口，与来自欧洲的客人进行比较和平、比较平等的互动交往和交流，中国人第一次见识到西方全新的科学技术、思想文化与宗教观念，传统中国的思想意识形态受到震撼。第四次走向世界发生在以“天朝上国”自居与自傲的乾隆盛世风流云散、满清统治日暮途穷的清末民初，既包含西方以船坚利炮和民主、自由观念对中国的攻夺与渗透，也包括中国知识分子飘洋过海去寻求“西夷之长技”与救国真知，是被动、主动兼有而以被动为主的走向世界。

越地有着悠久的艺兰、颂兰历史与文化积淀，兰可以说是越地文化精神中尚友倾向和开放心胸的又一标志。南宋明州（今宁波）高似孙《剡录》卷十载：“《越绝书》曰：‘勾践种兰于兰渚山。’旧经曰：‘兰渚山，勾践种兰之地，王、谢诸人修禊兰渚亭。《山居赋》曰：‘风生浪于兰渚，日倒景于椒

① 陈垣：《元西域人华化考》，《励耘书屋丛刻》上册，北京师范大学出版社 1982 年版，第 15 页。

② 朱棣曾说：“朕为天下主，覆载之内，但有贤才，用之不弃。近世胡元，分别彼此，柄用蒙古、鞑靼人而外汉人、南人，以至灭亡，岂非明鉴！”（白寿彝主编：《中国通史》第 16 册《明时期》下，上海人民出版社 1999 年版，第 1206 页）

③ 郭志坤：《纪念郑和是对和平发展的呼唤》（下），《文汇读书周报》2005 年 7 月 15 日。

涂。'岂惟兰渚多兰？剡兰固自漫山竞秀。"康熙《御定渊鉴类函》卷四百八亦载："《越绝书》曰：'勾践种兰渚山。'注云：渚山，王右军兰亭是也。今会稽山兰花甚盛。"康熙《御定佩文斋广群芳谱》卷四十四并载："勾践种兰渚山，王右军兰亭是也。今会稽山甚盛。余姚县西南并江有浦，亦产兰，其地曰兰墅洲。"古本《越绝书》以来的诸多文献记载表明，越王勾践曾经专辟园圃精心艺兰，从那以来历王羲之、谢安等兰渚亭修禊，谢灵运隐居浙东创作《山居赋》的时代，直到明清，在山阴兰渚山之外，剡溪、余姚等多地亦莫不有兰。从勾践、王羲之、谢灵运以来，陆游、王冕、徐渭、张岱等等越地文化人物亦无不爱兰、吟兰、嗜兰。以徐渭来说，他一生就创作了十多首吟兰诗。如《兰》："兰亭旧种越王兰，碧浪红香天下传。"《兰谷歌》："勾践种兰必择地，只今兰渚乃其处，千年却有永和事，右军墨藻流修禊。吾越兰谱本如此，只今春来稽山里，兰花兰叶垂云紫。"《慕兰篇》："新篁拗曲围成圃，碧玉垂花琢作条。终岁摩挲两无厌，剧于十五女儿腰。"《兰》："莫讶春光不属侬，一香已足压千红。总令摘向韩娘袖，不作人间脑麝风。"《画兰》："醉抹醒涂总是春，百花枝上掇精神。自从画得湘兰后，更不闲题与俗人。"①

而在中国传统文化中，兰无疑是有着普遍、久远、深刻的象征意义的。唐欧阳询《艺文类聚》卷八十一引《琴操》载："《猗兰操》者，孔子所作也。孔子聘诸侯，莫能任，自卫反鲁，隐谷之中，见香兰独秀，喟然叹曰：'夫兰当为王者香，今乃独茂，与众草为伍。'乃……托辞于香兰。"和孔子关系密切的《周易·系辞上》也说："二人同心，其利断金；同心之言，其臭如兰。"由此可见，最早从兰身上发掘出"王者香"而"与众草伍"深刻文化寓意，张扬朋友"同心"友谊的，还是中原的儒家圣人孔子。因此之故，兰遂成为"和善"人格、"尚友"倾向与"开放"心胸的人格具象，超越百花千卉甚至"岁寒三友"，受到先秦以来人们普遍的推崇。元末越人陶宗仪《说郛》卷一百三上所收宋代《王氏兰谱》即云："万物皆天地委形，其物之形而秀者，又天地之委和也；和气所钟，为圣、为贤、为景星、为凤凰、为芝草，草有兰亦然。世称'三友挺挺花卉中'，竹有节而啬花，梅有花而啬叶，松有叶而啬香，惟兰独并有之。兰，君子也。"越人从勾践以来对兰的喜好，同样是越地文化人格

① 《徐渭集》，中华书局1983年版，第4册，第1300页；第1册，第140页；第2册，第376页；第2册，第404页；第3册，第846页。

心胸开放的表现。当年勾践重用楚人范蠡、文种、陈音和齐人计然，反映了这种文化人格；在有元以降中国人民四次走向世界的历程之中，越地士人再次表现出这种开放心胸，成为推动中华民族和中华文化从封建形态的封闭中解放出来，蜕变成与世界从容对话的现代民族与现代文化的重要力量，越文化也在这一过程中实现了从古代向近现代的转化。

在中国第一次走向世界的元代，越地是中国对外开放，与周边国家和异域各民族广泛交往的主要热点区域之一，越地文化人物与其他人民不仅在境内与各方来客和谐相处，也是比较主动走向外部世界的远征者。

先说前者。元代中国的世界性不仅指蒙元帝国的统治范围覆盖到当时欧亚“文明世界”的绝大多数地方，还指在传统中国范围内突然出现的中外各民族人民、宗教、文化和平共存的世界性，这个特点在越地尤为明显。王礼《麟原文集前集》卷六《义冢记》，从一个侧面充分说明元代江南地区的外侨众多情况。文中说：“义冢者何？西域氏旅茔也。营之者谁？吉安中宪大夫达噜噶齐也。于是可观德矣，于是可知混一之盛矣。何也？西域之于中夏，言语、嗜欲殊焉。虽汉唐以来，婚媾有之；然各怀旧族，不能杂处他土。顾安有生西域而葬江南者？惟我皇元肇基龙朔，创业垂统之际，西域与有劳焉；洎于世祖皇帝四海为家，声教渐被，无此疆彼界。朔南名利之相往来，适千里者如在户庭；之万里者，如出邻家。于是西域之仕于中朝，学于南夏，乐江湖而忘乡国者众矣。”“生西域而葬江南”的江西吉安侨居人物就如此众多，以至需要建筑专门的墓地，则地处宋元中国对外贸易最前线，境内有全国七大市舶司中的四大市舶司也就是四大港口城市的越地，其“西域”人（包括中亚人、波斯人、阿拉伯人甚至西洋人等在内；以其信仰伊斯兰教，又称“回回”）以及其他侨民之多，自不难想象。

如王逢《梧溪集》卷五《赠玛噜教授》诗序：“玛噜字兼善，西域人，元初，祖哈扎尔仕江南，遂家上虞。”周霆震《石初集》卷七《义兵万户马哈玛尔安塘生祠记》载：“今义兵万户马哈玛尔公致远，抚士恤民，尽心报国，……按公之先自西域徙京师，宦游四方，子孙益盛。致远侍亲杭浙，以荫补官。”柳贯《待制集》卷十五《新修石门洞书院记》：“至元改元之明年，岁在丙子，春三月，肃政廉访副使鲁公至道，廉问温、处，道出青田溪上。……公擢至治辛酉乙科进士上第，有学有政，需用于时，名别多喇卜丹，其字至道，西域部人。”蒲道源《闲居丛稿》卷三《送拜特穆尔之天台治中》：“西域雄豪远，南州惠爱多。"谢应芳《龟巢稿》卷二《辛至善永思亭》:"而家本西域,而翁葬桐乡。……一念不少休,东流水汤汤。到海水犹已,此心未渠央。贻谋子若孙,百世岂有疆。"哈扎尔、马哈玛尔先辈、别多喇卜丹、拜特穆尔、辛至善等,都是因宦仕或经商等原因而寓居于越地各处或竟终老于斯的西域人。在越地政治、经济、文化中心杭州做官,融入越地社会,与越地文化精英人物关系密切的西域人更多。如江浙行省左丞相喀尔康里,根据《始丰稿》、《九灵山房集》、《纯白斋类稿》等书的记载,就与天台徐一夔、浦江戴良、东阳胡助等人互动密切,受到他们的尊敬。刘基《诚意伯文集》卷七《沙班子中兴义塾诗序》,记载西域人沙班子中有志振兴越地儒学教育,曾说:"吾居杭有年矣。杭于江南视他郡为大,民多而儒少,岂教育之未至乎?"并且提出:"夫学也者,学为圣人之道也。学成而以措诸用,故师行而弟子法之。是故搜罗天人,究极古今,旁通物情。……今之学,主以文墨为教,弟子上者华而鲜实,下者习字画以资刀笔,官司应酬廪粟之外,无他用心",切中元朝开科以后的学校教育时弊,受到刘基的高度赞许。此外,如临海陈基《夷白斋稿》卷二十五《沃呼氏续祭田记》所载:"河南沃呼氏自大中公宦居浙东西,而其子故湖州路儒学教授君,博雅好礼,克世其家,其卒于越之萧山也,夫人皇甫氏与其子溥、洵、沂、潚卜地钱塘大慈山之原壍焉;既奉襄大事,遗业均分四子,而以田若干亩之在萧山者为墓所祭祀百事之需。……沃呼氏肃慎有族,世阶膴仕。"由此可见,元代越地还有女真族等其他民族人生活并安息于此。

当然,元代越地中西多民族杂处,外侨众多,更主要的表现领域还是宗教。当时西域的回回教、摩尼、基督教、犹太教等各主要宗教,在越地均有广泛传播,同时有着各种不同宗教背景的旅行家如意大利马可·波罗、鄂多立克、法国马黎诺里、摩洛哥伊本·白图泰,以及朝鲜和日本等东亚邻邦的僧侣亦纷至沓来,流连不去,形成了中西宗教和中西文化在越地的和平共处和频密交流。

至于后者,元代越地人民远征世界的主要方式,当然是对外贸易。由于全国4/7对外贸易港口在越地,陆上丝绸之路恢复开通,海上丝绸之路亦以技术的改进而向东西洋各处延伸,越地以丝绸与瓷器为主的精美贸易品,遂向东亚、南亚、西亚、中亚甚至欧洲、非洲各国,实现了一次大规模的"文明远征"。这种远征,既为生产力较为落后的国家带去了中国先进的物质文明成果和技术工艺，帮助改善了各国人民的生活，为越地也带来进一步的经济发展、视野开放和观念更新，在一定程度上还为异域的文明史进程做出了贡献。如温州士人周达观于1295—1297年出使真腊（即柬埔寨）归来写作的《真腊风土记》，就被长期公认为研究柬埔寨吴哥文化极盛时期历史的最早第一手资料。

在中国第二次走向世界的明初郑和下西洋时期，有着伊斯兰教信仰背景的越地绍兴府会稽县人马欢、杭州人郭崇礼等，成为此一中国和平远征中仅次于正使郑和、王景弘、侯显，副使朱良、周福、洪保、杨真等太监的重要人物，也是此一远征中最主要的文人士子人物①，并远远光大了周达观的事业。正德间著名学者黄省曾《西洋朝贡典录自序》有云："西洋之迹，著自郑和。……是时太宗文皇帝命和为使，贰以侯显，妙择译人马欢辈从之行，总率巨舟宗百艘，……浮历几万里，往复几三十年，而身所至者，……二十馀国。"②关于郑和下西洋的随行人员，这里只点出"译人马欢辈"，足见马欢等越地文化人物的重要性。马欢通晓阿拉伯语、波斯语，才干优裕，文笔简练，在郑和下西洋后期进一步招贤用人，被挑选为直接担任中外沟通使命的"通事"，于永乐十一年（1413）、永乐十九年（1421）、宣德六年（1432），三次（第四次、第六次、第七次）跟随郑和下西洋，访问了亚非三十多个国家和地区。如《瀛涯胜览》自序所言，马欢等十分珍惜"历涉诸邦"，"与斯胜览，诚千载之奇遇也"，在认真履行"开读赏赐"、"通译番书"等通事职责的同时，以当代史家和文化使者的自觉，通过"目击而身履"③的实地考察，对所到国家和地区的地理位置、山川名胜、气候物产、历史沿革、重要都会、风俗人情、宗教信仰等进行认真仔细的研究，写成《瀛涯胜览》一书。该书不仅以记载的全面、翔实，成为"西洋"史地学三书（另二书为《西洋番国志》、《星槎胜览》）中最为珍贵、最为重要的作品，对早期西洋史研究和以后的西

---

① 根据马广德、魏德新等人的考证，现知郑和下西洋中多次下西洋的纯粹文人士子人物，除马欢、郭崇礼外，只有江苏昆山人费信。参见马广德：《穆斯林在郑和下西洋中的作用》，收入杨怀中主编《郑和与文明对话》，宁夏人民出版社2006年版，第98—104页；魏德新：《跟随郑和下西洋的回族穆斯林》，吴海鹰主编《郑和与回族伊斯兰文化》，宁夏人民出版社2005年版，第233—246页。

② 黄省曾：《西洋朝贡典录自序》，中华书局1982年版，第7页。

③ 马欢：《瀛涯胜览》，《四库全书存目丛书》史部第255册，齐鲁书社1997年版，第223页。

洋史地书、中西交通史书产生了重大而深远的影响①,还对扭转自朱元璋实行海禁以来中国人视野开始收缩的倾向,拓展中华民族的世界观做出了贡献。当时学者在高度评价马欢、郭崇礼的杰出才华与历史功绩时曾说:"今观马君宗道〔马欢〕,郭君崇礼,所纪经历诸番之事实,始有以见夫《异域志》之所载信不诬矣。崇礼乃杭之仁和人,宗道乃越之会稽人,皆西域天方教,实奇迈之士也。昔太宗皇帝敕令太监郑和,统领宝船往西洋诸番开读赏劳,而二君善通译番语,遂膺是选,三随轺轺,跋涉万里。……于舆图之广者,纪之以别远近;风俗之殊者,纪之以别得失;与夫人物之妍媸,纪之以别善恶;土地之出产,纪之以别轻重;皆录之于笔,毕而成帙,其用心亦勤矣。二君既事竣归乡里,恒出以示人,使人皆得以知异域之事,……崇礼尚虑不能使人尽知,欲钤梓以广其传。"②所谓"使人皆得以知异域之事","尚虑不能使人尽知",正道出他们主动为国人开阔眼界与心胸的良苦"用心"。诚如有学者所言,郑和远航标志人类交往主要途径从陆地转向海洋,东西方文明汇聚中心从此脱离亚欧大陆而转移至海上,一个整体世界开始在海上形成,这是人类文明史的一个重大转折;与此同时,在《瀛涯胜览》首次使用"西洋诸番"说法,并频繁使用"西洋"一词(凡八见)之后,中国人的"西域"观开始隐退,一个指涉范围不断扩大,直至包括东西洋各国的"西洋"概念日渐流行③,说明中国人以海洋为基础的新的世界观亦正在形成。越地文化人物马欢、郭崇礼在跋涉万里波涛之馀的笔录《瀛涯胜览》,堪称这一人类文明史重大转折的第一个重要成果,堪称对明代中国新的海洋世界观的形成发挥了显著的影响。

在中国第三次与世界全面接触,在自己家门口迎接西方客人,展开中西思想观念和科学技术全面交流的明末清初,越地文化人物再次成为潮流的引领者,而且比前辈走得更远,建树更为卓越;越地亦再次成为西方文化与宗教在中国传播的主要热点区域之一。郭崇礼的两位仁和同乡,万历二

① 参见张麟:《马欢的族属与〈瀛涯胜览〉的地位》,《西南民族大学学报》(人文社科版)2005年第6期。

② 冯承钧:《瀛涯胜览校注》(中华书局1955年版),附录后序。此序作者原讹误为"古朴剧弘",经万明《郑和下西洋又有重大发现——马欢〈瀛涯胜览〉两卷本》一文(《中国社会科学院院报》,2005年3月29日)披露,当为明正统间监察御史、开封府刘泓。

③ 参见万明:《从"西域"到"西洋"——郑和远航与人类文明史的重大转折》,《河北学刊》2005年第1期。

十六年(1598)进士,历仕南北二都和福建、山东和江苏各地,政绩斐然的李之藻,与万历二十年进士,历官监察御史、苏松巡按、南直隶督学的杨廷筠,堪称这一时期推动中西文化交流极少数最热诚、最勤奋、最重要的中国思想家。李之藻从来华传教士钻研西方天文、数学、地理、水利等科学,与他们结下深厚友谊并展开合作,翻译、编撰并刊刻了大量介绍西方科学技术以及西方哲学、宗教著作,导致西方科学技术与西方文化宗教观念第一次在中国大地上广泛传播开来。如由利玛窦口述,李之藻编著的《同文算指》,综合了中西数学家的最新研究成果,使欧洲的笔算方法得以在中国普及,并一直沿用至今;由意大利传教士艾儒略等编译,杨廷筠汇记,李之藻刊印的《职方外纪》,为第一部大部头的汉文世界地理著作,分五大洲介绍世界各国的概况和哥伦布发现美洲等世界史大事,大开中国人眼界;由利玛窦、艾儒略、庞迪我、毕方济等西方传教士与徐光启、李之藻等通力合作编著,由李之藻汇编刊刻的52卷《天学初函》,包含"理编"即有关西方宗教、哲学、教育方面的著作10种,"器编"即有关西方天文、数学、水利等门类的科技著作11种,其中除《同文算指》、《职方外纪》外,《西学凡》概述欧洲大学课程纲要,《天主实义》以答问形式介绍天主教教义,《泰西水法》介绍西方农田水利技术,《几何原本》介绍欧几里得几何学原理,《浑盖通宪图说》、《天问略》介绍西方天文学原理和欧洲中世纪天文学,等等,无不有其重要价值,是有史以来向中国全面、集中传播西方科学技术与文化宗教的第一套大型丛书,奠定了明末以降中国人的科学观与新型世界观的基础。杨廷筠为《同文算指》、艾儒略《西学凡》、庞迪我介绍天主教伦理道德的《七克》等著作撰写序言,还充分利用自家的刻书作坊,刊印了众多介绍西方科学技术和文化宗教著作,参与推动了西方文化在中国的首次大规模传播。由于李之藻、杨廷筠不仅是西方文化的一般热心传播者,他们还受洗成为虔诚的天主教徒,对用天主教思想来会通儒家理念,用传教士带来的科学技术重振中国传统"实学",亦抱有热切的希望,而他们在政界、学界又均享有较高威望,遂与松江(今属上海市)徐光启一起,成为17世纪初天主教在中国传播的"教中三大柱石"①;因此之故,再加上元代就有基督教传

① 参见晏可佳:《中国天主教简史》,宗教文化出版社2001年版,第三章"明末天主教三大柱石与南京教案";孙尚扬、钟鸣旦:《一八四〇年前的中国基督教》,学苑出版社2004年版,第七章"皈依者的类型及其对天学的理解"。

播，元代到访的马可·波罗、鄂多立克、马黎诺里等也都是传教士出身，西方宗教文化积淀本来就比较丰厚，二人的家乡杭州遂成为一百多年间天主教在中国传播的一大据点和中西文化交融的一大重镇。郭居静、金尼阁、罗明坚、麦安东等西方传教士频繁出入杭州，他们建造教堂、修道院，兴办义馆（天主教学校），刊行圣书，甚至还与越地士人进行汉文诗歌唱和。例如，意大利传教士罗明坚，作为晚明时期天主教进入中国内地居住的第一人，他在杭州期间写下数首汉文诗歌，其中《寓杭州天竺诗答诸公二首》即云："僧从西竺来天竺，不惮驱驰三载劳。时把圣贤书读罢，又将圣教度儿曹。""贵省肯容吾着步，贫僧到处便为家。诸君若问西天事，非是如来佛释迦。"①"圣贤"、"圣教"自是分指中土儒家著作和西方基督教文献。"贵省"、"诸君"云云表明，当时越地相当一批士人向西来传教士敞开了怀抱，并与他们就东西文化的不同进行了交流和探讨，互动十分融洽。有了这样一种良好的开放交流氛围，万历末和天启初，在保守派文人发起对天主教的两次猛烈攻击时，杭州自然成为西方传教士的避难之所，郭居静、艾儒略、毕方济、龙华民、金尼阁、邓玉函、罗如望等耶稣会士，均在此转危为安。

在清人入主中原之初，被公认为17世纪来华二百多名耶稣会士中最有天才和最具有学术水准的意大利传教士卫匡国，又把杭州作为他在中国十年传教（1643—1651，1659—1661）的最主要城市和最终的归宿之所，在杭州盖起了当时中国最宏伟壮丽的教堂，并频繁活动于兰溪、桐庐、绍兴、金华、宁波等地；并根据其以杭州为中心的阅历和对中国历史与文化的深入理解，编写了《中国上古史》、《中国文法》、《中国地图新集》等书在欧洲出版，把中国的悠久历史、中国文化的符号载体——中国语言，以及最新的中国国情全面展示给欧洲，其中《中国地图新集》中对金华、严州、嘉兴等地的风土人情、物产特色尤其有详细的介绍②，同时他也把西方宗教文化与数学以及军事技术，进一步传播给中国；在康熙初保守派文人重新掀起一波反基督教浪潮之时，杭州的文化人物、儒家天主教徒张星曜再次挺身而出，撰刊《天儒同异考》、《天学通儒》等著作，为中西宗教的融合辩护，又辑刊20册《天教明辩》，在引言中公开提出"东海西海，心同理同"，在甚嚣尘上

① 引自张西平：《欧洲早期汉学史》，中华书局2009年版，第59页。

② 参见张西平：《欧洲早期汉学史》，学苑出版社2004年版，第二章"卫匡国与中国文化西传"。

的举国排外运动中，“就像洪荒中的第一声”①；康熙晚期最受玄烨信任，用满文把西方哲学、几何学、医学、解剖学、物理学等知识介绍给中国，曾使玄烨动念想办一所法国科学院那样的中国研究机构，又曾参加玄烨组织的测量全国地理数据，绘制中国地图工作的法国传教士白晋，他入华的落脚地是在宁波，在华的最初岁月也是在越地度过；杭州城西桃源岭附近的大方井一带，不仅拥抱了卫匡国这位杰出的中西文化交流使者，金尼阁、钟鸣仁、罗如望、郭居静、阳玛诺等诸多明末清初有建树的传教士，亦均安息于此，使这里成为17世纪以来江南地区西方传教士的最大墓地之一；在武林门内城东北隅的天主堂，自晚明建成之后一直是江南地区最有影响的天主教堂之一，根据《雍正浙江通志》卷二百十七所载李卫《改天主堂为天后宫碑记》等史料，此天主堂还曾得到康熙帝赐“白金二百两”重建的褒扬，直到雍正九年（1731）才被变得日益封闭保守，一味盲目自大，认为西方文化一无可取的清朝统治者②撤除，改作他用。

在中国第四次走向世界的清末民初，越籍士人再一次以全国各其他区域罕见的热情和力度走向世界，在东洋日本与西洋欧美各国广泛阅历，吸收国外先进的民主思想与科学精神，从而在政治革命、传统学术、现代学术、国民教育、文学艺术乃至自然科学等各个领域均成为全国的先锋，对中国与世界的全面对接，对中国经济社会与思想文化从古代向近现代的转变，做出了远迈前人，也为全国各其他区域难以比拟的巨大贡献。

越地知识分子纷纷走出国门的盛况，仅从他们留学日本的情况就可以看出。在清末民初力图振兴中国的留日运动中，历史记载表明，“浙江留日学生人数在全国名列前茅”，“浙江是最早派遣留日学生的省份”，“浙江是最早向日本派遣陆军生的省份”，“浙江还是女留日学生的起源地”。③ 事实上，除了正式留学，越籍知识分子以政治流亡、旅行考察等形式走出国门，感受西方体制，接受西方文化科技熏陶的，也大有人在；除了前往东邻

---

① ［美］孟德卫：《1500—1800中西方的伟大相遇》，江文君等译，新星出版社2007年版，第33页。

② 雍正浙江总督李卫《改天主堂为天后宫碑记》内即云：“〔西洋〕所精者仪器，而璇玑、王衡见之唐虞矣；所重者日表，而指南车周公曾为之矣；所奇者自鸣钟、铜壶滴漏，而汉时蚤有之矣；所骇人者机巧，而木牛流马诸葛武侯已行之，鬼工之奇，五代时亦有之，至今尚有流传之者。”

③ 何扬鸣：《论浙江留日学生》，《浙江学刊》1998年第3期。

日本这个西方体制、文化、科技的中转站,前往美国、英国、法国、德国的,也不乏其人。历览19世纪末到20世纪30年代中国民族民主革命领域的风云人物如徐锡麟、陈其美、陶成章、秋瑾、周恩来、邵力子、章太炎,在传统学术与现代学术上均造诣精深,将传统考证工夫与西方理论完美融合的学术巨匠如王国维、罗振玉、马叙伦、钱玄同、陈望道、马一浮、何炳松、俞平伯,在现代教育上分别以倡导自由精神、推行平民教育、振起民族精神、力崇人格教育创造历史辉煌,树起四面旗帜的蔡元培、陶行知、罗家伦、经亨颐以及其他重要教育家许寿裳、夏丏尊,现代文学的伟大旗手鲁迅以及其他一大批著名作家、诗人如刘大白、戴望舒、郁达夫、徐志摩、梁实秋、朱自清、丰子恺、艾青、夏衍,在多个领域开中华灿烂文化艺术之先河的高僧弘一法师和杰出书法家沈尹默,科学技术领域代表中国最高水平的陈建功、竺可桢、钱三强、茅以升、苏步青以及最出色的人口学家马寅初,等等,这些全是近现代中国历史与文化史上的民族精英人物,他们全都曾经远涉重洋,广泛吸收西方先进的民主和科学。美国文化史家从更为宏阔的角度曾经指出:"1800—2000年最显著的时代特征是西方文化不断涌入中国。"①我们认为,并非19世纪中期以来闯入中国的西方列强,而是受这些西方列强闯入的刺激,19世纪末到20世纪30年代主动走出国门,去吸收西方先进文化的中国知识分子,才是这一历史进程的关键主体。越籍士人无疑是这一关键主体中的最主要组成部分之一。

正是凭借他们及其同道以传统国学和儒家入世精神为基础与西方先进文化科技的会通,古老的中国才从封闭的封建时代蹒跚走出,在民族民主革命与现代科技文化的洗礼中获得新生。此一时代越籍士人在政治革命、传统学术、现代学术、国民教育、文学艺术乃至自然科学等各个领域的建树,既是近现代中华文化的最重要组成部分,又标志越文化迎来其史无前例的灿烂辉煌,并实现了向现代的令人眩目的转化。

1323—1328年到访中国的鄂多立克,在游记中生动地写到宁波:"城中的船只,恐怕比世界上任何其它城市的都要好、要多。船的外面被涂成白色,洁白如雪。船上有厅堂和卧室,还有种种生活设施,都非常美观整洁",

---

① [美]孟德卫:《1500—1800中西方的伟大相遇》,江文君等译,新星出版社2007年版,第15页。

在 14 世纪欧洲绘制的世界地图——《1375 年加泰罗尼亚地图》上已经出现宁波地名等翔实史料，据此，有学者指出："宁波曾经是中国率先走向世界的城市之一。"①实际上，宁波的情况仅是整个越地情况之一斑；我们完全可以说，具有尚友倾向和心胸开放的精神传统，又具有面朝大海的独特地理优势的整个越地，都是近世中国率先走向世界、并走向现代的区域之一，越文化因而也成为中国各区域文化中率先走向世界、走向现代的一种区域文化。

① 许勤彪主编：《宁波历史文化二十六讲》，宁波出版社 2005 年版，第 72 页。

第六章 近世中国的历史变迁与越文化的先导

越地与越文化率先走向现代,越文化在近世的繁荣辉煌,越文化在六百年来中国历史变动和中华文化古今演变中的先导作用,还有一个更基本、更主要的考察层面。这需要我们对东西方社会从古代走向现代的必由之路,以及六百年来中国经济社会特别是包含越地在内的江南经济社会的一个最基本演变,作一个基本的澄清。

一、从中世纪走向现代的必由之路和漫长历程

当17至18世纪,以英国为首的欧洲各国从中世纪的封建国家快速向近代社会演变之际,有“现代经济学之父”盛誉的亚当·斯密,曾对欧洲的发展方式给予及时总结,并对比性地分析了东方中国存在的问题。试看其“经济学圣经”《国富论》中的以下论述片段:

欧洲大部分地区正处于发展状态，而中国则似乎处于停滞状态。……

现在在欧洲各个富国，大规模的资本都投入到商业和制造业上。……

在欧洲，最早借助商业而达到极为富裕程度的城市似乎是意大利各城市。意大利处于当时世界进步和文明地区的中心。……

必须指出，如果没有某种制造业，任何一个大国都不会也不可能存在。……

欧洲各国以商业和制造业为国家财富的根本基础。……

在整个伊丽莎白时期，商业和制造业都在连续不断地发展。……

古代的埃及人和近代的中国人似乎就是靠耕作本国的土地、经营国内商业而致富的。……众所周知，近代中国人极为轻视国外贸易。……

制造业和外贸，即城市产业。……中国的政策更鼓励发展农业。……在中国，每个人的远大抱负就是拥有一小块土地，做地主或佃户都可以。……中国人不重视外贸。……外贸在中国被局限在狭窄的范围内。

制造品体积小却常常价值高，从而能以比大部分天然产物更低的费用从一国运至另一国，因此在几乎所有国家制造品都是外贸的支柱。……中华帝国幅员辽阔，人口众多，气候多样从而各地物产丰富。……如能在广阔的国内市场之外再加上世界其它国家的国外市场，那么更广泛的外贸必能大大增加中国的制造品，大大提高其制造业的生产力。尤其是如果这种外贸的大部分由中国船只经营，情况更是如此。通过更广泛的航行，中国人自然能学到外国所用各种机械的使用和制造方法，以及世界其它国家技术和产业的其它改进。①

不难看出，这位西方近代化的历史见证人和东西方社会发展差异的洞见者，这位近代世界最杰出的经济学家，实际上向人们揭示，商业外贸和制造业，是中世纪封建国家向现代国家转变的必由之路；欧洲各国在 17 至 18

① ［英］亚当·斯密：《国富论》，唐日松等译，华夏出版社 2005 年版，第 147、245、292、293、302、303、356、489—490 页。

世纪的快速发展，主要就是商业外贸和制造业的大发展，由此进一步发展到19世纪完成工业革命，方始从中世纪封建国家完全蜕变为现代先进国家，诞生出现代工业文明和精神文明；在欧洲大发展的同时，中国由于沉湎于传统的农业，不重视外贸，从而制造业的发展也受到影响（外贸大发展本可牵引带动制造业的大发展），在总体上却陷入了长期停滞状态。亚当·斯密擘画中国的未来发展之路，那就是“在广阔的国内市场之外再加上世界其它国家的国外市场”，“更广泛的外贸必能大大增加中国的制造品，大大提高其制造业的生产力”；由此而带来的中外广泛交往（“更广泛的航行”是主要形式），使“中国人自然能学到外国所用各种机械的使用和制造方法，以及世界其它国家技术和产业的其它改进”，进一步的技术进步必将带来制造业的进一步发展和整个中国社会的全面现代化。两百年后中国以改革开放为契机的发展，成为世界贸易大国和全球制造业中心，似乎完全验证了亚当·斯密当年的预言。

法国当代著名世界史学家布罗代尔在《15至18世纪的物质文明、经济和资本主义》中，也把欧洲各国从中世纪封建时代向现代国家转变时期共同的经济政策称为“重商主义”，指出同时欧洲的制造业也经历了从家庭小作坊、“分散的制造厂”到“集中的制造厂”和现代机器“工厂”这四种工业类型的嬗变。他也看到同时期中国存在的问题，提出：“在中国，障碍来自国家及其严密的官僚机构”，“在它看来，农业收成才是一切的根本”，所以“国家能以公共利益的名义和根据农业垦殖的需要，随意要求农民和大地主从帝国的一地迁往另一地”，也就是中国长期坚持重农主义政策；在这一政策指导之下，国家机器“高高在上地监视一切，它对富得异乎寻常的任何人都持明显的敌对态度”，“批发商和制造商的活动同样受到无所不晓的政府当局的摆布、约束和限制”，“政府有权以公共利益的名义，任意惩罚过分富有的个人或向他们征税，他们的财产也被贬斥为不义之财”，商人和制造商不断遭受打击的结果，“除了由国家撑腰、监督和控制的特定商人集团外，中国没有资本主义”①，也就未能与欧洲各国同步过渡到现代国家。

今人黄仁宇先生亦认为：“19世纪中叶，英、法等国以商业之原则完成

① ［法］布罗代尔：《15至18世纪的物质文明、经济和资本主义》第2卷，顾良译，三联书店2002年版，第599、311—316、653—655页。

了他们国家与社会构成的基础”；他从技术的角度，把这种体制变革进一步称为现代社会的“数目字管理”，六百年来很多欧洲国家与朝代经历了成败兴亡，“可是最后他们趋向以数目字管理的方式则始终如一”。他还指出，面对近代以来的外部压力，解决中国发展问题的关键，中国要“与外界的潮流汇合”，“仍是中国必须放弃过去以农业条件为本位所产生的特殊体制，代之以商业条例做主的一般体制”；令人鼓舞的是，“从最近的各种迹象看来，这种问题已将解决”，“例如财政上已摆脱向多数小自耕农全面抽税为基础的体制”，“下层的经济因素也可以自由交换”①，“一个无可否认的事实，是中国在 1920 年代不能在数目字上管理，今日则走向可以在数目字上管理之途”，中国“本来与西方文化的进度互不相容，今日则已觅得共通之因素可以联结”。② 这就是说，欧洲通过商业革命已在 19 世纪完成现代化，中国则在 20 世纪末通过同样的途径正在快速现代化，中西现代化的途径是一样的，只是时间上有较大的差距。根据黄仁宇对中西历史的全面比较，“西欧在这五百年拼命现代化”的关键时期在前四百年，而同时期也就是明清时代的中国，“则闭门造车，完成了一种独特的制度，政治上中央集权，经济上因各农村单位而自给自足”；“直到中外两种体制全面冲突”，在内外力量撞击之下，中国才通过一系列的群众运动，在最近一百年开始了艰难的现代化历程。这一现代化的根本要义，黄氏以为，“中国最近百年来的奋斗在历史上的主题为完成国家社会架构上的改造”，和当年的西方一样，“从过去以农业背景为组织的基础蜕变而为以商业习惯为组织的基础”，从技术观点看，“取得一种‘能在数目字上管理’的地位”。③

古今历史学家指出了商业变革和随之而来的工业化对人类社会从中世纪封建社会走向现代社会的决定性意义，指出了欧洲社会的现代化早在 17、18 世纪已经如火如荼，19 世纪已经完成，而中国则在明清时代仍昏昏沉睡于中世纪的以农立国政策之中，只是在晚近一百年来才开始了以商业变革为社会中枢的现代化历程，并在 20 世纪末取得了较为重大和可喜的进展。我们认为：这些论述揭示了人类社会现代化的必然历程，也阐明了欧洲和中国最近五百多年来的社会发展差异；但是，中西社会发展的差异

① ［美］黄仁宇：《资本主义与二十一世纪》，三联书店 1997 年版，第 474—478 页。
② ［美］黄仁宇：《中国大历史》，三联书店 1997 年版，第 282 页。
③ ［美］黄仁宇：《放宽历史的视界》，三联书店 2001 年版，第 204 页。

是否就是以上所述，值得我们思考。

这是因为，首先，诚如布罗代尔在上述名著中同时又提醒人们注意的那样，"西方和其它大陆间的差距是很晚才拉开的"①，当"西欧在这五百年拼命现代化"之时，说中国社会大多数时间处在相对停滞状态则可，说中国社会陷入绝对的停滞则肯定不符合历史，否则晚近一百年来特别是20世纪末的现代化就成了无源之水，无本之木，否则泱泱中华民族在数百年间竟形同完全散失生命力的现象更难以理解。换言之，当"西欧在这五百年拼命现代化"之时，中国实际上同样走上向现代社会转变的过渡阶段，同样经历了一个从农业中国向商业中国和工业中国的蜕变。有一种占主流地位的观点曾经认为，中国社会、中国文化是一个充满惰性的、停滞不前的体系，缺乏内部动力以突破传统框架，只有当19世纪以来西方的经济、政治、军事、文化的巨大力量对这个体系发起冲击，中国社会和中国文化才被迫做出反应，一步一步向现代演进。此即所谓中国近代化亦即现代化（众所周知，在英语中，近代化与现代化是同一个词 modernize）的"冲击—反应"模式论。

文化史家冯天瑜先生对此分析指出："'冲击—反应'模式包含着某些合理成分，它充分肯定了西方近代工业文明对前资本主义的东方文明的解体和变异所发生的历史性作用，并且洞察到中国封建社会及传统文化进展迂缓的若干机制。然而，这个模式又存在明显的缺陷——它忽视中国社会和中国文化'生生不已'的内在运动，忽视中国社会和中国文化自身的变异性，以及这种变异所包藏着的奔往近代的必然趋势"，因此，"这种偏颇之见显然不能准确、全面、深刻地把握中国社会和中国文化近代化的历史进程"。他进而认为，中国明代嘉靖至万历以降出现的资本主义生产关系萌芽，在某些地区、某些行业的发展程度并不亚于文艺复兴时期地中海沿岸一些城市所达到的水平，"只是由于各种复杂的原因，中国的资本主义萌芽屡遭压抑摧折，未能获得健康发展，但却又不绝如缕，并成为近代中国资本主义近代工业的前身。而与经济领域的资本主义萌芽相伴生，在明清之际出现了早期启蒙文化，它们虽在强大的封建政治和封建文化的高压下处于劣势，却也不时焕发出夺目的光耀，并以顽强的生命力曲折地延伸、发展，

① ［法］布罗代尔：《15至18世纪的物质文明、经济和资本主义》第2卷，顾良译，三联书店2002年版，第123页。

终于在十九世纪中叶以后,在新的历史环境下,经与西学的结合,开创了中国近代新学的崭新局面"①。冯先生显然把中国社会和中国文化现代化的开始时间追溯到了明嘉靖到万历时期(1522—1620)。

无独有偶,美国当代著名中国史专家、耶鲁大学史景迁教授从另外的角度也证明,万历时期是中国社会从中世纪封建时代缓慢走出,走向现代的开始时间。他的名著《追寻现代中国》一书的副标题"1600—1912 年的中国历史",即充分揭示了现代中国的源头所在。在该书前言中,史氏提出:"本书的叙述始于 1600 年,因为我认为只有从这一时期开始,我们才能充分认识中国当前的问题何以产生","着力于对现代中国'追寻'的过程,将能弄清中国的历史能在多大程度上帮助我们洞察它的现状","〔现代〕中国社会和文化的所有这些方面自 1600 年以后都能以各种形式看到";同时,"从十六世纪开始我们的叙述还可以达到另一个目的。我们可以看到,在艰苦甚至是令人绝望的环境中劳作的中国人是怎样频繁地把握自己的命运,抗争国家权力,1644 年,1911 年,……对现状的渴望,对过去的缅怀,加之对未来的热切渴望,摧毁了旧的秩序,开创了通往新秩序的扑朔迷离的道路"。② 史氏的论述表明,他看到了"现代中国"与数百年来的中国,在社会和文化诸方面,以及人民的奋斗抗争精神上的先后一致性,看到了现代中国的诸种精神特征早在 1600 年就已肇端。

综上可见,冯天瑜、史景迁实际上都提出,中国的现代化有个比较漫长的过程,早在四五百年前开始出现现代性因素,决非直到 19 世纪后期西方列强入侵,中国才完全被迫地开始了从中世纪向现代国家的艰难蜕变。

然而我们认为,把中国社会和中国文化现代化的历史源头追溯到明代嘉靖—万历时期,与历史实际相比,仍然有一段距离。众所周知,20 世纪初日本汉学界以京都学派内藤湖南为代表,关于中国历史分期曾提出一个"宋代是中国近世开端"的理论,成为日本中国史学界的一个主流观点,近年受到我国学术界的热烈讨论和呼应。这不啻表明,内藤湖南等人把中国现代化的源头远溯到了两宋时期。我们以为,宋代社会尽管出现了迥异于唐代的一系列变

① 冯天渝主编:《东方的黎明:中国文化走向近代的历程》,巴蜀书社 1988 年版,第 1、7 页。

② [美]史景迁:《追寻现代中国:1600—1912 年的中国历史》,黄纯艳译,上海远东出版社 2005 年版,前言。

化，但宋代依然以农业为国家经济的根本，宋代农业社会的性质与前代并无质的不同；成长于农耕文明土壤的传统儒家思想在宋代衍生出具有典型中世纪禁欲特征的理学形态，更足以否定宋代社会和宋代文化总体上的“近世”性质。对比而言，元代统治集团“‘重商’观念对中原地区‘重农抑商’传统形成了一次强大冲击”，“贵族官僚经商不存在任何限制”，“对外贸易，陆道早已通畅无阻，对海外各国，早在征服南宋的前一年，便以‘往来互市，各从所欲’的开放姿态，积极招徕，后来又实行‘官本船’，选人出海，直接参与海外贸易；作为专门从事海外贸易的‘舶商’、‘梢水’人等，市舶司以下衙门不得‘差占’，他们的‘家小’，亦享有‘除免杂役’的优遇；贸易政策较之前代更显得宽松，对进口货物一般只实行抽解，不存在官方实行统制的‘禁榷’政策条文”；在商业外贸大发展的同时，手工业也是“蒙古贵族特别关注的一个行业”，在蒙元军队占领中原各地，发生屠城惨剧中，几乎唯一被免死的民户就是各类工匠，忽必烈即位以后多次大规模招募工匠，动辄数十万户，逐渐建立起一个庞大的官营手工业系统，“蒙元时代的官营手工业十分发达，其规模、产量和分布之广均超过前代”；另外，“水陆交通的空前拓展以及各地官手工业局院的分布，不同程度地带动了大批市镇的兴起与发展”①，不仅大都（今北京市）如马可·波罗所记，成为外贸发达的国际性大都市，“郭中所居者，有各地来往之外国人”，“城内外皆有华屋巨室”，“外国巨价异物及百物之输入此城者，世界诸城无能与比。盖各人自各地携物而至，或以献君主，或以献宫廷，或以供此广大之城市”，“百物输入之众，有如川流之不息”②，即元代海运航线两端的小城镇——松江府的上海和河北海河上的直沽（今天津市），也开始了向现代都市的演变历程，书写了“中国经济史上的创举”③；“棉花是一种非常重要的制造业的原料”④，通过元政府的大力提倡和黄道婆一类民众的积极探索，元代植棉和棉纺织技术开始在我国长江流域与黄河流域广泛传播，棉布成为元代商品构成中发展势头最为强劲的品种之一，进一步为工商

① 白寿彝主编：《中国通史》第13册，上海人民出版社1997年版，第843—844、797、852页。

② 冯承钧译：《马可波罗行纪》，上海新世纪出版集团2006年版，第225页。

③ 赖家度：《元代的河漕和海运》，载南京大学历史系元史研究室编《元史论集》，人民出版社1984年版，第369页。

④ ［英］亚当·斯密：《国富论》，唐日松等译，华夏出版社2005年版，第405页。

业的发展和农业向工商业的转变提供了充沛的物质资源。与元代社会的显著工商业化相一致，传统中国思想文化的核心——儒教和儒家思想，在元代亦事实上丧失了既往农业社会的独尊地位，而与佛教、道教、伊斯兰教、基督教甚至犹太教、萨满教等各种宗教和意识形态，处在多元并存之中，元代统治者不主一宗，元代的思想形态亦由此呈现出现代社会所具有的兼容并包倾向。基于这些因素，我们认为，中国社会从农业社会向工商业社会的演变，中国社会和中国文化的现代性因素出现，其肇始当在元代；元代才是中国近世的开端，才是中国从中世纪走向现代的起点，中国社会和中国文化发生现代转变的总历程超过六百年之久。

其次，无论大一统或者分裂，中国各区域的社会状态和发展状况从来都不是铁板一块、整齐划一的，因此，当代中国的现代化有先进与后发之分，五六百年来中国向现代社会的转变同样有先行一步与姗姗来迟之分，中国各区域与西方各国现代化的时间差距也有短距离与长距离之分。纵观元代以降的历史发展，我们可以肯定地说，越地社会与越文化乃是近世中国社会与中华文化从封建时代向现代转变的先行者；随着越地商业与制造业的不断发展，越地社会逐渐在中国各区域中率先走到现代，越文化也通过对封建文化的总结和批判，在中国各区域文化中率先完成了向现代的转变，成功引领了中华文化从古代向现代的蜕变与新生。

二、在商业外贸和制造业牵引下越地社会从古代向现代的转变

（一）长期繁荣的商业外贸和发达的制造业

首先，让我们把考察的重点放在越地的商业外贸。元以降六百年左右的时间内，越地一直是中国对外贸易最兴盛最前沿的热土之一。

在元代，"入主中原的忽必烈以世界之君的眼光实行对外开放政策"，使"元代在海外贸易方面较之前代更为发达"①，越地因其独特的地理位

① 桂栖鹏、楼毅生等：《浙江通史 · 元代卷》，浙江人民出版社 2005 年版，第 300—301 页。

置、丰富的物产、悠久的商业外贸传统和敢为天下先的人文精神等因素，迎来对外贸易的空前繁荣，成为当时中国最为重要的外贸平台之一。越地背陆面海，海岸线漫长，港口众多，复有京杭大运河连通浙东运河，京杭大运河北接广大的内陆腹地，浙东运河东接元代海运航线亦即国际航线，构成了内陆和沿海畅通无阻、境内贸易和国际贸易相互贯通的优越地理条件。有关数字证明，元代越地经济发达，物产丰饶，商业氛围浓厚，继续保持了全国经济中心的地位。

例如，元代田赋，《元史·食货志》记载："天下岁入粮数，总计一千二百十一万四千七百八石，腹里二百二十七万一千四百四十九石，行省九百八十四万三千二百五十五石：……江浙省四百四十九万四千七百八十三石，……湖广省八十四万三千七百八十七石。"元代腹里地区包含今山东、河北、山西、内蒙古四省区，江浙行省包括今浙江、福建和苏南、皖南和赣东上饶一带，湖广行省包括今湖北南部、四川南部、湖南、贵州、广西、广东大部、海南等地，从面积来说，腹里为江浙行省的三倍，湖广约为江浙行省的一点八倍，但江浙田赋却分别是腹里田赋和湖广田赋的两倍以上和五倍以上，达到全国田赋的三成七和腹里之外其他所有行省总和的近一半。田赋的多寡是衡量物质财富丰俭的一个基本指标，以越地为核心（元代江浙行省以杭州为治所）的江浙田赋的绝对数字和相对数字远远高于元代统治的心脏地带腹里地区和同处南方的湖广，元代江浙成为全国田赋的最主要来源，充分说明其在全国版图上无可匹敌的经济重心地位。元代商税，《元史·食货志》又载："酒课：腹里五万六千二百四十三锭六十七两一钱，……江浙行省一十九万六千六百五十四锭二十一两三钱，……湖广行省五万八千八百四十八锭四十九两八钱。醋课：腹里三千五百七十六锭四十八两九钱，……江浙行省一万一千八百七十锭一十九两六钱。……湖广行省一千二百三十一锭二十七两九钱。"酒醋课是商税的一个基本来源，酒醋消费既是居民消费水平的一个指标，又和商品活动的兴衰情况紧密相关。元代江浙行省的酒醋课税额同样高达腹里地区和湖广行省的三倍以上（醋课甚且达到湖广的近十倍），既反映越地及其周边地区居民的较高生活水平，也说明越地一带商业活动的频繁和兴盛。再以一定程度上是经济活动和商业交通频密状况反映的站赤即驿站的数量来看，根据《元史·兵志》的记载，元代中书省所辖腹里各路站赤 198 处，湖广行省所辖 173 处，江浙行省所辖

262 处，江浙行省站赤总数远远超过都城所在、面积三倍于己的腹里地区，同样远远超过面积大得多的湖广行省以及其他各行省，这再次有力证明元代越地一带的商业繁荣情况和在全国的商业重心地位。

越地还有比较悠久的外贸传统，宁波的古县名、秦代的“鄮县”，其得名即与当时的海外贸易相关，如《康熙鄞县志》卷一所载：“鄮在贸山之东，以海人贾易于此，故山以名，亦加邑而谓之鄮。”汉代，《宝庆四明志》卷六载：“海外杂国，时候风潮，贾舶交至。”两宋时期，越地商业外贸尤为发达。如《宝庆四明志》卷一所载：“南通闽广，东接倭人，北距高丽，商舶往来，物货丰溢。”卷六又载：“宁宗皇帝更化〔1194〕之后，……凡中国之贾高丽与日本，诸蕃之至中国者，惟庆元得受而遣焉。……有司资回税之利，居民有贸易之饶。”越地长期繁荣的海外贸易，自然培养出不少敢于远涉重洋，以海外贸易为一生事业的海贾巨商。如《宋史·外国传·日本》所载北宋初“台州宁海县商人郑仁德”，其商船常年往来越地和日本之间，并充当了日本使节往还中国的交通工具；南宋“温州巨贾张愿，世为海贾，往来数十年”，等等。根据王明清《玉照新志》卷三所引，两宋之交的福建士人李元叔更在《广汴都赋》中盛赞这一越商群体说：“阅夫阛阓，则九市之富、百廛之雄，越商海贾，朝盈夕充，乃有犀象贝玉之珍，刀布泉货之通，冠带衣履之巧，鱼盐果蓏之丰，贸迁化居，射利无穷。”

应该正是基于以上地理、经济、历史等方面的原因，元代把全境负责对外贸易的七处市舶司中的杭州、澉浦、温州、庆元（今宁波）四处，均设在了越地；这四处市舶司所在，也就成为元代最为繁忙的四大外贸港口，充分说明越地外贸在元代全国外贸中的领先地位和主力军作用。

这四大外贸港口，庆元与泉州、广州构成鼎足而三的全国三大最重要贸易港，除与日本、高丽继续保持频繁的贸易往来外，还与东南亚、南亚、西亚甚至地中海、非洲许多国家、地区有着贸易往来，进出口货物达到数百种，时人张翥《蜕庵集》卷一《送黄中玉之庆元市舶》赞誉为：“是邦控岛夷，走集聚商舸。珠香杂犀象，税人何其多。”

杭州位于京杭大运河与浙东运河的连通处，又是南宋行在故都，富庶的江浙行省的心脏所在，“所统列郡，民物殷盛，国家经费之所从出，而又外控岛夷，最为巨镇”（元黄溍《文献集》卷十上《江浙行中书省平章政事赠太传安庆武襄王神道碑》），商业外贸氛围极为浓郁，各种商品应有尽有。如马可·波罗所记:"谓其为世界最富丽名贵之城,良非伪语。……城中有商贾甚众,颇富足,贸易之巨,无人能言其数。……一切外国商贾之居留此种地域者,亦书其名及其别号,与夫入居之月日,暨离去之时期。……城中有大小桥梁一万二千座,然建于大渠而正对大道之桥拱甚高,船舶航行其下,可以不必下桅,而车马仍可经行桥上。……城中有大市十所,沿街小市无数。……大市方广每面各有半哩,大道通过其间。道宽四十步,自城此端达于彼端。……此道每四哩必有大市一所,每市周围二哩。……市后与此大道并行,有一宽渠,邻市渠岸有石建大厦,乃印度等国商人挈其行李、商货顿止之所,利其近市也。……每星期有三日为市集之所,有四五万人挈消费之百货来此贸易。……上述之十市场,周围建有高屋。屋之下层则为商店,售卖种种货物,其中亦有香料、首饰、珠宝。……每日从河之下流二十五哩之海洋,运来鱼类甚众。……行在城之居民举止安静,……纵在贸易制造之中,亦皆公平正直。……彼等待遇来共贸易之外人,亦甚亲切,款之于家,待遇周到,辅助劝导,尽其所能。"①很明显,这是一个向海洋,向海外贸易客商全方位开放的极为繁荣发达的超级大都市,无怪意大利旅行家鄂多立克也盛推杭州是当时全世界"最大和最高贵的城市,而且是最好的通商地"②。

澉浦位于杭州湾北岸,据《明一统志》卷三十九、天启《海盐县图经》卷六等记载,西晋末年即有人泊此贸易,南宋时期因临安为"四方百货所辏",而"海舶由龛〔山〕赭〔山〕入钱塘者阻于江湍,以收泊澉浦为便,蓄货因而毕集",遂成为杭州的外港;元初因"宣慰杨耐翁居此构屋,招集海商居民贸易,遂成聚落",更因市舶司的成立,而由杭州港口附庸而变成独立大港。《马可波罗行纪》载:"其地有船舶甚众,运载种种商货往来印度及其它外国,因是此城愈增价值。"③根据《文献集》卷八上《松江嘉定等处海运千户杨君墓志铭》等的记载,澉浦杨氏巨族的年轻航海家杨枢,曾在大德五年到十一年(1301—1307)虚岁19至25岁时,"以官本船〔官方提供海船和贸易资本,招募商人出洋贸易〕浮海至西洋","往来长风巨浪中",并在贸易的同

---

① 冯承钧译:《马可波罗行纪》,上海新世纪出版集团2006年版,第330、337页。

② 何高济译:《海屯行纪鄂多立克东游录沙哈鲁遣使中国记》,中华书局2002年版,第69页。

③ 冯承钧译:《马可波罗行纪》,上海新世纪出版集团2006年版,第331页。

时接送伊利汉国使节往返大都，远达波斯湾内，为中国与西亚的贸易往来和文化交流做出杰出贡献，由白身被超擢任命为忠显校尉海运副千户。根据《海盐县图经》的记载，澉浦的外贸对象有高丽、日本以及“大食、古逻阇婆、占城、勃泥、麻逸、三佛齐诸蕃”，输入品包括“香药、犀象、珊瑚、琥珀、珠琲、镔铁、鼊皮、瑇瑁、玛瑙、车渠、水精、蕃布、乌樠、苏木等物”。

温州位居瓯江入海处，凭借优良的港湾，早在唐宋时代就是中国沿海活跃繁荣的外贸港口之一，宋代即有“城脚千家具舟楫”（赵抃《清献集》卷四《自温将还衢郡题谢公楼》）、“商舶贸迁，海育多于地产”、“其货纤靡，其人多贾”、“一片繁华海上头，从来唤作小杭州”（均见祝穆《方舆胜览》卷九所引）等称誉。元初在宋代市舶务的基础上重新设立市舶司，并在“市区百货所萃、廛氓贾竖咸附趋之江浒”，筑成“大石堤延袤数千尺”；又鉴于“舍舟登陆者，阻泥淖不得前”，“于堤之旁为石路外出以属于舟次，为之码头。凡为码头者二，一以俟官舸，一以达商舶”，按功能分类对码头进行了硬化重建；在至顺二年（1331）因山洪爆发和飓风破坏，港口设施遭到严重毁废之后，温州士民再次对江堤进行大规模的重建，“列巨木为柱，而设栿椭其上，内攒众木，围之三周，外施其芒以拨浪，次填以石，次积以瓦砾，而实土其中，加横木备其欹侧，而帖石其背，以便行者”（《文献集》卷七上《永嘉县重修海堤记》）。良好的港湾和港口环境，加上周边有颇受海外各国青睐的温州漆器、纺织品等贸易品，特别是沿瓯江上溯可直达龙泉窑青瓷生产中心，是龙泉窑青瓷的主要出口港，再加上造船业发达，《元史·食货志》载“温、台船只尖底，食水深浚”，温州的外贸在元代继续呈现出前代的繁荣图景，不仅本土商人蚁聚蜂起，亦“蕃舶夷琛之所填委”（宋濂《文宪集》卷三《水北山居记》），外国船舶往来同样极为频繁。

元代越地不仅有全国七大外贸港口中的以上四大港口，各港口的外贸形式也多种多样，既有权贵、官僚、豪富和中小商人的私商经营，又有交聘、官本船等官府经营，还有官督商办的官私并举经营等形式，它们在元代全国对外贸易和对外开放中一起发挥了举足轻重的领先作用。

在明代，小农出身的第一代皇帝朱元璋消极应对外部世界的挑战，出于自我封闭和“保全”于内陆的需要，制定了严厉的“海禁”措施，为王朝的统治确立了“闭关自守”的基本国策，并在大多数时间内得到贯彻执行；但这一时期的中国并未与世界彻底割断联系，中国的对外贸易仍在一定层次和一定区域得以继续甚至发展，并在晚明再次走向相当程度的对外开放。越地即是明朝在海禁常态中继续与世界保持外贸联系，并为其最终放弃闭关自守国策，开放“海禁”，重新走向世界，发挥关键推动作用的特殊区域。

特殊之一，明朝统治者在封锁海疆，禁止私人出海贸易，断绝海外商人与内地联系的同时，出于“怀柔远人”的政治考虑和专门接待外国使臣的需要，在全境沿海仍然设立了三处兼具检查进出港口外国贡船和负责官方朝贡贸易功能的市舶提举司，其中负责接待日本贡使和对日朝贡贸易的市舶提举司即设在越地的传统贸易大港宁波，越地在明代额外保留的中外朝贡贸易中充当了三分天下有其一的角色。而且重要的是，在越地进行的中日贸易虽一开始由明朝严格限定频率（一般十年一贡）和规模（每贡可来人200，贡船2艘），但在发展过程中，由于利益的驱使和明朝官方以宗主国自居，采取厚往薄来政策，贸易规模不断扩大，贸易的性质也逐渐由单纯的官方贸易向民间私人贸易演变，民间私人贸易比例不断增大。例如，根据《浙江通史》的记载，宣德朝（1426—1435）日本第三次朝贡使团，就带来贸易船9艘和硫磺397，500斤、铜154，500斤、箕黄106，000斤、大刀9500把等大批日本方物；嘉靖十八年（1539）朝贡使团带来3艘贸易船，随行民间商人多达301人，在他们驻泊宁波或沿浙东运河转京杭运河北上京师期间，都会有越地本土商人与他们进行私下贸易。如弘治年间（1488—1505），鄞县一个朱姓商人，即通过市舶司的行人中介，从日商汤四五郎手中赊得一些漆器，后日商归国，朱氏因故无力偿还货款，只得以子朱缟抵债。① 朝贡贸易伴随而来的私人贸易不断壮大的图景，可从明人张邦奇的记载观之：“甬东为海岸孤绝处，蛟门、虎蹲，古称天险，高丽、日本、暹罗诸蕃航海朝贡者，皆抵此登陆。……海乡之民，以沧溟为菑畲，每岁孟夏以后，大舶数百艘，乘风挂帆，蔽大洋而下，而台、温、汀、漳诸处海贾，往往相追逐，出入蛟门中。”②

特殊之二，在正统（1436—1449）以降明朝全境中外朝贡贸易出现衰微，私人贸易逐渐壮大的背景下，以嘉靖二年（1523）发生“争贡事件”，明朝政府关闭宁波市舶司，中日官方朝贡贸易中断为契机，越地

① 参见陈剩勇：《浙江通史·明代卷》，浙江人民出版社2005年版，第460—461页。

② 张邦寄：《甬川集·西亭饯别诗序》，陈子龙《明经世文编》第2册，中华书局1962年版，第1465页。

"非法"私人海外贸易获得突飞猛进的大发展，宁波城外的双屿港成为当时全国影响最大、最为知名的海上走私贸易港口，越地本土走私商船、境内其他区域的走私商船与日本、东南亚、葡萄牙等外国商船纷纷泊此交易，极大地满足了官方贸易中断后中国与东西洋各国的贸易往来需要，成为当时中外贸易的最主要平台。其时越地乃至整个江南地区经济获得长足发展，生产出大量的丝绸、棉布、生丝、棉纱、瓷器等商品，需要开辟新的市场；同时，日益活跃的国内商业活动对白银的需求，不断扩大的富人阶层和官僚贵族对胡椒、香料等奢侈品的需求亦不断上升。另一方面，日本、菲律宾、琉球等海外诸国，因为物资贫乏，经济、科技不如明朝发达，对质地精良的丝绸、瓷器等中国日用品和药材的依赖亦早已形成，而日本的白银产量又从16世纪30年代开始急剧上升，并逐渐成为主要的出口商品；葡萄牙商船在16世纪亦驶上东方淘金的航道，在嘉靖元年（1522）西草湾之役遭遇惨败后，避开广东港，从马六甲海峡直接来到浙江和福建，既带来中国富裕阶层所需要的大量胡椒、香料，又在中国和东亚邻国互通有无的商品需求中找到生财之道。以越地商人为主的中国沿海商人、日本商人和西洋商人，一时在越地海域形成了中外私人贸易极为兴盛发达的局面。

置身其间的葡萄牙海盗商人宾托对双屿港的快速市镇化描绘，足以让人见出其间的贸易盛况："双屿港总人口有三千多人，其中葡萄牙人占一半以上，还有房屋一千馀幢，有的房屋建筑费达三四千金，还有教堂三十七所，医院二所。……这是葡萄牙人在东方最富庶的殖民地港口。"①此一盛况亦如明朝官方保守势力的代表人物、浙江巡抚朱纨在嘉靖二十七年决策进剿、占领双屿不久后的奏疏所言："双屿港乃海洋天险，叛贼纠引外夷，深结巢穴，名则市贩，实则劫虏。有等嗜利无耻之徒，交通接济，有力者自出赀本，无力者转展称贷；有谋者诓领官银，无谋者质当人口；有势者扬旗出入，无势者投托假借，双桅三桅，连樯往来。愚下之民，一叶之艇，送一瓜，运一罇，率得厚利，驯至三尺童子，亦知双屿之为衣食父母，远近同风。……本年四月初七日双屿既破，臣五月十七日渡海，……直见东洋中有宽平古路，四十馀日，寸草不生，贼徒占据之久，人货往来之多，不言可见。官兵屯守既言，五月十日，浙海

① 引自张天泽：《中葡通商研究》，王顺彬等译，华文出版社2000年版，第77页。

瞭报，贼船外洋往来一千二百九十馀艘。”①在双屿港被官方派大兵捣毁、堵塞之后，在其附近逡巡的私人贸易船一日尚多达1290馀艘，由此足见其“和平”繁荣时期中外贸易规模之宏大。在双屿港之外，根据胡宗宪《筹海图编》卷五所引浙江总兵俞大猷的考察，浙江沿海良港众多，其中规模较大，可避四面飓风的良港就有23处，可避两面飓风的良港有18处，这些良港都曾被中外海商所利用，在一段时间内商船云集，成为海上走私贸易的主要集散地。中外都有学者把双屿港称为“16世纪的上海”②，这一评价足见双屿港乃至整个越地在16世纪中外贸易史上无可匹敌的重要地位。

特殊之三，越地士民在抗击倭寇侵略过程中做出巨大牺牲的同时，深刻认识到海禁政策对民生国计的严重危害，他们不断呼吁重新思考“倭寇”的真正来源，痛斥海禁政策逼良为盗，为明朝官方于隆庆元年（1567）解除海禁，一直被视为非法走私的私人海外贸易获得合法地位，中外贸易因而获得空前的大发展，做出积极贡献。如倭寇正在肆虐之际，“柘林倭夺舟犯乍浦、海宁，攻陷崇德、转掠塘栖、新市、横塘、双林、乌镇、菱湖诸镇，杭城数十里外流血成川”，“致仕佥都御史张濂目击时事，痛之，乃上言：臣本杭人，顷复家居五载，颇知海寇始末，始以海禁乍严，遂致猖獗”（谷应泰《明史纪事本末》卷五十五《沿海倭乱》）。归安唐枢亦对浙江总督胡宗宪直言不讳地谈到“倭患”的根源说：“华夷同体，有无相通，实理势之所必然。中国与夷各擅土产，故贸易难绝，利之所在，人必趋之。本朝立法，许其贡而禁其市，夫贡必持货与市兼行，盖非所以绝之；律款通番之禁、下海之禁，止以自治吾民，恐其远出以生衅端。……若其私相商贩，又自来不绝，守臣不敢问，戍哨不能阻，盖因浩荡之区，势难力抑，一向蒙蔽公法，相沿百数十年。然人情安于睹记之便，内外传袭，以为生理之常。嘉靖六七年后，守臣奉公严禁，商道不通，商人失其生理，于是转而为寇；嘉靖二十年后，海禁愈严，贼夥愈盛，许栋、李光头辈然后声势蔓衍，祸与岁积。今日之事，造端命意实系于此。夫商之事顺而易举，寇之事逆而难为，惟顺易之路不容，故逆难之图乃作。……使有力者既已从商而无异心，则琐琐之辈自能各安本业，

① 朱纨：《双屿填港工完事》，陈子龙《明经世文编》第3册，中华书局1962年版，第2165页。

② 毛德传：《十六世纪的“上海”——双屿历史地理考略》，《浙江海洋学院学报》（人文科学版）1996年第4期。

而无效尤，以为适从。故各年寇情历历可指：壬子之寇，海商之为寇也；癸丑之寇，各业益之而为寇也；甲寅之寇，沙上黠夫、云间之良户复大益而为寇也；乙卯之寇，则重有异方之集矣。”因此，他提出：“迹是而观，能无治其始乎”，只有开放海禁，解决沿海商民的“生理之常”，使“商之事顺而易举”，才能从根本上解决“海禁愈严，贼夥愈盛”、愈演愈烈的倭患；唐枢还提出，海禁时期，“向来海上市货暗通，而费归私室”，国家财赋严重流失，同时两浙沿海戍守经费浩繁，“各衙门兵卒约二十万有奇，岁费五十万有奇，各县征发旧额已定；见今客兵大增，何以处给？且兵荒之馀，百姓贫苦，不忍加赋”，因此，开放海禁，“必有常税”，以此常税“以济海上年例之用，则一举两得，战守有赖，公私不困矣”①，开放海禁还可以立即起到以商养军、以商备战、以商苏民等成效。海盐籍兵部右侍郎、漕运总督郑晓一方面奋力组织抗倭战役，“破倭于通州，连败之”，“前后斩首九百馀”，一方面亦洞悉“贼多中国人”，“倭恃华人为耳目，华人借倭为爪牙，非详为区画，后患未易弭也”（《明史》本传），而主张弭患之道即在开放海禁，“夷中百货皆中国不可缺者，夷欲售，中国必欲得之”，开放海禁可以“通夷狄之情，迁有无之货，收征税之利，减戍守之费”，“民之常赋不加，鱼盐处之得宜，而市舶又善通之，何不安生而为盗乎”（《天下郡国利病书》第 27 册《闽中兵食议》）。事实证明，隆庆海禁开放以后东南沿海形势的发展，正如唐枢、郑晓等越地士人所逆料。海禁一当开放，“夷人入市中国，中国而商于夷，未有今日之夥者也”（张燮《东西洋考》卷七），中国遂在晚明迎来中外贸易史上的黄金时代，中国也在相当长一个时期成为世界贸易的中心。

在晚明以降到清乾隆年间约两个半世纪，中国在世界贸易体系中占据中心地位时期，越地的对外贸易都是其中不可或缺的组成部分。明朝开放海禁不久的隆庆五年（1571），拥有殖民地最多的欧洲西班牙占领菲律宾，往来美洲和东亚的马尼拉大帆船贸易启动，全球航海贸易体系建立，中国“纺织品、瓷器、漆器被大量运到日本的长崎销售，并运往马尼拉再转运至全世界”②，用来购买中国商品的是全球新兴硬通货——白银，大量流入中

① 唐枢：《复胡梅林论处王直》，陈子龙《明经世文编》第 4 册，中华书局 1962 年版，第 2850—2851 页。

② ［英］崔瑞德、［美］牟复礼编著：《剑桥中国明代史》下卷，杨品泉等译，中国社会科学出版社 2005 年版，第 665 页。

国。根据世界贸易史专家的最新研究,"在1800年以前的两个半世纪里,中国最终从欧洲和日本获得了将近48000吨白银,可能还通过马尼拉获得了10000吨甚至更多的白银,另外还从亚洲大陆上的东南亚和中亚地区以及中国自身获得一些白银。这些加起来,中国获得了大约60000吨白银,大概占世界有记录的白银产量(自1600年起为120000吨,自1545年起为137000吨)的一半";即使按照有关学者对流通白银的保守估算,"从16世纪中期到17世纪中期,美洲生产了30000吨,日本大约生产了8000吨,总计38000吨","最终流入中国的7000吨到10000吨","也占有了世界白银产量的1/4到1/3。这个份额依然高于欧洲、西亚、南亚和东南亚分别占有的份额,更不用说非洲和中亚占有的份额了"。因此,弗兰克提出:"如果说在1800年以前有些地区在世界经济中占据支配地位,那么这些地区都在亚洲。如果说有一个经济体在世界经济及其'中心'等级体系中占有'中心'的位置和角色,那么这个经济体就是中国。"①白银从世界各地流入中国的比例,是晚明以降中国在全球贸易中所占比例的直观反映,不论是1/2还是1/3、1/4,都足以说明中国在两个半世纪的全球贸易中首屈一指的地位。尽管这个时期中外贸易的焦点港口已从双屿转移到漳州月港、广东澳门和广州,但中外贸易的大宗商品仍然是生丝、丝绸、棉布、瓷器,以及夏布、面纱、窗帘、被单、挂毡、台布、椅垫、地毯、陶器、玻璃器、铁盒、铜壶、铁罐、铜罐、铁板、铁钉、书写用具、床、桌子、椅子、镶花长椅、茶、面粉、饼干、咸肉、火腿、青果、各种橙子、各种蜜饯、各种干鲜果品等等不计其数的生活日用品和食品,尤其是生丝、丝绸、棉布、瓷器遍销南美和东南亚各地,其中棉布、生丝、丝绸还分别完全挤倒了菲律宾群岛的棉纺织业、美洲本土的蚕丝业,甚至绕过大半个地球,直接冲垮了西班牙国内的丝绸生产,赢得中国对外贸易数百年的出超胜利②,这些商品都为越地所盛产,也为越地商人所参与经营。

例如生丝,即以环太湖流域的湖州、嘉兴等地所产"湖丝"最为驰名,晚明到清代"一直是中国出口的第一位商品"③。《乾隆湖州府志》卷四十一记载:"隆〔庆〕万〔历〕以来,机杼之家相沿比业,巧绌百出,有绫有罗,有花

---

① [德]贡德·弗兰克:《白银资本——重视经济全球化中的东方》,刘北成译,中央编译出版社2001年版,第202、207、27页。

② 参见严中平:《丝绸流向菲律宾　白银流向中国》,《近代史研究》1981年第1期。

③ 樊树志:《晚明史》,复旦大学出版社2003年版,第125页。

纱、绉纱、斗绸之缎，有花有素，有重至十五六两，有轻至二三两，有连为数丈，有开为十方……各直省客商云集贸贩，里人贾鬻他方，四时往来不绝。”万历间王稚登《客越志》载嘉兴石门镇，“地饶桑田，蚕丝成市，四方大贾岁以五月贸丝，积金如丘山”。《康熙桐乡县志》载濮院镇，“万家烟火，民多织作绸绢为生，为都省商贾往来之会”，“一镇之内坐贾持衡，行商麇至，终岁贸易不下数十万金”。这些材料都直接反映了湖丝在越地盛产和境内畅销的情况。万历间徐光启《海防迂说》则记载湖丝的出口贸易说：“有西洋番舶者，市我湖丝诸物，走诸国贸易；若吕宋者，其大都会也。而我闽、浙、直商人，乃皆走吕宋诸国，倭所欲得于我者，悉转市之吕宋诸国矣。……吕宋者，在闽之南，路迂回远矣，而市物又少，价时时腾贵，湖丝有每斤价至五两者。”①根据汪敬虞先生的考证，在西班牙殖民者占据马尼拉以后，每年从菲律宾（即吕宋）销往美洲的中国生丝都在数千上万担，这些生丝均为湖丝。② 湖丝不仅是远销东西洋各国的中国唯一生丝，甚至福建沿海的出口丝织品，其原料也是湖丝。如王世懋《闽部疏》记载：“凡福之丝绸，漳之纱绢，……其航大海而去者，尤不可计。……所仰给他省者，独湖丝耳。……闽人货湖丝者，往往染翠红而归织之。”《万历泉州府志》卷三亦载，绢“用湖州头蚕丝为上”，纱“亦用湖丝”，丝布“用湖丝”。不仅是杭嘉湖平原的生丝远走东西洋各国，浙东各地的丝棉纺织品亦是境内外贸易的热销商品。诚如明末杭州张瀚《松窗梦语》卷四所载：“浙江……桑麻遍野，茧丝绵苎之所出，四方取给焉。虽秦、晋、燕、周大贾，不远数千里而求罗绮缯币者，必走浙之东也。宁、绍、温、台并海而南，跨引汀、漳，估客往来，人获其利。”

即使到清末民初一般所谓中国积贫积弱、民不聊生时期，以湖丝出口为主要代表的越地对外贸易，仍然为中外贸易书写了足以洗刷民族耻辱的骄人一页。清代湖丝出口欧洲的统计数字，与中国国力的总体衰落特别是晚清外贸的逆转趋势完全相反，呈现出明显的加速递升特点。根据汪敬虞先生的研究，1679—1833 年的 155 年中，年出口量从一个较小的数字（明崇祯和清顺治、康熙年间都曾实行海禁，直到 1684 年海禁开放）逐渐上升到 9920 担；从 1840 年代中期起，年出口量经常在 5 万担以上；1890 年代初，年

① 徐光启：《海防迂说》，陈子龙《明经世文编》第 6 册，中华书局 1962 年版，第 5438 页。

② 参见《汪敬虞集》，中国社会科学出版社 2001 年版，第 340—341 页。

出口量第一次突破10万担大关；到1920年代末，年出口量曾达到19万担的高峰。① 而中国外贸入超形势的总体逆转正发生于18、19世纪之交，“致命的打击从1780年开始，印度鸦片运到中国。中国贸易收入从此化为袅袅青烟”，“大致在1820年左右，贸易盈亏颠倒了过来，那时的世界形势也出现转折，直到十九世纪中叶，始终处于风雨飘摇之下”。② 越地对外贸易无疑创造了中国近世外贸的最后辉煌，越地丝织品亦在全国外贸逆转和国力衰弱时期几乎成为民族品牌的唯一代表。

显然，元以降越地对外贸易六百年的长盛不衰，是越地商业贸易长期繁荣的一个突出表现；越地商业贸易的长期繁荣，又以越地制造业的发达为基础，两者并肩而行，互为因果，相互促进，可以说，越地制造业在六百年间同样走在了全国的前列。

例如越地纺织业，在元代，官府丝织业系统庞大，杭州、嘉兴、宁波等地均设有官营织染局，杭州织染局一年就织造绸缎10万匹以上；民间家庭丝织业在杭州、湖州、嘉兴、婺州等地亦十分发达，“纤纤女儿手，抽丝疾如风。……但闻缫车响，远接村西东。旬日可经绢，弗忧杼轴空”（赵孟頫《题耕织图二十四首》）的情景随处可见，所织品种繁多，花样百出，其中仅嘉兴即“绢有花素官绢、箩筐绢、素绢、帐绢、画绢，绫有花绫、锦绫、素绫，罗有三梭、五梭、花罗、素罗”，濮院绸尤其“名色甚多，遍行天下”（《雍正浙江通志》卷一百二）；棉纺织业技术进步很快，在江南地区率先发展起来，浙东木棉提举司为全国五大木棉提举司之首，每年上输棉布多达10万匹。在明代，越地纺织业普遍使用了长一丈六、高一丈，由数千零件组成，需多人操作的大型提花机，可按设计好的图案稿织出精美的丝绸锦缎，《天工开物·乃服篇》载其工艺流程：“画师先画何等花色于纸上，结本者以丝线随画量度，算计分寸杪忽而结成之。张悬花楼〔织机最高部件〕之上，即织者不知成何花色，穿综带经，随其尺寸度数，提起衢脚〔织机下垂部件〕，梭过之后，居然花现”，与当今电脑织花工艺极为接近；生产技术上还实现了从“生货”生产向“熟货”生产的转变，明代中晚期普遍采用了先将生丝练染再上机织造的技术；染色业也获得大发展，丝绸色彩多达一百多种。清代越地纺织

① 参见《汪敬虞集》，中国社会科学出版社2001年版，第341—342页。

② ［法］布罗代尔：《15至18世纪的物质文明、经济和资本主义》第2卷，顾良译，三联书店2002年版，第225页。

业继续发展,全国纺织业中心的地位得到进一步巩固,杭州织造局规模、经营范围为全国四所官营织造局之首,产量更高达四所官营织造局总量的40.5%①,民间丝织业越来越向城镇集中,出现了一大批丝织业专业市镇和棉织业专业市镇,杭纺、湖绉、瓯绸、宁绢等品牌迭出,成为闻名遐迩的全国名牌产品。晚清随着洋务工业活动的开展,越地又在1887年诞生全国最早的民族资本机器轧花企业——宁波通久源轧花厂。纺织业是截至19世纪人类的"先导工业",这是世界史学者的共识之一②;越地纺织业在六百年间一直处在全国领先地位,足以说明整个越地制造业在全国的领先地位。

(二)近世越地社会的四大转变

六百年间越地商业外贸和制造业的持续发展,形成了越地经济社会发展的基础动力,带动了越地社会从古代向现代的转变。

转变之一,制造业本身的现代性因素在不断成长。还以纺织业为例,六百年间的越地纺织业越来越突出地体现出雇佣劳动、专业分工、规模化经营这些现代制造业的基本特征。早在元代晚期,越地纺织业中就出现了带有现代劳资关系性质的雇佣劳动。元末明初徐一夔《始丰稿》卷一《织工对》载:"余僦居钱塘之相安里,有饶于财者,率居工以织,每夜至二鼓,一唱众和,其声欢然,盖织工也。……旦过其处,见老屋将压,杼机四五具,南北向列,工十数人,手提足蹴,皆苍然无神色。进而问之曰:'以余观若所为,其劳也亦甚矣,而乐何也?'工对曰:'此在人心。……吾业虽贱,日佣为钱二百缗,吾衣食于主人,而以日之所入,养吾父母妻子,虽食无甘美,而亦不甚饥寒。余自度以为常,以故无他思。于凡织作,咸极精致,为时所尚,故主之聚易以售,而佣之直亦易以入。所图如此,是以发乎情者,出口而成声,同然而一音,不自知其为劳也。顷见有业同吾者,佣于他家,受直略相似,久之乃曰:吾艺固过于人,而受直与众工等,当求倍直者而为之佣。已而他家果倍其直佣之。主者阅其织,果异于人,他工见其艺精,亦颇推之,主者退自喜曰:得一工,胜十工,倍其直,不吝也。久之,又以吾业织且若此,舍此而他业,当亦不在人下,去事大官,善其逢迎之术,竭其奔走之力,

① 参见周峰主编:《元明清名城杭州》(修订版),浙江人民出版社1997年版,第142页。

② 参见[法]布罗代尔:《15至18世纪的物质文明、经济和资本主义》第2卷,顾良译,三联书店2002年版,第326—329页。

贵富可得也，奈之何终为织家佣？其后果事大官，厕在众奴中，服役于车尘马足者五年，未见其所谓贵富之机也；又如是者五年，一旦以事触大官，怒斥逐之，不使一再见。又所业已遂遗忘，人亦恶其狂不已分，不肯复佣以织，至冻饿以死。若人也，吾谨用以为戒，如之何而弗乐？'"雇主因"饶于财"而购置织机四五具，雇佣十数纺织工人，实现生产的规模化；纺织工人在愉悦的心境中全身心投入生产，所产产品质量精良而且"为时所尚"，雇主极容易销售出去，工人的工资也不会拖欠；技艺高超的工人可以按照自己的意愿更换雇主，并在新雇主那里拿到双倍的工资；雇主除给工人工薪收入以养活其家人外，还提供工人基本的衣食；多数工人对这样的劳动环境心满意足，个别工人因改行而误入歧途，他们在荒废当年的本领又丧失劳动者的本分之后，只能被雇主群体和曾经的工人同事所抛弃和鄙视。雇佣关系基础上的规模经营，劳资双方关系的总体和谐，工人身份的一定自由和劳动光荣、优劳优酬的观念，这些现代产业所具备的因素，在这里都已具备；可以说，六百年前越地的这家纺织作坊，在精神实质上一点也不比现代工厂落后。显然这绝不仅仅是个案。

织机四五张、工人十数人大约是元代越地私营纺织作坊的一般规模，到了明代，"家杼轴而户纂组，机户出资，机工出力，相依为命"（《明神宗实录》卷三百六十一）的现象在越地更加普遍，家庭作坊的规模亦如张瀚《松窗梦语》卷六所载，上升到织机二十馀、工人七八十；到清代，"机杼之声，比户相闻"（厉鹗《东城杂记》卷下记载杭州）、"吾里机业，十室而九"（胡琢《濮院纪闻》卷首总叙）之类记载频见史料，拥有织机数百张的大型纺织厂更在康熙年间即已出现；到晚清通久源轧花厂诞生，明显可以看出，从家庭小作坊、"分散的制造厂"，到"集中的制造厂"、现代机器"工厂"等布罗代尔所说的四种工业类型，已完整实现了在越地纺织业中的嬗变，把越地纺织业的生产完全推到现代工业的规模经营形态。在规模化水平不断提升的同时，纺织业内部的专业分工也越来越细。如丝织品工匠日益细分为络工、拽工、织工、牵经工、运经、接头、扎扣、修绸等等，连求雇地点也都按专业分开。如杨树本《濮院琐志》卷一记载乾嘉年间的嘉兴纺织工人待聘的情形："每朝各向通衢分立，织工立于左，拽工立于右，来雇者一见了然，谓之巷工。"这和现代劳动力市场的常见情形，并无任何本质不同。

转变之二，商业和制造业的发展催生了越地经济的工业化。李伯重先生曾运用西方学者有关欧洲早期工业化的理论，从纺织业、食品业、服装制作业、造纸业、印刷业、造船业等方面，对中国江南经济展开研究，认为在1550—1850年的三个世纪中江南出现了早期工业化，到了19世纪初，在江南大部分地区工业的地位已与农业不相上下，在经济最发达的江南东部，甚至可能已经超过农业。他提出，早期工业化的推动力量在于商业贸易和地区劳动分工与专业化，明清江南工业的发展主要受国内贸易的推动，"由于明清江南是大一统的明清帝国的一部分，而且在这个帝国中占有最佳交通位置，因而江南可以通过和平的方式，从巨大的中国国内市场中获得地区劳动分工和专业化的好处"；"此外，明清时期东亚地区国际贸易的发展，导致了一个以中国为中心的东亚贸易圈的形成。而在这个贸易圈中，江南也处于中心地位。由于这种地位，在包括中国在内的东亚地区的地区劳动分工与专业化的发展中，江南逐渐成为附加值高的轻工业产品的生产中心。由于东亚地区此时正处于一个经济加速成长的时代，因此到了清代中期，由地区劳动分工与专业化推动的江南早期工业化，还具有很大的发展空间，远未达到其发展的极限"；"江南在早期工业化方面曾有出色的表现，从而使得江南一度成为世界上最发达的工业地区之一"，"为后来的近代工业化提供了一个相当良好的基础，使得19世纪后期以来江南在近代工业化方面比中国其他任何地区进展远为顺利。到了20世纪30年代，江南已是亚洲最发达的工业地区之一，也是当时世界上主要的纺织工业中心之一。在整个20世纪，它一直在中国的工业化进程中扮演着火车头的作用"。① 这项极富创新精神，在学术界引起强烈反响的成果，其所指涉的"江南"即"太湖水系及江南运河所形成的水路网络"地区，越地杭州、嘉兴、湖州等均包括其中②，因而所论江南的工业化自然亦包含了越地的工业化。

转变之三，不断壮大的工业和商业贸易，进一步加快了越地社会的城市化。这种城市化主要是指各种工商业市镇的不断出现和其城市功能的日益完备，以及市镇人口中工商业人口比重的不断增大。市镇崛起可以说是近世越地经济社会商业化、工业化、城市化和现代化的集中体现。制造业的规模化、商业贸易的积聚效应、工业化程度的不断提升，把越地传统农

---

① 李伯重：《江南的早期工业化（1550～1850）》，社会科学文献出版社2000年版，第536、542页。

② 参见同上书，第18—20页。

村日益转变为工商业发展的经济腹地，导致一大批工商业市镇的出现，它们星罗棋布，相互依存，以独特的市镇网络体系，不断扩展和增加的市镇规模，不断完善的城市功能，瓦解传统的农业社会格局。以市镇的数量来说，杭州在南宋时有镇16个，明后期增至31个，入清后又增至55个；嘉兴在南宋时实际有镇4个，明后期增至30个，入清后又增至37个；湖州南宋时有镇7个，明后期增至18个，入清后又增至25个；等等。以规模来说，市镇的空间规模和人口规模都在不断扩大。不少镇如兼跨嘉兴和湖州两府的乌青镇，湖州的双林镇、南浔镇、菱湖镇，嘉兴的濮院镇等，其规模都已相当于同期中等城市（府城）；其他各镇，特别是杭嘉湖平原和宁绍平原的镇，其规模也都相当或接近于同期的小城市（县城）；从人口规模看，宋元时期的镇一般多只有居民数百户，明清时期，有千户以上居民的镇在越地已经比较常见，杭嘉湖平原的濮院、王店、王江泾、南浔、乌青、菱湖、双林、新市、塘栖等十多个镇的居民甚至达到万户左右。① 在市镇规模扩大的同时，"大多数逐步形成了类似州县城市的街、坊、巷、市的社区格局和较为明确的市区和镇郊的划分，各种市政配套设施也相当完善，由此形成了较为完整的市区形态"，"明清时期，浙江市镇的城市化进程明显加快，许多市镇无论从经济规模和形态还是从人口数量与结构，抑或从镇区布局与管理、文化教育与居民生活等各方面来看，都与一般城市没有多大区别，实际上可以说已发展成为一个个小型城市"。② 范金民先生曾经指出："明清时期江南的城市化进程在全国可以说是最高的"③，其所考察的范围，亦包含越地在内。

三、越文化从古代走向现代的蜕变与新生

（一）市镇崛起带来的文化新生

越地区域社会从古代向现代的递嬗，也就是在全国率先展开的商业化、工业化、城市化与现代化历程，其基础形式即是市镇崛起，这为近世越

---

① 参见陈国灿：《浙江城镇发展史》，杭州出版社2008年版，第226—230页。

② 陈国灿、奚建华：《浙江古代城镇史》，安徽大学出版社2003年版，第275、279页。

③ 范金民：《明清江南城镇研究的回顾与展望》，梅新林、陈国灿主编《江南城市化进程与文化转型研究》，浙江大学出版社2005年版，第114页。

文化的辉煌和走向现代，在上述空前大一统的战略纵深，反民族压迫、反外敌入侵、走向世界等三大时代主题的牵引等外部因素之外，提供了一个极为重要的新的内在推动力量。诚如樊树志先生在考察明清时代包含越地在内江南市镇崛起的文化影响时所言："由于市镇交通方便，经济发达，信息灵通，环境舒适，吸引了邻近地区的士大夫知识阶层向它集聚。这样，市镇就具备了知识相对密集，文化凝聚力强大的特殊优势"，"从大传统视角考察江南市镇，人文蔚起，科第兴旺，是毋庸置疑的，犹如它在经济上领先于全国各地那样，在文化上也独领风骚，遥居全国之首位"。①

如湖州南浔镇，作为丝业巨镇，勃兴于明嘉靖、万历时期，近代更有号称"二狮、四象、八牯牛、七十二只金黄狗"的巨商豪贾雄起于此；经济繁荣带动了文教昌明，科第发达。清人范彦通《研北居琐录》曾载："前明中叶，科第极盛，有九里三阁老，十里两尚书之谚。……当蚕丝入市，客商云集，……彬彬然一大都会矣。"道光《南浔镇志》卷首凡例亦称："数百年来，人文蔚起，阛阓纷屯。"南浔元代即建有镇学，明代建有社学，清代则有书院；在保持耕读传家、诗礼传家的江南遗风的同时，藏书事业亦代有传人，在清末民初更诞生了江南四大藏书楼之一的嘉业堂藏书楼。在此基础上，南浔镇明代产生进士 8 人，举人 25 人；清代截至道光年间，产生进士 16 人，举人 54 人，较明代增加了一倍；在总共 103 个以上的进士、举人之外，还诞生一大批文化名人。如明代"三阁老"之一的朱国祯著有《涌幢小品》、《大政记》、《明史概》、《皇明纪传》等书，可谓著作等身；"两尚书"之一的沈演之父沈节甫，著有《玩易楼藏书目录》，并从众多古籍中辑录一部《纪录汇编》，至今仍具有极高的学术价值。明末南浔的文化名人还有：董斯张，著有《吴兴备志》、《广博物志》、《增定唐诗品汇》等；董说，著有《七国考》、《董若雨诗文集》、《南潜日记》、《西游补》等，其中《西游补》造境新奇，是一部具有深刻讽刺意义的神话小说；陈忱，著有《雁荡杂著》、《雁宕诗集》《续廿一史弹词》等，明亡与顾炎武、归庄等组织著名的"惊隐诗社"，从事秘密反清活动，所著《水浒后传》明显寄寓了亡国隐痛和民族气节等。进入清代，还诞生"南浔三先生"施国祁、邢典、杨风苞等文化名人。清末民初，该镇更诞生同盟会领袖、"国民党四大元老"之一张静江，著名金石学家、"西泠印

① 樊树志：《江南市镇：传统的变革》，复旦大学出版社 2005 年版，第 417、424 页。

社”创办人之一张石铭等文化名人。

湖州菱湖镇，同为丝业巨镇，光绪《菱湖镇志》卷首俞樾序曾称菱湖“以蚕丝为大宗，国家岁入厘税无虑数百万”，“丝捐以湖郡为最，湖郡又以菱湖为最”，其文化氛围之浓厚和教育、科第之发达，较之南浔有过之而无不及。王直《抑菴文后集》卷二十六《丁氏二亲墓表》载乌程士人丁亮，洪武年间“常出游苕〔溪〕、霅〔溪〕间，与士大夫游，尤喜归安菱湖风俗之美，数往来其地；菱湖之贤亦雅爱公，皆乐与之处”，可见明初就产生了文人积聚效应；创建于道光年间的龙湖书院，与上海求志书院、杭州诂经精舍等并称于世。发达的经济与良好的人文环境，使菱湖科举及第人数不断上升，进士宋代1人，明弘治朝2人，嘉靖朝2人，万历朝4人，总计明代诞生8名进士，另有举人18人。“国朝以来，人文尤盛”，“菱湖科名甲于他镇”（光绪《菱湖镇志》卷二载卞斌《募建龙湖书院启》），清代竟多达进士34人，举人159人①，进士中还出现了状元2人，榜眼3人，探花3人；而且一再传出一门二及第的佳话：“一门上第榜〔眼〕、〔探〕花有大小之称。康熙时，孙在丰侍郎殿试一甲第二，从子见龙会试第一；乾隆时，孙编修辰东起而兼之。人目侍郎为老榜眼，编修为小榜眼。”（光绪《菱湖镇志》卷二载卞斌《募建龙湖书院启》）这是会试。乡试一门同科者更多，如康熙五十三年(1714)有吴氏延熙、兆麟、应稿三人；雍正十年(1732)有吴氏涞、讷、锦三人；雍正十三年有吴氏龙光、熊光二人，朱氏栋、更二人；乾隆元年(1736)有孙氏汝馨、鄂荐、岐三人；乾隆二十五年有孙氏凌云、辰东、级三人；乾隆五十七年有孙氏倬、宪、绪三人；乾隆六十年有孙氏树楷、征槐二人；嘉庆十八年(1813)有孙氏三人；嘉庆二十四年有孙氏三人。清末民初菱湖还诞生五四新文化运动健将沈尹默、沈兼士，杰出的爱国实业家章荣初、外交家杨光泩等文化名人。诚如光绪《菱湖镇志》卷首俞樾序所言：“自宋以来，人文蔚起，秀艾之士，前后相望。”

再如湖州绸业巨镇双林镇，崛起于嘉靖间，当时谈氏“世居双林里，纻缟为业，四方宾贾辐辏其门；吴中机杼无虑数百家，而文之奇巧，色之蒨丽，罕逾谈者”（皇甫汸《皇甫司勋集》卷五十七《谈安人行略》），此后“机杼之

① 另有统计称，菱湖宋明有进士24名、举人34名，清代有进士77名、举人236名，则据现扩大了的菱湖镇行政区划而言。

家相沿比业，巧变百出”（乾隆《湖州府志》卷四十一），明清两代“愈极繁华，甲第连云”，镇内东林山“四方贤大夫，选胜蹈奇者，咸圣于此”（嘉庆《东林山志》卷二十三），明代诞生进士6人，举人27人；清嘉庆前有进士16人，举人66人；清末民初还诞生了中国近代林学的开拓者梁希等文化名人。

又如嘉兴濮院镇，亦为绸业巨镇，胡琢《濮院纪闻》载：“轻重诸货，名目繁多，总名曰绸。而两京、山东、山西、湖广、陕西、江南、福建等省各以时至，至于琉球、日本。濮绸之名几遍天下。”其在元末明初崛起的同时，就形成比较浓厚的文化、教育风气。镇上的大族濮氏，“好交，广施四方，士大夫舣棹寻游者必归之”（金淮《濮川所闻记》卷一），由此吸引了大批文人学者前来寓居和雅集。如元末濮彦仁父子组织“聚桂文会”，“东南名士以文卷赴会者五百人，请杨廉夫评其优劣，所取三十人，自吴毅而下，文者皆传世”（民国《濮院志》卷八）；绍兴江汉“元季客吴中，落魄而返，经崇德，濮氏延为上客，明洪武初以文学征授翰林编修”，“老归，遂家濮院，与亲知游宴”，“以下十人俱仕于明”（《槜李诗系》卷六江汉小传）；宋濂、刘基、方孝孺等同时东南名流都曾寓居该镇，鲍恂、贝琼、程柳庄等人在镇郊还曾共同组织“西溪社”；清嘉庆年间，镇人岳鸿振“筑棕云楼以馆邀游客，户外之履常满，尝一游皖江，归而与同里诸子结冷枫诗社”，“延梅里孔珊客先生评阅，一时四方风雅之士咸集”（民国《濮院志》卷八）；道光年间，孙琴溪、吴继芳、沈卫郊、翁便圃等9位文人共同发起“九老诗画会”，一时传为美谈。如教育方面，创设于元代的濮氏义塾，“岁延名师主教事，文行兼崇”（民国《濮院志》卷八），与枫泾戴氏义塾和盐官冯氏义塾并列为江南三大义塾。明清时代还先后办有多种其他义塾和书院，特别是有不少经营工商业的“好义之士喜急公笃乡谊，遇有地方善事，靡不踊跃乐从”，热心教育，积极捐资办学。在这种风气熏陶下，该镇“科第蝉联，人文日盛，非他镇所能比”（金淮《濮川所闻记》卷一），人才辈出，名家迭起。据1996年出版新编《濮院镇志》统计，明清两代该镇共有进士和举人82人，其中明代21人，清代61人；民国《濮院志》所载历代人物300多人，其中大部分涌现于明清两代，如明代有濮孟清、冯孜、濮文起、朱茂曜、岳元声、岳和声、岳骏声、朱子暇、沈机等；其中，岳元声、岳和声、岳骏声三兄弟同为万历年间进士，时称“岳氏三凤齐飞”。岳元声为万历十一年（1583）进士，历任大名府教授、国子博士、工部主事、兵部侍郎等职，著有《易说》、《潜初子集》、《方言据》、《澹漠集》等；岳和声为万历二十年进士，官至都察院左都御史、顺天巡抚，著作甚丰；岳骏声为明万历三十八年进士，晚年隐居故里，潜心著述。至清代康、乾以降，该镇更是大兴金石考据、书画鉴藏之风，涌现出了陈梓、沈履端、徐晞、张授麟、濮又华、沈鸿逵、岳廷枋、董棨、孙光大、曹大经、夏计寅、陈铣、董念棻、潘振镛、仲呈枋等一大批造诣精深的人物。诗人、文学家亦代有传承，蔚然成风。据《四库全书总目提要》卷一百九十四，明清濮院著名诗人诗作曾被结集为《濮川诗抄》35 卷(内含 29 名诗人诗作)，广行于世。

嘉兴王店镇(又称梅里)，同样是绸业巨镇，"蚕丝之利不下吴兴，户勤纺织，人多巧制"(《梅里志》卷七)，"王店绪绸为最，画绢亦甲于天下"(民国《梅里备志》卷二)，同样是士人唱和、文风浓郁之地，明代诞生进士 5 人，举人 16 人；入清诞生与王士禛并称诗坛"南北二大家"，与纳兰性德、陈维崧并称"清词三大家"的朱彝尊，文化的发展更进入一个新的时期，所谓"人文荟萃，自竹垞领袖风雅，而诗人众多"(光绪《嘉兴县志》卷三)，在诞生进士 13 人，举人 48 人外，较著名的文化人物还有周青士、李良年、钟渊、许灿等。道光间选编《梅里诗辑》和《续梅里诗辑》共 40 卷，其中明代有 41 家，清代多达 292 家。民初李详《浔溪诗征斋》将该镇与南浔并称为浙西两大文化名镇："浙西二郡嘉、湖并称，嘉兴之有梅里，乌程之有南浔，一县之人材荟萃于此，英俊之兴，文采之迭，举其姓名几与名郡都会相埒，僻左之行省且莫逮焉。"

再如嘉兴乌青镇，丝业巨镇，历史上几经兴衰，明中叶再次崛起，"商贾四集，财赋所出甲于一邑"，"宛然府城气象"(康熙《乌青文献》卷首陈观序)，以盛产"辑里丝"驰名大江南北，更是无可置疑的人文渊薮。乾隆《乌青镇志》说："民物繁阜，第宅园池盛于他镇。宋南渡后，士大夫多卜居其地，……文人日起，甲于一邑。"明代诞生进士 9 人，举人 18 人；清代有进士 38 人，举人 127 人。"文人日起"还表现在镇上多文化家族。如茅氏嘉靖中有茅坤进士及第，成为明中期文坛唐宋派三领袖作家之一，其子茅维，与同郡臧懋循、吴稼竳吴梦旸并称四子，以诗名世，才调斐然，而又以经世自负，有《十赉堂集》数十卷传世；沈氏有沈振龙，万历间进士，其曾孙沈适文康熙间状元及第；张氏世代书香，明清之际诞生著名理学家、遗民学者张履祥，著有《杨园先生文集》，所撰《补农书》全面反映了 17 世纪江南农业生产的面貌，是一部总结当时杭嘉湖地区农业生产经验与生产技术的宝贵著作；鲍氏从皖南迁入，鲍廷博继承家风，勤学好古，广收古籍，不求仕进，取“学然后知不足”义，筑室收藏，成为驰声东南的著名藏书楼，乾隆时编《四库全书》，从“知不足斋”藏书楼选书多达600种以上。民国初该镇在传统社学、书院文化发达的基础上，还兴办相当一批新式学堂，涌现一批留学海外，取得学士、硕士、博士归来的新知识分子，诞生了中国现代文学的巨擘沈雁冰（茅盾）。

又如杭州塘栖镇，元末随新开河修建而崛起为交通要道和商业巨镇，同时丝业、水果业、米粮业也很发达，“官舫运艘、商旅之泊日夜联络不绝，屹然一巨镇也。财货聚集，徽、杭大贾视为利之渊薮，开典顿米、贸丝开车者骈臻辐辏，望之莫不称为财赋之地”（光绪《唐栖志》卷一引胡元敬《栖溪风土记》），加上山明水秀、古刹名园众多，也是大族峥嵘、名流荟萃的一方文化热土。镇中有丁、吕、吴、卓、劳、朱、夏七大望族，其中，丁氏以回教世家兴旺于明初，成化十三年（1487）丁养浩会元及第，官至云南布政使，政绩卓著，兼擅诗歌，晚年归里，与四方文士唱和，所著《西轩效唐集》12卷，《四库全书提要》以为“盖取法唐人之意，然殊不类唐音”，远超“前七子”片面拟古之风；其子丁之乔亦工诗好客，丁氏别业遂成为远近名流聚会之所，子孙中进士、举人者六七世，皆笃学之士；清初丁澎列名“西泠十子”、“燕台七子”，其《扶荔词》、《扶荔堂集》名噪一时，二弟亦名播江左，世称“三丁”。吕氏有规模宏敞的吕园，明嘉靖间吕水山曾佐助浙江总督胡宗宪抗倭，又“通博异才，微及艺事，率尔造极，书法精劲，在二令之间，画无尘埃气”，且“性好奖成人材”（《明文海》卷四百六十六《盛溪绿生志》），建有藏书楼“樾馆”，文征明、王穉登、陈继儒等东南名流纷至沓来。吴氏明中期自皖南休宁迁入，吴邦相万历二十九年（1601）进士及第，历官知州和礼部员外郎，晚年亦大治园林，喜好交游，子孙沉潜文墨。卓氏明初自瑞安亡命来迁，嘉靖、隆庆间卓文卿、卓明卿以诗文驰声三吴，并涉足仕途，自此逐渐发展成为一个经学、文章蜚声东南的大家望族，王世贞、钱谦益、吴伟业、黄宗羲、朱彝尊、吴绮、王士禛、陈廷敬、汪懋麟、李邺嗣、李澄中、方象瑛、林云铭、沈珩、毛奇龄、张玉书等大江南北几乎所有明末清初文化名人，皆曾流连卓氏亭馆楼阁（包括可与“樾馆”媲美的“水一方”藏书楼）或与卓氏人物交游，康熙初卓天寅刊刻十卷本《传经堂集》，所收题咏卓氏家族纪念馆“传经堂”

的名流即达近二百人之多。卓氏风华前后传承不下五百年之久，晚明卓尔康著作等身，保存至今的尚有《诗学全书》40 卷、《易学全书》50 卷、《春秋辨义》38 卷、《农山文集》30 卷，明亡忧愤殉国；其从弟卓发之为汤显祖、董其昌、顾宪成、高攀龙、袁宏道、钟惺、谭元春、释紫柏、憨山等推重，著有《水一方诗草》、《漉篱集》、《今文线》、《经世略》，散文中对八股文和科举制度的批判丝毫不让于后来的蒲松龄和吴敬梓等；卓发之之子卓人月，以复社领袖主盟风雅，与徐士俊合辑《古今词统》16 卷，自著诗集《蕊渊集》12 卷、文集《蟾台集》4 卷、《晤歌词》12 卷及杂剧《花舫缘》，诗歌堪称公安派的劲旅；卓尔康之子卓人皋又以古文驰名，其《卓有枚文选》4 卷流传至今；乾隆初卓长龄著有《高樟阁诗集》，卓敏著有《见山堂学裘诗稿》，卓轶群著《西湖杂录》，字字皆藏亡国之哀、故国之思，乾隆四十六年(1781)被人告发，遭到高宗弘历切齿痛恨，卓氏遂罹惨祸而衰。劳氏明初即有劳谦闻名当时，入清劳氏中进士、入太学、服青衿者先后数十人，而晚清劳权、劳格兄弟更唾弃八股功名，毕生以校勘古籍、研攻经史为职志，有“丹铅精舍”、“木芙蓉馆”等家族藏书楼，所校古籍《元和姓纂》、《大唐郊祀录》、《北堂书钞》、《蔡中郎集》、《文苑英华》及唐宋多家文集，引证广博，考辨精深，世称善本。晚清朱氏有朱学勤官至大理寺卿，入值军机处十数年，以为官惠直著称，有汉朝贾谊之誉，著述甚丰，家有“结一庐”藏书楼名闻海内；其子又辑刊遗文，校印《结一庐丛书》。同时夏氏有夏同声嗜学，与林琴南为友；夏同善文章卓荦，时人誉谓“在曾〔曾国藩〕、左〔左宗棠〕之上”，历官翰林院编修、日讲起居注官、江苏学政、兵部右侍郎等，尝主杭州紫阳书院，又为光绪帝师之一。望族接踵，带动这一方商业巨镇和丝业巨镇同时也成为文学巨镇、学术巨镇、藏书巨镇和文人巨镇、文化巨镇。据光绪《唐栖志》记载，明代诞生进士 15 人，举人 40 人；清代有进士 23 人，举人 64 人。清末民初又诞生留学日本，历任中山大学、延安大学、北京大学等校法学教授和系主任，被毛泽东称为“全国第一流的法律学家”和著名马克思著作翻译家何思敬等相当一批文化名人。今人编《塘栖著述考》，自南宋至民国，载书多达六百多种，涉及文人、学者三百多人，足见该镇在文化上的重要地位。

再如杭州临平镇、长安镇(今属海宁)同样是交通枢纽而兼丝业名镇、商业大镇，同样是名流辈出、举足轻重的文化重镇。如临平镇，明清之际有沈谦，博学多才，在积极参加抗清复明活动失败之后，隐居南楼 20 年，与遗民同道毛先舒、张丹赋诗联唱，称“南楼三子”；三人又与柴绍柄、丁澎、陆圻、孙治、陈廷会、吴百朋、虞黄昊等结为“西泠诗社”，称“西泠十子”（又称“西陵十子”），提倡新诗、新词，被朱彝尊称赞为“西陵十子流派别，南宋诸公体制殊，绝似韦郎《浣花集》，奇章丽则近来无”（《曝书亭集》卷十五《题汪祭酒霦诗卷三首》之一），除刊行《西泠十子诗选》、《西泠词选》传世外，沈谦自著《东江集》43 卷（内含诗赋 21 卷、文 10 卷、词 12 卷）和《词韵》、《词谱》、《南曲谱》等词学研究著作，“三子”、“十子”其他作家亦均有诗文和学术著作传世，西泠诗风以高华朗丽翕然风行诗坛，一改晚明竟陵派的逼仄晦涩陋习；沈谦复在所居东江草堂热心指导、奖掖后学，门下弟子亦多所成就，著名戏曲家洪昇就出其门下，又有诗人潘云赤、沈圣昭等，时号“东江十子”。明末清初半个世纪以上的时间，小小的临平成了文化辐射力和承接力极为强劲、海内瞩目的文化渊薮。在乾隆盛世时期，该镇又诞生博通经史、文武全才、叱咤四方的著名学者、军事家和政治家孙士毅，曾以翰林院编修纂校《四库全书》，任副总纂，又历任广西布政使、山东布政使、广东总督、四川总督、两江总督、兵部尚书，充军机大臣、吏部尚书，协办大学士，在乾隆晚期平定境内、境外（属国安南）各种叛乱和对外战争中，几乎都走在前列，做出卓越贡献，著有《百一山房集》，堪称乾隆朝文治武功事业的卓越功臣。晚清该镇又哺育了一代朴学大师和文化巨人俞樾。俞樾在经学、古文、诗歌等方面均堪称当世第一流人物，对戏曲、小说等通俗艺术也深有研究；其门下受业弟子包括戴望、黄以周、施补华、袁昶、章太炎等，或以道统挽救衰世，或以词章力斥凡庸，或以忠烈血溅社稷，或高举反清大旗而参与推动古老中国的新生。俞氏师生对清末民初中国历史和中国文化的影响广泛而深远。而自四岁时由德清迁居临平镇外祖母家，俞樾寓临平近 30 年，临平可称其不折不扣的故乡。

以上主要是从“镇”的角度，考察了越地杭嘉湖平原市镇崛起的文化效应，以见出越地在全国率先展开的商业化、工业化、城市化与现代化历程，为近世越文化的辉煌和走向现代提供了一个极为重要的新的内在推动力量。实际上，市镇崛起的文化效应，不仅体现在规模较大的“镇”的层面上，也体现在规模较小，商业化、工业化程度因而也较小，一般称为“草市”的“市”的层面，甚至更小的准草市的村落层面上；市镇崛起对文化发展的内在推动作用和深刻影响，并非仅仅存在于商业化、工业化、城市化水平较高的杭嘉湖平原，商业化、工业化、城市化水平相对较低的越地其他各处，包括浙东宁绍平原和温台地区各处，只要已经出现商业化、工业化、城市化趋势，同样存在着文化发展的这种内在推动力量。

例如明清绍兴府城西北的安昌、下方桥、东浦、柯桥和东边的陶家堰等，都是这样绝不可小看的草市甚至准草市的村落。

安昌宋代尚为安昌乡，宋元都是沿海盐场所在，杨维祯《海乡竹枝词》“潮来潮退白洋沙，白洋女儿把锄耙，苦海熬干是何日，免得侬来爬雪沙”，即咏其地，明中期随着经济的发展始于弘治二年（1489）开市；入清以后，随着近海植棉业的大发展，安昌草市逐渐崛起，乾隆初发展为棉布业中心和绍北最大的农村商市。如道光《安昌记》所载：“安昌北境白洋山外，木棉之利，岁登数十万，而此数十万又必于市易粟与一切居处日用之资，则市之懋迁有无，不啻数十万。”现存乾隆十六年（1751）安昌米行劳动合同等资料表明，当时已出现行业垄断，招工行规、招工契约已比较普遍，市场经济规范有序，市镇社会的城市化特征已初具规模；一直到民国初年正式建镇，安昌的棉花产业都比较发达，除销往周边福建、江西、安徽外，还远销日本，如1918年日商三井洋行在当地设行收花，一周即收去籽花1860包。在草市崛起为镇的同时，安昌的文化品位也不断提升。据2000年中华书局出版新编《安昌镇志》统计，明代诞生进士、举人共17人，清代诞生30人，其中不乏明清历史上赫赫有名的重要人物。如明万历后期的礼部尚书兼东阁大学士朱赓，曾上疏极陈矿税之害，于万历帝罢废朝政，中外解体之时，独撑国体，鞠躬尽瘁；天启、崇祯年间的朱燮元，以名进士而成为明末著名军事家、政治家，曾平定四川、贵州等地叛乱，“拓地千里”（《明史》本传），“威望著于西南，〔时人〕比之蜀相诸葛”（朱彝尊《明诗综》卷六十二小传），官至兵部尚书，贵、川、湖、滇、粤五省总督，而又兼擅诗文，所作颇传诵人口；晚清平步青，历官翰林院编修、侍读、江西布政使，后弃官归里，潜心学术，手抄笔录，一生校书、著书一百多种，世所罕见。此外，清代这里走出一个数量极为可观的师爷群体，其中如许思湄那样的杰出人物，以其实学功夫和用世情怀，对三百多年的政权运转和民生经济做出难能可贵的贡献。

下方桥又名齐贤，南宋为安昌乡齐贤里，明中叶起丝绸业、纸扇业、酿酒业兴起，尤以丝绸业最为发达，清乾隆年间始建为市；清末民初，丝绸业更出现空前的鼎盛，机杼之声，连街比屋，所产“熟货”缎子与杭产齐名，远销南洋各地，丝绸产业也完全实现了现代转变。根据有关史料，1894 年前后，下方桥有土织机 250 台，年产绸缎 2 万匹左右；到 1929 年，已有现代织机 6860 台，年产绸缎超过 20 万匹。制造业的发展同时带动商业的兴盛，民初有 50 多家绸庄和其他各业商肆比肩林立，共同营造着这个宁绍平原丝绸业中心和商业中心的现代氛围。在这个草市快速现代化的同时，其文化亦获得长足发展。根据 2005 年中华书局出版新编《齐贤镇志》的统计，两宋出现进士 1 人；明代出现进士 3 人，举人 1 人；清代出现进士 18 人，其中两人为榜眼，举人 30 人，进士、举人清代较之明代都出现了几何级数的增长。近代还出现积极追随孙中山民族民主革命、历任孙中山机要秘书、《民国日报》社长和立法院院长孙伏园，同盟会员、抗日名将、国民党陆军上将孙震等文化名人。

东浦南宋为东浦里，当时已是绍兴有名的酿酒之乡，陆游《游山西村》"莫笑农家腊酒浑，丰年留客足鸡豚"，所吟即其地；明中期民间家酿快速走上市场化经营之路，余氏"孝贞"酒坊、陈氏"贤良"酒坊、"诚实"酒坊于正德年间相继创建，带动"越酒"之名远播遐迩，如长洲吴宽《清明日林亨大邀游兴隆寺》"柳下行来过佛楼，旋携越酒荐闽羞"（《家藏集》卷十一），济南李攀龙《宦游》"越酒经春老，江鱼入夏肥"（《沧溟集》卷七），海盐彭孙贻《还自会稽歌》"归来惝怳惨不愉，越酒浓醉倾千壶"（《茗斋诗初集·七言古》）等诗所吟；入清以后，酿酒业进一步发展，乾隆初年始建为市，自此直到晚清，出现长达一个半世纪的鼎盛局面。乾隆间吴寿昌《东浦酒》云："郡号黄封擅，流行遍域中。地迁方不验，市倍榷逾充。润得无灰妙，清关制曲工。醉乡宁在远，占住浦西东。"（嘉庆《山阴县志》卷二十八下引）同时陶元藻在《广会稽风俗赋》中更指出："东浦之酝兮，沈酣遍于九垓。"（《泊鸥山房集》卷十一）梁绍壬《浪迹续谈》卷四说："今绍兴酒通行海内，可谓酒之正宗"，其《两般秋雨庵随笔》卷二《品酒》又说："能得其真东浦水作骨，而三四年陈者，已是无等等咒矣。"足见绍兴酒和东浦酿酒业在全国的地位。根据周师濂《西郭夜归》"东浦万家村酿足，高桥十里暮帆收"，李慈铭《越缦堂日记补》"东浦十里吹酒香"等诗文记载和《绍兴老酒简史》等史料，晚清东浦三千多住户居民中，三分之一都以酿酒为业，大规模的酒坊就有几十家，成为货真价实的"酒国"。民国四年（1915），创办于乾隆八年（1743）的周云集酒坊所产黄酒，更夺得巴拿马太平洋万国博览会金奖。快速工业化、商业化、现代化的东浦草市，其文化同样快速崛起，为越文化和整个中国文化的现代化贡献了自己的一份力量。根据1996年新编《东浦镇志》的记载，东浦明代有进士3人，举人2人，清代有进士10人，举人18人；清末民初更诞生反清民族民主革命团体光复会成员24人，以及杰出的革命先驱徐锡麟，著名爱国将领、国民党陆军上将陈仪，著名文学家许钦文等相当一批文化名人。

再如陶家堰，元末始有陶姓来居，虽从明清到民国村落的性质一直不变，但因为处在会稽运河（浙东运河中部从绍兴府城到曹娥江段约90里，历史上属会稽县境，故名）亦即整个浙东运河的中间位置，为运河交通冲要之地，明清均在此设有专门的驿传机构，随着明中叶开始浙东运河沿线经济的快速发展，特别是入清以后，被亚当·斯密称为"非常重要的制造业的原料"棉花在宁绍平原各地得到广泛种植，余姚、上虞境内一大批棉业市镇崛起，这些新兴市镇以及运河沿线其他大型都市的经济和文化辐射力交汇到夹水而居的这个村落，使其经济上出现新的景象，手工业特别是与棉花采摘关系密切的竹器编织业获得发展，连带《万历会稽县志》、《康熙会稽县志》和《雍正浙江通志》均载"竹火笼，陶堰制者最佳"，文化上更迸发出极为绚丽的光采：根据朱顺佐、张能耿先生的统计①，这个至今仅有三千多人住居的陶家堰村，明代从成化元年（1465）陶性中举开始，诞生进士14人（其中榜眼、探花、会元各1人），举人18名（其中解元1名）；清代诞生进士28名，举人51人；其中不乏父子进士，与官至礼部、吏部尚书和国子监祭酒（全国最高学府校长），在文化界赫赫有名的人物。如明代陶大顺、陶允淳父子同年进士，陶承学、陶望龄父子先后进士（陶望龄且为会元和榜眼）；陶谐在任抗逆大阉刘瑾，治河有成，平乱有功，官至两广总督、兵部尚书，而又诗文均擅；陶承学宦迹遍于江南、中州，政绩卓著，官至南京礼部尚书，陶望龄官至国子监祭酒，著作等身，更是晚明屈指可数的重要思想家、文学家；陶大临亦以榜眼历任翰林院掌院学士、南京国子监祭酒、吏部尚书。清末民初这里更诞生了著名目录学家姚振宗，对辛亥革命"实有巨功"的反清民族民主革命的卓越先驱陶成章，著名爱国民主人士邵力子，著名美术家陶元庆等一大批文化名人；伟大的人民教育家陶行知，其祖籍也在这个小小

① 参见朱顺佐、张能耿：《江南人才名镇——陶堰》，浙江大学出版社1993年版。

的陶家堰。

过陶家堰往东，浙东运河沿线不少明清崛起的草市也都是这样灿烂夺目的文化明珠。如道墟（明清属会稽县，今为上虞道墟镇）清初设市以来，诞生浙东史学大师章学诚，五四新文化运动中的著名散文家川岛，著名园林艺术家陈从周等文化名人；东关（明清属会稽县，今为上虞东关镇）清初设市以来，科第连绵，清末民初更诞生国学大师马一浮，堪称中国科学教育之父和中西文化会通思想家的杜亚泉，中国现代地理学和气象学的奠基人竺可桢等文化名人；等等。

（二）物质基础变化牵引下越文化从古代向现代的蜕变

越地经济社会在全国率先展开的商业化、工业化、城市化与现代化历程，在全国率先经历从古代向现代的递嬗，这一物质基础的变化牵引越文化也在全国各区域文化中率先完成从古代向现代的蜕变。

如文学方面，其中的诗歌，从有明"我朝第一诗人"（袁宏道《与吴敦之书》）徐渭，"有勃然不可磨灭之气，英雄失路托足无门之悲"，"然匠心独出"，"一扫近代芜秽之习"（袁宏道《徐文长传》）的创作，到"乾隆三大家"之首袁枚，主张"性情遭遇，人人有我在焉，不可貌古人而袭之"（《随园尺牍·答沈大宗伯书》），"诗难其真也，有性情而后真"（《随园诗话》卷七），公开批判封建道统和道统诗教观，以为"'道统'二字，是腐儒习气语"，"废'道统'之说，而后圣人之教大"（《小仓山房文集》卷二十四《策秀才文五道》），"不可信者，温柔敦厚也"（《随园尺牍·再答李少鹤书》）的创作与理论；再从"三百年来第一流"（《柳亚子诗词选·定庵有三别好诗……》）和近代第一位浪漫主义诗人龚自珍，"站在老大帝国的东南一角，向积重难返、改革难度最大的诗歌领域发起进攻，唱出了近代诗歌中激动人心的震耳宏音"①，到提倡"新学"、"西学"的维新派诗人夏曾佑、蒋智由等人充斥新理念、新名词的创作，革命党人秋瑾开启中国女权主义文学先河的创作，再到鲁迅、周作人、沈尹默、刘大白、徐志摩、戴望舒、艾青等等的白话诗创作，越地诗歌从内容到形式一步步完成了从古代向现代的彻底转变，并在几乎所有时间都领全国风气之先。小说，从晚明清初凌蒙初"两拍"、李渔

① 沈善洪、费君清主编：《浙江文化史》下册，浙江大学出版社2009年版，第496页。

《无声戏》对工商业社会和市井众生相的描绘，陈忱《水浒后传》、董说《西游补》对幻境世界的再造，到晚清出现文人士大夫狭邪小说与俞万春《荡寇志》政治情结小说，清末民初蔡东藩对十一朝历史的全面演义，再到新文学运动以来鲁迅《祝福》、《阿Q正传》等小说和许钦文、柔石、鲁彦、王西彦作品对底层民众命运的关注，鲁迅《故事新编》对历史的重新演绎和幻境再造，以及郁达夫的浪漫抒情小说，茅盾《子夜》一类作品对重大政治主题的表达，可以清晰看出古今的一脉相承和转变痕迹。戏曲，从元代工商业重镇温州兴起南戏，到明中叶海盐腔、余姚腔为全国流行的民间四大声腔中的两大声腔，明中晚期出现以徐渭为领袖，由"明代成就最大的曲论家"、"创作中既非常重视剧本的演唱价值，又十分注意剧本的文学性"的一大批市民文人在内的越中曲派①，到明末清初出现最受南北市井社会欢迎的喜剧家李渔，以把帝王爱情平民化并把全部赞美献给平民人物而震动剧坛的洪昇；再从清中叶以降多声腔大剧种风靡，到清末民初堪称中国戏曲研究第一大家王国维对古典戏曲的大力推崇，以及说唱滩簧类小剧种的兴旺特别是其中的越剧崛起为全国第二大剧种，越地戏曲在剧种、声腔与戏曲家的反复相互促进中，一步步走到现代艺术世界。散文，从晚明张岱、王思任、祁彪佳等人的小品摆脱封建道统的沉重束缚，任意挥洒性灵，到五四新文化运动以降鲁迅、周作人等的机锋侧出，恣肆轻盈，前后同样完全一脉相承，同样完成了古今转变。

又如史学方面，从明中期郑晓第一个私修纪传体明史著作《吾学编》，成为"国书之善者"（王士禛《居易录》卷二十四），卜大有以空前的史学自觉编撰第一部史学史文献《史学要义》，成为"学海之舟楫，文艺之要旨"（徐栻《史学要义序》），到明末清初越地出现谈迁、张岱、查继佐、邵廷采、吕留良、温睿临等六十多位史学家，参与推动形成蔓延全国、有史以来最为壮观的私家修史高潮②，其中万斯同又以布衣之身为官修《明史》"隐操总裁

① 参见谭坤：《晚明越中曲家群体研究》，上海三联书店2005年版，第44页。

② 根据阚红柳的考察，"明末清初是私家修史的高峰，也是中国封建史学领域中私家修史的最后一次高潮"，而"江浙一带是清初史家分布数量最多的地区"，清初史家地域分布的总趋势"是由江浙三角洲地区向东南沿海推进"；在江浙地区，属今浙江境内的史家就多达61人，占了全国史家的27.98%。见阚红柳：《清初私家修史研究》，人民出版社2008年版，第10—13、137—138页。

之柄”①,以一系列新的思想引导治史风尚“向重经世、重求实、重史家之主观修养,重史料之辩证分析,重专家之书转变”,并开启史学理论的发展②,黄宗羲又以独创的体例撰写《明儒学案》,“为我国封建社会中最早、最完备的一部学术思想史著作”,“为我国学术思想史开了先河”③,被梁启超称为“中国有完善的学术史,自梨洲之著学案始”,“将来做哲学史、科学史、文学史的人”“对于他的方法和精神是永远应采用的”④;再从乾嘉时期全祖望纠正官方史学专治古代史而毛举细故之偏,倾全力于考证南明抗清史事,用如椽巨笔为坚持抗清斗争的英雄志士作传,极大地张扬史学研究的民族意识和民主精神,成为“嘉庆以后的学者批判汉学烦琐并高扬明末遗老精神之桥梁”⑤,章学诚强调“史学所以经世,固非空言著述也”,“学业将以经世,当视世所忽者而施挽救焉”(《文史通义》内篇二《浙东学术》、外篇三《与沈枫墀论学》),著作《文史通义》对古代史学理论完成集大成式的总结,对传统“六经皆史”学说赋予全新的含义,将史学自觉观念推到历史的最高峰,并在实践基础上创立一整套方志编纂理论,成为我国方志学的创立者,以其继往开来的理论建树而被称为“清代唯一史学大师”⑥,稍后钱仪吉编撰《碑传集》,“开创碑传集编纂格式”,“采摭各家碑志、传状及方志中人物传等为之,以征国史取材之所自并补其不足,可谓清代人物传记之海洋”⑦,在全祖望之后继续反拨汉学末流沉湎故纸之习,张扬研治当代史新风,下启缪荃孙《续碑传集》、闵尔昌《碑传集补》、汪兆镛《碑传集三编》、金毓黻《民国碑传集》等一系列史学人物总传之编撰,到清末民初夏曾佑著作《中国古代史》首次以历史进化论将中国历史分为三世七期,并突破封建史学体裁的旧框框,首次创立章节体的新体裁,王国维在中国史学史上第一个明确提出历史必须“毋失为科学之研究”(《欧罗巴通史序》)的命题,首创历史研究的“二重证据法”,即以甲骨文、金文等地下出土资料与传统

---

① 黄云眉:《史学杂稿订存·明史编纂考略》,齐鲁书社1980年版,第125页。

② 参见王记录:《万斯同主修〈明史〉对清初史学风尚的影响》,《河南师范大学学报》(哲学社会科学版)2009年第1期。

③ 仓修良:《黄宗羲和〈明儒学案〉》,《杭州大学学报》(哲学社会科学版)1983年第4期。

④ 梁启超:《中国近三百年学术史》,东方出版社1996年版,第58、60页。

⑤ 侯外庐:《中国早期启蒙思想史》,人民出版社1956年版,第429页。

⑥ 梁启超:《中国近三百年学术史》,东方出版社1996年版,第368页。

⑦ 钱仲联:《广清碑传集》,苏州大学出版社1999年版,“前言”。

文献相互印证来研究历史，实现了史学方法论的划时代变革，在上古史和边疆史地问题考证上取得一系列重大突破，被誉为“新史学的开山者”①，稍后范文澜又撰写了第一部以马克思主义观点为指导的系统完整的中国通史《中国通史简编》，建立了现代中国通史的经典论述范式，越地史学在史学的本体自觉性、主体学者性、功能经世性、题材当代性、方法科学性与理论成熟性等方面，经过一步步的发展和积累，完成了从古代经学附庸向现代科学史学的根本转变。

文学、历史之外，在越文化的其他各方面，只要仔细考察，均存在类似清晰的古今转变和演进痕迹。

最后尤应指出的是，在市镇崛起和相关气象万千的历史变动之后，作为越文化在全国各区域文化中率先完成从古代向现代演进的一个突出方面，同时本身也构成越文化近世演进的一个内在的思想先导，在近世越地先进的文化人中展开过一个波澜壮阔的思想运动，这个思想运动高举起“前人本主义”与“前科学主义”的大旗，在“民本—民主”、“求真—科学”的古今对接中承担了思想的桥梁，推动越文化以及江南文化走向以“人本主义”和“科学主义”为突出标志的现代历史阶段，并引领整个中华文化在20世纪初实现了与现代世界进步文化的直接融合。

四、近世越地奔向五四的思想先导

众所周知，“人本主义”（或称人文主义）与“科学主义”是溯源于文艺复兴而崛起于19世纪以降，在现代西方哲学中占有统摄地位的两大思潮，抛开其中形形色色具体思想体系的各种偏颇，就其主导倾向来看，人本主义与科学主义，民主与科学，不啻19世纪以降现代世界的普遍精神取向和价值观念；民初的五四新文化运动张扬“德先生”与“赛先生”，堪称觉醒了的中国文化先驱对当代世界进步文化的拥抱。然而，这种拥抱并非如过去多数学者所理解的，是单纯西方文化对中国传统文化震撼、冲击的结果；不管当年叱咤风云的先驱们有没有意识到，从文化史的种种事实来看，五四

① 邢玉林：《近代新史学的开山者王国维》，《中国边疆史地研究》1991年第1期。

新文化运动张扬“德先生”与“赛先生”，乃是其前辈“前人本主义”与“前科学主义”思想与西方现代文明在他们身上桴鼓相应、殊途同归的结果。因此，五四新文化运动既是西方文化对跨入新世纪不久、封建积垢依然深重的传统中国及其文化的洗礼，也是数百年来在不断工商业化、城镇化和现代化的越地及其邻近江南地区展开的思想运动自然而然的发展。五四新文化运动的大多数先锋和学生骨干都来自越地，部分来自其邻近江南地区，其秘密就在于此。如新文化运动中实绩最丰的关键主将，《新青年》的五位编辑鲁迅、钱玄同、周作人、沈尹默、陈望道，被誉为“摇动五四摇篮”的蔡元培①，五四运动中北京中等以上学校教职员联合会主席、北大教授马叙伦，五四游行总指挥和《北京学界全体宣言》起草人罗家伦，五四天津游行总指挥和北洋大学学生会会长孙越崎，还有其他一些活跃人物如郑振铎、刘大白、沈雁冰等等，都是越地人；新文化运动其他领袖陈独秀是皖西南安庆怀宁人，胡适是皖南绩溪人，其他青年骨干刘半农是苏南江阴人，瞿秋白、张太雷是苏南常州人，段锡朋、傅斯年是江西永新人，籍贯也都属与越地相距不远的江南范围；像李大钊那样纯粹北方出身的五四新文化运动先驱，几乎找不到第二个。五四新文化运动的关键人物多数来自越地或其邻近江南地区，他们从大潮漫卷的西方观念中慧眼独具地看中人本主义与科学主义两大理念，提出“民主”与“科学”两大口号，绝不是历史的偶然；换言之，五四新文化运动先驱的觉悟，很大程度上乃是近世越地先进士人“前人本主义”、“前科学主义”思想运动在新的历史条件下的薪火重燃。

这个思想运动的“前人本主义”思想家代表，从元代杭州的邓牧，到明中期和明清之际绍兴余姚（今属宁波）的王阳明和黄宗羲，再到清中期绍兴上虞的章学诚，清后期和清末民初杭州的龚自珍和章太炎，他们与五四新文化运动中的绍兴鲁迅、周作人，等等，构成一个极为清晰的一脉相承的谱系；“前科学主义”思想家代表，从元代杭州的杨辉、义乌的朱震亨，到明代杭州的李之藻、杨廷筠与绍兴的张景岳、台州的王士性，再到晚清海宁的李善兰和清末民初绍兴的杜亚泉，以及中国第一个物理学硕士、慈溪何育杰，中国最早的化学硕士、德清俞同奎，中国地质科学的开拓者、湖州章鸿钊，等等，此外还包括像“黄宗羲非常注重自身的科技实践，又竭力宣扬科技的

① 参见陈漱渝：《摇动五四摇篮的蔡元培》，《人民日报》（海外版）2009年4月3日。

作用与价值","表现出时代先进的科学思想"①,在实事求是、探求真知方面与现代科学精神完全一致,并不同程度直接从事自然科学研究的浙东学派史学家群体在内,总之亦构成一个蔚然可观的谱系。

限于篇幅,以下仅对鲁迅之前,近世越地"前人本主义"思想运动之最终奔向五四的思想传承,及其在中国近世演变和中国文化古今演进中的导夫先路作用,略作勾勒。

邓牧自号"三教外人",公开自外于以儒、道、佛为主的封建传统文化,痛斥封建君主专制对人民的危害,批判自秦始皇以来,封建帝王"头会箕敛,竭天下之财以自奉,而君益贵","天生民而立之君,非为君也,奈何以四海之广,足一夫之用邪";同时,"小大之吏,布于天下,取民愈广,害民愈深","今一吏,大者至食邑数万,小者虽无禄养,则亦并缘为食,以代其耕,数十农夫力有不能奉者",而且,"天之生斯民也,为业不同,皆所以食力也",而封建官吏"日夜窃人货殖,搂而取之,不亦盗贼之心乎?盗贼害民,随起随仆,不至甚焉者,有避忌故也;吏无避忌,白昼肆行,使天下敢怨而不敢言,敢怒而不敢诛",封建官吏对人民的戕害更有甚于盗贼。他进而断言君主专制不可能长治久安,在君主专制下的人民也绝没有任何幸福可言,提出:"彼所谓君者,非有四目两喙,鳞头而羽臂也,状貌咸与人同,则夫人固可为也,今夺人之所好,聚人之所争,慢藏诲盗,冶容诲淫,欲长治久安,得乎?""率虎狼牧羊豕,而望其蕃息,岂可得也?"他期待有朝一日能"废有司,去县令,听天下自为治乱安危"②,亦即结束这一不人道的封建君主专制,让人民自己给自己做主。邓牧批判君主专制的基本前提是"天生民",其具体含义包括"非为君"加上"所以食力也",也就是说,天下国家的存在不是为了帝王而是为了天下普通人,天下普通人都凭借自己的劳动创造而生存,因而不进行劳动创造的帝王、官吏"夺人之所好,聚人之所争","日夜窃人货殖,搂而取之",不仅是不道德的,也是有违"天生民"这一命题所内含的天理——天下公理的。显然,邓牧的反君主专制逻辑中包含了"民为邦本"和"天赋民权"的进步思想,这无疑是对根深蒂固的传统封建政治价值观的第一个强烈冲击;特别值得一提的还有,他主要从"货殖"被窃的角

① 徐定宝:《黄宗羲评传》,南京大学出版社 2002 年版,第 325 页。

② 邓牧:《伯牙琴》,中华书局 1959 年版,第 4、6 页。

度来批判封建官吏对百姓民生的危害，实际上是对刚刚启动的越地经济社会工商业化的“维权”呐喊。

王阳明从陆学上溯孟子“万物皆备于我”理论，创立了以“心即理”、“知行合一”、“致良知”为三大纲领的心学体系，明确提出：“心即理也，天下又有心外之事，心外之理乎？”“身之主宰便是心，心之所发便是意，意之本体便是知，意之所在便是物。……所以某说无心外之理，无心外之物。”“我的灵明，便是天地鬼神的主宰。天没有我的灵明，谁去仰他高？地没有我的灵明，谁去俯他深？鬼神没有我的灵明，谁去辩他吉凶灾祥？天地鬼神万物，离却我的灵明，便没有天地鬼神万物了。”（《传习录》）“夫物理不外吾心，外吾心而求物理，无物理矣。”（《答顾东桥书》）他竭力张扬人的主观精神，主张由“吾心”来主宰世界，同时对长期禁锢人心的官方意识形态——以八股时文形式宣扬的程朱理学乃至整个儒家道统，给予了弃若敝屣的批判和否定。他质问说：“今世学者皆知宗孔孟，贱杨墨，摈释老，圣人之道若大明于世。然吾从而求之，圣人不得而见之矣，其能有若墨氏之兼爱者乎？其能有若杨氏之为我者乎？其能有若老氏之清静自守，释氏之究心性命者乎？吾何以杨、墨、老、释之思哉？彼于圣人之道异，然犹有自得也。而世之学者，章绘句琢以夸俗，诡心色取，相饰以伪；谓圣人之道劳苦无功，非复人之所可为，而徒取辩于言词之间。”（《别湛甘泉序》）又毫不掩饰地提出：“夫学贵得之心。求之于心而非也，虽其言之出于孔子，不敢以为是也，而况其未及孔子者乎？求之于心而是也，虽其言之出于庸常，不敢以为非也，而况其出于孔子者乎？”（《答罗整庵少宰书》）对于长期以来被神圣化的儒家经典，王阳明明确提出：“以事言谓之史，以道言谓之经。事即道，道即史，《春秋》亦经，五经亦史。《易》是包牺氏之史，《书》是尧舜以下史，《礼》、《乐》是三代史”（《传习录》上），如此而已。明确提出“六经皆史”，否定了儒家经典超历史的绝对化、权威化，这是历史上的第一次。他还指出：“良知者，孟子所谓是非之心人皆有之者也。是非之心，不待虑而知，不待学而能，是故谓之良知，是乃天命之性，吾心之本体自然灵昭明觉者也”，“皆无所与于他人者也”（《大学问》），“人胸中各有个圣人，只自信不及，都自埋倒了”（《传习录》），这个主宰一切也自我裁决，自我主宰，自行澄明的“吾心”亦即“灵明”、“良知”，是每一个体都天然具备而无假于他人的。在“存天理，灭人欲”的官方程朱理学甚嚣尘上，中国人的个性精神被极大压抑的时代，阳明心学的诞生如晴天霹雳，震撼了整个思想界，引起道学家们的恐慌和群起攻讦，也使嘉靖皇帝两次下诏“申禁邪说以正天下之人心”①；同时这更是一抹明霞，肇启了未来世界的曙光。此诚如文化史家所言，阳明心学“处处是打破道学的陈旧格套，处处表现出一种活动自由的精神，对于当时思想界实尽了很大的解放作用”，“正可和当时西方的宗教革命家互相辉映”②；阳明心学“认为心之本体具有绝对的善”，“将人类内心深层自然而然地流露出来的东西视为真的本性”，很自然地在其左派门徒那里“导出肯定欲望的人性论”，这无疑冲决了官方伦理哲学，促成中国人性论的一次重大觉醒；更为重要的是，阳明学“承认广泛的个体即平民阶层亦是道德实践的主体”，其“满街都是圣人的乐观主义的人性论，促进了一切愚夫愚妇（明末直至奴仆）承担秩序的自觉”，使得“平民在秩序的形成上所起的作用，明末以降具有飞跃性的发展”。③ 同样值得提出的是，王阳明也是经济社会工商业化的坚决维护者。他说：“士以修治，农以具养，工以利器，商以通货，各就其资之所近、力之所及者而业焉，以求尽其心，其归要在于有益于生人之道则一而已。士农以其尽心于修治具养者而利器通货，犹其士与农也；工商以其尽心于利器通货者而修治具养，犹其工与商也。故曰四民异业而同道。”（《节庵方公墓表》）工商业者与士农阶层的职业不同，完全是“各就其资之所近、力之所及者而业”的不同选择而已，他们在“求尽其心，其归要在于有益于生人之道”这一职业本质上，是完全相同的，无所谓高下贵贱的，是“四民异业而同道”的；因此，士农而兼工商，工商而转士农，只要都是“尽心”从事而“有益于生人之道”，完全无妨于他们本来的士农工商角色。这是对传统“重农轻商”、“崇本抑末”观念的批判，也是明中期越地经济社会快速工商业化在王阳明思想意识中的反映。

近承王阳明而远接邓牧，经历明清易代浩劫的黄宗羲对封建专制进行了更加彻底和更加猛烈的批判。在有“中国的《民约论》”之称的《明夷待访录》中，黄宗羲从古今对比的视角指出：“古者以天下为主，君为客，凡君之所毕世而经营者，为天下也”，“此其人之勤劳必千万于天下之人”，因此，

---

① 葛兆光：《中国思想史》第2卷，复旦大学出版社2001年版，第299—300页。

② 《嵇文甫文集》中册《晚明思想史论》，河南人民出版社1991年版，第127、138页。

③ ［日］沟口雄三：《中国的思想》，赵士林译，中国社会科学出版社1995年版，第88、93页。

“古者天下之人爱戴其君，比之如父，拟之如天，诚不为过也”；“今也以君为主，天下为客，凡天下之无地而得安宁者，为君也。是以其未得之也，屠毒天下之肝脑，离散天下之子女，以博我一人之产业，曾不惨然”，“其既得之也，敲剥天下之骨髓，离散天下之子女，以奉我一人之淫乐，视为当然”，“然则，为天下之大害者，君而已矣”，因此，“今也天下之人怨恶其君，视之如寇仇，名之为独夫，固其所也”（《原君》）。这就在总体上揭穿了君主专制“家天下”，以“屠毒天下之肝脑”，“敲剥天下之骨髓”，“离散天下之子女”为基础，实为“天下之大害”的本质。黄宗羲还提出“君臣同事师友”、“君臣为民”说，批判了君主专制下的“尊君卑臣”观念，为知识分子指明了挣脱王权主义束缚的精神道路。他提出：“治天下犹曳大木然，前者唱邪，后者唱许。君与臣，共曳木之人也”，“天下之大，非一人之所能治，而分治之以群工。故我之出而仕也，为天下，非为君也；为万民，非为一姓也”，“盖天下之治乱，不在一姓之兴亡，而在万民之忧乐”，因此，“吾以天下万民起见，非其道，即君以形声强我，未之敢从也，况于无形无声乎；非其道，即立身于其朝，未之敢许也，况于杀其身乎”；但是，“世之为臣者昧于此义，以谓臣为君而设者也，君分吾以天下而后治之，君授吾以人民而后牧之，视天下人民为人君橐中之私物”，“后世骄君自恣，不以天下万民为事，其所求乎草野者，不过欲得奔走服役之人”，“跻之仆妾之间而以为当然”，帝王视臣子为奴仆，臣子亦以替主人看守“囊中之私物”的奴仆自居，这都严重背离了君臣本应是天下万民利益共同服务者的平等协作关系；归根到底，“君臣之名，从天下而有之者也。吾无天下之责，则吾在君为路人；出而仕于君也，不以天下为事，则君之仆妾也；以天下为事，则君之师友也”（《臣论》）。黄宗羲批判封建君主专制及其君臣观念，堪称中国传统民本思想向近代的一个重大突破，他痛斥封建家天下的危害，“在传统民本主义批判昏暴之君的基础上，向前跨进了一大步：将声讨的范围扩及全体‘今之君’，也即秦汉以降的一切专制君主”，“给王权主义以洞穿式打击”；他推翻传统的“君主臣奴”、“君臣父子”关系，提出君臣关系应是共同服务于人民利益的同事关系，没有这个共同的目的，“吾无天下之责，则吾在君为路人”，君臣关系绝非天然不可分割的父子关系，“无异于对王权主义的臣论釜底抽薪，并且隐约透现着君臣关系从‘身份’转向‘契约’的方向。而人的社会关系从命定的‘身份’观转向后天的‘契约’观，正是政治理念近代转型的标志之一”；黄宗羲对封建君主专制惊世骇俗的批判,“反映了17世纪中叶中国政治哲学所能达到的时代极限”,闪射出强烈的近代色彩和前瞻性,“不仅在中国思想史上是空前的,就是与欧洲18世纪启蒙大师抨击封建君主制度的论述相比,也并不逊色”,“即使是19世纪后期、20世纪初期,近代民主主义者批判君主专制的言论,也与《明夷待访录》的意蕴乃至语言相当近似”。①

黄宗羲不仅对截至他那个时代的君主专制进行了酣畅淋漓的批判,还对如何建立清明政治,如何做到“天下之治”,进行了多方面的积极探索,提出了同样极富近代色彩和前瞻性的设想。例如在政治架构上,要实行“学校议政”,在学校的教育功能之外再培育其议政、咨询功能和集中全体人民治国智慧的智囊功能。如称:“学校,所以养士也。然古之圣王,其意不仅此也,必使治天下之具皆出于学校,而后设学校之意始备”;又称:“天子之所是未必是,天子之所非未必非,天子亦遂不敢自为非是,而公其非是于学校。是故养士为学校之一事,而学校不仅为养士而设也”(《学校》)。黄宗羲所设想的学校不仅是人才培养之所,还是“治天下之具”唯一的源泉,是替最高统治者决定其“非是”的裁决机关,其思想库、政策源和监督者的角色,与近代的议会政治已经非常接近。张岱年先生曾经着眼于这些有“破”、有“立”的思想,正确肯定黄宗羲在中国民主思想史上的重要地位,指出:

> 五四文化运动提出了两个重要的口号,一是科学,一是民主。……二十年代时许多人曾经认为,中国没有科学。……英国的李约瑟博士写了一部很大的书,叫做《中国的科技与文化》,他证明了中国过去有科学。……我认为,中国自殷商以来没有民主制度,但在学术史、思想史上也还是有民主思想的。在中国思想史上,讲民主讲得有典型意义的,要算是黄梨洲了。……黄梨洲是中国过去民主思想的一个伟大的代表。②

又如在经济方面,黄宗羲提出,要从一切有利于“民用”的角度对社会产业进行整顿,对“本末”观念正本清源,贯彻“工商皆本”的新的理念。他说:

---

① 冯天瑜、谢贵安:《解构专制——明末清初“新民本”思想研究》,湖北人民出版社2003年版,第337—338、342—343、354—355页。

② 张岱年:《黄宗羲与中国古代民主思想》,吴光主编《黄宗羲论:国际黄宗羲学术讨论会论文集》,浙江古籍出版社1987年版,第1、7页。

"治之以本,……今夫通都之市肆,十室而九,有为佛而货者,有为巫而货者,有为倡优而货者,有为奇技淫巧而货者,皆不切于民用,一概痛绝之,亦庶乎救弊之一端也。此古圣王崇本抑末之道。世儒不察,以工商为末,妄议抑之。夫工固圣王之所欲来,商又使其愿出于途者,盖皆本也。"(《财计三》)黄宗羲的这种"工商皆本"理念,紧步王阳明的"四民异业同道"说,反映了越地乃至整个江南社会工商业化趋势继续发展的时代精神,代表了正在兴起和壮大的工商业阶层的希望和追求,又比王阳明的工商观有进一步的发展。他正面批判"世儒"的"不察"和"妄议",明确站在传统"以工商为末"观点的对立面,表现出鲜明的理论自觉和现实针对性;他把"工商皆本"提到了"治之以本"、成就"圣王"之治,也就是"治国之本"的高度,这就超越了王阳明的"有益于生人之道"说,更加本质地把握到了近世中国的工商业化亦即现代化的演进趋势,表现出更为强烈的时代精神和更为浓厚的启蒙色彩。诚如有学者所言,黄宗羲"在哲学的本末高度上为工商业者的价值地位作了一番重新的审定","这一具有质的突破的新思想,距离后来洋务运动之后提出的'工商立国'的近代工商观,其实具有精神上的一致性"。①

章学诚继承并大力发展了王阳明的"六经皆史"说。他在《文史通义》中明确提出:"六经皆史也。古人不著书,古人未尝离事而言理,六经皆先王之政典也"(《文史通义》内篇一《易教上》),"古之所谓经,乃三代盛时,典章法度,见于政教行事之实,而非圣人有意作为文字以传后世"(《文史通义》内篇一《经解上》),"事有实据而理无定形,故夫子之述六经,皆取先王典章,未尝离事而言理"(《文史通义》内篇一《经解中》)。在他看来,被后人长期神化的儒家六经,都不过是先王根据具体历史条件做出的具体典章制度安排而已,"古人未尝离事而言理","非圣人有意作为文字以传后世",哪有圣人替后人设计了什么颠扑不破的永恒真理!而且,归根到底,他又提出:"《易》曰:'形而上者谓之道,形而下者谓之器。'道不离器,犹影不离形。后世服夫子之教者自六经,以谓六经载道之书也,而不知六经皆器也。……儒家者流,守其六籍,以谓是特载道之书耳。夫天下岂有离器言

① 吴根友:《"工商皆本"与晚明儒家经济哲学的新突破——黄宗羲经济思想现代意义的再诠释》,《杭州师范学院学报》(社会科学版)2006年第1期。

道，离形存影者哉？彼舍天下事物、人伦日用，而守六籍以言道，固不可与言夫道矣。”(《文史通义》内篇二《原道中》)儒家世守的六经早已远离当年的具体历史背景，与当下具体而繁富的“天下事物”、“人伦日用”无关，仅仅是“形而下”的“器”即工具而已；探寻安邦济民的天下大“道”，绝不能离开当下时代主题和千百万普通人的日常生存问题，绝不可再死抱着“形而下”的六经故纸而沉迷不悟。为此他还大声疾呼：“君子之学术，为能持世而救偏”(《文史通义》内篇二《原学下》)，“君子经世之学，但当相弊而救其偏！”(《文史通义》外篇一《〈淮南子洪保〉辨》)章学诚用历史的眼光重新审视儒家六经著作，把它们仅仅视为有关上古典章制度的资料来处理，甚至把它们看做形而下的过时的“器”，强调其中并无什么“道”存在，“道”只存在于当下的现实之中，这就彻底动摇了儒家六经和相应道统的权威，把它们从神圣的宝座上拉了下来，并引导知识分子去积极关注时代问题和当前民生，对当时的学界流弊，或如汉学末流“无所为而竞言考索”(《文史通义》内篇六《博杂》)，或如宋学末流“以道名学，而外轻经济事功”，“枵腹空谈性天”(《文史通义》外篇三《家书五》)等，亦给予了无情的批判。像阳明心学高扬人的主体性曾激发平民知识分子对秩序重建的普遍觉悟一样，章学诚的“六经皆史”说和经世思想对清中期以降的学术文化演进和社会历史发展，亦产生了深远的影响。对此，日本学者山口久和曾认为：“‘六经皆史’思想否定了孔子之后两千多年来作为中国人思维与行动典范的经书权威，其中更是隐藏了足以颠覆儒教之根本的起爆剂”①；梁启超也说：“《文史通义》，实为乾嘉后思想解放之源泉”，“实为晚清学者开拓心胸，非直史家之杰而已。”②

龚自珍远接王阳明、黄宗羲而近承章学诚，成为继续张扬人的主体性和创造性，批判封建君主专制，痛砭现实，大胆推进思想解放的新旗手。梁启超曾说：“晚清思想之解放，自珍确与有功焉。光绪间所谓新学家者，大率人人皆经过崇拜龚氏之一时期。初读《定庵文集》，若受电然。”③龚自珍

---

① ［日］山口久和：《章学诚的知识论——以考证学批判为中心》，王标译，上海古籍出版社2006年版，第84页。

② 梁启超：《清代学术概论》，上海古籍出版社1998年版，第62—63页。

③ 同上书，第67页。

给当时思想界带来的“电火”至少有三：一是如学者所言，“定庵之学，影接实斋”①，龚自珍继承章学诚直面现实、针砭时弊的精神，揭穿了清代盛世中的衰败气象。如“秋气不惊堂内燕，夕阳还恋路旁鸦”（《逆旅题壁，次周伯恬原韵》），“一山突起丘陵妒，万籁无言帝座灵”（《夜坐》），“九州生气恃风雷，万马齐喑究可哀”（《己亥杂诗》）等诗，均揭示了大清帝国表面繁荣背后的没落衰暮，死气沉沉；“避席畏闻文字狱，著书都为稻粱谋。田横五百人安在，难道归来尽列侯”（《咏史》），批判了清代君主专制推行的文字狱和八股科举，严重摧残、腐蚀了整个社会精英知识分子阶层。基于对当时种种社会危机的洞察，龚自珍还预言这个表面盛世最终将葬送于一场天翻地覆的灾变之中，所谓“至极不祥之气，郁于天地之间，郁之久，乃必发，为兵燧，为疫疠，生民噍类，靡有孑遗，人畜悲痛，鬼神思变置”（《平均篇》）。二是从对清代社会危机的揭露和思考，进而上接黄宗羲、邓牧，尖锐地批判了封建君主专制以天下人民为敌的本质。如云：“史氏之书又有之：昔者霸天下之氏，称祖之庙，其力强，其志武，其聪明上，其财多，未尝不仇天下之士。去人之廉，以快号令；去人之耻，以嵩高其身；一人为刚，万夫为柔，以大便其有力强武”，“大都积百年之力，以震荡摧锄天下之廉耻”（《古史钩沉论》），封建君主专制不仅以“天下之士”为敌，是天下万夫政治上的压迫者和命运主宰者，还是天下人民礼义廉耻等基本精神、基本尊严的肆意践踏摧残者。所以，他发出了“居民上，正颜色，而患不尊严，不如闭宫廷”（《乙丙之际塾议第二十五》）的呼喊。三是从尊重、重建个体的“人之廉”、“人之耻”和“天下之廉耻”的立场出发，上承王阳明对人的主体性和个性的张扬，大张旗鼓地标榜“自我”的力量，意气昂扬地提出：“天地，人所造，众人自造，非圣人所造。圣人也者，与众人对立，与众人为无尽。众人之宰，非道非极，自名曰我。我光造日月，我力造山川，我变造毛羽肖翘，我理造文字言语，我气造天地，我天地又造人，我分别造伦纪”（《壬癸之际胎观》），在对“圣人”之力的唾弃中最大限度地张扬了群体性“自我”的伟大力量，呼唤了天下“众人”重整山川，再造新天地、新“伦纪”的热情；不仅如此，龚自珍还通过大量文学性和非文学性文字，痛贬在封建君主专制之下，“才士与才民出，则百不才督之、缚之，以至于戮之。戮之非刀、非锯、非水

① 孙文光、王世云编：《龚自珍研究资料集》，黄山书社1984年版，第163页。

火”,“徒戮其心,戮其能忧心,能愤心,能思虑心,能作为心,能有廉耻心,能无渣滓心。又非一日而戮之,乃以渐,或三岁而戮之,十年而戮之,百年而戮之”(《乙丙之际著议第九》),个体多样、活泼的人性遭到封建专制及其意识形态的严重摧残,有如“江浙之梅”遭到“绳天下之梅”者“斫其正”、“删其密,夭其稚枝”、“锄其直,遏其生气”等戕害,而变成“夭梅病梅”,令人“泣之三日”,痛切呼唤人性恢复与个性解放,如江浙之梅必使“纵之顺之”,“解其棕缚”而令其自然天性和生机“复之全之”(《病梅馆记》)。龚自珍对封建盛世衰亡的预言,对封建君主专制与天下人为敌的批判,对个性解放的呐喊,如照亮封建社会长夜的电火,亦如呼唤新时代到来的春雷,对晚清以降的中国历史变动和文化包括文学发展产生了深远的影响。例如,有学者就考察指出,从1917年“文学革命”开始的新文学(或称五四新文学),它在头十年的创作特色,从张扬“个人的发现”、“人性的解放”,到表现“强大的人格与现实的矛盾和由此形成的悲壮”,乃至“对于爱情的赞颂和追求”,这些为胡适、鲁迅、周作人、俞平伯等等新文学家所共同追求的东西,均可在龚自珍的作品中“见其滥觞”,龚自珍的“观念和创作实与20世纪的文学革命相通”①;不言而喻,龚自珍当为五四新文学乃至五四新文化运动中国本土的精神导师之一。值得注意的是,龚自珍呼唤个性解放而以“江浙之梅”为喻,实际上代表了越地文化人的一种先锋自觉,因而其一系列文化建树更是越文化近世演进中的一个华彩篇章。

章太炎诞生于杭州余杭仓前镇,近受龚自珍影响,而祖籍浙东余姚,“固浙东人也,受全祖望、章学诚影响颇深,大究心明清间掌故,故排满之信念日烈”②,实亦遥承王阳明、黄宗羲衣钵,为近世浙东、西反封建君主专制,反理学思想禁锢,追求个性解放等“前人本主义”思想之集大成者,亦是将思想落实为行动的坚定的民主革命家。他推崇阳明心学,以为“明之末世,与满洲相抗百折不回者,非耽悦禅观之士,即姚江学派之徒。日本维新,亦由王学为其先导。王学岂有他长,亦曰自尊无畏而已”,由此他提倡“自贵其心,不援鬼神”、“自贵其心,不依他力”,一切“以依自不依他为臬极”(《答铁峥》)的主体性哲学,提倡彻底独立自主的激进的个人观念,亦承传

① 谈蓓芳:《龚自珍与20世纪的文学革命》,氏著《中国文学古今演变论考》,上海古籍出版社2006年版,第70、86页。

② 梁启超:《清代学术概论》,上海古籍出版社1998年版,第86页。

龚自珍反对“绳天下之梅”的思想而提出“齐其不齐，下士之鄙执；不齐而齐，上哲之玄谈”(《齐物论释》)，主张个性的多样化和价值的多元化，这不仅促使知识分子从传统思想的束缚和盲从心理定式中解放出来，从而建构出健全的丰富多彩的现代人格，还“为中国现代思想学术提供了一种抵抗简化和趋同、守持差异和复杂的认知评判系统”①；他综合了从邓牧到黄宗羲的反封建君主专制思想和从黄宗羲、全祖望到龚自珍的反民族压迫、反民族奴役思想，一生致力反清民族民主革命和推翻封建帝制，“中华民国”之称即“发源于先生的《中华民国解》”，“考其生平，以大勋章作扇坠，临总统府之门，大诟袁世凯的包藏祸心者，并世无第二人；七被追捕，三入牢狱，而革命之志，终不屈挠者，并世亦无第二人”(鲁迅《关于太炎先生二三事》)；他接过章学诚“六经皆史”的旗帜，称“这句话，真是拨云雾见青天”，“六经都是古史”(《经的大意》)，并进而提出，“布六籍者，要以识前事，非谓旧章可永循也”，“仲尼，古良史也，辅以丘明，而次《春秋》，料比百家，若旋机玉斗矣。谈、迁嗣之，后有《七略》。孔子殁，名实足以抗者，汉之刘歆”(《订孔》)，将孔子与司马谈父子、刘歆等量齐观，认为他们都不过是欲人“识前事”的古之“良史”而已，彻底颠覆儒学独尊、孔子圣人的既成格局，敲响文化专制主义丧钟，诚为当时思想家的石破天惊之语，学者称为“余杭章氏《訄书》至以孔子下比刘歆，而孔子遂大失其价值，一时群言多攻孔子矣”②，“使六经的神圣性发生根本的动摇，也使由经见道，援道济世的千古大理想崩坠”③，由此开启清末民初直至五四新文化运动声势浩大的倒孔反儒运动，开启以中国近世经济社会尤其是江南经济社会的日益工商业化和近代转化为背景，中华文化从中世纪封建意识形态中猛烈挣脱出来，实现现代新生的激进运动。“章太炎由此确立了自身在近、现代之交中国社会根本性转变过程中无人可以替代的重要位置。”④翻检五四新文化运动领袖的文字，他们几乎无不服膺于章太炎的民主思想和革命伟绩。如鲁迅《关于太炎先生二三事》回忆青年时代爱读章太炎的民主革命檄文，“真是所向

---

① 李振声：《作为新文学思想资源的章太炎》，《书屋》2001 年第 1 期。

② 许之衡：《社说》，《国粹学报》第 6 号(1905)。

③ 王汎森：《章太炎的思想(1868—1919)及其对儒学传统的冲击》，台北时报文化出版公司 1985 年版，第 236 页。

④ 陈方竞：《鲁迅与浙东文化》，吉林大学出版社 1999 年版，第 247 页。

披靡，令人神往”，说“他是有学问的革命家，所以直到现在，先生的音容笑貌，还在目前”，两次用“并世无第二人”称颂章太炎的彻底革命精神和思想家风范，由衷地礼赞“这才是先哲的精神，后生的楷范”；胡适在青年时期借用章太炎《〈革命军〉序》的语言，撰文激烈地抨击“数千年”的“许多脓包皇帝，混账圣贤”①，在五四新文化运动方兴未艾之际撰写《五十年来中国之文学》(1922)历数中国两千年来的学术史，认定只有七八种书够得上他心目中的“著作”资格，又将章太炎的《国故论衡》、《检论》(《訄书》定本)等书与章学诚的《文史通义》列入他有着严格限定的“著作”之中，而胡适批孔和一生研究古代学术，更“曾广泛深入地研究过章太炎的学术成果，并在认同和批评章太炎的学术成就的基础上前进”②。诚如任访秋先生《章太炎与五四新文化运动》一文所言，其他“参加五四新文化运动诸公”如钱玄同、沈兼士、朱希祖、周作人等等，也“都是章门弟子”而“成为文化革新的急先锋”，而“世人所称道的现代划时代的新文化运动，与运动中所争论的最突出的问题，如孔教问题、文学革命问题等，在晚清太炎已于论学时提及”，如“陈独秀反孔教之言，亦至多，其主要论点”皆“与太炎之论如出一辙”，“此外又如关于鬼神的有无问题、文学革命问题，五四时期的革新者也大半是承太炎的馀绪”，凡此足见太炎思想实为“五四新文化运动”中国本土最重要、最直接的“渊源”③，足见章太炎站在了20世纪初“中国思想界转化突破的临界点上”④。

以上亦足见近世越地“前人本主义”思想运动之最终奔向五四的思想传承，及其在中国近世演变和中国文化古今演进中的导夫先路作用。

---

① 朱文华：《胡适评传》，青岛出版社2007年版，第25页。

② 杜蒸民：《近代学术史上的胡适与章太炎》，《安徽史学》1991年第2期。

③ 任访秋：《章太炎与五四新文化运动》，《中州学刊》1993年第2期。

④ 戴明玺：《章太炎与二十世纪初中国思想裂变》，《南京社会科学》2003年第4期。

第七章　中华文化格局中的越文化(上)

“中华文化格局中的越文化”,是本研究的正面焦点。此中理据万千,纵然以十部著作,亦难以列述穷尽。但乘高以望,千门万户之宫,尽在目前;凝目以辨,千红万紫之锦,不离原色。只要能找到一个较好的视角,对这一问题做出简明而科学、准确的解答,是可能的。

一望而知,这一问题的解答前提,在于对“越文化”外延的把握。由于研究者学科起点的不同,前此学术界对“越文化”外延的把握,存在着各取所需,各擅其胜,而又各有局限,纷繁杂乱的状况。我们认为,对文化内涵的把握应该尽可能宽泛,前此研究界对越文化外延的不同解读,也都有其合理性。在这样的基础上,我们愿意提出“五元有序会一”这一最大限度的圆融会通以往各视角的“超视角”,只有从这一超视角来看待本研究的正面焦点,有关越文化对中华文化的贡献,越文化在中华文化格局中地位的判断,或许才不会有太大的疏失。

所谓“五元有序会一”,就是将越文化同时看做“於越民族文化”、“越国文化”、“浙江文化”、“浙东文化”与“绍兴文化”,越文化应该是这五种文化的有机统一。

一、於越民族文化是中华文化的重要源头

(一)作为於越民族文化的越文化

从来源或者从民族发生学角度来看,越文化首先是指於越民族文化。《荀子》卷一载:“於越、夷貉之子,生而同声,长而异俗。”桓宽《盐铁论》卷十亦载:“范蠡出于越,由余长于胡,皆为伯〔霸〕王贤佐。故政有不从之教,而世无不可化之民。”元赵汸《春秋集解》卷十四引晋范宁语:“於越蛮夷也,《春秋》即其所以自称者书之。”宋魏了翁《春秋左传要义》卷二十三:“越姒姓,其先夏君少康之庶子也,封于会稽,自号於越。於者夷言发声也,滨在南海不与中国通。”从秦汉以降的这些记载来看,於越民族是繁衍生息于以今会稽山为中心的东南沿海地区,有着自己独特的语言,有别于中原华夏族,曾受到北方学者(荀子,战国末赵国今山西南部或河北邯郸人;桓宽,西汉汝南郡今河南上蔡人;范宁,东晋顺阳今河南南阳人)不同程度轻视的少数民族。

很明显,於越先民虽然被中原中心论者列入“可化之民”的行列,但“世无不可化之民”的潜台词,於越先民归根到底当属外化之民,不过属其中比较好的“可化”的一部分罢了。例如,“衣冠礼仪”很久以来就是华夏文明的一种标志;但於越先民长期“断发文身”,在中原中心论者看来,这不能不是於越地区文化落后的一个重要表现。《庄子·逍遥游》:“宋人资章甫而适诸越,越人断发文身,无所用之。”《淮南子·说山训》:“鲁人善制冠,妻善织屦,往徙於越而大困穷,以其所修而游不用之乡。”这些记载表明,在先秦时代的北方学者眼里,於越民族在文化发展的程度上是比较落后的。《管子·水地篇》甚至直接说:“越之水浊重而洎,故其民愚疾而垢。”我们看到,其时於越民族的自我感觉也是比较谦虚的(如果不是自卑的话)。例如,《越绝书》卷七载孔子的弟子子贡曾出使越,越王勾践在“除道郊迎,至县,身御子贡至舍”之馀,就这样对他说过:“此乃僻陋之邦,蛮夷之民也。大夫何索居,然而辱乃至于此?”

尽管如此,从於越民族和中原华夏族往来之早与常态化来看,於越民

族在距今约三千多年前,其文化的成熟程度与中原华夏族应该差距并不太大。今本《竹书纪年》载:周成王“二十四年〔公元前1040〕,於越来宾”。《逸周书·王会解》亦载周成王二十五年:“大会诸侯于洛邑,……於越来朝。”《艺文类聚》卷七十一引《周书》更说:“周成王时,……於越献舟。”这些记载说明,早在西周初年的公元前11世纪,於越民族就和中原的中央王国——姬周王朝发生了比较频密的交往关系。差不多每年都要万里迢迢地向中原中央王国派出使团,这没有相当的物力水平作后盾,没有一种向慕中原文化的进取心,显然是难以做到的。因此,《春秋谷梁传》卷十九说“於越夷言也,《春秋》即其所以自称者书之,见其不能慕中国,故以本俗名自通”,不是孔子的误解,就是谷梁赤的偏见。

(二)於越民族文化对中华文化的发源贡献

实际上,现代考古学的发展已经披露了先秦以来传世文献所阙略的一个惊人事实:从距今三千年往上直到距今一万年前,於越民族文化都是中华大地上最悠久、最先进的民族文化,构成了中华文明的重要源头之一,并对中华文化的发展起到了重要的推动作用。

地下发现业已证明,发祥于今天浙东萧绍平原的於越民族,是古代南方百越民族中最先进的部族,在距今1万年左右创造了上山文化,在距今9000年左右创造了小黄山文化,在距今8000年左右创造了跨湖桥文化,在距今7000年左右创造了马家浜文化和河姆渡文化,在距今6000年左右创造了崧泽文化,在距今5000年左右创造了良渚文化。这些都是中国新石器时代文化六大区系中最为先进的文化。就首创稻作文明、丝绸文明、海洋文明、城市文明,拥有独特的建筑文明、玉器礼仪文明和青铜文明和最早的工业文明,以及其后参与形塑中华文明的创造主体汉族和广大南方少数民族而言,於越民族文化堪称中华文明的主要源头和奠基者之一。

例如,就稻作农业文明而言,在浦江上山文化遗址中,考古工作者从出土的夹碳陶片表面发现不少稻壳印痕,胎土中也夹杂大量的稻壳,对此进行植物硅酸体分析显示,这是经过人类选择的早期栽培稻。上山遗址是迄今所发现保存丰富栽培稻遗存、年代最早的新石器时代遗址,这就证明,於越先民极可能是世界稻作农业的最早发明者之一。在萧山跨湖桥遗址发现了骨耜和稻米遗存;在马家浜文化地层中发现骨耜、木耜等耜耕农业的多种农具和粳稻、籼稻等炭化稻谷依存；在河姆渡文化遗址发现的稻谷数量之多、颗粒之大(接近现代栽培稻)，不仅堪称全国第一，在世界史前文明中也十分罕见，在崧泽文化嘉兴双桥遗址、海盐遗址和宁绍平原诸遗址出土的稻谷与中国最早的石犁，证明於越先民在中国历史上最早将耜耕农业发展成犁耕农业；在良渚文化时期从湖州到宁波的多处遗址，发现了面积较大的水稻田和各种发达的耕作技术和相当完备的家畜饲养业，以后数千年中国农业发展的雏形于此已经完全奠定。这些地下发现无可辩驳地证明，於越民族是世界上人工栽培稻技术和稻作农业文明的伟大发现者和创造者，是中华农业文明的缔造者之一。

就纺织丝绸文明而言，在跨湖桥遗址发现了篾编织物；河姆渡遗址中还出土了许多珍贵的纺织工具实物，包括数量众多的陶制和木制纺轮等纺纱工具，木制定经杆、绞纱棒、机刀、布轴、骨梭形器等纺织工具，以及长短不一的骨针和骨锥等缝纫工具，同时还出土了一件象牙雕刻盅形器，其外表刻有一圈编织纹和四条蚕纹图案。在马家浜文化遗址发现捻线的纺轮和炭化纺织物残片，后者经鉴定为以野生葛为纤维原料、花纹为山形斜纹和菱形斜纹的罗纹织物，是迄今发现的中国最早的纺织品实物。在距今约5000年的良渚文化遗址还出土了我国最早和最为完整的玉质纺砖和原始腰机部件，特别是还直接出土了现知世界上最早的家蚕丝织品——绸片和丝带、丝线等遗物，其中的绸片为平纹组织，绞织的纬丝由20多根蚕丝合成一根生丝，经密为134根/寸、纬密为122根/寸，表面细致平整，丝缕平直光洁，同今天生产的11153电力纺的精密度接近，其先进性可见一斑。这说明，丝绸文明作为中华文明的一大瑰宝，其首创者竟也是我们的於越先民；於越民族生活的这片土地作为“丝绸之府”的历史已有5000多年，堪称中华丝绸文化和世界丝绸文明之源。

就建筑文明而言，在上山遗址中还发现干栏式房子建筑遗迹和带有基槽的地面建筑房址遗迹，推测其平面结构大致呈后室封闭、前堂敞开的房子形式。而此前已发现万年以上的早期新石器时代遗址中，以洞穴、山地遗址类型为主。但上山遗址位于浙中盆地，四周平坦开阔，这说明，於越先民很可能就是人类早期结束穴处、山栖而选择定居盆地生活的第一批开拓者。在曹娥江上游的小黄山文化遗址，考古学家发现了中国最早的立柱建筑遗迹，其中有两处以九个柱子、三排构成的完整房屋单元，系采用挖深坑的方式将柱子竖立起来，底部用石块垫在柱子下面，起到承重和防潮的作用，其架构与至今一些农村建造的房子结构基本一致。专家肯定这是目前所知道的中国最早的建筑用柱。也就是说，是於越先民开创了中国用立柱建筑的先河。在河姆渡遗址的第三、第四文化层，发现大量带榫卯的木建筑构件，其中主要榫卯类型就多达 11 种，结构科学，足以承受各种复杂的压力，后世常见的梁柱相交榫卯、水平十字搭榫卯、横竖构件相交榫卯以及平板相接的榫卯等都已具备，对我国木构建筑技术产生了深远的影响。在该遗址的第二、第三、第四文化层，都发现了以这些木建筑构件为基础的相当成熟和完善的干栏式建筑遗迹，在当时世界范围内显示出最为先进的建筑水平——建筑水平公认是衡量一个民族文明水平的最重要标志之一。专家断言，於越先民对力学原理的发现和利用，创造了我国木构建筑史乃至世界建筑史上的奇迹。

就城市文明而言，在 20 世纪 80 年代，随着杭州市北部今余杭区瓶窑镇附近的反山、莫角山、瑶山等大量高品位的良渚文化遗址被发现，专家们就有了“中华第一城”的推断。1996 年，著名考古专家、北京大学考古文博学院教授严文明提出，莫角山遗址作为良渚文化最高规格的政治、经济、文化和宗教中心，很可能有“城”之类的防卫设施。最近十多年来，我国考古界一直围绕良渚遗址区是否存在“城”而进行不懈的探索和各种各样的论证，最终终于揭开真相。据目前勘探和试掘的初步结果显示，良渚古城位于瓶窑镇莫角山四角，略呈圆角长方形，正南北方向。古城墙东西长约 1500—1700 米，南北长约 1800—1900 米，周长约 6600 米，总面积达 290 多万平方米。古城墙基址密密麻麻铺垫着石块，宽度约 40—60 米，石头基础以上用较纯净的黄土堆筑，部分地段地表上还残留 4 米多高的城墙。浙江省文物考古研究所研究员刘斌说，按照周长 6600 米，宽 50 米，高 4 米测算，营造古城墙基础所用的石方约 132 万立方米，按照一立方米石料约为 2 吨计算，古城墙基础石方重量高达 260 万吨，这个数字还不包括城址基础上面用黄土夯筑的城墙。据刘斌推算，建造规模如此巨大的城墙，即便按照现代标准，一个青壮劳动力每天开采、搬运一吨土石方，至少需要动用一万人整整工作一年。“良渚古城工程之浩大、壮观，完全可以与古埃及的金字塔相媲美。”重要的是，专家们指出，无论从时间、规模，还是从城墙的建筑方式以及城内高等级墓地、祭坛，或者从包含玉钺、神人兽面神徽等在内的大量礼器来看，都堪称“中华第一城”，显示出政教合一的社会政权形式与国家形态，流露出一个以城市为中心的古国的雏形。这表明，是我们的於越先民创造了中国文化史上最早的国家形态和最初的城市生活方式。

就海洋文明而言，在河姆渡遗址出土了我国最为古老而又精美的多支木船桨、一条四米多长的独木舟、多件独木舟残骸等水上交通工具实物和两件以独木舟为原型的陶塑艺术品，考古学家证明河姆渡先民在7000年前就已使用独木舟、筏、船埠头和木板桥等交通手段来开发和经营沿海岛屿，而钱塘江畔跨湖桥遗址中堪称中国最早而又最长独木舟实物的发现，更把於越民族的水上交通和河海开发史提前到8000年前，这可以说是中华海洋文明的发轫。於越民族处在“西则迫江，东则薄海，水属苍天”（《越绝书·计倪内经》）的生存环境，创造了与内陆纯粹的农耕文明和游牧文明不同的海洋文明，也早已蜚声先秦以来的历史记载之中。於越民族善于舟楫、长于航海，一直为史书所艳称。如《淮南子·齐俗训》：“胡人便于马，越人便于舟。”《慎子》：“行海者，坐而至越，有舟故也。”《越绝书·记地传》载，越之常性“以船为车，以楫为马，往若飘风，去则难从”。《越绝书·记地传》还记载：“勾践徙治山北，引属东海，内外越别封削焉。”“勾践伐吴，霸关东，从琅琊起观台。台周七里，以望东海。死士八千人，戈船三百艘。”“初徙琅琊，使楼船卒二千八百人，伐松木以为桴。”勾践第一次把都城从崎岖的会稽山地北迁到沿海冲积平原，是为了“引属东海”，勾践第二次把都城从大越迁到琅琊，也是为了“以望东海”亦即更好地控制和利用海疆，充分说明於越民族在中国上古各民族中是最早经营海疆，具有明确海权意识的民族。而上述有关“死士八千人，戈船三百艘”和《国语·吴语》“越王勾践乃命范蠡、舌庸，率师沿海溯江以绝吴路”等记载，说明於越民族早在两千五百年前就建立了一支纵横东海、黄海和长江流域的庞大海军舰队，在打败吴国、称霸中原过程中发挥了巨大威力；於越民族对海疆的经营和军事奇迹的创造，必然伴随了对海洋渔业资源和贸易运输价值的开发和利用，成为中华民族创造海洋文明的先锋。1997年，第四次海峡两岸合撰中华民族史研讨会的共识之一：“早在7000年以前，古越人就驾舟出海，创造了世界上早期的海洋文明，是我国最早的海洋民族。”2002年跨湖桥遗址独木舟的发现，更加证明了这个共识，并把中华民族向海洋进军的时间提前到至少8000年前。等等。

就玉器文明和礼仪文明而言，良渚遗址中发现了大量的玉器和琳琅满目的冠戴服饰用品。其中，玉器光器型就多达61种以上，每一器型又千变万化，在全国乃至世界史前文化中均独一无二，堪称中国玉器文化的一大源头；冠戴服饰用品，装饰到人体从头到足的每一个部位，光耀炫目，精美绝伦，诚如董楚平先生所言："冠戴服饰是人类的第二肌肤，是人类文化的标志之一。冠戴服饰特别繁缛华美，是中国古代文化的一大特色"，"目前仍还找不到第二个史前文化，其衣冠服饰像良渚文化那么丰富、那么精美"。① 众所周知，中华民族向来喜欢"以玉比德"，向以衣冠礼仪之邦闻名于世，歆动四方。良渚文化遗址出土的玉器和冠戴服饰用品表明，我们的於越先民也是中国玉器文化和衣冠服饰文化的首创者。如此等等，无不说明了於越先民乃是世界上最富于创造发明精神的民族。

就最早的工业文明而言，在跨湖桥文化遗址，专家在出土的黑光陶器上发现了最古老的用陶轮加工的陶器特征——环状平行弦纹，还发现了带有轴的木质陶轮基座，经过陶轮复原实验，确证黑光陶器的弦纹就是用陶轮修整技术加工而成，也确证了於越先民是世界上最早发明慢轮制陶技术的民族，这比此前已知两河流域和中国北方黄河流域发生的这一制陶业革命分别提前了2000多年和1000年。专家发现跨湖桥文化出土石器和骨器很多是用砂轮磨床打磨的，并找到了一块用火山岩制成的砂轮磨床残件，其加工工艺极为先进，与现代砂轮没有本质区别。而此前科技界一直认为砂轮磨床是欧洲人于公元1850年发明的，而近年考古发现的中国北方砂轮磨床最早的是吉林白城靶山墓地出土的距今近5000年的有孔石锤，这说明，於越先民比欧洲早6000多年，比中国北方早3000多年就发明了砂轮磨床技术，是人类机械工业的始创者。

综而言之，仅从上述上山文化、小黄山文化、跨湖桥文化以来於越民族关于稻作文明、丝绸文明、海洋文明等等的创造来看，中华民族的文明史就不是5000年而是一万年；万年中华文明史的许多开启篇章都是於越民族来书写的，於越民族文化毫无疑问乃是中华文明的最重要源头之一。

再就有文字记载的最近三千年中华文明的创造主体汉族和广大南方少数民族而言，於越民族从强盛走向衰落过程中北上南下、西进东撤的迁

① 董楚平：《良渚人的衣冠文化》，《东南文化》1988年第3、4期。

移扩散，确乎在其中起到了重要的形塑作用。在越国灭吴，迁都琅琊之后，从勾践"与齐、晋诸侯会于徐州，致贡于周，周元王使人赐勾践胙，命为伯"，"诸侯毕贺，号称霸王"，到勾践之后第六代"王无彊时，越兴师北伐齐，西伐楚，与中国争强"(《史记·越王勾践世家》)，直到最后被楚彻底打败之前二百多年间——这是汉族逐渐形成的第一个时期，越国势力向中原和长江流域中游的强劲扩展，促进了於越民族和中原华夏族的首次大融合；而与楚国争强的失败，又迫使相当部分於越部族向南方沿海和西南腹地不断撤退，后来在秦对六国的兼并战争激烈进行之际，越国乘隙复起，短时间内将版图从江南一直扩大到广东沿海，这又使於越民族在相当程度上成为南方百越的领袖和台湾高山族的先祖。《史记·越王勾践世家》记载："当楚威王之时，……楚威王兴兵而伐之，大败越，杀王无彊，尽取故吴地至浙江，……而越以此散，诸族子争立，或为王，或为君，宾于江南海上，服朝于楚。"《越绝书·记地传》续载："楚威王灭无彊，无彊子之侯窃自立为君长，之侯子尊，时君长，尊子亲失众，楚伐之，走南山。"这里的"海上"包括台湾；"南山"不仅指浙南闽北交界的仙霞岭群山，也指江南和岭南交界的梅岭(今称大庾岭)群山。屈大均《广东新语》卷二《梅岭》条载："梅岭之名，则以梅鋗始也。鋗本越勾践子孙，避楚走丹阳皋乡，更姓梅，因名皋乡为梅里。越故重梅。……当秦并六国，越复称王，自皋乡逾零陵至于南海，鋗从之，筑城浈水上，奉其王居之，而鋗于台岭家焉。越人重鋗之贤，因称是岭曰梅岭。"梅里在今江苏无锡。由此可见，在秦始皇对中原各国的统一战争不断取得胜利的时候，从江南到广东沿海的广袤地域一度却重新成了越王勾践子孙的天下。不仅如此，当秦末天下大乱，梅鋗还发挥了百越反秦起义统帅的作用。明代广东学者欧大任《百越先贤志·梅鋗》记载："秦之乱，番〔鄱〕阳令吴芮，甚得江湖间民心，……江中群盗数千人皆归之。百越已皆畔秦，推雄杰为长，〔鋗〕遂长。鋗下令举兵，户出壮士一人。……鋗将百越兵应诸侯。……及楚汉相王，以芮率百越佐诸侯入关故立芮为衡山王，都邾；而鋗为芮将，功最多封十万户。"《广东新语》卷七《梅鋗》条亦谓"越人首叛秦"(鄱阳为越国腹地，毗邻楚，鄱阳令吴芮亦为越人之后)，"以鋗之才，为百〔粤〕越人所归"。前人已经证明百越中最显赫的"所谓东越、南越、闽越"，"皆勾践之裔"(明焦竑《焦氏笔乘续集》卷三)，当今考古学、人类学、民族学、民俗学研究的无数成果亦证明了台湾高山族与於越先民的渊源关系。总之,於越民族极大地促进了汉族和南方少数民族之形成,从文化创造主体角度奠定了近三千年有文字记载的中华文明史的基础。

二、越国文化是中华政治文化的一个典范

(一)作为越国文化的越文化

从最早享名于世的形态来看,越文化主要是指春秋战国时期的越国文化。《史记·越王勾践世家》正义引《舆地志》载:"越侯传国三十馀叶,历殷至周敬王时,有越侯夫谭,子曰允常,拓土始大,称王。"由此可见,在公元前6世纪末5世纪初中原周敬王在位(前519—前476)和勾践祖父夫谭为越王之前,越国作为一个独立的南方国家已经经历了三十多代,存在了一千多年("一叶"即"一世",古代一世30年);其国家形态的建立当在公元前16世纪左右,正当夏商之交,可见其拥有和中原地区几乎一样悠久的国家史。经允常"再世至勾践,遂成伯〔霸〕业"(顾栋高《春秋大事表》卷四)之前,在公元前11世纪作为一个边缘性的外交因素出现在中原中央王国之后,越国作为一支重要的军事政治力量,从公元前7世纪初开始,日益频繁地在当时的"国际"舞台上亮相,越国人民的顽强个性亦日益受到中原历史学家的高度关注。例如,《管子·轻重篇》记载一代霸王齐桓公(前685年至前643年在位)曾对管仲说:"今天下之国,莫强于越。今寡人欲北举,事孤竹、离枝,恐越人之至。"越国的存在早在公元前7世纪就让北方的大国齐国寝食不安,可见其在当时诸侯各国的影响力。《左传·宣公八年》(周定王六年,前601)记载:"楚为众舒叛,故伐舒蓼,灭之。楚子疆之,及滑汭〔在今安徽巢湖,一说江苏丹阳湖〕,盟吴、越而还。"楚国因灭附庸国舒蓼而东拓疆土至滑水,与吴、越结盟而还;时楚为最强盛的强国之一,越国为其结盟对象,可见国力亦不可小觑。同书襄公二十九年(周景王元年,前544)载:"吴人伐越,获俘焉,以为阍,使守舟。吴子馀祭观舟,阍以刀弒之。"这应该是吴越两国比邻而战的众多开端之一;但馀祭和其父寿梦、兄诸樊在位时期,吴国境域比越国远为广大,综合国力亦比越国强盛得多(除与楚长期对抗外,还广交中原各国,季札于鲁观周乐,领会《诗经》文化,就是馀祭在位第四年作出的一项文化外交决策);重要的是,越国子民的顽强

不屈个性，在这个小小战俘身上有了极为生动的体现，它和后来越王勾践的报仇雪耻壮举，在根本精神上可谓一脉相承。此后，在楚、吴争强的战役中，越国作为楚国联军中的一支重要力量，多次充当了急先锋的角色。如周景王八年（前537），“楚子、蔡侯、陈侯、许男、顿子、沈子、徐人、越人伐吴”，“越大夫常寿过帅师会楚子于琐〔在今安徽霍丘〕”（《左传·昭公五年》）。① 周敬王二年（前518），“楚子为舟师以略吴疆”，“越大夫胥犴劳王于豫章之汭〔在今江西鄱阳湖〕。越公子仓归王乘舟，仓及寿梦帅师从王”（《左传·昭公二十四年》）。周敬王十年（前510），吴、越两强争夺地域霸权的正面战争，在越国赢得夏粮丰收之时终于正式爆发，中原历史学家记载了此事并就此作出一个十分准确的预言：“夏，吴伐越，始用师于越也。史墨曰：‘不及四十年，越其有吴乎！越得岁而吴伐之，必受其凶。’”（《左传·昭公三十二年》）事实上，历史还超出了史墨的预期：公元前473年越国灭掉吴国，“乃以兵北渡淮，与齐、晋诸侯会于徐州，致贡于周。周元王使人赐勾践胙，命为伯。勾践已去，渡淮南，以淮上地与楚，归吴所侵宋地于宋，与鲁泗东方百里。当是时，越兵横行于江、淮东，诸侯毕贺，号称霸王”（《史记·越王勾践世家》），成为当世第一强盛之国。《淮南子》卷十一《齐俗训》载：“越王勾践劗发文身，无皮弁搢笏之服，拘罢拒折之容，然而胜夫差于五湖，南面而霸天下，泗上十二诸侯皆率九夷以朝。”《竹书纪年》亦载越国“横行于江淮”，“兴师北伐齐，西伐楚，与中国争霸”，后来又迁都琅玡，称霸中原并遥控海上二百多年。《越绝书》：“勾践徙都琅玡，起观台，台周七里，以望东海，死士八千人，戈船三百艘。”郭璞《山海经》琅玡台注：“琅玡者，越王勾践入霸中国之所都。”即使在勾践死后，越国的强大声名也令人闻之生畏。《吕氏春秋·顺民篇》即载当时中原人相诫，“无攻越，越猛虎也”，“已死矣以为生”。《史记·越王勾践世家》载直至勾践六世孙无彊时，越犹“兴师北伐齐，西伐楚，与中国争强”。

强大的政治军事必以强大的经济为后盾，强大的经济、政治、军事又必然造就一种发达的文化。在公元前5世纪与公元前3世纪的二三百年间，越国在鼎盛时期创造的文化毫不逊色于中原华夏民族。

---

① 宋陈傅良《春秋后传》卷十以为此役“越骤强也”。

(二)越国文化是中华政治文化的一个典范

越国文化建树多多①,我们认为,其中最重要的贡献在于,它创造了中华政治文化的一个典范,树立了中国历史上的一个政治图腾,参与缔造了中华民族精神最可宝贵的内核,为中国历史的继绝存亡,中华文明的生生不息提供了永恒的精神动力。中华民族精神的内涵到底何在?近年学术界的探讨十分热烈,在仁者见仁、智者见智之中,包括张岱年、金元浦等等在内的绝大多数学者共同体认的第一要义乃是刚健有为、自强不息。而坚忍不拔、发奋图强、自强不息、积极进取精神之所以成为中华民族精神的主流,除了《易传》"天行健,君子以自强不息"、荀子"制天命而胜之"等哲学思想的训示,在很大程度上与越王勾践"十年生聚,十年教训","卧薪尝胆",打败吴国、称霸中原,创造了一个将爱国情操、远大理想、超常毅力和谋国智慧完美结合在一起的辉煌政治典范紧密相关。当然,这个典范的创造本身又得益于中原华夏族主流文化的深刻影响。从勾践临终所言"吾自禹之后"云云(《吴越春秋》卷七)来看,勾践显然是把中原华夏族的三代之君大禹,这位推崇"德惟善政,政在养民",既能"决九川距四海",又勇于"奉辞伐罪"(《尚书》),被孔子高喊"巍巍乎","吾无间然矣"(《论语·泰伯》),敬仰得五体投地的华夏领袖,作为自己的血缘和精神先祖。而观勾践入臣吴国伊始的众臣送别之语,如"汤改仪而媚于桀,文王服从而幸于纣;夏殷恃力而虐二圣,两君屈己以得天道。故汤王不以穷自伤,周文不以困为病","夫吉者凶之门,福者祸之根,今大王虽在危困之际,孰知其非畅达之兆"云云,以及勾践本人的应答,"昔尧任舜、禹而天下治,虽有洪水之害,不为人灾"(《吴越春秋·勾践入臣外传》)等等,文种、范蠡一干谋臣与勾践对中原华夏族的主流文化元典和理念亦十分熟稔,如数家珍。重要的是,越国以弱胜强、反败为胜、叱咤中原的成功,反过来又丰富、强化、更新了中原华夏族的政治文化理念,成为新的主流文化元典和整个中华民族的民族精神之一。如儒家亚圣孟子将勾践与周太王并论:"惟智者为能以小事大,故太王事獯鬻,勾践事吴。"(《孟子·梁惠王下》)墨家先哲墨子将勾践视为存士重贤、败而有成的"贤君"榜样:"非贤无急,非士无与虑国。缓

① 参见方杰主编:《越国文化》,上海社会科学院出版社 1998 年版。

贤忘士，而能以其国存者，未曾有也。昔者文公出走而正天下，桓公去国而霸诸侯，越王勾践遇吴王之丑，而尚摄中国之贤君。三子之能达名成功于天下也，皆于其国抑而大丑也。”（《墨子·亲民》）汉代淮南王刘安君臣，甚至把勾践与儒家最为津津乐道的商汤王、周文王、周武王一体视为可以小中见大的“圣人”：“汤教祝网者，而四十国朝；文王葬死人之骸，而九夷归之；武王荫暍人于樾下，左拥而右扇之，而天下怀其德；越王勾践一决狱不辜，援龙渊而切其股，血流至足，以自罚也，而战武士必其死。故圣人行之于小，则可以覆大矣；审之于近，则可以怀远矣。”（《淮南子·人间训》）勾践复国的成功甚至刷新了中原华夏族建立在儒家基础上的整个文化观念，亦如刘安君臣所言：“越王勾践劗发文身，无皮弁搢笏之服，拘罢拒折之容，然而胜夫差于五湖，南面而霸天下，泗上十二诸侯皆率九夷以朝。……岂必邹鲁之礼之谓礼乎！”（《淮南子·齐俗训》）。

越国创造的中华政治文化典范，蕴涵着极为丰富的价值内容，受到后代广泛的发掘、歆慕和弘扬，从而极大地推动了中华民族的政治文化创造。例如：

第一，有从尊尚周室，适应维持“天下”秩序的时代需要角度肯定勾践事业正义性者。如扬雄提出：“周室不匡，勾践入霸。”（《扬子云集》卷六《扬州牧箴》）越国的崛起适应了匡辅宗周、安定天下的时代需要。司马迁指出在越国崛起之前，“吴兵加齐、晋，怨深于楚、越，名高天下，实害周室”，而“苦身焦思，终灭强吴，北观兵中国，以尊周室，号称霸王，勾践可不谓贤哉”，所以撰写“嘉勾践夷蛮能修其德，灭强吴以尊周室”的《越王勾践世家》。宋吕本中考察历史也以为，当时吴国“凭陵上国，日敝于兵，暴骨如莽，其戾气所感，固将壅吴而降之罚也，故氛祲所指，在于东方，假手越人，吴国遂灭”（《春秋集解》卷二十五），越国兴起，将“日敝于兵，暴骨如莽”的吴国灭国，乃是顺应天心民意之举。苏辙亦赞扬勾践灭吴之后，虽号霸王，却“无大征伐，分吴故土地以畀楚、宋、鲁”（《古史》卷十九），专力于替中央宗周王朝主持正义，“遂以保国传世”的同时，减轻了诸侯混战对社会生产和民生的大破坏。明清之际的屈大均推测秦汉之交梅鋗率百越之师反秦的动机，“以为秦者，周之寇仇，非仅越人与六国人之寇仇也，越人首畔秦，吾当帅之，以为周先王报怨。且先君勾践，能灭吴尊周室，其遗风馀烈，子姓当继绍而起”，即使“自唐、虞、夏而后，得天下之正者，莫如汉、明，而越人率为功首，能以大义鼓唱诸侯”（《广东新语》卷七《梅鋗》），也和越国先祖的这种精神传承相关。

第二，有从泽惠人民、解民倒悬，得到包括敌我双方人民在内的广泛拥戴角度，去解读越国成功的关键者。如战国末韩非赞赏越伐吴，首先将其宗旨告之吴人：“我闻吴王筑如皇之台，掘深池，罢苦百姓，煎靡财货，以尽民力，余来为民诛之。”（《韩非子·外储说左上》）西汉刘向明确断言：“得民心者民往之，……越王不隳旧冢而吴人服，以其所为之顺于民心也。”（《说苑·尊贤》）东汉王充以为，勾践的“拊循其民”政策即使带有为我所用的目的而非出于本心，也是赢得人民拥护和事业成功的原因所在：“以居位治人，得民心歌咏之为贤乎？则夫得民心者，与彼得士意者，无以异也。为虚恩拊循其民，民之欲得，即喜乐矣。何以效之？……勾践欲雪会稽之耻，拊循其民，吊死问病而民喜。”（《论衡·定贤》）三国谯周《仇国论》亦提出：“周文养民，以少取多，勾践恤众，以弱毙强。”（《三国志·蜀书·谯周传》）越国拊循其民的奖励生殖政策，甚至被汉章帝、三国魏明帝、晋武帝、宋仁宗、高宗、孝宗、宁宗等多朝君臣所直接继承，形成了在特定历史时期发挥了抚恤人民、长养国力重大作用的“胎养令”。如南宋绍兴年间，范如圭面陈高宗当世急务时提到：“论东南不举子之俗伤绝人理，请举汉胎养令以全活之，抑亦勾践生聚报吴之意也。帝善其言。”（《宋史·范如圭传》）

第三，有从君得其臣，臣得其君，用人不疑，君臣一体，臣尽其才角度，去借鉴国家兴亡的内在前提者。如宋熙宁年间苏轼上书神宗，思考改变国事冗杂局面的要途：“臣尝读《吴越世家》，观勾践困于会稽之上，而行成于吴，凡金玉女子所以为赂者，不可胜计；既反国，而吴之百役无不从者。……尝窃怪其以蛮夷之国，承败亡之后，救死扶伤之馀，而赂遗费耗又不可胜计如此，然卒以灭吴，则为国之患，果不在费也。彼其内外不相扰，是以能有所立。使范蠡、大夫种二人分国而制之。范蠡曰：‘四封之外，种不如蠡，使蠡主之；凡四封之外所以待吴者，种不知也。四封之内，蠡不如种，使种主之；凡四封之内所以强国富民者，蠡不知也。’二人者各专其能，各致其力，……然后勾践得以安意肆志焉，而吴国固在其指掌中矣。”（《东坡全集》卷四十六《策略二》）南宋孝宗即位不久，辛弃疾进《美芹十论》，以勾践君臣为榜样曰：“窃深嘉越勾践、汉高祖之能任人，而种、蠡、良、平之能处事：骤而胜，遽而败，皆不足以动其心，而信之专，期之成，皆如其所料也。

观夫会稽之栖，五年而吴伐齐，虚可乘也，种、蠡如不闻；又四年，吴伐齐，虚可乘也，种、蠡反发兵助之；又二年，吴伐齐不胜，而种、蠡始袭破之，可以取之，种、蠡不取；又九年而始一举灭之。盖历二十又三年，而勾践未尝以为迟而夺其权。……古之人君，其信任大臣也，不间于谗说；其图回大功也，不恤于小节；所以能责难能不可为之事于能为必可成之人而收其效也。”（明杨士奇编《历代名臣奏议》卷九十四）理宗时期徐鹿卿批评当政无志，人心不齐，国事日隳之失，亦以吴越之谋为鉴：“越人之谋吴也，举越国同一报复之心；吴之谋日益睽，而越之心日益叶，胜负之机于此而决。”（《清正存稿》卷五《论待敌救楮二札上枢密院》）

第四，有从必须发展经济，奠定雄厚的物质基础，富国强兵，才能成就伟业角度去寻味越国崛起的历史启示者。如东汉班固提出：“昔粤〔越〕王勾践困于会稽之上，乃用范蠡、计然。计然曰：‘知斗则修备，时用则知物，二者形则万货之情可得见矣。故旱则资舟，水则资车，物之理也。’推此类而修之，十年国富，厚赂战士，遂报强吴，刷会稽之耻。”（《汉书·货殖传》）北宋陈舜俞提出神宗政府取法勾践富国强兵，才是解决宋辽矛盾的根本之道：“实仓廪，治甲兵，育材养士以待乎寡，是以力足而心休，智至而功立，太王之事獯鬻、勾践之事吴是也。”（《都官集》卷一《利用四》）南宋赵汝愚向孝宗提出的榜样中也有勾践：“为今之策，要当如管仲之治齐，勾践之治越，诸葛亮之治蜀，……使兵强国富，截然成不拔之势，然后进可以复祖宗之境土，退犹不失太上中兴之业也。”（《历代名臣奏议》卷五十二）

历史证明，在民族危机加重之时，这一政治文化典范的价值内容总是在与现实的对照中得到相当全面的发掘，成为全民族共度时艰、顽强生存的精神动力和行动指南。以一直险于民族危亡困境的两宋时期为例，勾践复国称霸这一中华政治文化典范的价值内容就被赵宋君臣多方面发掘，成为这一时期全民族最为珍视的政治智慧和精神支撑之一。除了上述几点，特别应该强调的还有：

第一，全力以赴，矢志复国，早定大计的坚定决心。这里包含了国家政治何去何从的方向选择和如何达致其目标的重大战略选择。绍兴年间吴伸上书高宗提出：“窃观越王勾践之脱于吴也，尝胆以苦其心，任贤以广其谋，虽一饮一食，未尝不以灭吴为念，故当时其耻虽大，其国虽削，数年之间复其疆而雪其耻。……今陛下去汴而之吴越，迹实似之，谋则异也。……

伏望陛下痛察臣言，上以祖宗创业艰难为念，下以生灵涂炭为忧，焚舟决战，如勾践欲杀妻子，焚宝器之时，誓与三军触战，共存共亡，则危国可以复安，亡地可以复得。"（《历代名臣奏议》卷八十七）翟汝文亦建言要如勾践等早定"必胜之计"，洗刷屈辱事敌之耻："古今之为国者，必先有立国之规模，御世者必先有役一世之术，秦人欲并六国，则悉国人趋于耕战，秦人非耕无所得食，非战无所得爵，是故国以富强，卒并诸侯。且非独秦也，勾践之取吴，隋文帝之取陈，必胜之计已定，料敌之谋已审，以次而行之。自建炎以来，天下日苦于兵，生人涂炭，而朝廷无一定之论，御敌无坚决之策，乞盟于强敌者冠盖相望，已甚屈辱矣。"（《忠惠集》卷七《应诏条具敌退上封事》）朱熹之父朱松亦向当道提出："古之为天下国家者，虽其积累之厚薄有逆有顺，有短有长，而其意指规模未尝不为子孙万世之计，盖未有俯仰依违，苟度旦夕，曾不为终岁之备而可以为国者。卫文公之封于楚丘，勾践之脱于会稽荡覆之馀，君臣徒手扫地赤立，惟其大计已定，故上下相与坚忍卑辱，痛自抑损，而不敢少变焉，是以皆能有所成就而垂裕后世。"（《韦斋集》卷九《上胡察院书》）宁宗时期王迈亦提出要以当年勾践君臣之意明示天下："朝廷之意向不明，不足以新天下之精神；士大夫之议论不一，不足以新天下之耳目。此臣之所甚忧也。朝廷之意向，天下之所趋也；今朝廷之意不达于士夫，士夫之意不白于天下。……使其意专在于振作欤？则当以勾践、种、蠡奋发复雠之意明示天下，使之为兴复之计。"（《臞轩集》卷一《丁丑廷对策》）理宗年间真德秀亦上奏："昔之进取者，必先立规模，以为一定不移之计。故十年生聚，十年教训者，越勾践之规模也。……惟其规模既定，确守不易，凡二十三年之间，非图敌之事则不为，故越师一出，而吴不能支。"（《西山文集》卷十三《召除户书内引札子二》）

第二，艰苦奋斗，以苦为乐，摈弃奢华，忧勤砥砺的精神。这涉及举国上下欲成就大业必须具备的精神面貌。如南宋建炎年间赵元镇上奏高宗，提出应效仿"勾践所以灭吴"之道："天其或者眷佑我宋，激励陛下益坚忧勤之念，以就中兴之业乎？昔……越王勾践，败困会稽，既以反国，置胆于坐，饮食必尝曰：汝忘会稽之耻耶？后亦以灭吴。区区小国之君，苟用心如此，卒能有成，今陛下……其亦饮食尝胆如负会稽之耻，仰承天之所以责成之意，则兴衰拨乱，此其始欤？唯夫食不加肉，衣不重采，折节下贤，与百姓同劳苦，是乃勾践之所以灭吴也。"（《历代名臣奏议》卷八十六）绍兴年间张守亦上书高宗:“伏望陛下念祖宗基业之重,增修恭俭之德,益励忧勤之心,勉其所难,节其所欲,至诚不倦,则盛德日新而上下孚信,神天佑助,将何往而不克哉。昔越王勾践为吴所败,食不加肉,衣不重采,卒能报吴。……倘修德不已,则恢复大业亦岂甚难?”(《历代名臣奏议》卷三)宁宗时期真德秀上奏,亦提出鉴于秦桧当权之失而取法勾践:“昔勾践之栖于会稽也,饮食不致味,听乐不尽声,内则修令宽刑,振贫吊死,折节下士而厚礼宾客,外则具车马兵甲,而与三军共饥劳之疲,凡可以报吴者无不为,而非可以报吴者不暇为也。国家南渡,驻跸海隅,何异越栖会稽之日,……而秦桧乃以议和移夺上心,粉饰太平,……士大夫豢于钱塘湖山歌舞之娱,无复故都黍离麦秀之叹。……陛下日旰视朝,惟大政是议,辅臣夙宵尽瘁,惟大计是图,则勾践之功可寻而中兴之烈可冀矣。”(《西山文集》卷三《直前奏事札子》)理宗时期袁甫上奏亦提出,必须效法勾践艰苦奋斗才能策励世人:“直欲陛下如兴王之始奋,徒手而运掉一世,则必思坐卧仰薪,饮食尝胆真如越王勾践可也,必思大布之衣、大帛之冠,真如卫文公可也。夫如是,天下将曰万乘帝王而所食如是,所服如是,是真欲兴邦矣,是真欲洗一世而更新矣。”(《蒙斋集》卷四《戊戌风变拟应诏封事》)同时方大琮也向理宗提出必须改弦更张,效法勾践以砥砺抗敌志向:“陛下忧勤之念未孚四方,而佚乐之声颇传道路,而或者犹曰,事有不可为,未免兴退饮醇酒之叹。……消疑释谤,抑岂无说?布衣帛冠,岂足兴卫,而文公之志自此立;薪寝胆食,岂足强越,而勾践之志自此坚。”(《铁庵集》卷一《谏院奏议·八月分第一札》)

第三,咬定目标,持之以恒,不达目的决不罢休的坚韧。这涉及创立不朽功业的艰巨性、长期性和必须付出的毅力代价。孝宗时期叶适上奏痛斥秦桧当权以来消极无为的“待时乘机”论,导致抗金复国的大好时机一再坐失,而提倡勾践的日夜报吴说:“越之报吴也,范蠡、文种以必在二十年之外,而二十年之内勾践欲不忍其愤而一决,则二人者出死力以止之,至其成功也,果在于二十年之外,此岂非所谓待时者耶?然二十年之内,越人日夜之所为皆报吴之具也,故时未至则不动,时至则动而灭吴。若二十年之内无所为,而欲待时于二十年之外可乎?自古两敌之争,高者修德行政,下者蓄力运谋,皆有素治之术、先定之形,然必顺其势而因势之可为则胜,违时而求以自为则败,若此者曰待时可也。陛下二十馀年之间,接乎光尧〔按指高宗〕二十馀年之事,闻待时之论而行待时之说熟矣,待时之说转而为乘机。……此群臣之款大事，而误陛下以自宽也。……盖待时之虚论其误天下国家审矣。臣请决今日之论，时自我为之，则不可以有所待也；机自我发之，则不可以有所乘也。不为则无时矣，何待？不发则无机矣，何乘？"（《水心集》卷四《奏议·待时》）宁宗时期陈傅良亦提出应该效法勾践，自始至终，心心念念以谋敌灭仇为君臣之职志："古之谋人，不惟其善因天下可为之资，而至于摧败奔衅之馀，九亡而一存者，尤善谋者之所贪也。盖天下之福不在于福，而生于祸；负者胜之基，弱者强之府。……昔者勾践之丧邦，亦尝有所不忍，欲死于一决之快矣。独范蠡知夫会稽之栖，乃所以饵夫差而钓之者也，于是谏止其君，阴携而阳厚之，以豢吴而饱其欲，故吴之心自以为无越，而不知越之志未尝不在于无吴也。黄池之会，一举而蹙之，范蠡之蓄此久矣。"（佚名《十先生奥论注》前集卷十三《杂论·谋论上》）理宗时期真德秀再次提出了勾践坚韧复国的历史经验："昔越王勾践违范蠡之谏，骤举伐吴，以取夫椒之败而有会稽之栖，然能惩前之失，所以自谋者益深，而谋敌者益密，动心忍性二十馀年，未尝逞忿而轻发，亦不慑祸而自沮，养刚强剽锐之力于安徐重固之中，韬愤切雠疾之意于柔伏卑屈之际，卒以报吴而称霸于中国。……知敌之未易图而为谋益深，知功之未易就而为力益倍，强勉砥砺不肯苟安，则勾践之功犹有望于后日。"（《西山文集》卷十四《十一月癸亥后殿奏己见札子》）

第四，晦志以伸，舍小谋大，刚而能屈，屈而不失其宗的隐忍。这涉及原则目的性和策略权变性的统一。乾道年间员兴宗曾建议孝宗谋敌应该像勾践一样，要善于"忍而后动"："忍不忍之间，安危系焉。使其伸缩在我，平日晦之，一日伸之，大事不足定矣，外惧何为也哉？昔勾践为国，蕞尔国也，奉夫差以玉帛，又奉之以子女，常人所不忍者，勾践一切忍之，此岂其真情也哉？彼其奔走事人之日，皆阴谋生聚教训之日也，故吴不有越，而越卒有吴者，勾践得此微权也。……臣固知其忍而后动也。"（《九华集》卷二十三《察敌情轮对札子》）同时杨万里也向孝宗提出了如勾践隐忍事敌，乃在于争取时间壮大自己的意义所在："越王会稽之役请成于吴，吴以为真请也，不知夫越之将求其暇而用之也。是故王女女于王，大夫女女于大夫，士女女于士，勾践不耻也；轮其宝器，玩以女乐，勾践不爱也。惟不耻，故有以复其所大耻；惟不爱，故有以保其所甚爱。会稽之栖，耻之大也；社稷之存，爱之甚也。夫惟其小者无所耻，无所爱，故国中之民疾者吾得以问，死者吾得以葬，富者吾得以安，贫者吾得以与；赏罚物备，吾得以审；车马兵甲，吾得以具。夫是数者得以尽，而吴固在其股掌矣。”（《诚斋集》卷八十八《治原上》）在强调勾践隐忍事敌的历史经验可以借鉴的同时，宋代的很多有识志士也都注意到不应放弃这一历史经验的根本指向，而把隐忍事敌变成了无所作为的盲目求和甚至形同自杀的投降主义。嘉定元年，真德秀即痛感朝廷再度复炽的投降主义，精辟地提出当年勾践事吴与六国事秦的根本不同以警醒宁宗君臣：“盖古者敌国通和，有养其事力以待可为之机者，越之事吴是也；有听命于敌，以图苟安之计者，六国之事秦是也。今日寻盟于北〔按指签署“嘉定和议”〕，臣不知姑欲养其事力以待可为之机乎，抑将听命于敌而图苟安之计乎？勾践之行成于吴也，盖忍耻以志仇雠之复，而非倚和以自固也，是以二十年间蚤朝晏罢，卧薪尝胆，未尝一日忘会稽之耻，故虽屈辱一时，迄能伸其志于异日；若夫六国则不然，其求和于秦也，盖委国以为仇雠之役，而非用权以蕲济也，故朝割地以赂秦则暮弃谋臣之言，夕遣质以入秦则旦绝邻国之援，撤防弛备，冀秦之矜己而不加兵，奚异委肉虎狼而幸其弗食也夫，是以六国之地卒归于秦。岂秦之力能亡六国耶？六国实自亡耳。”（《西山文集》卷二《戊辰四月上殿奏札一》）

总之，考察文献可以发现，几乎所有有宋爱国志士都曾在文集中反复思考过勾践报仇灭敌这一政治文化典范的积极意义，并借鉴到现实的抗金斗争中，几乎所有曾经领导抗金斗争的皇帝也都受到这一政治文化典范的深刻影响。例如，就后者而言，曾反复与臣下讨论勾践灭吴史事的孝宗（典型的例子如周必大《文忠集》附录卷二《行状》所载）固然如此，即就其抗金立场向来颇受争议的高宗而言，他在绍兴初年曾“淬砺军政，搜拔将材”，组织抗金，“敌至辄破，不惟愤之，且欲吞之，故能转弱而为强”（《西山文集》卷十四《十一月癸亥后殿奏已见札子》），使局面焕然一新，相当程度上也是受到这一政治文化典范的影响结果。理宗时期姚勉建言朝廷重新振作，积极组织抗敌救国时，对此曾有中肯的分析：“高宗皇帝初在临安，尝有圣制曰：‘愿同越勾践，焦思先吾身。〔按，接下来两句是：“艰难务遵养，圣贤有屈伸。”〕高风动君子，属意种蠡臣。’此诗也，盖高宗皇帝中兴之规模也。越之谋吴，臣种治内，臣蠡治外，高宗圣心盖有见于此，其后用赵鼎、张浚为左右相，遂用此法，鼎居中秉政，进退人才，浚江上视师，专任边事，表里相应，举天下而运之掌矣。……独惜吕祉之间一萌，兄弟之好遂失，而秦桧乘之矣。”(《雪坡集》卷二《庚申封事》)可以推想,南宋之所以面临强敌压境、民族危亡的胁迫尚延续150年之久,远超过东晋、南朝的任何一个朝代,更非后来的南明昙花一现可比,不容忽视的一个重要因素,与它建都越国故地,上上下下直接受到这一政治文化范本的更多精神浸染相关。

时过境迁,吴越斗争以及随后的越国称霸中原,今天看来,只是古代华夏本土范围内各民族竞争的一种表现方式和各民族融合漫长历程的一个断片。中华民族的伟大复兴和在全球化条件下与世界各民族在竞争中实现和谐共存,早已代替了往昔华夏本土范围内各民族的竞争与融合,成为当代中国的最大政治。如何在更高层次上及时把握和满足整个时代的需要,如何通过小康社会和和谐社会建设让最广大的人民得到实惠,保护和实现全体人民利益的最大化,如何完善各种机制以调动全社会的积极性,形成最为强大的人才合力,如何战胜各种因素的干扰,始终把经济建设和发展生产力放在第一位,如何通过各种措施将全社会的意志统一到中华民族的伟大复兴这一宏伟事业上,如何营造勤勉、继续艰苦奋斗的良好干部作风和健康社会风尚,如何进一步重温中华民族精神的要义并加以弘扬、光大,如何在对外交往和建构新的国际秩序过程中将主持正义的原则性和一定的策略性结合起来,以既有利于我们自己的事业,又为人类的和平与发展做出更大贡献,等等,所有这些问题成了我们时代的紧迫课题,其复杂性远远超过了两千五百年前的越国崛起。但历史的悬隔与相似一体两面。仔细寻味越国崛起所创造的这一中国古代政治文化范本,毋庸置疑,其在当代中国的现代化和民族精神重塑进程中仍然具有一定的现实意义。

三、浙江文化是中华地域文化比较先进而完备的重镇

(一)作为浙江文化的越文化

从文化发生时空的长期统一性来看,越文化则指浙江文化。成书于战国时期的《国语·越语》记载越国灭吴之前的疆域说:“勾践之地,南至于句无,北至于御儿,东至于鄞,西至于姑蔑,广运百里。”东西为广,南北为运;句无在今诸暨,御儿在今嘉兴,鄞即鄞县,在今宁波,姑蔑在衢州龙游县。

这段文字曾为古今许多史书所信从，但若按越国在公元前5世纪称霸天下之前，疆域果真如此狭小，方圆不过百里——这里的“百”当还包括了“数百”的意思——来考察，上述公元前7世纪末以来发生的诸多重大史事都将无法理解。宋代学者吴仁杰《两汉刊误补遗》卷五，引史料指出吴越两国在太湖和钱塘江流域的大片疆域是共有的：“《国语》伍子胥曰：‘吴与越，三江环之。范蠡曰：‘与我争三江五湖之利者，非吴耶？然则三江五湖，吴越所共，非吴独得而有也。”三江五湖，历来学者皆以为指松江、钱塘江、浦阳江和太湖，由此可见，吴越两国都把这些地方看做自己的疆域。清代学者顾栋高《春秋大事表》卷四《列国疆域表·越》更综合民间传说、历史文献和实地考察所得，分析指出了越国强大之前的具体统治范围：“《国语》与《越绝书》所载不同，其北向所至曰御儿、曰平原，皆在今嘉兴一府之地；其西南至于姑蔑，则在今衢州府龙游县。然昔人称馀汗〔馀干在汉代称“馀汗”〕为越地，淮南王安谓越人欲为变必先田馀汗界中，《通典》亦谓为越之馀，则自江西广信至饶州皆越之西界，《国语》所云姑蔑盖未尽矣。余尝历淮扬至余杭，尽吴之境；又亲至左蠡，而知越大夫胥犴劳王于豫章之汭，实在今鄱阳湖。盖鄱阳为楚，馀干为越，分峙湖之两岸，楚越相结，归王乘舟，应在于此；若北出，则千馀里皆吴地，越方仇吴，岂能以孤军径行其地而与楚会耶？其地全有〔今〕浙之绍兴、宁波、金华、衢、温、台、处七府之地；其〔今〕嘉、杭、湖三府，则与吴分界；由〔今〕衢历江西广信府，至饶之馀干县，与楚分界。”由此可见，今日浙江全境(明清处州府即今丽水地区)与当年越国长期直接统治的范围存在高度吻合关系。在公元前468年迁都琅琊之后，越国故地在相当长时间内又成为其驰骋中原的战略大后方。正因为这里有着一千三四百年的越国统治史和数百年的越国辉煌史的文化积淀，越国消失以后这里所产生的文化仍然可以看做越国文化的衍变，所以，后人凡指涉今浙江全境即昔日越国故地范围，亦皆以“越”称之；即使在元置江浙等处行中书省、明设浙江承宣布政使司，浙江作为一级行政区划的名称完全深入人心之后，也是如此。如明嘉靖间浙江乡试的一道策问题就是：“史称禹盖会诸侯江南，计功会稽。……会稽固今浙江之境也。至少康封其庶子于此，以奉禹祀，号为於越；由此，越世世为君王矣。果真禹之遗烈耶？入其地，有睹河洛而兴思者。诸士子皆越产，必知其国之故，请言之。”(归有光《震川集》卷二下)显然，在明代浙江行政长官心目中，浙江就是古越国之地，当代浙江士子亦是“越产”无疑。又如，明末宋存标编《秋士选诗三百》卷三收宋懋澄《与钱一辨西湖西子》诗序引钱氏语云：“越有西施，复有西湖。”在两宋一钱等人心目中，“越”显然是指浙东浙西即浙江全境而言。清初姚佺分地编选当代诗歌总集《诗源》，第二部分亦以《越》为题，收入了杭州府、嘉兴府、湖州府、绍兴府和义乌县、鄞县、慈溪县、永嘉县、瑞安县等涵盖浙江全境的诗人诗作。在姚佺之类许多士人的意识中，“越”也就是明清浙江的别名。所以，有学者提出，“宋以后以‘越’或‘越中’特指绍兴已成习惯，‘越’已不能像先秦那样代表如今的浙江之大部”①，乃是一个十分明显的误断。近现代学者指称浙江为古越国之地的亦大有人在。

正因为存在着文化传承时空的这种长期统一性，我们才把越文化定位为浙江文化。这不仅是适应当前浙江文化大省建设的现实需要，更是揭示浙江文化古今一致的内在精神传统的学术需要。

（二）浙江文化是中华地域文化比较先进而完备的重镇

早在十万年前，於越民族的先祖“建德人”就已经在浙江大地上繁衍生息，从那以来，浙江文化和其他区域文化一样，走过了自己的萌芽时期、方国时期和史志时期，发展为中国地域文化丛林中为数不多、最挺拔和最硕果累累的大树之一。

1. 浙江文化的先进性

纵览从新石器时期以来差不多一万年左右的浙江文化史，如前所述，在其萌芽时期，先后创造了上山文化、小黄山文化、跨湖桥文化、河姆渡文化、马家浜文化、崧泽文化和良渚文化，成为中国新石器时代六大文化区系中最为先进的文化，构成中华文明的最重要源头之一；在方国时期，其国家形态的建构与北方中原地带一样悠久，与之平行发展，经过两千多年的积累，首次奠定了东南财赋之区的物质基础。如前人所言：“东南财赋之渊薮，惟吴越最为殷富；夫东南财赋之渊薮也，自战国汉唐至于今用之。昔越王勾践国于会稽，……其为郡十，地至狭也，当是时，玉帛之贡于吴府无虚日，外而吴之公卿大夫皆有赂，内而越之士卒百官皆有养，然未尝有不给之

① 浙江省社会科学界联合会编：《浙东学派与浙江精神》，浙江古籍出版社2006年版，第183页。

虞。”（宋章如愚《群书考索续集》卷四十六《东南财赋》）最后凭借强大的综合国力，在公元前5世纪取得天下霸主的地位，创造了中华政治文化的辉煌典范，并在其他许多方面亦均有杰出的贡献。大约从公元前3世纪到公元2世纪，先是楚国的占领，接着秦、汉王朝的纳入大一统版图的震荡，以及汉武帝的武力消灭东瓯国等，使得越文化经历了一段五百年的衰落，而其时北方中原地区借助儒、道、法等学说的鼓荡推动，已然确立了中国政治、经济、文化中心的地位。其与北方文化迥然不同的固有内容和特色逐渐褪色、消散，而新的文化成就还未创造出来，五百年间浙江大地几乎变成了一个荒蛮的世界，这是越文化进入史志时期初期所不得不承受的巨大落差和牺牲。但这在相当程度上也使越文化避免了中原地区所有的“独尊儒术”，迷信和神化思想权威，将全社会的心智都集中到一种核心观念的文化僵化倾向。

然而就从汉代开始，经历过汉吴王封国、三国东吴和五代吴越国三个半方国回溯时期的经营积累，如汉“吴王濞国于全吴，以地理考之，即今江南二浙及闽中是也，……吴之百姓无赋也，惟即豫章山以铸铜，煮海水以为盐，而吴之赋擅天下，至于金钱之饶，在处而有”，“夫吴越之地，自钱氏时独不被兵，又以四十年都邑之盛，四方流徙，金集于千里之内；而衣冠贵人，不知其几族。故以十五州之众，当今天下之半。计其地不足以居其半，而米粟布帛之直，三倍于旧；鸡豚菜茹樵薪之鬻，五倍于旧；田宅之价，十倍于旧；其便利上腴争取而不置者，数十百倍于旧”（宋章如愚《群书考索续集》卷四十六《东南财赋》、《两浙地利》）；再加上大一统政权兴衰转折时期晋室南渡、安史之乱、五代之乱和赵宋建都杭州与朱明建都近邻南京等五次大规模的人才南迁和资源南聚，伴随着北方在战乱中的持续破坏、衰落，浙江在全国文化版图中不断崛起，从唐代开始成为全国的经济中心；宋代商品经济更加发达繁荣，并在很大程度上以此为依托，在南宋成为全国的政治中心和文化中心，并进而彻底改变了有史以来的南北文化格局；到明代，浙江终于凭借各方面都取得的辉煌成就，襟带吴闽，成为举世公认、无可争议的“天地之中”所在，在全国文化版图上占据了极为耀眼的位置。

关于浙江在唐以后的经济地位，宋人陈傅良、苏轼、宋祁和明人郑若曾等都有明确的记载。陈傅良指出：“唐财赋皆仰给于东南，其它诸郡无有。爰至于唐代宗大历之际，……天下租赋之所入，不过千二百万，而江南之利实居其半。德宗建中之间，韩滉之节度浙江东西也，是时车驾在奉天，滉则献绫罗四十担；李晟驻军于渭桥，滉则饷米百馀艘；乘舆反正于长安，滉则贡米百万斛。……唐虽名为都长安，而大农之国计，实仰给于东南，其它诸郡无有也。宪宗即位之二年，李吉甫作《元和国计录》，备述元和之初，藩镇瓜割，玉帛之不贡于王府者十五道，而岁租赋之所倚办者八道，实皆东南也。……故韩愈有言曰；当今赋出天下，而江南居十九。"（宋章如愚《群书考索续集》卷四十六《东南财赋》）"东南"、"江南"的地域自包括浙江在内，但还没有明确提到浙江。苏轼提出："两浙之富，国用所恃。岁漕都下米百五十万石。其它财赋供馈，不可悉数。"（《东坡全集》卷五十九《进单锷〈吴中水利书状〉》）宋祁记载："北汇三江，东引五湖而注之海，尽浙分也。地殖稻鱼，山采铅铜，熬盐赋荈，错出珍贝，飞舻长帆，以输都藏，号令经营，天下之甲。"（《景文集》卷四十五《送张端公转远两浙序》）范成大在《吴郡志》中写道："苏湖熟，天下足。"郑若曾亦明确提出："东南，财赋之渊薮也，自唐以来，国计咸仰于是，其在今日尤为切要重地。韩滉〔愈〕谓赋出天下，而江南居十九，以今观之，浙直又居江南十九。"（《郑开阳杂著》卷二《论财赋之重》）明末"御史林栋隆疏：惟国家财赋，浙、直几半寰宇，京边转输，仰给东南"（孙承泽《春明梦馀录》卷四十二）。

发达的农业带来了商品经济的繁荣，诚如宋人所言，"两浙之地，市易浩繁，非他处之比"（周密《癸辛杂识别集》卷上《天市垣》），"急于进取，善于图利，本朝诸志以叙两浙之俗"（林表民《赤城集》卷一录陈公辅《临海风俗记》别本）。而商品经济的空前繁荣，反过来又推动中国经济中心南移的倾向不断强化，并最终推动中国文化的重心在宋代从北到南也来了一个根本的转移，亦如时人所言："自晋南渡之后，东南渐重，而西北渐轻，至于宋，东南愈重，而西北愈轻。……至元丰〔北宋神宗，1078—1085〕中，比往古极盛之时，县邑之增几至三倍，民户之增，几至十倍，财货之增，几至数十百倍；至于庠序之行，人才之盛，地气天灵，巍巍赫赫，往古中原极盛之时，有所不逮"，"天下地利，古盛于北者，今皆盛于南。……儒学之盛，古称邹鲁，今称闽越。……陆海之利，今称江浙，甲于天下，关陕无闻；灌溉之利，今称浙江太湖，甲于天下，河渭无闻"，"观秦汉以前，天运旺于北方，故天下之美，举萃于西北。……爰自李唐而下，南北一家，蛮荒万里，悉为郡县，……更安史之变而无虞，历五季之难而获免，…… 至于宋朝，……民物康宁，益用丰泰，遂为九围重地，夺往古西北之美而尽有之：是以邹鲁多儒，古所同也；至于宋朝，则移在闽浙之间，而洙泗寂然矣。关辅饶谷，古所同也；至于宋朝，则移在江浙之间，而雍土荒凉矣。”（宋章如愚《群书考索续集》卷四十六《东南县邑民财》、《东南财赋》、卷五十一《南北》）迨至南宋，杭州作为国家都城地位的确立，加上第四章所述北方文化移民的南下和人口的快速增长，各种因素作用到一起，不仅更加推进了浙江在全国的政治、经济中心地位，也推动浙江，连带福建，成为全国的文化中心。明代大儒丘濬曾经解释朱熹的一个论断说：“朱子曰：‘岂非天旋地转，闽浙反为天地之中？’闽浙在东南海尽处，难以为〔地势之〕中，朱子盖以声名文物通论天下，非论地势也。”（《大学衍义补》卷八十六《都邑之建下》）这表明，浙江及其近邻作为全国的文化中心地位，在南宋当时就得到一流学者的体认。到了明代，由于商品经济的继续发展、朱明王朝建都南京的政治因素和第五章所述种种历史机遇的作用，在朱熹那里难免带点犹疑意味的这一判断，更发展为整个学术界的一种共识，浙江作为天下“首藩”、“上国”的地位得到进一步确立。例如，当张诩和丘濬在文章中不约而同这样表述的时候，“天旋地转，今浙闽为天地之中，然则我百粤其邹鲁欤”（《白沙先生墓表》，陈献章《陈白沙集》附录）、“朱文公有云，岂非天旋地转，闽浙反为天地之中？越与闽接壤，闽浙视古洛，则百粤其视古齐鲁欤”（《重编琼台稿》卷九《广州府志书序》），他们显然都承认了浙江连带福建作为全国文化中心的地位。再看归有光《震川集》卷十一《送柴都事之任浙江序》云：“吴越之地濒大海，天下无事二百年宴然靡犬吠之警，百姓反若依海以为固。……古之所谓天地之中，莫能过也。承钱氏据土，宋室偏安之后皆以钱塘为国，而皇家定鼎建业，浙为首藩，都邑之盛、物产之殷富，天下称杭州云。”这无疑是在一个更大的文化视野上肯定了浙江的“天地之中”地位。高攀龙《高子遗书》卷八下《答耿华平中丞》云：“浙有三大功臣、有三贤太宰，声震宇内。自三阁臣相继，今复三阁臣并起，一何盛耶！人言天地之中，古在洛，今在越，或其然与？”这是对浙江作为“天地之中”的人才原因说明。

总而言之，到明代，浙江不仅在狭义的文化上，还在广义的文化上确立了“天地之中”的地位。

正因为浙江在全国具有如此特殊的重要性和文化潜能，才有了如此等等的记载：朱元璋第五子朱橚，“洪武三年封吴，国钱唐，七年，置杭州护卫，上以浙江财赋重地，不可封王，罢护卫，改封周”，“洪武四年辛亥始开科取士，……中式者一百二十名而吾浙得三十一人，盖居四分之一，而会元俞友仁复为仁和人，首藩首科盛事如此；是时刘基、宋濂、章溢、王祎辈，俱浙人，一时同为开创名臣”，“明两浙人物，刘文成基为谋臣之首，宋文宪濂为文臣之首，方正学孝孺为忠臣之首，于忠肃谦为功臣之首”（《雍正浙江通志》卷二百八十《杂记》引《吾学编》、《万历野获编》、《池北偶谈》）；如此等等的说法也就广泛见载于明代各种文献：“闽浙之间旧为蛮夷渊薮，而今富庶繁衍，遂为上国”（胡广等《书经大全》卷三“五百里荒服”条注）、“浙水东西十一郡六十五邑，其民生之秀慧，物产之精好，为十四布政司之最”（杨士奇《东里文集》卷七《送黄敷仲之官浙江序》）、“浙江为天下首省，号声名文物之都，当东南财赋之半”（黄训《名臣经济录》卷四十二录夏良胜《请设文武重臣剿除凶悖以宣国威以靖地方疏》）、“浙东、西浙人才炳烺，霸天下”（胡应麟《少室山房集》卷八十七《中丞滕先生传》）、“两浙士风，为海内嚆矢”（余继登《淡然轩集》卷六《明通奉大夫光禄寺卿少洲冯公墓志铭》）。

经清进入近现代，浙江文化继续在各个方面走在全国前列，不断刷新历史，谱写出骄人篇章。如在政治上，出现了浙江人创立的光复会，成为辛亥革命的发动机；经济上，出现了左右近代中国经济走向的“江浙财团”和“宁波帮”；思想文化上出现了近代中国最杰出的教育家蔡元培、最伟大的文学家鲁迅和最卓越的学者王国维，等等。

总之，以上纵向综而论之，从浙江文化这个角度看待越文化，在一万年以来的历史上，它明显落后于其他文化的时间仅仅只有公元前3世纪到公元2世纪的500年左右时间，在其他绝大多数时间，特别是从距今一万年到5000年左右的5000年间和从中唐以来的1000多年间，它一直在各个方面走在全国的前列，是全国各区域文化中的先进者。

2. 浙江文化的完备性

从横向分而论之，古今浙江不论是在物质文化、政治制度文化还是在精神文化方面，它都创造了许多辉煌成就，是整个中华文化精华的重要组成部分。可以说，在中国所有区域文化中，越文化即使不是唯一的重镇，也是少数极为重要的重镇之一。

政治制度文化方面，最关键的一点已如上节所述；精神文化方面，下节亦将略作介绍；这里，我们将简要提示最富越地特色的几种文化——以越丝、越瓷为代表的越地物质文化;以军事家刘基、于谦、王阳明和"浙兵"为代表的越地军事文化,以西施、曹娥、秋瑾为代表的越地女性文化。

——以越丝、越瓷为代表的越地物质文化

越地是中华物质文化的两大要素——丝绸文化和陶瓷文化的发祥地。

如前所述,於越先民是世界上最早发明养蚕缫丝技术的民族,"越丝"的历史可以上溯到新石器时代。考古工作者曾经在余姚河姆渡遗址中发掘出大量的纺织工具,如打纬骨机刀、骨梭、梭形器、木制绞纱棒、打纬刀、经轴和陶制纺轮等,又在两件盅形的象牙雕刻上发现编织纹图象和蚕纹图案。这表明早在七千多年前,越地就已掌握了利用蚕茧抽丝,进行手工编织的技术,已经开始饲养家蚕。湖州钱山漾遗址出土遗物中,又发现了不少绢片、丝线和丝带,经鉴定,系用蚕丝捻合而成的长丝做经纬的平纹织绸物,丝缕平整,是至今我国出土最早的丝织品。这说明约4700年前,越地的丝绸纺织技术已经比较成熟。经过几千年的发展,到东汉,越地的丝织品就已声誉鹊起,受到史家的关注和海外君臣的青睐。根据研究,东汉哀帝时间,越地著名的丝织品"越罗"织造技术和织物已经传到日本①;《后汉书·陆续》载陆闳,"美姿貌,喜著越布单衣,光武帝见而好之,自是常敕会稽郡献越布",《后汉书·马皇后纪》载马太后见儿孙诸侯王离别,"感惜别之怀,各赐王赤绶、安车驷马、白越三千端、杂帛二千匹、黄金十斤",所提"越布"、"白越"实均指越罗。此后,从魏晋六朝到唐宋时代,又经过千年的发展,越地纺织工艺越来越精益求精,越来越花样迭出,质地也越来越精良,越来越满足了各时令各层次人物的不同需要;同时也日益成为一种生活审美的载体,引起无数文人墨客的倾倒和倾情赞美。如杜甫《横吹曲辞·后出塞五首》说披服在身,平添一种尊贵:"越罗与楚练,照耀舆台躯,主将位益崇,气骄陵上都。"李贺《秦宫诗》意境中,似乎只有仙人才配穿着在身:"越罗衫袂迎春风,玉刻麒麟腰带红。楼头曲宴仙人语,帐底吹笙香雾浓。"而罗隐《咏绣》则说:"蜀锦漫夸声自贵,越绫虚说价犹高",你怎么想象价格,其最终的价格之高,远非曾经齐名的蜀锦可比,还是让你感到意外。这当然还是因为其内在质量的绝对一流和市场上的供不应求决定了的。又如刘禹锡《酬乐天衫酒见寄》:"酒法众传吴米好,舞衣偏尚越罗轻。

① 参见蒋猷龙:《世界蚕丝业科学技术大事记》,《丝绸史研究资料》1983年第6期。

动摇浮蚁香浓甚，装束轻鸿意态生。”许浑《别表兄军倅》：“卢橘花香拂钓矶，佳人犹舞越罗衣。”孙光宪《竹枝词二首》之一：“乱绳千结绊人深，越罗万丈表长寻。”温庭筠《归国遥》：“钿筐交胜金粟，越罗春水绿。”尹鹗《杏园芳》：“含羞举步越罗轻，称娉婷。”张泌《浣溪沙》：“婵娟依约画屏人，……越罗巴锦不胜春。”这些诗人，均精妙地道出了“越罗”的华贵与轻盈。白居易的名诗《缭绫》更全面地记录了越地丝织品——缭绫的惊艳风采：

缭绫缭绫何所似？不似罗绡与纨绮。
应似天台明月前，四十五尺瀑布泉。
中有文章又奇绝，地铺白烟花簇雪。
织者何人衣者谁？越溪寒女汉宫姬。
去年中使宣口敕，天上取样人间织。
织为云外秋雁行，染作江南春水色。
广裁衫袖长制裙，金斗熨波刀剪纹。
异彩奇文相隐映，转侧看花花不定。
……

好一句“天上取样人间织”，真是对“越溪寒女”织造的丝织品“缭绫”超一流品质和声誉的最好概括。让后人感到骄傲的是，类似或接近缭绫精美的越地丝织品，在越地还很多很多。根据施宿《会稽志》卷五和《雍正浙江通志》卷一百四等书记载，唐宋时代，单是绍兴地区出产、贡赋朝廷的丝织品，就有编文纱罗、宝花纹罗、花罗、白编绫、交梭绫、十样绫、吴绫、大花绫、花山绢、同山绢、板桥绢、萧绢、吴绢等品种；如果考虑绍兴以外地区，考虑非贡赋朝廷者，其种类繁多，实令人惊叹。

据《资治通鉴》卷二五六至二五九记载，唐光启三年(887)至乾宁元年(894)，浙东观察使董昌在盘踞绍兴期间，向百姓加倍征收赋税以贡献朝廷，“每旬发一纲，金万两、银五千铤、越绫万五千匹，……贡奉为天下最，由是朝廷以为忠”，“累年贡献无算”。仅从绍兴或者说浙东一方，每十天就要向朝廷贡献越绫万五千匹，七年下来，总数就是几百万匹！从董昌为收买个人声誉而苛酷掠民的这个负面事件，我们不难猜知当时越地丝织品产量之何等浩大和产能之何等旺盛，也不难猜知其在整个国家纺织业中地位之何等举足轻重！否则，任董昌怎么苛虐，刮地以尽，也维持不了如此“累年”的“政绩”！明乎此，我们也就可以知道，杜牧《樊川集》卷十五《李讷除浙东观察使兼御史大夫制》一文,说浙东地区“机杼耕稼,提封七州,其间茧税鱼盐,衣食半天下”,并非夸张,而竟是完全的实录了。

宋代,越地纺织业依然在全国占有突出的地位,其纺织品依然成为世人最渴望的服饰,也依然成为文人墨客赞美的对象。如苏轼《饮湖上》:“游舫已妆吴榜稳,舞衫初试越罗新。”郭祥《送方奉议倅保德》:“天台词人不畏寒,携家直赴并州北。越罗蜀锦置筐箱,狼帽毡裘付妻息。”晁补之《长安行赠郭法曹思聪》:“越罗作衫乌纱帻,长安青云少年客。”张九成《夏日即事》:“短衫吴縠细,团扇越罗新。”冯时行《偶成》:“越罗与蜀锦,被体何其华。”杨万里《答韩总领郎中》:“千花越罗,衣被寒苦。”晏几道《诉衷情》:“越罗双带宫样,飞鹭碧波纹。”陈克《虞美人》:“越罗巧画春山叠,个里融香雪。”范成大《菩萨蛮》:“黄梅时节春萧索,越罗香润吴纱薄。”王千秋《浣溪沙》:“叠雪裁霜越纻匀,美人亲翦称腰身,暑天宁数越罗春。”等等。而北宋刘敞《公是集》卷五十一《先考益州府君行状》载婺州金华县,“县治城中民以织作为生,号称衣被天下,故尤富”。由此可见,北宋越地丝织业的繁盛区域,已从杭嘉湖平原和宁绍平原扩大到浙中地区。《文献通考》卷二十《市籴考一》记载,南宋光宗时期:

> 东南诸路岁起绸三十九万匹(浙东上供八万,淮衣、福衣八千;浙西上供九万二千,淮衣万六千;江东上供九万,淮、福衣二万七千;江西上供五万二千,淮、福衣万五千;湖北上供三百。皆有奇),绢二百六十六万匹(浙东上供四十三万六千,淮、福衣五万三千,天申大礼八千;浙西上供三十八万一千,淮、福衣十三万八千,天申大礼万匹;江东上供四十万六千,淮、福衣十三万九千,天申大礼八千;江西上供三十万四千,淮、福衣六万七千,天申大礼八千已上。皆有奇。淮东天申大礼五万九百五十,淮西大礼三千七百,湖南天申大礼四百,广东天申大礼四千六百,广西天申大礼六千五百),绫罗絁三万馀匹(浙西绫八千七百,婺州罗二万,湖南平絁三千)。

在南宋全国各地每年上供绸39万匹中,浙东8万匹,浙西(含今杭嘉湖和苏南在内)9.2万匹,总计今浙江全境约上全国1/3;绢266万,浙东43.6万匹,外加淮、福衣5.3万件、天申大礼0.8万匹,浙西38.1万匹,外加淮、福衣13.8万件、天申大礼1万匹,总计今浙江全境约上全国1/3;绫罗3万多匹,地处浙中的婺州(今金华)一地就2万匹,加上浙西0.87万匹，几乎全部为今浙江所产。这组数字足见宋代特别是南宋时期越地纺织业的发达。

明清时期，越地纺织业的重心从浙东转移到浙西，以湖州为最集中产地并以此命名，嘉兴、杭州以及毗邻苏州出产也甚可观的生丝——“浙江湖丝”，超越唐宋时代的“越罗”、“越绫”，名扬世界，越地丝织品由“衣披半天下”而进一步发展到“遍天下”的辉煌境界。明代董斯张《吴兴备志》卷二十六即说：“湖州蚕丝有头蚕、二蚕。细而白者谓之合罗，稍粗者谓之串五，又粗者谓之肥光。合郡俱有而独盛于归安。湖丝……遍天下。”

中华文明又向有瓷器文明之誉，瓷器文明的起源和主要发祥地也在越地。

在跨湖桥文化遗址——萧山下新村出土的新石器时代灰坑中，发现一批陶片，经复原后，呈现出壶、簋、甗等等器形，造型优美，这是早期古人类储藏粮食和食物的器具。这表明，早在距今8000年前，於越先民就已经发明了制陶工艺。

河姆渡遗址出土的夹炭黑陶，包括釜、钵、盘、豆、盆、罐、盉、鼎、盂等炊、饮、贮器，均为手制，不甚规整，晚期有的经过慢轮修整；大多胎泥纯净，含铁量较低（约为1.5%左右），胎质比较粗厚疏松，重量较轻，吸水性强。据测试，在缺氧的还原焰中烧制而成，烧成温度为800—900℃，晚期出现三足器、袋足器等较复杂的器形，烧成温度则提高到1000℃左右。器表图案有各种几何形纹和动植物纹。1977年出土的一件夹炭黑陶盆残片，外壁刻有对称的稻穗纹，一株稻穗居中，直立向上，左右谷粒向两边下垂，排列整齐，左右对称。这表明，早在7000年前左右，越地先民就已掌握了比较复杂的制陶科技，展示出生活美学的追求。

到了距今约4000—5000年前的良渚文化时期，夹炭黑陶发展到以夹细砂的灰黑陶和泥质灰胎黑皮陶为主。种类十分繁多，灰陶器形有鱼鳍形足的鼎、袋足、镂孔豆、贯耳壶、球腹罐、附耳杯、附耳、大口圜底缸等，黑皮陶器形包括断面呈丁字形足的鼎、竹节形把的豆、贯耳壶、贯耳罐、侈口圆腹罐、簋、大圈足盘、宽把带流杯等，圈足器、三足器较为盛行。轮制技术普遍代替了手制工艺，器壁较薄，造型规整。器表多素面磨光，少数有精细的刻划花纹，纹饰线条纤细工整，以几何形纹为主，有弦纹、竹节纹和各种形态的镂孔纹等,并出现有彩绘陶,在薄而黑或黄黑色陶器上绘以棕红或黄色纹样。其中典型器物如宽把带流杯,直口,沿外侈,口前有斜向上伸的凹槽形流,短颈内收;圆肩,筒形深腹略鼓,平底;与流相应的后部肩与下腹间有扁体环形錾;器表施黑色陶衣,磨制光亮,并细刻曲折纹和禽鸟纹。制作规整,胎薄轻巧,工艺极为精良,十分罕见,代表了当时制陶业的最高水平。

1984 年 6 月在上虞县樟塘乡严村(今属上虞市蒿坝镇)发现商代专烧印纹硬陶的龙窑 6 座,自南向北略呈半圆形,依山而建;窑床呈倾斜长条形,即利用山坡自然斜度挖一凹沟,在沟底及周壁涂以粘土而成。其中较为完整的龙窑两座,各长 5.3 米,窑室宽 1 米—1.22 米,窑头火膛长 1.3 米,宽 0.96 米,倾斜 16 度,底与墙均由粘土筑成,烧结坚硬。窑床底部铺 5 厘米—10 厘米厚的砂砾一层,作为烧制器物的铺垫材料。每窑可烧陶器二三百件。窑旁有路,便于装烧和观察。窑内外堆积物中发现的器物残片,大部分为罐、坛等印纹硬陶,拍饰纹有回纹、箭纹、羽纹、绳纹、人字纹和编织纹等。据专家测定,窑温达 1200℃左右。这是目前世界上发现的年代最早的龙窑。这表明,约 3500 年前,越地的制陶业已向制瓷业阶段过渡,这在全国各区域文化中也是首屈一指的。

西周和春秋越地印纹硬陶蓬勃发展的同时,在以瓷土为胎的器物上施釉的原始青瓷工艺开始出现。在绍兴的包谷遗址、鄞县的钱岙遗址、宁波的灵山遗址等等几十处春秋战国时代的村落遗址和几百处土墩石室、土坑墓,出土了数以千计的原始瓷制品。这展现了当时越地制瓷业蓬勃发展的情景。在绍兴富盛长竹园、诸家山与萧山大汤坞、席家村等地二十多处原始青瓷窑址周围,原始青瓷碎片成堆,经过碎片分析,产品为就地取瓷土作原料进行生产,器胎外表有一层溥薄的青中泛黄或灰青的色釉,质地细腻坚硬。经中国科学院上海硅酸盐所等单位多次测试表明,它们的釉、胎化学组成成分和烧成温度都与现代瓷器的各种化学物理数据十分接近。专家指出:"浙江原始青瓷的烧制成功,使浙江成为我国发明瓷器的发源地。浙江原始青瓷的产生和发展对人类文化做出了巨大的贡献。"①

到了秦和西汉时代,越地原始青瓷又在三个方面有了很大的发展。首先,原始青瓷胎料成分和釉层得到改进。前一时期,原始青瓷胎料中的氧

① 叶宏明等:《浙江青瓷文化研究》,《陶瓷学报》2004 年第 2 期。

化铝和氧化铁占成分含量分别在14%—15%、1.5%—2%，而西汉时期则已提高到17.5%和3%左右。同时，秦汉时期原始青瓷的釉层也比战国时期增厚。其次，成型工艺出现革新。秦汉时期原始青瓷的成型采用器型分段分别成型，然后粘接成器法，这与战国时期拉坯成型、线割器底工艺，是完全不同的两种成型工艺。第三，器形设计和装饰发生变化。战国时期主要器形是碗、钵、盅等饮食器，而秦汉时期则以仿铜礼器的鼎、壶、钟等造型为主，青瓷文化已从实用器形文化开始向陈设装饰文化发展。

到东汉晚期，经过商周以来千年以上的工艺积累，越地实现中国陶瓷文明史上的又一重大突破：原始青瓷走向成熟青瓷。以今上虞为中心，辐射范围包括宁波、永嘉等地，大量的东汉时代的窑场证明，其时各种罐、壶、盘、碗等生活用品得以大量生产和销售，日用青瓷渗透到人们生活的几乎每一方面，这些青瓷产品大多胎骨坚硬，胎质致密，而且通体施釉，釉层丰厚，颇富光泽，说明越地先民生活水准和文明水平在稳步提高。上虞小仙坛东汉晚期窑址出土的瓷片标本，经测试表明，系在1260℃—1310℃的高温下烧成，胎釉的结合紧密牢固，釉料中含氧化钙15%以上，并在还原气氛中烧成，所以釉层透明，釉面淡雅清澈，宛如一泓清水。除TiO2含量较高外，测试标本各项数据均符合近代瓷的标准。对全国古窑址的广泛调查和古陶瓷片的化验分析证明了一个无可辩驳的事实，“我国历史上最早出现的瓷器是青瓷”，“真正的青瓷瓷器起源于1800年前的东汉”，“浙江是青瓷的发源地。最早烧制青瓷成功的地点在浙江上虞小仙坛、帐子山一带”。①

魏晋南北朝时期，以上虞为中心的越地陶瓷业又获得新的发展。社会的相对稳定和经济发展，建康（南京）作为六朝政治、文化和商业中心的辐射作用，豪门大族的争相聚居越地，使越地成为江南富饶之区，加上六朝又是中国文艺美学的自觉时代，这些都为越地陶瓷业的发展创造了有利条件。此外，上虞作为中国最重要的陶瓷业中心，还有得天独厚的地理优势：曹娥江水资源丰富，易满足制瓷业对水的大量需求；沿岸多丘陵缓坡和山谷地带，非常适合建造龙窑烧制青瓷；上接嵊县境内的剡溪，下通辽阔的钱塘江湾，西连山阴故水道和西晋时期已经打通的萧绍运河，水运交通方便，又非常有利于陶瓷产品的广泛传播。制瓷业日益兴旺，产品广销到全国各

① 叶宏明：《中国瓷器的起源》，《天津大学学报》（社会科学版）1995年第4期。

地,工艺水平也越来越精湛。各种器皿造型都有非常逼真或夸张得体的设计和精致的制作;种类和纹饰图案日益多样,满足了社会各阶层对艺术性、实用性、宗教性甚至权贵性的不同需求。

此后又经过长期的技术积累和工艺创新,越地陶瓷业生产规模不断扩大,品类不断增加,精品后先辉映,终于形成以青瓷为主兼及其他瓷系的六大瓷业中心,在唐宋时代成为全国首屈一指的瓷业名邦。

这六大瓷业中心包括:(1)越窑青瓷。以上虞、余姚、慈溪为中心产区,窑场遍及宁绍平原,并扩散至台州,因中心产区在唐代属越州,故名。制瓷年代早起东汉,兴于三国两晋,唐代进入全盛期。品种繁多,举凡日常生活中的酒具、餐具、茶具、文具、卫生用瓷甚至冥器,无所不有。产品具有胎质细腻、釉层光滑发亮、纹饰简朴,既便于实用又优美绝伦等特点。以“秘色瓷”最为驰名天下。陆龟蒙《秘色越器》中的名句“九秋风露越窑开,夺得千峰翠色来”,逼真地传达出越窑青瓷莹碧润泽的色彩。最为唐代上层社会所重。《格致镜原》卷五十一引《开元遗事》,载唐代宫廷使用的一种越窑青瓷酒杯,“青玉色,纹如乱丝,其薄如纸。杯足上镂金字,曰‘自暖杯’。上令取酒注之,温温然有气,少卿如沸汤。”其工艺、功能之妙夺造化,简直匪夷所思。(2)瓯窑青瓷。分布于瓯江流域亦即温州一带,浙江境内仅次于越窑的制瓷业集中地。制瓷起于汉代,东晋时开始闻名外地,经过南北朝的发展,盛于唐、宋。因瓷土中含有约2%的铁,瓷胎呈色白中略带灰色,釉色淡青或青黄、淡黄,大量使用褐色装饰,纹样丰富,自成系列。2005 年 12 月在永嘉县瓯北镇唐代瓯窑遗址出土一种青瓷碗底,呈灰白色釉,釉色冰洁玉清,又称“玉璧底”,代表了典型的瓯窑风格。宋代宫廷继续爱重瓯窑产品。南宋家铉翁《则堂集》卷五《谢刘仲宽惠茶》诗:“忆昨中原全盛时,五方贡茶走京师。……儒臣讲毕上命坐,瀹茗初试琼瓯瓷。”同时出现大众化的倾向,小型器增多,造型活泼。(3)婺州窑青瓷为主,兼烧黑、褐、花釉、采绘瓷。位于今金华地区,窑场遍及金华、兰溪、东阳、永康、武义,以及衢县、江西等地,因中心产区在唐代为婺州,故名。烧制时间始于东汉,自西晋晚期开始使用含铁量达4%的红色粘土做坯料,因此,烧成后的胎呈深紫色或深灰色。装饰简朴,均为刻划花纹,风格文雅大方。唐代时创烧乳浊釉瓷,釉层滋润柔和,釉色在青灰或青黄中微泛褐色。但釉面开裂,开裂处往往有奶黄色或奶白色的结晶体析出,这是婺州青瓷最引人入胜之处,因而一直盛烧不衰，延续到宋、元。婺州窑历代制品多属民间用瓷，品种主要有盘口壶、罐、盆、碗、碟、水盂、盏托、瓶等日用器皿，唐代以生产茶碗著名，陆羽《茶经》把婺州窑青瓷碗列为天下第三。(4)龙泉窑(内含宋代五大名窑之一的“哥窑”)青瓷，被学术界誉为中国青瓷的集大成者。窑场分布在浙江龙泉、丽水、云和、遂昌、永嘉以及江西、福建等地，而以龙泉最为密集和最为典型。因龙泉古属处州府，所以文献中又常称处州窑、处瓷、处器。制瓷始于三国两晋，五代时期工艺有很大改进，成为吴越国的宫廷用品和外交赠品。北宋时代，随着越窑产量减少，龙泉窑以釉色苍翠、粉青如玉，而逐渐取代越窑成为宫廷专用“秘色瓷”的生产者，并逐渐取代越窑成为江南第一名窑。南宋随着北方制瓷技术南下和官窑技术扩散，龙泉窑的发展进入历史上最为辉煌的时期，出现了两大系列的精美产品:黑胎厚釉青瓷和白胎厚釉青瓷。黑胎青瓷薄胎厚釉，釉层开片，紫口铁足，有些器物采用了支钉垫烧特别是裹足满釉支烧这一前无古人后无来者的独创工艺。白胎青瓷胎质细洁坚密，胎色洁白，釉层光滑细腻不开片，釉色青翠有如碧玉，柔和淡雅，宛如翡翠，创造了中国青瓷釉色与质地之美的巅峰。元代龙泉窑在生产规模上出现新的盛况，成为主要的外贸陶瓷。2006 年 9 月在龙泉大窑枫洞岩龙泉窑遗址的考古发现证明，龙泉窑明初没有衰落，还成为官窑。(5)温岭窑青瓷。根据近年的考古发现，温岭窑分布在今台州地区的天台、三门、仙居、临海、黄岩、温岭等地，制瓷年代起于唐初，至晚唐五代比较繁荣，以温岭境内山市乡窑群、照洋乡窑群和鱼山窑址最具特色。(6)德清窑黑瓷、青瓷兼烧，以青瓷为主而以黑瓷闻名。窑址在湖州德清县境内已发现几十处之多。烧造历史上溯商周，历经两汉、六朝直至唐宋才停烧，影响很大。黑瓷釉层较厚，色黑如漆，釉光发亮，可与漆器相媲美;青瓷胎色较深，釉色有青绿、青黄或豆青色，装饰简单，一般只饰几点褐彩。产品有碗、碟、盘、耳杯、盘口壶、鸡头壶、唾壶、虎子、香炉、罐、盒、灯和盏托等，适用广泛。

这些瓷业中心的存在，使越地在整个中国瓷业史上占据了举足轻重的位置——至少是三分天下有其一。

越地六大瓷业中心生产的瓷器，堪称实用需要和生活审美的交融，以其精良的质量受到境内外人民的欢迎，一方面为越地乃至大江南北、长城内外各地人民的生活所须臾不可缺少，一方面与“越丝”、“湖丝”一起飘洋过海，走向了世界各地，成就了中华民族为人类的文明进步做出巨大贡献的辉煌业绩之一。

——以军事家刘基、于谦、王阳明和“浙兵”为代表的越地军事文化

中西文化比较论者曾经反复证明，中国古代文化是一种以阴柔为美，而刚健精神在历史发展中不断缺失的文化。这种观点显然有失片面。我们认为，中华文化中并不乏刚健精神、强者气魄。其中一个关键的因素，就是在浙江文化中存在着一种强悍的军事文化。

如前所述，“锐兵任死，越之常性也”，大量的文献记载、越国青铜剑上所铭国名、越国青铜兵器出土数量之多都证明了，於越先民具有浓烈的勇猛果敢、尚武轻死之风，越国曾是一个典型的“耕战传家”之国。过去有论者认为越地民族性格在秦汉之际完成由尚武到崇文的转变。我们认为，这样的观察并不准确。这是因为，越地人民尚武轻死的内在血统并没有改变，而是在相当长时间内于民俗层面保存下来。如南宋范成大《吴郡志》卷二《风俗》所载：“江南之俗，火耕水耨，食鱼与稻，以渔猎为业。……其人并习战，号为天下精兵。俗以五月五日为斗力之戏，各料强弱相敌事，类讲武。宣城、毗陵、吴郡、会稽、余杭、东阳其俗皆同。……华谊论云：‘吴有发剑之节，赵有挟色之客。’《郡国志》云：‘吴俗好用剑轻死。’又，‘六朝时多斗将战士。’按诸说吴俗盖古如此。本朝文教渐摩之久，如五月斗力之戏，亦不复有。”所言“吴”，乃取含今苏南、全浙（即“会稽、余杭、东阳”）和皖南在内的“江南”而言。苏南吴地民风南朝时期已发生分化，上层贵族集团已出现斥武崇文的倾向（详下章），这自然会影响到下层民间风习，因此，范成大所说的江南“类讲武”民俗，其风最盛的地方还在越地；两宋以降，该风虽被“文教渐摩之久”，出现明显弱化，在相当一部分人的印象中出现两浙“人性敏柔而慧”（南宋潜说友《咸淳临安志》卷五十八）、“人性柔慧”（《宋史·地理志四》）的观感，但在本质上并没有消失，而是向两个方面深化发展了。一个发展，是内化为勇于面对一切艰难险阻而决不妥协的精神意志；一个发展，就是既精英化为杰出的军事家如明代的刘基、于谦、王阳明，又组织化、规范化为强大的地域武装力量如明代中晚期威震海内外的“浙兵”。经过长期的历史酝酿，在近世中国战争风雨的洗礼中，越地军事文化终于大放光彩。

刘基为朱元璋出谋划策，统一江山，对大明帝国的创建之功，于谦于大

明帝国命悬一线之时成功组织北京保卫战，取得抗击瓦剌也先入侵的完全胜利，王阳明以单弱之兵，行神出鬼没之策，迅速平定宁王朱宸濠叛乱，再次使风雨飘摇的大明帝国转危为安，他们以彪炳史册的韬略武功，创造了中国军事文化史上的奇迹，历来为史家所肯定和世人所景仰。

如刘基，当朱元璋攻金陵，下浙东，于元末群雄角立中锋芒初露，而未定所向之际，“由间道诣金陵，陈时务策一十八款，上从之”（明徐纮《明名臣琬琰录》卷七黄纪善《诚意伯刘公行状》）。这“十八策”乃是帮助朱元璋乘势崛起，及时作为，以创建大明帝国的一整套战略思想。在此基础上，刘基还为朱元璋制定了统一全国的一系列战略方针。《明史·刘基传》载：“初，太祖以韩林儿称宋，后遥奉之，岁首，中书省设御座行礼，基独不拜。曰：‘牧竖耳，奉之何为？’因见太祖陈天命所在。太祖问征取计，基曰：‘士诚自守虏，不足虑。友谅劫主胁下，名号不正，地据上流，其心无日忘我，宜先图之。陈氏灭，张氏势孤，一举可定。然后北上中原，王业可成矣。’……会陈友谅陷太平，谋东下，势张甚，诸将或议降，或议奔据钟山。基张目不言。太祖召入内，基奋曰：‘主降及奔者可斩也。’太祖曰：‘先生计安出？’基曰：‘贼骄矣。待其深入，伏兵邀取之，易耳。天道后举者胜，取威制敌，以成王业，在此举矣。太祖用其策，诱友谅至，大破之。”在群臣因循守旧，群议纷纭莫定，朱元璋柔懦无为，一时无所适从的情况下，刘基及时提出抛开小明王，打出自己旗号，建议采取先灭陈友谅，后定张士诚，然后分兵北向中原，统一宇内的战略部署，并强调坚决清除畏帝投降主义情绪，将敢打硬仗和善用奇策结合起来，这一系列战略方针的提出和首战实践的成功，进一步为朱元璋打开了通向“王业”的道路。在后来朱、陈生死决战的龙湾之战、鄱阳湖之战等乃至北伐中原的多次战役中，刘基继续运筹帷幄，以其杰出的军事韬略对战役的胜利起到了关键作用。张时彻《诚意伯刘公神道碑铭》载刘基力促朱元璋定下“先西〔陈友谅〕后东〔张士诚〕”的征讨之计，乃是独具慧识、力排众议的英明之举，因陈友谅据湖广，张士诚据浙西，曾“众谓苏、湖富饶，宜先取之”；鄱阳湖大战“遂歼友谅，次取张士诚，次定中原，荡群雄，逐胡狄，再造区夏，凡皆公之密谋也”①。明嘉靖年间的其他臣子也曾奏称：“至于启沃运筹，定计遣将，所言皆验，所向无前，则未有出基之右

① 张时彻：《芝园定集》卷四十一，《四库存目丛书》集部第 82 册，第 275 页。

者。”“当时佐命者，莫若刘基，振古所未有之臣也。”[①]故《明史·刘基传》有总结说：“太祖取士诚，北伐中原，遂成帝业，略如基谋。”朱元璋本人也在《御史中丞诰》中承认：“慷慨见予，首陈远略，经邦纲目，用兵后先，卿能言之，朕能审而用之，式克至于今日，凡所建明，悉有成效。”（《诚意伯文集》卷二十）清人王梦篆有诗云：“文成功业炳千秋，圯上、隆中可与俦。诸葛尚怜扶后主，沛公真幸遇留侯。明珠曾见遗沧海，宝剑长看射斗牛。今日括苍凭吊客，谁来不说帝师州？”[②]足见刘基是中国军事文化史上屈指可数的几个巨峰人物之一。

刘基之后，越地又诞生于谦、王阳明这两位明代最伟大的军事家和中国军事文化史上的巨峰人物。正统十四年（1449）瓦剌也先南犯，明军50万精甲劲骑在土木堡全军覆没，英宗被俘，随驾出征的朝中大半大臣亦皆阵亡，消息传来，京师震惊，人心惶惶，“天命已去，惟南迁可以纾难”（《明史·徐有贞传》）的败亡主义论调甚嚣尘上，留守大官和在城富户为保全身家性命，纷纷南逃；而瓦剌也先复乘战胜馀威，挟英宗为人质，一路夺关闯隘，重兵直压北京城下。当此国家生死存亡时刻，兵部侍郎于谦挺身而出，厉言：“言南迁者，可斩也。京师天下根本，一动则大事去矣。独不见宋南渡事乎！”（《明史·于谦传》）毅然承担起保卫京师、抗击瓦剌入侵的重任。他大胆提出“社稷为重、君为轻”的政治口号，断然放弃被俘英宗，而重新拥立新君景帝，既迅速结束明朝“天下无主”的混乱局面，又使瓦剌的要挟图谋完全落空；他采用各种手段积极备战，确立了以北京为中心，以宣府、大同、居庸等关为屏障的大区域防御战略，“同时采取了一系列相应的治军措施，把土木之败后疲兵羸师不足十万的明军治理整顿成为一支纪律严明、号令划一、士气高昂、战斗力强大的坚强部队，在瓦剌面前竖立了一道铜墙铁壁”；最终“以少胜多，以弱胜强，取得了北京保卫战的胜利，把明王朝从败亡的边缘挽救回来，表现出了卓越的军事才干”。[③] 北京保卫战的胜利和随后于谦的继续整饬武备，加强防务，既重创蒙古军队，使明廷避免重蹈

① 引自俞美玉：《刘基“三不朽”之一：所立之功》，《淮北煤炭师范学院学报》（社会科学版）2007年第4期。

② 引自王馨一：《刘伯温年谱》，《中国史学丛书》本，商务印书馆1936年版，第15—16页。

③ 谢惠芬：《简论于谦的军事思想》，于谦研究会编《于谦研究》。

"宋室南渡"的历史覆辙,又使明朝的边防力量因此而渐趋巩固与强大,国威重振,并使瓦剌的军事实力由盛转衰,无条件送回英宗,恢复与明的通贡关系,实现了军事上的长远胜利和民族关系的一次重大转折。诚如有学者所言,在土木之变之后,"明朝国祚又延续了近两个世纪,这和坚持北京保卫战有极大的关系。北京保卫战具有深远的历史意义"①。诚如张煌言《入武林》云:"日月双悬于氏墓,乾坤半壁岳家祠。"袁枚《谒岳王墓》之一亦云:"赖有岳、于双少保,人间始觉重西湖。"作为中国历史上最杰出的军事将领和民族英雄,于谦的名字足以与前代的岳飞相映生辉,足以成为越地军事文化的又一个骄傲。

明代中晚期叱咤中外的"浙兵"同样是越地军事文化的骄傲。

众所周知,"浙兵"曾在嘉靖晚期的东南抗倭斗争中让侵略者闻风丧胆。戚继光《纪效新书》卷首中谈到,他们的丰功伟绩乃是建立在如此顽强的拼命精神之上:"浙兵俱系赤体赴敌,身无甲胄之蔽,而当惯战必死之冦;手无素习之艺,而较精铦熟巧之技。行无赍裹,食无炊爨,战无号令,围无营壁。穷追远袭,必寄食于旅店;对巢拒守,必夜旋于城郭。"隆庆、万历之际,"浙兵"又成为北疆防守的灵魂力量。《明史·兵志·边防》载:"蓟镇……防御益疏,朵颜遂乘虚岁入。〔嘉靖〕三十七年,诸镇建议,各练本镇戍卒,可省征发费十之六。然戍卒选懦不任战,岁练亦费万馀,而临事征发如故。隆庆间,总兵官戚继光总理蓟、辽,任练兵事,因请调浙兵三千人以倡勇敢。及至,待命于郊,自朝至日中,天雨,军士跬步不移,边将大骇。自是蓟兵以精整称。"《明史·兵志·乡兵》又载:"乡兵者,随其风土所长,应募调佐军旅缓急,其隶军籍者曰浙兵,义乌为最,处次之,台、宁又次之,善狼筅,间以义槊,戚继光制鸳鸯阵以破倭,及守蓟门,最有名。"

万历二十年(1592)日本"关白"丰臣秀吉发兵20万,以其将加藤清正、小西行长为先锋,长驱攻入朝鲜,李朝承平日久,君怯将懦,三京倾覆,八道尽没。明朝挥师东援,很快赢得平壤大捷,汉江以南千有馀里的朝鲜故土均被收复,日军旋即退屯釜山。万历二十五年(1597)14万日军卷土重来,前锋不断北指。明朝再次遣将援朝,遏止了丰臣秀吉的侵略气焰,次年冬

① 章明斐:《于谦北京保卫战及其历史意义》,《北京联合大学学报》(人文社会科学版)2002年第2期。

又乘日军撤退之机，在釜山附近露梁海域组织了一次大规模的邀击围歼，以惨烈的牺牲大败日军，取得抗倭战争的最后胜利。在两次反侵略战争中，“浙兵”将士都是明朝军队的最精锐部队，在很多关键性战役中都发挥了中流砥柱、力挽狂澜的作用。

朝鲜人民记住了这些“浙兵”将士的名字。朝鲜礼曹正郎、成均馆司成申钦受命从实撰就（据文末跋语）《天朝先后出兵来援志》一文，末附一份援朝中国将士名单，其中包括了大量的“浙兵”将士：

> 宋经略名应昌，号桐冈，杭州卫籍仁和县人，……以兵部右侍郎右佥都御史，来督御倭军务。……胡泽，号龙山，浙江绍兴府余姚县人，以原任官往来贼营。……沈思贤，字邦达，号沙川，浙江绍兴府余姚县人，以原任通判，随宋经略出来，与沈惟敬入倭营。……孙矿，号月峰，浙江绍兴府余姚县人，甲午〔万历二十二年〕，以兵部右侍郎代顾养谦为经略。……谢用梓，号龙岩，浙江绍兴府余姚人，……初以策士随骆参将出来，……入京城贼营，开谕行长。……李大谏，号北泉，浙江嘉兴府秀水县人，壬辰〔万历二十年〕出来，久在江上。……蒋弘济，号静吾，浙江绍兴府会稽人，以原任守备为军中旗鼓官。……叶思忠，号仰川，浙江金华府义乌县人，以原任游击，随军门来去。……王士琦，字圭叔，号丰屿，浙江台州府临海县人，戊戌〔万历二十六年〕以钦差御倭西路监军、山东布政使司右参政出来。……梁守忠，字汝孝，号海宇，浙江观海卫人，曾从吴惟忠出来，仍为杜按察中军。……叶思义，字符宰，号效川，浙江金华卫人，以坐营守备，代方时新为中军。……李承勋，字锡庸，号景山，浙江处州卫人，以钦差提督南北水陆官兵、朝鲜防海御倭总兵官、左军都督府都督同知，己亥〔万历二十七年〕七月出来。……卢继忠，号仰云，浙江处州卫人，以钦差统领南北调兵五军四营参将都指挥使，领马步军二千七百七十，丁酉〔万历二十五年〕十一月出来。……张榜，浙江人，以钦差统领浙兵备倭都指挥使，领步兵四千六百，己亥出来。……张良相，号乐斋，杭州右卫人，以钦差统领浙江水兵御倭游击将军都指挥佥事，领水兵一千五百，己亥出来。……李香，号兰台，浙江前卫人，以钦差统领南北提督票下坐营游击将军署都指挥佥事，领南兵三千六百，随李提督承勋出来。……万邦孚，号瑞岩，浙江宁波府鄞县人，以钦差统领南兵游击将军署都指挥佥事，领水

兵二千二百，己亥出来。……

其中有援朝抗倭战争的战略总指挥如宋应昌、孙矿，总兵大将和钦差监军大臣如李承勋、王士琦，有战役参谋和战争外交使节如胡泽、沈思贤、谢用梓，更有十多位直接指挥决战的一线将军，如叶思忠、卢继忠、张榜、张良相等等。

仔细披阅这个名单，其中还有不少文字简略记载了"浙兵"将士的卓越功勋、"浙兵"部队的纪律严明以及某些"浙兵"人物的独特风采。例如：

关于卓越功勋，如所周知，平壤战役和露梁海战是万历援朝抗倭战争首尾两次决定性的战役，名单所记与平壤战役和露梁海战直接相关仅有三人，他们都是"浙兵"将领。如云："骆尚志，号云谷，浙江绍兴府余姚县人，壬辰〔万历二十年〕十二月以钦差统领浙直调兵、神机营左参将，领步兵三千出来，膂力绝人，能举千斤，号骆千斤。平壤之战，尚志先登，贼从陴上滚下巨石，中其腹，尚志不为动，奋身直上，贼披靡，诸军从之，遂复平壤城。"这是名单中唯一一条关于平壤战役将领的记载。由此可见，来自浙江余姚的骆尚志，乃是平壤战役取得胜利的最大功臣。名单中又载："季金，字长庚，号龙冈，浙江台州府松门卫人。以钦差统领浙直水兵游击将军署都指挥佥事，领舟师三千二百，丁酉十月，由海路到古今岛，露梁之捷，斩获颇多。""李天常，字惟经，号灵峰，浙江绍兴府山阴县人，武进士，初以钦依千总，领水兵二千七百出来，露梁之捷，斩倭二百六十九级，夺回被掳人三百馀口，论功升游击。"这是名单中有关露梁海战将领的仅有两条记载。由此也可见，来自浙江台州的季金和浙江绍兴的李天常，在露梁战役功臣榜上的地位。

关于纪律严明，名单中一些"浙兵"将领驭军纪律严明的记载，既揭示了"浙兵"战斗力的来源，又向人们揭示了在明代后期那样一个军纪普遍败坏的时代，"浙兵"在邻邦人民面前所树立的"文明之师"的可贵风范。如云："陶良性，号养吾，浙江处州府缙云县人，以监生随宋经略出来。""丁酉，邢〔玠〕军门题请良性备知朝鲜事情，移授永平府通判，以干征倭军饷。诏从之。及到我国，专掌四路馈饷，条理甚悉，亦能戢下。时天兵大阵久住王京，士卒拆人家屋以为薪，良性管事，设法严禁，都人赖之。"又载："吴惟忠，号云峰，浙江金华府义乌县人，壬辰十二月以钦差统领浙兵游击将军，领步兵一千五百出来。甲午正月回去。""丁酉以钦差备倭中翼副总兵原任都督佥事，领步兵三千九百九十六，六月渡江南下，驻忠州，往来岭南剿贼。……惟忠性清严，与士卒同甘苦。在岭南多露处，人劝入廨舍，答曰：'士卒暴露，吾何可独安馆宇?'号令明肃，所过不折一草，瓜蔬之微，必易以价。岭南一路，皆立碑颂之。避兵之民，闻吴军至，则俱来集，尽力供顿。"这条材料中还记载："陈御史效，知其材可任大将，将欲慰荐升都督，其门下人谓惟忠票下官曰：'以副将升都督，当用五百两金。然总兵清白，尔辈若以二百两金与我，事可谐。'惟忠闻之，招中军梁守忠责之曰：'我从此径作官，吾之为大将久矣。今岂可为此?'遂止。"在战争条件下，部下若有多馀钱财，可以说，只能来自对战地百姓的搜刮。吴惟忠听凭仕途飞升的机会擦肩而过，决不容许部下代自己出钱活动，这一方面固然是他唯以战功谋求仕进，不以金钱换来功名之一贯人格使然，另一方面当也包含了他悉心呵护创痍之馀的邻邦人民的良苦用心。由此可见，"浙兵"受到朝鲜人民的欢迎和支持，秋毫无犯的风纪与强大战斗力，是两个同等重要的原因。

关于独特风采，名单文字显示，有的古道热肠，特别眷顾于朝鲜人民，在朝尽其所能，知无不言，归国仍然牵挂彼邦，音信不断。如载："吴宗道，字汝行，号石楼，浙江绍兴府山阴县人，由武举出身，癸巳〔万历二十一年〕以后，久驻我国，深知事情，每陈说于上司，丁酉，又属邢军门，仍统水兵而来。戊戌〔万历二十六年〕回，己亥〔万历二十七年〕又来。""己亥又领水兵来，久住江华，庚子十一月回去，去后信问于我国卿大夫，久而愈款。"有的带兵驭下、律己皆严，刚方有守，而学术思想则相当离经叛道，与朝鲜士人交往时毫不隐瞒自己的主张。如云："袁黄，字坤仪，号了凡，浙江嘉兴府嘉善县人，……壬辰以钦差经略赞画防海御倭军务、兵部职方清吏司主事，同刘〔黄裳〕员外出来，一路馆站，置标下差官，禁其作拿；性好佛道，持身如山僧。尝与我国议政崔兴源语曰：'中国昔时皆宗朱元晦，近来皆不宗朱矣。'兴源曰：'朱子无间然矣。'主事赧然不悦。翌日移咨，举《四书注疏》，逐节非毁之。"名单文字中还提到袁黄曾派人与倭寇头目交涉，竭力想把被掳的朝鲜两王子营救出来，但是未能成功；他在战争间隙大胆批判程朱理学，获致可悲的结局，被"言官劾其左道惑众革职"①。

---

① ［韩］申钦：《象村稿》，《韩国文集中的明代史料》第9册，广西师范大学出版社2006年版，第279—300页。

由朝鲜最高学府成均馆负责人受命从实撰写的名单文字，很大程度上反映了"浙兵"留给朝鲜学术界的良好印象：英勇善战，纪律严明，将领无不忠于职守，有些还具有人文情怀或学术眼光，堪称一支战斗力强大而又有情有义有理的"威武文明之师"。

这在其他朝鲜学者、官员的文集中有更集中的反映。如关于"浙兵"的英勇敢战，当时朝鲜左议政、兵曹判书柳成龙在平壤大捷之后，就在《答金士纯书》中由衷地称赞："一鼓胜平壤，皆是南兵之力也。所谓南兵者，乃浙江地方之兵也。其兵勇锐无比，不骑马，皆步斗，善用火箭、大炮、枪刀之技，皆胜于倭。头戴白帕巾，身以赤白青黄为衣，而皆作半臂，……真皆敢死之兵。"该书还交织着不平与感动的心情写道："而平壤胜敌后，论功等第，〔南兵〕反下于北人。以此南北之兵，似不相合。今之留开城、东坡者，多南方兵，皆欲自为击贼，而故待大将〔李如松〕之令耳。"①这与著名学者许穆的记载，平壤大捷之后，北将"知提督〔李如松〕意，以食尽请旋师"，纵敌不战，而"浙兵"侦知倭营松懈，意图"选南兵精勇，出汉南，乘贼不意，击破诸贼"，但"提督北将忌南兵有功，沮其谋"云云②，完全一致。在与北兵的对比中，"浙兵"针对侵略者的勇猛无畏和主动敢战，被朝鲜人民更加深刻地铭念在心。朝鲜吏曹参判、状元出身的崔岦等，万历二十二年给经略顾养谦（宋应昌的继任者，当时力主对日和议，撤兵回国）联合上呈的札文中也提到："古称复国报雠之快，孰如越王勾践；而生聚教训，动在十年之秋"，请求不仅不要撤回"浙兵"，还要明朝派来更多的"浙兵"，以帮助朝鲜巩固国防和振兴国家，"某等区区不得毋急于下执事者，贼之畏忌南兵，一足以当十。侧闻南兵戍在蓟州者，有若干万，敢乞亟先拨添"。③ 又如关于"浙兵"的纪律严明，朝鲜抗倭大将、醴泉太守高尚颜《天朝游击将军叶公清德碑铭》，载"公讳邦荣，金华府义乌县人"，以御敌靖乱，纪律严明，人民安

① ［韩］柳成龙：《西崖集》，《韩国文集中的明代史料》第6册，广西师范大学出版社2006年版，第503页。

② ［韩］许穆：《记言Ⅰ、Ⅱ》，《韩国文集中的明代史料》第13册，广西师范大学出版社2006年版，第284页。

③ ［韩］崔岦：《简易文集》，《韩国文集中的明代史料》第6册，广西师范大学出版社2006年版，第214页。

堵，受到朝鲜人民的爱戴和颂扬，“诸葛耕渭，未得专美，曹彬征唐，风斯下矣”①。另一位朝鲜将领、安奇察访裴龙吉《天将吴侯颂德碑铭并序》，亦记载前述游击将军吴惟忠：“方其驻府，军卒之求刍荛于村落者，必换以段布针帽等物；人若不许贸易，径取其所需而与之，必辞不受。故虽蠢蠢愚氓不晓汉话者，不问知为吴侯军也。……有一卒取官褥割补马鞍，侯绝之，痛绳以律，偿以己银，太守固欲还之而不可得。……有人托儒冠，怀画轴而要银，侯知其意，与之银而还其画。”该文在列述吴惟忠和其“浙兵”秋毫无取于民的操守与军纪时，同样对比了中朝其他军队的作为：“凡将相之经过列邑，必括尽村巷牛马以供刷役，往者颠而还者毙，无以为将来耕垦转输之资，举国苦之。侯行约不越境，故人闻侯之至，不令而集。余闻在庆〔州〕、蔚〔山〕间，支放之际，终始不横者，惟侯军为然。”文末还将吴惟忠的功德与其出身联系起来说：“闻浙江山川最为秀丽，而又居离明之方〔按即南方〕，是必光岳之精，偏钟于侯……”②兵曹佐郎李时发在其文集中也说：“吴副总惟忠，……癸巳之役，攻平壤，先登，功最。丁酉再来，镇守忠州，性简约，驭众严整，秋毫无犯，民甚悦服，……忠人立石而颂之。及移镇安东，安东人亦服其清德立碑。其它所过处亦立碑，凡五处。”③再如关于人文情怀，据崔岦《帖回吴指挥宗道》对来札“仁人之心，蔼然溢于言外”云云的评价和内中所述可知，在帮助收复大半国土之后不久，针对朝鲜当局在随即开展的镇压倭寇侵略期间“乘时扰攘，造谋非常，称兵助劫”者运动中出现的扩大化和极端化失误，吴宗道曾及时致信，“引喻委曲，不一而足”地提醒他们，不能“妄肆刑戮”，不能把胁从者和主谋者一体看待，对被逼胁从者要网开一面，要“多方为求其生道”。对吴宗道的“忧人之忧，教所未至”，崔岦代表当局在此回帖中作出了良好回应：“即复驰谕所在官吏，将逮系人数，不应穷问者，并皆纵释，惟以镇定为务。”④吴宗道对朝鲜政局的关切和干预，既

① ［韩］高尚颜：《泰村集·天朝游记将军叶公清德碑铭》，《韩国文集中的明代史料》第7册，广西师范大学出版社2006年版，第418页。

② ［韩］裴龙吉：《琴易堂集》，《韩国文集中的明代史料》第8册，广西师范大学出版社2006年版，第84—85页。

③ ［韩］李时发：《碧梧遗稿》，《韩国文集中的明代史料》第9册，广西师范大学出版社2006年版，第362页。

④ ［韩］崔岦：《简易文集》，《韩国文集中的明代史料》第6册，广西师范大学出版社2006年版，第273页。

是他政治敏感性和政治智慧的体现，更是他一切以民生百姓为念之古道热肠、人文情怀的表现。承文院副正字李民宬记载，当时朝鲜国王"见其揭贴，亟加称赏，命承文院〔类似中国翰林院〕裒集前后之揭，缮写以进"①，宝视珍藏，当与其中流露的这种情怀紧密相关，而非单纯欣赏其书法。令人骄傲的是，这种人文情怀在"浙兵"将领中是有一定普遍性的。例如，据柳成龙给朝鲜国王的奏札汇报，骆尚志也曾向他提出："尔国土瘠民贫，百姓无所赖，而所用不过米布，民安得不贫？宜即山采银，通物货于辽东，则粮谷百物，流行灌注，而数年之间，民生可救矣。"②可见，跳出单纯军事层面，来考虑受援国的长远发展，在"浙兵"将领中还颇有其人。至于"浙兵"将领袁黄的学术热情和开放思想，同样给了朝鲜理学大家、吏曹参判成浑以深刻印象。他虽以"皇朝颁赐《五经四书大全》"，"小邦之人无不诵习而服行"，难以认同袁黄与官方见解直接对立的看法，但也在文集中留下了"袁黄力排程朱之学"，"军旅之外，旁及讲学之事，谆谆开导，牖以小邦迷昧之失，揭示前古不传之秘"③等文字。类似的记载还不少。总之，在朝鲜人民心目中，"浙兵"确乎是一支举世无双的"威武文明之师"。

除了"作战勇猛"、"纪律严明"等这样一些优秀品质，"浙兵"作为越地先进军事文化的体现者，它还有独家"秘器"、"秘诀"——先进的武器装备、军事科技以为支撑；作为"浙兵"的灵魂，"浙兵"将领的强烈人文气息，也为中外古今所仅见（详见第十章第六节）。

——以西施、曹娥、秋瑾为代表的越地女性文化

"西施"实在是一个共名，标志着越地女性文化早在先秦越国时期就有一个辉煌的开端；在时代风云的激荡和家国情怀的感召之下，先秦越国诞生了相当一批彪炳史册的奇女子。其荦荦大者如：

其一，被《列女传》误为勾践之女，实为越王允常之女、勾践之姊、楚昭王之妃（详第八章），以深明大义、勇于献身而深受楚国上下爱戴的"越姬"。

① ［韩］李民宬：《敬亭集·朝天录》，《韩国文集中的明代史料》第9册，广西师范大学出版社2006年版，第474页。

② ［韩］柳成龙：《西崖集》，《韩国文集中的明代史料》第6册，广西师范大学出版社2006年版，第459页。

③ ［韩］成浑：《牛溪集》，《韩国文集中的明代史料》第5册，广西师范大学出版社2006年版，第234—235页。

刘向《列女传》卷五《节义·楚昭越姬》载：

昭王燕游，蔡姬在左，越姬参右。王亲乘驷以驰逐，遂登附社之台，以望云梦之囿。观士大夫逐者既欢，乃顾谓二姬曰："乐乎？"蔡姬对曰："乐。"王曰："吾愿与子生若此，死又若此。"蔡姬曰："昔弊邑寡君，固以其黎民之役，事君王之马足，故以婢子之身为苞苴玩好，今乃比于妃嫔，固愿生俱乐，死同时。"王顾谓史："书之，蔡姬许从孤死矣。"乃复谓越姬，越姬对曰："乐则乐矣，然而不可久也。"王曰："吾愿与子生若此，死若此，其不可得乎？"越姬对曰："昔吾先君庄王淫乐三年，不听政事，终而能改，卒霸天下。妾以君王为能法吾先君，将改斯乐而勤于政也。今则不然，而要〔邀〕婢子以死。其可得乎！且君王以束帛乘马取婢子于弊邑，寡君受之太庙也，不约死。妾闻之诸姑，妇人以死彰君之善，益君之宠，不闻其以苟从其暗死为荣。妾不敢闻命。"于是王寤，敬越姬之言，而犹亲嬖蔡姬也。居二十五年，王救陈，二姬从。王病在军中，有赤云夹日，如飞鸟。王问周史，史曰："是害王身，然可以移于将相。"将相闻之，将请以身祷于神。王曰："将相之于孤犹股肱也，今移祸焉，庸为去是身乎？"不听。越姬曰："大哉君王之德！以是，妾愿从王矣。昔日之游，淫乐也，是以不敢许；及君王复于礼，国人皆将为君王死，而况于妾乎！请愿先驱狐狸于地下。"王曰："昔之游乐，吾戏耳。若将必死，是彰孤之不德也。"越姬曰："昔日妾虽口不言，心既许之矣。妾闻信者不负其心，义者不虚设其事。妾死王之义，不死王之好也。"遂自杀。王病甚，让位于三弟，三弟不听。王薨于军中，蔡姬竟不能死。王弟子闾与子西、子期谋曰："母信者，其子必仁。"乃伏师闭壁，迎越姬之子熊章，立是为惠王。然后罢兵归葬昭王。君子谓越姬信能死义。《诗》曰："德音莫违，及尔同死。"越姬之谓也。

在一片嬉游追欢的氛围中，得意扬扬的楚昭王向其二妃提出了将来从死以殉的要求。在当时的历史背景中，这实在是一个"合理"而平常的要求；何况答应下来，也就是一个空口诺言而已。故此蔡姬奉承其意，立即答应了。但越姬却提出，"君王以束帛乘马取婢子于弊邑，寡君受之太庙也，不约死"，所以不能死；"闻之诸姑，妇人以死彰君之善，益君之宠，不闻其以苟从其暗死为荣"，所以不敢死；"妾以君王为能法吾先君，将改斯乐而勤于政也。今则不然，而要婢子以死"，所以不愿死，竟斩钉截铁地拒绝了楚昭王的要求。然而，一当楚昭王清醒过来，“复于礼”，表现出宁愿有损自己，也不愿移祸臣下，实视臣下为一体的博大胸怀时，为了最大限度地鼓励楚昭王继续执持和光大其“君王之德”，越姬却毫不犹豫地自杀了。越姬不愿成为昏君的殉葬品（哪怕是在口头上），也不把自己的生命看做个人的财产。她活着，是为了阻止君王的昏庸腐败；她选择死，更是为了换来君王的彻底觉悟和清明政治。在平庸的蔡姬的反衬之下，越姬的崇高政治操守和时刻牢记“寡君”嘱托的祖国信念，千载之下，尤洋溢于纸墨之间。

其二，忍辱负重、从夫臣吴，眷怀故国、长歌当哭的越王勾践夫人。《吴越春秋·勾践入臣外传》记载：

> 越王勾践五年〔前492〕五月，与大夫种、范蠡入臣于吴，群臣皆送至浙江之上。……群臣垂泣，莫不咸哀。越王仰天叹曰：“死者，人之所畏。若孤之闻死，其于心胸中曾无怵惕。”遂登船径去，终不返顾。越王夫人乃据船哭，顾乌鹊啄江渚之虾，飞去复来，因哭而歌之，曰：“仰飞鸟兮乌鸢，凌玄虚号〔兮〕翩翩。集洲渚兮优恣，啄虾矫翮兮云间，任厥兮往还。妾无罪兮负地，有何辜兮谴天？飖飖独兮西往，孰知返兮何年？心惙惙兮若割，泪泫泫兮双悬。”又哀吟曰：“彼飞鸟兮鸢乌，已回翔兮翕苏。心在专兮素虾，何居食兮江湖？徊复翔兮游飏，去复返兮於乎！始事君兮去家，终我命兮君都。中年过兮何幸〔辜〕，离我国兮去吴。妻衣褐兮为婢，夫去冕兮为奴。岁遥遥兮难极，冤悲痛兮心恻。肠千结兮服膺，於乎哀兮忘食。愿我身兮如鸟，身翱翔兮矫翼。去我国兮心摇，情愤惋兮谁识？”越王闻夫人怨歌，心中内恸，乃曰：“孤何忧？吾之六翮备矣。”于是入吴，见夫差稽首再拜称臣，……夫差遂不诛越王，令驾车养马，秘于宫室之中。……越王服犊鼻，著樵头，夫人衣无缘之裳，施左关之襦。夫斫剉养马，妻给水、除粪、洒扫。三年不愠怒，面无恨色。吴王登远台望见越王及夫人、范蠡坐于马粪之旁，君臣之礼存，夫妇之仪具。……适遇吴王之便，太宰嚭奉溲恶以出，逢户中。越王因拜：“请尝大王之溲，以决吉凶。”即以手取其便与恶而尝之。因入曰：“下囚臣勾践贺于大王，王之疾至己巳日有疗，至三月壬申病愈。”……吴王曰：“……越王……躬亲为虏，妻亲为妾，不愠寡人，寡人有疾，亲尝寡人之溲，是其慈也。……”……于是遂赦越王归国。……至浙江之上，望见大越山川重秀，天地再清。王与夫人

叹曰:“吾已绝望宫阙,永辞万民,岂料再还,重复乡国?”言竟掩面,涕泣阑干。

勾践夫人的《乌鸢歌》,一再直呼“我国”,情词淋漓悲切,堪称越地最早最动人的爱国之歌。她用故国深情和亡国痛楚强烈地震撼了越王勾践,使之坚定了忍受奇耻大辱,以图归国报仇的信念;更用在异国魔爪中“衣无缘之裳,施左关之襦”,长期老老实实地从事“给水、除粪、洒扫”等仆役劳作,配合越王勾践成功表演了一场忠心耿耿、死心塌地的“臣虏”行动剧,赢得了吴王夫差的信任和放虎归山。在越王勾践创造中国政治文化史上卧薪尝胆奇迹的过程中,勾践夫人无疑是不可或缺的关键人物之一。值得注意的是,勾践夫妇卑躬屈膝地臣事夫差三年,其间应该经历了太多匪夷所思的灵与肉的考验,勾践为吴王尝便观病,应该只是其中之一而已;吴王称赞越王“躬亲为虏,妻亲为妾”,这句话里,就包含着某种特殊的含义。所以,元代文人赵文专门作有《勾践夫人歌》古风一首云:“君为王,我为后,结发相从期白首。君为奴,我为婢,人间反复何容易。为婢不离家,为奴去适吴,死生未可测,离别在斯须。君谓妾勿悲,忍耻乃良图。自怜儿女情,能不啼乌乌。仰看庭前树,一岁一荣枯,与君若有重荣日,匆匆未可弃褕翟。”(《青山集》卷七)有意将勾践夫妇一起臣事吴王夫差的历史,改为勾践出臣吴国,夫人洒泪相送,目的显然在于挽回勾践夫人“清白”。但其实,对祖国一往情深,并在越国报仇崛起事业中勇于付出、敢于牺牲的勾践夫人,何曾需要封建士大夫贞操观的“保护”;她在浙江边的仰天长恸,何曾是为了区区儿女情长!

其三,忍辱负重、舍身事仇、功成玉陨的西施。《吴越春秋·勾践阴谋外传》记载:

〔越王勾践〕十二年〔前485〕,越王谓大夫种曰:“孤闻吴王淫而好色,惑乱沉湎,不领政事,因此而谋,可乎?”种曰:“可破。夫吴王淫而好色,宰嚭佞以曳心,往献美女,其必受之。惟王选择美女二人而进之。”越王曰:“善。”乃使相者索国中,得苎萝山鬻薪之女,曰西施、郑旦,饰以罗谷,教以容步,习于土城,临于都巷。三年学服而献于吴。

在一个男尊女卑的时代,西施被迫成为国与国斗争的“卑劣”工具,这当然充满了无奈和不幸;但她毕竟忍受了灵与肉的长期被侮辱被蹂躏,成功地加速了吴王的自我毁灭,促使他在“惑乱沉湎,不领政事”的堕落之路上越走越远，从而为自己祖国的继绝存亡，为越国的报仇灭吴，重新崛起，做出了不可或缺的贡献。后人颇有疑此一记载纯为小说家言者。但西施之名频见于先秦典籍。如《孟子·离娄下》载："西子蒙不洁，则人皆掩鼻而过之。"《庄子·天运》载："故西施病心而颦其里，其里之丑人见之而美之，归亦捧心而颦其里。"《荀子·正论》载："以人之情为欲富贵而不欲货也，好美而恶西施也。"《战国策·齐策四》载："后宫十妃，皆衣缟、纻，食粱、肉，岂有毛廧、西施哉？"《战国策·楚策三》载："西施衣褐而天下称美。"《楚辞·九章·惜往日》载："虽有西施之美容兮，谗妒入以自代。"尤其是距离勾践灭吴时代甚近的《墨子·亲士》载：

> 是故比干之殪，其抗也；孟贲之杀，其勇也；西施之沈，其美也；吴起之裂，其事也。故彼人者，寡不死其所长，故曰太盛难守也。

将此与《修文御览》所引《吴越春秋》逸文"吴亡后，越浮西施于江，令随鸱夷以终"合看，确如明代学者杨慎所言："盖吴既灭，〔越〕即沉西施于江；浮，沉也，反言耳"（《升庵集》卷六十八"范蠡西施"条），在西施完成勾践君臣所交托的特殊使命，大功告成之日，她就作为"红颜祸水"的象征，被残忍地沉入水底了！李白《怀古·西施》曾经吟唱："西施越溪女，出自苎罗山。秀色掩今古，荷花羞玉颜。浣纱弄碧水，自与清波闲。皓齿信难开，沈吟碧云间。勾践征绝艳，扬蛾入吴关。提携馆娃宫，杳渺讵可攀。一破夫差国，千秋竟不还。"实在代表了后人对这位奇女子的永远缅怀。

其四，越国军队的杰出军事教官，剑术盖世，而又深谙其理、善言其道的"越女"。《吴越春秋·勾践阴谋外传》记载，越王勾践十四年（前483）：

> 范蠡对曰："臣闻古之圣君，莫不习战用兵，然行阵队伍军鼓之事，吉凶决在其工。今闻越有处女，出于南林，国人称善。愿王请之，立可见。"越王乃使使聘之，问以剑戟之术。处女……见越王，越王问曰："夫剑之道其如之何？"女曰："妾生深林之中，长于无人之野，无道不习，不达诸侯。窃好击之道，诵之不休。妾非受于人也，而忽自有之。"越王曰："其道如何？"女曰："其道甚微而易，其意甚幽而深。道有门户，亦有阴阳。开门闭户，阴衰阳兴。凡手战之道，内实精神，外示安仪，见之似好妇，夺之似惧虎。布形候气，与神俱往，杳之若日，偏如滕〔腾〕兔；追形逐影，光若佛仿。呼吸往来，不及法禁；纵横逆顺，直复不闻。斯道者，一人当百，百人当万。王欲试之，其验即见。"越王大悦，

即加女号，号曰“越女”。乃命五校之队长、高才习之，以教军士。当此之时，皆称越女剑。

生长越地南部深山的这位无名越女，受到春秋、战国之交乱世氛围的影响，竟对剑战攻守之道产生强烈爱好，通过“无道不习”、“诵之不休”的不断练习和顽强探求，成长为遐迩闻名的一代剑术大师和越国军队中首屈一指的高级教官。她的成长经历是奇特的，她对剑术之道真谛的描述显示她的思维很有哲理深度，她对显著提高越国军队的强大战斗力，从而进一步奠定越国灭吴崛起的军事基础，更是发挥了关键的作用。由此，“越女”遂成为中国军事文化史和女性文化史上最早的闪光名字之一。《论衡·别通篇》载：“剑伎之家，斗战必胜者，得曲城、越女之学。”

先秦之后，受到中原文化的影响，越地“山有金木鸟兽之殷，水有鱼盐珠蚌之饶，海岳精液，善生俊异，是以忠臣继踵，孝子连间，下及贤女，靡不育焉”（裴松之《三国志》卷五十七引《会稽典录》），女性文化获得新的发展，先后出现一系列在全国首屈一指的女性人物。如在东汉晚期，出现了儒家忠孝思想的典型代表——孝女曹娥。《后汉书·列女传》记载：“孝女曹娥者，会稽上虞人也。父盱，能弦歌，为巫祝。汉安二年(143)五月五日，于县江溯涛婆娑迎神，溺死，不得尸骸。娥年十四，乃沿江号哭，昼夜不绝声，旬有七日，遂投江而死。至元嘉元年，县长度尚改葬娥于江南道傍，为立碑焉。”曹娥的身上虽带有封建愚孝烙印，但在儒家核心伦理道德观念由北而南，在越地广泛传播的早期，也只有激烈而悲壮的行为才能震撼旧有的价值观念，引发“取法乎上而得乎中”的社会效应，从而促进一个以儒家忠孝为基础的新的社会秩序的构建。重要的是，孝女曹娥还为后代无数男性知识分子树立了一种责任风范。如南宋初许纶《题曹娥庙》：“当日曹娥念父心，千年江水有哀音。可怜七尺奇男子，忍使神州半陆沈。”（《涉斋集》卷十七）王阮《曹娥庙》：“英哉神女此江干，德与余姚舜一般。碧草凄凄埋玉冷，清风凛凛矗天寒。求生古患为仁害，誓死今知得所难。我自徘徊不忍去，非干潮小故盘桓。”（《义丰集》）在东晋时代的越地上虞又诞生了著名女诗人谢道韫；南宋时代又诞生了山阴唐琬，以及杭州朱淑真（有《断肠集》、《断肠词》）、湖州吴淑姬（有《阳春白雪词》五卷）、松阳张玉娘（有《兰雪集》），后三人并与李清照一起被学者公认为宋代四大女词人，而且李清照脍炙人口的诸多作品都是在寓居越地时创作，可以说，两宋时代四大女词人，越地所产占了三个半；在明清之际又诞生了以王端淑、商景兰、祁德渊等为代表的山阴才女群体，在晚清又诞生了清代四大女词人之一的仁和吴藻，等等。从东晋到晚清，越地女性文化沿着文才焕发的路径不断发展，创造了累累辉煌。迨至清末，越地女性文化的优良传统在秋瑾身上得到集大成的表现：秋瑾不仅是民族民主革命"最崇高的革命烈士之一"（宋庆龄在《中国妇女争取自由的斗争》一文中对秋瑾的称赞），而且兼长文艺，其诗歌作品也是那个时代最为优秀的文学精品，诚如邵元冲在《秋瑾女侠遗集序》中所说："鉴湖女侠成仁取义，大义炳然，不必以文词鸣而自足以不朽。然即以文词而论，朗丽高亢，亦有渐离击筑之风；而一往三叹，音节浏亮，又若公孙大娘舞剑，光芒灿然，不可迫视。"

总之，越地女性文化有悠久而灿烂的历史，是浙江文化的重要组成部分，也是整个中华女性文化中的先进代表。

第八章 中华文化格局中的越文化(下)

一、浙东文化是中华传统精神文化的先进代表

(一)作为浙东文化的越文化

从主导文化属性的中心区域来看,越文化又可理解为发生于於越民族核心发祥地,亦即钱塘江以东之越国腹地,古称“大越”的浙东地区文化。《吴越春秋》卷七《勾践入臣外传》载勾践臣事吴王三载还归故乡,“至浙江之上,望见大越,山川重秀,天地再清。王与夫人叹曰:‘吾已绝望,永辞万民。岂料再还,重复乡国。’”《越绝书》卷八载:“越之先君无馀……初封大越,都秦余望南,千有馀岁而至勾践,勾践徙治山北,引属东海内、外越,别封削焉。”该卷还提到“大越海滨之民”。《吴越春秋》卷八《勾践归国外传》又载勾践归国后因表现出对吴国的忠心耿耿,吴王大为赏识,将其封地从会稽山麓的百里范围大大扩展,“东至于勾甬,西至于槜李,南至于姑末,北至于平原,纵横八百馀里”;因怕伍子胥反对,吴王表示:“越本兴国千里,吾

虽封之，未尽其国。”所提勾甬、檇李、姑末、平原即今宁波、嘉兴、衢州、海盐。由此可见，当年的大越是由会稽山和四明山地向杭州湾和东海倾斜，并向南北两翼有所延展的一个半陆地、半海洋的海滨之国，这也就是山地和冲积平原唇齿相依，北及杭州湾北岸，南及浙南的今天的浙东地区。元人余阙《均役记》（《雍正浙江通志》卷二百六十一所引）曾云：“浙东，古於越之地也”，所说亦即浙东乃於越发祥地和越国腹地的意思。王充《论衡·书虚篇》：“馀暨〔今萧山〕以南属越，钱唐〔塘〕以北属吴。”顾炎武《日知录》亦曰：“昔人以钱塘为吴、越之界。唐释处默诗有‘到江吴地尽，隔岸越山多’之句，宋陈师道亦有句云‘吴越到江分’”①，则道出在社会大众心目中，钱塘江以南以东的浙东曾长期被当做“真正”的越地之事实。

浙东在秦汉以后封建国家行政区划中的具体范围，见《雍正浙江通志》卷一在介绍浙西的范围后所载：“次宁波、次绍兴、台州、金华、衢州、严州、温州、处州，凡八府，皆在大江之左，是为浙东。”这一地理格局是由唐代设置浙江东道奠定的。根据《新唐书·方镇表》所载，唐肃宗乾元元年（758），置浙江东道节度使，领越州、睦州、衢州、婺州、台州、明州、处州、温州等八州，唐以后一般所称“浙东八郡”即指此八地；但德宗贞元三年（787），睦州又改隶浙江西道，故宋以来又时见“浙东七郡”之称，即不把横跨富春江上游的睦州（北宋改严州）纳入浙东范围。如宋王之望《汉滨集》卷七《条奏温州水灾后措置事件奏议》：“浙东七郡，其四濒海。”元袁桷《清容居士集》卷十九《贺兰堂记》：“李公之仕……于浙东也，事若有素，今所领七郡，四为其守矣。”明方孝孺《逊志斋集》卷二十二《林君墓表》：“浙东七郡，无一人以旱请于朝。”考虑到严州境域大半在富春江上游之西，而浙东、浙西之分又以富春江—钱塘江为界，我们觉得，对浙东的文化考察，亦应以绍兴、宁波、台州、温州、处州（今丽水）、金华、衢州七地为范围为当。

包含这七地在内的浙东有着特殊的地理环境和发展精神文化的优越空间。

浙东地理环境的特殊性在于，它以钱塘江—富春江为天然屏障，与整个江南地区区隔开来，形成一个自成系统的准外岛和准半岛结构。如果说长江是一个天然屏障，它保护江南地区，在历史上的大多数时间里遗世独

① 顾炎武：《日知录集释》，岳麓书社1994年版，第1086页。

立于中原的战乱纷扰之外，形成一个世外桃源；那么，钱塘江—富春江则使浙东成为世外桃源中的世外桃源，为这一地区的和平发展加上双保险。元人宋禧在文集中曾经写道："江浙土宇弗靖，行省视浙东为善地"（《庸庵集》卷十四《谢都事善政碣记》），应该说，这种景象在浙东和江南地区的关系史上并不稀见。浙东地区在经济上由此获得独立自足的长期持续发展，所谓"男勤稼穑，女劳织纴"，"虽桑枢瓮牖之子、负贩之儿，皆有鱼鳖精糈之食，时或稻蟹不遗种，民就海滨而渔，亦无冻馁之患，自汉以来，称为东南财赋，甲于天下"（宋登春《宋布衣集》卷一《上余杭周君书》）；在宁绍平原地带，"河水平流，两岸树木交荫，莲荇菱芡浮水面不绝，鱼梁罾笱，家家门前悬挂之"（王士性《广志绎》卷四），景象更是平和宁静，安恬丰足。物质文化的发达自然为精神文化的创造奠定了良好基础，构建了独特的优势空间。此其一。

其二，这个世外桃源毕竟又内山而外海，绝非纯粹的富贵乐土，生息于此的多数民众需日日与险峻的山地和海波打交道，山崩海立的环境灾害宋以后亦极为频繁，这种地理环境和相应的生产生活方式又使浙东民风较之他处更多地保持了往古的淳朴、倔强和刚毅。如明中期李梦阳与山阴人周祚书即云："往闻稽山之阴，大浙之滨，多嗜古笃行，独立勇往人者。"（《空同集》卷六十二《答周子书》）晚明王士性《广志绎》卷四也说："两浙东、西以江为界，而风俗因之：浙西俗繁华，人性纤巧，雅文物，喜饰盘帨"，"浙东俗敦朴，人性俭啬椎鲁，尚古淳风，重节概"，此与"山海之民，猎山渔海"，"餐风宿水，百死一生"的生产生活方式紧密相关。明王樵《方麓集》卷七《槜李记》亦云："浙东人习于潮性水势，他处人下海即吐浪眩晕，故虽吴地，亦募彼处之人。且南人懦弱，彼独勇悍，故南自闽广，北及蓟镇皆募焉。"康熙《浙江通志》卷十三《风俗》载："浙东多山，故刚劲而邻于亢；浙西近泽，故文秀而失之靡。""敦朴"、"笃行"、"独立勇往"、"勇悍"、"刚劲"既是浙东民风的主导品格，自然亦是浙东士人的主导精神倾向；浙东士人此种特殊的精神气质，无疑有助于形成卓异不凡的浙东精神文化。如明初天台徐一夔所说："浙河之滨，古所谓西陵也，潮汐震荡，风气雄紧，故其民俗懻忮；士生其间，喜为事功之学。"（《始丰稿》卷十二《故元赠承务郎江浙等处行中书省左右司员外郎吴君墓志铭》）又如清代杭州杭世骏《道古堂全集》卷八《兰皋风雅序》说："浙东山水富于浙西，发而为清音，流而为劲响，缘情绮靡,往往视浙西稍逊,盖其风气淳厚,为魁儒硕彦弦诵之地。”晚清绍兴李慈铭《越缦堂文集》卷二《寒松阁集序》也说:“吾浙东西画分两界,山川既异,气候亦殊,所毓人文,遂殊轨辙。……浙西之士秀而文,浙东之士醇而朴。”即使同为文学艺术文化,浙东也不同于浙西,诚如《雍正浙江通志》卷九十九引明代周起莘《雷琴记》载:“两浙人文区薮,浙以西之文华而靡,浙以东之文清以淑。”《广志绎》卷四还提到浙东“滨海郡邑,乃大海汪洋,无限界中”,这种与内陆分隔而向大海无限开放的地理环境,更有助于培养浙东士人雄视天下的视野和胸襟。

其三,作为“世外桃源中的世外桃源”,浙东是历史上多次北人南迁的主要栖息地,是他们避地以隐的安全乐土,这使浙东在晋室南渡以来成为南北人才的荟萃之所;不仅如此,由于长江上中游地区对中原政权具有政治上的制高点作用,从战国、三国,历南宋,到明清之际,各方势力在此不断攻伐,造成一次次大破坏和西人流亡和西士东迁,浙东也成为很多西部士人的遁世之地(范蠡的祖籍在楚国,张岱的祖籍在四川,并不是偶然现象)。因此,可以说,浙东在历史上曾一直是南北东西各类士人的聚集之地,形成人才高地。同时,由于浙东在国家财赋收入构成比例上的不断扩大(随整个江南地区,到唐代成为主要来源之一),海洋利益意识(至迟从宋代开始,如南宋叶绍翁《四朝闻见录》乙集所云:“浙东鱼盐之富,海藏山积,食之虽众,生之无穷。”)和海洋权益意识(随着海外贸易的发展、海盗和倭寇势力的侵扰,到明代最为显著)的不断觉醒和强化,以及出于政治上对王朝首都稳定因素(如东晋、南宋和明初)的考虑,历代统治者都不约而同地选拔了一些时代精英人物来主政浙东,如东汉的马臻、东晋的王羲之、唐代的韩滉、元稹,宋代的范仲淹、朱熹、辛弃疾等等,他们在纵览国家形势利弊和参照各地经验的基础上,制定了许多切实有效的从政方略,也留下许多文化上的创造杰作,推动了浙东经济社会和精神文化事业的发展。总之,移民士人和仕宦贤人赓续踏上浙东,为浙东各种精神文化的创造进一步奠定了人才基础。

其四,作为“世外桃源中的世外桃源”,浙东受到中原大一统政权主导的权威思想和僵化观念的影响很少,长江和钱塘江在地理上的双重阻隔,一定程度上为浙东精神文化的创造提供了相对自由的空间。另一方面,由于先秦以浙东为巩固后方的越国曾北上“摄中国之贤君”(《墨子·亲民》),“以淮上地与楚,归吴所侵宋地于宋,与鲁泗东方百里”(《史记·越王勾践世家》),“南面而霸天下”(《淮南子·齐俗训》),成为裁量中原各国政治、左右中原各国前途的关键力量,这一政治文化奇迹的成功创造,也极大地鼓舞了后世的浙东士人敢于对中原流行的精神文化予以独立的评断和干预。

独特的地理环境,与久远的人文传统和时代条件相结合,造就了卓尔不凡的浙东文化。

(二)浙东文化是中华传统精神文化的先进代表

作为浙江文化的主要组成部分和特色所在,浙东文化的建树自然也是多方面的;而浙东文化自身的主要组成部分和特色所在,又是浙东精神文化。浙东精神文化是中华传统精神文化的先进代表,这体现在浙东精神文化的衍生、兴盛过程之中,也体现在其总体精神中。

1. 浙东精神文化的萌芽

众所周知,精神文化的范围十分广泛,其中大端,则不过感性审美性质的精神文化——文学艺术、理性科学性质的精神文化——思想学术以及信仰性质的精神文化——宗教等三者。早在先秦时代,当浙东精神文化尚在孕育、萌芽之中,就有不凡的表现。

如信仰宗教方面,浙东先民的精神世界就极为丰富、多元而深邃。前此已述,於越先民也是浙东先民曾长期流行鸟崇拜观念;实际上,在鸟崇拜之外,浙东先民还普遍盛行蛇图腾崇拜和英雄崇拜观念。关于蛇崇拜,东汉许慎《说文解字·虫部》蛮字条下释:“南蛮,蛇种。”《史记·吴太伯世家》索隐:“蛮亦称越。”《说文解字·虫部》闽字条下又释:“东南越,蛇种。”又如《吴越春秋·阖闾内传》载:“阖闾……欲东并大越,越在东南,故立蛇门,以制敌国。……越在巳地,其位蛇也,故南大门上有木蛇,北向首内,示越属于吴也。”甚至有晋郭璞《尔雅注》称:“今江东呼两头蛇为越王约发。”这些材料表明,从春秋到汉晋时代,蛇为於越国家和浙东先民精神图腾的观念,依然十分强固。而在更早的时期,对蛇的崇拜更是触处可见。如《史记·越王勾践世家》载勾践之前二十馀世,越人即长期保持“文身断发”风俗。《汉书·地理志》亦追溯於越先民的生活习俗并加解释说:“文身断发,以避蛟龙之害。”颜师古注又引应劭之语曰:“〔越人〕常在水中,故断其发,文其身，以象龙子，故不见伤害也。”而按照神话学家闻一多的权威论断，“所谓龙者只是一种大蛇”，“龙的基调还是蛇”；越人之所以“断发文身”，“不是存心欺骗，而是一种虔诚心情的表现”，是越人以蛇为崇拜对象的“一种图腾主义的原始宗教行为”。① 除了将自身形象进行图腾化，於越先民还曾将蛇及其皮肤斑纹的图案大量装饰到日常生活用品上。20 世纪在古越地出土的新石器晚期的印纹硬陶，其几何形花纹，根据陈文华的研究，几乎都是“蛇状和蛇的斑纹的模拟和演变”②。关于英雄崇拜，如前所述，从史实上考究，禹是中原地区传说中的上古圣君之一，也是中原三代之首夏朝的创立者，於越先民在浙东土生土长，有着自己独特的原始文化和民族发生学来源，绝非北方大禹的后裔南下繁衍而成；但是另一方面，诚如《史记·越王勾践世家》、《越绝书·越绝外传记地传》、《吴越春秋·越王无余外传》等所记载，於越先民又确曾把大禹看做自己的精神祖先，或至少把於越国家的国君看做北方圣君大禹的后裔。虽然这种信念最初形成的时间并非十分古老（详见第九章第三节），但它一当形成就根深蒂固地在越地一代代传承下来。不但如此，同样在浙东地区，以今上虞、余姚为中心，后来还形成对另一个中原圣君虞舜根深蒂固的崇拜（并见第九章第三节）。只是有趣的是，与有关大禹的传说强调的是“越人为禹后”不同，浙东有关虞舜的传说最终强调的则是“虞籍越人”（出生在越地）。无论如何，尧、舜、禹归根到底都是上古的部落联盟领袖和道德、事功英雄，因此，浙东先民将大禹奉为先祖，又将虞舜奉为土著同乡，从而加以祭祀崇拜，馨香代接，从未断绝，实质上反映了浙东先民顽强执著的英雄信仰。

综合观之，浙东先民的鸟图腾，以及诸如河姆渡发现蝶形器上向着太阳振翅欲飞的双鸟图案，应该是浙东先民“向上追求”之理想信念的写照；浙东先民的蛇图腾，以及“断发文身”的自我形象和日常生活用品装饰的蛇图腾化，显然亦包含了浙东先民“在地关怀”之现实精神；而浙东先民之崇祀大禹和虞舜，又为其古老的英雄信仰之新形态，表明在飞鸟走蛇之外，他们最终在人间英雄身上，自己的同类先进身上，也就是自己的身上，找到提

① 闻一多：《伏羲考》，载苑利主编《二十世纪中国民俗学经典·神话卷》，社会科学文献出版社 2002 年版，第 179、182 页。

② 陈文华：《几何印纹陶与古越族的蛇图腾崇拜——试论几何印纹陶纹饰的起源》，《考古与文物》1981 年第 2 期。

升自我、开创新生活和新文化的希望。——当然,挣脱鬼神迷信的观念束缚并非易事。如前所述,鬼神迷信的观念曾相当长时间制约了越地经济社会的发展。

在文学艺术方面,就诗歌而言,浙东是中国最早诗歌作品的诞生地,很早就形成诗歌创作的浓厚氛围。《吴越春秋·勾践阴谋外传》借越国军事教官陈音之口,收录了一首歌谣:“断竹、续竹、飞土、逐肉。”四句八字,完整、简练而形象地描绘了上古先民制作狩猎工具和如何狩猎的过程,其产生时代极为遥远,根据《吴越春秋》所载,当在神农、黄帝之时甚至更前。《文心雕龙·情采篇》以为中国文学史上的二言诗就肇端于此。而二言诗又是中国诗歌史上最早的诗体,因此,明代学者梅鼎祚所编《古乐苑》(郭茂倩《乐府诗集》之增辑本)卷首《古歌辞》,即列此为第一篇;现代学者亦皆认定这首《弹歌》是原始猎歌,“是我国现存最早的叙事诗歌”①。此外,根据有关专家考证,《涂山女歌》是上古绍兴涂山一带流行的歌谣;虽然只有四个字“候人兮猗”,却直抒胸臆,而又婉转悠扬,颇富音乐性。据《吕氏春秋·音初篇》载此“实始作为南音”,可见《涂山女歌》也属中国最早的诗歌作品之一,属中国最早的抒情诗。由此足见浙东是中国诗歌的摇篮。

降至两周,浙东先民对诗歌创作的崇尚更形成浓厚的氛围,触处可见。例如,如前所述,据《吴越春秋·勾践入臣外传》记载,越王勾践五年(前492)五月,当勾践入臣吴国,将过钱塘江,越王夫人乃据船长泣,作《乌鸢歌》两首,眷怀故国,情辞哀愤,愁肠百结,而又形象生动,摹景如画,令人动容。又据《吴越春秋·勾践归国外传》记载,越王自吴归国,一边卧薪尝胆,不忘大仇,一边使国中男女入山采葛,织成上品黄丝之布以结吴王欢心,“吴王得葛布之献,乃复增越之封,赐羽毛之饰、机杖、诸侯之服。越国大悦。采葛之妇伤越王用心之苦,乃作苦之诗②,曰:‘葛不连蔓棻台台,我君心苦命更之。尝胆不苦甘如饴,令我采葛以作丝。女工织兮不敢迟。弱于罗兮轻霏霏,号絺素兮将献之。越王悦兮忘罪除,吴王欢兮飞尺书。增封益地赐羽奇,机杖茵褥诸侯仪。群臣拜舞天颜舒,我王何忧能不移?’”根据明冯惟讷《古诗纪》卷一百四十六《明体》的考察,这首《采葛妇歌》当为中

① 许并生:《先秦叙事诗基本线索及相关研究考察》,《文学评论》2006年第6期。

② 唐虞世南《北堂书钞》卷一百六、宋吴淑《事类赋》卷十一引《吴越春秋》,均作“乃作若何之歌”,宋王十朋《会稽风俗赋》史铸等注引《吴越春秋》作“乃作何苦之诗”。

国最早的七言诗。《吴越春秋·勾践伐吴外传》又载:勾践决定发起灭吴之战,令国人各送其子弟于郊境之上,"军士各与父兄昆弟取诀,国人悲哀,皆作离别相去之词,曰:'跞躁摧长恧兮,擢戟驭殳,所离不降兮,以泄我王气苏。三军一飞降兮,所向皆殂。一士判死兮,而当百夫。道祐有德兮,吴卒自屠。雪我王宿耻兮,威振八都。军伍难更兮,势如貔貙。行行各努力兮,於乎,於乎!'"当勾践灭吴称霸中原之时,"秦桓公不如越王之命,勾践乃选吴越将士西渡河以攻秦。军士苦之,会秦怖惧,逆自引咎,越乃还军。军人悦乐,遂作'河梁之诗'。曰:'渡河梁兮渡河梁,举兵所伐攻秦王。孟冬十月多雪霜,隆寒道路诚难当。陈兵未济秦师降,诸侯怖惧皆恐惶。声传海内威远邦,称霸穆桓齐楚庄,天下安宁寿考长。悲去归兮何无梁。'"刘向《说苑》还记载,楚国令尹鄂君子晳华服乘船,纵览于大江之上,摇船的越人为其翩翩风采所倾倒,不禁拥楫而歌,鄂君子晳请人用把越语歌词翻译成楚语,这个越籍船夫的歌唱竟如此妙曼动人:"今夕何夕兮搴舟中流,今日何日兮得与王子同舟。蒙羞被好兮,不訾诟耻,心几顽而不绝兮,知得王子。山有木兮木有枝,心说君兮君不知。"以上《乌鸢歌》、《采葛妇歌》、《离别相去辞》、《河梁歌》、《越人歌》,根据李华年先生的研究,都属骚体的滥觞,后来的屈原吸收这种新诗体的艺术精髓并加以发展,才创作出《离骚》那样的鸿篇巨制。① 由上可见,从越王夫人、采葛农妇,到一般国人、出战士兵,乃至飘流异国的船夫,当时的越国几乎无人不会歌唱,无人不会作诗,而且所作歌体几乎都为首创。

就音乐、绘画等艺术而言,河姆渡出土的骨哨、陶埙、箫等七十多件乐器,绍兴城南坡塘306号墓发掘春秋伎乐铜屋所呈现出的专业乐队协同演奏场景,以上越人动辄歌唱的记载,以及《吴越春秋·勾践阴谋外传》中三千木工"皆有怨望之心,而歌木客之吟",《吴越春秋·勾践伐吴外传》中越王灭吴归来,"置酒文台,群臣为乐,乃命乐作伐吴之曲"等等记载表明,先秦的浙东也是一方音乐的热土;而河姆渡发现的双鸟朝阳纹蝶形器,其图案中的鸟作圆眼、钩喙、伸脖仰望之状,线条洗练简洁,形象逼真传神,"已具有我国传统花鸟画的原始雏形",河姆渡陶器上的图画作品写实与写意

① 参见李华年:《骚体渊源新证》,《贵州民族学院学报》(哲学社会科学版)1990年第4期。

并存，“风格朴实而又生机盎然，表现了作者对大自然的赞美，富有浓厚的生活气息”①，则又告诉世人，浙东绘画艺术的种子，早在七千年前就已生长出鲜翠的幼芽。

思想学术作为最高层次的精神文化，虽然比其他精神文化产生要迟，但在先秦的浙东，也有出色的表现；范蠡、文种、计然等越国兴亡的灵魂人物虽然祖籍地并非浙东，但他们在政治史和文化史上的建树都发生在出仕越国期间，属越国的精英人才无疑。在帮助越国继绝存亡的严峻斗争实践中，他们形成了诸多宝贵的思想学术；这些思想学术既是浙东历史上的第一批思想成果，也构成整个先秦中国思想学术演进中的一个重要环节，深刻地影响了后来的思想学术进程。例如，范蠡的思想学术集中见于《范子》十二卷、《范子计然》十五卷两书（宋以后亡佚），他如《国语》、《越绝书》、《越纽录》、《史记》、《吴越春秋》也有片段记载。从现存片段记载来看，范蠡具有相当系统的朴素唯物论和辩证法思想。在本体论上他抛弃宗教神秘主义的天道观，认为世界的本源在“道”，但道并非什么纯粹精神的天理或上帝，而实际上就是“气”的本源，气则又成为“阴阳”、“天地”、“万物”的根本，世界就是在道——气——阴阳——天地——万物的递演与统一中构成一个物质实体。如《越绝书·越绝外传枕中》载其向越王勾践提出一个“圣主之治，左道右术”的命题，并解释说：“道者，天地先生不知老，曲成万物不名巧，故谓之道。道生气，气生阴，阴生阳，阳生天地；天地立，然后有寒暑、燥湿、日月、星辰、四时，而万物备”；而且，这个物质世界的运行有其规律，人类社会的兴衰也有其规律，所谓“阴阳进退者，固天道自然”，“天道三千五百岁，一治一乱，终而复始，如环之无端，此天之常道也”，“极而复反，言乱三千岁，必有圣主也”；因此，只有顺应物质世界的运行规律和人类社会的发展趋势，才能取得成功，所谓“术者，天意也，盛夏之时，万物遂长，圣人缘天心，助天喜，乐万物之长，故舜弹五弦之琴，歌《南风》之诗，而天下治”。因此，“左道右术”命题所要求的，就是重视自然界和人类社会的物质实在性，尊重和顺应客观事物的发展规律和发展趋势。《越绝书·越绝吴内传》亦载，他在提醒越王应该“持盈”（效法“天道盈而不溢，盛而不骄”，“不失阴阳日月星辰之纲纪”），“定倾”（效法“生长五谷，持养万物，功盈德

① 林华东：《浙江通史·史前卷》，浙江人民出版社2005年版，第152、159页。

博”，“地道施而不德，劳而不矜其功”）的同时，还反复告诫应该“节事”，应该把“人道不逆天时”作为准则，所谓“节事者，言王者已下，公卿大夫当调阴阳，和顺天下”，“人道不逆四时者，言王者以下至于庶人，皆当和阴阳四时之变，顺之者有福，逆之者有殃”，一再强调要顺应客观规律和事物发展的趋势。《国语·越语》还载其告诫越王：“圣人随时以行，是谓守时。天时不作，弗为人客；人事不起，弗为之始。……时不至，不可强生；事不究，不可强成。自若以处，以度天下，待其来者而正之，因时之所宜而定之。……时将有反，事将有间，必有以知天地之恒制，乃可以有天下之成利。……得时无怠，时不再来，天予不取，反为之灾。赢缩转化，后将悔之。……天道皇皇，日月以为常，明者以为法，微者则是行。阳至而阴，阴至而阳；日困而还，月盈而匡。古之善用兵者，因天地之常，与之俱行。”在范蠡看来，遵循客观规律的主要要求，就是“知天地之恒制”，掌握事物发展的规律，并“随时以行”，“因天地之常，与之俱行”，顺应形势，及时作为；逆时而动、急躁冒进，与得时而怠、天予不取，因为违背和违反事物发展的客观规律和趋势，都将归于失败；要善于把握时机，也要善于等待时机，因为“时将有反，事将有间”，“赢缩转化”，“阳至而阴，阴至而阳；日困而还，月盈而匡”，事物的发展是一个不断向对立面转化的过程，好的局面把握不好会稍纵即逝，困局也将迎来柳暗花明的时刻（“事将有间”）。尽管其中不免历史循环论的色彩，范蠡的思想总体上构成相当系统的一套朴素辩证法理论，这在同时代的思想家中极为罕见。

犹为难能可贵的是，范蠡还从其“节事”、“人道”的思想出发，进一步提出“中和”政治观和鲜明的“人贵”主张。如《越绝书·越绝外传枕中》所载：“汤执其中和，举伊尹，收天下雄隽之士，练卒兵，率诸侯兵伐桀，为天下除残去贼，万民皆歌而归之。是所谓执其中和者。”“古之贤主、圣君，执中和而原其终始，即位安而万物定矣；不执其中和，不原其终始，即尊位倾，万物散。文、武之业，桀纣之迹，可知矣。古者天子及至诸侯，自灭至亡，渐渍乎滋味之费，没溺于声色之类，牵孪于珍怪贵重之器，故其邦空虚。困其士民，以为须臾之乐，百姓皆有悲心，瓦解而倍畔者，桀纣是也。”“天地之间，人最为贵。”从其所举正、反两方面的历史例证可知，范蠡“中和”政治的要义，就在“为天下除残去贼”，建立一种“万民皆歌而归之”的人道政治；在这种政治中，统治者绝不沉溺于“滋味”、“声色”、“贵重之器”，绝不存在“困其士民”,“百姓皆有悲心”的现象;这个政治的核心就是“人”或者说“士民”,因为“天地之间,人最为贵”。不难看出,范蠡的“中和”观比同时儒家的泛泛说教,“喜怒哀乐之未发,谓之中,发而皆中节,谓之和;中也者,天下之大本也,和也者,天下之达道也;致中和,天地位焉,万物育焉”(《礼记·中庸》),要更有现实针对性和指导性;其以“人贵”主张为核心的这种“中和”政治,与晚两百年的孟子的“民贵君轻”论和“仁政”理想在精神实质上完全一脉相承。由此可见,范蠡的哲学观和政治思想堪称春秋末中国思想界的翘楚,在中国思想学术史上产生了深远的影响;不但如此,从《越绝书·越绝外传枕中》越王勾践在聆听范蠡指教之后,每每将其所言“以丹书帛,置之枕中,以为邦宝”的记载,越国由弱转强的决定性因素乃在经过“十年生聚,十年教训”,完成脱胎换骨的转变,创造出政通人和、民富兵强、万民乐业的国内政治局面,这个过程实质上就是“中和”政治实践,它为越国上下一体,群策群力,最终打败吴国奠定牢固基础等历史事实来看,范蠡的思想学术更对越国的重新崛起发挥巨大现实指导作用,曾成为越国上下的最高精神指南。只是因为记载范蠡言论的《越绝书》虽属“战国时人所作”①,其中很多篇幅“辞义奥衍,究达天人,明为先秦文字”(明田汝成《越绝书序》,明贺复征编《文章辩体汇选》卷二百九十一),但长期被误读为纯粹东汉以后文献,《国语》等亦长期未受到足够重视,而《范子》、《范子计然》两书宋以后已亡佚(宋人犹及见之,故宋高似孙《子略》卷三称《范子》“此编卷十有二,往往极阴阳之变,穷历数之微”云云,马端临《文献通考》卷二百十三引《旧唐书·艺文志》亦称《范子计然》,为“范蠡问,计然答”之对话语录而“今不存”),或者还有来自中原学者的刻意漠视等原因,范蠡对先秦中国思想学术的影响一直不甚为现代学者所知罢了。

范蠡如此,范蠡的老师计然(《汉书》颜师古注引《古今人表》,载其“南游越,范蠡卑身事之”),其思想学术成就自然亦不在范蠡之下。计然的思想学术除散见于《越绝书》、《吴越春秋》、《史记》等文献,主要保存在传世至今的《文子》一书中。这部子部著作曾长期被怀疑为伪作,定州汉简的出土为其恢复先秦文献的本来面目,其在中国思想学术史上的重要地位也得到越来越多的确认。《文子》认为“道”不仅是无形的实体的“气”,是构成

① 余嘉锡:《四库提要辨证》,中华书局2007年版,第382页。

世界的本原，还包含“气”的运行即“阴阳”的对立转化规律在内，同时，道也是治国领民的必由之路；这个必由之路的根本要求就是统治者要顺应形势，“推自然之势”，“不先物为”，“不先自然”，对人民“御之以道，养之以德”。这些看法与上述范蠡所言均极为接近，都是从唯物主义角度对老子道学的继承和发展，同时又融合并发展了儒家的仁学。有学者通过深入考察指出，此后“稷下道家，荀子、韩非，以及两汉的贾谊、王充为代表的唯物主义者，就是沿着文子这条线去理解和发挥老子的”，“在过去的中国哲学史中，从老子提出‘道’的学说，到荀子、韩非，以至王充这一条唯物主义的发展线索，中间似乎脱了一个环节”，其实，因为《文子》的存在，“这一唯物主义的线索，并不脱节”①，这是很有见地的。正是借助其朴素唯物论和辩证法的理论洞见，计然形成了相当科学的经济思想和一整套商业理论，代表了先秦经济思想的最高水平。例如，根据《史记・货殖列传》记载，计然提出：“农末俱利，平粜齐物，关市不乏，治国之道也”，“夫粜，二十病农，九十病末。末病则财不出，农病则草不辟矣”，在以农为本的数千年中国历史上，计然是第一个明确提出“农末俱利，治国之道”也就是“农商皆本”、“农商兼顾”的思想家，这一重商论述事实上亦成为后人维护工商业发展最常援引和最早的理论“保护神”之一；他又说：“论其有馀不足，则知贵贱。贵上极则反贱，贱下极则反贵。贵出如粪土，贱取如珠玉”，这些话精辟地阐述了商品价格与市场供求之间的平衡关系、商品价格的波动规律，以及商品经营者关键的买卖策略，与现代经济学上讲的价格、价值规律理论和市场营销理论毫无二致；他天才地主张：“积著之理，务完物，无息币”，“财币欲其行如流水”，市场经营者在确保货源充足的同时，一定要注意保障货币的快速流转，现代经济学上货币理论的一块重要基石亦正在此；他还指出：“知斗则修备，时用则知物，二者形则万货之情可得而观已”，“旱则资舟，水则资车”，必须准确地预见市场供求变化，超前一步贮备商品，才有可能避免损失，获取最大利润，这同样是一条至今没有失去生命力的商业理论“经典”。《史记・货殖列传》载“计然之策七，越用其五而得意”，由此足见，越国的胜利很大程度上也就是计然学术思想尤其是经济思想和商业理论的胜利。最后，先秦移民人才与越国生存斗争实践相结合而产生的浙东思想

① 李定生等：《文子要诠》，复旦大学出版社1988年版，第19、27页。

学术，除了计然、范蠡的哲学思想、政治思想与经济理论，还有文种的“经世之学”①，它也在中国思想学术史上占有相当的地位。

然而，以上图腾信仰，毕竟还带有很大的传说色彩；各种歌词，均为后代文献追记，很难说就是历史原貌；范蠡、计然等，归根到底是移民人物，他们的思想学术与浙东的政治实践虽紧密相关，但也不能割断与他们祖籍地文化的联系。因此，我们只能说，中国历史未实现大一统前的先秦时代，是浙东精神文化的孕育、萌芽时期。

2. 浙东精神文化的兴起

从秦汉开始，浙东开始纳入中国大一统政权的版图，浙东精神文化也正式开始其在中华精神文化视野中的兴起、发展和辉煌历程。限于篇幅，本章只简单梳理截至两宋时期，浙东精神文化的兴起和发展历程。

这里，我们首先关注秦汉至六朝时期，浙东精神文化的兴起之路。

最先兴起的是文学艺术。首先是西汉时期，从学习、研究其他区域文学艺术遗产，参与文学艺术创作主流开始，浙东出现一批土著出身的文学家，在全国产生影响。如会稽庄忌擅长辞赋创作，以创作感怀屈原生平遭遇的骚体赋《哀时命》闻名，声望几与司马相如并肩，并与枚乘等著名文学家一起受知于梁孝王，世以“庄夫子”称之；其子庄助（《汉书》避东汉明帝讳改姓严）与同乡朱买臣，更以当世造诣最为精深的《楚辞》研究专家，受到汉武帝的高度倚重，成为中国古代《楚辞》学的开创者和汉代骚体赋创作的引领人，史称二人“贵显汉朝，文辞并发，故世传《楚辞》”（《汉书·地理志》），武帝每“有奇异，辄使〔助〕为文，及作赋颂数十篇”（《汉书·严助传》）。东汉时代，浙东土著出身的学者文人和有移民背景者，在从事有关学术研究的同时，在散文创作上也取得很高的成就。如先祖为北方移民的上虞王充，在散文创作上进行深入的思考，提出文章必须“为世用”、“合众心”说，如云：“为世用者，百篇无害；不为用者，一章无补”，“文贵夫顺合众心，不违人意，百人读之莫谴，千人闻之莫怪”（《论衡·自纪篇》）；同时又要求在语言上必须深入浅出，明白晓畅，“口则务在明言，笔则务在露文”，“何以为辩？喻深以浅。何以为智？喻难以易”（《论衡·自纪篇》）；而在内容与形式的统一上，又以“真”与“美”的统一即“真美”为唯一归宿，他称

① 参见方杰主编：《越国文化》，上海社会科学院出版社1998年版，第216—219页。

自己的散文创作使命就在贬斥“虚妄之言胜真美也”(《论衡·对作篇》)。有此理论自觉,王充遂成为汉代成就最高的散文作家之一,几与司马迁并驾齐驱。《抱朴子》即载当时的大学者蔡邕“叹其文高,度越诸子”。同时浙东比较知名的散文家,还有土著出身的山阴赵晔和会稽吴君高、周长生等。如《论衡·案书篇》即载:“会稽吴君高、周长生之辈,位虽不至公卿,诚能知之囊橐,文雅之英雄也。”《四库全书提要》评赵晔《吴越春秋》,有“其文纵横曼衍”、“博丽奥衍”等语。三国时代,浙东文学氛围进一步向东部边海地区扩展,除了绍兴继续有知名文学家出现,如会稽盛宪深受曹操和孔融尊崇,山阴朱育以“文艺多通”(《嘉泰会稽志》卷十四本传)知重一时,宁波、台州沿海也诞生独领风骚的文坛名家,如《会稽典录》云:“文章之士,立言粲盛,则御史中丞、句章任奕,鄱阳太守、章安虞翔,各驰文檄晔若春荣”,句章、章安分别即今宁波慈溪、台州椒江。

两晋时代,除了祖籍上虞、出生在谯国铚(今安徽宿县)、后又迁居上虞的嵇康,以杰出的诗文成就和傲岸不屈的铮铮风骨成为“竹林七贤”的领袖和正始文学的旗帜,成为 3 世纪中国最优秀的文学家之一,会稽贺循、杨方、山阴孔愉、余姚虞预等文学家在越国腹地续有诞生外,在 4 世纪中国文学艺术史上发生最重大影响的,就是晋穆帝永和九年(353)三月南北四十多位当世名流在越国故都城南的兰亭唱和。在浙东佳山胜水和风土人情的感召之下,这次唱和诞生了“天下第一行书”和散文名篇《兰亭集序》,确立了王羲之“千古书圣”和诗文大家的不朽地位;这次诗酒唱和既是南北文艺名家在浙东的一次大融合,又是全国文艺名家与浙东文艺名家和山水人情的第一次集中交流和会通,堪称中国暨浙东文学艺术发展史上的一个里程碑事件。诚如文学史家所言,兰亭唱和“标志着诗人已开始留意山水审美,并从山水中体悟玄理。这种尝试预示着山水诗将要兴起。兰亭雅集对中国文人生活情趣有重大影响,同时对诗歌流派的形成也有推动作用”①。正是在兰亭唱和前后,以参与兰亭雅集的孙绰、许询为代表,浙东玄言诗创作兴盛,在东晋百馀年间占据了中国诗歌创作的主导地位。进入南朝,受到兰亭唱和及当年共襄盛举的谢氏文学家风的影响,上虞出生的谢灵运以大全景式的构图、极貌写物的技巧和繁富典丽的审美风格开创了中国诗歌

① 袁行霈主编:《中国文学史》第 2 卷,高等教育出版社 2005 年第 2 版,第 52 页。

史上的山水诗派，并引领了中国诗风数百年的递嬗，成为文学史上无可置疑的第一流大家。“在谢灵运大力创作山水诗的过程中，为了适应表现新的题材内容和新的审美情趣，出现了‘情必极貌以写物，辞必穷力而追新’和‘性情渐隐，声色大开’的新特征”，“这新的特征成为‘诗运转关’的关键因素，它深深地影响着南朝一代诗风，成为南朝诗风的主流。而且这种诗风对后来盛唐诗风的形成，也有着十分积极的意义”①。紧步谢灵运，在散文领域诞生了山阴土著出身的文学大家孔稚珪，以辞章清拔名冠东南，曾与江淹一起对掌齐高帝文翰，成为各方宗仰的文坛巨擘；所作《北山移文》揭露假名士利欲熏心的嘴脸，构思奇特，笔锋犀利，而又文辞清丽华美，成为六朝骈文中最脍炙人口的名篇之一，开唐代文风之先河。如清蒋士铨《评选四六法海》说它：“酌文质之中，穷古今之变，骈文断推第一。”许梿《六朝文絜》称：“此六朝中极雕绘之作，炼格炼词，语语精辟。……当与徐孝穆《玉台新咏序》并为唐人轨范。”于光华《评注昭明文选》也指出：“真可谓精绝之甚！此唐文所祖。”

思想学术的兴起稍晚于文学艺术，然而一当诞生，便形成中国思想学术史上的一座高峰。这座高峰就是东汉浙东上虞的王充和其《论衡》。王充吸收道家的思想营养和当时天文学研究的最新成果，通过实证主义地长期思考和观察，在本体论、性命论、形神论和认识论等方面取得一系列思想成果。王充提出：“天者，气邪？体也？如气乎，云烟无异。……是体也，……天乃玉石之类也。……天地，含气之自然也。从始立以来，年岁甚多，则天地相去，广狭远近，不可复计。”（《论衡·谈天篇》）“天施气而众星布精，天所施气，众星之气在其中矣。”（《论衡·命义篇》）“天施气于地以生物。”（《论衡·奇怪篇》）“天道自然，自然无为。”（《论衡·寒温篇》）“天道自然，非人事。”（《论衡·乱龙篇》）“天道自然，非为人也。”（《论衡·卜筮篇》）“人不能以行感天，天亦不随行而应人。”（《论衡·明雩篇》）这就在中国哲学史上第一次十分明确地提出天是物质性的“自然”的实体，天地万物都是物质性“气”的一元性存在，天道“自然无为”，“非人事”，“不为人”，完全不以人的意志为转移。这就和汉代占统治地位的神化天道观（如董仲舒《春秋繁露》“天者，百神之大君”）和随之而来的天人感应等官方哲学，

① 袁行霈主编：《中国文学史》第2卷，高等教育出版社2005年第2版，第91页。

构成了严峻对立。王充提出:“天地合气,人偶自生也;犹夫妇合气,子则自生也。”(《论衡·物势篇》)“人禀命有二品,一曰所当触值之命,二曰强弱寿夭之命。所当触值,谓兵烧压溺也。强寿弱夭,谓禀气渥薄也。……禀气渥则其体强,体强则其命长;气薄则其体弱,体弱则命短。……人之禀气,或充实而坚强,或虚劣而软弱。充实坚强,其年寿;虚劣软弱,失弃其身。”(《论衡·气寿篇》)这就是说,人类的产生是物质宇宙的运行产物,每一个体的诞生则是其父母“合气”的偶然结果,其寿命长短又是“禀气渥薄”即先天体质强弱和后天“兵烧压溺”等生存遭遇两相作用的结果,没有什么神秘性,这就把先秦以来的儒家“死生有命,富贵在天”的天命观转换成一个生命科学命题,把先秦以来直到汉代统治者编造的刘媪感龙而孕刘邦之类的谶纬迷信推到了虚妄境地。王充说:“夫人所以生者,阴阳气也。阴气主为骨肉,阳气主为精神。人之生也,阴、阳气具,故骨肉坚,精气盛。精气为知,骨肉为强,故精神言谈,形体固守。”(《论衡·订鬼篇》)“人,物也;物,亦物也。物死不为鬼,人死何故独能为鬼?……人之精神藏于形体之内,犹粟米在囊橐之中也。死而形体朽,精气散,犹囊橐穿败,粟米弃出也。……人未生,在元气之中;既死,复归元气。……人未生,无所知;其死,归无知之本,何能有知乎?人之所以聪明智慧者,以含五常之气也;五常之气所以在人者,以五藏〔脏〕在形中也。……人死,五藏腐朽,腐朽则五常无所托矣,所用藏智者已败矣,所用为智者已去矣。形须气而成,气须形而知。天下无独燃之火,世间安得有无体独知之精?……精神依倚形体。”(《论衡·论死篇》)这就从气一元论角度出发,继承并发展战国以来的形神观,形成人死归于无知也就根本没有鬼魂存在的独创见解,颠覆汉代社会广泛存在的鬼神迷信思想。王充提出:“儒者论圣人,以为前知千岁,后知万事,有独见之明,独听之聪,事来则名,不学自知,不问自晓,故称圣,则神矣。……此皆虚也。……不学自知,不问自晓,古今行事,未之有也。……知物由学,学之乃知,不问不识。……天地之间,含血之类,无性知者。……圣贤不能性知,须任耳目以定情实。”(《论衡·实知篇》)“凡论事者,违实不引效验,则虽甘义繁说,众不见信。论圣人不能神而先知,先知之间,不能独见,非徒空说虚言,直以才智准况之工也。事有证验,以效实然。”(《论衡·实知篇》)王充的认识论既拆去了圣人“神而先知”的神圣光辉,动摇了汉代官方刻意塑造的精神偶像,他提出可靠的知识要从实践性学习（“任耳目”）而来，要能经得住检验和证明，更为一切科学知识的形成和发展指明了道路，标志着古代认识论的崭新水平。以这些思想成果为武器，王充对汉代主流思想意识形态以及截至他那个时代的几乎所有知识，乃至各种社会礼俗迷信进行了总结性的检验和鞭辟入里的批判。他以一代精神导师和知识检验家的气魄旗帜鲜明地提出：“《论衡》之造也，起众书并失实虚妄之言胜真美也。故虚妄之语不黜，则华文不见息；华文放流，则实事不见用。故《论衡》者，所以铨轻重之言，立真伪之平，非苟调文饰辞，为奇伟之观也。其本皆起人间有非，故尽思极心，以讥世俗。”（《论衡·对作篇》）“《诗》三百，一言以蔽之，曰：‘思无邪。’《论衡》篇以十数，亦一言也，曰：‘疾虚妄。’”（《论衡·佚文篇》）王充对汉代谶纬化的“正宗”儒学思想及其笼罩下的“世俗”展开全面批判，宣告了一个时代的终结，又标志了一个新思想时代的到来。此诚如钱穆先生所说：“两汉思想，董仲舒是正面，王充是反面，只此两人，已足代表。董仲舒上承邹衍，王充则下开魏晋。魏晋人在中国思想史上之贡献，正为其能继续王充，对邹、董一派天人相应，五行生克，及神化圣人等迹近宗教的思想，再加以一番彻底的澄清。”①不仅如此，王充以一个人的思想洞见来打碎一个时代的思想禁锢，不仅在学术研究上“倡导了一种坚持独立的哲学思考的理性精神”，“表现了对于真理的孜孜寻求，从而开创出了一种以实诚为基本精神的新学风”②，而且在中国学者的人格独立上，也树立了一种新的风范。此亦如钱穆所言：“今魏晋南朝三百年学术思想，亦可以一言蔽之，曰‘个人自我之觉醒’是已。此其端，肇自王充，……传统之尊严既弛，而个人之地位渐以襮著。”③

在王充这座思想高峰周围，当时的越国故都附近还存在一个数量可观的经史学者群体。如会稽袁康、吴平与山阴赵晔等以编撰《越绝书》、《吴越春秋》而成为中国地方史研究的实际开拓者，如前所述，当时的大学者蔡邕还曾认为赵晔的学术著作“长于《论衡》”；会稽周长生既是“文士之雄”，更是造诣深厚的通史研究大家，其《洞历》一书被《论衡·超奇篇》评为“上自黄帝，下至汉朝，锋芒毛发之事，莫不纪载，与太史公表纪相似类也”；山阴韩性是“博通五经”，可与蔡邕把臂论道的经学家，同邑谢夷吾亦以专长《春

① 钱穆：《中国思想史》，兰台网路出版商务股份有限公司2001年版，第90页。
② 沈善洪、费君清主编：《浙江文化史》上册，浙江大学出版社2009年版，第17页。
③ 钱穆：《中国思想史》，兰台网路出版商务股份有限公司2001年版，第132页。

秋》研究而受到班固的推崇。三国时期，浙东又诞生分别专长《周易》研究和三《礼》研究的余姚虞翻和山阴阚泽等大经学家。前者曾被孔融称为东南学界的领袖，即使在被孙权流放交州（今越南和广西西南）期间，也“讲学不倦，门徒常数百人”（《三国志·吴志》本传）；后者被虞翻称为“儒术德行，亦今之仲舒也”（《三国志·吴志》本传裴松之注引《吴录》）。进入东晋，浙东又诞生一代典礼制度多由其手定的《礼》学大家、山阴贺循，并擅断代史和经学研究、私著《后汉书》和《尚书注》、《毛诗义疏》等多种经史著作的山阴谢沈，以及兼长断代史和地方史研究、私著《晋书》四十多卷和《会稽典录》的余姚虞预；同时，浙东思想学术的发展更出现家族化的趋势，出现了祖孙昆弟络绎于史册的山阴贺氏礼学世家、山阴孔氏经学世家、余姚虞氏经史世家等学术世家。值得注意的是，王充之后的这些经史学者几乎全部是浙东土著出身。

稍晚于思想学术领域，浙东的宗教信仰领域从东汉中后期也开始发生显著变化。此时正是先秦老庄哲学、汉初黄老思想和秦汉以来的方术在政治黑暗、社会动荡和民生窳败等各种因素的作用中走向融合，从而诞生出中国本土宗教道教的时代。沛国丰（今江苏丰县）人张陵在长江上游的巴蜀地区以五斗米道相号召，冀州巨鹿（今河北平乡）人张角在广大的黄河流域和江淮地区打出太平道的旗帜；就在他们的信徒在中原北方和西部风起云涌的时候，浙东上虞则在静悄悄中诞生了越到后来反响越加强烈的“万古丹经之祖”《周易参同契》和其作者、道教丹鼎派的第一祖师魏伯阳。《周易参同契》，循名责实，参即三又即杂，即将《周易》、黄老、修丹三者杂糅贯通为一，论述内外丹兼修而以内丹修炼为主。其中《养性立命章》明言，内炼即是炼人身生命的基本要素精、气，使“气布精流”，身体“为道舍庐”，反过来说即与道合一；内炼的要诀则在于“内以养己，安静虚无，原本隐明，内照形躯”（《炼己立基章》）。《自叙启后章》又称，修炼的根本之道，在于“引内养性”，“归根返元”，“抱一毋舍”，即以内炼“自然”为主，“配以服食，雄雌设陈”，服食外丹只是“配”，即起辅助作用。不仅如此，《周易参同契》还以黄老自然观为指导，建构出宇宙结构模式和宇宙演化模式，将外在的宇宙发展变化法则看成内在的人体精气运行变化法则和炼丹炉中药物化合反应的法则，又从《周易》和汉代易学的象数学中找到描述元精、元气、元神三者合成金丹，在身体的一定方位循环运转的坐标系统。《周易参同契》蕴涵的奥秘在当时就产生影响,传承其学的上虞淳于翼将此书带到中原,被授为洛阳市长;此书更在后代赢得无数道教徒以及其他学者的信从或探究,其中仅现存的注本即达四十多种;不仅外丹各流派受其影响,无论主清修或主阴阳双修,唐以后的内丹家更是奉为圭臬。无怪宋人张伯端《悟真篇》以“万古丹经王”称之;同时陈显微也说:“是书可称丹经之祖矣,其论至备而密隐天机,其旨至微而显陈法象。”(《周易参同契解序》)由此可以说,浙东也是中国道教的发源地之一。此外,作为中国历史上最早“将《易》用于科学(自然是夹杂在宗教中的科学)最成功的著作”、“第一部为中国气功术提供唯象模型的著作”①,以及李约瑟《中国科学技术史》所称“全球第一本”炼丹术即早期科学技术著作,此书在中国哲学史、体育史、科技史上也享有很高的地位。

在魏伯阳之后,浙东宗教信仰领域发生的更大变化是佛教的传授。首先是东汉末年安息国(今伊朗)名僧安世高从洛阳辗转来到会稽,传授会稽陈慧等人为得意弟子;在安世高意外遇害后,陈慧继承安世高之学,继续在浙东弘扬佛法,著有《安般守意经注》。献帝兴平元年(194),浙江历史上第一座寺院石头禅院在今仙居落成。三国吴时期,西域月氏佛教徒支谦又从中国北方“避地会稽”(《高僧传》卷一本传),带来大乘经典;同时,世居天竺(今印度)的康居(在安息国东北)高僧康僧会,则经交趾(今越南)浮海至会稽,由于他在传教过程中十分注意会通儒佛,用佛教的菩萨道发挥儒家的“仁道”说,“江左大法遂兴”(《高僧传》卷一本传),浙东亦渐成“佛国”。根据有关专家的考证,东吴时期浙江境内有史料可考的寺庙共16座,绝大多数都分布于浙东,其中章安港口附近的台州地区就有9座。② 西晋时代,五斗米道开始向江东传播,进入东晋,浙东更逐渐成为道教乐土,出现不少五斗米道(东晋中期改称天师道)世家。如《晋书·王羲之传》载:“羲之雅好服食养性,不乐在京师,初渡浙江,便有终焉之志。会稽有佳山水,名士多居之,谢安未仕时,亦居焉。孙绰、李充、许询、支遁等皆以文义冠世,并筑室东土,与羲之同好。……既去官,与东土人士尽山水之游,弋钓为娱,又与道士许迈共修,服食采药石,不远千里。……羲之次子凝之,

---

① 牟钟鉴等:《道教通论——兼论道家学说》,齐鲁书社1991年版,第369—370页。

② 参见陈荣富:《浙江佛寺史话》,宁波出版社1999年版,第18页。

为会稽内史，王氏世事张氏五斗米道，凝之弥笃。”又如山阴孔愉，“少有嘉遁意”，“时常独寝，歌吹自箴诲，自称孔郎，游散名山，百姓谓有道术，为生立庙”（《嘉泰会稽志》卷六“孔府君庙”条），孔氏一门亦浸染而成道风。东晋末年以至南朝，浙东又出现对道教“三洞真经”（后世《道藏》基本骨干）的传播发挥关键作用的人物。如南朝东阳人孙游岳，隐居缙云山四十多年，“宋太初中，简寂先生〔陆修静〕至自庐岳，乃抠衣而趋，嗣承奥旨，授三洞经法，并所秘杨真人、许掾手迹，因茹芝却粒，服谷仙丸”，“齐永明二年，诏主兴世馆，门弟子数百人，惟陶弘景入室焉”；正是在孙游岳的深刻影响之下，陶弘景才开创了茅山上清道这一道教重要教派。佛教方面，诚如荷兰学者许理和在《佛教征服中国》一书中所言：“在此期间〔东晋〕，佛教在士大夫圈内活动的中心已经转移到会稽地区”①，亦如陈荣富所指出的，两晋南朝时期，“〔中国〕佛教史上的重要人物，大都活动于浙东”②，浙东在此一时期更是高僧与名士联袂涌现，宗派纷开，寺庙林立，成为当时中国佛教文化中心。如两晋之交般若学与玄学合流，开启佛教中国化之路的“六家七宗”，其代表人物即全都活动于浙东。如即色宗代表支遁活动于会稽、山阴、剡山（今嵊州），立寺传教以终，曾在山阴开讲《维摩诘经》，与许询相互问难发明，风靡一时；识含宗代表于法开与其师于法兰亦活动于剡山、山阴一带，以义解知名天下，曾就色空义与支遁辩难被屈，又派弟子法威前去论辩；终以词锋雄竞胜之；本无异宗代表竺法潜同样寓居剡山，论道说义，闻名中外，在浙东各地讲经三十多年以终，有弟子竺法友、竺法义等继续传承其教；幻化宗代表竺道壹住持会稽嘉祥寺，“文锋富赡，声播内外，律行清严，四远僧尼咸依附咨禀，时人号曰九州都维那”（明陈耀文《天中记》卷三十五）。除了这些开宗立派的人物，两晋浙东还涌现了竺法崇、道宝、慧虔、史宗等高僧和谢安、王羲之、殷浩等一大批居士。南朝浙东佛教的发展呈现极盛局面，在灿若群星的名僧名居士中，上虞诞生土著出生的高僧代表和杰出的佛教史家慧皎。他的《高僧传》将此前四百多年的重要高僧网罗殆尽，堪称我国第一部系统的佛教人物传记汇编，“今日之治汉魏六朝佛教史者，于其时之僧家事迹必据此书也”③；而且还收了不少抗迹自远、高蹈独

① ［荷］许理和：《佛教征服中国》，李四龙等译，江苏人民出版社 1998 年版，第 172 页。
② 陈荣富：《浙江佛教史》，华夏出版社 2001 年版，第 6 页。
③ 《高僧传》（中华书局 1992 年版）书首汤一介“绪论”。

绝的人物事迹,"实为一部高隐传,不徒详于僧家事迹而已"①,对考察中古士人精神演变也有重要参考价值;而其所创立的僧人总传的"十科"体例,亦成为后代续作者的楷模,"正如司马迁创立纪传体一样,在中国佛教史上实为不朽之业"②。

3. **浙东精神文化的发展**

隋唐至两宋,是浙东精神文化在全国的优势和中心地位进一步确立、扩大和巩固的时期。

首先是宗教信仰领域特别是佛教方面中心地位的真正确立。陈、隋之交,以大乘中观学说为思想渊源,以《法华经》为依据,顺应南北佛教界逐渐出现的将义理探讨与禅法实践相结合的要求与趋势,同时也为遭受北方法难打击的佛教开示生机,带着"深山远谷,途路艰险,永绝人踪,谁相恼乱,恣意禅观,念念在道,毁誉不起,是处最胜"(《摩诃止观卷》第四)的想法,在北周武帝下令灭佛的第二年(575),高僧智𫖮率弟子二十多人从陈都金陵(今南京)来到浙东天台山,以坚忍不拔的修持精神和至少19部87卷的弘富佛学著作,创立了中国第一个佛教宗派天台宗("六家七宗"虽以宗名,实为从不同角度阐述般若"性空本无"观念的几种代表性看法,并非真正的佛教流派)。天台宗的最大特色在于止观并重、理论与实践并进,智慧解脱的思想探索与强烈的慈悲济世宗教信仰并行不悖,这既是对此前"北方重实践,南方重义理",南北不同风尚的融合和统一,又为以后各种佛教宗派从或重慈悲修行而放弃智慧解脱,或重智慧解脱而轻慈悲修行,甚至抛弃所有礼仪,走上呵佛骂祖的极端等种种偏颇中回归正道,树立中庸的典范。为保证宗教信仰的落实,天台宗还建立起受戒、忏悔、坐禅、礼佛、念佛、放生等一系列严格的仪轨制度,不仅确保天台宗自身的发展,还为后起其他各宗所借鉴和效仿,从而事实上也为中国佛教后来的走向提供了基本的礼仪制度。天台宗多方面的文化融合能力和创新导向地位,更集中体现在其以"一念三千"说和"性具善恶"说为核心的理论体系。从广泛的文化史的角度来看,"天台宗的哲学深度及其思辨水平在全部佛教宗派中可以说是首屈一指的。智𫖮所创建的天台学说体系,不仅远远超过同时代世俗哲

① 陈垣:《中国佛教史籍概论》,中华书局1962年版,第24页。

② 陈荣富:《浙江佛教史》,华夏出版社2001年版,第73页。

学，而且也在佛教哲学中独占鳌头，直接影响到尔后建立起来的三论宗、华严宗、禅宗等宗派的思想理论。天台佛学提出的一系列范畴、概念、命题大大地丰富了中国哲学的内容，为中国哲学从朴素的伦理道德学说向精致的思辨哲学、本体论哲学的转向提供了重要思想资料。智𫖮大师的'一念三千'说是对中国哲学的重大革新，在哲学形态上达到了新的高度。此外，智𫖮大师的'性具善恶'心性理论，也将传统儒家的人性理论提高到一新的层次"①。天台宗的创立代表中国佛教的真正开端，也标志着中国思想史进入一个新的时代，智𫖮及其事业继承人由此赢得僧俗大众普遍而持久的崇敬。史载陈后主曾七次遣使邀请智𫖮入京弘法，君臣上下顶戴备至；入隋统治集团亦反复敦请，要求他"率先名教，永泛法流，兼用治国"，传教归来，"吴民越俗，扫巷淘沟；沿道令牧，旛华交候"（灌顶《隋天台智者大师别传》），堪称举国景仰的人物。智𫖮入灭之后，台州章安土著出身、得其真传的灌顶大师继续弘扬天台宗，并通过创造性地发挥《涅槃经》义发展了天台宗的理论体系，通过积极的政治活动为天台宗赢得巨大的社会声誉，从隋到唐初维持相当长时间显赫辉煌、如日中天的发展势头。

此后，唐代中叶浙东又诞生中兴天台宗的湛然大师，他用"无情有性"说发展了天台教义，进一步彰显出中国佛学的民族特色；唐末又诞生把天台宗传授给日僧最澄的道邃大师，在道邃的感召之下，最澄学成归国开创了日本天台宗，遥奉道邃为始祖；北宋又诞生复兴天台宗的义寂、义通、知礼、遵式等大师，推动天台宗继续成为中国佛教史上最富有思想创造性与宗教信仰的第一流派。如温州永嘉土著出身的义寂在五代乱后，推动天台宗典籍的海外搜寻，卓然有成，又以讲经与著述方式培养大量人才，为天台宗的再次复兴奠定了基础；义寂的弟子、高丽皇族出身、最终传教四明（今宁波）以终的义通，以高丽义学融会、发展天台义学，青出于蓝，被奉为中兴教观之祖，既反映了天台宗人的开放胸襟，义通在天台佛学上的多方面造诣又在其弟子中导引形成不同的思想学派；义通弟子、四明土著出身的知礼长于义学，在全力恢复天台教观的同时，提出"别理随缘"、"妄心观"、

① 潘桂明、吴忠伟：《中国天台宗通史》，江苏古籍出版社2001年版，"导言"，第13—14页。

"理毒性恶"等观点，又以修法华忏、观音忏、大悲忏等闻名，对天台宗的发展发挥了继往开来的作用，其佛学思想影响形成了被视为天台宗正统所在的山家派（又称四明派）；义通的另一弟子、山家派的另外一个大师、明州宁海土著出身的遵式以德行名世，堪称热忱的宗教实践家，他将知礼的义学新思想、社会大众的需求与天台忏法仪轨结合起来，将天台宗创始人的自身修行之法发展为自修、化他法门，并通过频繁往来于天台东掖道场和钱塘天竺寺之间，将之推行到民间去，从而奠定了宋以后中国佛教礼忏制度的基础；从知礼及其山家派法嗣法孙开始一直到南宋前期，在天台义学山家派与山外派（钱塘晤恩一系如庆昭、智圆）之间，紧接着又在山家派内部的创建人和守成派（如广智、处元）与叛逆派（如仁岳、从义）之间，围绕智觊《金光明经玄义》广本的真伪与"真心观"、"妄心观"的是非，以及天台义学的重建等问题，爆发一场史称"山家山外之争"，实为天台义学的独立性、创造性和宗派自觉性持续建构与展开的佛学大论战，形成中国佛教史和中国思想史上极为罕见的佛学思想运动，将两宋佛学不断推向新的高度，同时也表现出天台宗思想家顽强追求佛法大义的严肃认真态度。南宋中后期，浙东又诞生中兴四明义学的圆辩道琛、月堂慧询、柏庭善月、石芝宗晓等佛学思想家，实现天台宗思想范式的新转换；南宋末，作为对天台宗自身"圆教"概念①的又一诠释和中国佛教宗派正统地位的史学确认，四明义学高僧志磐又依仿《史记》体例编撰出中国历史上第一部佛教史著作《佛祖统纪》。该书不仅开辟史学研究的新领域，不仅用《山家教典志》等特定体例凸显出天台宗及其山家派的正统性，书中《法运通塞志》通过对唐宋诸儒排佛理论的回击，还进一步彰显了佛教在整个中国历史中的意义，对传统史学提出了挑战。

以上中国八大佛教宗派中最早形成、影响最为深远的天台宗及其中国佛教史上最旷日持久的思想运动、中国第一部佛教通史均诞生在隋唐至两宋时期的浙东，足以见出此一时期浙东宗教信仰在全国的中心地位。

不但如此，在天台宗的影响之下，中国八大佛教宗派中其他各大宗派

---

① 即究竟圆满之佛教，为智顗化法四教之第四教。智顗《维摩经玄疏》卷三载："圆以不偏为义。此教明不思议因缘中道实相之理，事理具足，不偏不别，但化最上利根大士，故名圆教也。所言圆教者义乃多途，略说有八：一教圆，二理圆，三智圆，四断圆，五行圆，六位圆，七因圆，八果圆。"

也在隋唐纷纷形成，也相继由浙东高僧创立或对其发展、兴盛发挥了关键作用。如以真、俗二谛为总纲，以彻悟中道实相为究竟的三论宗，即由隋代高僧吉藏在会稽嘉祥寺精心研究15年，经与天台智顗的反复交流而创立；以探求“修身律”为特色，几可视为一切佛教基础的律宗，在唐太宗年间由吴兴（今属湖州市）籍高僧道宣创立后，在其法嗣、会稽山阴籍律师文纲手里获得大发展，从北方逐渐盛传到江南，文纲亦名重一时，成为天后、中宗、睿宗、玄宗四朝帝王之师，后文纲的法嗣、会稽龙兴寺道岸律师与法孙、会稽法华寺玄俨律师又踵事增华，终使律宗势力遍布全国；以观佛、念佛以求生西方极乐净土为宗旨的净土宗，在唐高宗时由善导大师弘传于长安后，中唐会稽嘉祥寺少康以下五代祖师均活动于浙东，其中少康以著作《净土论》对净土教义进行系统总结和阐发，对净土宗的兴盛尤其发挥承前启后的作用；以法界圆融、一切无碍的学说大大发展印度大乘思想的华严宗，在唐武则天时期由法藏大师在北方创立后，很快便衰落无闻，中唐得越州山阴籍澄观国师挺身而出，振衰起敝，始使之出现空前兴盛，逐渐发展为极富中国特色的一大佛教宗派；以直指心性、觉悟众生本原佛性为主旨，佛教中国化色彩公认最为强烈的禅宗，于隋唐时正式创立，到唐末五代时达于极盛，至宋代仍相当兴旺，其间衍生三宗（牛头宗、南宗、北宗）、五家（南宗南岳系下的沩仰宗、临济宗与南宗青原系下的曹洞宗、云门宗、法眼宗）、七派（上述五家加上临济宗的后裔黄龙、杨岐两家），大多也与浙东紧密相关。如中唐牛头宗的第七代、第八代祖师，为天台佛窟岩惟则禅师和天台山云居智禅师；南宗慧能禅师的法嗣、深得李唐王朝尊崇的慧忠国师，是越州诸暨人；曹洞宗为唐末越州诸暨籍高僧良价所创，北宋末又有明州天童寺正觉提倡默照禅，为时所仰；法眼宗为五代余杭籍文益所创，其最有成就的门人、吴越国师德韶为处州龙泉（今龙泉市）人；云门宗为五代嘉兴籍文偃所创，北宋得明州雪窦山重显、越州天衣寺义怀大振宗风，盛极一时；宋代临济宗的主要活动地在两浙，大多数著名禅师都出自浙东，如明州仗锡山修己、越州云门寺显钦、天台妙智寺光云、处州仁寿寺嗣珍；等等。综上可见，中国佛教八大宗派在隋唐两宋的创立与发展，竟有七大宗派与浙东密不可分！以上属精英上层的佛教发展情况。在精英上层佛教日新月异的发展推动之下，民间大众的佛教信仰发展自然亦如火如荼。如以信仰标志物寺庙来说，五代时期，“寺塔之建，吴越武肃王倍于九国”（朱彝尊《曝书亭集》

卷四十六《书钱武肃王造金涂塔事》）；南宋全国禅寺、律寺有“五山十刹”之封①，浙东一隅竟占三分之一。

佛教之外，在道教方面，此一时期浙东亦诞生中国道教史上的诸多举足轻重人物，如盛唐年间主张放弃神仙方术而重视道教理论建设的道教改革家和道教“天台派”领袖司马承祯，唐末重建道教信仰系统的理论家和道教斋醮科仪的集大成者、缙云籍杜光庭，北宋道教内丹学的集大成者、开道教南宗之学的天台籍张伯端等等。

其次是文学艺术领域，在隋唐时期特别是唐代也出现一系列新的气象，并在宋代凭借文学巨匠陆游以及其他杰出文学家的诞生，确立了在全国的中心地位。

唐代出现的新气象之一，像宗教信仰领域不少浙东高僧被封为“国师”一样，文学艺术领域也先后出现从浙东走出去的大家，或受到最高统治集团的尊崇，成为参与执掌大一统国家文学艺术之牛耳的关键人物，这在浙东历史上还未曾有过；或成为举世瞩目的文坛骁将，引领了文学艺术风气的嬗变，而在影响的直接性和范围上亦多超出前代。

如余姚虞世南为陈、隋两朝著名大臣和书法家、文学家，入唐尤为太宗李世民所重。《旧唐书》本传载：“授弘文馆学士，与房玄龄对掌文翰。……世南虽容貌儒愞，若不胜衣，而志性抗烈。……〔太宗〕尝称世南有五绝：一曰德行，二曰忠直，三曰博学，四曰文辞，五曰书翰。……卒……太宗举哀于别次，哭之甚恸，……未几太宗为诗一篇，……既而叹曰：‘钟子期死，伯牙不复鼓琴，朕之此诗，将何以示？’令起居郎褚遂良诣其灵帐，读讫焚之。”（《旧唐书》本传）足见虞世南受一代明君唐太宗之爱重，堪称史所罕有；其所以能如此，自与其包括文学、艺术成就在内，举世无匹的文化造诣紧密相关。《新唐书》本传还载：“帝尝作宫体诗，使赓和。世南曰，圣作诚工，然体非雅正，上之所好，下必有甚者，臣恐此诗一传，天下风靡，不敢奉诏。”可见

① 据明田汝成《西湖游览志馀》卷十四载，南宋嘉定年间品第全国寺庙，“以余杭径山寺、钱塘灵隐寺、净慈寺、宁波天童寺、育王寺为禅院五山；钱唐中天竺寺、湖州道场寺、温州江心寺、金华双林寺、宁波雪窦寺、台州国清寺、福州雪峰寺、建康灵谷寺、苏州万寿寺、虎丘寺为禅院十刹；以钱唐上天竺寺、下天竺寺、温州能仁寺、宁波白莲寺为教院五山；钱唐集庆寺、演福寺、普福寺、湖州慈感寺、宁波宝陀寺、绍兴湖心寺、苏州大善寺、北寺、松江延庆寺、建康瓦棺寺为教院十刹”，共封禅宗、教宗寺庙30座，其中宁波天童寺、育王寺、雪窦寺、白莲寺、宝陀寺、温州江心寺、能仁寺、金华双林寺、台州国清寺、绍兴湖心寺10座均处浙东。

虞世南对如何引导唐初文学艺术从南朝宫体诗和南朝文化的影响中走出，形成“雅正”的大唐气象，亦曾十分自觉而谨慎。从实际成就来看，“他的诗与当时著名诗人魏征、王珪相提并论”，尤其是他的五言古风《从军行》等作品，“一洗陈隋时期的浮艳诗风”，“慷慨高昂，有刚健的气息，对唐代五言古风有开创之功”①；作为其“忠直”、“志性抗烈”个性精神的又一表现，他的散文如《上山陵封事》等，“指事造实，剀切明白。出语质朴自然，几乎不用骈句”②，与魏征一起成为唐初“极谏之文”的代表，有力地矫正“南北文章，至于陈隋，其弊极矣”（欧阳修《文忠集》卷一百三十八《跋隋太平寺碑》）的南朝以来文风；在书法上，他把早年从王羲之七世孙智永大师妙得“王体”之真髓，与北派书风以及自己的个性精神大胆融合，逐渐形成清绮而遒劲，外柔而内刚的成熟风格，成为与欧阳询齐名（人称“欧虞”），开启唐代南北书风融合之势的并世两大家之一，对稍后褚遂良和中唐颜真卿、柳公权等书风产生深远影响。

又如比虞世南约晚半个世纪的婺州义乌人骆宾王，与王勃、杨炯、卢照邻“齐名海内，称为王、杨、卢、骆，亦号为四杰”（《旧唐书·杨炯传》），又与富嘉谟并称“富骆”，乃是唐高宗到武则天时期首屈一指的诗坛大家，是唐初彻底摆脱宫体诗影响，确立“唐音”基调之诗歌革新运动的关键主将之一。所作七言歌行“缀锦贯珠，滔滔洪远，故是千秋绝艺”（明王世贞《艺苑卮言》卷四），其中尤以《帝京篇》达到思想性和艺术性的完美结合，“当时以为绝唱”（《旧唐书》本传）；《畴昔篇》以五七言杂组成文，亦被现代文学史家推崇为“这时代中最伟大的一篇巨作，足和庾子山的《哀江南赋》列在同一型类中”③；其他如五律《在狱咏蝉》亦以风骨凝练，脱离六朝风味，宣告“正格唐音”④的形成，成为唐代律诗的典范之作。杜甫曾以“王杨卢骆当时体”（《戏为六绝句》），“举天悲富骆，近代惜卢王”（《寄彭州高三十五使君适、虢州岑二十七长史参三十韵》）等语，高度评价骆宾王等人在当时的巨大影响及在唐代诗歌史上的地位。骆宾王在散文创作上也很有成就，他为参加起兵反武则天所写的《代徐敬业传檄天下文》，与王勃《滕王阁序》

---

① 沈善洪、费君清主编：《浙江文化史》上册，浙江大学出版社 2009 年版，第 355 页。

② 郭预衡：《中国散文史》中册，上海古籍出版社 1993 年版，第 57 页。

③ 郑振铎：《插图本中国文学史》上册，北京出版社 1999 年版，第 287 页。

④ 李曰刚：《中国文学流变史·诗歌编》中册，台北联贯出版社 1974 年版，第 29 页。

被公认为唐代新体骈文中的双璧，足可传唱千古的不朽名篇，即武则天当时一读之下，亦曾盛誉转怒，责问"宰相安得失此人"(《新唐书》本传)。

再如约晚骆宾王30年的越州永兴(今萧山)人贺知章，累官礼部侍郎、集贤院学士、太子宾客、银青光禄大夫兼正授秘书监，为开(元)天(宝)盛世之重臣，深受玄宗、肃宗父子知重；诗文书法皆为当世第一流，"属词动成卷轴，文不加点，咸有可观；又善草、隶书，好事者供其笺翰，每纸不过数十字，共传宝之"；晚年辞官归里，"御制诗以赠行，皇太子已下咸就执别"(《旧唐书》本传)，满朝宰辅和李白这样的文坛领袖亦无不赋诗以赠，堪称中国文坛上空前绝后的盛事；贺知章"绾结张若虚、张旭、张九龄等同辈诗人，后启李白、杜甫盛唐巨擘"①，成为初盛唐诗歌发展史和书法史上承前启后的枢纽人物之一。

唐代出现的新气象之二，在上述虞世南、骆宾王、贺知章以及中唐朱庆馀(越州人)、张志和(婺州即今金华人)、晚唐吴融(越州山阴人)等其他不少著名文学艺术家走出浙东的同时，随着浙东经济和精神文化在全国的地位上升，出于宦游或对浙东山水人文的巡礼等各种原因，大批北方文学艺术精英人物亦走入浙东，在浙东各地形成"浙东唐诗之路"、"大历浙东唱和"、"元稹浙东唱和"等多种形式的诗歌创作热潮。

李白《送王屋山人魏万还王屋》提供了"浙东唐诗之路"的一条主要活动线路：从杭州渡钱塘江入浙东运河到越州；经镜湖、曹娥江转若耶溪到剡中，登天台山；游历赤城、华顶、石梁、国清寺，入台州始丰溪，至临海；转入灵江，挂帆海上，历海峤至永嘉；上溯瓯江，至青田石门；再上溯好溪，游缙云鼎湖；由梅花桥翻山入双溪，下武义江，到金华；上八咏楼，入兰溪江，转入富春江，再入钱塘江。根据有关学者的研究，仅在从越州转若耶溪至天台山的这段旅游线路上，唐代就有李白、杜甫、孟浩然、刘长卿、李商隐等三百多位诗人曾经在此流连歌吟，创作了上千首诗歌作品。"大历浙东唱和"是在安史乱后，当"中原多故，贤士大夫以三江五湖为家，登会稽者如鳞介之集渊薮"(《文苑英华》卷八百九十六《工部尚书鲍防碑》)之时，以浙东节度从事鲍防和越州诗人严维为中心的文学集团，在兰亭雅集故地反复多次

① 高利华：《越文化与唐宋文学》，人民出版社2008年版，第88页。

进行的大规模诗歌联唱活动，参与人次多达近两百人①，作品被结集收入《大历年浙东联唱集》中。比"大历浙东唱和"约晚半个世纪的"元稹浙东唱和"，进一步提升了浙东在全国文学版图上的地位。元稹在越州刺史和浙东观察使任上的唱和对象很多，包括越州同僚，如《旧唐书》本传载其"在越时，辟窦巩。巩，天下工为诗，与之酬和，故镜湖、秦望之奇益传，时号兰亭绝唱"；越州本地诗人或者为其吸引寓居越地的外地著名诗人，如徐凝、章孝标、冯惟良等等；或者邻近州郡同道，如与杭州刺史白居易、浙西观察使李德裕、苏州刺史李谅等的唱和，一再结集为《杭越唱和集》、《三州唱和集》、《元白唱和集》、《因继集》、《吴越唱和集》等多部蜚声诗坛的诗集。

在安史乱后中央集权旁落和京城文学中心逐渐解体的历史条件下，"大历浙东唱和"、"元稹浙东唱和"的接连出现和同时存在的"浙东唐诗之路"，一步步增强了浙东的文学氛围，在虞世南、骆宾王、贺知章之后进一步推动了浙东文学在全国中心地位的崛起。

唐代出现的新气象之三，随着宗教信仰中心地位的日益稳固和文学艺术的不断发展，两类精神文化的发展呈现融合之势，诞生不少以宗教信徒而在文学艺术创作上取得杰出成就的"诗僧"、"文道"人物。

"诗僧"如大历年间的天台国清寺寒山，他将"四声八病"的格律束缚和温柔敦厚的儒家诗教置之度外，注重禅趣与诗意的结合，所作警策醒俗而又空灵淡雅、明白如话，当时"越民"从林叶屋壁间得之，"人多讽诵"（宋赞宁《宋高僧传》卷十九本传），胡适、郑振铎等现代文学史家公认为中国白话文学的先行者。这些作品对当时的禅林风尚和唐宋以来的诸多文学大家如王安石、苏轼、朱熹、陆游，以及东亚邻邦的诗坛产生了深远的影响。又如同时会稽籍诗僧清江，"善篇章，儒家笔语，体高辞典，又擅一隅之美，时少伦拟"（《宋高僧传》卷十五本传）；会稽云门寺诗僧灵澈，与诗人刘长卿、皇甫曾等"分声唱和，名散四陬"（《宋高僧传》卷十五本传）。又如晚唐婺州兰溪籍诗僧贯休有《禅月集》诗，"风骚之外，精于笔札"，亦"僧中之一豪也"（辛文房《唐才子传》卷八）；"又善书，时人或比之怀素"，且能画，所画罗汉图"立意绝俗"（《宣和画谱》卷三），广传于世。

"文道"如盛唐司马承祯诗名盛传天下，与陈子昂、李白、王维、孟浩然

① 参见邹志方：《"浙东唱和"考索》，《绍兴师专学报》1991 年第 4 期、1992 年第 1 期。

结为"仙宗十友";晚唐杜光庭创作的《虬髯客传》乃是唐传奇名篇之一,其《墉城集仙录》更是中国小说史上第一部女仙传记,可见在唐代文学史和中国小说史上均占有一定地位。

上述三大新气象的出现,既标志着浙东文学艺术在全国中心地位的日益显现,也意味着浙东文学氛围的日趋浓厚;以此为基础,在宋代特别是南宋新的时代条件下,浙东又诞生整个中国文学史上足与屈原、李白、杜甫等最伟大作家比肩而立而毫无愧色的伟大文学家陆游,凭此以及词坛贺铸、陈亮、高观国、吴文英、戴复古、王沂孙,文坛楼钥、吕祖谦、陈傅良、叶适,诗坛徐照、徐玑、赵师秀、翁卷等"永嘉四灵",宋末爱国遗民诗人林景熙、方凤等等名家,此外还有作为明清传奇之祖的南戏的崛起,终于稳固地确立在全国的中心地位。

思想学术在唐初也有不凡的表现,至南宋而成为中国思想学术无可置疑的中心。上述虞世南,在文学艺术之外,他在史学、政治学和文献学上也有卓越造诣,在辅佐唐太宗将近 20 年的生涯中,其思想学术对贞观之治的形成产生深远的影响。根据刘肃《唐新语》等的记载,为了让"少尚威武,不精学业,先王之道,茫若涉海"的李世民尽快步上明君圣主之道,虞世南与褚遂良等"采经史百家之内,嘉言善语,明主暗君之迹",撰成《群书理要》五十卷,贞观五年(631)上之,使其得以日夕翻检揣摩,从中获取历史的教益;他还采用一问一答的方式专门写成《帝王论略》一书,讨论比较从周文王到隋文帝历代君主的品德、学识和治政得失对国家兴衰更替的影响,提出"人君之量"、"人君之才"、"人君之德"等重要问题,"不论在见解上还是方法上,都有理论上的意义"①。他编纂的类书著作《北堂书钞》被公认为"唐代四大类书"之首,且内容多与历史评价相关,实际上是对截至隋唐之交中华民族历史智慧的一次大检讨;其中前 22 卷 75 类为"帝王部",与《帝王论略》合在一起,堪称中国最早的君主政治学教科书。约后于虞世南 180 年,浙东又出现一位以思想学术而成为帝王师的人物,这就是著名改革家、中唐"永贞革新"的关键人物、越州山阴籍王叔文。王叔文"以棋待诏颇读书,班班言治道,德宗诏直东宫太子,引以侍读,因

---

① 白寿彝主编、瞿林东著:《中国史学史》第 3 卷,上海人民出版社 2006 年版,第 367、370 页。

论政”（《新唐书》本传）；可惜由于改革失败，王叔文的有关学术思想没能保存下来。

此后约有两百多年，浙东思想学术均沉潜惕伏于宗教思想运动的波澜壮阔与文学艺术的光焰华彩；降及北宋中叶，由于经济发展对文化学术思想的推动、宋代书院的兴起和官学教育的普及，以及“为往圣继绝学，为万世开太平”的理学新思潮向东南的传播，浙东思想学术始翻过既往孤峰遥接的历史，而以宁波“明州五先生”与温州“永嘉九先生”等儒学群体的诞生为标志，进入一个大家蔚起的新时代。

明州五先生活动于11世纪中期的北宋仁宗庆历年间，他们将理学先驱“宋初三先生”特别是安定胡瑗的思想传入浙东，或“善言治道，穷究历代治乱之原”，“治经不守章句，黜浮屠、老子之说”，或“学以穷理为先”①，既深刻地改变了浙东最东北宁波周围的思想学术环境和人文生态，亦实现了浙东儒学与中原思想主流的会通。诚如清代全祖望所指出：“有宋真、仁二宗之际，儒林之草昧也。当时濂、洛之徒方萌芽而未出，而睢阳戚氏在宋，泰山孙氏在齐，安定胡氏在吴，相与讲明正学，自拔于尘俗之中。亦会值贤者在朝：安阳韩忠献公、高平范文正公、乐安欧阳文忠公，皆卓然有见于道之大概，左提右挈。……而吾乡杨、杜五先生者，骈集于百里之间，可不谓甚欤？夷考五先生皆隐约草庐，不求闻达，而一时牧守来浙者，如范文正公、孙威敏公皆抠衣请见，惟恐失之，最亲近者则王文公，乃若陈、贾二相，非能推贤下士者也，而亦知以五先生为重。文公新法之行，大隐、石台、鄞江已逝，西湖、桃源尚存，而不肯一出以就功名之会，年望弥高，陶成倍广，数十年以后，吾乡遂称邹鲁邱樊，缊褐化为绅缨，其功为何如哉。”②可见明州五先生不仅在“学以穷理”的理论精进与“善言治道”的实学工夫等方面，推动形成浙东的“名公辈起，儒风益振”，“吾乡遂称邹鲁邱樊”，对范仲淹、王安石等政坛和思想界的诸多第一流人物亦产生重要影响，庆历新政和王安石变法的部分思想资源即来自明州五先生。与明州五先生同时，在浙东最东南的温州，亦出现王开祖、林石、丁昌期等学者，“是时伊洛未出，安定、

① 黄宗羲等：《宋元学案》卷六，《黄宗羲全集》（增订版）第3册，浙江古籍出版社2005年版，第321、323页。

② 全祖望：《庆历五先生书院记》，朱铸禹整理《全祖望集汇校集注》中册，上海古籍出版社2000年版，第1037—1038页。

泰山、徂徕、古灵诸公甫起，而先生之言实遥与相应，永嘉后来问学之盛，盖始基之”①。约晚于王开祖30年，神宗元丰年间的周行己、许景衡等永嘉九先生因曾在东京太学读书，得以或直接或间接地师承当世儒学大师、洛学领袖程颐与关学领袖张载等人，从而将这些中原儒学大师刚刚创立的理学体系及时传入浙东，进一步为浙东思想学术的发展注入新生机。如《四库全书提要》称《浮沚集》作者周行己，“早从伊川程子游，传其绪论，实开永嘉学派之先”。清末学者孙诒让《许景衡〈横塘集〉跋》称：“永嘉诸儒所谓九先生者，……皆学于程门，得其传以归，教授乡里。”九先生之外，温州同时又有“鲍敬亭辈七人，其五人及程门”②；诚所谓“永嘉自九先生而后，伊川之学统在焉，其人才极盛”③，“南、北宋之交，关、洛之书盛行浙东”④。浸淫而至南宋，由于国家首都移到浙河之滨，朱熹凭借在江西、福建和浙东的学术活动逐渐走上理学集大成者的崇高地位，独树一帜的心学思想家陆九渊亦以江西、福建和浙东为主要学术活动范围等因素，浙东思想学术遂出现高峰群起、学派错踵的空前鼎盛局面，以具有鲜明先锋色彩的多面“浙学”大旗，牢牢占据中国思想学术的中心位置。

第一面“浙学”大旗即发脉于永嘉九先生，以薛季宣、陈傅良为中兴主将，以叶适为集大成者，南宋中期蔚然兴盛于浙东最东南的永嘉事功学派。永嘉学派经历从洛学传人至浙东事功之学的重大转变。如叶适所言：“昔周恭叔〔行己〕首闻程、吕氏微言，始放新经，黜旧疏，挈其俦伦，退而自求，视千载之已绝，俨然如醉忽醒，梦方觉也；颇益衰歇，而郑景望〔伯熊〕出，明见天理，神畅气怡，笃信固守，言与行应，而后知今人之心，可印于古人之心矣。故永嘉之学必兢省以御物欲者，周作于前而郑承于后也。薛士隆〔季宣〕愤发昭旷，独究体统，兴王远大之制，叔末寡陋之术，不随毁誉，必摭故实，如有用我，疗复之方安在！至陈君举〔傅良〕尤号精密，民病某政，国厌

---

① 黄宗羲等：《宋元学案》卷六，《黄宗羲全集》（增订版）第3册，浙江古籍出版社2005年版，第318页。

② 黄宗羲等：《宋元学案》卷三十二，《黄宗羲全集》（增订版）第4册，浙江古籍出版社2005年版，第405页。

③ 全祖望：《永嘉张氏古礼序》，《全祖望集汇校集注》上册，上海古籍出版社2000年版，第587页。

④ 黄宗羲等：《宋元学案》卷四十五，《黄宗羲全集》（增订版）第4册，浙江古籍出版社2005年版，第755页。

某法，铢称镒数，各到根穴，而后知古人之治，可措于今人之治矣。故永嘉之学必弥纶以通世变者，薛经其始而陈纬其终也。”（《水心集》卷十《温州新修学记学》）叶适本人师从陈傅良四十多年，继承并发展薛、陈的学术精髓，创建永嘉之学的完整理论体系，使永嘉之学以彻底性的经世事功之学成为当世的一大学术主流。如元虞集《道园学古录》卷三十四《送李敬心之永嘉学官序》所言：“昔朱子在时，永嘉之学方兴，意气之轩昂，言辞之雄伟，自非朱子孰足以当其锋哉！”全祖望也说：“乾〔道〕、淳〔熙〕诸老既殁，学术之会，总为朱、陆两派，而水心〔叶适〕断断其间，遂称鼎足。”①

第二面“浙学”大旗即与永嘉学派同时，以吕祖谦、陈亮、唐仲友为代表，兴盛于浙东腹心之“中”的金华学派，其中吕祖谦之学又形成东莱学派，陈亮之学又形成永康学派，唐仲友之学又形成浙东经制学派。如全祖望所言：“乾〔道〕、淳〔熙〕之际，婺学最盛，东莱〔吕祖谦〕兄弟以性命之学起，同甫〔陈亮〕以事功之学起，而说斋〔唐仲友〕则为经制之学。”②吕祖谦在学术界是与朱熹、陆九渊并足而三的人物，他对朱学、陆学均有吸收、兼容，又涵融正在兴起的永嘉学派和永康学派的事功思想，侧重研究史学文献，从中引申出治国安邦和蓄德修身的道理，提出“观书不可徒玩文采，要当如药方酒法，求其君臣佐使互相克制，有以益吾身可也”（《吕东莱文集》卷二十《杂说》），撰写数百万字的历史著作，提出一系列前所未有的史学卓见。如“他将人类社会的全部历史均视为‘心’的显现与展开，将对人类社会历史的描述、记载均视为对‘心’的记述”，“在吕祖谦看来，导致历史兴亡盛衰转折的真正原因在于人心”③；他又认为：“天下之事，向前则有功，不向前，百年亦只如此”（《吕东莱文集》卷十二《易说》），这是一种可贵的历史进步观；他还将史学的重要性提到与儒学并重的高度，提出“中国所以不沦于夷狄者，皆史官扶持之力也”（《左氏博议》卷八）。东莱之学以尊史尚用为特色，遭到朱熹的批评，“以为舍六经语孟而尊史迁，舍穷理尽性而穷世变，舍

① 黄宗羲等：《宋元学案》卷六十，《黄宗羲全集》（增订版）第5册，浙江古籍出版社2005年版，第357页。

② 黄宗羲等：《宋元学案》卷五十四，《黄宗羲全集》（增订版）第5册，浙江古籍出版社2005年版，第106页。

③ 张岂之、朱汉民主编：《中国思想学说史·宋元卷》下册，广西师范大学出版社2008年版，第458、460页。

治心修身而喜事功，大为学者心术之害，极力为吕祖俭辈言之”（宋李幼武《宋名臣言行录外集》卷十二），又说“其所谓经世之意者，未离乎功利术数之间”（《晦庵集》卷二十七《答詹帅书》），但仍然在思想界独标风采，“一时英伟卓荦之士皆归心焉”（《宋史》本传）。陈亮是一个性格倔强，具有强烈历史责任感和豪杰意识的思想斗士，针对朱学的流弊丛生，大胆上书指斥“今世之儒士，自以为得正心诚意之学者，皆风痹不知痛痒之人也。举一世安于君父之雠，而方低头拱手以谈性命，不知何者谓之性命”（陈亮《诣阙上书》，明贺复征《文章辨体汇选》卷八十二）；转而提倡义利王霸并重，对朱学进行公开挑战。如其《与晦翁书》：“伊洛诸公谓三代以道治天下，汉唐以智力把持天下，其说固已不能使人心服，而近世诸儒遂谓三代专以天理，汉唐只是人欲。信斯言也，千五百年之间，天地不过架漏过时，人心亦是牵补度日，万物何以阜蕃，而道何以常存乎？诸儒之论为曹孟德以下诸人设可也，以断汉唐，岂不冤哉！”迫使朱熹与之反复论辩，“箴其义利双行、王伯〔霸〕并用之说”，“尝曰海内学术之弊，不过两说，江西顿悟，永康事功，若不极力争辨，此道无由得明”（《宋名臣言行录外集》卷十二），至“世之为建安之徒者，无不大声排之”①。但永康之学在中国传统文化的整体结构中提出一种新的价值判断标准，以此大声疾呼救亡图存，更是金戈铁马，抵御北方金人入侵，收复失地之时代精神在思想理论上的反映，因而一经出现，立即产生很大的影响。诚如朱熹所承认：“陈同甫学已行到江西，浙人信向已多，家家谈王伯〔霸〕，不说萧何、张良，只说王猛，不说孔孟，只说文中子，可畏可畏。”（《朱子语类》卷一百二十三）唐氏经制之学据经传而明制度，同样提倡义利并立，而且提出不少极具民本主义色彩的政治命题，如“不以天下易一民之命，不以大欲失一民之心”、“天下非一人之天下，乃天下人之天下”等，“负重名于乾〔道〕、淳〔熙〕间”，其“典礼经制，本与东莱、止斋〔陈傅良〕齐名”。② 以上两大学派均属在南宋思想界长期占有主流地位的“标准”的“浙学”；“浙学”既是浙东思想学术第一次以群体面目亮相于中国思想界所获得的“共名”，亦是中国学术史上第一个实学学派。如元刘埙《隐居通议》卷二所载：“宋乾

① 全祖望：《陈同甫论》，《全祖望集汇校集注》上册，上海古籍出版社 2000 年版，第 561 页。

② 全祖望：《唐说斋文抄序》，《全祖望集汇校集注》中册，上海古籍出版社 2000 年版，第 561 页。

〔道〕、淳〔熙〕间，浙学兴，推东莱吕氏为宗；然前是已有周恭叔〔行己〕、郑景望〔伯熊〕、薛士龙〔季宣〕出矣；继是又有陈止斋〔傅良〕出，有徐子宜〔谊〕、叶水心〔适〕诸公出；而龙川陈同父亮，则出于其间者也。当是时，性命之说盛，鼓动一世，皆为微言高论，而以事功为不足道，独龙川俊豪开扩，务建实绩。"

第三面"浙学"大旗为"浙东化"的陆九渊心学学派，亦与永嘉学派同时，以杨简、袁燮、舒璘、沈焕"甬上四先生"为代表的四明学派，其中杨简之学又形成慈湖学派，袁燮之学又形成絜斋学派，舒璘之学又形成广平学派，沈焕之学又形成定川学派。黄宗羲指出："杨简、舒璘、袁燮、沈焕，所谓明州四先生也。慈湖每提'心之精神谓之圣'一语，而絜斋之告君，亦曰：'古者大有为之君所以根源治道者，一言以蔽之，此心之精神而已。'可以观四先生学术之同矣。文信国云：'广平之学，春风和平；定川之学，秋霜肃凝。瞻彼慈湖，云闲月澄；瞻彼絜斋，玉泽冰莹。一时师友，聚于东浙。呜呼，盛哉！'"①四先生既传承象山心学，对之也有重要突破和创新。如全祖望就曾说："象山之门，必以甬上四先生为首，……而坏其教者，实慈湖。"②慈湖之学坚持彻底的"心"一元论，突出"人心"的作用，肯定"良知良能"即人的至善本心为人人所有，反对程朱的"格物穷理"之说，所谓"不学之良能，不虑之良知，我所自有也；仁义礼智，我所自有也"（《慈湖遗书》卷五《己易》），"学非外求，人心自善"（《慈湖遗书》卷二《乐平县学记》），显然替明代阳明心学的崛起奠定基础；从高度肯定"人心"出发，慈湖之学还提出"天下公心"为一切政治基础的主张，呼吁"合乎天下之公心而为政为事，则其政可以常立，其事可以常行"（《慈湖遗书》卷八《论书》），既显示出儒学思想家对民众愿望的热切关注，亦体现出浙东思想学术关注社会民生的共同特点。清李绂《陆子学谱》卷十七对此即考察指出："当时杨、袁、舒、沈之学，东浙学者家传而户诵之。"

第四面"浙学"大旗即"浙东化"的朱子学派，兴起于南宋末，其中又分温州以叶味道、陈埴为代表的永嘉朱子学派，宁波分别以王应麟、黄震、史蒙卿为代表的深宁学派、东发学派、静修学派，金华以何基、王柏等"北山四先生"为代表的婺中朱子学派，以婺中朱子学派影响为最大。如清朱坤《馀暨丛书》

① 黄宗羲等：《宋元学案》卷七十六，《黄宗羲全集》（增订版）第6册，上海古籍出版社2005年版，第16页。

② 黄宗羲等：《宋元学案》卷七十四，《黄宗羲全集》（增订版）第5册，上海古籍出版社2005年版，第951页。

乙卷《题道南书院》诗注所云："龟山〔杨时〕师事二程，传道而南，一传罗仲素，再传李延平，三传朱子，而黄勉斋得之以授金华何基，基授王柏，柏授金履祥，履祥授许谦，于是浙学遂盛。"浙东朱子学派虽尊朱却程度不同地吸收金华学派的经史之学，体现出永嘉学派的事功精神。如王应麟既是朱熹的二传弟子，又"独得吕学之大宗"，同时"兼综……永嘉之传"①，其《困学纪闻》考史论史，辨析名物制度，被公认为我国考史著作走向成熟的标志；黄震虽是朱子学比较坚定的维护者，但同样被现代研究者推崇为宋代考据学大家，其《古今纪要》一书亦深得四库馆臣的称许；北山四先生，亦如研究者所言，"自何基以降，诸氏皆崇尚博学，注重融通经史，有志于用世而期以开物成务，在学术上则虽宗朱而不泥于朱，显示出颇为雄健而阔大的学术气象，此亦正为躬行与怀疑两相融贯的结果；笃实是研究精切之方，而怀疑则为独出新意之本"②。以上两大学派本属浙东理学学派，但因代表思想家又受到"浙学"的深刻影响，形成"浙东化"的理学，因而亦属"浙学"的范畴，正如清朱坤所称。四大学派之外，还有一些规模小一点的其他学派，以及山阴陆游这样在史学特别是南唐史和方志研究上很有成就的学者。

总之，整个南宋时代，从浙东最东南经浙东之中到浙东最东北，全境均为大大小小的学派所覆盖，这些学派又是当世最主流或者最激进和最有影响的学派，浙东一时竟成天下各学派的荟萃交锋之地和新学派诞生之地，其在中国思想学术史上占据中心地位，夫复何疑！

4. 浙东精神文化的特征

第一，文化发达在地域分布上具有高度普遍性。例如，关于绍兴，海内学者咸以为，"绍兴人文甲两浙"（明顾起元《雪堂随笔》卷二《答钱昭自方伯》），"会稽郡人文冠海内"（明熊明遇《文直行书文选》卷一《福宁州新建龙光宝塔碑》），"浙东八郡人文，推绍兴"（清江苏武进钱维城《茶山文钞》卷六《嵊县重修学宫堂记》）；在宁波者，可以津津乐道于"海内人文蔚起，所推惟两浙，而浙河之东，则以甬上为举首"（清胡文学《适可轩文集·丘绍衣新稿序》），"四明山水名天下，形胜伟特"，"诗书之泽相染，弦歌之声不绝，世宦之盛如史如袁，文学之尤曰麟曰凤，至于理学之宗，则又有若杨黄诸

① 全祖望：《同谷三先生书院记》、《宋王先生画像记》，《全祖望集汇校集注》中册，上海古籍出版社2000年版，第1047、1105页。

② 沈善洪、费君清主编：《浙江文化史》上册，浙江大学出版社2009年版，第166页。

人，流风馀韵，至今犹存，号为东南文献之邦”（明邱浚《重编琼台稿》卷十二《送伍通判序》），“古鄞实两浙衣冠之聚，四明文献之閟”，“其民也带锄经史，比屋文义；其才也峥嵘块磊，博达弘济，缤纷乎崖珍海错，络绎乎文琛大贝”（明邵经邦《弘艺录》卷十七《台峰归隐其懋》）；在金华者可以说：“尚论东南文献之郡，未有先于吾婺者也，其人材之众，学术之懿，盖自昔然矣”（明苏伯衡《苏平仲文集》卷五《送胡先生还金华序》），“金华东南文献邦也，自宋元讫于国初，儒学之盛，彬彬济济，踵武相望，一时称文献邦者归焉，亦犹春秋时之有鲁邹，东汉季之有汝颍也”（明邱浚《重编琼台稿》卷十二《送金华周知府序》）；在温州者可以说：“东瓯夙号海滨邹鲁，自宋及明，人物磊落冠东南，史传儒书，具在可征”（《乾隆温州府志》卷二十），“瓯江为浙东名郡，人文秀美，士之怀瑾握瑜者，指不胜屈”（《光绪永嘉县志》卷七）；在台州者可以说：“宋之南渡，吾台文献实称东南上郡，而诗人亦多有声江湖间”（明谢铎《石屏诗集序》），“吾台在宋时为东南文献郡，于时至宰辅者六七人，列侍从、典方州者以数十计，亦盛矣哉”，“其时道德文学之美，形诸事业，著于简册，皆崇伟光大”（明方孝孺《逊志斋集》卷十四《送周宗传省亲序》）；在遂昌、龙泉者可以说：“遂昌在浙东，山水秀明，号文献之邑”（明程敏政《篁墩文集》卷三十五《赠遂昌训导陈文元序》），“龙泉旧为浙东文献之邦，水心叶氏正则、西山真氏希元，后先以学鸣，声感气求，籁鸣机动，掇巍科而典雄藩者，声华相望，一时文物盛矣”（《雍正浙江通志》卷二百六十一载宋濂《龙泉义塾记》）；在开化者可以说，“衢为浙东名郡，开化为壮邑，人物蕃富，山水佳胜”（明王洪《毅斋集》卷六《成趣轩记》）；等等。可以说，文化的地域自豪感几乎遍及浙东的每一个角落，这是浙东精神文化发达在地域分布上具有高度普遍性的必然表现。

第二，浙东精神文化与浙西精神文化同为中国先进而发达的精神文化，但发达的重点门类有不同，浙东偏重理性的思想学术，浙西则偏重感性的文学艺术。明廖道南《殿阁词林记》卷五《礼部侍郎兼学士汪谐》称：“惟浙东西山清水奇，文献之邦。”清嘉定钱大昕《潜研堂文集》卷二十三《浙江乡试录后序》亦云：“浙东西素称人文重地。”明清以来学者大都将浙东与浙西精神文化视为一个整体，肯定其在中国精神文化版图上的先进地位。这的确有着充分的事实根据。以精神文化的主要物质载体——图书，与精神文化的自觉生产与传播载体——书院来说，两地都是中国刻书、藏书和书院讲学之风最盛区域之一。从雕版印刷图书正式成为中国文献的主要物质载体的宋代开始，浙东就与浙西一起成了中国的刻书中心和藏书中心之一。如北宋全国最高教育机构以及专责出版传统文化中最重要的经部、史部著作的国子监的监本书，大约一半都下到杭州来刻印；同时杭州和浙东的私刻图书亦十分兴盛，杭州更成为全国三大刻书中心之首；毕昇于北宋中期在杭州发明活字印刷术，实现了中国文化史上的一大技术突破，即与当时两浙地区图书刻印的繁荣和相应的技术革新要求紧密相关。其时亦出现杭州姚氏、钱氏，湖州沈氏，宁波楼氏、陈氏等有名的藏书家。南宋国家政教中心入浙，两浙图书的刻印更出现"遍地开花"的盛况，除杭州内府刻书，各路、府、州治所在亦成为大大小小的刻书中心，公私刻书之多均堪称全国之冠。藏书方面，南宋两浙亦开始发展为全国的藏书中心，尤以杭州、绍兴、湖州最为闻名天下，嘉兴、宁波、金华亦开始崛起。此后历元到明清，两浙一直维持了中国刻书、藏书中心之一的地位。从书院正式兴起的北宋开始，两浙就成为全国书院讲学的中心之一。如北宋有湖州安定书院、杭州龟山书院、宁波桃源书院、温州浮沚书院等书院，讲学活动皆十分兴盛；南宋学派林立，大家蜂起，浙河东西，几乎无地没有书院，其中金华丽泽书院更与岳麓书院、白鹿洞书院、象山书院齐名，并称为南宋四大书院；明清时代，凭借绍兴稽山书院、证人书院、蕺山书院、姚江书院，杭州大涤书院、紫阳书院、敷文书院、诂经精舍等书院，两浙在中国书院讲学史上的中心地位得以一直保持下来。

但是，就发达的重点门类而言，浙东与浙西是有明显不同的，诚如清嘉兴郑虎文所体认："两浙之人，浙以西文胜学，浙以东学胜文"（《吞松阁集》卷二十七《王广文思庐制义序》）。这在南宋时代有个颇为极端的体现。如有学者根据黄宗羲、全祖望《宋元学案》统计发现："南宋时，共有学案40个，浙江就有17个，分别是东莱学案、艮斋学案、止斋学案、水心学案、龙川学案、说斋学案、潜庵学案、木钟学案、丽泽诸儒学案、慈湖学案、絜斋学案、广平定川学案、北山四先生学案、深宁学案、东发学案、静清学案、南湖学案，占南宋时期的42.5%，可见，当时的浙江，在全国的学术地位达到了顶峰。"①但这17个学案有16个都地处浙东，而且是浙东中部偏东地区，具体分布为：金华有5个学案，宁波有6个学案，温州有4个学案，台州有1个学

① 陈爱平：《浙江学术文化通史》，重庆出版社2008年版，第189页。

案；只有潜庵学案 1 个地处嘉兴，属于浙西。每一学案代表的都是一个比较正规且有较大影响的思想学派。尽管诚如杭世骏《道古堂全集》卷六《两浙经籍志序》所云，“吾浙文献甲天下，汉晋以还，经业彪炳，虽以齐梁雕刻藻绘之习，吾钱塘、东阳、武康诸儒者，犹能以疏注圣籍显闻于世”，浙西自亦有其思想学术，但南宋浙江 17 个思想学派有 16 个都出于浙东，此前此后几乎绝大多数浙籍思想学术巨人如王充、王阳明、刘宗周、黄宗羲、朱舜水、全祖望、章学诚、鲁迅、蔡元培、马寅初等也都出于浙东，均充分说明浙东精神文化极擅长理性的思想学术（但如前所述并如下章吴、越文化比较一节所谈，这并不意味着浙东就很不擅长文学艺术）。曾有论者提出：“从南宋开始，越在全中国文化、思想、教育领域常常处于领先地位。从理学到心学，从民主启蒙思想，到研究西学，到介绍马克思主义，越都有杰出代表”①，所举“越”之代表绝大多数亦出浙东。浙西则于思想学术有明显不足。晋代陆机、干宝，南朝沈约、吴均，唐代钱起、皎然、顾况、孟郊、罗隐，宋代张先、周邦彦、汪元量、张炎、赵孟頫，明代瞿佑、茅坤、凌濛初，清代朱彝尊、厉鹗、袁枚、龚自珍，以及近代王国维、徐志摩、戴望舒等等的存在表明，浙西更偏重于感性的文学艺术；浙西近代历史上即便出现龚自珍、章太炎这样极少数思想深邃的文学家、思想家，他们亦全都诞生在与浙东密迩相邻之地，受到浙东精神文化风尚的深远影响。

第三，“不迷信”权威，思想解放，勇于创新；不尚空谈，注重实学，注重世用。清初黄宗羲在为鄞县万斯大的《学礼质疑》一书作序时，曾经提出：

> 《六经》皆载道之书，而《礼》其节目也。当时举一礼必有一仪，要皆官司所传，历世所行，人人得而知之，非圣人所独行者。大而类禋巡狩，皆为实治；小而进退揖让，皆为实行也。……汉儒煨烬之馀，掇拾成编，错陈午割，得此失彼，又何怪其然乎？郑康成最号通博，而不知帝王大意，随文附会，辄形笺传；有宋儒者继起，欲以精微之理，该其粗末，三代之弥文缛典，皆以为有司之事矣。朱子亦常修《仪礼经传》，不过章句是正，于其异同淆乱，固未弹驳而使之归于一也。其时唐说斋创为经制之学，茧丝牛毛，举三代已委之刍狗以求文、武、周公、成、康之心，而欲推行之于当世。薛士隆、陈君举和齐斟酌之，为说不皆与唐

① 方祖猷、滕复主编：《论浙东学术》，中国社会科学出版社 1995 年版，第 477 页。

氏合,其源流则同也。故虽以朱子之力,而不能使其学不传。此尚论者所当究心者也。

吾友万充宗为履安先生叔子,锐志经学,《六经》皆有排纂,于《三礼》则条其大节目,前人所聚讼者,甲乙证据,摧牙折角,轩豁呈露,昌黎所谓及其时而进退揖让于其间者也。此在当时顾人人所知者,于今则为绝学矣,不谓晚年见此奇特。其友魏方公为之先刻数卷,充宗以为质疑者,欲从余而质也。余老而失学,群疑填膈,方欲求海内君子而质之,又何以待质?充宗亦姑以其所得,参考诸儒,必求其精粗一贯,本末兼该,凿然可举而措之,无徒与众说争长于黄池,则所以救浙学之弊,其在此夫。①

这篇文字肯定从南宋唐仲友、薛季宣、陈傅良到清初万斯大,浙东一些学者的学术研究,乃是借以汲取古人智慧,“欲推行之于当世”,“凿然可举而措之”的经世实用之学,在学术深度和创造性上也是超越汉儒、郑玄、朱熹等历代权威的“绝学”,因而具有强大的生命力,即便朱熹那样在政坛和思想界威风凛凛的人物,当年也没能阻止浙东思想学术的传播,这样的评断,实际上也可用来形容整个浙东精神文化。因为即使是文学艺术文化,浙东也有很强的经世实用色彩,与浙西很是不同。如王充强调文学作品,“为世用者,百篇无害;不为用者,一章无补”(《论衡·自纪篇》);陆游把诗歌创作当做御侮爱国的武器,疾呼恢复中原,统一祖国;宋濂提出:“明道之谓文,立教之谓文,可以辅俗化民之谓文”(《文宪集》卷二十六《文说》);黄宗羲自己也说:“文之美恶,视道合离”,批评“取宠哗世,将无古文一道,徒为观美之具,无裨实用”②;鲁迅以小说创作作为唤醒民众的呐喊,认为“我等的首要是改造国民的精神,我认为此为文艺的第一要务”(《呐喊自序》),等等,均反映了浙东文学艺术家的济世用世精神。同时,黄宗羲此文包含了“浙学之弊”在“与众说争长”的自我批评。乾隆间焦循以为:“黄氏此言,其有见于浙之学者,务于攻击前儒。”(《雕菰集》十五《代阮侍郎撰万氏经学五书序》)所谓“与众说争长”,所谓“攻击前儒”,实际上点出浙东精神文化敢于冲击既有精神偶像,挑战主流意识形态的批判性、前锋性和思

---

① 黄宗羲:《学礼质疑序》,《黄宗羲全集》(增订版)第10册,浙江古籍出版社2005年版,第24—25页。

② 黄宗羲:《李杲堂先生墓志铭》、《高元发三稿类存序》,《黄宗羲全集》(增订版)第10册,浙江古籍出版社2005年版,第412、1页。

想解放性。从汉代王充对官方谶纬神学摧陷廓清的攻击，到魏晋栖居浙东山水之间的玄学家们对伪“名教”的超越和对个体自由的追求；从南宋永嘉学派、金华学派、永康学派以经史考据和事功实学对朱子学空谈性命之非的大力批判，被朱熹诋斥为“在利欲胶漆盆中”（《朱子语类》卷一百二十三），“浙中近年怪论百出，骇人闻听，坏人心术，强者唱，弱者和，淫衍四出”（《晦庵集》卷二十七《答詹帅书》），到明代王阳明以良知之学撼动程朱理学的统治地位，被官方几度以“伪学”禁之①；从黄宗羲对封建专制独裁政体的严重质疑，到鲁迅对旧的封建主义价值观的全面批判；其间还包括王充对汉代流行的虚美华文的批判，陆游对宋代沉湎故纸却甚嚣尘上的江西诗派的针砭，徐渭对明代长期主导诗坛的七子派的尖锐痛斥，以及宗教信仰领域诸如天台宗山家山外派就天台义学真谛的不断辩难，等等，都体现了这一点。从浙东精神文化这个角度去看待越文化，它在推动整个中国精神文化从僵化的思想权威中解放出来，推动个体生命从中世纪的思想禁锢中觉醒，迸发出创造活力，推动知识阶层的文化创造日益和国计民生的需要结合，在国计民生的良性发展中实现其人生价值，无可置疑地发挥了重要作用，是中华传统精神文化的先进代表。

二、绍兴文化是中华人才文化的标本

（一）作为绍兴文化的越文化

从影响文化发展的关键核心来看，越文化还可理解为发生于先秦越国首都及近畿地区的古今文化，它包含了唐越州、宋元明清绍兴府、路（均含

---

① 如嘉靖元年十月，阳明心学正在兴起，礼科给事中章侨上疏：“三代以下论正学莫如朱熹。近有聪明才智足以号召天下者，倡异学之说，而士之好高名者，靡然宗之。大率取陆九渊之简便，惮朱熹为支离。……乞行天下痛为禁革。……上曰：然。”嘉靖八年二月，廷议阳明生前功过，以“申禁邪说以正天下之人心”上闻，有诏：“守仁放言自肆，诋毁先儒；号召门徒，声附虚和；用诈任情，坏人心术。近年士子，传习邪说，皆其倡导。……都察院仍榜谕天下，敢有踵袭邪说，果于非圣者，重治不饶。”（《明世宗实录》卷十九、卷九十八，《明实录》第9册，台北研究院历史语言研究所1962年版，第568—569、2288、2300页）又如嘉靖二十年，吏科给事中戚贤荐王畿迁南京兵部郎中，首相“夏言斥畿伪学，夺贤职”（《明史·王畿传》）。再如明桐乡李乐《见闻杂记》卷九载：“万历癸酉〔元年〕山西某君与余同入省垣，不一二月即论吾浙王阳明先生伪学。”

今余姚和萧山)与今绍兴市行政区划范围内的文化,直言之,即绍兴文化。这块地方乃是於越民族和越国的核心发祥地,也就是勾践结束三年事实上的俘虏生活,自吴归来,吴王"封地百里","东至炭渎,西止周宗,南造于山,北薄于海"(《吴越春秋》卷八《勾践归国外传》)的始封之地。根据文献记载,炭渎去会稽县东60里,在今余姚;周宗在今萧山;"南造于山"之山即绵延今诸暨、嵊州、新昌等地的会稽山地区。吴王选择在业已臣服的"越本兴国千里"的广大范围内,划定这么一块地方作为允许勾践最低限度地复国自存的地盘,显然和他意识到这里是业已存在一千多年的越国的畿甸地区,必须将勾践的复国野心局限在其老巢之区相关。或许在吴王夫差看来,此地臣民忠诚故主的观念必根深蒂固,难以轻易消除,姑且让他们君臣在一起惺惺相惜、苟延残喘好了,即使有什么不安分想法也只会在这个老巢内自生自灭,而不会波及其他地方引发事端。应该和这一带作为古越国畿甸的共同文化积淀紧密相关,今绍兴市行政区划范围内各地和萧山、余姚一起,自秦汉设会稽郡以来直到20世纪中叶的两千多年就一直属于同一行政区划,且自唐开元二十六年(738)调整越州属县以来一直到民国时期,一千多年间均为同一行政区划的完全成员。从宋人黄震"越为浙以东最大郡"一语(《黄氏日抄》卷八十七《山阴县重建主簿厅记》)可知,在唐宋以来的许多学者眼里,"越"差不多也就指今天的二级行政区划绍兴市;绍兴市在唐宋以来的绝大多数时间,也一直是浙东的第一大行政区域。

(二)绍兴文化是中华人才文化的标本

从绍兴文化的角度来理解越文化,它是中华人才文化的标本。人才是文化包括区域文化中最核心、最关键的因素,浙江文化、浙东精神文化的发展,一个最基本的内在原因就在于大量优秀人才的不断涌现。越地人才涌现的长盛不衰又尤以绍兴为典型,正是绍兴人才文化的高度发达才带来了其他物质文化和精神文化的长期繁荣。

1. 绍兴人才文化高度发达的表现

绍兴人才文化的发达向为史家所艳称,亦为大量统计数字所证明。《史记·越王勾践世家》载越国灭吴之时,所依靠的力量除了范蠡、文种两大领袖和习流2000人、教士4万人、诸御1000人之外,尚有君子6000人。后人亦评曰:"越有君子六千人,东南盖多士矣。"(宋陈傅良《止斋集》卷四十三)“昔种、蠡之在越,人知其快报吴之忿、雪山栖之辱,不知其阃内阃外交任其责,彼此叶力,不少携贰,而又有六千君子者,佐其锋而益其锐,则十年之后,吴其为沼,果如前日之言。”(南宋末佚名《群书会元截江网》卷二十三)由此可见,早在越王勾践时代——绍兴文化的发轫时期,绍兴一带就团结会聚了大批优秀人才,成为东南人才崛起的一大标志性区域,为越国的崛起做出了重要贡献。迨至绍兴文化大发展的明清时期,绍兴人才之盛更登峰造极,成为全国首屈一指的人才摇篮。如明万历中公安派领袖、楚人袁宏道在绍兴逗留,就曾感叹绍兴“船方革履小,士比鲫鱼多”(《解脱集一·初至绍兴》),不啻“过江之鲫”佳话更上一层矣!

以明清时代国家选拔精英人才的科举考试来说,自明洪武四年(1374)首科到清光绪三十年(1904)末科,五百多年间共举行常规文科进士考试(不包含武科、清代的博学鸿词科和翻绎科、满洲进士科)201 科,其中明代 93 科,清代 114 科,共录取进士 51514 人,其中明代 24846 人,清代 26668 人。① 在这中间,含萧山、余姚在内的传统绍兴区域范围,共录取了多少文科进士呢?据绍兴市地方志编纂委员会编《绍兴市志》(浙江人民出版社 1996 年版)卷四十四《人物·历代进士名录》统计,在现绍兴市即历史上的山阴、会稽、诸暨、上虞、嵊州、新昌六县范围,明代录取文科进士 560 人,清代录取文科进士 744 人,总共 1304 人。而据彭延庆等纂修《民国萧山县志稿》统计,萧山明清两代录取文科进士分别为 65、145 人;其中尚有明显遗漏,根据《萧山史志》2005 年第 1 期《〈萧山历朝进士名录〉补遗》一文补录,萧山明清两代录取文科进士分别为 72、150 人。再据余姚市地方志编纂委员会编《余姚市志》(浙江人民出版社 1993 年版)第三十二编《人物·历代进士名录》统计,余姚明清两代录取文科进士分别为 389、101 人。三组数字合计,则含萧山、余姚在内的传统绍兴区域范围,明代录取文科进士 1021 人,清代录取文科进士 995 人,总共录取文科进士 2016 人,高达明清全国录取文科进士总数的 4%;而且,2016 人中又有状元 12 人,榜眼 10 人,探花 12 人,总计三鼎甲人物达到 34 人,这就意味着,在明清 201 科殿试中,绍兴

---

① 此据潘荣胜主编:《明清进士录》(中华书局 2006 年版)附录《明朝进士一览表》、《清朝进士一览表》各科数字统计而得。朱保炯等编《明清进士题名碑录索引》(上海古籍出版社 1980 年版)之前言统计为 51624 人,范金民《明清江南进士数量、地域分布及其特色分析》据朱编统计并计入清代的博学鸿词科,则又为 51681 人,微有差异。

人才进入全国前三名的几率高达17%。这两组数字和比例都堪称全国之冠。范金民先生曾经注目于环太湖地区的应天(清称江宁)、镇江、常州、苏州、松江、杭州、嘉兴、湖州八府(此亦明清以来绝大多数学者常言"江南重赋"、"江南人文"之"江南"范围),盛赞"明清时期,江南进士在全国数量最多","江南进士不但数量在全国独为翘楚,而且其科试名次在全国最为显赫"①,然而,试将其统计出的这八府进士人数和绍兴进士人数列为下表:

地区	明代	清代	明清合计
苏州	1025	657	1682
松江	424	249	673
常州	636	645	1281
镇江	187	211	398
应天(江宁)	357	311	668
杭州	477	892	1369
嘉兴	471	491	962
湖州	287	378	665
绍兴	1021	995	2016

由表可见,明清两代,绍兴录取文科进士人数比江南八府进士最多的苏州还多334人,多出20%;何况苏州的文科进士统计还包含了清代的博学鸿词科录取人数在内。多洛肯研究明朝浙江全省的文科进士人数时,虽然将绍兴府的人数统计为836人,较之笔者的统计有相当减少(185人),但仍然充分肯定,明朝绍兴府录取文科进士,"为省会所在地杭州府的2倍多,遥居浙江榜首";并引近人的统计比较指出,明代绍兴府巍科人物19人,"为浙江其他各府所不能相比"。② 在这些文科进士中,很多还在实际文化建树上站在了全国一流的位置,如思想家王守仁、王畿、周汝登、刘宗周,史学家张元忭、章学诚、邵晋涵、李慈铭,文学家萧鸣凤、陶望龄、骆问礼、叶宪祖、王思任,藏书家陈性学、商周祚、祁承㸁、卢文弨、平步青,等等。

① 范金民:《明清江南进士数量、地域分布及其特色分析》,《南京大学学报》(社会科学版)1997年第2期。

② 多洛肯:《明代浙江进士研究》,上海古籍出版社2004年版,第180页。

而且，不仅文科进士录取人数、“品级”堪称全国之首，明清绍兴武科进士也罕有其匹。据上述《绍兴市志》和《余姚市志》统计，仅在现绍兴市即历史上的山阴、会稽、诸暨、上虞、嵊州、新昌六县范围和余姚，明清两代就录取武进士 323 人（在 1841 年定海保卫战中壮烈殉国的民族英雄、文武双全的葛云飞就是绍兴山阴人，道光三年武进士），其中包括武状元 15 人。此外，明代王守仁和清初分别累官福建总督和两广总督的姚启圣、吴兴祚，还堪称明清时代最杰出的军事家。向以文风炽盛驰名于世的绍兴武进士、武状元和军事人才竟也如此之多，足见明清绍兴人才文化之全面发达。

当然，绍兴人才文化的长期发达绝不能仅仅以科举功名来衡量，因为这个人才选拔制度实际上又带有很大的压抑和摧残人才性质；被这个制度挡在门外，或者蔑视这个制度以及其他类似制度而傲然独立，足以留名青史的绍兴人才，其队伍同样庞大。如唐代政治家王叔文、书法家徐浩、诗人秦系，宋代词人贺铸、高观国、王沂孙，元代画家王冕、诗人杨维祯、戴良、经学家韩性，明代戏曲家、诗人、书画家徐渭，戏曲家王骥德、孟称舜、吕天成、单本，画家陈洪绶，散文家和史学家张岱，明清之际的伟大思想家黄宗羲，清代史学家邵廷采、骈文家胡天游、古文家吴楚材、吴调侯、诗学家陶元藻、小说家俞万春、目录学家姚振宗、画家赵之谦、任伯年，等等，此外还有很多高僧、女性，他们都与科举进士考试无缘。

进入近现代，绍兴人才文化又谱写出新的灿烂篇章。仅以现绍兴市范围而言，徐锡麟、秋瑾、陶成章、周恩来、邵力子、王一飞、俞秀松、梁柏台、陈仪，直至尉建行、曾培炎等革命家、政治家，鲁迅、周作人、刘大白、许寿裳、许钦文、朱自清、夏丏尊、魏金枝、朱生豪，直至邵燕祥、柯灵等文学家、翻译家，蔡元培、经亨颐、马叙伦、陶行知、马寅初、陈鹤琴、罗家伦、蒋梦麟，直至何东昌、斯霞等思想家、教育家，罗振玉、马一浮、范文澜、娄子匡、冯契、黄云眉、王仲荦，直至汤纲、陈桥驿、楼宇烈、章培恒等国学家、史学家、学问家，陶元庆、董希文、尹桂芳、范瑞娟、姚水娟、袁雪芬、傅全香，直至六小龄童、谢晋等画家、戏曲表演家、电影家，竺可桢、陈建功、赵忠孝、钱三强等五十多位两院院士①

① 根据《绍兴籍院士风采》（绍兴籍院士风采编审委员会编，浙江人民出版社 2002 年版）介绍，截至 2001 年，今绍兴市籍中国科学院、中国工程院院士共有 51 人（其中 1 人为双院士），原中国科学院哲学社会科学院学部委员 4 人，共计两院院士 54 人，绍兴两院院士人数之多位居全国前列。

和吴觉农等科学家，每一个都是20世纪中华民族奋斗史和精神文化创造史上不可或缺、熠熠生辉的人物，堪称言为士则，行为世范，各领风骚，表率群伦！

2. 绍兴人才文化的鲜明特色

第一，人才文化长期发达，代有人才，绵延时间长，数量庞大，且自明清开始人才诞生有不断加速之势。史载春秋越国有"六千君子"，或有虚指；但延至当今，功德、业绩与思想载诸青史的绍兴人才队伍，其数确早已超过6000人。研究出版社、杭州出版社2003年出版的《越中名人谱》，收录现绍兴市范围古今名人3600多人；杭州出版社2006年出版的《越中名人谱续编》，增录古今名人1700多人；2009年杭州出版社出版的《越中名人谱第三卷》，再次增录1350多人。三书合计，事迹斑斑可考的现绍兴市范围古今人才已多达6650人以上。可以说，绍兴人才之多，在全国范围很难再找到类似大小区域与之相比。

第二，人才诞生的城乡背景比较均衡，不仅府城、县城等中心城镇有大批人才诞生，甚至一些乡域村镇也成为人才的摇篮，形成星罗棋布的文化名镇。如绍兴府城以西大约10里的东浦镇，南宋仅是东浦里，乾隆间仅是东浦草市，一直到20世纪才形成东浦镇建制，但就是这么一小片河埠水乡，根据陈桥驿先生的研究①，宋代仅陆氏一门即诞生陆游高祖陆轸以下文科进士12人和多位政治家和数十位文学家；如前所述，根据新编《东浦镇志》的记载，明清东浦又诞生文武进士13人，举人20人（合并中进士者则为33人）和清末民初以来一大批民族民主革命家和文学家如徐锡麟、陈仪、许钦文等。再如绍兴府城以东约30里的陶堰镇，一直是浙东运河边上的一个乡村聚落，1988年才建立陶堰镇建制，这个"弹丸滴水"之域，如前所述，明清竟诞生文武进士42人，举人69人（合并中进士者则为111人），其中颇有官至兵部尚书、礼部尚书和国子监祭酒的朝廷要员，以及称雄文坛和学界的著名文学家、史学家。再如绍兴府城以南约40里的枫桥镇，自北宋末设立枫桥驿，后转设为枫桥镇以来，根据许炳荣先生的不完全统计②，宋代共诞生进士9人（还有宋代类同进士的上舍生2人），元代诞生进士2

---

① 参见朱顺佐：《江南人物春秋——绍兴东浦》，广州出版社1993年版，陈桥驿序。
② 参见许炳荣：《枫桥史志》，史志出版社2005年版，第258—275页。

人、举人1人,明代诞生进士12人、举人24人,清代诞生进士15人、举人38人,总计宋以降诞生进士38人、举人63人(合并中进士者101人);此外还诞生著名文学家姚宽、骆复旦以及大画家王冕、陈洪绶等其他文化名人。再如绍兴府城以西约60里,地处浙东运河与钱塘江交汇点南缘的萧山长河镇,历史上一直叫长河头,民国年间才有长河乡和长河草市建制的这片河埠地带,自南宋中期来氏来此定居以后,逐渐变成一个人文蔚起的文化名镇,根据《民国萧山县志稿》等史料的记载,明清两代来氏一族即诞生文武进士27人、举人51人(合并中进士者则为78人),等等。

第三,人才类别齐全,对中国历史发展和中国文化史的贡献卓越。绍兴历史上既诞生杰出的政治家、革命家如勾践、范蠡、王叔文、王阳明、陶成章、秋瑾、周恩来,又诞生第一流的思想家如王充、嵇康、王阳明、刘宗周、黄宗羲、朱舜水、鲁迅、马寅初;既诞生杰出的史学家、文献学家如陆佃、张元忭、祁承㸁、张岱、章学诚、李慈铭、罗振玉、范文澜、王仲荦,又诞生第一流的教育家如古代书院教育家王阳明、刘宗周、黄宗羲和现代教育家蔡元培、马叙伦、陶行知、陈鹤琴、罗家伦、蒋梦麟;既诞生第一流的艺术家如王羲之、王献之、王冕、徐渭、孟称舜、陈洪绶、赵之谦、任伯年、谢晋,又诞生第一流的文学家如谢灵运、贺之章、贺铸、陆游、杨维祯、张岱、鲁迅、周作人、刘大白、许钦文、朱自清、夏丏尊;等等。此外还诞生先秦中国最优秀的青铜铸剑家欧冶子,东汉中国最有名的炼丹家、化学家魏伯阳,东晋中国最优秀的天文学家虞喜,南朝中国钢铁冶炼技术的重大革新家谢平,北宋中国最有成就的地质岩矿学家杜绾,明代中国影响极为深远的水车技术的发明家单道,明代中国卓越的航海地理学家、外交家马欢,明代中国医药事业的重要推进者张景岳,近代中国科学教育的先驱杜亚泉,近代中国地理学和气象学的奠基人竺可桢,现代中国茶叶事业复兴和发展的奠基人吴觉农,现代中国最杰出的数学家和数学教育家陈建功,现代中国最杰出的物理学家和"中国原子能之父"钱三强;等等。而且,王阳明、姚启圣、吴兴祚乃至民国时代为数可观的上将①,还是明清以降中国最重要的军事家;在绍兴古往今来人才队伍中还有数百位女性人物,从先秦"越姬"、"越女"到汉代的曹

① 据统计,《中华民国军政职官人物志》(春秋出版社1989年版)一书,收录民国绍兴籍省长(主席)15人,上将9人。

娥、东晋的谢道韫、南宋的唐琬、明清之际的王端淑、商景兰、祁德渊，以及近现代的秋瑾、范瑞娟、姚水娟、袁雪芬，无不光照史册。他处或有文风颇盛，出产文人学者众多者；绍兴则不仅文人学者多如过江之鲫，自然科学技术专家亦自古众多。他处或有文理兼擅，天地人文皆工者；绍兴则不仅人文社会科学和自然科技技术人才齐头并进，胜场并擅，而且通晓武韬，精于伟略者，亦大有其人。在文理并长、文武并工之外，绍兴人才文化还有一个男女并能，巾帼不让须眉！

第四，人才不仅具有超群的才艺功绩，绝大多数还有不畏权势的凛凛风骨和眷系祖国的一腔衷肠。鲁迅曾经指出："我们从古以来，就有埋头苦干的人，有拼命硬干的人，有为民请命的人，有舍身求法的人，……虽是等于为帝王将相作家谱的所谓'正史'，也往往掩不住他们的光耀，这就是中国的脊梁。"(《且介亭杂文·中国人失掉自信力了吗》)鲁迅对中国历史和中华民族精神的这个判断，应该说，很大程度上来自他潜心整理过绍兴历史文献①，对绍兴士人的文化精神有深刻认知和深切体察。从"将刑东市，三千太学生请以为师"，"顾视日影，索琴弹之"(《晋书》本传)，曲尽从容就义的晋代嵇康，到不以王安石生死荣辱而向背谄毁，直斥黄庭坚"谤书"，迭遭废弃而不改其初的北宋陆佃；从前仆后继向一代巨奸严嵩发出挑战而被杖杀、遣放、囚禁、屠戮的明代叶经、沈束、沈炼等"上虞四谏"加"越中四谏"，到南明弘光末写信给企图弃敌南逃的权相马士英，直斥对方"叛兵至则束手无措，强敌来则缩颈先逃"，"无如明水一盂，自刎以谢天下"，"欲求奔吾越，夫越乃报仇雪耻之国，非藏垢纳污之地也"(《琅嬛文集·王谑庵先生传》)的王思任；从被誉为"民族脊梁"、"民族魂"，被称为"骨头是最硬的，他没有丝毫的奴颜和媚骨"(毛泽东《新民主主义论》)的鲁迅先生，到为捍卫其《新人口论》公开向陈伯达、康生等声明"我虽年近八十，明知寡不敌众，自当单身匹马，出来应战，直到战死为止"，"决不后退半步"的马寅初②，几千年的绍兴人才身上始终贯穿着一种勇猛刚烈、不屈不挠的抗争精神。这是问题的一方面。另一方面，诚如毛泽东《七绝两首·纪念鲁迅八

① 如所周知，鲁迅曾整理辑录《会稽郡故书杂集》、谢沈《后汉书》、《嵇康集》等与故乡相关的历史文献。

② 绍兴籍院士风采编审委员会编：《绍兴籍院士风采》，浙江人民出版社 2002 年版，第472 页。

十寿辰》之一所咏:"鉴湖越台名士乡,忧忡为国痛断肠。剑南歌接秋风吟,一例氤氲入诗囊",亦如季羡林先生所说:"建国首先必须重视文化、教育、科学、技术。在这方面,绍兴古今人物都有一切的贡献。此外,更必须有炽热的爱国主义精神。在这方面,明末痛斥奸相马士英的绍兴文人,发言掷地作金石声。近代的秋瑾为国牺牲的精神,直可与岳飞、文天祥等争辉。这是中华民族的骄傲,当然也是绍兴的骄傲"①,几千年来的绍兴人才绝大多数又都怀抱深厚的民族感情,具有强烈的爱国奉献和为国牺牲精神。由于历史的种种原因,绍兴人才的爱国主义传统积淀极其深厚,可与岳飞、文天祥争辉的人物简直难以计数,构成中华民族爱国主义传统的最重要组成部分之一。如"儿时万死避胡兵"的陆游,誓言"一生报国有万死","楚虽三户能亡秦,岂有堂堂中国空无人",其《示儿》绝唱传诵千古;蒙元贵族以一路屠杀占领江南,朱光起兵反抗,失败被俘,口占"生为大宋臣,死为大宋鬼。一片忠义心,明月照秋水"(《被执口占》),被元兵火烤三日始绝;满清贵族厉行民族压迫政策,铁蹄所至,屠杀和招降并用,刘宗周、王思任等绝粒而死,祁彪佳、余煌等络绎投水,孙嘉绩与熊汝霖则揭竿而起,在钱塘江沿线组织顽强的抵抗,失败蹈海而死,何腾蛟又在西南收复大片领土,独撑永历抗清政权,直到被俘慷慨就义,均殉国而亡,谱写血泪交迸、慷慨激昂的爱国悲歌;近现代,鲁迅胸怀"我以我血荐轩辕"的壮志为国呐喊,唤醒民众,竺可桢、陈建功、钱三强等一大批绍兴人才又舍弃国外优厚的生活条件,学成归来,报效祖国,艰苦奋斗;等等。

3. 绍兴人才文化高度发达的原因

为什么两千多年来绍兴人才文化如此高度发达,如云蒸霞蔚、巨峰绵延的绍兴人才一直争先恐后、层出不穷,不仅成为浙东文化、浙江文化创造的一大主力,并一直走在中国历史的前列,为整个中华文化的创造做出巨大的贡献?我们觉得,至少有以下几点原因:

第一,绍兴人才文化高度发达的地理环境:敞开的聚宝盆。如前所述,由于长江和钱塘江的双重屏障,浙东在历史上的大多数时间内,成为遗世独立于中原战乱纷扰,从而经济社会获得长期独立自足发展的世外桃源,自然亦成为一个文化氛围日益浓厚、文化人才不断积聚的"人才高地";而

① 朱元桂主编:《绍兴百镇图赞》,季羡林序,百花文艺出版社1977年版,"序"第3页。

在大海环抱的浙东地区内部，绍兴区域又具有最为独特的地理环境优势。从地形来说，龙门山绵延于西部，会稽山耸峙于中部，天台山、四明山蜿蜒于东南部、东部，它们均呈西南—东北走向，从而使地形骨架略呈斜“山”字形，向北部倾斜；龙门山、会稽山之间有浦阳江和诸暨盆地，会稽山与天台山、四明山之间有曹娥江和新嵊盆地与三界、章镇盆地，它们亦均逶迤伸向北部；北部，从萧山历山阴、会稽，直到上虞、余姚，乃是整个浙东地区唯一的近海大平原，也是浙江全境的第二大平原——由浙东运河东西一线贯通的宁绍平原（从绍兴府城往西一般称为萧绍平原，往东称为绍虞平原）。由此可见，从地形地貌上来说，在浙东地区内部，绍兴不啻一个北向大海的“敞开的聚宝盆”。於越民族和越文化既发祥于此，这个地形地貌上的“聚宝盆”自然亦成为浙东“人才高地”中的“聚宝盆”和“摇篮”。统计显示，属今绍兴市范围的人才，60%都为旧属绍兴府山阴、会稽两县的人物①，其重要原因就在于，山阴、会稽两县大部都位于这个“聚宝盆”和“摇篮”的底部。

第二，绍兴人才文化高度发达的时代条件：移民人才会聚和本土人才出外历练。我们重点关注前者。如前所述，浙东是历史上多次北人南迁的主要栖息地，也是西士东迁，避地以隐以业的安全乐土，而绍兴这个“敞开的聚宝盆”又恰紧邻钱塘江，是北人南迁、西士东迁进入浙东的第一个卧榻和落脚点，所以先秦以来通过几次大规模的战乱以及其他机缘，吸收了大量优秀的中原人才和西部人才。如先秦越国时期帮助越国灭吴崛起的四个灵魂人物，外交谋略家范蠡是楚国宛三户（今河南南阳一带）人，政治家文种是楚国郢（今湖北江陵）人，曾任宛令，军事家陈音也是楚国郢人，而经济学家计然则是“葵丘濮上”（在今河南兰考）人。两汉时期，足与张骞比肩而立的西汉外交家郑吉，高祖为齐临淄（今属山东淄博）人；东汉杰出的思想家王充，祖籍本是魏郡元城（今河北大名），祖、父时代才南迁杭州，再迁上虞。东晋绍兴也是整个中国的诸多文化人才，政治家、书法家和道教人物孔愉，“先世居梁国〔今陕西韩城〕”，“汉末避地会稽，因家焉”（《晋书》本传）；书法家、文学家王羲之，原籍琅琊（今山东临沂），西晋末举族迁居山阴，晚年隐居剡县（今绍兴嵊州）；政治家、军事家谢安原籍陈郡阳夏（今河

① 参见《绍兴市志》第5册（卷四十四《人物》总论），浙江人民出版社1996年版，第3017页。

南太康），亦西晋末举族南迁，择居上虞东山；高僧支遁，本陈留（今属河南开封）人，或者河东林虑（河南彰德）人，幼年时期即流寓江南，后长住剡县；画家、雕塑家戴逵，原籍谯郡（今安徽亳州）人，迁居剡县。唐宋以后，绍兴不少文化人才，追溯其先祖，仍为北方中原和西部移民人物。如明代商为正、商周祚等商氏文化名人，其先祖“自宋南渡，从汴〔今河南开封〕徙浙，入明多闻人”（明倪元璐《文贞集》卷十二《诰封商母刘太夫人行状》）；祁承㸁、祁彪佳等祁氏文化名人，其始祖“宋建炎中，随宋高宗赵构南渡至绍兴”①，亦当为汴梁人；张元忭、张岱等张氏文化名人，其先祖曾世居四川，故“张岱大部分著作除自称‘山阴张岱’外，又多次自署‘古剑陶庵张岱’、‘剑南张岱’和‘蜀人张岱’”②；张景岳，祖上亦为四川人；即近代鲁迅、周恩来，根据有关学者的研究③，其先祖亦为自湖南道县宦居河南祥符，又随宋室南渡，初迁杭州、再迁绍兴之移民。由此可见，先秦以来的各种战乱，特别是以晋室东迁、赵宋南渡为突出代表的中原地区的灾难性巨变，以及其他机缘，为绍兴区域持续不断地输入了来自北方中原和西部的大量优秀人才。此诚如张元忭等纂修万历《绍兴府志》卷三十九《人物志》总论所云：“在昔文献之盛，必曰中原，自晋之东，宋之南，銮舆既迁，而衣冠从之，东南文献，始甲于四方矣。吾越多佳山水，贤人达士，往往携其家而家焉。虽天下大乱，而觞咏岩壑，身全而名永，其流风至今可想也。”

我们再说后者。宋元以后，历史上中原北方动辄长期动荡的局面彻底消失，南方间有动荡，亦很快平服，国家进入了空前的大一统，这为绍兴人才施展才华、实现抱负，提供了空前广阔和持久的历史舞台。而明清时期绍兴人口增长亦几乎接近土地环境所能承载的极限，如明末祁彪佳就曾焦虑指出：“越中依山阻海，地窄民稠，即以山阴一县计之，田止六十二万馀亩，民庶之稠，何止一百二十四万。以二人食一亩之粟，虽甚丰登，亦止供半年之食。”④这种人口压力自然把大量的普通民众和各种人才推向全国各地。此诚如明万历间王士性在《广志绎》卷四中所说，人稠地狭，“故身不有

① 张能耿：《祁承㸁家世》，北京出版社 2004 年版，第 15 页。

② 佘德余：《张岱家世》，北京出版社 2004 年版，第 1 页。

③ 参见郭辉东：《周氏家族人才链及鲁迅周恩来祖籍世系考证》，湖南省濂溪学研究会成立大会暨理学渊源与周子故里开发研讨会论文，湖南道县，2004 年 12 月。

④ 《祁彪佳集》卷六《救荒杂议》，中华书局 1960 年版，第 116 页。

技则口不糊，足不出外则技不售”。该卷几次三番地记载：“宁、绍盛科名逢掖，其戚里善借为外营，又佣书舞文，竞贾贩锥刀之利，人大半食于外。”“宁、绍人什七在外，不知何以生齿繁多如此。”“如山阴、会稽、余姚生齿繁多，本处室庐田土，半不足供，其儇巧敏捷者入都为胥办，自九卿至闲曹细局，无非越人，次者兴贩为商贾，故都门西南一隅，三邑人盖栉而比矣。”同时沈德符《万历野获编》卷二十四也说：“一入衙门，则前后左右皆绍兴人，坐堂皇者，如傀儡在牵丝之手，提东则东，提西则西。”普通民众既如此，知识分子通过科举考试、出仕或者讲学、游幕以及其他各种方式出外谋生和历练，在空前大一统的封建国家各地发挥聪明才智，从而逐渐成长为各擅其能的精英人才，自然亦无计其数。显然，绍兴人才文化在明清时期走向辉煌，与封建国家出现六七百年的空前大一统紧密相关。

第三，绍兴人才文化高度发达的区域内精神文化氛围：长养作育与相互濡染。所谓长养作育，指的是人才上层包括一些地方官，非常注重通过表率带动、教育培养等多种方式，有意营造成才、尊才、重才的精神文化氛围。这是绍兴区域很早就已形成的一个优良传统。以尊才、重才来说，《后汉书·任延传》载，南阳任延于更始元年(23)拜会稽都尉，“时天下新定，道路未通，避乱江南者，皆未还中土。会稽颇称多士，延到皆聘请，高行如董子仪、严子陵等，敬待以师友之礼，……是以郡中贤士大夫争往宦焉”。又如晋袁宏《后汉纪》卷二十二载，度尚在桓帝年间(147—167)任上虞令时，“故洛阳市长淳于翼，学问渊深大儒，旧名常隐于田里，希见长吏。尚往候之，晨到其门，翼不即相见。主簿曰还，不听，停车待之。翼晡，乃见尚，尚宗其道德，极谈乃退。其优贤表善皆类此也”。这些记载表明，“会稽颇称多士”的声名在汉代就流行于世；而这种局面得以长盛不衰，显然得益于任延、度尚之类地方官对人才的善加优礼。同时稍后的王充在《论衡·效力篇》中旗帜鲜明地提出：“人有知学，则有力矣”，“儒生以学问为力”，完全就是今人所说的“知识就是力量”；人才作为知识力量的掌握者，对国家兴亡和社会兴衰往往发挥决定性作用，所谓“六国之时，贤才之臣，入楚楚重，出齐齐轻，为赵赵完，畔魏魏伤”；另一方面，他也殷切呼吁，正如“火之光也，不举不明”，“多力者身能负荷千钧，手能决角伸钩，使之自举，不能离地”，人才“不遭有力之将援引荐举，亦将弃遗于衡门之下”，也需要及时发现和重用。又如明李乐《见闻杂记》卷十一载：“绍兴俞先生咨益，鼎甲罗公万化、张公元忭皆师事之。常同见郡邑一公，侍坐，不以为屈。士风抑何厚也？城中凡缙绅回籍，必先谒文庙拜儒学先生，而后拜郡邑。道遇三学，虽不避轿，必让三学行过而后行。古道相传尊师傅不容易得。”根据史料，俞咨益是绍兴本地人（山阴籍），嘉靖三十八年进士，自属人才，但官位并不显赫，仅官至福建佥事，而且入仕不久就辞官回乡，以讲学传道为志，成为培养人才的人才。晚明绍兴籍的三位文科状元，隆庆二年状元罗万化和隆庆五年状元张元忭都是他直接培养的人才，天启五年状元余煌也可以说是他的薪火传承者。① 但从世俗的眼光来看，俞咨益毕竟仅仅是一个书院讲学者；然而，他在两位状元及第学生和父母官面前能保持傲岸的风范，官场飞黄腾达的一代名臣回到老家丝毫不敢唐突小小的三学老师，足可说明当时绍兴人才上层和地方官对培养人才之人才的敬畏，足可说明绍兴区域精神文化界尊才重才风气之淳厚。以表率带动来说，如南宋王十朋《会稽风俗赋》曾列举宋代绍兴人才之盛：“二百年间，不可胜纪：大则杜正献之勋德，次则孙威敏之功名。姚右郎司元佑之直，顾内相号江南之英。万石云仍，匪建则庆；二陆棠棣，如云与衡。吴先生风高于贺老，齐职方迹拟于渊明。钱氏世贤科之盛，史门继衣锦之荣。刘、裘以义门显，杜、赵以处士称”②，之后又进一步探究秦汉以来绍兴人才全面兴盛的原因说：“昔严、朱二子，为汉名卿，昼绣故乡，夹道郊迎，争观快睹，歆艳其荣，故其俗始尚文学〔按指

① 《雍正浙江通志》卷二百八十据《下方寺志》引余煌《跋三元云卧额》云：“寺……为山阴第一名刹，士人多僦僧寮以为藏修地。先是山阴南石俞公咨益聚徒寺中，罗公万化、张公元忭皆从之游。隆庆戊辰，罗廷试第一；越三年辛未，张廷试复第一。岁甲子，煌亦肄业此地，明年乙丑胪唱，亦先多士。”

② 以上文字涉及的部分史实为：杜衍，字世昌，真宗大中祥符元年进士，庆历三年任枢密使，主持新政，后封祁国公，谥正献。孙沔，字符规，真宗天禧三年进士，官至枢密副使，谥威敏。姚勔，字辉中，仁宗嘉祐四年进士，哲宗元祐间拜右正言，有直声。顾临，字子敦，仁宗皇祐中举说书科，直龙图阁，哲宗元祐间历刑、兵、吏三部侍郎兼侍读，为翰林学士，在官河北转运使期间，苏轼有诗赠云：“君为江南英，而作河朔伟。”西汉石奋并四子建、甲、乙、庆，官皆至二千石，时号奋为万石君，用以喻宋代新昌石氏一门先后（曾孙之玄孙为仍孙，玄孙之玄孙为云孙）登第者超过数十人。陆佃，即陆游祖父，神宗熙宁三年进士，哲宗间任吏部侍郎，徽宗间迁吏部尚书；弟傅亦有才名，世比为晋之二陆。吴孜，北宋仁宗嘉祐、英宗治平间名士，舍宅为泮宫；齐唐，仁宗间进士，以职方员外郎退隐湖山。钱易，真宗咸平二年登进士第，景德中举贤良方正，后二子亦分别于庆历二年、六年举贤良方正。北宋剡中（今嵊州）史氏一门兄弟、子侄、伯叔多人登第，位兵部侍郎等显官。会稽裘氏教养和睦，人才辈出，六百年无分爨之事，上虞刘氏亦聚族四百馀口，内外无间言，神宗间并获北宋政府旌表。杜处士，王安石有《寄赠越中处士杜醇》诗；赵处士仲渊，真宗祥符中累召不赴。

文章学术，二人以研治《楚辞》显〕而喜功名；晋王右军为越内史，雅会兰亭，流觞曲水，临池墨妙，辉映千祀，能使遗文，感慨君子，故其俗始尚风流而多翰墨之士；唐元微之一代奇才，罢侍玉皇，谪居蓬莱，宾寠邻白，唱酬往来，由是鉴湖、秦望之奇益闻，故其俗至今好吟咏，而多风骚之才”，云云，足见人才上层对绍兴文化风气和人才形成的垂范导引作用。

所谓相互濡染，自然包括以上人才上层对人才基层的感染带动，然而更主要的是指在文化世家和人才世家内部和之间的相互感染和先后影响，这也是绍兴区域很早就已形成的一个优良传统，王十朋所说“钱氏世贤科之盛，史门继衣锦之荣”，即包含了这些文化世家、人才世家内部和之间的相互濡染。由于历史的种种机缘，绍兴区域至少从东晋开始，就逐渐形成了一大批星云璀璨、争奇斗艳的文化世家、人才世家。如上述宋代东浦陆氏12名进士和数十位政治家、文学家，即构成宋代大江南北最著名的文学文化世家和爱国世家，陆游能获得梁启超《读陆放翁集》如此赞美：“诗界千年靡靡风，兵魂销尽国魂空。集中十九从军乐，亘古男儿一放翁”，实与陆氏家族文化的熏陶紧密相关。再如上述明清陶堰诞生的全部42名进士，69名举人中的67人，几乎所有有成就的贡生，以及陶成章、陶元庆等近代诸多文化名人，全部属于陶氏一族，陶氏作为一个政治世家、文学文化世家、人才世家，昌盛发达长达五百年以上，书写了中国科举史和文化史上的骄傲。如七世陶怿、陶谐先后进士，均兼长诗文、政事，均以抗逆大阉刘瑾而闻名当世，陶谐并以治河有成，平乱有功，官至两广总督、兵部尚书；九世陶大年、陶大有、陶大临、陶大顺、陶承学、陶幼学兄弟六人皆成进士，其中，陶大临榜眼及第，不与奸相严嵩同流合污，历官翰林院掌院学士、南京国子监祭酒、礼部侍郎、吏部尚书，陶承学宦迹遍于江南、中州，政绩卓著，官至南京礼部尚书，陶大顺与子陶允淳同年及第，陶承学与子陶望龄先后及第，陶大临、陶允宜、陶崇道一门祖孙三人皆成进士，十世陶望龄以会元和探花官至国子监祭酒，著作等身，是晚明屈指可数的重要思想家、文学家；其兄陶与龄、弟陶奭龄同为名举人，陶奭龄并为晚明阳明心学的代表性思想家之一；等等。复如上述长河来氏，科第连绵，名流辈出：来三聘，官至江西布政使（若后代省长），并有多部诗集驰名诗坛，诗歌才华受到清初诗坛巨擘朱彝尊和乾隆帝的高度推崇；来斯行，文韬武略并长，先后为平定白莲教判乱和苗民叛乱建立奇功，官至福建布政使，又有8卷诗集和41卷文言小说集传之遐迩；来宗道，历官礼部尚书、户部尚书、首席东阁大学士（首相），晚明政坛举足轻重的人物；来集之，集著名词人、戏曲家、经学家等多种身份于一体，又以其抗清不屈的崇高民族气节为世景仰。又如上述枫桥，元代有杨维祯、杨维翰等杨氏文学世家和书画世家，明代有陈性学、陈善学、陈于朝、陈洪绶、陈字（即陈老莲）、陈道蕴等陈氏藏书世家、经学世家和书画世家，明清有骆象贤、骆问孝、骆问礼、骆先觉、骆方玺、骆起明、骆国挺、骆复旦等骆氏经史世家和文学世家。除以上提到的这些，绍兴区域彪炳史册的著名文化世家更有：东晋王羲之、王凝之、王献之等山阴王氏书法世家，东晋谢安、谢万、谢玄、谢道韫、谢灵运、谢惠连等上虞东山谢氏政治世家和文学世家，东晋南朝贺邵、贺循、贺道力、贺玚、贺革、贺琛等山阴贺氏经学世家和文学世家，同时孔休源、孔佥、孔俶玄、孔元素、孔子袪、孔子云、孔稚珪等山阴孔氏经学世家和文学世家，魏晋南朝至隋唐虞翻、虞耸、虞潭、虞喜、虞预、虞荔、虞寄、虞世基、虞世南等余姚虞氏经史学术世家和书法世家，两宋由石待旦、石待聘、石待用等一门进士 48 人（其中状元 3 人、榜眼 2 人）、举人 237 人、仕宦显要者 120 多人（其中包含官拜兵部尚书和卒赠邢部尚书、工部尚书和兵部尚书者多人）[①]构成的新昌石氏科举世家，明代王伦、王华、王阳明等余姚王氏经学世家，张天复、张元忭、张汝霖、张岱等山阴张氏史学世家和文学世家，商廷试、商为正、商周祚、商周初、商景兰、商浚等会稽商氏藏书世家和文学世家[②]，明清之交刘宗周、刘汋、刘茂林等山阴水澄刘氏理学世家，祁承爜、祁骏佳、祁豸佳、祁彪佳、祁理孙、祁班孙、祁德渊等山阴梅墅祁氏藏书世家、文学世家和艺术世家，黄尊素、黄宗羲、黄宗炎、黄宗会、黄百家等余姚黄氏经史学术世家和文学世家，清代章镳、章学诚、章华绂等会稽章氏史学世家，等等。绍兴人才多产、盛产，往往兄弟联袂，父子接踵，姻娅络绎，这些文化世家、人才世家内部和之间的相互濡染，无疑是其中一个极为重要的成因。

以上从五个方面对越文化的内涵及其在中华文化中的地位进行了界

---

① 数据参见吴光主编：《中国文化世家·吴越卷》，湖北教育出版社 2004 年版，第 622—625 页。

② 关于商氏文化世家大略，参见倪元璐：《倪文贞集》卷十《湖广布政司参议备兵常镇道谌轩商公暨配张孺人墓志铭》。

定和说明,所取视角各有侧重,但它们之间是紧密联系,相互渗透,不可分割的。在这些界定和说明中,居于主体地位的是浙江文化;於越民族文化是其发生学来源,是其萌芽阶段,越国文化则是其方国阶段;浙东文化是其重心所在,绍兴文化则是其关键内核。如图所示:

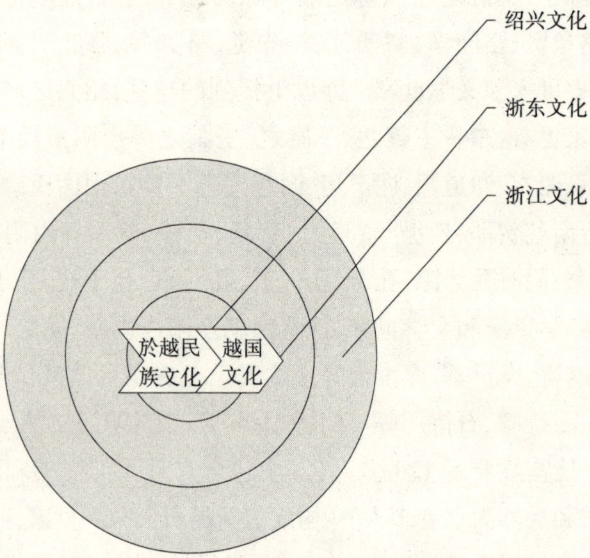

第九章　越文化与其他区域文化的关系

众所周知，“中华民族是在十分复杂的‘生态环境’中创造并发展自己的文化的”①。前已述及，中华文化的中枢乃由中原文化与江南文化两大亚系统所组成，它们的不断交流、融合与对周边外环的襟带、辐射，促进了全民族共同精神倾向的结晶、升华与更新。作为中华文化生态系统中的区域文化之一，越文化的嬗变当然也包含了与其他文化的涵容与互动。首先，作为同处江南文化亚系统内部的下游区域文化，越文化与北邻吴文化的关系极为密切，几乎难解难分，所以常见“吴越文化”之统称。其次，作为分处江南文化亚系统下游与中游的区域文化，越文化与西邻楚文化的联系亦十分紧密，“楚越同源”说虽是一个误断，却也折射出这两种文化特色的依稀仿佛和其历史命运的休戚与共。再次，作为江南文化亚系统的活跃组成部分之一，越文化与中原文化亚系统也很早就发生关系，两者之间持续进行着文化观念和文化创造文体人才的相互影响和交流。此外，鉴于众多的史

① 冯天瑜等:《中华文化史》，上海人民出版社 2005 年版，第 15 页。

料，如《史记·越王勾践世家》载："楚威王兴兵而伐之，大败越"，"越以此散，诸族子争立，或为王，或为君，宾于江南海上"，《史记·东越列传》载："闽越王无诸，及越东海王摇者，其先皆越王勾践之后也"，《雍正广东通志》卷四十四载："梅鋗，其先越勾践子孙，避楚走丹阳更姓梅，周末散居沅、湘。秦并六国，越复称王，遂逾零陵往南海，鋗从之，至台岭家焉，筑城浈水上，奉王居之，居民因呼台岭曰梅岭"，宋黄震《黄氏日钞》卷三十八《论史》亦说："楚破越，其种散，故后号为百越"，它们都证明先秦越国衰亡之后，越王勾践的后裔曾流散到今福建、广东等南方沿海地区，成为战国末年和秦汉之际这些地方的统治者，大量的考古发现也证明了於越民族文化和南方百越文化之间的广泛一致性和渊源关系，因而可以认定，越文化与中华文化系统南部外环闽粤文化包括台湾文化之间，也曾发生十分紧密的近邻关系，对闽粤文化包括台湾文化的发育发祥，产生深远的影响。总之，越文化在中华文化系统中与其他文化存在着多维的联系，并非是一个孤立的存在。限于篇幅，本章以历史的逻辑的联系为序，对这四重关系中的前三重关系加以梳理，以进一步说明越文化的历史由来、特色所在，及其在中华文化格局中的地位。

一、越文化与吴文化的不同与互摄

在第二章我们已经指出，於越民族是在杭嘉湖平原和宁绍平原的原始文化基础上独立发展起来的土著，是一个以鸟为图腾崇拜的民族；而句吴则是由太湖地区的原始文化发育而成的土著，是一个以鱼为图腾崇拜的民族。越文化与吴文化的不同起源，决定了两者一开始就走上了不同的发展道路，呈现出不同的文化风貌；但两者毕竟比邻而居，多数历史时期的机遇亦接近，所以又异中有同，不同的文化个性亦发生交互影响和彼此渗透。在越文化与其他文化关系中，以与吴文化的关系最为密切，既各自独立又最为难舍难分。

（一）先秦越文化与吴文化的不同

根据有关考古介绍，约在中原商代时期，越文化无论在陶器风格和石器型式上，都明显表现出继承良渚文化的某些固有特征，而吴文化却是大相径庭。如在陶器上，越文化中灰陶、黑皮陶及硬陶较多，吴文化却主要是夹砂和泥质红陶。吴文化炊器为鬲和甗，而越文化是鼎，绝不见鬲；即使它们所共有的器物如甗，形制也迥然不同：吴文化甗下部系袋足鬲与甑的结合，中间无明显束腰，越文化甗却是扁足鼎形器与甑的结合。越文化常见的觯、觚、尊、鸭形壶、宽鋬带流鬶以及簋形器等，皆为吴文化所不见；而吴文化带流研磨盆、钵形三足器、红陶大口缸等典型器物也不见于越文化。吴文化的高领圜底罐，与越文化的折沿凹底罐亦大不相同。陶器上的纹饰，吴文化的梯格纹、贝纹为这一时期的典型纹饰；而越文化却以兰纹、带状繁云雷纹和鱼鸟纹为其特征。越文化陶器口沿上常见的刻划符号，亦为吴文化所没有。在生产工具方面，吴文化多半月形双孔石刀、带肩石斧和马鞍形陶刀以及柳叶形石镞，而越文化则以三角形穿孔石犁、石钺及扁平三角形石镞等与之相区别。

在吴国发祥地发现的大量青铜器，还提示这样一个重要事实：吴文化较早受到中原青铜文化的影响，在商周时期就披上了青铜文明的辉光。如丹阳司徒窖藏发现青铜凤纹尊等 26 件青铜器；丹徒大港烟墩山宜侯墓发现青铜鼎、簋、鬲等十多件青铜器（其中宜侯夨簋有铭文 120 字）；大港磨盘墩墓出土青铜尊、匜以及车马器等 76 件青铜器；大港母子墩墓问世青铜雷纹鼎、双兽首耳簋、提梁卣、矛、镦、镞和车马器等数百件青铜器；仪征破山口墓出土青铜鼎、鬲、甗、戈等 140 多件青铜器（其中一件残破鼎内底刻铸“子作父宝”铭文）；溧水乌山一、二号墓出土青铜方鼎、卣、盘、戈等五件青铜器；皖南屯溪一号墓出土青铜鼎、簋、卣及钟形五柱器等 20 件青铜器。这些成批出土的青铜器大多都是西周时代的产物。根据肖梦龙先生的研究，其中一些箭镞、戈、矛、钺等兵器还是商代所铸。① 在吴文化区，属于春秋早期的青铜器更是不断被发现。如武进淹城发现三轮青铜盘、青铜牺簋等十件青铜器；丹徒北山顶墓出土青铜礼乐器、车马器、兵器及工具等 400 多件青铜器；谏壁王家山墓出土青铜甗、盉、虎子、匜、鉴、炉、錞于、勾鑃、戈、矛、戟、剑、镞、锛等数十件青铜器；谏壁青龙山大墓出土青铜甗、鸠杖、剑、矛、戈及车马器等 100 多件青铜器；溧水宽广墩出土青铜鼎、卣、匜、簋、

① 参见肖梦龙：《吴国青铜兵器研究》，《考古学报》1991 年第 2 期。

镂空盘等多件青铜器；六合程桥一号墓出土青铜鼎、缶、编钟和剑、戈、矛、戟以及车马器、工具等50多件青铜器，二号墓出土青铜鼎、匜、编钟、编镈和兵器、车马器及工具共40多件青铜器，三号墓出土青铜鼎、甗、盘、匜、簠、勺、剑等9件青铜器；苏州虎丘墓出土青铜鼎、壶、豆、盉、鉴、匜等7件青铜器；皖南繁昌汤家山土墩墓出土青铜方鼎、簋、甗、盘、盉、钟及鸟形饰等13件青铜器；等等。迄今为止，吴国境内出土西周到春秋时期的青铜器，总数当以千件来计。

可是，越文化区域内的青铜器发现一直相当少，春秋以前的青铜器更是少见，完全属于越文化的春秋以前的青铜器几乎没有发现；为数不多的属于越文化的青铜器，包括绍兴36号墓出土伎乐铜屋模型和举世闻名的越王勾践剑、越王者旨於赐剑、越王盲姑剑、越王朱勾剑（者旨於赐、盲姑、朱勾分别是勾践之子、孙、曾孙）等，都是春秋后期尤其是战国时代的产物。这表明，越文化真正走入青铜时代是在春秋晚期以后，吴文化与越文化跨入青铜时代的时间差，竟长达800年左右。

即使在春秋战国时期，吴、越两地都已完全沉浸在青铜文明的氛围中，有了不少相同的青铜器，但仔细考察，这些相同的青铜器仍然存在形制、风格上的不同，从而显示出它们所由诞生的越文化与吴文化的不同。吴国铜戈，在器形方面，戈体多宽厚；直援略上扬，弧线形锋，援本上端有一半圆形穿；中胡二穿或长胡三穿；直内较长，内上一横穿，后上角多圆转，下角有缺或无。从吴王诸樊到夫差不足百年的期间，铜戈形制仍呈现出缓慢的演变趋势，器身由宽肥向窄瘦发展，援锋趋于狭长的流线型，内部也由下斜逐渐上抬水平，并略上翘。在纹饰方面，吴国铜戈除鱼尾形内外，其馀内上穿后侧均有纹饰，以直阴线作外框，下角多卷勾，着柲处不封闭，框内填以勾连纹、成对的鸟纹或兽纹。在铭文方面，吴国铜戈主体铭文位于援与胡部的背面，字数多者亦见于正面，读序为从援到胡，从背面到正面；内上从不见有铭文。王子于以前的吴王戈铭不作鸟篆体，只有王子于与吴王光戈铭作鸟篆体，吴王夫差戈也不作鸟篆体。越国铜戈的形制特点则为：直援瘦窄，柳叶形尖锋，援本上端有一圆穿，穿上一般有翘起的鸟翅形扉饰；窄胡较长，胡上有2—3个长方形穿；内上缘与援上刃连成一线。纹饰和铭文方面，越国铜戈大多在内上饰以双钩纹，中间填以涡纹或火焰纹；有铭文者均作错金鸟篆，均位于胡部正面与背面。“综合比较东周吴越铜戈，我们很容易看出两国各具特色。”①

先秦越文化与吴文化的不同不仅表现在陶器、青铜器等物质文化方面，还反映在生活服饰、宗教信仰与某些思想倾向等风俗文化与精神文化方面。

1982 年 3 月绍兴鉴湖镇坡塘村狮子山遗址即 306 号墓出土一件东周时代的伎乐铜屋，在四坡式攒尖屋顶下面，室内塑跣足跪坐六人，分前后两排。前排右边一人面向西，执槌击鼓，应为鼓师；另二人面向南，均双手交叠置于小腹，作吟唱状，应为歌伎。后排三人均面向南，其中右边一人捧笙吹奏，其他二人膝上各放一长条琴，或一手执一小棍，一手抚琴弹拨，或双手均在琴上抚弄，均为乐师。六人均未着衣，其中两歌伎胸部乳突明显，束发于顶，应为女性；其馀四人未见乳突，应为男性，皆耳上断发，脑后成一单髻，无冠。1990 年 3 月绍兴漓渚镇中庄村坝头山出土一件青铜鸠杖，杖镦亦塑跪坐一人，双目平视，两手放置膝部，肩、胸、背、股、臀部饰有云纹及几何形纹，亦耳上断发，脑后有一椎髻，无冠。这些出土文物证明，跣足无冠、纹饰裸身（上身）、脑后单髻，是先秦时代越人比较普遍的外貌特征。这与一些历史文献的记载也相当吻合。如《韩非子·说林》载：“鲁人身善织屦，妻善织缟，而欲徙於越。或谓之曰：‘子必穷矣。’鲁人曰：‘何也？’曰：“屦为履之也，而越人跣行；缟为冠之也，而越人被发。以子之所长，游于不用之国，欲使无穷，其可得乎？’”《史记·越王勾践世家》与《吴越春秋》、《越绝书》等书均无越人戴冠记载，其原因就在越人确实不曾戴冠。《淮南子·齐俗训》载：“越王勾践劗发文身，无皮弁搢笏之服，拘罢拒折之容，然而胜夫差于五湖，南面而霸天下。”皮弁就是皮帽子。可见连堂堂的越国君主也不戴冠。

但是，吴人是戴冠的。这有不少传世文献可证。如《吴越春秋·阖闾内传》载要离刺杀吴国公子庆忌，有“因风势以矛钩其冠，顺风而刺庆忌”等情节；公孙圣借占梦劝阻夫差伐齐，有“遣下吏太宰嚭、王孙骆解冠帻，肉袒徒跣，稽首谢於勾践”等语。《越绝书·越绝外传记吴王占梦》也载公孙圣的直言进谏险些说动吴王，“太宰嚭、王孙骆惶布，解冠帻，袒而谢”。《战国策·赵策二》更载赵武灵王语曰：“被发文身，错臂左衽，瓯越之民也；黑齿

① 井中伟：《东周吴越铜戈比较研究》，《东南文化》2008 年第 3 期。

雕题，鳀冠秫缝，大吴之国也，礼服不同。”《史记·赵世家》亦载：“夫翦发文身，错臂左衽，瓯越之民也；黑齿雕题，卻冠秫绌，大吴之国也，故礼服莫同。”所谓卻冠当为鳀冠之误；鳀冠，诸家皆解作鲇鱼皮冠。可见吴人戴冠，越人“披发”无冠，乃是远闻燕赵北鄙，几乎天下无人不知无人不晓的服饰常识。考古发现，除了鱼皮冠，吴人还有其他冠饰。根据报道，1964 年在江苏六合程桥一号吴墓出土一件针刻纹铜器残片，刻纹内容包括人物、动物、怪兽等造型，其中人物的冠式即为一种山形冠，冠上有三个尖角。① 不仅如此，吴人冠下的发型样式也与越人不同。1984 年丹徒北山顶春秋墓出土一件青铜鸠杖和一件悬鼓，悬鼓环座四角各塑一跪坐人形，身上满饰云雷纹，髡顶，耳垂有饰孔，额前短发如刘海，这印证了《左传·哀公十一年》“吴发短”的记载；杖镦所塑文身跪坐者，脑后为双髻。除了文身为吴越所共有，吴人发型设计中的额前刘海、脑后双髻，在越地出土文物中是绝对看不到的。

总之，诚如《战国策》、《史记》所言，吴、越两地“礼服不同”，吴人的妆容、服饰来得更精致、更“文明”，而越人更多保留着来自上古的朴野粗率之风。我国向被称为衣冠礼仪之邦。服饰礼仪本身就是文化的一个重要方面，吴、越两地衣冠服饰的差异，正是越文化与吴文化差异最外在的表现。

在信仰和精神倾向方面，除越人以鸟为图腾、吴人以鱼为祖先的不同外，两地民众所崇信的巫教派别也不同，两地上层人物对本土文化与外来文化的喜好倾向也很不相同。

《越绝书·越绝外传记地传》载：“巫山者，越䰠，神巫之官也，死葬其上。”“江东中巫葬者，越神巫无杜子孙也，死，勾践于中江而葬之。巫神，欲使覆祸吴人船。”由此可见，越人所尊奉的是鬼扁神和世袭传承的无杜一家人物，其作法手段是巫蛊诅咒，属巫教中的事鬼使神派。文献表明，越地民众的这一巫教信仰，从上古一直流传下来，到明清时代仍然没有绝迹。《史记·封禅书》载汉武帝晚年求仙，曾信用越巫：“越人勇之乃言：‘越人俗鬼，而其祠皆见鬼，数有效，昔东瓯王敬鬼，寿百六十岁，后世怠慢，故衰耗。’乃令越巫立越祝祠，安台无坛，亦祠天神、上帝、百鬼。”《唐会要》卷四十四还

---

① 参见江苏省文物管理委员会、南京博物院：《江苏六合程桥东周墓》，《考古》1965 年第 3 期。

引苏骏语记载："东海有鱼，虬尾似，因以为名，以喷浪则降雨。汉栢梁灾，越巫上厌胜之法，乃大起建章宫，遂设鱼之像于屋脊，画藻井之文于梁上，用厌火祥也。"但应劭《风俗通义》卷九也记载了汉武帝的一次检验："武帝时迷于鬼神，尤信越巫。董仲舒数以为言，武帝欲验其道，令巫诅仲舒。仲舒朝服南面，诵咏经论，不能伤害。而巫者忽死。"但类似的大失败并没有中断巫教信仰在越地民间的历代相传。所以，清初毛奇龄流寓到巴东华盖山（今在重庆，古属楚地），目击当地土著的祀神赛会活动，仍然要在文章中留下"思故乡越巫与楚相埒，而词鄙尤甚"（《西河集》卷一百二十九《九怀词》）的感叹。

回过头来，再看《越绝书·越绝外传记吴地传》的记载："巫门外欐溪椟中连乡大丘者，吴故神巫所葬也。""虞山者，巫咸所出也。虞故神出奇怪。"《离骚》："巫咸将夕降兮，怀椒糈而要之。"众所周知，巫咸也是楚国的巫神。由此可见，吴人和楚人崇尚的是同一个巫神——巫咸。此巫咸既不为越人所崇信，其所从属的巫教派别与越人崇信的无杜子孙，亦判然有别。试观文献所载，《韩非子·说林下》引谚："巫咸虽善祝，不能自祓也；秦医虽善除，不能自弹也。"枚乘《七发》："此甘餐毒药，戏猛兽之爪牙也，所从来者至深远，淹滞永久而不废，虽令扁鹊治内，巫咸治外，尚何及哉！"《论衡·言毒篇》："巫咸能以祝延人之疾、愈人之祸者，生于江南，含烈气也。"《薄葬篇》："孝子之养亲病也，未死之时，求卜迎医，冀祸消、药有益也。既死之后，虽审如巫咸，良如扁鹊，终不复生。"等等。巫咸总是与良医并提，由此可见，巫咸的主要职能乃在帮助治病，巫咸作法的方式乃是通过祝祷来祓除使人致病的凶灾邪气，属巫教中的祝祷治病派，实际上是古代的一种心理治疗法。

直言之，巫咸使人消除疾病，起死回生，而巫蛊诅咒则使人陷于凶险死亡（所谓镇邪保吉，手段也在使所镇对象陷于凶险死亡），吴越两地巫教的使命正好相反。显然，越地巫教带有更原始的宗教色彩，而吴地巫教带有一定的人性成分，这与越人服饰比吴人带有更原始的朴野气息是吻合的。

由此我们还可以追溯吴越两地上层人物对待本土文化与外来文化的不同态度，这在一定程度上也可以说明上述文化差异的根源所在。前章已述，越王勾践敢于大胆任用来自其他文化区域的人才，接受外地先进的思想文化的指导，体现出越地先民的一种开阔胸襟。但是，面对列强环伺、弱肉强食、各国生存竞争愈演愈烈的局面，没有资源优势，一开始也没有人才优势的越地上层统治者，不能不产生一种危机感和前述所云保护一自尊意识；在越地上层人物眼里，吸收外来文化的有益成分，绝不意味着放弃自身的文化独立性和文化特色，两者并不矛盾，只是有时有所偏重而已。在一些关系不大的个人场合，越地上层人物常直率地表示对本土文化的喜好。例如，《吕氏春秋·遇合篇》载："客有以吹籁见越王者，羽、角、宫、徵、商不谬，越王不善；为野音，而反善之。""羽、角、宫、徵、商"是中原流行的"高级音乐"，越王对这样的音乐无所动衷；"野音"，指与中原音乐相对而称的越地本土音乐。越王毫不掩饰对中原音乐的隔膜和淡漠，毫不掩饰对越国本土音乐的喜好和推崇，一轻一重之间，足见越地上层人物对本土文化的维护自觉和对外来文化的警惕。在一些重大场合和原则性问题上，越国上层人物更不惮暴白其良苦用心。《越绝书·越绝外传记地传》就有这样一段记载：

勾践伐吴，霸关东，徙琅琊……居无几，躬求贤圣。孔子从弟子七十人，奉先王雅琴，治礼往奏。勾践乃身被赐夷之甲，带步光之剑，杖物卢之矛，出死士三百人，为阵关下。孔子有顷姚稽到越。越王曰："唯唯，夫子何以教之？"孔子对曰："丘能述五帝三王之道，故奉雅琴至大王所。"勾践喟然叹曰："夫越性脆而愚，水行而山处，以船为车，以楫为马，往若飘风，去则难从，锐兵任死，越之常性也。夫子异，则不可。"于是孔子辞，弟子莫能从乎。

勾践迁都琅琊，事在公元前468年，此时孔子去世已经11年，所以这段记载的儒家"贤圣"，应该另有其人。但这段文字反映的史事大致不差，其所揭示的越王勾践的精神倾向，与上述《吕氏春秋·遇合篇》的记载吻合，而又更加鲜明。在勾践心目中，"越之常性"乃是整个於越民族的立国基础，长期以来，这个"越性"就是"往若飘风"，"锐兵任死"，亦即行动快捷，好勇善战，敢于牺牲；所谓"先王雅琴"，乃是行动文弱迟缓的儒家书生们所张扬的一套五帝三王旧制罢了。是继续保持於越民族在历史过程中形成的强悍个性，还是听任这种软绵绵的儒家说教对"越性"进行柔化、软化的破坏、改造？这已经不是单纯地吸收外来文化的问题，而是涉及是否保持民族特性和文化独立性的原则问题。让人惊叹的是，勾践一下就看出了问题的要害，用了一个斩钉截铁的"夫子异，则不可"，让这位自告奋勇的中原

“贤圣”乖乖地走了。由此可见,越地上层人物是比较自觉地维护和比较坚定地捍卫本土文化及其精神的,对外来中原文化他们是有所选择,有所接受,又有所过滤,有所拒斥的;在本土文化与外来中原文化之间,他们更多的是紧紧拥抱前者,而对后者保持着清醒的头脑。

吴地上层人物的选择则完全不同。《吴越春秋·吴王寿梦传》记载:“寿梦元年〔前585〕,朝周,适楚,观诸侯礼乐。鲁成公会于钟离,深问周公礼乐,成公悉为陈前王之礼乐,因为咏歌三代之风。寿梦曰:‘孤在夷蛮,徒以椎髻为俗,岂有斯之服哉!’因叹而去,曰:‘於乎哉,礼也!’”面对几乎完全一样的中原礼乐文化,勾践的反应是深谋远虑的一个“不”字,吴王寿梦却佩服得五体投地;同样面对本土礼乐文化与中原礼乐文化的对照,勾践是旗帜鲜明地赞美本土礼乐文化,竭力维护本土文化精神,吴王寿梦却只有溢于言表的自惭形秽。尤为重要的是,对中原文化的无条件的倾情赞美,在吴地上层人物中绝不是个案。季札观乐的记载尽管人所共知,这里仍然值得一提。《左传·襄公二十九年》载:

> 吴公子札来聘,……请观于周乐。使工为之歌《周南》、《召南》,曰:“美哉!……”为之歌《邶》、《鄘》、《卫》,曰:“美哉!……”为之歌《王》,曰:“美哉!……”为之歌《郑》,曰:“美哉!……”为之歌《齐》,曰:“美哉!泱泱乎!大风也哉!……”为之歌《豳》,曰:“美哉!荡乎!乐而不淫,其周公之东乎?”为之歌《秦》,曰:“此之谓夏声。夫能夏则大,大之至也,其周之旧乎?”为之歌《魏》,曰:“美哉!沨沨乎!……”为之歌《唐》,曰:“思深哉!……”……为之歌《小雅》,曰:“美哉!……”为之歌《大雅》,曰:“广哉!熙熙乎!曲而有直体,其文王之德乎?”为之歌《颂》,曰:“至矣哉!……盛德之所同也。”见舞《象箾》、《南籥》者,曰:“美哉!……”见舞《大武》者,曰:“美哉!周之盛也,其若此乎!”见舞《韶濩》者,曰:“圣人之弘也……”见舞《大夏》者,曰:“美哉!……”见舞《韶箾》者,曰:“德至矣哉!大矣!如天之无不帱也,如地之无不载也,虽甚盛德,其蔑以加于此矣。观止矣!若有他乐,吾不敢请已!”

季札连续不断地赞美“周乐”,舌敝唇燥,以至最后用尽了辞藻,只好说“观止矣”。我们说,吴地上层精英人物对中原礼乐文化之推崇备至,其与越地上层人物态度迥异之对比,亦令人叹为观止!

以上数端足以见出先秦时代越文化与吴文化的不同。

（二）汉以后越文化与吴文化的不同

降及后代，除了秦到西汉同属会稽郡（西汉且同为吴王濞封地），三国同属孙吴，五代同属钱氏吴越国外，从东汉永建四年（129）“以吴、越二国，周旋一万一千里，以浙江山川险绝，求得分置，遂分浙江以西为吴郡、东为会稽郡”（《元和郡县志》卷二十七）开始，在大多数时间里，越文化与吴文化的发展亦被置于不同的行政区划范围和相对独立的经济社会背景，使得在民风、士风、文风、学风等诸多方面，越文化与吴文化一直显示出不同的特点。

如上章所引李梦阳、王樵、王士性等人的论著都已谈到，浙东民风、士习以“敦朴”、“笃行”、“独立勇往”、“勇悍”为主导品格，浙西则较为“繁华”、“纤巧”、“文秀”甚至“懦弱”。这些比较言论中的“浙西”，均指环太湖流域，故相关描述均可视为对吴文化和吴地风土人情的写照；“浙东”则是越文化的发祥地，相关描述自然亦成为对越文化和越地风土人情之经典把握。明清时代域内外学者类似的体认颇多。如明初江西杨士奇《东里文集》卷七《送黄敷仲之官浙江序》载：“大抵浙东、西其俗异也，浙东趋文雅，浙西骛浮华；文雅有务尚之意，浮华流于薄矣。其薄之习，亦沉溺胶固，非一朝之谓也。”明中期绍兴王阳明《送绍兴佟太守序》载：“吾郡〔绍兴〕繁丽不及苏〔州〕，而敦朴或过；财赋不若嘉〔兴〕，而淳善则逾。是亦论之通于吴、越之间者。”（《王文成全书》卷二十九）同时稍后其弟子、华亭徐阶《送大参三峰侯公入蜀序》称：“台州自昔日多廉节之士，阶往年以视学再至其地，见其俗特俭质，自绍以东、温以西，迥然异也。因大悟曰：台士之多廉节，有自也哉！……台俗特俭质，而其士多廉洁，固亦俗有以成之也。阶故吴人，吴为俗于天下最浮侈，所谓廉洁之士故恒有之，然不能数见也。思徙家于台，与诸贤相追逐。”其《送银台大夫景山钱君序》又云：“今天下士称科目之盛、词章之工者，莫如吴；而其习俗之下，亦莫甚于吴。虽然，吴之习俗其亦非一日之积矣。……士之生其乡者，相矜以文，相高以达，靡然不知道术为何物，而浮竞淫侈之事作。然以其见闻之稔，渐染之深，亦胥溺而莫知其非也。”①晚明嘉兴陈懿典《陈

① 徐阶：《世经堂集》卷十一、十二，《四库全书存目丛书》集部第79册，第572—573、600页。

学士先生初集》卷三《送史侯入觐序》亦载:“浙西民汰而俗浮,与浙东民忍而俗强,稍稍不同。”明清之际桐乡张履祥《题伤蛇行》亦载:“三衢风气淳朴,……异乎吴下骄侈之习,兴替靡常。”①清乾隆间浙江提学李因在《请正文体以移风教疏》中也说:“大抵浙西杭〔州〕、嘉〔兴〕、湖〔州〕三府连接江苏,风俗相等,其人清柔畏事,好议论,多机巧,其民之秀者喜为文辞,然华而少实,虑其喜新好异,不衷于理;至浙东除宁、绍二府略同浙西外,馀则渐趋朴质,然山高水驶,其人多尚气,褊急狭隘,虑其粗率而挠法。……至文则浙西不足者根柢,浙东不足者文采。”(《皇清奏议》卷五十一)或直接进行整体比较,或由具体地域之比较上升到吴、越两地之综合比较,这些文字都不约而同地道出吴、越两地不同的风俗民情、士风和文风。在吴地,多见“浮华”、“浅薄”、“繁华”、“繁丽”、“华靡”、“浮侈”、“骄侈”、“文秀”、“工于词章”等民俗士习;在越地,则多见“文雅”、“务尚”、“淳善”、“淳朴”、“俭质”、“清淑”、“勇悍”、“刚劲”、“椎鲁”、“重节概”;这种明显的差异是长期以来“见闻之稔,渐染之深”的结果,“沉溺胶固,非一朝之谓也”。

又如清乾隆间章学诚《文史通义》内篇五《浙东学术》载:

> 世推顾亭林氏为开国儒宗,然自是浙西之学。不知同时有黄梨洲氏,出于浙东,虽与顾氏并峙,而上宗王、刘,下开二万,较之顾氏,源远而流长矣。顾氏宗朱,而黄氏宗陆。……学者不可无宗主,而必不可有门户;故浙东、浙西,道并行而不悖也。浙东贵专家,浙西尚博雅,各因其习而习也。
>
> ……
>
> 浙东之学,虽源流不异,而所遇不同。故其见于世者,阳明得之为事功,蕺山得之为节义,梨洲得之为隐逸,万氏兄弟得之为经术史裁。授受虽出于一,而面目迥殊,以其各有事事故也。彼不事所事,而但空言德性,空言问学,则黄茅白苇,极面目雷同,不得不殊门户,以为自见地耳。

章氏指出宋元明以迄清初越地和吴地学术文化的最大不同。在吴地,占主流地位的是以明末清初顾炎武为代表的“浙西之学”,是“宗朱”之学和“尚博雅”之学;在越地,占主流地位的是从南宋一直演进到清代,以王阳

① 张履祥:《杨园先生全集》卷二十,中华书局2002年版,第588页。

明、刘宗周、黄宗羲、万斯大、万斯同为代表的“宗陆”之学和“贵专家”之学，“绝不空言德性”而“各有事事”。

再如民初章太炎曾指出：

自明末有浙东之学，万斯大、斯同兄弟，皆鄞人，师事余姚黄宗羲，称说《礼经》，杂陈汉、宋，而斯同独尊史法。其后余姚邵晋涵、鄞全祖望继之，尤善言明末遗事。会稽章学诚为文史、校雠诸《通义》，以复歆、固之学，其卓约近《史通》。而说《礼》者羁縻不绝。定海黄式三传浙东学，……其子以周作《礼书通故》，三代度制大定。唯浙江上下诸学说，亦至是完集云。

初，太湖之滨，苏、常、松江、太仓诸邑，其民佚丽。自晚明以来，喜为文辞比兴，饮食会同，以博依相问难，故好浏览而无纪纲，其流风遍江之南北。惠栋兴，犹尚该洽百氏，乐文采者相与依违之。①

这无疑进一步揭示了有清一代越地和吴地知识分子学术文化追求的不同。越地从余姚黄宗羲、邵晋涵，鄞县万斯大、万斯同、全祖望，到会稽章学诚、定海黄以周，重在经史之学；吴地从晚明到乾隆间惠栋以降，皆“喜为文辞比兴”，“尚该洽百氏”，重在文学和博学，可见吴、越学术文化的差异依然不出“浙东贵专家，浙西尚博雅”，与越地“通经服古”、吴地“工词章”的格局。据有关学者对明人所编《皇明词林人物考》的统计，所录 467 个词人中，籍贯浙西吴地者，确实远远超过浙东越地。而比较清代吴地的考据史学，如钱大昕《二十二史考异》、王鸣盛《十七史商榷》、赵翼《二十二史札记》等多关注“全史”、“一切史”问题，浙东史学的研究则主要与明史以及南宋史相关，因此即使都是研究历史，吴、越两地也显示出“尚博雅”与“贵专家”的不同。

钱明先生对章学诚“浙东贵专家，浙西尚博雅”一语曾解释说：“‘贵专家’者注重于某一门学问中的卓然成就，如哲学家王阳明、刘宗周，史学家章学诚、全祖望，经学家万氏兄弟，以至近代大文豪鲁迅及教育家蔡元培等；而‘尚博雅’者则崇尚博学，于学无所不窥，不讲究自立门户，从顾炎武到章太炎、王国维，再到当代学术大师钱穆、钱钟书等，都有此特点。从一

① 章太炎：《清儒》，《章太炎学术史论集》，中国社会科学出版社 1997 年版，第 328—329 页。

定意义上说，浙东的风格是古典的，而浙西的风格是浪漫的，浙东的凝重厚实正好可以与浙西的时尚博雅形成对照。"①所言涵盖到近代以降的两位国学大师、无锡籍的钱穆和钱钟书，这表明，吴、越学术文化的差异一直延续到20世纪。我们认为，越地学术之所以越到后来越体现出"贵专家"的鲜明特色，当然是越俗"文雅有务尚之意"在精英知识分子阶层的体现，和"浙东人""勇悍"作风在精神文化创造方面的体现。

（三）越文化与吴文化的相同和互摄

以上分析了越文化与吴文化的不同起源和发展过程中的诸多差异。这是问题的一方面；另一方面，毫无疑问，越、吴两民族的生存背景和生产、生活方式都是相同相近的。两民族均处江南水乡，东靠大海，均以稻作农业和充沛的水利资源为生，民众的生活富裕程度也比较接近。所以《史记·货殖列传》说："楚越之地"，"饭稻羹鱼，或火耕而水耨，果隋蠃蛤，不待贾而足，地势饶食，无饥馑之患"，"是故江淮以南，无冻饿之人"，一句"江淮以南"，就兼括了吴、越两地。值得注意的是，吴、越两民族间还有大片土地为双方所共有。在越国决计隐忍复仇的一次讨论中，范蠡曾对勾践提道："与我争三江五湖之利者，非吴耶？"（《国语·越语下》）吴国伍子胥劝夫差乘胜灭掉越国时也说："夫吴之与越也，仇雠敌战之国也，三江环之，民无所移，有吴则无越，有越则无吴，将不可改于是矣。……陆人居陆，水人居水。夫上党之国〔按指北方中原〕，我攻而胜之，吾不能居其地，不能乘其车；夫越国吾攻而胜之，吾能居其地，吾能乘其舟。"（《国语·越语上》）"三江五湖"，历来学者皆以为指松江、钱塘江、浦阳江和太湖，它们曲折贯联的大片水乡泽国，既是吴、越两国的接壤之地，更是双方人民共同拥有的广阔生活空间和丰富生活资源。宋代学者吴仁杰《两汉刊误补遗》卷五"吴有三江五湖之利"条考证指出："三江五湖，吴越所共，非吴独得而有也。以《春秋内外传》考之，'勾践率中军泝江'，注：'吴江也'。'越子伐吴，吴子御之笠泽，夹水而阵，吴王军于江北，越军于江南'，注：'松江也。'又，'越与吴战于五湖'，注：'今太湖也。''吴伐越，越子御之，阵于槜李，夫差败越于夫椒'，

① 浙江省社会科学界联合会编：《浙东学派与浙江精神》，浙江古籍出版社2006年版，第193页。

注:'檇李在嘉兴县,夫椒在太湖中。'……凡今嘉兴、华亭、吴江、昆山濒江一带之地,其南则越之北鄙,其北则吴之南鄙;吴县、太湖亦然。观此则三江五湖为吴越共地审矣。"吴氏考证,个别细节或有疏失,但总体而观,仍然相当允当。

相似的生存背景,共同的生活空间,相近的生产生活方式,还有春秋、战国之交吴大败越,越又彻底灭亡吴,吴文化与越文化先后交相覆盖,以及战国末吴、越同为楚属地,西汉同为吴王濞封地,三国同属孙吴,五代同属钱氏吴越国等时期完全相同的政治经济环境,都不可避免地带来越文化与吴文化的一些共同之处,不可避免地发生越文化与吴文化的相互影响、摄取和渗透。如考古发现:"有铭文的吴王剑止于夫差,而有铭文的越王剑始于勾践,并且越王剑和吴王剑无论形制还是制造技术都是一脉相承,显然这是越国灭吴后把吴国的工匠掳掠去为其铸剑的结果",是越地接受吴地青铜文化影响的一个重要方面;又如西周和春秋越地的石室土墩墓中从来没有出土过玉器,因为良渚先民消失之后越地的玉文化也随之消失了,但吴人有玉器,他们传承了中原的制玉技术,"在灭吴之后,吴人的玉文化显然也被越人接受了。印山大墓、绍兴凤凰山 M306 出土的越国玉器和苏州严山、浒关真山大墓出土的吴国玉器如出一辙"①。再如,论者提出:"吴文化是重工、重商的工商文化","吴地工商文化的发展有着悠久的历史,春秋战国以来,吴地手工业和商业的发展,在东南地区首屈一指,明清时期更发展为全国经济最繁华之区"。② 先秦吴地工商文化的发育,显然和越王勾践时期越国出现范蠡、计然等当时最杰出的经济学家,越国有极为发达的工商业,越国灭吴迁都入吴之后,越地工商文化亦随之在吴地发展壮大紧密相关。这是就战争带来的吴、越文化的交互影响而言。而在和平共存时期,诚如《吕氏春秋·知化篇》伍子胥所言:"齐之与吴也,习俗不同,言语不通,我得其地不能处,得其民不得使。夫吴之与越也,接土邻境,壤交通属,习俗同,言语通,我得其地能处之,得其民能使之,越于我亦然。"《吴越春秋·夫差内传》载文种语也说:"吴与越,同音共律,上合星宿,下共一

---

① 叶文宪:《论战国时期吴越地区的越文化与楚文化》,《苏州科技学院学报》(社会科学版)2006 年第 2 期。

② 许辉:《弘扬吴文化的特色与传统,积极推进和谐社会建设》,王立人主编《吴文化与和谐文化》,凤凰出版集团、凤凰出版社 2007 年版,第 145 页。

理。”《越绝书·越绝外传记地传》亦载伍子胥、范蠡等人语：“吴、越为邻，同俗并土，西州大江，东绝大海，两邦同城，相亚门户。”“吴、越二邦，同气共俗。”

“言语通”、“同音共律”的方面，指越、吴两地语词、语音有许多共同的地方，这是现代方言学上以“吴方言”概念兼指江浙方言或曰江南方言的原因。扬雄的《方言》保存了不少汉代的语例。如《方言》卷五：“盃、椷、盞、盄、閜、盪、𥂡，桮也。秦晋之郊谓之盃。自关而东，赵魏之间曰椷，或曰盞，或曰盄，其大者谓之閜。吴、越之间曰盪。齐右平原以东或谓之𥂡。桮，其通语也。”卷六：“胥、由，辅也。吴、越曰胥，燕之北鄙曰由。”“诬，䛐与也。吴越曰诬，荆齐曰䛐与，犹秦晋言阿与。”“缗、緜，施也。秦曰缗。赵曰緜。吴、越之间脱衣相被，谓之缗緜。”卷七：“怜职，爱也，言相爱怜者。吴、越之间谓之怜职。”“茹，食也。吴、越之间凡贪饮食者谓之茹。”“煦煆，热也，乾也。吴、越曰煦煆。”等等。

“习俗同”的主要地方，如先秦吴、越两地民众均有断发文身、善识水性、善于驶船和尚武轻死等风尚。

关于断发文身，1969年吴兴县（今属湖州市）埭溪镇出土青铜鸠杖，2003年德清武康镇出土青铜鸠杖①，以及上述绍兴漓渚坝头山出土青铜鸠杖，丹徒北山顶出土青铜鸠杖各杖镦和北山顶出土悬鼓环座所塑诸跪坐人像等文物，都是证明。传世文献的记载当然更多。如《墨子·贵义篇》：“昔者越王勾践剪发文身，以治其国。”《庄子·逍遥游》：“宋人资章甫而适诸越，越人断发文身，无所用之。”《史记·越王勾践世家》：“越王勾践，其先禹之苗裔，……封于会稽，以奉守禹之祀，文身断发，披草莱而邑焉。”等等。这是关于越人的记载。关于吴人断发文身的记载同样不少。如《春秋谷梁传·哀公十三年》：“吴，夷狄之国也，祝发文身。”《论衡·书虚篇》：“吴为裸国，断发文身。”《左传·哀公七年》载鲁国季康子拒绝吴太宰嚭的召见，称从立国之君太伯以来，吴国就向来无“礼”：“太伯端委以治周礼，仲雍嗣之，断发文身，裸以为饰，岂礼也哉？有由然也。”《论衡·四讳篇》更载：“昔太伯见王季有圣子文王，知太王意欲立之，入吴采药，断发文身，以随吴俗。太王薨，太伯还，王季辟主。太伯……三让，曰：‘吾之吴越，吴越之俗，断发

① 参见周建忠：《德清出土春秋青铜权杖考识》，《东方博物》第13期。

文身……’”

关于善识水性、善于驶船，吴、越两地都东滨大海，三江五湖间于其中，水道纵横，所以两地先民都在长期生活中熟悉水性，掌握了舟楫制造和运用技术，形成了远超内陆中原各国的“舟行”本领。在河姆渡遗址中，发现了越族祖先使用的柄叶连体雕花木桨，说明七千年前越人已有舟楫之便；跨湖桥遗址出土的独木舟和与独木舟相关的木作加工场，更把越人利用舟楫的历史上推到八千年前，这是已知中国最早的造船文明。20世纪中期在江苏武进淹城也发掘出春秋战国时期的独木舟4只，其中最大的一只长近11米，距今近3000年，依然极为完整。文献中关于吴、越擅长舟行的记载更多。如《淮南子·齐俗训》载：“胡人便于马，越人便于舟。”《越绝书·越绝外传记地传》载：“勾践伐吴，霸关东，徙琅琊，起观台，台周七里，以望东海。死士八千人，戈船三百艘。……勾践喟然叹曰：夫越性……水行而山处，以船为车，以楫为马，往若飘风，去则难从。”《竹书纪年》载：“魏襄王七年……越王使公孙隅来献乘舟、始罔，及舟三百。”《左传·哀公十年》载：“齐人弑悼公，赴于师。吴子三日哭于军门之外。徐承帅舟师，将自海入齐，齐人败之，吴师乃还。”这些记载表明，凭借两地人民高超的舟行本领和悠久的造船历史，先秦吴、越两国都曾建立强大的航海舰队。《文选·七命》注引《越绝书》逸文，载先秦吴、越船舶之制：“大翼一艘广一丈六尺，长十二丈；中翼一艘广一丈三尺五寸，长九丈六尺；小翼一艘广一丈二尺，长五丈六尺。”吴、越造船业的先进水平，从硕大的规模中足以见之。

关于尚武轻死，越人的尚武轻死、勇猛无畏，前面已经引述文献提到越地“山谷之民，石气所钟，猛烈鸷愎”，“锐兵任死，越之常性也”，类似的文献和可以引证的考古文物还很多。如《刘子》载：“楚越之风好勇，其俗赴死而不顾。”《吕氏春秋·用民》记载了一个典型例证：“勾践试其民于寝宫，民争入水火，死者千馀。”《史记·越王勾践世家》亦载：“越王勾践使死士挑战，三行，至吴阵，呼而自刭，吴师观之，越因袭击吴师，吴师败于槜李。”董楚平先生根据出土的数十件有铭文的越国青铜剑，国名无一例外皆作“戉”，戉即斧钺之钺，推断越人始终自称为“戉”，当与尚武的文化传统相关。① 这是非常合乎逻辑的。同样非常有说服力的是，截至1995年，现绍兴市境内

① 参见董楚平：《越国金文综述》，《杭州师范学院学报》(社会科学版)1993年第2期。

共出土春秋战国时代的越国青铜器150多件，其中包括：青铜礼器7件、青铜工具43件、青铜农具58件，青铜兵器50多件①，青铜兵器数量远远超过青铜礼器数量，也超过日常生活不可缺少的各种工具数量，竟然和赖以为食的农业生产劳动工具数量差不多，越地尚武风气之浓烈，纯然一“耕战传家”之国，由此可见一斑。文献和文物还证明，越国最高统治者在尚武之风中起到了推波助澜作用。如《越绝书·越绝外传记宝剑》载：“越王勾践有宝剑五，闻于天下。”同书《越绝外传记地传》又载，勾践接见中原贤圣时，本可以一国之君的常服以待，但却“身被赐夷之甲，带步光之剑，杖物卢之矛”，完全示以威猛的军事统帅形象。但越王好配宝剑，勾践还不是最突出的。根据《竹书纪年》的记载，越王者旨於赐在位仅六年（前464—前459），但迄今出土有铭文确证为其佩带的青铜剑，已有八件之多。勾践、者旨於赐等人实际佩带的宝剑数量，他们在越国上下尚武之风中起到的变本加厉作用，由此不难想象。这是越人的情况。吴人的尚武轻死毫不逊色于越人，其中吴王对宝剑的喜好更几乎让越王望尘莫及。这也频见于文献与文物实证。《管子·杂篇》载：“吴王好剑，而国士轻死。”《汉书·地理志》载：“吴粤〔越〕之君皆尚勇，故其民至今好用剑，轻死易发。”《后汉书·马廖传》载：“吴王好剑客，百姓多创瘢。”《越绝书·越绝外传记吴地传》载吴王阖庐冢中的陪葬品，有“玉凫之流，扁诸之剑三千，方圆之口三千，时耗、鱼肠之剑在焉”。吴王阖庐的陪葬宝剑竟然成千上万，其生前嗜剑尚武之登峰造极，以及上行下效，由此造成种种影响，自然不在话下。《吕氏春秋·用民》载：“阖庐试其民于五湖，剑皆加于肩，地流血几不可止。”明王鏊《姑苏志》卷十三《风俗》亦载：“申公巫臣教之骑射，子胥、孙武又能以武强其国。……干将、要离又以铸剑、击刺擅于国中，故有‘吴王好剑术，国人多瘢疮’之语，一时所尚可见。至楚汉时，其子弟尚能随项氏北破秦兵，虽曰土绵力薄，其风亦壮矣。”直到秦汉之交，吴地上下剑戈闪耀，民众尚武轻死，动辄血肉横飞之图景，实可与越国等量齐观。出土文物中也屡屡出现吴国王室“攻敌太子姑发剑”、“攻敌王姑义剑”、“攻敌王光剑”、“攻敌王夫差剑”等身影，几与“越王勾践剑”、“越王者旨於赐剑”、“越王丌北古剑”、“越王盲姑剑”、“越王朱勾剑”等平分秋色。

① 根据方杰主编：《越国文化》，上海社会科学出版社1998年版，第125页。

当然，在后来的历史发展中先秦吴、越两地尚武风俗发生了不同的演变。在越地，“锐兵任死，越之常性”，一方面在相当长时间继续于民俗层面保存下来，另一方面又出现了向两个方面的内化和深化：内化为一种勇猛刚烈的精神意志，深化而建构出一种组织化、规范化的强大军事文化——“浙兵”（详见第七章）。在吴地，“吴王好剑客，百姓多创瘢”的历史图景一半得以保存，一半则逐渐消退：在民间，尚武之风相当程度和相当长时间同样在民俗层面保存下来（详见第七章所引范成大《吴郡志》卷二所载）；在上层，南朝“世家大族鄙视武将，原有的‘任气好武’不仅不被世人所推崇，反而处处受到轻视和耻笑。士大夫闭口不谈武事，不肯屈志从戎，他们还约束子弟不习武艺，甚至把好武看做是败坏门风”，而在一系列因素作用下，“崇文”之风则愈演愈烈。①

在古老的习俗发生不同演变的同时，吴、越两地又会形成新的相同相近的文化倾向。如南宋处州潜说友《咸淳临安志》卷五十八载：“《国史·地理志·总叙·两浙路》以为，人性敏柔而慧，尚浮屠氏之教，厚于滋味，急于进取，善于图利。”《宋史·地理志四》亦载：“两浙路……人性柔慧，尚浮屠之教，……厚于滋味，善进取，急图利，而奇技之巧出焉。余杭、四明通蕃互市，珠贝外国之物，颇充于中藏。”这是一种总体上的把握：吴、越两地民众，都外表温文尔雅而聪明过人，能工巧匠辈出，科技文化都很发达；都有鲜明的宗教倾向，崇尚佛教，佛学氛围浓厚，顾炎武《日知录》卷十三说：“南方士大夫，晚年多好学佛；北方士大夫，晚年多好学仙”，表明到明清时代依然如此；随着全国经济中心地位的确立和不断巩固，生活水平得到不断提高，大多讲究生活享受，追求生活的艺术化、精致化，所谓江南菜系、江南园林都是其表现；都有强烈的进取心态，勇于追求现实功利，都有比较浓厚的重视工商业的社会氛围，都很早从事海外贸易，实现中外商品和文化的交流。这是截至宋、元时代，吴、越两地共同文化倾向在当时学者中的反映。

从元末明初，历清以迄民国初年，随着越地与吴地的经济发展、文化繁荣走向空前辉煌，其在大一统国家的经济、文化中心地位不断巩固和提升，两地又出现不少新的共同的文化倾向。如在政治文化方面，两地知识分子均表现出“天下兴亡，舍我其谁”的崇高使命意识。在越地，刘基、宋濂以武

① 参见虞澄：《吴文化的基本精神》，《吴中学刊》1997 年第 4 期。

功文治成就大明建国伟业；于谦、王阳明于内外忧患、国家危亡中力挽狂澜，再造大明社稷；在嘉靖首相严嵩恃宠作恶、祸国殃民，天下士人皆敢怒而不敢言之际，以“上虞四谏”、“越中四谏”为代表的越地士人率先发难，前仆后继，以钢筋铁骨般的凛然风节成就明代反暴政史上悲壮动人的一页①；清人铁蹄南下，从钱塘江岸到绍兴、宁波、舟山，越地士人遍地蜂起，浴血抵抗，成为抗清的主流之一；黄宗羲经过抗清斗争的洗礼，在《明夷待访录》中痛斥封建君主专制，为未来理想“治世”的到来擘画经国之道；直至晚清一大批越地士人再次投身反清民族民主革命，勇敢地站到时代的最前列；等等，均体现了这一使命意识。在吴地的士、民身上，我们同样可以看到这种使命意识，只是具体情况与越地又微有不同。越地政治上最活跃、甚至最激进的知识分子，大多本是仕途得意的上层人物，与普通民众关系不是很密切；吴地政治上活跃的知识分子，很大程度上则带有民间知识分子的色彩。钱明先生曾经谈到，晚明时期，“吴下浙西地区在经济繁荣的刺激下，民众的政治参与意识变得相当强烈，一些对仕途绝望、归居乡里的士大夫即所谓‘士隐’与当地诸生所领导的‘乡评’、‘乡论’等，逐渐上升为制约士大夫的重要政治力量，在个别城市，甚至出现了士、民联合行动的‘民变’。民众政治力量的上升还直接导致了乡党意识的高涨。晚明的吴下浙西地区，绅权对政权的优势地位已非常普遍，地方官吏往往要受到士绅的制约。而这些热心政治、投身党社运动的民间知识分子精英，就是当时所谓的‘君子’。东林党人顾宪成曾得意地说过：‘我吴尽多君子，若能连属为一，相牵相引，接天地之善脉于无穷，岂非大胜事哉！’”②可以说，正指出了与越地不同，吴地知识分子的政治追求往往与民众打成一片。——鲁迅在民初的小说创作，批评辛亥革命不彻底，没有唤醒民众，其感悟前提，当包含对越地知识分子政治追求传统缺陷的洞察。其他如在经济文化方面，都有更加发达的工商业和重商氛围；在人才文化方面，都是举世艳羡的人才渊薮；在教育与社会文化方面，都遍设书院，盛行藏书与刻书之风；等等。

归根到底，吴、越两地比邻而居，浙江以西、太湖以南的大片沼泽与平

① 详见潘承玉：《金瓶梅新证》之“绍兴士人与严嵩”、“沈炼与严嵩父子”等节，黄山书社1999年版，第201—214页。

② 浙江省社会科学界联合会编：《浙东学派与浙江精神》，浙江古籍出版社2006年版，第187页。

原为两地所共有，大部分历史时期两地的经济社会条件和时代机遇也相近，因此，两地风土民情和两地文化风尚自然发生相互影响和渗透，上述有关“浙东贵专家，浙西尚博雅”的对比不可过分绝对化，亦并非适用每一历史时期，在工商业日趋发达、交通日趋便利，钱塘江的分隔效应大大降低，两地经济社会发展日趋同步化、同一化的明清以降，更是如此。例如王阳明《送绍兴佟太守序》在“吾郡〔绍兴〕繁丽不及苏，而敦朴或过；财赋不若嘉，而淳善则逾。是亦论之通于吴、越之间者”之后，接下来即说：“然而迩年以来，习与时异，无苏之繁丽，而亦或有其靡；无嘉之财赋，而亦或效其强”，这是浙西吴地风俗对浙东越国故里的蔓延影响。与此相应，吴地士人“工词章”、“尚博雅”的文化风尚，亦对越地发生更大的影响。如明初全国有五大诗歌流派，都集中于东南一带，其中又以吴派阵容最大，越派次之。“《明诗纪事》收有以苏州为中心的苏南和浙江西部的吴兴、嘉兴一带的吴派诗人一百三十人，占其所收全部明初诗人的百分之三十；收绍兴、金华、处州、台州、衢州等浙东一带的越派诗人共八十馀人，占其所收全部明初诗人的百分之二十。”①《明史·文苑传》记载：“当元季，浙东、西士大夫以文墨相尚，每岁必联诗社，聘一二文章巨公主之，四方名士毕至。”可以认为，正是在这种密切的交往唱酬中，也许可以远溯到“季札观乐”的吴地好词章之风激发了越地本土固有的词章传统，才推动越诗派的出现。对于浙西人较之浙东更长于诗歌的传统，清初黄宗羲曾有自认比较刻毒的话说：“浙东之诗，看他好处不出；浙西之诗，看他不好处不出”；但同时又以宁波为例提出：“顾近年以来，浙东风气一大变”。② 上引乾隆间李因提到“浙西杭、嘉、湖三府连接江苏”，“其人清柔”，“民之秀者喜为文辞”，浙东“宁、绍二府略同浙西”；同时乾隆十年状元、内阁大学士、武进钱维城《茶山文抄》卷六《东阳课艺录》又说：

> 金华古文献之邦也，自宋元以迄明初，名儒辈出，以道德、文章、经济显者，指不胜屈也。今推浙中文学之盛者，必首浙西三郡矣；然以吾所见，《金华文略》，浙西三郡何以过之？……余岁科两试，见浙东之文不下于浙西。……浙东之文，绍兴为上，金华次之；金华之文，兰溪、浦

① 沈善洪、费君清主编：《浙江文化史》上册，浙江大学出版社2009年版，第435页。

② 黄宗羲：《谢莘野诗序》，《黄宗羲全集》（增订版）第10册，浙江古籍出版社2005年版，第97页。

江、东阳为上，诸县次之。

为什么浙东各地之中，要以绍兴、金华和宁波三地的文学风尚最盛，与浙西乃至纯粹的吴地不相上下，其中金华又以兰溪、浦江为盛？很明显，除了绍兴、宁波、金华三地地处宁绍平原和金衢盆地之中，所在地理环境与浙西环太湖平原比较接近外，最主要的就是绍兴、宁波有浙东运河可与浙西连贯，金华亦有金华江（即婺江，东段为东阳江、西段为兰溪江）可通浙西，兰溪、浦江还是与浙西直接相邻的地带，因而三地士人比浙东其他士人更易与浙西士人发生交游交往，更易受到吴地文学风尚的影响。明清越地不少文化巨子都带有吴地文化人"尚博雅"的特色，或者表现出"贵专家"加"尚博雅"的倾向，如明初宋濂兼长理学、史学和诗文，晚明徐渭诗、文、书、画、戏曲无一不精，张岱擅小品、好史著、精鉴赏，清初黄宗羲在经学、史学、文学甚至在自然科学的多个方面代表了当时的最高水平，清中期全祖望为不可多得的思想家、史学家和文学家，民初蔡元培既是革命家、教育家，又是学者、文学家，鲁迅在小说、散文创作、版画艺术、古典文学研究方面均有卓越建树，等等，这些文化巨子主要来自此三地，应该也和三地易受吴地文化风尚影响相关。

越地文化风尚自然亦对吴地发生深刻的影响。如王阳明创立的心学，就传播到吴地，吸引吴地王艮前来，九年追随问学，回归吴地后，形成以王艮、王栋、王襞为代表的著名的泰州学派，大大张扬了阳明心学的反传统精神和启蒙色彩。如黄宗羲《明儒学案》即言："阳明先生之学，有泰州〔指王艮〕、龙溪〔山阴王畿〕而风行天下……泰州以后，其人多能赤手以搏龙蛇，……遂复非名教之所能羁络矣。……诸公掀翻天地，前不见有古人，后不见有来者。"[①]泰州学派之外，吴地传承阳明心学的讲会之风盛行，讲堂林立，出现"几乎比户可封"[②]的空前图景，形成以苏州黄省曾、宜兴周冲、武进薛应旂、唐顺之、靖江朱得之、华亭徐阶、南京姚汝循等为代表，黄宗羲称为"南中王门学案"的又一吴地心学学派。其中武进唐顺之不仅是阳明学的忠实信徒和成功实践者，还是元明浙东实学及宋濂思想学术的继承者和

① 黄宗羲等：《明儒学案》卷三十二，《黄宗羲全集》（增订版）第7册，浙江古籍出版社2005年版，第820页。

② 黄宗羲等：《明儒学案》卷二十五，《黄宗羲全集》（增订版）第7册，浙江古籍出版社2005年版，第671页。

发展者。钱谦益就曾指出:"古之学者,必有师承。……胜国之季,浙河东有三大儒,曰黄文献溍、柳待制贯、吴山长莱,以其学授于金华宋文献公〔濂〕,以故金华之学闳中肆外,独盛于国初。金华既没,胜国儒者之学遂无传焉。嘉靖中,荆川唐先生起于毗陵,旁搜远绍,其书满家。自经、史、古、今以至于礼、乐、兵、刑、阴阳、律历、勾股、测望,无所不贯穿。荆川之指要虽与金华稍异,其讲求实学,由经术以达于世务,则一也。"①在文学创作上,宋濂强调"文者道之所寓也"(《文宪集》卷七《徐教授文集序》),"古之书也,古之道也,古之心也"(卷十五《师古斋箴序》),一生虔师名师,"益求古人精神心术之所寓,而大肆力于其间"(《宋文宪公全集》卷首郑涛序),同时追求独创,嘲笑"好摹拟者拘于局而不畅,合喙比声,不得稍自凌厉以震荡人之心目"(《文宪集》卷七《苏平仲文集序》),"若体规画圆,准方作矩,终为人之臣仆"(卷二十八《答章秀才论诗书》)。唐顺之也认为:"圣人以神明而达之于文"(《文编序》),文章本色在于反映"真精神与千古不可磨灭之见"(《荆川集》卷四《答茅鹿门知县第二书》),同样强调独创,从自己胸中流出,"若皆从自己胸中流出,则炉锤在我,金铁尽熔"(《荆川集》卷七《与洪方洲书》),指斥摹拟复古之作,"本无精光,遂尔消歇"(《答蔡可泉书》)。两者的文学观和散文成就亦一脉相承。清代浙东学派进一步发展了南宋浙东学术强调经世致用,经、史并重,尤重于史的尚史取向,如黄宗羲以为:"学者必先穷经,然拘执经学,不适于用;欲免迂儒,必兼读史"(《清史稿·黄宗羲传》),"二十一史所载,凡经世之业,亦无不备矣"(《补历代史表序》),"先生始谓学必原本于经术,而后不为虚蹈;必证明于史籍,而后足以应务"②,章学诚提出:"学业将以经世,当视世所忽者而施挽救焉"(《文史通义》外篇三《答沈枫墀论学》),"史学所以经世,固非空言著述也","后人贵经术,以其即三代之史耳"(《文史通义》内篇五《浙东学术》),等等,也给清中期的吴地考据史学以重要影响。例如吴地考据史学巨擘、最负盛名的大家钱大昕,"他推崇浙东学派学者,对浙东学派统系了如指掌。他赞赏浙东学派学术,特别对他们在史学上的贡献,给予充分肯定";

---

① 《牧斋初学集》卷四十三《常熟县教谕武进白君遗爱记》,《钱牧斋全集》第2册,上海古籍出版社2003年版,第1120页。

② 全祖望:《鲒埼亭集外编》卷十六《甬上证人书院记》,《全祖望集汇校集注》中册,上海古籍出版社2000年版,第1059页。

他在给浙东史学名家万斯同所写的传记中，揭示万氏学术渊源，照录万氏治史主张，表达对万氏的敬仰；又“与浙东学派后起之秀邵晋涵是至交，对于邵晋涵的学术渊源，钱大昕非常熟悉，指出自浙东大儒刘宗周、黄宗羲到全祖望、邵晋涵的浙东学术发展的统系，强调邵晋涵浸淫浙东学风，治学既重文献，又重经世的风格”①。钱大昕的历史考据“有较为突出的经世致用的治学思想”，“提倡儒者之学应务实用”，强调“把史学与现实弊病联系起来研究，以史为鉴，针砭时弊”。② 将这两者联系起来可以发现，浙东学术明显影响了钱大昕的史学追求和学术思想。

既有个性，又有共性，既平行并进，又相互作用，这种密切关系为越文化与吴文化的发展提供了一种关键因素；正是在这一动力以及其他多种因素的推动之下，作为一个整体，两地才发展成为中国文化的中心所在。诚如前人所言：“两浙人文为天下冠”（明胡维霖《白云洞汇稿》卷一），“大江以南，人文所聚，两浙三吴，方轨齐骛”（《皇清文类续稿》卷二十九载纪昀《恩纶颂》）。

二、越文化与楚文化的互摄与共振

清人张尚瑗《左传折诸·春秋列国党仇分合》载：“越与吴，始皆服楚，越既仇吴，楚遂收之。……秦、越长党楚，盖未有分者。战国以拒秦为纵，事秦为横；春秋以攘楚为霸，合楚为更霸。攘楚者霸之正也，合楚者霸之变也。”由此可见，同为江南文化（或称长江文化）亚系统内部的区域文化，位居长江下游的越文化和吴文化一起，自古就与位居长江中游的楚文化发生十分紧密的关系。就越文化与楚文化的关系而言，“互摄”与“共振”是其中最主要的历史内容；而就大部分历史时期而言，又以楚文化对越文化的影响，亦即越文化对楚文化的吸收为更多。

（一）越文化与楚文化的异与同

在第二章我们已经指出，越、楚两国国君的姓氏来源、立国先后和於

---

① 王记录、马小能：《钱大昕学术渊源辨析》，《兰州学刊》2007年第4期。
② 龚江红、张淑艳：《钱大昕经世致用的治学思想论析》，《北方论丛》1995年第6期。

越、先楚民族的原始文化起点都不同。楚国国君远出上古颛顼部族，原为芈姓，因鬻熊曾获事周文王，熊绎周成王时始获封于丹阳（今鄂西枝江），才获得“熊”氏称号并世守以传，这先楚民族很早就融入华夏族，受到华夏族氏族观念的影响，而且直到公元前9世纪的周夷王时楚国国君熊渠才将统治范围扩大到今鄂东，可见在相当长的时间内疆域一直极为狭小；越国国君则从未有姓氏观念，因於越民族是一个完全独立于中原华夏族，没有中原华夏族氏族观念的独特的东南民族，而且建国时间比楚国约早五百年，当楚国第一代国君熊绎始封于蕞尔之地丹阳，“辟在荆山，筚路蓝缕以处草莽，跋涉山川以事天子”（《左传·昭公十二年》楚灵王右尹子革语），“成王盟诸侯于岐阳，楚为荆蛮，置茅蕝，设望表，与鲜牟守燎，故不与盟”（《国语·晋语》晋大夫叔向语），不啻周天子面前的一个小小差役之时，越国早已与周天子发生比较频密的交往关系，俨然成为与之抗礼而宾的南方泱泱大国了。归根到底，於越和先楚两个民族所由发育的原始文化起点完全不同，先楚的原始文化为长江流域的“屈家岭文化”，是介于仰韶和龙山之间的一种特殊文化，而於越先民的原始文化则为东南沿海的几何印纹陶文化；而《说苑》有关楚君“吾不知越歌，子试为我楚说之”，“于是乃召越译”等记载则表明，於越民族和先楚民族拥有完全不同的语言。这些都证明了“楚、越同源”说的不可靠，越文化与楚文化一开始就是完全不同的两种地域文化。越文化与楚文化起源的不同，决定了两者文化特色的不同。明代思想家陈献章曾经说：“越与楚，风气不同，人声随而异，必不能相通而相好。使越人歌之，楚人听之，亦犹使楚人歌之，越人听之也；孰若使越人歌之，越人自听之，楚人歌之，楚人自听之。其音习于其耳，其言感于其心，奚不相说之有？是故越不可为楚，楚亦不可为越。越与楚不相能，非有生之初，习使然耳；习之久，殆与性成。”（《陈白沙集》卷一《梦记》）陈献章的话不妨看做后代学者对越文化与楚文化异质的最直观感受。

但越文化与楚文化同为江南文化亚系统内斜肩相接的两种区域文化。就两种文化依托的区域范围而言，先秦楚国统治的中心区域在长江中游以及下游地区，越国统治的中心区域在今皖南、两浙（浙西为杭嘉湖平原）、闽北，从浙西湖州经赣北上饶、临江到湘南、桂北一线，曾为两国势力辐射的交互地带和疆域交界。如宋李洪《芸庵类稿》卷六《隆恩庵记》载：“吴兴郡南，群山辐辏，截然当苕溪之冲者，衡山也。……衡山，春秋时尝为楚越之交。”清顾栋高《春秋大事表》卷六上《列国地形犬牙相错表》载:“楚之通越,以制吴也,越大夫胥犴劳王于豫章之汭,归王乘舟,且帅师从王。而今之饶州实居楚、越之界,饶之鄱阳为楚,饶之余干为越。”《雍正江西通志》卷二十六《风俗·临江府》:“风俗之淳厚,文物之雅饬,在楚越之间,谓之乐土。”明薛瑄《敬轩文集》卷十八《邵阳县重修庙学记》载:“邵阳县,旧为邵州,在楚越之交,去中国数千里,古荒服之地。”宋乐史《太平寰宇记》卷一百六十二《岭南道六·桂州》载:“桂州始安郡,今理临桂郡,……春秋时越地,七国时服于楚,战国时为楚越之交境。”这种地缘上的接近,必然带来文化上的接近,因而两种文化又确实存在紧密关系,并非纯然“风气不同”。战国时期的《墨子·非攻篇》即载:“今天下好战之国,齐、晋、楚、越。”这指出了先秦时代楚、越两国政治军事上共同的好战色彩。北齐刘昼《刘子》卷二载:“楚、越之俗好勇,则有赴汤蹈火之歌。”东汉王充《论衡·率性篇》载:“凡含血气者,教之所以异化也。三苗之民,或贤或不肖,尧舜齐之,恩教加也;楚、越之人,处庄岳之间,经历岁月,变为舒缓,风俗移也。”由此可见,先秦楚、越两国政治军事上的好战色彩,乃是有共同的“好勇”民俗以为基础;只有让他们变换生活环境,“处庄岳之间”,经历缓慢的教化,风俗逐渐改变,才有可能“变为舒缓”。北魏李彪说:“越王好勇,而士多轻死;楚灵好瘠,而国有饥人。……岂楚、越之人易变如彼?”(《魏书·李彪传》)明代方孝孺又说:“齐之人曰贤,楚之人曰不贤;鲁之人曰可,越之人曰不可。苟从而信之,则其名传于齐、鲁,而不传于楚、越也;齐、鲁诵之,而楚、越之人群笑而交嘲之。”(《逊志斋集》卷九《上胡先生》)这些都还指出了楚、越两地同样都是上行下效、君臣翕然同风的精神氛围,以及两地人民相近而与北方齐、鲁等地迥然不同的价值观。至于《史记·货殖列传》所载“楚、越之地,地广人稀,饭稻羹鱼,或火耕而水耨,果隋蠃蛤,不待贾而足”,《论衡·言毒篇》所云“太阳火气,常为毒螫,气热也。太阳之地,人民促急;促急之人,口舌为毒。故楚、越之人,促急捷疾,与人谈言,口唾射人”,还有宋章如愚《群书考索》卷六十一所称“吴、越与楚相接,比数相兼并,故民俗略同”,则无疑道出楚、越文化风貌、文化特质有其相同相近之处,原因乃在两地环境气候、生活方式相同相近,又在文化发育的早期经历了“比数相兼并”——亦即不断同化的历史过程。

（二）楚、越两地文化发育早期的社会同化

根据文献记载和考古发现，先秦越、楚两地的同化进程和文化交流历史相当漫长，明显可分为四个时期：

第一个时期，楚国立国前至立国初局限于汉水以西，而未向东、向南大规模拓境前（约当商、西周和春秋初年），这是楚文化尚处在草昧阶段，而越文化发祥已久，从今浙东沿江南向楚地扩散的时期。楚地出土的印纹硬陶等越文化实物为此提供了证明（详后）。

第二个时期，从公元前8世纪、7世纪，楚国在武王、文王、成王时期跨越汉水，北进中原，南抚扬越，东征徐夷，将当时东西南北文化的交会之地淮汉之间收入囊中，迅速崛起为南方最强大的国家，"楚国的发展有奔轶绝尘之势，周代的其他各国都瞠乎其后"①，越国出于生存发展的需要，选择与楚国结盟，后来更出于楚国的强迫和与吴国竞争的需要，成为楚国的附庸之后，到公元前5世纪早中期即春秋、战国之交越国灭吴崛起，称霸中原之前（约当春秋中晚期），这是楚、越同盟，两地人员、人才交相为用，文化彼此融合渗透的时期。

《左传·庄公十五年》（周僖王三年，前679）载："齐侯、宋公、陈侯、卫侯、郑伯会于鄄"，"齐始霸也"；是年齐为桓公七年，楚为文王十一年。《史记·楚世家》云："文王二年伐申，过邓。……六年伐蔡，虏蔡哀侯以归。……楚强，陵江汉间小国，小国皆畏之。十一年，齐桓公始霸，楚亦始大。"可见公元前679年，楚国势力已挺进南阳盆地，掌握经济、军事价值十分重要的整个江汉平原，成为令中原学者侧目的大国。《左传·宣公八年》（周定王六年，前601）记载："楚为众舒叛，故伐舒蓼，灭之。楚子疆之，及滑汭〔在今安徽巢湖，一说江苏丹阳湖〕，盟吴、越而还。"是年为楚庄王十三年，楚国历经成王时期的内聚国力，外争霸权，开疆拓土，和庄王即位以来的观兵周郊，问鼎周室，业已成为让中原各国噤若寒蝉的天下霸主；越国在此情况下与之结盟，自然带有唯其马首是瞻的从属色彩。这是见诸史料的楚、越结盟的开端；两国实际结盟的开始时间显然应该更早。庄王之后，楚国继续抚有蛮夷，飞扬跋扈之君如楚灵王者时出，楚、越结盟中越国的附庸

---

① 张正明：《楚史》，湖北教育出版社1995年版，第121—122页。

性质更加明显。宋李琪《春秋王霸列国世纪编》卷三《十三夷国世纪·越》即云:"越自楚灵之强,常从之以伐吴。"陈则通《春秋提纲》卷三《侵伐门·吴楚越兵争例》亦云:"楚灵怙其强暴,卒会申之诸侯,大而若陈、若蔡、若许,小而胡、沈、顿、夷之属,疾鞭而战之;明年,又驱徐、越而来。……楚灵率诸侯伐吴,越大夫寿过会其役;楚子率舟师略其疆,越大夫胥犴出劳王。"所言"楚灵率诸侯伐吴",即发生在楚灵王四年,周景王八年(前537),"楚子、蔡侯、陈侯、许男、顿子、沈子、徐人、越人伐吴","越大夫常寿过帅师会楚子于琐〔在今安徽霍丘〕"(《左传·昭公五年》),此前一年,越大夫常寿过在申之会中还受到楚灵王的公开羞辱①;"越大夫胥犴出劳王",发生在楚平王十一年,周敬王二年(前518),"楚子为舟师以略吴疆","越大夫胥犴劳王于豫章之汭〔在今江西鄱阳湖〕。越公子仓归王乘舟,仓及寿梦帅师从王"(《左传·昭公二十四年》)。可见,在楚、吴争强的多次战役中,越国都充当了楚国联军中的急先锋角色。不但如此,《左传·昭公八年》(周景王十一年,楚灵王七年,前534)还载:"冬十月壬午,楚师灭陈,执陈公子招,放之於越",越国被当做楚国的大后方,用来安置战俘,这样的例子应该并非唯一。

在楚、越结盟,楚主越从的形势下,"越士仕楚"、"越女侍楚"、"越人役楚"等一系列历史现象也就随之出现。"越士仕楚"的显例,《史记·张仪列传》所载"越之鄙细人","仕楚执珪",富贵而"思越"的庄舄,成为先秦以降最为人称道的离乡爱国的典范;此外,上述曾在楚、越联军中听命于楚灵王,并因某种失误遭到楚灵王羞辱惩罚的常寿过,应是一个半路改换仕途,仕楚担任要职的越大夫。《左传·昭公十三年》(楚灵王十二年,周景王十六年,前529)载:"越大夫常寿过作乱","围固城,克息、舟城而居之",与楚人、蔡大夫观从等导演了一场天翻地覆的楚国宫廷政变。《史记·楚世家》亦载:"〔灵王〕十二年春,楚灵王乐干溪不能去也,国人苦役。初灵王会兵于申,僇越大夫常寿过,杀蔡大夫观起。起子从亡在吴,乃劝吴王伐楚,为间越大夫常寿过而作乱,为吴间。使矫公子弃疾命,召公子比于晋,至蔡,与吴、越兵欲袭蔡。令公子比见弃疾,与盟于邓,遂入杀灵王太子禄。"常寿

① 《史记·楚世家》:"初,灵王会兵于申,僇越大夫常寿过。"《索隐》:"僇,辱也。"根据诸史,楚灵王会兵于申,事在鲁昭公四年(前538)。

过以“越大夫”而能在楚“作乱”，为“吴王伐楚”充当“吴间”，那么，这个“越大夫”当是其在家乡越国的原来身份，而“作乱”之前已经转仕楚国，成为可对楚国政局发挥关键影响力的“楚大夫”了。“越女侍楚”，至少在楚庄王（前613年至前591年在位）时代即已出现，如《史记·楚世家》即载：“庄王即位三年，不出号令，日夜为乐。……伍举入谏，庄王左抱郑姬，右抱越女，坐钟鼓之间。”而“越女侍楚”的正面典型，则以刘向《列女传》卷五《节义·楚昭越姬》所载为甚：

> 楚昭越姬者，越王勾践之女，楚昭王之姬也。昭王燕游，蔡姬在左，越姬参右。王亲乘驷以驰逐，遂登附社之台，以望云梦之囿。观士大夫逐者既欢，乃顾谓二姬曰：“乐乎？”蔡姬对曰：“乐。”王曰：“吾愿与子生若此，死又若此。”蔡姬曰：“昔弊邑寡君，固以其黎民之役，事君王之马足，故以婢子之身为苞苴玩好，今乃比于妃嫔，固愿生俱乐，死同时。”王顾谓史：“书之，蔡姬许从孤死矣。”乃复谓越姬，越姬对曰：“乐则乐矣，然而不可久也。”王曰：“吾愿与子生若此，死若此，其不可得乎？”越姬对曰：“昔吾先君庄王淫乐三年，不听政事，终而能改，卒霸天下。妾以君王为能法吾先君，将改斯乐而勤于政也。今则不然，而要婢子以死。其可得乎！且君王以束帛乘马取婢子于弊邑，寡君受之太庙也，不约死。妾闻之诸姑，妇人以死彰君之善，益君之宠，不闻其以苟从其闇死为荣。妾不敢闻命。”于是王寤，敬越姬之言，而犹亲嬖蔡姬也。居二十五年，王救陈，二姬从。王病在军中，有赤云夹日，如飞鸟。王问周史，史曰：“是害王身，然可以移于将相。”将相闻之，将请以身祷于神。王曰：“将相之于孤犹股肱也，今移祸焉，庸为去是身乎？”不听。越姬曰：“大哉君王之德！以是，妾愿从王矣。昔日之游，淫乐也，是以不敢许；及君王复于礼，国人皆将为君王死，而况于妾乎！请愿先驱狐狸于地下。”王曰：“昔之游乐，吾戏耳。若将必死，是彰孤之不德也。”越姬曰：“昔日妾虽口不言，心既许之矣。妾闻信者不负其心，义者不虚设其事。妾死王之义，不死王之好也。”遂自杀。……

《左传·哀公六年》（楚昭王二十七年，越王勾践八年，周敬王三十二年，前489）亦载，昭王临终曾先后命令传位于其弟子闾、子西、子期，皆被拒绝，子闾、子西、子期有感于“君王舍其子而让群臣，敢忘君乎”，遂毅然决策，“潜师闭途，逆越女之子章立之”。由此可见，楚惠王熊章之母，楚昭王这位深明大义、勇于献身、受到楚国上下爱戴的夫人，的确来自越国，是昭王"以束帛乘马"从越国王室迎娶而来；只是细考其生活年代[1]，这位"楚昭越姬"当为越王允常之女，勾践之姊，而非勾践之女。至于"越人役楚"而与楚国上下和谐相处，被后人广泛称道和艳羡的显例，则见于刘向《说苑》卷十一所载：

> 襄成君始封之日，衣翠衣，带玉剑，履缟舄，立于游水之上，大夫拥钟锤，县令执桴号令，呼："谁能渡王者于是也？"楚大夫庄辛过而说之，遂造托而拜谒，起立曰："臣愿把君之手，其可乎？"襄成君忿，作色而不言。庄辛迁延沓手而称曰："君独不闻夫鄂君子皙之泛舟于新波之中也？乘青翰之舟，……会钟鼓之音毕，榜枻越人拥楫而歌，歌辞曰：滥兮抃草滥予昌玄泽予昌州州䬴州焉乎秦胥胥缦予乎昭澶秦逾渗惿随河湖。鄂君子皙曰：'吾不知越歌，子试为我楚说之。'于是乃召越译，乃楚说之曰：'今夕何夕兮搴舟中流，今日何日兮得与王子同舟。蒙羞被好兮，不訾诟耻；心几顽而不绝兮，知得王子。山有木兮木有枝，心说君兮君不知。'于是鄂君子皙乃榆修袂，行而拥之，举绣被而覆之。鄂君子皙，亲楚王母弟也。官为令尹，爵为执圭，一榜枻越人犹得交欢尽意焉。今君何以逾于鄂君子皙，臣何以独不若榜枻之人，愿把君之手，其不可何也？"

这个"榜枻越人"不顾身份卑微，敢以优美的歌词大声向楚王母弟、楚国令尹（相当于后世的宰相）鄂君子皙表达敬慕之忱，而后者在设法弄懂歌词大意后，竟也不顾身份之尊，既"榆修袂，行而拥之"，提起官袍与之拥抱，又"举绣被而覆之"，把当时最华贵的丝织品赠给对方，盖在这个小小的越籍船夫身上，成就了楚国上下和谐、官民一体的千古佳话，也成为楚、越结盟时两国关系亲如一家的经典图景。此一时期两国文化都获得长足发展，亲如一家的关系使两地文化的交互传播畅通无阻。

第三个时期，从公元前5世纪早中期越国崛起灭吴，称霸中原，至公元前4世纪晚期越国衰落，被楚所灭（约当战国前期），这是楚、越联盟瓦解，两国展开新的激烈竞争，两地社会的同化趋势有所减弱，但战争占领和外交交往使之依然存在的时期。此一时期，越国已然强大，不再甘为楚国附

---

[1] 参见清李锴《尚史》卷六十一《楚诸臣传》"昭夫人"条，《四库全书》本。

庸;楚国亦从昭王时期的衰落中重新振作起来,出现中兴局面,并通过吴起变法迎来空前极盛,两国的友谊于是为残酷的竞争所取代。《左传·哀公十九年》(楚惠王十三年,越王勾践二十一年,周敬王四十四年,前476)载:"春,越人侵楚,以误吴也〔晋杜氏注:误吴,使不为备〕。夏,楚公子庆、公孙宽追越师,至冥,不及乃还〔注:冥,越地〕。秋,楚沈诸梁伐东夷〔注:报越〕。三夷男女及楚师盟于敖〔注:从越之夷三种;敖,东夷地〕。"越国为麻痹吴国假装反目成仇的一次对楚佯攻,竟招来楚国先后对越国本土和其东夷属国展开大规模的报复行动,从此,两国果真走上反目成仇之路。《墨子·节葬篇》说:"昔者圣王既没,天下失义,诸侯力征,南有楚、越之王,而北有齐、晋之君,此皆砥砺其卒伍,以攻伐并兼,为政于天下。"其《非攻篇》又说:"今天下好战之国,齐、晋、楚、越。"墨子提到"诸侯力征",提到"好战之国",皆以楚、越相提并论,语意当然包含了楚、越之间的力征和好战在内。最终,在一系列内乱中国力不断衰落又不甘衰落的越国遂被楚所灭。根据《竹书纪年》,周显王三十四年(楚威王五年,前335),"於越子无彊伐楚",三十六年(楚威王七年,前333),"楚围齐于徐州,遂伐於越,杀无彊"。《史记·越王勾践世家》对此的记载是:"王无彊时,越兴师北伐齐,西伐楚,与中国争强。当楚威王之时,越北伐齐,齐威王使人说越王……于是越遂释齐而伐楚。楚威王兴兵而伐之,大败越,杀王无彊,尽取故吴地,至浙江。……越以此散,诸族子争立,或为王,或为君,滨于江南海上,服朝于楚。""至浙江",也就是钱塘江以西皆为楚所占领,越国丧失了全盛时期的绝大部分领土,只剩下钱塘江以东即浙东、浙南沿海之地和沿海岛屿。《越绝书·越绝外传记地传》更载:"无彊时霸,伐楚,威王灭无彊。无彊子之侯,窃自立为君长。之侯子尊,时君长。尊子亲,失众,楚伐之,走南山。"据此,领土收缩回钱塘江以东於越发祥地的越国,在无彊之孙时期因内乱(所谓"失众"),遭到楚国的进一步征伐和占领,一度只剩下浙江南部的一些山区可以栖身。根据与综合国力的消长相一致,此一时期越地文化有所停滞,楚地文化则出现繁荣兴盛;历史的友谊和现实的战争占领和外交交往的存在,保证此一时期两地文化的相互交流不可能中断。

第四个时期,从公元前4世纪晚期越国衰极而振,至秦王政二十四年(前223)灭楚、二十五年(前222)灭越(约当战国晚期),这是越国既"服朝于楚",又与之展开抗争,楚、越建立新的复杂关系的时期。楚威王七年楚国对越国的惨重打击，使越国版图急剧缩小，国力大衰，越国不得不"服朝于楚"，走回春秋时期两国关系的老路；但越国并没有覆亡，亦并非一直对楚俯首帖耳。《战国策·楚策三》载，楚怀王十一年（前318），周人杜赫对楚臣分析楚国的不利形势说："东有越累，北无晋，而交未定于齐、秦，是楚孤也。""越累"一语表明，越虽表面上"服朝于楚"，却不时袭击楚国，对楚国构成负担甚至威胁。1977年在河北平山县战国一号墓出土的中山王嚳鼎，铭文内载："唯十四年，中山王作鼎于铭曰……昔者吴人并越，越人修教备保，五年覆吴，克并之至于今。"中山王十四年即周赧王元年、楚怀王十五年、公元前314年。可见，楚威王以来楚国对越国故吴地的占领并非很全面和持久，越国很可能在衰极之后又奋力振作，部分恢复了对故吴地的控制，所以北方的中山国王在教训臣民的铭文中，依然说越国"覆吴"之后，"克并之至于今"，继续把越国的灭吴崛起当做小国振兴的榜样。《战国策·楚策一》又载，楚怀王十八年（前311），张仪对楚怀王说："大王尝与吴人五战三胜而亡之，阵卒尽矣。"吴国早为越国所灭，所以，这里的"吴人"显然是指越军；楚、越两军交战，楚军拼光所有的士兵，仅能五战三胜，勉强打赢，足见越军的实力。《史记·秦始皇本纪》载："武王立，韩、魏、齐、楚、越皆宾从。"秦武王立在楚怀王十九年（前310），当时越国与楚国是并驾齐驱，前来"宾从"观礼的。《水经》卷四《河水注》引汲冢《竹书纪年》载："魏襄王七年……四月，越王使公孙隅来献乘舟、始罔，及舟三百，箭五百万，犀角、象齿焉。"《百越先贤志》卷一《公师隅传》有更详细的记载说："越王无彊为楚所败，其子孙避处江南海上，周赧王时有自立为王者。隅以无彊初避楚，居东武，有怪山浮来，镇压其地，因名东武山。① 乃往相，度南海，将依山筑南武城以拟之，而越王不果迁。时三晋惟魏最强，越王与魏通好，使隅复往南海求犀角、象齿修献，久在峤外，乃得诸琛并吴江楼船、会稽竹箭献之魏，魏王乃起师送越王往荆，栖之沅湘。"魏襄王七年即周赧王十年、楚怀王二十四年（前305）。此时无彊子孙之一再度自行称王，迫于楚国的压力和当初"服朝于楚"的城下之盟，不得不迁居楚地，接受楚国近距离的监管；在这种情况下，越国老臣公孙隅能受命征集大量南方特产和楼船、弓箭等战略物

① 《雍正广东通志》卷四十四《公师隅传》所载相同，唯"居东武"作"居会稽东武"，"筑南武城以拟之"作"筑南武城以居越王"。查古今地志，会稽东武山即今绍兴市区的塔山，又名怪山、飞来山。

资，投赠给遥远的中原强国魏国，换来“魏王乃起师送越王往荆”，可见其国力基础仍相当雄厚，在诸国间也仍有相当的影响力。《战国策·齐策五》载苏秦游说齐愍王（公元前300年至前284年在位）道：“天下遍用兵矣：齐、燕战，而赵氏兼中山；秦、楚战韩、魏不休，而宋、越专用其兵。”公元前3世纪初能“专用其兵”，可见越国当时国力与野心都不小。《韩非子·内储说下》载干象对楚王说：“前时王使邵滑之越，五年而能亡越。所以然者，越乱而楚治也。”清陈厚耀《春秋战国异辞》卷三十一考证，此番对话发生于楚顷襄王十六年（前283）。而据蒙文通的研究①，楚国在邵滑入越后所“亡”之“越”，乃是越国所封的越麋王之地（在今苏州市西），并非越国本土。这表明，越国当时还有属国。《史记·春申君列传》载：“考烈王元年〔前262〕，以黄歇为相，封为春申君。……后十五岁，……封于江东，……因城故吴墟，以自为都邑。……春申君相二十二年，……楚考烈王以咎春申君，春申君以此益疏。……楚于是去陈徙寿春，……春申君由此就封于吴，行相事。……太史公曰：吾适楚，观春申君故城，宫室盛矣哉！”从始封江东至楚考烈王二十五年（前238）奉诏入楚都寿春（在今安徽寿县）被谋杀，楚国丞相春申君以吴为封地，镇守故吴都城，有近十年时间，其间进行了大规模的城市建筑。《越绝书·越绝外传记吴地传》载：吴故都蛇门，“春申君造以御越军”。唐陆广微《吴地记》亦载：“蛇门，南面有陆无水，春申君造以御越。”可见楚国以丞相春申君长期镇守故吴都城，并展开城市建筑，乃是为了防御越国的进攻，可见楚、越当时仍以故吴都城附近为界，越国对楚国构成的威胁不小。《后汉书·郡国志·吴郡》刘昭注亦引《越绝书》逸文载：吴地“西岑冢，越王孙开所立，以备春申君，使其子守之，子死，遂葬城中。”这进一步证明公元前3世纪中晚期，楚、越的分界是在故吴地，换言之，楚、越对故吴地的争夺依然没有停止，故吴不少领土仍为越国保有或被其恢复统治。《韩非子·孤愤》载：“夫越虽国富兵强，中国之主皆知无益于己也，曰：非吾所得制也。今有国者虽地广人众，然而人主壅蔽，大臣专权，是国为越也。”韩非子（前280—前233）生活在战国末年，他的话表明，战国晚期，越虽表面上“服朝于楚”，但从楚威王以降的惨重打击和衰败中重新振作起来，相当程度上恢复了当年的“强国”声名，被中原国家认为无法控制；根据

① 参见蒙文通：《越史丛考》，人民出版社1983年版，第33页。

各种史料，当时楚国已逐步衰落，所以只能一方面继续接受和维系越国表面的“服朝于楚”，一方面千方百计加强戒备和防守，以免当初占领的越国故吴地重新被越国夺回——因为都城已经一再东迁，这些越国故吴地业已成为楚国安身立命的最后依靠。然而，越国尽管在外面恢复了“国富兵强”的声望，但内乱继续，“人主壅蔽，大臣专权”，衰败的总趋势仍不可避免，亦无法一举而把楚国赶回西方。于是楚、越两国的“伪同盟”和实质上的恐怖平衡得以维持，最终被秦王政统一天下的狂风暴雨一扫而光。

这一时期的楚、越两地关系，可以说是以上第二、第三两个时期两地关系的叠加，同化的趋势较之第三时期有所加强，两地文化的交流因为战国晚期整个历史进程的加速亦变得更加频繁。而就文化交流的方向而言，因为此一时期越文化的发展继续停滞，楚文化的发展出现再一次兴盛，所以，楚文化向越地的传播成为此一时期文化交流的重点。

（三）楚文化与越文化的交互影响

先看越文化对楚文化的影响。

越文化的发祥早于楚文化，也很早就在楚地传播，对楚文化的发育产生影响。例如，众所周知，干栏式建筑首见于河姆渡遗址，是越文化中一最具代表性的因素，《离骚·招魂》写到“层台累榭临高山”，所谓“累榭”，应该就是楚地受到越文化影响的一种干栏式建筑。比屈原生活时代更早的，是地下的考古发现。20世纪中期在鄂东南蕲春毛家咀西周遗址，发现范围在5000平方米以上的三处木构建筑遗迹，分布在大、中、小型水塘中，根据残存数百根排列整齐的木柱、大块平铺的木制地板、十多处残留的木板墙角以及木制楼梯残迹，专家推断乃是比较典型的干栏式建筑，是干栏式建筑继河姆渡发掘以后的又一次面世，其建筑形式、建筑结构与河姆渡极为相似，只是时代和地域有所不同罢了。

又如，印纹硬陶是越文化中又一最具代表性的因素，它也很早就出现在楚地。在楚地南部的洞庭湖以东、以南湘水流域，发现不少商至春秋时期的越文化遗址，其中，印纹硬陶占了很大的比重。如岳阳费家河商代窑址，出土各式圜底釜、宽沿釜、浅盘方格纹豆、硬陶折肩瓮、敞口圈足盘等印纹硬陶，刻划纹包括水波纹、曲尺纹以及梯格纹等；岳阳县对门山商代遗址，亦出土带有水波纹、曲尺纹、梯格纹、方格纹、刻划纹等的多种印纹硬陶。在零陵菱角塘西周遗址，衡阳周子头西周至春秋遗址中，所发现的印纹硬陶甚至占有绝对优势。在湘水流域发掘的楚墓中，根据有关学者的考察，同样发现为数可观的印纹硬陶。如长沙城东张公岭战国楚墓，出土有较多的印纹硬陶器，上印几何纹，或在肩部贴S形耳，或刻画竖线纹，均是典型的越式陶器；资兴旧市80座战国墓中有38座出土有瓮、罐、碗、杯、盂、小盒、瓿、提桶等硬陶和印纹硬陶器，印纹有米字形纹、小方格纹、席纹、叶脉纹，刻划纹有弦纹、水波纹、瓦纹，以及篦纹等，这些也都是典型的越式陶器和常见的越式陶器上的纹饰；在衡阳楚墓中也出现壶、瓿、罐等印纹硬陶；郴州、耒阳、永州等地楚墓中也都出土有相当数量的印纹硬陶。[①] 在楚国鼎盛时期的郢都故城（今湖北江陵纪南城）西垣北门窑址和南垣水门窑址，也都出土有印纹硬陶和釉陶碎片，大都为罐类器物；该城龙桥河西段制陶作坊区内出土过上釉的空心砖片；城东周家湾附近也采集到印纹硬陶片。此外，在江汉地区和鄂东南商周时期的遗址或墓葬中，也有印纹硬陶或原始青瓷的出土。诚如杨权喜先生所指出的："这是一种受古越族文化影响的反映。"[②]

再如，越国青铜兵器尤其是青铜剑，是越文化的又一个代表，顾颉刚曾考证我国铜剑起源于吴越地区[③]，李伯谦分析研究各地出土的大量铜剑，认为"吴越地区的确有可能是我国最早开始铸造铜剑的地区之一"[④]，均包含了对越地青铜兵器首创性的高度肯定；史料和考古发现都证明，春秋晚期和战国中期越国的青铜剑在当时各国中最为精良，也最为楚国统治者所梦寐以求，其中相当多的数量连同其高超的铸造技术都流入楚国，深深地影响了楚国的兵器制造和青铜器工艺的发展。《越绝书》有专门一卷反映越地铸剑高超水平和其神威，题目就叫《越绝外传记宝剑》，内载：

> 昔者，越王勾践有宝剑五，闻于天下。客有能相剑者，名薛烛，王召而问之，曰："吾有宝剑五，请以示之。"……乃召掌者，王使取毫曹。……王曰："取巨阙。"……王曰："然巨阙初成之时，吾坐于露坛之

① 参见高至喜：《楚文化的南渐》，湖北教育出版社1996年版，第381页。

② 杨权喜：《楚郢都的制陶手工业》，楚文化研究会编《楚文化研究论集》第2集，湖北人民出版社1991年版，第39页。

③ 参见顾颉刚：《史林杂识》（初编），中华书局1963年版，第163—167页。

④ 李伯谦：《中原地区东周铜剑渊源试探》，《文物》1982年第1期。

上，宫人有四驾白鹿而过者，车奔鹿惊，吾引剑而指之，四驾上飞扬，不知其绝也。穿铜釜，绝铁沂，胥中决如粢米，故曰巨阙。”王取纯钧，薛烛闻之，忽如败。有顷，惧如悟，下阶而深惟，简衣而坐望之。手振拂扬，其华捽如芙蓉始出；观其釽，烂如列星之行；观其光，浑浑如水之溢于塘；观其断，岩岩如琐石；观其才，焕焕如冰释。“此所谓纯钧耶？”王曰：“是也。客有直之者，有市之乡二、骏马千匹、千户之都二，可乎？”薛烛对曰：“不可。当造此剑之时，赤堇之山破而出锡，若耶之溪涸而出铜，雨师扫洒，雷公击橐，蛟龙捧炉，天帝装炭；太一下观，天精下之。欧冶乃因天之精神，悉其技巧，造为大刑三、小刑二：一曰湛卢，二曰纯钧，三曰胜邪，四曰鱼肠，五曰巨阙。吴王阖庐之时，得其胜邪、鱼肠、湛卢。阖庐无道，子女死，杀生以送之。湛卢之剑去之如水，行秦过楚，楚王卧而寤，得吴王湛卢之剑，将首魁漂而存焉。秦王闻而求之，不得，兴师击楚，曰：‘与我湛卢之剑，还师去汝。’楚王不与。时阖庐又以鱼肠之剑刺吴王僚，……此其小试于敌邦，未见其大用于天下也。今赤堇之山已合，若耶溪深而不测，群神不下，欧冶子即死。虽复倾城量金、珠玉竭河，犹不能得此一物，有市之乡二、骏马千匹、千户之都二，何足言哉！”

楚王召风胡子而问之曰：“寡人闻吴有干将，越有欧冶子，此二人甲世而生，天下未尝有。精诚上通天，下为烈士。寡人愿赍邦之重宝，皆以奉子，因吴王请此二人作铁剑，可乎？”风胡子曰：“善。”于是乃令风胡子之吴，见欧冶子、干将，使之作铁剑。欧冶子、干将凿茨山，泄其溪，取铁英，作为铁剑三枚：一曰龙渊，二曰泰阿，三曰工布。毕成，风胡子奏之楚王。楚王见此三剑之精神，大悦风胡子。……楚王曰：“何谓龙渊、泰阿、工布？”风胡子对曰：“欲知龙渊，观其状，如登高山，临深渊；欲知泰阿，观其釽，巍巍翼翼，如流水之波；欲知工布，釽从文起，至脊而止，如珠不可衽，文若流水不绝。”晋、郑王闻而求之，不得，兴师围楚之城，三年不解。仓谷粟索，库无兵革。左右群臣贤士，莫能禁止。于是楚王闻之，引泰阿之剑，登城而麾之。三军破败，士卒迷惑，流血千里，猛兽欧瞻，江水折扬，晋、郑之头毕白。楚王于是大悦。

据此，越王勾践闻名天下的五把宝剑，其中“巨阙”、“纯钧”为越地工匠欧冶子采用若耶溪铜所造；欧冶子所造五剑，除此二剑外，“胜邪”、“鱼肠”、“湛卢”三剑均为吴王阖庐所得；“湛卢”后又为楚王所得，引起秦王觊觎，兴师伐楚，形成秦楚夺剑之战；为了壮大楚国战力，楚王直接请来越人欧冶子和吴人干将，为其铸造铁剑，取得辉煌的成功；此事引起中原强国晋、郑的觊觎，国家危亡之际，楚王凭借宝剑威力，大获全胜。《吴越春秋·阖闾内传》也有相近的记载，内云五把宝剑乃勾践之父“越王允常使欧冶子造”，其中“鱼肠”、“湛卢”等三剑被越王“献”给吴王阖闾，“湛卢”最终又被楚昭王所得，这导致吴王阖闾“因斯发怒，遂使孙武、伍胥、白喜伐楚”，细节有所不同。这些文字表面上看，颇为夸张；把楚与秦、晋、郑、吴之间的一系列大战都归因为对越地所产或越人所产兵器的争夺，尤出想象。但文字反映越国兵器精良，楚人对越产青铜剑和铁剑痴迷，却是有雄辩的考古事实为支撑的。例如，举世闻名的越王勾践剑深埋地下近2500多年，出土时犹寒光闪闪，毫无锈斑，锋利无比，专家试之以纸二十多层，一划而破；整个剑身布满菱形暗纹，一面近格处有飘逸而遒劲的鸟篆铭文八字；经过现代科学测定，剑体各部位由铜、锡、铅、铁、硫、砷诸元素组成，其成分配比都是为了解决剑的刚性和脆性矛盾而有意识控制的；图案纹饰线条是一种浅色的金属，系采用一种秦汉以后已经失传的复合金属铸造技术，与剑的基体铸合在一起，而不是镶嵌的。越王勾践剑证明先秦越地欧冶子等工匠确实“悉其技巧”，掌握了当时最先进、最高超的兵器制造技术，不仅象征了越人的尚武精神、科学追求和审美情操，也成为那个时代中华民族最高智慧的代表。而且，同样重要的是，从越王勾践剑1965年在楚国郢都（在今湖北江陵纪南城）出土以来，有铭文并确知其出土地点的越王剑和越国兵器，大多数都是在楚地出土的。如越王者旨於赐已出土剑四件，戈两件，出土地点明确，其中三件剑出土于安徽寿县（楚国末年的都城），一件剑出土于湖北江陵，两件戈出土于安徽淮南；越王盲姑剑，出土地点明确者四件，一件出土于湖北江陵，三件出土于河南淮阳平粮台楚墓；越王州勾剑，出土地点明确者五件，三件分别出土于湖北江陵、秭归、荆门，两件分别出土于湖南益阳、长沙，这些出土地点明确的越王兵器竟全部出土于楚地。不仅如此，董楚平先生对全部有铭文的越国青铜器考察后指出：“现在知道的越国具铭铜器58件中，出土地点明确者24件。24件中，出土于浙北苏南者仅4件。两湖、河南以及安徽寿县的楚墓竟出了14件，几占60%，而且越器之精品大多出于楚墓。”①由此足见不仅是越国兵器，整个越地青铜器文化都曾为楚人所爱重，对楚地的青铜文明和相关手工业产生深远的影响。

越文化对楚文化的影响不仅表现在以上建筑文化、器物文化等方面，还表现在民俗文化、精神文化等层面。从庄子、屈原的例子来看，楚地士人对越地风土民情和政治历史是比较关注的。《庄子·逍遥游》载："宋人资章甫而适诸越，越人断发文身，无所用之"，反映他注意到越人的服饰民俗；《庄子·山木》载："南越有邑焉，名为建德之国，其民愚而朴，少私而寡欲；知作而不知藏，与而不求其报；不知义之所适，不知礼之所将，猖狂妄行，乃蹈乎大方；其生可乐，其死可葬"，对越人淳朴、勤劳、慷慨、不知礼义、任性而为却合乎"大方"的生活方式甚为推崇；《庄子·徐无鬼》称，越人"去国数日，见其所知而喜；去国旬月，见所尝见于国中者喜；及期年也，见似人者而喜矣"，实际上反映了越人深厚的乡土感情；《庄子·让王》载"越人三世弑其君"，认为"若王子搜者，可谓不以国伤生矣，此固越人之所欲得为君也"，如前所述，包含了对越人深厚、顽强的"民主"禀赋的张扬。屈原的作品揭示，他对吴、越兴衰的历史极为熟稔，并从中提出深刻的历史教训。如《九章·涉江》云："伍子逢殃兮，比干菹醢。"对前半句，王逸注有很好的解释说："伍子，伍子胥也。为吴王夫差臣，谏令伐越，夫差不听，遂赐剑而自杀，后越竟灭吴，故曰逢殃。"《九章·惜往日》又云："吴信谗而弗味兮，子胥死而后忧。"王逸注："宰嚭阿谀，甘如蜜也。竟为越国所诛灭也。"吴王夫差拒忠纳奸，伍子胥被逼自杀，吴国不久亦为越国所灭；在对这个历史教训的反复思考中，尽管屈原的思考重点显然在"吴何以亡"，但这一命题本身就包含了"越何以兴"、"吴越何以消长"等逻辑追问。在《惜往日》中，屈原复以吴越兴亡中的传奇女性西施自比说："虽有西施之美容兮，谗妒入以自代。"洪兴祖补注："西施，越之美女。《越绝书》曰：越王勾践得采薪二女西施、郑旦以献吴王。"这个典故的使用进一步说明，屈原对有关越国报仇灭吴的诸多历史细节都是掌握的。"屈原执履忠贞而被谗邪，忧心烦乱，不知所诉，乃作《离骚经》"（王逸《楚辞章句》），这是《离骚》的主题，也是屈原全

---

① 董楚平：《越国金文考释》，《杭州师范学院学报》（社会科学版），1993年第5期。根据报道，迄今发现带有铭文的越国铜器已至少有60件。在董先生此文之后，1995年，浙江省博物馆从香港拍卖市场收藏一件越王者旨於赐剑；2008年，绍兴博物馆从上虞民间收藏者手上征集到一件越王不光剑。

部作品的主题；出于这样的主题，屈原没有也不可能在作品中正面讨论越国灭吴的历史经验和典范意义，他只是在“忧心烦乱”中出于连类引申的修辞需要，一再提到吴越兴亡的历史而已。但屈原的这种“无意而为”足以说明，吴越兴亡，更准确地说，越国灭吴崛起，作为一个重大历史事件，的确曾经比较广泛地震撼过楚人；准此以观，越国灭吴崛起事件背后所透射出的越人报仇复国信念、坚韧顽强意志等越文化精神要素，也曾在楚人中产生影响，对“楚虽三户，亡秦必楚”（《史记·项羽本纪》），楚人最终在亡国的痛苦中酝酿对秦复仇意识，并毅然决然付之行动，推翻了秦王朝暴政，起到了一定程度的榜样作用。

宋廖行之《省斋集》卷九有一段策论文字说：

> 问秦昭王欺楚怀王，邀之会而执之，怀王卒于秦，秦归其丧，国人皆怜之，如悲亲戚，曰：“楚虽三户，亡秦必楚。”陈胜、项羽皆以楚而诛秦，终之沛公用义帝之遣而降子婴霸上，灭秦社稷。人心盖如此。然考之世家，怀王卒于秦顷襄王之三年也，四年楚受秦粟，七年迎妇于秦，何国君之情与国人异耶？
>
> 窃谓秦始以诈力取六国，而其得志，去先王之道，残贼其民，乃负大罪于天下，故天下共起而亡之。然犹用楚人首事。盖六国时楚无大得罪于民，又最受欺于秦，以至于国灭。国人怜其君之为秦欺而取其国也，故怨秦最深。然怀王之后嗣楚国者，甘于听命而不复有报复之志，彼徒见智力之不逮，而不为勾践之谋，终亦为俘掳而已，惜哉！

这段话很有见地。它指出，一方面，楚怀王为秦昭王所加害，“怀王之后嗣楚国者”却腆颜事仇，认贼作父，“迎妇于秦”，乖乖做了秦国的儿婿，但“终亦为俘掳而已”，避免不了被秦国灭亡的命运，这是他们遭受奇耻大辱却“不复有报复之志”，“不为勾践之谋”的下场；另一方面，楚国普通的“国人”却既对怀王被害，“皆怜之，如悲亲戚”，又对怀王子孙继续为秦所骗，最终让整个国家被秦所取而深感悲愤（所谓“怜其君之为秦欺而取其国”），“怨秦最深”，遂将这种仇怨深埋在心，等到“天下共起而亡之”的时刻，终于“首事”而起，实现了“楚虽三户，亡秦必楚”的夙愿。既然楚国末年最高统治者的所作所为，可以用“不复有报复之志”，“不为勾践之谋”来批判，那么，楚之“国人”的反其道而行之，不恰可以用“有越国报仇之志”，“为勾践灭敌之谋”来形容吗？

准此以观，越人复仇精神之深入楚人骨髓也深矣！

当然，越地精神文化在楚地传播，影响楚文化发展的最主要途径还是楚、越结盟和越"服朝于楚"时期两地人民的各种交往，以及"越士仕楚"、"越女侍楚"、"越人役楚"等。上述"仕楚执珪"，富贵而"思越"的庄舄，其爱乡爱国之情既驰名各国，当更曾教育当地楚人；勇于"死王之义，不死王之好"的"楚昭越姬"，无疑就"何谓君王之德"给楚国最高统治集团上了一课；而《百越先贤志》卷一所载，更提供了一个越人影响整个楚地文化风气之见微知著的个案：

> 高固，越人也，世在越。……楚熊商灭越而臣服之，是为楚威王。固归楚，为威王相。时鲁左丘明因孔子史记，具论其语，成《左氏春秋》。铎椒传威王，以王不能尽观《春秋》，采取成败，卒四十章，为《铎氏微》，由固进之。楚以故文教日兴，五羊衔谷，萃于楚庭。

高固作为世居于越的越籍士大夫、越地精英人物和楚威王亡越以后显然是虏获而来的新丞相，他的身上应该集中了太多越地文化精神，他的一举一动也都关系着楚地的政治动向和士大夫的精神面貌。如所记载，楚国晚期"文教日兴"的第一颗种子，就是由他一手种下的。不要小看区区"由固进之"四个字！这一"进"，可以毫不夸张地说，越人高固就把楚文化的发展推进到了一个新的时代。须知，楚文化的光辉代表人物屈原（前340—前278），正是在"文教日兴"的楚威王（前339年至前329年在位）后期、楚怀王（前328—前299）前期经历其儿童、少年和青年、壮年时期，吸收文化的雨露成长壮大的。

再看楚文化对越文化的影响。

还从越国成功灭吴崛起说起，追根溯源，它又是楚文化影响越文化，越地接受楚地人才和精神文化的结果，是楚地精神文化与越国上下一心报仇复国之实际相结合的产物，是越地最高统治者（勾践），广大的越地本土人才、臣民（《史记·越王勾践世家》所谓"君子六千人"、"教士四万人"等），与一批楚文化精英人物风云际会，接受他们指导，三者共同创造的一个伟大的壮举。

有论者曾经提出："於越是在楚国的扶持下强盛起来的"①，揆以史实，

① 陈剩勇：《吴越文化特征初探》，《浙江学刊》1985年第2期。

此言并不为虚。如前所述,《墨子·所染篇》载:“齐桓染于管仲、鲍叔,晋文染于舅犯、高偃,楚庄染于孙叔、沈尹,吴阖闾染于伍员、文义,越勾践染于范蠡、大夫种。此五君者所染当,故霸诸侯,功名传于后世”,越王勾践受到范蠡、文种的影响,才成就其灭吴称霸的大业,这是战国时代的共识;全面地考察越国灭吴崛起的历史过程,除越王勾践本人外,有四个人物堪称其中的灵魂人物,这就是政治家文种、外交家范蠡,经济学家计然,军事家陈音,而其中三人原来都是楚人。文种、范蠡本是楚国“有贤俊之姿”,“有圣人之气”者,堪称那个时代楚国先进思想文化的代表,他们在越国灭吴崛起中一个“躬正内”,一个“治出外”,一个“善图始”,一个“能虑终”;陈音本是楚国悠久而先进的军事文化的集大成者,他领导教习越军“皆能用弓弩之巧”,使越国的军事力量迅速强大,均为越国灭吴崛起做出不可或缺的贡献。不仅如此,在越国决策发动复仇战争前夕,还有一个楚人,偶然之间,对越国灭吴崛起这部巨幅历史画卷的最终完成,发挥了画龙点睛的作用。《吴越春秋·勾践伐吴外传》载:

> 〔勾践〕二十一年〔前476〕七月,越王复悉国中士卒伐吴,会楚使申包胥聘于越。越王乃问包胥曰:“吴可伐耶?”申包胥曰:“臣鄙于策谋,未足以卜。”越王曰:“吴为不道,残我社稷,夷吾宗庙以为平原,使不得血食。吾欲与之徼天之中,惟是舆马、兵革、卒伍既具,无以行之。诚闻于战,何以为可?”申包胥曰:“臣愚不能知。”越王固问,包胥乃曰:“夫吴良国也,传贤于诸侯。敢问君王之所战者何?”越王曰:“在孤之侧者,饮酒、食肉未尝不分,孤之饮食不致其味,听乐不尽其声,求以报吴。愿以此战。”包胥曰:“善则善矣,未可以战。”越王曰:“越国之中,吾博爱以子之,忠惠以养之,吾今修宽刑,欲民所欲,去民所恶,称其善,掩其恶,求以报吴。愿以此战。”包胥曰:“善则善矣,未可以战。”王曰:“越国之中,富者吾安之,贫者吾予之,救其不足,损其有馀,使贫富不失其利,求以报吴。愿以此战。”包胥曰:“善则善矣,未可以战。”王曰:“邦国南则距楚,西则薄晋,北则望齐,春秋奉币、玉、帛、子女以贡献焉,未尝敢绝,求以报吴。愿以此战。”包胥曰:“善哉,无以加斯矣,犹未可战。夫战之道,知为之始,以仁次之,以勇断之。君将不知,即无权变之谋,以别众寡之数;不仁则不得与三军同饥寒之节,齐苦乐之喜;不勇则不能断去就之疑,决可否之议。”于是越王曰:“敬从命矣。”

楚昭王十年(前506)痛哭秦庭七日,以爱国血忱挽救了祖国的楚大夫申包胥,30年后为一心复仇报吴的越王勾践点出"知〔智〕、仁、勇"三策,使之翻然警醒,把伐吴计划推迟一年,对一系列行动作出调整,从而用更好的准备赢来了辉煌的成功。如果没有文种、范蠡、陈音和申包胥这些导演和领衔演员,又哪里有越国灭吴崛起这部先秦时代最为宏伟壮阔的政治活剧的上演!

"统治阶级的思想在每一时代都是占统治地位的思想"①,根据这一逻辑旁推,在楚、越结盟和越"服朝于楚"这一相当漫长时期的楚、越共同体中,力量偏弱、居于从属地位的越国一方,受到力量较强、居于主导地位的楚国一方思想和文化的明显影响甚至一定程度的左右,也就难以避免。越王勾践之所"染"主要来自楚地,楚地士人成为越国灭吴崛起壮举中的主要灵魂人物,其根本原因乃在此。

我们还可以从汉代越地士人和民间对有关屈原问题的着迷这一意味深长的个案,逆向推测楚地精神文化曾经怎样在越地持续传播,影响深远,上而使越地士人予以接受和传承,下而使越地民俗也打上鲜明的楚文化印记。

个案涉及三事,其一为西汉严助、朱买臣首研《楚辞》。《史记·酷吏列传》载:"长史朱买臣,会稽人也,读《春秋》。庄助使人言买臣,买臣以《楚辞》与助俱幸,侍中,为太中大夫,用事。"《汉书·地理志》亦载:"吴有严助、朱买臣,贵显汉朝,文辞并发,故世传《楚辞》。"该志所说"吴","今之会稽、九江、丹阳、豫章、庐江、广陵、六安、临淮郡,尽吴分也",包括今之江浙、江西和安徽中南部,乃是一个很大的地域概念;所以,所谓"吴有严助、朱买臣",乃就此大的地域概念而言;若就小的地域概念而言,亦即"会稽有严助、朱买臣",与《史记》所载完全吻合。据此,西汉时代搜集、研究、传承屈原《楚辞》,使这部楚文化光辉杰作生生不息于国人精神领域之仅有二人,皆为越人。如果楚文化不曾深入越地士人骨髓,很难想象中国学术史上最早的两个《楚辞》学家和名副其实"学而优则仕"人物,恰好都是越人。

其二为东汉初王充热议屈原。东汉初绍兴上虞士人王充,是那个时代

① 马克思、恩格斯:《德意志意识形态》,《马克思恩格斯选集》第1卷,人民出版社1995年第2版,第98页。

最具有科学理性精神和批判倾向的思想家，他在《论衡》中批驳汉代流行的天人感应论，发表有关政见时，一而再再而三地以屈原其人或其悲剧命运为证。如该书《感会篇》论证人的生命长短是各种因素综合作用的自然结果，跟“厌胜”等迷信行为无关，举例说，“子胥伏剑、屈原自沉”之所以发生，在于“子兰、宰嚭适为谗，而怀王、夫差适信奸也。君适不明，臣适为谗，二子之命，偶自不长”，“其实自然，非他为也”，君王的昏聩与权臣的毁谗两要素结合到一起，伍子胥、屈原这样的忠直人物短命而亡也就不可避免，没有什么神秘性可言；《效力篇》提出君臣要有同等的道德力量和智慧，才有可能成就大事，举出正反两方面的例子，“管仲有力，桓公能举之，可谓壮强矣。吴不能用子胥，楚不能用屈原，二子力重，两主不能举也；举物不胜，委地而去可也，时或恚怒，斧斫破败，此则子胥、屈原所取害也”，伍子胥、屈原的悲剧在于，他们所依赖的吴王、楚王没有与他们各自同等的道德力量和智慧，吴王、楚王自觉不如人，本可由此弃他们而去，但却因恼羞成怒，对各自的贤臣进行了无情的摧残和最终的加害；《书虚篇》驳斥伍子胥死后驱涛杀人传说，指出：“屈原怀恨，自投湘江，湘江不为涛”，伍子胥、屈原本是同类人物，屈原如此，那么，“言吴王杀子胥投之于江，实也；言其恨恚驱水为涛者，虚也”；《变动篇》针对“行事至诚，若邹衍之呼天而霜降，杞梁妻哭而城崩，何天气之不能动”的论调，反驳说：“一邹衍之口，安能降霜？邹衍之状，孰与屈原？见拘之冤，孰与沉江？《离骚》、《楚辞》凄怆，孰与一叹？屈原死时，楚国无霜，此怀、襄之世也”；《纪妖篇》针对所谓“亡国之声”乃武王诛纣时投水自尽的师延死后鼓琴之为，“先闻此声者，其国削”等奇谈怪论，指出：“师延自投濮水，形体腐于水中，精气消于泥涂，安能复鼓琴？屈原自沉于江，屈原善著文，师延善鼓琴。如师延能鼓琴，则屈原能复书矣。杨子云吊屈原，屈原何不报？屈原生时，文无不作；不能报子云者，死为泥涂，手既朽，无用书也。屈原手朽无用书，则师延指败无用鼓琴矣”；《谴告篇》批驳“古之人君为政失道，天用灾异谴告”之非，指出“天审能谴告人君，宜变易其气以觉悟之”，而不能君王为政有失，上天也用灾异让人民有失，那就成了“无相觉悟之感，有相随从之气，非皇天之意，爱下谴告之宜也”，只有相反才能相成，如“屈原疾楚之臭洿，故称香洁之辞；渔父议以不随俗，故陈沐浴之言”，把屈原《楚辞》的香草美人设喻，提升到若有皇天则为“皇天之宜”的高度；《超奇篇》言人才难得，如“珍物产于四远幽辽之地，未可言无奇人也”，举例中说道：“唐勒、宋玉，亦楚文人也，竹帛不纪者，屈原在其上也”，言明东汉初年官方史书中尚不甚彰显的屈原，乃是人才之上的人才；等等。一部系统阐述自己理性主义哲学见解的著作，却如此不厌其烦地关注屈原，且词锋间一再流露替屈原抱屈和张扬其杰出才华的不平之鸣，则楚文化史上这位绝代伟人在其心目中之崇高地位，由此可见一斑。

其三为东汉晚期越地民俗祭祀屈原。《后汉书·列女传》载:“孝女曹娥者,会稽上虞人也。父盱,能弦歌,为巫祝。汉安二年五月五日,于县江溯涛迎婆娑神,溺死,不得尸骸。娥年十四,乃沿江号哭,昼夜不绝声。旬有七日,遂投江而死。”《世说新语》引晋虞预《会稽典录》载:“女子曹娥者,会稽上虞人。父能弦歌,为巫,汉安二年五月五日,于县江溯涛迎波神,溺死,不得尸。娥年十四,沿江号哭,昼夜不绝声,七日,遂投江而死。”据此,越女曹娥之父曹盱是在东汉汉安二年(143)五月五日“于县江溯涛”祭神时溺死。世人多据邯郸淳《曹娥碑》“五月五日,时迎伍君”文字,以为曹盱所祭之神为伍子胥。但伍子胥一生事迹既与越地无直接交涉,遍查文献,更无半点材料证明其亡乃在五月五日。那么,东汉晚期越地民间五月五日祭祀的神是谁?实际上,南朝梁荆州宗懔《荆楚岁时记》载之甚明:“五月五日竞渡,俗为屈原投汨罗日,伤其死所,故并命舟楫以拯之。舸舟取其轻利,谓之飞凫,一自以为水车,一自以为水马,州将及土人悉临水而观之。盖越人以舟为车,以楫为马也。”《荆楚岁时记》自古即为考证端午节祭祀屈原风俗起源的最早、最权威材料。尽管宗懔也受到邯郸淳的影响①,但这条记载本身充分说明:曹娥之父“于县江溯涛”的时间在五月五日,则所参加的实为一年一度的端午节竞渡祭祀屈原活动;越地虽不是屈原故里,却很可能是端午节祭祀屈原风俗的首创地。此亦顺理成章:屈原身为楚王流放的“罪人”投水自尽,楚人虽哀怜却限于政治忌讳迟迟不敢见于行动,而早已“服朝于楚”又远在楚国统治中心之外的越人,却有楚人尊贤鸣屈之情怀而无其政治顾忌。宗懔之后,盛唐天宝年间褚朝阳有《五丝》诗,专咏端午节以五彩丝系臂以辟邪的风俗:“越人传楚俗,截竹竞萦丝。水底深休也,日

① 如在以上文字后,他又含含糊糊地补记说:“邯郸淳《曹娥碑》云,‘五月五日,时迎伍君,逆涛而上,为水所淹’,斯又东吴之俗,事在子胥,不关屈平也。《越地传》云,‘起于越王勾践’。不可详矣。”

中还贺之。章施文胜质，列匹美于姬。锦绣侔新段，羔羊寝旧诗。但夸端午节，谁荐屈原祠。把酒时伸奠，汨罗空远而。”(《唐诗纪事》卷二十七、《全唐诗》卷二百五十四)诗中“越人传楚俗”、“汨罗空远而”，明确点出一般所知的楚俗端午节和越地的关系。

透过以上三事，我们完全可以说，汉代越人对楚文化的绝代伟人屈原之推崇，超过域内任何其他地方。何以汉代越人会如此？那当然是秦汉以前楚人影响越人精神传统的延续表现。如此，则楚地精神文化曾对越人影响之根深蒂固，自不难想见。

楚文化对越文化的影响当然也表现在其他民俗文化与器物文化等方面。例如，众所周知，先秦楚国的葬俗为竖穴土坑墓和竖岩土坑墓，越人和吴人一样，战国以前盛行的都是土墩墓；但 20 世纪晚期以来发现的多座战国早期越墓表明，越地葬俗在战国时期出现了很大的日益楚化的变革。如 1982 年发现的绍兴坡塘 306 号墓，墓主当为贵族，时代为战国早期，即为竖岩土坑墓，墓内出土遗物包括伎乐铜屋模型、阳燧、三足罍等“越式”器物，但是，“遗物也显示了楚文化的影响，从器物形制到纹饰都有表现”，此外，该墓还发现大量漆器遗迹，“以漆器随葬是楚墓的特色”，该墓在这方面也受到楚风的影响；同时绍兴漓渚墓群、海盐黄家山墓、余杭崇贤墓等越地小型墓葬，“亦普遍由土墩墓改为土坑墓。随葬器物虽仍体现浓厚的土著文化特色，接受外来文化影响，比起大中型墓葬要微弱一些，但也明确显示，它已开始了变革的进程”；1975 年发现，时代略晚于上述越墓，可能接近战国中期的绍兴皋埠凤凰山两座木椁墓，亦皆为竖穴土坑墓，“从墓葬形制到随葬品的组合，都与楚墓十分接近。土著文化的特点虽仍存在，如撇足小鼎、兽首鼎等，但全面看来，已经不占主要地位了”①；1997 年在皋埠凤凰山又发现第三座竖穴土坑木椁墓，研究者曾对其考察指出：“木椁四周充填白膏泥，完全是楚国墓制，出土的泥质黑陶器和原始青瓷器各半，另有 15 件印纹硬陶，泥质黑陶器是楚式的，而原始青瓷和印纹硬陶器是越式的，特别是墓中还出土了一把有‘越王不光’铭文的玉矛。‘不光’是越王翳的别名，但此墓墓主不可能是越王翳，因此这柄玉矛只能是墓主的战利品。可见当楚人灭了越国、驱逐了越人以后，在吴越地区楚文化不是继承越文化，而是

① 刘和惠：《楚文化的东渐》，湖北人民出版社 1995 年版，第 83、90 页。

覆盖了越文化。”①

如前所考，楚曾“灭”越而实未曾尽灭，因此，“覆盖”之说或许过重；但楚文化无论精神文化还是物质文化、民俗文化曾经持续在越地传播，大范围地“叠加”到越文化之上，对越地上层士人和民众产生深远的影响，则是毫无疑问的。

（四）楚文化与越文化的历史共振和互补

由于楚、越两地自然条件、生活方式极为接近，又分居长江文化亚系统的中游和下游，在文化发育期经历过近五百年之久的“楚、越”一家的社会同化，秦汉以后又面对相同相似的历史机遇与挑战，所以楚、越两地文化在先秦时期形成的密切关系和由此产生的文化共性，也得以代代传承下来，在中国历史的发展和中华文明的演进过程中发生共振作用，共同为中华文化的发展做出贡献。

如在物质经济文化方面，越地是中国丝绸文明的发祥地，唐代以降即有高度发达的丝织业，“越罗”、“越绫”、“湖丝”等丝织品一直衣被天下；湖北随州出土的陶纺轮、长沙楚墓出土的矩纹锦、江陵马山一号墓出土的田猎纹绦等表明，楚地同样是中国丝绸文明的发祥地，而长沙马王堆汉墓出土的绒圈锦、千金绦等色彩艳丽的各种丝织品实物，以及沈约“荆城跨南楚之富，扬部有全吴之沃，……丝绵布帛之饶，覆衣天下”（《宋书·沈昙庆传》）等记载，与杜甫“越罗与楚练，照耀舆台躯”（《横吹曲辞·后出塞五首》），李贺“夜饮朝眠断无事，楚罗之帏卧皇子”（《夜饮朝眠曲》）等诗句还意味着，自汉历南朝至唐，楚地丝织品亦为全国翘楚，并与越地丝织品交相辉映。越地在唐代成为中国的经济中心，宋以后这种地位得到进一步巩固和强化，范成大《吴郡志》写到“苏湖熟，天下足”；楚地在明代亦成为中国的经济重镇，出现了“湖广最称巨省，延袤绵亘，沃野千里，产殖丰饶，谚曰‘湖广熟，天下足’”（明郑若曾《郑开阳杂著》卷十一《松浮赋议》）等记载。在人才文化方面，越地是闻名天下的名士之乡，“越有君子六千人，东南盖多士矣”（宋陈傅良《止斋集》卷四十三），“江浙人材渊薮”（元程端礼《畏斋

① 叶文宪：《论战国时期吴越地区的越文化与楚文化》，《苏州科技学院学报》（社会科学版）2006 年第 2 期。

集》卷四《送虞诚原夹浦代归序》)，“浙中文献之邦，游儒奇士，冠摩而毂击”(戴良《九灵山房集》卷十三《送丁山长序》)，“浙东、西浙人才炳烺，霸天下”(胡应麟《少室山房集》卷八十七《中丞滕先生传》)，种种褒美，络绎于史册；楚文化亦以人才多产驰名，“楚有材”(《左传·襄公二十六年》)，“楚材从古擅豪雄”(宋卫泾《后乐集》卷二十《长沙鹿鸣宴送诸进士》)，“惟楚有材实多贤”(元方回《桐江续集》卷二十一《送常德教赵君》)，“楚材号天下”(雍正《湖广通志》卷一百十一《新修武昌府儒学碑记》)，赞誉之辞，亦史不绝书。在政治军事文化方面，越地早期创造了发奋图强、灭吴崛起的政治奇迹，晚期在明代诞生于谦、王阳明等杰出政治家和遥承先秦尚武精神、威震中外的“浙兵”，在清末民初诞生了章太炎、蔡元培、陶成章、秋瑾、徐锡麟、鲁迅、周恩来等一大批民族民主革命家；楚地早期亦创造了含垢忍耻、“楚虽三户，亡秦必楚”的不朽神话，晚期亦在明清诞生杰出政治家张居正和绍接先秦好勇民风的“湘军”，在清末民初诞生黄兴、宋教仁、蔡锷、陈天华、毛泽东、蔡和森、恽代英、陈潭秋等一大批民族民主革命先驱；而且楚地革命先驱亦最推崇越地革命家，如毛泽东之盛赞鲁迅、盛推秋瑾，写下“鉴湖越台名士乡，忧忡为国痛断肠。剑南歌接秋风吟，一例氤氲入诗囊”(《七绝二首·纪念鲁迅八十寿辰》之一)等感人诗句。在精神文化方面，楚地有中国第一个伟大的诗人屈原，越文化亦有中国创作作品最多的伟大诗人陆游；越地唐代有大诗人贺知章，楚地唐代亦有大诗人孟浩然，且两人均援道入诗，交往密切，并为“仙宗十友”成员；楚地明代有袁宏道三兄弟领袖天下的公安派“性灵”文学，越文化明代亦有性灵文学先驱徐渭、公安派健将陶望龄，清代又诞生以袁枚为首诗坛最大的流派“性灵派”，且袁宏道最推崇徐渭，称之为“我朝第一诗人”(《与吴敦之》)，与陶望龄关系极为密切，并赞誉越地“士比鲫鱼多”(《初至绍兴》)；等等。

当然，以上突出两种文化的相互影响和共性，仅是问题的一个方面。另一方面，由于起源不同，文化创造主体不同，发展演变过程中所遇因素也存在种种差异，楚文化与越文化毕竟还是两种不同的地域文化，在文化共性之外还有着各自的文化个性和文化特色。例如，张正明比较先秦时期楚文化与吴越文化的不同，指出：“楚以客户为主体征服并融合土著，而吴越则以土著为主体吸收并融合客户”；吴越青铜器皆兵器和农器、匠器，几乎没有礼器，故而“吴越是精勤的耕战之国，但不是严谨的礼义邦”，而楚却礼器精良，属礼义之邦;“楚人逐渐放弃楚言改操夏言”,吴人和越人直到国亡仍操自己的语言,与夏言不能相通;“从文化的内涵来看,楚文化显然是华夏文化的一种区域文化,不妨说它就是南方的华夏文化,吴越文化虽含有华夏文化的成分,但不属于华夏文化的范畴,而是另外一种民族文化”①,等等,这些考察即包含了楚文化与越文化的不同。当然,这仅是就先秦时期而言。

如果放眼两种区域文化的整体,不难发现,其差别和文化特色同样显著。如在物质经济文化方面,“湖广熟,天下足”虽然可以代替“苏湖熟,天下足”,但楚地经济的繁荣较之越地毕竟远为短暂,“湖广熟,天下足”很快即为明清之际的大破坏所取代,而且楚地一直以农耕经济为主;越地经济繁荣的历史更悠久,延续时间更长,唐代即成为中国的经济中心,这一地位在后代又得到不断巩固和加强,而且在明中晚期以降逐渐实现了经济模式的大转型,工商业和对外贸易获得大发展,近代更日益成为全国工商业最发达,经济最富庶的地区。在人才文化方面,“楚地多材”中最多的还是谋国兴邦的政治人才,越地“人才炳烺”中的最大特色则是各种人才齐备,而最多的则是各种学术文化人才。特别是明清以降,越地虽不少政治人才,但成功者少,功亏一篑,成为悲剧人物者多,楚地成其功业者更多;同时,楚地虽也有大思想家王夫之可与越地黄宗羲同时并驾齐驱,也有诗坛领袖袁宏道和越地袁枚后先辉映,也有大科学家李时珍与越地李之藻并为时代翘楚,但在王夫之、袁宏道、李时珍之外,足为全国第一流思想家、文学家、科学家的人物不多,但越地在黄宗羲、袁枚、李之藻之外,可与他们等量齐观甚至等而上之,足为全国第一流思想家、文学家、科学家的人物还有很多,如思想家和大学者王阳明、刘宗周、全祖望、章学诚、龚自珍、王国维,文学家徐渭、张岱、鲁迅、周作人、徐志摩、戴望舒、郁达夫、茅盾,科学家王士性、张景岳、李善兰、杜亚泉等等。再如在根本的文化类型上,楚文化可称内陆文化的代表,越文化则为内陆文化与海洋文化共生的典型,既具有内陆文化的种种优点,又展示出海洋文化视野宏阔、兼容并包的种种气度。

所以在中国历史的发展和中华文明的演进过程中,楚文化与越文化既以其密切联系和文化共性发生共振作用,以“同质性力量”共同为中华文化的发展做出贡献,又以其各自的文化个性和文化特色发生互补作用,以“异

① 张正明:《楚与吴越文化异同辨》,《浙江学刊》1990年第6期。

质性力量”为中华文明的演进做出各自的贡献。

三、越文化与中原文化之间的观念影响和人才交流

作为江南文化亚系统相当活跃的组成部分之一,越文化的辐射力很早就越过近邻地区,到达遥远的北方,从而与中原文化亚系统发生联系。基于文化传播易于从高纬度向低纬度扩散的高地效应,越文化受到中原文化的影响是长期的、深刻的;当然,它也对中原文化产生了相当的影响。

(一)中原文化对越文化的观念影响

诚如《荀子·儒效篇》所说:“居越而越,居夏而夏”,越文化与中原文化本是单独存在、各自发展的不同的地域文化。但两者很早就发生联系。如《竹书纪年》载:周成王“二十四年〔前 1040〕,於越来宾”。《逸周书·王会解》亦载,周成王二十五年:“大会诸侯于洛邑,……於越来朝。”《艺文类聚》卷七十一引《周书》又说:“周成王时,……於越献舟。”这是现知越文化辐射力最早到达黄河流域的时间。这些记载说明,至迟在西周初即公元前 11 世纪,於越民族就和中原的中央王国——姬周王朝发生比较频密的交往关系,越文化就与中原文化开始了漫长的互动历史,越文化就开始长期接受中原文化的影响。

中原文化对越文化的影响主要体现在文化观念与文化创造的主体人才两方面。

就文化观念而言,在长期的联系与互动中,越文化接受了中原文化的诸多精神观念。例如,“越为禹后说”和“舜为上虞人说”等,就是这种现象的典型例证。众所周知,“越为禹后说”,经《史记》、《越绝书》等书的传播,而广为流行。但《越绝书·越绝内传陈成恒》载,越王勾践早期曾对鲁国使者说:“此乃僻陋之邦,蛮夷之民也。”《国语·越语下》载,直到越国开始强大,战败强邻吴国以后,越大夫范蠡与吴国的求和使者谈话,仍然说:“昔吾先君,固周室之不成子也,故滨于东海之陂。”韦昭注:“子,爵也,言越本蛮夷小国,于周室爵列,不能成子也。”这些记载表明,於越乃是与中原华夏族完全不同的“蛮夷”,越国内部一直很清楚,也不讳言。然而,《吴越春秋·勾践伐吴外传》却又记载:“勾践寝疾,将卒,谓太子兴夷曰:‘吾自禹之后,承允常之德,蒙天灵之佑,

神祇之福，从穷越之地，籍楚之前锋以摧吴王之干戈，跨江涉淮，从晋、齐之地，功德巍巍，自致于斯，其可不诚乎？夫霸者之后难以久立，其慎之哉。'"“吾自禹之后”，与20年前所承认“蛮夷之民”完全不同。陈桥驿先生由此提出，“越为禹后说”的起源，“实际上是於越强大以后，从於越内部传播出来的。这个传说的编造者，或许就是越王勾践自己”，“越王勾践是个有雄才大略的国君，他曾经在国族濒于灭亡的时刻，依靠‘十年生聚，十年教训’的励精图治，使国族由弱转强，达到了他覆灭句吴，报仇雪耻的愿望。而‘越为禹后说’的编造和传播，实际上是他进一步称霸中原的策略之一”，“为了军事上、外交上和内政上的需要，这种传说的有意识散布，可能是从迁都琅邪以后开始。当这种传说散布的初期，在琅邪的於越上层人物和在大越的故乡父老，当然都是心中有数的。但是由于这种传说对提高他们的身份地位都有好处，因此他们心照不宣，并且努力帮助这种传说的散布。几代以后，知情人都已亡故，于是，这种传说在於越便深入人心，家喻户晓。司马迁在其二十岁的年代，曾经‘南游江、淮，上会稽，探禹穴’，这个地区在勾践迁都琅邪以后，曾经都属於越的势力范围，是‘越为禹后说’最流行的地区”。①这是从勾践自抬身份，以便更好地称霸中原的政治、军事需要角度，对“越为禹后说”提出的解释，我们认为，是不尽允当的。因为，既然直到越国开始强大之时，勾践君臣都不讳言自己乃是“蛮夷之民”，这种身份也没有妨碍其灭吴崛起，那么，在“勾践已平吴，乃以兵北渡淮，与齐、晋诸侯会于徐州，致贡于周，周元王使人赐勾践胙，命为伯。勾践已去，渡淮南，以淮上地与楚，归吴所侵宋地于宋，与鲁泗东方百里，当是时越兵横行于江淮东，诸侯毕贺，号称霸王”（《史记·越王勾践世家》），已然无敌于天下之后，勾践在卒前两三年匆忙编造“越为禹后说”（《竹书纪年》载，周贞定王元年，越王勾践徙都琅邪，时勾践在位29年，即前468年；周贞定王四年，越王勾践卒，时勾践在位33年，即前465年），在政治、军事上又有何迫切的必要性？

实际上，从更宽广和更深远的视野来看，所谓“越为禹后说”，也就是以大禹为越人的精神祖先和文化血脉之源，这一观念出现于战国初年越国迁都琅邪之后，乃是在自公元前11世纪以来有断断续续联系的基础之上，越文化突然大规模深入中原文化区，融入当时远为先进和博大的中原华夏文

---

① 陈桥驿：《“越为禹后说”溯源》，《浙江学刊》1985年第3期。

化，及时跟上正在蓬勃兴起的中原华夏文化新思潮，及时拥抱这一文化思潮所尊崇的文化偶像，从而与中原华夏文化发生趋同共鸣和一体化历史运动的表现。这个两周之际的中原华夏文化新思潮，用明代方孝孺的话来说，就是"尧舜禹三圣人为万世法"（《逊志斋集》卷五《夷齐》）。众所周知，按迄今为止的史学界主流观点，所谓"五帝"黄帝、颛顼、帝喾、唐尧、虞舜与夏禹，本是新石器时代晚叶至奴隶社会前夜黄河流域的部落"国家"首领，黄帝控制的中心范围在今山西、河南境内的黄河两岸，唐尧都于平阳（今山西临汾），虞舜都于蒲坂（今山西永济），禹辞舜位先避于阳城（今河南登封），后先后都平阳、安邑（今山西夏县）、晋阳（今山西太原），势力范围亦均在今豫、晋、陕三省交界的黄河中游一带。约从春秋中晚期开始，随着中原列国兼并加剧，战乱频繁，"王纲解纽，礼义消亡"，思想文化界越来越把如何挽救"世道人心"当做自己的任务；在此过程中，以儒、墨两派为代表的思想家们不约而同地把眼光投向业已消逝了的上古社会，在原始民主制时代的部落领袖身上看到希望，从而逐渐把黄帝和尧、舜、禹等神话传说人物都形塑为中原华夏族的文化英雄和道德楷模，《周易》、《尚书》、《礼记》、《论语》、《墨子》、《孟子》、《左传》等等中原典籍，均充斥了对他们的种种褒美。诚如顾颉刚所言："禹是西周中期起来的，尧、舜是春秋后期起来的，他们本来没有关系。他们的关系是起于禅让之说上；禅让之说乃是战国学者受了时势的刺戟，在想象中构成的乌托邦"①，"此外如尧、舜、禹的道统说，以及禹的'节用'、'薄葬'等等美德，都出于儒、墨学派的宣传"②，中原思想文化界这一以"尧舜禹三圣人为万世法"的"造圣"思潮持续了数百年时间；春秋、战国之交正是这一思潮蓬勃兴起、方兴未艾的时期。当此之际，越国都城既迁入黄河下游的琅邪，越地思想文化界自不能不受到中原文化的深刻熏陶和浸染，这一"造圣"思潮中最早出现③，"圣德"最被推崇④，其文化

---

① 《顾颉刚古史论文集》第1册，中华书局1988年版，第157页。

② 同上书，第2册，第138页

③ 顾颉刚指出："《诗经》中有若干禹，但尧、舜不曾一见。《尚书》中除了后出的《尧典》、《皋陶谟》，有若干禹，但尧、舜也不曾一见。故尧、舜、禹的传说，禹先起，尧、舜后起，是无疑义的。后起者立于前，也是杜撰古史的成例。"（《顾颉刚古史论文集》第1册，中华书局1988年版，第152页）

④ 《论语·泰伯》载子曰："巍巍乎，舜、禹之有天下也而不与焉！""禹，吾无间然矣。菲饮食而致孝乎鬼神，恶衣服而致美乎黻冕，卑宫室而尽力乎沟洫。禹，吾无间然矣。"

功能又与水乡泽国的越人期待最为吻合①的禹,自然容易被越人接受,通过被追认为越人的血缘祖先,而成为越文化的精神祖先。

随着“越为禹后说”广为流传,渐成“事实”,中原文化“尧舜禹三圣”中与禹有直接关系的又一个圣人“舜”,也被越文化接受,通过被追认为越籍出身,亦成为越文化中的精神偶像。当然,因为是傍之而起,一定得在“越为禹后说”被后代普遍、持久接受之后,“舜为上虞人说”的出现也就晚得多。《水经注》卷四十解释上虞县名说:“晋《太康地记》曰:〔虞〕舜避丹朱于此,故以名县;百官从之,故县北有百官桥。”唐张守节《史记正义》注解《五帝本纪》“舜,冀州之人也,舜耕历山”等记载时,既引史料把舜的籍贯解释为唐代蒲州河东县(即今山西永济市)或濮州雷泽县(今河南濮阳市),又说:“越州余姚县,顾野玉云,舜后支庶所封之地,舜姚姓,故云余姚。县西70里,有汉上虞故县。《会稽旧记》云:舜,上虞人,去虞30里有姚丘,即舜所生也。”这些记载表明,从公元3世纪到6世纪的西晋到南北朝时代,舜是上虞人的说法还没有出现,此时还只有舜为避开尧子丹朱而隐于今上虞的说法;一直到盛唐时代,才出现“舜,上虞人”的说法,但也还不确定,此时还有“舜后支庶所封之地”的另一个说法。应该是在此之后,“舜为上虞人说”才逐渐盛行,压倒了“舜避丹朱于此”和“舜后支庶所封之地”的说法,以上虞、余姚为中心,在越地形成了一个范围不小的虞舜传说圈。这个虞舜传说圈的形成,实际上就是中原文化的又一个精神偶像舜,继禹之后,也被越人接受,成为越文化的精神偶像。这是秦汉至隋唐大一统条件下,越文化与中原文化联系进一步加强,越文化接受中原文化精神观念影响的又一个体现。

重要的是,通过将中原的文化英雄和道德楷模禹、舜追认为自己的文化偶像,越文化实际上吸收了中原文化中最重要、最核心的吃苦耐劳、艰苦奋斗精神,勇于创业的事功主义,与忧国忧民、尚德尚贤主义价值理念等,从而为越国灭吴崛起之后越文化的发展引入了新的可靠的价值支撑。例如,徐吉军先生就总结历史文献与史家的论述指出,大禹精神包含“克服自然、人定胜天”、“忧国爱民、无私奉献”、“以身作则、艰苦奋斗”、“居功不

① 《尚书·禹贡》:“禹别九州,随山浚川,任土作贡。禹敷土,随山刊木,奠高山大川。”《诗·商颂·长发》:“洪水芒芒,禹敷下土方。”

傲、勤而不德”、“另辟蹊径、勇于创新”、“知人善任、尚贤使能”六个方面，“大禹的这些可贵精神，千百年来始终影响着浙江文化的发展，并成为浙江文化的基本精神所在”；而就大禹最主要的事功而言，“大禹治水不仅对浙江文化的发展产生了极其深远、巨大的影响，而且也有力地推动了浙江历代水利事业的发展，引导着浙人在改造自然、利用自然的征途上奋勇前进”。① 先秦以后越地历史上的创业巨匠、爱国志士、人伦楷模层出不穷，所谓“忠臣继踵，孝子连闾”（裴松之注《三国志》卷五十七引《会稽典录》），民风向以勤劳节俭、乐事水利闻名，所谓“其民至今勤于身，俭于家”，“力沟洫，乃有禹之遗风焉”（南宋施宿等《嘉泰会稽志》卷一《风俗》），除了越王勾践君臣的典范影响，先秦中原文化的核心价值融入越文化，在其中亦发挥重要作用。

中原文化精神观念对越文化的影响是长期的，途径是多样的。如果说“越为禹后说”乃越文化北上接引了中原文化的精神观念，“舜为上虞人说”系越文化在与中原文化频繁的反复的互动中传承了中原文化的精神观念，那么，像“孔氏南宗”在越，则系影响最大的中原文化世家南下，直接给越文化带来中原文化的精神观念和核心价值。

如所周知，南宋建炎二年（1128）秋，孔子第 48 世孙、衍圣公孔端友，奉孔子夫妇木像，率宗室成员随高宗南渡，辗转数千里，于建炎三年（1129）底到达衢州。宋高宗驻跸临安后，孔端友携从父孔传等谒阙上疏，因赐家衢州，世代袭爵，圣裔南迁嫡系子孙世居于此，衢州遂成为“东南阙里”。元灭南宋后，至元十九年（1282），忽必烈诏议立孔子后，确认“寓衢者乃其宗子”，但孔子 53 世孙孔洙坚持“逊于居曲阜者”，元世祖赞以“宁违荣而不违亲，真圣人后也”（秦蕙田《五礼通考》卷一百二十一），从之，“特授国子祭酒，归守江南庙祀”，孔氏南宗正宗之封始罢；朱元璋取衢州，所部“与百姓更始谒拜庙庭，以为水木本原所系”，恢复祭孔礼仪（明胡翰《胡仲子集》卷六《孔氏家庙碑》）。弘治末年，衢州知府沈杰鉴于“南渡”、“让爵”等史实，疏请援例复爵，明廷遂于正德元年（1506）诏授孔子 59 世宗子孔彦绳为世袭翰林院五经博士，享受衍圣公次子待遇，孔氏南宗又获袭封；从孔彦绳直到清末，明清两代孔氏南宗先后承袭了 15 世翰林院五经博士。“圣裔”入

① 徐吉军：《大禹与浙江文化》，《浙江学刊》1995 年第 4 期。

越与“东南阙里”的近千年存在，无疑将两千多年来中原文化的最大偶像——孔子及其儒学精神，深深地楔入越文化之中，对越地学术和文化精神产生了极为深远的影响。特别是南宗失爵以后，南宗族人以此为契机，坚定地走向民间，致力于平民教育，或为学官，或为山长，使得中原文化的最大思想体系——儒学，在越地乃至整个东南地区得到更广泛、深入的传播。对此，有文章即谈道：“衍圣公孔洙让爵后，南宗开始走向社会，以衢州为中心，在江南诸省传播儒学。仅元朝就有孔氏后裔 22 人出任学官，7 人专任或兼任书院山长。北宋时，衢州只有 5 家书院，南宋时一下子增设 12 所，达 17 所。不管是数量还是书院的知名度，都在全国名列前茅。南宋至元，曾推选历代名儒共 29 名，并为他们立传。这 29 位名儒中，竟有 20 位出生于衢州周围的 300 公里半径之内。宋代 4 位大儒，朱熹，吕祖谦，陆九渊，张拭，有三位在 300 公里半径之内。其中朱熹和吕祖谦的家乡婺源和金华就一南一北紧贴衢州。”①

同时，我们还要看到，由于历史的特殊机缘，在阙里孔氏这个堪称影响最大的中原文化世家之外，还有其他中原文化世家也曾迁徙入越。如刘宗周《刘蕺山集》卷九《曾氏家乘序》所言：“浙之衢有至圣裔，相传为孔氏大宗，盖宋南渡时其宗子抱祭器随驾，因而袭封，而留曲阜守孔林者其支庶子也。越之有曾，考其世系不啻衢之孔矣，是何浙以东，一水相望，而圣贤苗裔若鲁、邹然？事殆有不偶然者？”

“圣贤苗裔”入越，越地不啻“鲁、邹”，以儒学为核心的中原文化精神及其价值理念，遂得以更全面地融入越地文化精神之中。吕祖谦《左氏博议》卷十七“出姜贵聘而贱逆”条曾对比各地的文化特色说：“鲁人之于礼，犹越人之渔，胡人之猎也。昼与礼俱作，夜与礼俱息，不见异物而迁者也，失礼之愆，在他国则可，在鲁国则不可。盖越人不能猎，非耻也；胡人不能渔，非耻也；在越而不能渔，在胡而不能猎，则举国笑之矣。盖生渔猎之俗而不能者，必天下之至拙；生礼义之俗而不守者，必天下之至慢也。一使之不备，他国之所谓小过，而鲁之所谓大过也；一使之不备，其事固小，至于蔑弃周公数百年之礼法，其心则大也；履尧舜之朝而为欺者，真欺也，欺一言重于他时之欺万言者也。”似乎齐鲁有“礼义之俗”，越地可以不备“礼法”，所言

① 何蔚萍：《南孔儒学对“长三角”的影响》，《小康》2006 年第 5 期。

仅是春秋时代的情况。战国以降,随着禹、舜与孔、曾圣裔入越,以及从早期儒学到以关洛之学(张载、程颢、程颐)为代表的不断当代化的儒学在越地传播,越文化亦打上越来越浓厚的中原色彩。如前章所述北宋中叶,“永嘉自九先生而后,伊川之学统在焉”①;“南、北宋之交,关、洛之书盛行浙东”②。这使越地亦逐渐变成地道的“礼义之邦”。如宋林景熙《霁山文集》卷四《永嘉忠烈庙记》载:“永嘉遂为秉礼义之邦,……真儒折冲,凛于百万之骑。”元刘诜《桂隐文集》卷二《送贺元忠赴越城庙山巡检》载:“浙东、西礼义之邦。”刘仁本《羽庭集》卷五《送台州儒学教授陈子章之任序》亦载:“台乡礼义之邦。”明宋濂《文宪集》卷五《八咏楼诗纪序》亦云:“婺为礼义之邦,士君子世惇诗书,心存忠信。”等等。

(二)中原文化对越文化的人才输出

就文化创造的主体人才而言,早在先秦越国时期,越王勾践创造的政治文化奇迹中,就凝聚了以计然(又名计倪、计研)为代表的中原先进文化人的智慧。《史记·货殖列传》载:“昔者越王勾践困于会稽之上,乃用范蠡、计然。计然曰:‘知斗则修备,时用则知物,二者形则万货之情可得而观已。……旱则资舟,水则资车,物之理也。六岁穰,六岁旱,十二岁一大饥。夫粜,二十病农,九十病末。末病则财不出,农病则草不辟矣。上不过八十,下不减三十,则农末俱利,平粜齐物,关市不乏,治国之道也。积著之理,务完物,无息币。以物相贸,易腐败而食之货勿留,无敢居贵。论其有馀不足,则知贵贱。贵上极则反贱,贱下极则反贵。贵出如粪土,贱取如珠玉。财币欲其行如流水。’修之十年,国富,厚赂战士,士赴矢石,如渴得饮,遂报强吴,观兵中国,称号‘五霸’。范蠡既雪会稽之耻,乃喟然而叹曰:‘计然之策七,越用其五而得意。既已施於国,吾欲用之家。’……十九年之中三致千金,再分散与贫交疏昆弟,此所谓富好行其德者也。”《越绝书》并有《越绝计倪内经》和《越绝外传计倪》两卷,专门记载其佐越灭吴的事迹,不仅反映计然乃是当时最优秀的经济学家,其思想乃是那个时代最先进、最

---

① 全祖望:《永嘉张氏古礼序》,《全祖望集汇校集注》上册,上海古籍出版社2000年版,第587页。

② 黄宗羲等:《宋元学案》卷四十五,《黄宗羲全集》(增订版)第4册,浙江古籍出版社2005年版,第755页。

行之有效的经济学理论；从他开导失败之后彷徨无措的勾践所言来看，他也是当时最卓越的政治家。《越绝外传计倪》载其语曰："夫仁义者，治之门，士民者，君之根本也。闿门固根，莫如正身；正身之道，谨选左右。左右选，则孔主日益上；不选，则孔主日益下，二者贵质浸之渐也。愿君王公选于众，精炼左右，非君子至诚之士无与居家，使邪僻之气无渐以生。仁义之行有阶，人知其能，官知其治，爵赏刑罚，一由君出，则臣下不敢毁誉以言，无功者不敢干治。故明主用人，不由所从，不问其先，说取一焉。是故周文、齐桓躬于任贤，太公、管仲明于知人……"计然以中原文化中进步的仁本观、民本观和尊贤观为指导，并以成功的中原政治家为榜样，引导越王勾践改弦更张，打开了全新的政治格局，为越国报仇灭吴的最终胜利奠定了可靠的物质经济基础和政治基础。《百越先賢志》卷一载："计倪者，先葵丘濮上人，姓辛氏，字文子。其先晋国亡公子也。南游於越，范蠡师事之。"由此可见，计然之先人为晋国流亡公子，本人出生于郑、卫两国交界的"葵丘濮上"（在今河南兰考，黄河北岸），乃是地道的中原士人，他是因为"南游"，才来到越国，成为越国灭吴崛起中与楚人范蠡、文种、陈音并驾齐驱的四大灵魂人物之一，也成为先秦越地人才文化中四大外来"人才种子"之一。当然，由于先秦中原文化较之越地文化先进，中原人才流入越地，为越国崛起和文化发展做出贡献，肯定不仅仅是计然一人，计然仅为其中一个代表而已。

秦汉以后，如前所述，亦如张元忭等《万历绍兴府志》卷三十九《人物志》总论所言："在昔文献之盛，必曰中原。自晋之东，宋之南，銮舆既迁而衣冠从之，东南文献始甲于四方矣。吾越多佳山水，贤人达士，往往携其家而家焉"，中原一次又一次陷入动荡和战乱，迫使大批中原人才一波又一波避难南下，其中相当比例都进入越地，这更为越文化的发展持续提供源源不断的人才新血液。可以想象，如果把越地文化名人画廊中众多来自动乱时代中原的人物抹去，整个越文化史都将黯然失色。需要补充指出的是，由于中原文化在相当长时期内具有的先进性和文化传播的高地效应，即使在和平或基本和平时期，也有不少中原人才南下，为越地经济社会和文化的发展发挥了推动作用。例如，汉、唐都是中国文化史上的关键性时代，也是越文化从战国晚期的衰落中逐渐振作、抬头上升的重要时代，在这两个重要时代，都有中原人才来到越地，在这一进程中发挥了关键作用。

汉代中原人才入越的杰出代表是会稽郡守马臻。如所周知，"东汉时期会稽郡太守马臻发动民众修筑的鉴湖，是历史时期宁绍平原上一个了不起的水利工程，在中国古代水利史上也产生了积极的影响。它承前启后，在越地文明的进程中具有里程碑的意义"①，根据各种史料，这位马臻乃中原茂陵人（即今西安西北）。《嘉泰会稽志》卷二《马臻传》载："〔东汉顺帝〕永和五年(140)为太守，创立镜湖，在会稽、山阴县两界，筑塘蓄水，水高丈馀，田又高海丈馀。若水少则泄湖灌田，如水多则闭湖泄田中水入海，所以无凶年。其陂塘周回三百一十里，都溉田九千馀顷。……创湖之始，多淹冢宅，有千馀人怨诉，臻遂被刑于市。……然越人至今庙祀之。"这位中原士人用自己的智慧和生命，极大地改善了越人的生存条件，为越地经济社会和文化的发展做出了无论怎么估计都不会过分的巨大贡献。宋人王十朋有诗赞云："会稽疏凿自东都，太守功从禹后无。能使越人怀旧德，至今庙食贺家湖。"（《梅溪后集》卷四《马太守庙》）他并在《鉴湖说上》中进一步指出："东坡谓杭之有西湖，犹人之有眉目；某亦谓越之有鉴湖，犹人之有肠胃。二湖之在东南，皆不可以不治，而鉴湖之利害尤重。"（《雍正浙江通志》卷二百六十七）应该说都是对马臻中肯的历史评价。

唐代中原人才入越的典型是浙东观察使兼越州刺史的河南洛阳人元稹与出任杭州刺史的下邽（今陕西渭南）白居易。以前者来说，自长庆三年八月至大和三年九月(823—829)，元稹在越州整整七年，期间奏罢明州岁进海味，"自越抵京师邮夫获息肩者万计，道路歌舞之"；对不合理的税赋制度进行大胆改革，"辨沃瘠，察贫富，均劳逸，以定税籍"，进一步减轻了普通民众的负担，"越人便之，无流庸，无逋赋"，出现经济稳定发展的可喜局面；同时大力兴修水利，除组织修筑夏盖湖和海塘外，还在整个浙东七郡广筑陂塘，"春贮水雨，夏溉旱苗，农人赖之"，保证了越地饥荒之年亦"无饿殍"（白居易《白氏长庆集》卷七十《河南元公墓志铭》）。时人、桐庐章孝标《上浙东元相》诗云："黎庶已同猗顿富，烟花却为相公贫。何言禹迹无人继，万顷湖田又斩新。"（《全唐诗》卷五百六）可以说，元稹采取的一系列举措有力地促进了越地经济社会的发展，为越地在中唐时代迅速崛起为全国的经

① 王建华：《鉴湖水系与越地文明》，王建华主编《越文化与水环境研究》，人民出版社2008年版，第27页。

济中心做出了重要贡献。不仅如此，在政事馀暇，元稹还创作了大量歌吟稽山镜水的诗篇，通过与同时在越的浙东观察副使、扶风平陵（今陕西咸阳西）窦巩和杭州刺史白居易等的联袂唱和或诗简往来，把越地山水和风土人情的美传遍大江南北。如元稹《再酬复言和夸州宅》云："会稽天下本无俦，任取苏杭作辈流。"（《会稽掇英总集》卷一）《寄乐天》："莫嗟虚老海壖西，天下风光数会稽。"《酬乐天雪中见寄》："镜水绕山山尽白，琉璃云母世间无。"（《全唐诗》卷四一七）等等。

（三）越文化对中原文化的影响

文化的交流与影响往往是双向的。越文化对中原文化同样产生了长期的影响，这种影响同样主要体现在文化创造的主体人才和文化观念方面。

就文化创造的主体人才而言，越地人才北上中原，为中原的经济社会和文化发展做出贡献，历史同样极为悠久。《史记·邹阳列传》载齐人邹阳狱中上梁孝王书云："秦用戎人由余而霸中国，齐用越人蒙而强威、宣。此二国，岂拘于俗，牵于世，系阿偏之辞哉？公听并观，垂名当世。故意合则胡、越为昆弟，由余、越人蒙是矣。"《汉书·邹阳传》记载相同，只是"越人蒙"作"子臧"。唐司马贞《史记索隐》卷二十引张晏的观点以为："子臧越人，或蒙之字也。"根据史料，"战国七雄"的首雄齐国，正是在齐威王（前356年至前320年在位）、齐宣王（前319年至前301年在位）时代走向鼎盛的，而齐威王、齐宣王时代最出色的政治家，直接引导齐国走向空前鼎盛，称雄于天下的关键灵魂人物只有一个，就是以创造一系列政治佳话闻名文化史的两代国相邹忌。除了众所周知的那个现身说法，劝齐威王纳谏，使"燕、赵、韩、魏闻之，皆朝于齐，此所谓战胜于朝廷"（《战国策·齐策一》）的佳话外，其他佳话还有：以琴喻政。《册府元龟》卷四三二据古史载："邹忌以鼓琴见齐威王，威王悦而舍之右室。须臾，王自鼓琴，邹忌推户入曰：'善哉，鼓琴也。'王勃然不悦，去琴按剑曰：'夫子见容未察，何以知其善也。'忌曰：'大弦浊以温，小弦廉折以清，攫之深而释之舒，均谐以鸣，大小相益，回邪而不相害，是以知其善。'忌曰：'不独语音，夫治国家、弭人民，皆在其中，又何为丝桐之间？'忌曰：'大弦急以温者，君也；小弦廉折以清者，相也；攫之深、释之舒者，刑罚审也；均谐以鸣者，政令一也；大小相益，回邪而不相害者，上下和鸣，吏民相亲也。夫复而不乱者，所以治昌也；连而径者，所以存亡也。故曰，琴音调而天下治。夫治国家、弭人民，无若乎五音者矣！'王曰：'善！'忌见三月而受相印。"所言蕴涵了十分高妙而精当的政治和谐思想。以人才喻孝子。《战国策·齐策一》载："邹忌事宣王，仕人众，宣王不悦；晏首贵而仕人寡，王悦之。邹忌谓宣王曰：'忌闻以为有一子之孝，不如有五子之孝。今首之所进仕者以几何人？'宣王因以晏首壅塞之。"这揭示齐国走向鼎盛的政治基础，就在邹忌提拔、任用了大量人才，他们共同创造了齐国在春秋齐桓公之后再霸天下的奇迹。

但就是这位了不起的齐威王、齐宣王之相，先秦以降出于中原学者之手的各种文献，皆对其出身籍贯讳莫如深，这是极不寻常和耐人寻味的。而且《太平御览》卷四三二引刘向《说苑》载称："昔邹忌为齐相，稷下先生淳于髡之属七十二人，皆轻邹忌，为设妙辞，淳于三称，邹忌三知之如应响，淳于等辞诎而去。"在邹忌出就相位之初，齐国的学者，以淳于髡为首的稷下学派72人，竟然都曾瞧不起他！最大的原因，显然也和邹忌的出身籍贯相关。将这些史实和《史记》"齐用越人蒙而强威、宣"的记载联系起来看，可以断言，那位"越人蒙"应该就是这位邹忌。何况从公元前468年越王勾践迁都以后，一百多年间越国都城都在齐、鲁两国东边交界处的琅邪，可见在相当长时间内，越、齐曾经接壤交错；当齐威王、齐宣王时代，越国在与楚国的竞争中迅速衰落下来，作为越地人才，此时邹忌就近流入齐国，诚属再自然不过。先秦中原学者浓厚的自我中心主义，使他在齐国立足之初遭到白眼，但他最终用自己渊博的学识和出色的智慧战胜了中原学者的傲慢与偏见，同时也引导创造了齐国文化史上的一个辉煌时代。邹忌可以说是先秦越地人才北上中原，在越国自己的灭吴崛起政治文化奇迹之后，帮助中原创造出又一个政治文化奇迹的典型。

秦汉以后，随着越地经济社会和文化从战国末的低潮中逐渐抬升，特别是随着唐宋时代越地先后成为全国的经济中心和文化中心，元明清时代国家长期大一统为越文化的发展提供前所未有的施展空间，越地本土的人一地矛盾亦越来越突出，越地人才通过各种方式北上中原，就从先秦邹忌那样的个案，变成越来越普遍和越来越大规模的趋势。在这中间，不仅有先秦邹忌那样的人才，凭借自己文化所赋予的政治智慧，成为引领中原社会发展的灵魂人物；还有其他种种越地人才，同样凭借自己文化所赋予的特长,成为改善中原民生状况、推进中原文化发展的重要力量。

例如,水利文化是作为江南水乡泽国的越地最具特色的文化之一,从汉代到明清,中原民生社会的最基本问题——"河患",它的解决,就一直有赖于北上的各种层次的越地人才。可以举一个汉代的例子。《史记·河渠书》载:"河东守番系言:'漕从山东西,岁百馀万石,更砥柱之限,败亡甚多,而亦烦费。穿渠引汾溉皮氏、汾阴下,引河溉汾阴、蒲坂下,度可得五千顷。五千顷故尽河壖弃地,民茭牧其中耳,今溉田之,度可得谷二百万石以上。……砥柱之东可无复漕。'天子以为然,发卒数万人作渠田。数岁,河移徙,渠不利,则田者不能偿种。久之,河东渠田废,予越人,令少府以为稍入。"《集解》:"如淳曰:时越人有徙者,以田与之,其租税入少府。"《索隐》:"其田既薄,越人徙居者习水利,故与之。"由此可见,汉武帝时代在今山、陕交界的河津、荥河、永济一线实施的渠田水利工程,陷入困境以后,是交给擅长水利的越人来经管运营的;从《史记》郑重记载其事来看,越人一定比较成功地解决了这个曾经发卒数万人开建、面积达五千顷、产量达二百万石以上的大规模水利灌溉工程的一系列难题,使之死而复生,废而复兴,可以想象,这不仅保证了国家漕粮的稳定来源,亦必有效改善了黄河中游地区的民生状态。明清时代的例子,则以乌程潘季驯(1521—1595)为典型。从嘉靖末年到万历间,潘季驯四任总理河道,主持治黄工程前后长达27年,在治理黄河的理论和实践方面都有突出的贡献。在治黄思想上,他主张综合治理整个黄河下游。因为黄河、运河交叉,治理了黄河也就保护了运河;黄河、淮河相汇,治淮也可以达到治黄的目的。在治黄策略上,他实现了从传统分流为主向坚守堤防为主治黄方法的划时代转变,鉴于黄河挟带大量泥沙,有"急则沙随水流,缓则水漫沙停"的特点,提出了"束水攻沙"的方略,构筑了由"束水归漕"的缕堤、缕堤外的遥堤以及二堤之间的格堤(横堤)组成的严密而完整的堤防系统。经过他的治理,万历初年,黄河和淮河,"两河归正,沙刷水深,海口大辟,田庐尽复,流移归业,禾黍颇登,国计无阻,而民生亦有赖矣"(潘季驯《两河经略》卷三《恭报两河工成仰慰圣衷疏》)。清人包世臣《中衢一勺·郭君传》说:"河自生民以来,为患中国。神禹之后,数千年而有潘氏。"这是对潘季驯治黄业绩的崇高评价。

就文化观念而言,越文化对中原文化的影响同样具有历史悠久和影响力度越到后来越大两个特点。如果上述关于越人蒙即邹忌的推断不错的话，那么，邹忌出相两代齐王，其对齐王和齐国稷下学派知识分子的一言一行，势必亦成为先秦越文化对中原文化精神观念发生影响的个案之一。而在邹忌之前，越王勾践灭吴崛起，称霸中原这一当代史重大事件，更对中原上层的精神文化领域造成了巨大冲击。《吕氏春秋·顺民篇》载："齐庄子请攻越，问于和子。和子曰：'先君有遗令，曰："无攻越，越猛虎也。"'庄子曰：'虽猛虎也，而今已死矣。'和子曰：'以告鸮子，鸮子曰："已死矣，以为生。"'"

当然，先秦以后，对中原文化的精神观念产生系统的持续影响的，主要还是包括王充、谢灵运、陆游、陈亮、叶适、吕祖谦、宋濂、王阳明、刘宗周、张岱、黄宗羲、全祖望、章学诚、章太炎、鲁迅等等越地文化巨子著作在内的越地精神文化本身。而影响的方式包括：

第一，正面接受、弘扬和帮助深化中原文化的精神观念，此又与中原文化影响越文化的精神观念实为同一回事。如《两浙名贤录》卷三载："绍兴末，伊洛之学稍息，学者复于伯熊〔永嘉郑景望〕得之。"何炳松全面考察南宋浙东学派的渊源，最后更指出："总而言之，浙东的学派在南宋初期分为永嘉和金华两大支。永嘉一支创始于许景衡和周行已诸人而中兴于郑伯熊和薛季宣。至于金华一支的蔚起，刚刚在永嘉一支中兴的时候，而以吕祖谦、陈亮和唐仲友三个人为首领。这两支中人都是直接或间接承继程氏的学说。所以浙东的学派实在就是程氏学说的主流。"明确认为南宋浙东学派，是对北宋中原程颐"伊川之学"向"经制之学和史学"的演化。①

第二，逆向反驳、修正中原文化的精神观念。如东汉王充的著作《论衡》堪称越文化对中原文化的精神观念予以全面、深入反驳的典型。王充自称"伤伪书俗文多不实诚，故为《论衡》之书"（《论衡·自纪篇》），"《论衡》之造也，起众书并失实虚妄之言胜真美也"（《论衡·对作篇》），似是针对一般的"伪书俗文"、"失实虚妄之言"而来，而全书批判锋芒几乎全部指向"儒者说"、"儒者论"、"儒者曰"、"儒者言"、"儒者称"、"儒者传书"等等中原儒家的思想观点，并且公开提出，"儒者之在世，礼义之旧防也，有之无益，无之有损"（《非韩篇》），"儒者说《五经》，多失其实。前儒不见本末，空生虚说；后儒信前师之言，随旧述故，滑习辞语。苟名一师之学，趋为师教

① 何炳松：《浙东学派溯源》，广西师范大学出版社2004年版，第160页。

授，及时蚤仕，汲汲竟进，不暇留精用心，考实根核，故虚说传而不绝，实事没而不见，《五经》并失其实”（《正说篇》）；甚至专门创作《定贤篇》，对社会流行的中原儒家的一系列价值观，如“以事君调合寡过为贤”、“以居位治人，得民心歌咏之为贤”、“以孝于父、弟于兄为贤”、“以避世离俗，清身洁行为贤”等等，一一予以驳斥；更专门创作《问孔篇》、《刺孟篇》，剥下儒家孔、孟“圣人”的神圣光彩，被清代四库馆臣称为“奋其笔端，以与圣贤相轧，可谓悖矣”（《四库全书总目提要》）。总之，对中原儒学的存在价值、文献经典体系、伦理道德体系、圣人的偶像地位等，几乎给予了全盘否定。作为越地思想史上的第一个巨人，也是中国古代第一个“真正的、激进的启蒙思想家”①，王充的《论衡》冲击了汉武帝独尊儒术以来笼罩全社会的中原儒学权威和思想迷信，对中原士人的思想观念和精神文化亦产生了相当的震撼和影响。唐章怀太子李贤注《后汉书·王充传》云：“袁山松书曰：充所作《论衡》，中土未有传者。蔡邕入吴，始得之，恒秘玩以为谈助。其后王朗为会稽太守，又得其书；及还许下，时人称其才进。或曰：‘不见异人，当得异书。’问之，果以《论衡》之益。由是遂见传焉。《抱朴子》曰：时人嫌蔡邕得异书，或搜求其帐中隐处，果得《论衡》，抱数卷持去。邕丁宁之曰：‘唯我与尔共之，勿广也。’”蔡邕是东汉末陈留（今河南开封市陈留镇）人，王朗是汉末三国时期东海郯（今山东郯城西北）人，都是典型的中原士人。他们对《论衡》的“秘玩”，必然包含了对王充反儒学思想的一定认同；而《论衡》得以最终在“中土”广泛流传开来，更意味它越来越多地渗透入中原文化的精神观念之中。

第三，越地新文化观念在中原传播，对中原文化的精神观念发生潜移默化的影响。如明陕西长安（今西安市）冯从吾《少墟集》卷十三有《越中述传序》云：“昔王文成公讲学东南，从游者几半天下，而吾关中，则有南元善、元贞二先生云。故文成公之言曰：‘关中自横渠后，振发兴起，将必自元善昆季始。’二先生录公语，几数万言，藏之家塾。元贞先生孙子兴太史，仿苏季明校《正蒙》例，离为四篇，曰《立志》、《格物》、《从政》、《教人》，总题曰《越中述传》。……尝考文成公门人虽盛，而世传其学者，东南则称安成邹氏，西北则称渭上南氏。……自二先生传文成公之学以来，代有闻人。

① 钟肇鹏、周桂钿：《桓谭王充评传》，南京大学出版社1993年版，第534页。

元善先生三子，俱蜚声庠校，而俱早亡；有孙曰企仲，官太仆卿，以直谏显；有曾孙曰居业，登制科而未仕。元贞先生有子，曰轩，盖世所称阳谷先生者也。往元善先生与三子相继殁也，太仆为遗腹子，伶仃孤苦，人争龁龁，而阳谷公力为卵翼，卒底于成；又为刻《瑞泉遗稿》，仍匄天台、庐山为玄晏。呜呼！学之不讲久矣，孤儿寡妇，求不乘机而利其所有已难，况施恩于不报子孙；于父祖遗文且任其散佚而不知收，况侄之于伯父哉！在阳谷公不过自致其良知，而在挽近世，实大有裨乎风化矣。有孙四，而取科第者三，太史其季也；而其曾孙居益，今且督学晋中。世德家学，方兴未艾，二先生之诒谋远矣。夫人不讲学，则不知修德，又安所获福？虽学者原不为获福修德，而天道人事，亦自不爽，孰谓讲学负人哉？人知南氏之盛，而不知其所以盛，余故为之论著如此。"据此可知，阳明心学作为一种崭新的越地精神文化，曾在中原关中得到很好的传播，对南氏士人那样的心学信徒产生良好的影响。

第十章　走向世界的越文化

越文化还是中华文化对人类文明的突出贡献者。作为对越文化在中华文化中历史地位的进一步解答，我们将在这里梳理越文化走向世界的途径、方面和对人类文明进步的多种重大而具体的贡献。

众所周知，任何地域文化都是地域社会的历史结晶，地域社会的边界性和地域人群的同一性，决定了地域文化的封闭性。但是，如果我们将越文化放到一个更为弘通的背景上来观照，可以发现，越文化发祥壮大所享有的极为宏伟、极为优越的环境条件，真是太独一无二了，由此，越文化又显示出极为显著的开放性，使之成为中华民族向人类做出重要贡献的代表性地域文化。

一、中外文化交流坐标上的越文化

这里，我们需要援引和修正、扩展一个理论。

不久前，作为上海市哲学社会科学研究项目成果，蔡丰明先生主编的《吴越文化的越海东传与流布》一书出版，引起学术界的关注。关于吴越文化的东传环境，该著提出了一个“东亚地中海”说：

> 在中国所处的东亚大陆，从北到南排列着一系列的海域，与这些海域相隔而望的，是与大陆平行的一连串岛弧，它们依次为千岛群岛、日本列岛、琉球列岛和台湾岛。越过这些岛弧向东，便是太平洋，这种地理环境决定了古代时期东亚地区的航海活动主要是在大陆与岛弧之间的东西向横渡。……随着历史的发展，东亚地区人们的航海能力有了较大提高，他们航海的路程，从较近的周边小岛，逐渐扩展到了较远的陆地与列岛、群岛，并且逐渐形成了一个范围较大、路程较长的海上交通网络，这就是由中国大陆、朝鲜半岛、日本列岛和琉球群岛构成的，具有“东方地中海”之称的东亚内陆交通网。长期以来，东亚地区人们的许许多多的经济、文化交往活动，都是在这一内海交通网络中进行的。他们依靠着太平洋北赤道的暖流和季风的自然条件，往返于中国大陆和朝鲜半岛、日本列岛之间，致使“东亚地中海”这一东亚内海区域成为以中国大陆为内核，以朝鲜、日本为外缘的东亚文化圈的重要交通走廊。①

尽管“东亚地中海”的交通繁荣显然远远比不上真正的地中海，这一说法有点夸张，但它大体上仍然揭示了这个东亚交通网络的存在，揭示了中国传统文化的主要辐射范围。但这个范围的界定要略作修正，“东亚地中海”的名称也不太精确。考虑到黄河流域、长江流域在数千年中国传统文明衍生中的支撑作用，考虑到文化传播从高位向低位（高寒纬度向低湿纬度）运动的效应，以及珠江流域在晚近一千年左右对中国传统文明发展的辅翼效应，以东海为中心，上下跨越这三大河流的入海口，北接黄海、渤海，南接南海，包括山东半岛、朝鲜半岛、日本列岛、琉球群岛、台湾岛、菲律宾群岛在内的这个弯月形地带，才是古代东亚交通的真正频密网络，中国传统文化向东辐射的主要区域。因为这个交通网络比“地中海”更少陆地的保护，而更多海洋的惊涛骇浪考验，所以网络中交通繁荣的程度当然赶不上欧洲地中海，以“东亚地中海”称之终究有些不当；但是，另一方面，也因

① 蔡丰明：《吴越文化的越海东传与流布》，学林出版社 2006 年版，第 2—3 页。

为这个网络更少陆地的封闭，所以才更具开放性和冒险可能，更容易培养区域文化的开创性和坚苦卓绝精神。这个基本上一半是大陆、一半是海水的东亚交通网络，我们可以“东亚弯月”称之。

审视这个“东亚弯月”，越文化发祥壮大的区位优势彰明昭著。它就在这个“东亚弯月”的腹心位置。陆游《渭南文集》卷十九《明州育王山买田记》：“惟兹四明，表海大邦，……万里之舶、五方之贾，南金大贝，委积市肆，不可数知。”《宝庆四明志》卷一：“南通闽广，东接倭人，北距高丽，商舶往来，物货丰溢。”卷六载：“宁宗皇帝更化〔1194〕之后，……凡中国之贾高丽与日本，诸蕃之至中国者，惟庆元得受而遣焉。”元张翥《蜕庵集》卷一《送黄中玉之庆元市舶》：“是邦控岛夷，走集聚商舸。珠香杂犀象，税入何其多。”它们说的是宁波的情况，也是整个越地的区位优势。如吴自牧《梦粱录》卷十二说杭州：“浙江乃通江渡海之津道。且如海商之舰，大小不等，大者五千料，可载五六百人。……商舶之船，自入海门便是海，茫洋无畔岸。……海舰多有往来，……江岸之船甚夥，初非一色，海舶、大舰、纲艇大小船只，公私浙江渔浦等渡船，买卖客船，皆泊于江岸。”卷十八又说：“杭城富室多是外郡寄寓人居，……其寄寓人多为江商海贾，穹桅巨舶，安行于烟涛渺莽之中。”以兼具对外贸易和对外文化交流功能的市舶司的设置而言，唐宋以迄元明，一千多年的时间内一直是以越地为最多。例如，宋代全境设有广州、泉州、杭州、明州（今宁波）、温州、秀州（今嘉兴）、澉浦（今属海盐）、江阴、密州（今诸城）十处市舶司（务），今浙江境内有五处，占了全国一半；元代全境设有广州、泉州、杭州、澉浦、温州、庆元（今宁波）、上海七处市舶司，仅有两处分别在广东、福建，今浙江境内占了四处，超过一半，另一处上海也属浙江的东北比邻。由此可见，越地乃是古代中国向外部世界（主要是东亚太平洋地区）开放的最前沿地区。

同样重要的是，由于浙东运河和南北大运河的一线相通，越地的文化输出还存在着一条通过隋、唐、宋、元、明、清时期的南北大运河直接连通王朝首都，从国家政治中心沿西北丝绸之路指向西域和欧洲的道路。明嘉靖年间的鄞县（今属宁波市区）人余永麟《北窗琐语》载：

> 张得中大本，鄞人也，作《两京水路歌》。《南京水路歌》云：“圣主乘龙天宇开，鹤书飞下征贤才。鄞江布衣忝英荐，蒲帆早驾长风来。长风吹帆过西渡，赭山大隐黄公墓。车厩丈亭并蜀山，余姚江口停泊

处。清滩七里如严陵，前瞻石堰为通明。上虞东山由谢傅，钱王庙前双树清。蔡家庄下梁湖坝，曹娥庙古丰碑大。路接东关白塔高，樊江一曲萦如带。绍兴城上会稽山，蓬莱仙馆云雾间。柯桥古寺殿突兀，举头又见钱清关。罗山林浦连渔浦，钱唐江潮吼如虎。六和塔近月轮边，龙山闸枕澄江浒。杭州旧是宋行宫，凤皇飞来南北峰。六桥三竺入天目，西湖十里荷花风。临平寺前通崇德，三塔清湾照城碧。嘉兴尚有读书台，平望随云高八尺。吴江八九洞相连，苏州好在阊门前。枫桥夜来过无锡，横林晓色凝云烟。常州古城高岌嶪，奔牛吕城坝相接。丹阳地势控丹涂，舟向镇江城外涉。金山焦山两虎踞，龙潭瓜步依江屯。观音阁下韩桥小，龙江驿上金川门。入门先到鸿胪寺，奉楮殷勤报名字。五更待漏觐枫宸，从今愿写平生志。"《北京水路歌》云："四明古称文献邦，望京门外西渡江。水驿一程车厩远，舜江楼头横石杠。新中二坝相连接，上虞港内还通楫。梁湖曹娥潮易枯，大舟小舠重难涉。东关渐近樊江来，熏风廿里芙渠开。贺监湖光净如练，绕门山色浓如苔。绍兴城，水如碧，橹声摇过蓬莱驿。柯桥远抵钱清湾，刘公庙食居其间。新林白鹤路迢递，日斜始得瞻萧山。梦笔桥高对江寺，双塔亭亭各相峙。古碑无字草芊芊，犹羡文通好才思。西陵古号今西兴，越山隔岸吴山青。钱唐江接海门阔，胥潮怒卷轰雷声。杭州旧是临安府，藩臬三司列文武。坐贾行商宝货烦，锦绣街衢百万户。北出关门景如画，竹篱人家酒旗挂。高亭临平谈笑间，等闲催上长安坝。崇德石门逢皂林，湾边三塔高十寻。嘉禾却过松青闸，黄江小路吴歌吟。平望吴江眼中过，繁华地属姑苏郡。……张家湾上趋通州，半肩行李惟书籍。我本江南儒，宦游至于此。所经之处三十六，所历之程两月矣。共经水闸七十二，约程三千七百里。薰沐整衣冠，肃篴鹓班列。九重红日丽青天，四海奇珍贡金阙。贤能辅圣朝，共享升平福。我曹功成夺锦袍，早沐恩波食天禄。"

据乾隆间钱大昕等纂修《鄞县志》、民国间张传宝等纂修《鄞县通志》等资料，张得中，字大本，永乐元年（1403）应徵茂才制科，试政户部，次年进士及第，授刑部主事，调工部，改江宁知县，曾参与编纂《永乐大典》。显然，《南京水路歌》即为其永乐元年应礼部制科考试，乘船从宁波赴南京途中所作。又据史料，明成祖将都城从南京正式迁到北京，在永乐十九年（1421），因此《北京水路歌》这首诗的内容为赴北京官衙就职，写作时间当在永乐十九年。两歌极为清晰地描绘了浙东运河与南北大运河京杭段(即一般所称的京杭大运河)连为一体的路线：从宁波城西望京门，发舟，过鄞县西渡，进入慈溪境之慈溪江，依次历赭山渡、黄墓渡、车厩渡、丈亭渡、蜀山渡，转入余姚境之余姚江；从余姚江西行经七里滩进入上虞境之通明江，沿上虞运河西行，经梁湖坝、曹娥江，过会稽樊江，进入直通钱塘江的萧绍运河；绕绍兴城穿行汉唐古鉴湖水道，依次经过柯桥、钱清与萧山城南三十多里苎罗山下的林浦(今名为“临浦”)，从浦阳江与钱塘江的汇流处渔浦附近，进入钱塘江(离入海口尚有约十里距离)；再从六和塔附近龙山渡转到宋代古河龙山河，从杭州城南进入杭州城内的水系，与京杭大运河连通。这是从宁波向杭州的航行方向。

反之，若从杭州出发往宁波，则可将其航程划分为这样几段：

1. 连接杭州城内与钱塘江，南北走向的龙山河。这条河宋代通畅，后淤塞，经延祐三年(1315)、至正六年(1346)、明洪武七年(1374)三次大规模疏浚，可通行大型舶舰。《雍正浙江通志》卷五十二载之甚明：“龙山河，自龙山浑水闸由朱家桥至南水门。《元史·河渠志》：‘龙山河在杭州城外，岁久淤塞。至大元年(1308)浙江省令史裴坚言杭州钱塘江，近年以为为沙涂壅涨，潮水远去，离北岸十五里，舟楫不能到岸，商旅往来，募夫搬运十七八里，使诸物翔涌，生民失所；递运官物，甚为烦扰。访问宋时并江岸有南北古河一道，名龙山河。……若疏通以接运河，公私大便，计工十五万七千五百六十六日，役夫五千二百五十二度，可三十日毕。省准咨请，丞相托克托总治其事，于延祐三年三月七日兴工，至四月十八日工毕。’《成化杭州府志》：‘至正六年，达实特穆尔为行省平章，复疏之，舟楫虽通而未达于江。明洪武七年，参政徐本、都指挥使徐司马以河道窄隘，军舰高大，难于出江，拓宽一十丈，浚深二尺，……舟楫出江，始为利便。’”

2. 连接钱塘江与绍兴城外水系的萧(山)绍(兴)运河，长约一百里。这段运河为西晋会稽内史贺循沿汉代鉴湖的西半部分堤岸开掘，利用钱清江(又名西小江)、浦阳江水向西延伸而成，其中从钱清到钱塘江口的部分(入江口历史上多在萧山城西十馀里的西兴，少数时候受浦阳江的影响折向萧山城南的渔浦，如本诗所写)，即为延伸部分，河道较窄，南宋嘉定十四年(1221)经过修浚。南宋嘉泰元年(1201)陆游等编《嘉泰会稽志》卷十二载:"萧山县……运河路,东来自山阴县界,经县界六十二里西入临安府钱塘县界。胜舟二百石。""山阴县……运河水路,东来自会稽县界,经县界五十三里一百六十步入萧山县界。胜舟五百石。"该志卷十又载:"〔府城〕运河,……自会稽东流〔经山阴〕县界五十馀里入萧山县。旧经云,晋司徒贺循临郡,凿此以溉田。"宝庆元年(1225)张淏《宝庆会稽续志》卷四"山阴萧山运河"专条载:"运河自萧山县西兴,六十里至钱清堰,渡堰,迤逦至府城,凡一百五里。自西兴至钱清一带,为〔钱清江,古代通海〕潮泥淤塞,深仅二三尺,舟楫往来,不胜牵挽驳之劳。嘉定十四年,郡守汪纲申闻朝廷,乞行开浚。除本府自备工役钱米外,蒙朝廷支拨米三千石、度牒七道、计钱五千六百贯添助支遣,通计一万三千贯。于是河流通济,舟楫无阻,人皆便之。"

3. 从绍兴城外水系连通樊江、曹娥江梁湖堰的会稽运河,长近 100 里。这段运河的西段约 50 里原为春秋越国的故水道,全段则沿汉代马臻所筑镜湖东半部分堤岸而凿,南宋绍兴(1131—1162)初高宗曾为引水下流入余姚,下令疏浚。《越绝书》卷八载:"山阴故水道,出东郭,从郡阳春亭,去县五十里。"《嘉泰会稽志》卷十三引徐次铎《复湖议》云:"自东汉永和五年〔140〕太守马公臻始作大堤,潴三十六源之水,名曰镜湖,堤之在会稽〔县〕者,自五云门东至于曹娥江,凡七十二里。在山阴者,自常喜门西至于西小江,凡四十五里。……自永和迄我宋几〔按为"几乎"意〕千年,民蒙其利,祥符〔大中祥符,北宋真宗年号,1008—1016〕以来并湖之民,始或侵耕以为田。"《雍正浙江通志》卷五十七:"樊江,在〔会稽〕县东四十里。"《嘉泰会稽志》卷十二:"上虞……西至会稽县界二十八里,以曹娥江中流为界,自界至会稽县九十二里。"72 里当就原来湖上直线航行距离而言,92 里当就宋代运河航程而言,总之,可约计为近百里。《宋史·河渠志》载绍兴初:"都省言余姚县境内运河浅涩,坝牐隳怀,阻滞纲运,遂命漕臣发一万七千馀卒,自都泗堰〔绍兴府城东门附近〕至曹娥塔桥,开撩河身夹塘,诏漕司给钱米。"以上两段运河加在一起,长约两百里,元代以后即被看做一个整体,明嘉靖四年(1525)再浚,一直畅通无阻。如《万历绍兴府志》卷七载:"运河,自西兴抵曹娥,横亘二百馀里,历三县。萧山河至钱清,长五十里;东入山阴,径府城中,至小江桥,长五十五里;又东,入会稽,长一百里。旧经云,晋司徒贺循临郡,凿此以溉田。虽旱不涸,民饱其利。"《雍正浙江通志》卷五十七又载:"运河,……自西兴抵曹娥江,亘二百馀里,历三县界。……明嘉靖四年知府南大吉浚之。”

4. 从曹娥江梁湖堰至通明堰的上虞运河，约60里。这段运河由来已久，南宋绍兴初高宗下令重新疏浚，其中东段通明江连接余姚七里滩处因河道浅涩，后曾议增复道。《嘉泰会稽志》卷十：“上虞县……运河在县〔县治在今丰惠镇〕南二百二十步，源出七里湖、渔门浦，自阜李湖皆汇于河，西抵梁湖堰，东之通明堰，各三十五里。”卷十二：“上虞县……运河路，在县南二百二十二步，东来自余姚县界，经县界五十三里六十步，西入会稽县界。胜二百石舟。”两个距离数字，70里为水路，53里当为陆路。《雍正浙江通志》卷五十七：“上虞县运河，在县治前通衢之南，东接通明堰，西距梁湖坝，绵亘各三十里。《宋史·河渠志》：‘绍兴初，高宗次越，以上虞县梁湖堰东运河浅涩，令发六千五百馀工，委本县令佐监督濬治。’”《万历绍兴府志》卷七载：“上虞县……新河，在县东北十里。旧水道北由百官渡抵菁江，南由曹娥渡抵通明江。永乐九年〔1411〕鄞人郏度，以通明江七里滩阻塞不便，上言将县后旧沟开浚，名后新河。”

5. 从上虞通明堰（有南北两堰坝）通明江进入余姚七里滩（据《宝庆会稽续志》卷三，此滩为严子陵年少钓游处，又名子陵滩），历慈溪，过西渡，至宁波城西，通过宁波城内的水系（宋元以前称大浃江，今称甬江）可直通宁波外海，主要由余姚江、慈溪江连接而成的（余）姚宁（波）运河，长三百多里。这段运河是官方盐运、漕运（又称纲运）输入和对外贸易往来的繁忙通道，宋元官方对这条运河曾经多番经营，或疏浚，或开辟分导支流。如《嘉泰会稽志》卷四：“上虞县……通明北堰，在县东一十里。通明南堰，嘉泰元年（1201）冬始置。海潮自定海，历庆元（宋代宁波之名）府城，南抵慈溪，西越余姚，至北堰，几四百里。地势高仰，潮至辄回如倾注。盐运经由，需大泛。若重载当洪，则百舟坐困，旬日不得前。于是增此堰，分导壅遏，通官民之舟，而北堰专通盐运。”卷十：“上虞县……通明江，在县东十里，源出余姚江，其西自运河入于江。”卷十二：“余姚江路，西来自上虞县界，经县界五十五里，入庆元府慈溪县。胜舟五百石。”南宋宝庆二年（1226）罗浚等纂修《宝庆四明志》卷四载：“西渡，望京门西二十里，往慈溪路。……逾西渡堰，入慈溪江，舟行历慈溪、余姚以至上虞之通明堰，率视潮候。”“慈溪江，源于绍兴余姚之太平山至丈亭而分，……皆东来，至西渡，复合亘府城之北，入于海，随潮上下。”开庆元年（1259）梅应发等纂修《开庆四明续志》卷三：

"西渡堰，东距望京门二十里，西入慈溪江，舳舻相衔，下上堰无虚日，盖明、越往来者必经由之地。淳祐间〔1241—1252〕稍加葺治，未几堰复坏。宝祐六年〔1258〕八月大使、丞相吴公给钱五千七百三十九贯五百文，委司法赵良坦同副吏许枢，监莅修筑，伐石辇材，费一出于公，所济博矣。"

在这组弥足珍贵的《两京水路歌》之外，还有诸多类似文献，证明了浙东运河和南北大运河的畅通。如明郑真《荥阳外史》卷九十七《计偕录》，记载这位宁波文人在洪武五年(1372)自宁波经浙东运河转京杭运河往南京；韩国朝鲜时代学者崔溥《飘海录》亦记录他于弘治元年(1488)飘到中国台州后的行踪，从宁波转浙东运河再转京杭运河被送到北京。① 两者一路水行踪迹，均历历分明。王稚登《客越志》记载嘉靖四十五年(1566)他从苏州往宁波访游，来回均取道京杭运河和浙东运河，试节略其叙述："岁丙寅五月，余方有事于故相国袁公之丧，以十二日壬寅治装。余未识南行道里，既从书肆买图经载簏中。……十三日早出金阊门，……吴江泊垂虹亭下。……十五日嘉兴南，行过三塔湾，……命舟师飞浆行，……泊崇德城外。……十六日稍霁，四十五里唐栖，……四十五里至杭州北新关。……十七日新晴，……入关泊得胜坝，僮辈入城僦邸舍。……廿四日顾丈来送，……青泥〔按喻珍异干粮〕一尺，负而登舟。……东望海门，羲和正升，……漏刻未移，已达西兴。……插一竹于船头，有风则帆，无风则牵或击或刺，不问昼夜。……二十里萧山听潮楼，……四十五里山阴县〔界〕枕上过，六十里绍兴郡，禹穴已成梦游。廿五日早过樊江，去绍兴五十里，……指挥四顾，邻船皆惊；又六［四］十里渡曹娥江，……三十里上虞县，……十里中坝，十八里下坝，滩声下碛，怒如惊涛；……四十里夜半过余姚，舟中大热。廿六日大热，八十里入慈溪县。……廿八日别袁君，欲入郡，……舟人报乘潮乃行，十五里小新坝，二里大新坝，二十里夜泊宁波西门。……六月……初七日……诸君待良久，冒雨解维，二十里送至坝上。……初八日雨，姚江增阔数尺。……初九日大雨，……舟师颜色如土，夜过中坝，水高一丈，……舟人耶许沸地。……初十日雨晴，……过曹娥，……暮抵绍兴郡。……十一日早达萧山，雨复作，到西兴小晴，万壑齐

① 参见［韩］崔溥：《锦南集》，《韩国文集中的明代史料》第1册，广西师范大学出版社2006年版，第433—465页。

赴，江流顿高，买大舟渡钱唐江，……入杭城，……晚出关门。十三日泊崇德，十四日泊平望，十五日还家。”①

结合《嘉泰会稽志》卷十九所载北宋初燕肃（961—1040）《海潮论》所写，“今观浙江之口，起自纂风亭，北望嘉兴，大山水阔，二百馀里，故海商舶船怖于上滩，惟泛余姚小江，易舟而浮运河，达于杭、越矣”，可以确认，至迟从一千多年前的北宋初到明代，从杭州到宁波整个约六百里浙东运河，由于古镜湖水系的残存和沿线可利用钱清江、曹娥江、余姚江、慈溪江水系的潮水，全线基本上一直是畅通无阻的，并与三千多里京杭大运河完全一体相连，作为经济社会的一个大动脉一直在强劲搏动！众所周知，大运河在隋、唐、宋通过黄河水系连通都城长安、洛阳和开封，在元明时期则直抵都城北京，而这些朝代特别是隋、唐、元三代从都城出发往西的中外文化交流活动是特别频繁的。这就意味着，越文化不仅在中国古代对东方世界的文化交流中发挥着举足轻重的作用，在中国对西域直到欧洲的文化交流中也是不容忽视的一个重要因素。

这种优越的地理环境，加上其他种种因素，使得越文化从发祥伊始就向整个世界敞开了怀抱，通过以下几种方式，几千年来一直在不断地向世界传播，为世界尤其是东亚邻邦人类的发展做出了宝贵的贡献。

二、移民输出与越文化的传播

移民输出是地域文化传播和输出的最直接途径，地域文化精神、生活风俗、生产技术等等都可以凭借地域文化创造主体的迁徙而迁徙。就越文化创造主体越地人民的移民输出而言，分为史前地质时期和历史时期两大阶段。

（一）史前地质时期的移民输出与文化传播

地质时期的移民输出，根据学界的研究，乃是受全新世卷转虫海侵，生存环境不断恶化逼迫的两次种族迁徙。第一次迁徙发生在卷转虫海侵的

① 《客越志》，《丛书集成续编》第65册，上海书店1994年版。

前期，距今约8000年左右，东海大陆架沿线的广大地域被海水淹没，原本和大陆连为一体的舟山群岛和其他东海岛屿与大陆分离，在这一代生活了上万年的越族先民不得不开始了下海和上陆的双向迁徙；下海的路线是凭借原始的交通工具——独木舟，飘往日本、南洋群岛和太平洋群岛。大约又经过一两千年左右的时间，卷转虫海侵达到最高峰，东海之域内伸到今杭嘉湖平原西部和绍宁平原南部，陆地面积不断缩小；由于缺乏海塘工程的防护，咸潮通过河流向内陆不断倒灌，同时严重恶化了残存的陆地墒情。在这种情况下，越族先民又进行了第二次向东亚、南亚甚至太平洋群岛的迁徙。根据考古发现，有段石锛最早出现在浙江，而且有一个完整的发展演变序列，从良渚文化开始逐渐扩散到周边地区和东南亚及南太平洋诸岛，"有段石锛出现在这些岛屿上，一方面证明了古代越人曾经到达这里，同时也证明了他们横渡太平洋所取的航线"①。韩国庆州出土的两件靴形石刀的形制，同我省余杭凤山出土的良渚文化晚期至马桥文化靴形石刀，以及杭州老和山遗址出土的石刀，风格非常接近②；出土文物和古越语和日语的对音关系说明，"'倭越同源'，其'源'盖在'於越'，即今日以浙江绍兴市为中心的宁绍平原，以及杭嘉湖平原和金衢丘陵地区"，日本先民倭人极有可能是越人的后裔③；美国文化人类学家从语言、习俗、物质文化方面的考证结论是"越国人的后代与马来—玻里尼西亚文化有悠久的联系"④；我国台湾学者在包括北美印第安民族在内的环太平洋原始部落中发现於越民族中盛行的鸟图腾屋顶柱⑤，等等，无不证明着越族先民向东亚和太平洋的迁徙和越地原始文化的对外传播。

（二）历史时期的移民输出与文化传播

历史时期的移民又分大规模、群体性的迁徙和个别的偶然性的移民两种情况。就前者而言，最突出的有战国末、六朝、五代为躲避战乱和宋元之

---

① 孟文镛：《于越的海上远航》，《越文化实勘研究论文集》，中华书局2005年版。

② 参见林华东：《浙江通史·史前卷》，浙江人民出版社2005年版，第432页。

③ 参见朱锡三：《"倭越同源"源自"于越"》，台湾《历史月刊》2002年第2期。

④ ［美］杨江：《马来—玻里尼西亚与中国南方文化传统的关系》，魏桥主编《国际百越文化研究》，中国社会科学出版社1994年版，第459页。

⑤ 参见杨淑蘋：《鸠杖——兼谈古越俗中的鸟崇拜》，台湾《故宫文物月刊》1993年第10期。

际、明清之际为唾弃异族统治而向海外邻邦进行的五次移民。以第一次为例：1984年，在日本西海岸岛根县、公元前300年前后古出云国所在地的荒神谷遗迹，一次出土铜剑358件、铜矛16件、铜铎6件，共计铜器370件；1996年，在离此仅3公里的加茂岩苍山谷中，又一次发掘出铜铎39个。这些铜器数量之多、制造年代之悠久、工艺之精湛，堪称日本之最。例如，在出云以外发现的晚期铜铎一般壁厚4—5毫米，而荒神谷遗迹的铜铎仅厚2—3毫米，其铸造加工技术的精细高超，令两千多年后的日本铸造界也感到吃惊。铜剑与中国春秋中晚期的铜剑形制接近，而剑锋斜收呈尖锐状，铜矛比战国晚期长，两侧的刃极狭长，并留有血槽，若非有先进而娴熟的铸造技术，绝难生产。根据日本专家的分析，铜矛、铜铎中含锡、铅成分，但含量比例明显少于同期舶来铜器。当时日本尚无锡、铅矿来源，出云地区也没有铜矿，因此，出云地区的青铜器应该是用从中国携去的同类青铜制品加以重新熔铸而成；因锡、铅的熔点低于铜，在重铸过程中发生部分气化，才导致其含量比例出现降低。根据日本奈良时期天平五年（733）官方编撰《出云国风土记·神门郡·古志乡》的记载："古志，是越国的人们来此筑堤定居后，把此地命名为古志"，以及古出云国的核心信仰——蛇崇拜，古出云国的住居模式——干栏式建筑均与先秦越国完全一致，甚至古出云国的一些地名也来源于古越语等情况，可以断言，古出云国的第一批入住移民，应该是战国晚期掌握了高超的青铜器铸造技术的越国人。① 在越国衰落、天下一统的历史进程与战伐兼并的频率相携加快的时代，"滨于东南海上"的一部分越国人为更好地躲避战祸，选择飘洋过海，来到日本；因所携青铜器受损，他们不得不予以重铸，于是给当时还远未开化的邻邦带来了精美的青铜文化，也给这个东亚邻邦民众的精神世界，打上了越文化的烙印。再以第五次为例：明末清初，浙江沿海成为东南人民反抗满清民族压迫和奴役的重要前线，大批浙江士人积极奔走，抛头颅、洒热血，投身于救亡图存的神圣事业，失败之后，不臣之心不死，纷纷远走朝鲜、日本、琉球等地，同时也将越文化的种子播洒于邻邦。如韩国史籍记载的杭州士人黄功，在奋不顾身协同史可法保卫扬州失败被俘之后，被押往沈阳囚禁，以"死固甘

① 参见刘伟文：《从日本出云的考古发现看中国越文化东播》，《浙江大学学报》（社会科学版）1999年第4期。

心苏武节，生而何面钟仪冠”的气节受知于时在沈阳为质子的朝鲜王子凤林大君，在送别后者回国时，“拜诀曰：‘国破家亡，苟延视息者，惟望中原之恢复矣，至此路穷，不死何待？’声泪俱下”，深深感动了后者，遂被后者带入朝鲜。“无时召按，共议大事。王即位，除礼曹参议，又授嘉善阶，皆辞不受。其后使监咸镜、原襄两道盐硝差使员”，“东国做硝之良法自此始”。这位谥号孝宗的朝鲜国王受到很深的儒家夷夏大防观念的影响，自认是中华文化的继承者，在黄功等人的影响下，深谋远虑地进行了一系列反清复明的准备。但“永历己亥〔1659 年，清顺治十六年〕王薨，功念国雠不得以报也，家乡不可以死也，先王之恩不可以忘，而偷生异域，无以自慰也，自此杜门，时时抱手札恸哭，丁巳〔康熙十六年，1677〕春病革”①。可以说，在一个血火交迸的时代，黄功用自己不屈的头颅和智慧，向邻邦人士生动地阐释了越地深义文化（爱国血诚）的内涵，从一个角度（制盐提硝工艺）传播了越地先进的技术文化。

与移民朝鲜的黄功的基本上默默无闻相比，同时期远走日本的余姚朱舜水（1600—1682）是一个更突出的个案。为了匡复故国，驱逐满清，朱舜水曾三赴安南，五渡日本，奔赴于舟山、厦门两大抗清基地之间，向日本乞师复仇；就在郑成功三入长江最终失败，以异国君主竟亦志在反清复明的朝鲜孝宗国王去世的顺治十六年〔日万治二年，1659 年〕，朱舜水以 60 岁高龄毅然东渡日本，留居长崎，“自国王以下咸师奉之”②，为中华文化在日本的传播，为日本社会完成近两百年的近世演变，也为越文化向世界的传播和发挥世界性效应做出了难以估量的贡献。舜水之学是南宋陈亮所代表的浙东事功学派实学思想的直接发展，也是清代“浙东史学”祖庭中与黄宗羲并列的两巨擘之一，代表了清代越地史学也是整个中国史学的最高境界。“日本德川时代初期，空言心性之风盛行，是朱舜水力挽狂澜，矫其空虚之风。至天祐之后，日本儒学以经世济民为要，不务空谈虚，重礼尚实，蔚然成风，有益于日本国民。这都有赖于朱舜水之力。舜水是日本儒学发生转机的关键人物。”“朱舜水不仅是中国浙东史学的祖师之一，而且也是日本水户学派的创始人。日本水户学派在朱舜水史学思想指导下，修纂成

---

① ［韩］吴庆之：《小华外史》下册卷十，（韩国京城）朝鲜研究会，1914 年。

② 谢正光、范金民：《明遗民录汇辑》上册，南京大学出版社 1995 年版，第 134 页。

了日本第一部正史——《大日本史》。《大日本史》中的史学思想和政治思想，为日本社会的明治维新运动奠定了思想基础和理论基础。从朱舜水——日本水户学派——《大日本史》——明治维新这一连带关系中，可以明晰地看到朱舜水史学思想对日本近代社会发展的推动作用。"①朱舜水在日本收徒讲学，历经22个春秋，被日本人民尊称为日本的孔夫子，因为他在传授实学的过程中，还大力传播和弘扬了中国儒学文化中的重教传统，"并把是否重视教育提到了国家兴衰存亡的高度进行了一系列论述。这种重教兴国思想的重视和传播，对日本近世文化的建设沐洒了无可估量的恩典"②。梁启超曾评论他的历史功绩说："舜水之学不行于中国，是中国的不幸，然而行于日本，也算人类之幸了。"③朱舜水在抗清复明无望后远走日本，在这个东亚邻邦实现经世济民的儒家理想，这一行为本身就是勇于开拓创新的越文化精神的体现；他22年孜孜不倦讲学的内容，亦无可置疑包含了从永康学派到浙东史学的越地实学文化。日本学者深情赞美朱舜水为"邻邦所贡之至琛又至宝"，"不得行怀抱于故国，而却传衣钵于我邦"，"其纯忠尊王之精神，滂溥郁屈，潜默酝酿"，"乃至翼成维新之大业，以至国运今日之蔚兴"④，这无疑是越文化走向世界，对人类做出杰出贡献的生动例证。与朱舜水同时赴日，最终在日本定居下来的浙江明遗民还有余姚朱文瑜、杭州戴曼公（入佛改号独立）、浦江籍杭州永福寺主持心越等等，他们也都是因反清失败而远走异域，并把越文化带去者。"心越素好古琴书画。时有幕府儒官人见节，好竹洞，酷爱古琴，心越向他传授琴法，使古琴又得流传于日本，两人成为挚交。心越在佛法、篆刻、书法等方面在日本也有说不尽的影响"⑤。明治四十四年（1911）浅野斧山编辑出版的《东皋全集》一书，更见证了心越当年把越地深厚的诗文传统和越地士人的爱国赤忱带往日本，在日本社会所造成的持久影响。

历史时期大规模、群体性的越地移民输出和越文化传播，还有一种特

① 李甦平：《朱之瑜评传》，南京大学出版社1998年版，第18、101页。

② 覃启勋：《朱舜水东瀛授业研究》，人民出版社2005年版，第299页。

③ 梁启超：《中国近三百年学术史》，东方出版社1996年版，第103页。

④ ［日］后藤新平：《朱舜水全集序》，《朱舜水集》附录四，中华书局1981年版，第796页。

⑤ 《旅日高僧东皋心越诗文集》，中国社会科学出版社1994年版，［日］杉村英治序，第4页。

殊的形式，就是万历援朝抗倭战争结束后，出于朝鲜君臣上下的盛情挽留，也出于不忍割舍与朝鲜人民的深厚友谊（下详），或因病不得及时随军凯旋，相当部分"浙兵"将士——援朝明军的精锐，选择留在了自古被中华文化深深浸染，也自古就以"小中华"自称的朝鲜；还有很多将士的子弟后裔也飘洋过海，来到朝鲜定居，以实现和他们的父祖兄长永久的团聚。其中，为史家关注，成为韩国新增姓氏或本贯的"浙兵"将士及其子弟后裔的主要有：(1)浙江片氏，为援朝明军中军都督片碣颂后裔；(2)浙江施氏，为援朝明军游击中军施文用后裔；(3)浙江刘氏，为援朝明军西路提督刘綎后裔；(4)浙江徐氏，为援朝明军都总管徐鹤的后裔；(5)浙江彭氏，为援朝明军中军副总兵彭友德后裔。(6)浙江张氏，为援朝明军名将张海滨后裔。这些帮助朝鲜抵抗倭寇侵略，战功显赫的"浙兵"将士及其子弟后裔，和其他援朝明军将士一起落籍朝鲜，受到朝鲜朝廷的重视，在政治、经济、军事、文化等各个领域都发挥了重要作用，用他们的聪明才智为建设和开发朝鲜半岛做出了贡献。以浙江片氏为例，万历二十年(1592)倭寇侵朝，片碣颂奉命以游击将军之职东援，在收复平壤的战役中立功，次年归国；万历二十五年(1597)倭寇再侵，片碣颂又以中军都督之职再度东援，在稷山等战役中又立大功，朝鲜宣祖大王亲致书信慰问，战争胜利后定居朝鲜庆州金鳌山。万历二十九年(1601)，片碣颂的三个儿子片丰世、片丰源、片山甫自浙江赴朝探亲，但片碣颂已故，三子为父守墓三年，遂留居朝鲜，以中国故乡浙江为本贯，奉片碣颂为东渡始祖。"浙江片氏定居朝鲜后子孙繁盛，遍居各地，分立出许多支派。片氏子孙很多人在朝鲜位居高官，片致东为吏曹判书，片基硕为五卫都总府都总管，片思默、片云福、片顺大三人皆为同知中枢府事，片永基为京畿道观察使，片丰敏为户曹参议，片万宗为承政院左承使，片永锡为佥知中枢府事，片云俊和片炳俊均为敦宁府都正。还有著名学者片铸寿、片万寿。"①作为韩国新增的姓氏片氏、施氏，新增的本贯刘氏、徐氏、彭氏、张氏，他们从浙江出发来到朝鲜半岛，为捍卫半岛的和平事业，推进半岛的政治、经济、文化发展做出贡献，实际上也是越文化走向世界，越文化对人类做出贡献的一个具体而微的局部。

个别的偶然性的移民，情况多种多样。(1)或与上述时代性、群体性的

---

① 王秋华：《明万历援朝将士与韩国姓氏》，《中国边疆史地研究》2004年第2期。

移民接近，区别在于前者多属自觉自愿，而后者则属被迫之举。如韩国瑞州郑氏，“其先浙江人也”，“八世祖讳臣保，仕宋为刑部员外郎，宋亡，元人谪刑部于高丽瑞州月岛，始为〔高丽〕国人”①。(2)或因机缘凑巧，作为被仰慕尊崇的对象留在了异域的土地上。这可举北宋初温州士人周伫为代表。周伫于高丽穆宗(998—1009年在位)朝时，“随商舶来”，结识高丽中枢院学士蔡忠顺，蔡知其博学多才，“密奏留之，初授礼宾省注簿。不数月，除拾遗，遂掌制诰”。后契丹入侵，高丽显宗避敌南移，周伫竭诚追随，“扈从有功，由是大显，骤迁礼部侍郎、中枢院直学士，历内史舍人、秘书监右常侍，拜翰林学士、承旨崇文辅国功臣、左散骑常侍、上柱国海南县开国男，食邑三百户，寻进礼部尚书”，显宗十五年(宋仁宗天圣二年，1024年)卒于任上。周伫“性谦恭，工文翰，交聘辞命，多出其手，恩遇无比”②。由此可见，周伫对开国初期的高丽王朝的内政外交做出了杰出的贡献。(3)更多是出于谋生考虑，主动选择离开人口稠密的故里远走他乡。如日本宫崎县饶肥地区门川医学家族，其始祖徐之遴就是来自绍兴府上虞县的渡日移民。徐之遴曾祖徐惟贤为嘉靖二十三年进士，做过湖广、四川、贵州等省的参议和按察副使，有六子一女。但徐惟贤之后，徐氏人丁发达，子孙繁衍越来越多，却无人再续举业，在坐吃山空中，日益限于窘迫的境地。在家族内部的竞争中，徐之遴所属的这一支因系祖父徐自成妾出，更是地位卑微。眼看无法在家乡发展，约略在万历末年，20岁的徐之遴便搭海盗船来到日本，“依靠先已在那儿定居扎根的同乡和朋友的帮助，很快在日本站稳脚跟，代代行医，成为如今饶肥地区门川氏的祖先”③。在此尤其值得一提的是陈元赟。差不多完全与徐之遴同时，万历四十七年(日元和五年，1619年)，在科举考试中屡次名落孙山，又在少林寺和家乡窑场先后滚打摸爬过，最终都是默默无闻的杭州府余杭县人陈元赟(1587—1671)，也搭商船来到日本。两年后，日语已经相当流利的陈元赟，被邀陪同明朝钦差浙直总兵官单凤翔与日本幕府当局交涉，由此结识了林罗山、户田花屋、松永尺五、石川丈

① [韩]郑仁弘：《来庵集·高祖考务安县监府君墓铭》，《韩国文集中的明代史料》第5册，广西师范大学出版社2006年版，第298页。

② [韩]郑麟趾：《高丽史》卷九十四，(韩国汉城)亚细亚文化社，1983年。

③ 杨晓东：《太湖流域中日文化交流管窥》，徐采石主编《吴文化论坛·1999年卷》，中央民族大学出版社2000年版，第101页。

山、安东守约等一大批日本学者和文学家，并被长门藩主毛利辉元所倚重，陈元赟在故里被遮蔽的多方面才华灿然绽放于邻邦人民面前。从明崇祯十五年（日宽永十五年，1638 年）受聘于力崇儒学的尾张藩德川义直（在当时的日本藩主中以贤明著称），为其儒官、备顾问开始，直到清康熙十年（日宽文十一年，1671 年）以 85 岁高龄卒于名古屋，陈元赟在日本政坛历仕 34 年，足迹遍及长崎、京都、名古屋、江户四大枢要，其儒学思想，在朱舜水之前，对日本社会的儒教化起到了导夫先路的作用；从开始登陆算起，陈元赟留居日本的时间更长达 53 年，在教育、文学、史学、书法、工艺、医学、饮食、体育、宗教等各方面，都通过大力弘扬中华文化而对日本社会经济文化的发展做出贡献，赢得了日本社会各阶层，上至将军、大僚、文士，下至兵士、百姓、浪人、僧侣的广泛尊敬，成为“在日本乃是名垂千古的人物”①。例如，在文学上，陈元赟是第一个把公安派的诗文革新理论介绍到日本的中国人，他和日本著名文学家、日莲宗僧人元政围绕学习公安派诗风，不断探讨，相互唱酬，诗作结集为《元元唱和集》刊行传世，引起诗友、弟子、后学的广泛效仿，掀起了公安体诗在日本诗坛的流行，推动了日本的文学革新。在史学上，陈元赟在天启三年（日元和九年，1623 年）为长门藩主毛利辉元编纂汉文《长门国志》一卷，保存了中世纪本州西部政治、经济、社会、地理、民俗资料，传播了中国方志学，为日本以后撰写地方志树立了典范，在书法上，陈元赟楷书直追赵孟頫，曾为日本著名书法家真幸正心《三国笔海》一书工楷作跋，极为工整肃穆，兼长大篆、小篆、行书、隶书等，片纸只字均为日人所宝，渡边梅峰、本多道虎、伊藤固庵等书法家均学其书法。在工艺方面，陈元赟在名古屋替尾张藩主主持“御庭烧”，大胆改革陶瓷工艺，选用濑户土，输入中国黄釉，自为书画，施以青白色透明水彩，形成独具特色的“元赟烧”，受到时人激赏，工艺代代传授，为名古屋发展为日本制陶重镇奠定了基础。在体育上，陈元赟在清康熙元年、二年（日宽文二、三年，1662 年、1663 年）寓居江户西久保国昌寺期间，以少林寺武术糅合中国衙役擒捕术和兵士格斗术教授寺中僧侣，同寓寺中的武术家福野七郎、三甫与次治、矶贝次郎等人从而学习，苦心研究，遂通蕴奥，遍传各地，逐渐形成了日本的柔道。诚如衷尔钜先生所言，“柔道具有坚毅、进取、奋勇等美德，经数百年

① 徐尧辉：《明太子、福王亡命在日本》，台湾中华书局 1984 年版，第 8 页。

之锤炼，已融化于日本固有文化中，成为其民族一种精神”，但“寻根溯源，陈元赟是其鼻祖”。① 此外，在建筑、音乐、绘画、医学、茶道等方面，陈元赟对日本人民也有不少贡献。日本人民怀着崇敬的心情世代纪念他，如1922年日本各界在名古屋曾举办“陈元赟二百五十年追远会并遗品展览会”，京都宇治黄檗山曾刊印《陈元赟研究》材料，至今不断有研究陈元赟论著问世，我国文化史家把陈元赟誉为“中华文化向日本传播”的“杰出人物”②，都是对陈元赟在日本传播中华文化功绩的正确肯定。实际上，陈元赟在日本传播中华文化，很大程度也是在传播越文化。这不仅是就其作为越地士人的代表，其一切行为都带有张扬越地士人精神之性质而言，也是就其文化活动的具体内容而言。例如，《元元唱和集》中最突出的内容是陈元赟、元政对袁宏道《别石篑》十首的拟作，而“石篑”乃是绍兴士人陶望龄的号，陶是公安派诗人在浙江的主要领袖，因此，陈元赟向日本诗坛大力推崇公安派诗风，也就必然包含了对当代浙江诗歌的宣扬；陈元赟在日本书法、史学、制陶工艺、体育各领域引领风气，既和故乡浙江深厚的书法积淀、浙东史学积淀、越瓷传统积淀乃至曾经无往而不胜的“浙兵”所代表的军事文化积淀（下详）紧密相关，不言自明，也就必然会在相关活动中突出故乡的这些文化及其价值。这还可以从《元元唱和集》所载，宽文二年（康熙元年，1662年）陈元赟76岁时所作《对月思乡》一诗中可以看出：

年来蓬鬓叹飘零，秋夜悲鸣月下铃。
鸿雁不传乡国恨，杵砧长动旅魂惊。
窗前皓魄樽前看，曲里关山笛里听。
潦倒孤踪徒菀结，扶疏桂影任冥冥。③

诗中流露出深挚绵长的故乡情怀。这表明，纵然是长期受到邻邦朝野僧俗一致的爱戴敬重，陈元赟也从来没有忘怀故乡，没有终止对故乡关山和其他一切的思念。

必须指出的是，深挚的故乡情怀，乃是越文化游子与其母体割舍不断的一条纽带，是差不多所有远走邻邦的浙籍游子都具有的一种共同情结。

① 衷尔钜辑注：《陈元赟集》，辽宁人民出版社1993年版，“前言”第23页。

② 武斌：《中华文化海外传播史》第3册，陕西人民出版社1998年版，第2208页。

③ 衷尔钜辑注：《陈元赟集》，辽宁人民出版社1993年版，第52页（“秋夜悲鸣月下铃”后自注：“蟋蟀名金铃月”）。

清康熙十四年（日延宝二年，1675年）朱舜水《答释独立书》悲愤与欣慰中的内疚，“今日普天下俱剃头，此事大不可草草”，“弟于祖宗祭祀坟墓旷绝十七年，罪不可擢发数，但欲留此数茎之发下见先大夫于九原”①，康熙十六年（日延宝五年，1677年）东皋心越《送客回唐》诗中的落泪，“闲庭拭目看孤帆，倏尔如飞过万山。无限离情俱隔断，望馀两眼泪潸潸”②，等等，都是证明。

越地移民输出和随之而来的越文化向外传播，为邻邦文化打上多样的越文化烙印。例如，除了上述韩国、日本等国家的民众姓氏很多都来自浙江外，“日语音读中的许多词汇均是越音”，“日语音读数字一、二、三、四、五等等，这个‘二’，音读作‘ni’，现在主要流行于宁绍地区”，日本古代有旧国名“越前、越中、越后”，“还有许多大大小小的含有‘越’字的地名。这些都是古代越族到达这个地区的标志”。③ 韩国历史上也有很多地名取自越地，至今尚有奉化（郡）、镇海（市）、长兴（郡）、丽水（市）等地名。

重要的是，越地移民输出不仅向外部世界输出了文化创造的主体，为邻邦社会发展的各项事业做出贡献，不仅把越地文化精神带往邻邦，为邻邦民族的精神血脉注入新的活力和生机，还把越地各种具体的经济技术文化带往邻邦，有力地推动了邻邦民生福祉的进步。

三、使节往来与越文化的传播

（一）频繁出没的中外使节身影

如前所述，自唐宋以迄元代，浙江乃是中国向外部世界（主要是东亚太平洋地区）开放的最前沿地区，以官方所设专司对外交往和对外贸易职责的地方市舶司而言，宋代浙江境内占了全国一半，元代浙江境内超过全国一半；即使在最高统治者对外开放视野收缩的明代，其绝大部分时间段内设有具有传统功能的浙江、福建、广州三市舶司和另行专门招待外国使臣

---

① 《舜水先生文集》卷一，日本正德二年（1712）。

② 《旅日高僧东皋心越诗文集》，中国社会科学出版社1994年版，第5页。

③ 陈桥驿：《吴越文化论丛》，中华书局1999年版，第64—65页。

和商团的泉州来远驿、宁波安远驿、广州怀远驿①,浙江亦占三分之一。

不难想见,在唐宋元明以来的浙江大地上,曾经频繁出没多少中外使节的身影。以宋代(包括北宋和南宋)的对韩往来为例。《宝庆四明志》卷六载:"熙宁二年〔1069〕……高丽欲……由泉州路入贡,诏就明州发来,自是王徽、王运、王熙修职贡尤谨,朝廷遣使亦密往来,率道于明。"(《宋史·高丽传》载熙宁七年高丽"乞改途由明州诣阙,从之")北宋末王辟之《渑水燕谈录》卷九载:"元丰〔1078—1085〕中,高丽使朴寅亮至明州,象山尉张中以诗送之。"两宋之交的吴曾《能改斋漫录》卷十四载:"崇宁〔1102—1106〕中,高丽自明州海道入贡,偶乘风,自江路至豫章。"《宝庆会稽续志》卷三载:"昭顺灵孝夫人庙,在〔会稽〕县东七十二里曹娥镇,……政和五年〔1115〕十一月以高丽遣使入贡经从,适值小汛,严祭借潮,即获感应。"《嘉泰会稽志》卷六载:"萧山县……宁济庙,在县西南一十三里西兴镇,政和三年赐今额,六年〔1116〕高丽入贡,使者将至,而潮不应,有司请涛,潮即大至。"《宝庆四明志》卷六又载:"政和七年〔1117〕郡人楼异除知随州,陛辞,建议于明置高丽司曰来远局,创二巨航、百画舫,以应办三韩岁使,……创高丽使行馆。"《宋史·河渠志》亦载:"越州……都泗堰,因高丽使往来,宣和间〔1119—1125〕方置牐。"等等。由此可见,在北宋中韩关系特别密切的时代,确实是每年都有高丽使者经过浙江大地前来进贡,而且差不多每年都是从浙东运河入境(所谓"三韩岁使"),然后再经杭州北上的水系到达都城汴梁的。与此相应,宋代政府派员出使韩国,多数情况走的也是浙江境内这条水路。如元延祐七年(1320)袁桷纂修《延四明祐志》卷四载:"姚孳,字舜徒,慈溪人也……以应元符〔1098—1100〕之诏……易使浙部,……朝廷遣使三韩,渡曹娥江,非潮时行舟,胶,公适董其事,祷于神女,潮应祷而迈。"卷十六又载:"昌国州宝陀寺,在州之东海梅岑山。……宋元丰三年〔1080〕,内殿王舜封使三韩至是,有大龟负舟不得去,望山作礼,忽龟没而舟行。"蔡絛(?—1126)《铁围山丛谈》卷四亦载:"任宗尧……大观〔1106—1110〕末,从尚书王宁、中书舍人张邦昌使高丽,……至四明则放洋而去。"在高丽与金通好,南宋政府与其中断关系一段时间又恢复往来后,

① 参见方豪:《中西交通史》第3册,台北华冈出版公司1977年版,第174—178页;张显清、林金树:《明代政治史》下册,广西师范大学出版社2003年版,第964—965页。

以宁波为东端起点的浙东运河更成为南宋与朝鲜、日本继续保持贸易和文化交流的唯一通道。如《宝庆四明志》卷六所载："宁宗皇帝更化〔1194〕之后，……凡中国之贾高丽与日本，诸蕃之至中国者，惟庆元得受而遣焉。"中外使节频繁穿梭于浙江大地，甚至曾经引起地方官难以招待应付的抱怨。如元祐四年（1089）十一月杭州知府苏轼上《论高丽进奉状》说："熙宁以来，高丽人屡入朝贡，至元丰之末，十六七年间，馆待赐予之费不可胜数，两浙、淮南、京东三路，筑城造船，建立亭馆，调发农工，侵渔商贾，所在骚然，公私告病。"（《东坡全集》卷五十六）庆元四年（1198）明州知府郑兴裔又上《请止高丽入贡状》说："臣伏见高丽人入使，明、越二郡困于供億，骚然不宁。……我朝遣使答报，舟楫费不赀，官吏縻爵捐廪，皆仰县官者甚夥，前礼部尚书臣（杭州知府）苏轼言于先朝，谓高丽入贡无丝毫利而有五害，以此也。"（《郑忠肃奏议遗集》卷上）在浙江大地上，仅仅是对韩一国的使者往来就如此之高频率，遑论再加上对日本和东南亚诸国的外交穿梭。

中外使节的频繁进出越地，他们在越地的见闻和以"带出"为中心的文化活动，无形中为越文化走向世界，在异域生根发芽开花结果开辟又一条重要管道。

事实上，还有大量与越地人士相关而发生在越地之外的对外交往，例如，以越籍人士的身份在朝为官，作为国家使节出访邻邦，或者，邻邦使节到访中国，越籍人士作为域内游子，与之邂逅相逢，这些交往活动同样对越文化的对外传播发挥了重要作用。

（二）使节往来带来越文化对外传播的三种形式

不考虑越地之内还是越地之外，因使节往来而带来的越文化对外传播，无疑主要包括这样三种形式：

其一，外国使节买回作为越地精神文明成果的书籍资料，享用和买回越地特殊的物质文明样式。　众所周知，中国以儒教文明与印度文明、基督教文明、伊斯兰教文明并列为世界四大文明，以儒教文化享誉世界，整个东亚文化圈都属儒教文化圈，而浙江继唐代开始和周边区域一起成为中国的经济中心之后，宋代开始随着"浙东学派"的崛起，在中国儒教文化版图上的地位亦不断上升，成为中国文化发展的最重要区域之一。对这一历史演变的动态，东亚邻邦的知识阶层显然并不隔膜，这样一来，越地文化名人和他们的智慧成果就成了不少来华外国使节关注和搜求的目标。例如,《明史·宋濂传》就记载,作为"开国文臣之首"的金华士人宋濂,士大夫造门乞文者后先相踵,"外国首使亦知其名,数问宋先生起居无恙否,高丽、安南、日本至出兼金购文集"。明正德十三年(1518),朝鲜使臣金安德在北京书肆购买书籍十五种,其中除《春秋集解》、《大明律读法》、《大明律直引》、《易经集说》、《古文苑》、《杜诗注解》、《山海关志》等七种为佚名或不知籍贯者所著,剩下八种中,江西籍人士(陆九渊、朱隐老)著作二种,河南籍汉代学者(焦贡)和北齐学者(颜之推)著作各一种,浙籍人士著作多达四种,竟占了一半。试观其《赴京使臣收买书册印颁议》所载越地著作及刊刻传播建议:

> 《吕氏读诗记》十册。右册,宋东莱先生吕祖谦所记《诗经》注解。今学者专习朱子集传。此记虽与朱传时有异同,然兼综众说,首尾该贯,实朱传之羽翼。于经筵进讲及学者讲习,参考有益。……量数印出,进上及分藏文武楼、弘文馆、侍讲院、成均馆、议政府,馀件颁赐,似当。
>
> 《古文关键》二册。右册,东莱先生吕祖谦批注前贤所选集古今文字,以为学者模范,与《古文真宝》、《文章轨范》同。量数印出,进上及文武楼、弘文馆、成均馆分藏外,馀件略加颁赐。则纸数少入,私印者必多,自然广布,似当。
>
> 《止斋集》八册。右册,宋朝巨儒陈傅良所著,议论文章,有裨后学。量数印出,进上及文武楼、弘文馆分藏外,馀件略加颁赐,似当。
>
> 《赤城论谏录》二册。右册,皇朝谢先生铎与黄先生世显,共裒集台州名贤论谏疏奏,虽不如《历代名臣奏议》之博,其所论谏,皆有益治道,且可为人臣谏诤纳忠之法。量数印出,进上及文武楼、弘文馆分藏外,馀件略加颁赐,似当。①

吕祖谦是浙东学派众所周知的开创者,南宋时代著名的实学思想家;陈傅良是永嘉学派中与叶适齐名的"巨擘",以为学"笃实",能"通知成败,谙练掌故为长",所著五十多卷《止斋集》"多切于实用之文,而密栗坚峭,自

① [韩]金安国:《慕斋集》,《韩国文集中的明代史料》第2册,广西师范大学出版社2006年版,第210—211页。

然高雅”(《四库全书总目·止斋集提要》);《赤城论谏录》是两位天台士人所编从南宋至明初14位台州先贤奏稿,是浙江士人代表性的爱国精神和凛然气节——“台州风骨”、“台州气节”的集中体现。朝鲜使臣金安德在北京的这次采购和回国后“量数印出”奏议,颇能说明越地精神文明成果和越地深义文化对东亚邻邦的吸引力,也颇能说明使节往来对越文化传播的突出作用和越文化对邻邦国家的影响力——由于使臣在文化传播接受国的高阶中枢地位,越文化一当由此进入邻邦,极易在邻邦社会迅速自上而下、自内而外传播开来,从而深刻地影响到邻邦的知识阶层。除了越地书籍文献可以因使节的来往而被带入异域外,外国使节在享用越地特有的物质文明成果时,无疑也可以顺势把它们带回自己的祖国。如元至正二十三年(高丽恭愍王十三年,1363年),高丽使者田禄生结束对台州方国珍割据政权的修聘访问归国时,方国珍就派人在《玉海》、《通志》等书之外,还“献沉香、弓矢”①,沉香虽不是越地所产,弓矢却是越地专精的武器(明代扬名天下的“浙兵”亦以此为重要装备);万历二年(1574)六月,朝鲜使臣许篈路经辽阳前赴北京时,也在途中留下了“买绍兴茶以吃”的文字。② 不难想见,丝绸、陶瓷、茶叶等越地标志性的物质文明成果,相当部分也是这样通过使节接受赠送或直接购买带出的。

其二,外国使节在与越籍士人交往中,加深对越文化的理解,感受越地士人的文化精神。 唐宋元明时代往来于越地的外国使节,与接待他们的越地士人发生交往,不言而喻,自然极为频繁;即使是在越地之外,外国使节与越籍哪怕是普通人士的不期然而遇,也常常发生。他们或者在与越籍普通人士的思想交流与交锋中调整对越文化的感知,或者被越籍普通人士独特的人文风采所打动,不知不觉地加深对越文化精神的浸染。前者,上述朝鲜使臣许篈《朝天记》中所记一事,很有代表性。万历二年八月初二,他们的使团达到北京东边的蓟州古城后:

> 余等遇国子监生叶本子立于道,言系杭州府仁和县人,曾往三河县看亲,今返北京云。与之语,气象颇雅驯,遂请下坐路旁树阴叙话。

---

① [韩]田禄生:《壄隐逸稿》附录《壄隐先生历官略》,《韩国文集中的蒙元史料》上册,广西师范大学出版社2004年版,第363页。

② 参见[韩]许篈:《荷谷集·朝天记》,《韩国文集中的明代史料》第7册,广西师范大学出版社2006年版,第305页。

余等先通姓名。本书示曰：山野鄙愚，幸逢使君，乃良遘也。……余又书纸以问曰：海外鄙生，每叹孤陋，不得与知中朝礼制。今闻王阳明从祀文庙，而命其裔袭爵云，未审此事定于何年，而出于谁人之建明乎？乞详示。本答曰：阳明公，浙江绍兴府余姚县人也，天赋挺秀，学识深纯，阐明良知圣学，又有攘外安内之功，穆宗皇帝嘉其绩，封其裔为新建伯，今年，浙江巡按御史论其学真足以得往古不传之秘，宜从祀孔子庙廷。圣旨谕礼部，尚未覆。此其大较也。若欲备知，有《阳明文录》，又有年谱，可买查之。余曰：……鄙意有不能无疑者，敢布之。阳明之所论著，篈尝略观其一二矣，千言万语，无非玄妙奇怪之谈，张皇震耀之辨，自以为独得焉。至曰，如其不合于吾意，则虽其言之出于孔子，吾不敢以为信然，此其猝迫强戾之态极矣。是果古昔圣贤虚心平气、中正和乐之象乎？且世之所推阳明者，以其良知一说也，而愚窃惑焉。夫所谓良知者，乃天理本然之妙也，有不待强作，而人皆知爱其亲、敬其长，则凡为学，舍良知别无寻讨处矣。但人之生也，气质物欲，迭蔽交攻，而天理本然者晦，故圣贤教人，必而已居敬以立其本，格物以致其知，然后可以明人伦而成圣学也。今如阳明之说，则是弃事物，废书册，兀然独坐，蕲其有得于万一也，乌有是理哉？此阳明之学所以为释氏之流，而不可为训者也。吾子其思之。本曰：承教谕阳明之学为近于禅者，以其独言良知，而未及于良能也。良知即体，良能即用，岂不以体立而用自行乎？若禅则外身心事物，而流于空寂矣。阳明亦建有许多事功，可见要识阳明，须于其似禅而非禅者求之。若《中庸》所谓诚则明矣，此言何谓也？惟其高出于人一步，就以禅拟之耳。至若谓不合吾意者，虽以孔子之言不信，此亦自信以理之意而极言之，非自外于孔子也。若孟子所谓圣人复起，必从吾言，则孟子之心亦未始平矣。故当以意逆志，不可以文害辞也。……①

许篈是朝鲜李朝时代比较保守的理学家，对阳明学比较排斥。尽管在表面上他并没有对杭州学子叶本的观点表示折服，但他把叶本的很有分寸也很有说服力的反驳一字一句的记载下来，这一行动本身说明，这次邂逅

① ［韩］许篈：《荷谷集·朝天记》，《韩国文集中的明代史料》第7册，广西师范大学出版社2006年版，第332—333页。

一定在他的思想上引起了深深的触动，促使他将更深入地思考当代越文化的理论形态之一——阳明心学的方方面面，如其叛逆精神，如其事功追求，如其自信心等等。同行另一位位阶更高的使臣（此行正使为圣节使朴希立，赵宪为质正官，许篈仅是书状）、后在万历二十年抗倭战争中壮烈殉国的朝鲜民族英雄赵宪，在其《朝天日记》中也写到这位杭州秀才，较之许篈，词语间对他要欣赏得多："路遇浙江仁和县人叶本。……余等与之话，觉非常流，遂遇路旁柳阴，下坐而话。叶即令买西瓜以饷之。……分割之际，余以刀端授他，而他执刀端，以柄授余，甚合礼意。还有愧心。"赵宪也详细记载了叶本张扬乡贤王阳明良知良能学说的主要观点，而词旨更加简洁、明确。① 无论程度如何，我们可以肯定的是，类似越籍士人叶本和朝鲜使臣许篈之间这样的对话和思想交锋，确实构成了越文化向域外传播的一个隐形的平台。

后者，外国使节被越籍普通士人的人文风采所打动，应属越籍士人与外国使节的感情和艺术交流，也可在唐宋元明发生在越地之内不计其数的例子之外，举一个同样发生在越地之外，同样与韩国使节相关的交往佳话为证。明天启六年（1626）朝鲜左议政（议政府三宰臣之一）金尚宪率同户曹判书、司宪府持平等一干朝鲜高官，经黄海古水道出使明朝，八月中旬在登州登陆后，邂逅在此栖居的绍兴士人吴大斌，与之唱酬流连，留下不少情真意切的诗篇。根据金尚宪《朝天录》所记，吴大斌，字叔宪，号晴川，绍兴府山阴县人（今绍兴县），"久居辽东，避乱来住登州"。朝鲜虽然是个等级森严的国家，金尚宪虽然贵为朝鲜宰臣，但一接触之下，他就被这个没有任何功名在身的普通越籍诗人的文学才华和爱国爱乡情怀所倾倒，在融洽无间的倾谈唱和中，结成倾盖莫逆的友谊。金尚宪为此写下《次吴晴川绝句二首》、《吴晴川携酒来访，招伶人侑觞，晴川酒酣闻歌，泣下霑襟，即席口占以赠》、《次吴晴川大斌韵三首》、《发登州留别吴晴川》等诗作和《题吴晴川辽海遗踪后序》等文。如在《题吴晴川辽海遗踪后序》中，有感于当时辽东日渐为后金所蚕食鲸吞，朝鲜也将面临着后金同样的威胁，而吴晴川的《辽海遗踪》诗集在辽东还是一片承平景象时，就已经发出种种忧患悲鸣，金尚

① 参见[韩]赵宪：《重峰集·朝天日记》，《韩国文集中的明代史料》第7册，广西师范大学出版社2006年版，第83—84页。

宪为之赞叹感慨说:“辽之与鲜,隔一衣带,同仁之内,四海兄弟。今觏吴晴川先生《辽海遗踪》一编,抚迹起兴,增豪剧俊,咏其诗,想其境,感慨怀旧,自不觉潸焉涕泣,岂当时预知今日之变,而若有所启发,俾补《辽志》之亡软?亦异矣哉!”云云。其《发登州留别吴晴川》更热情洋溢地赞美吴晴川的文学才华,表达对吴晴川的深深依恋和达观劝勉,流露出跨越国界和社会地位的深厚友谊,令人动容:

会稽山水秀而清,清淑之气钟豪英。中有玉立晴川翁,长身白眉仍青瞳。意气峥嵘隘区宇,才华俊逸凌徐虞。汉代相如差可伍,燕家郭隗何须数。金台已墟梁苑空,万里飘飘客辽东。辽东城入犬羊天,避地东牟又三年。他乡为客风俗薄,故国思归音信隔。箧里诗篇富恒溢,床头酒钱贫屡缺。世上不乏有心人,一朝契合如有神。三韩使节蓬莱岛,倾盖论交一倾倒。把君之袂执君手,为君沽酒向君寿。君不见东京名士梁伯鸾,栖栖庑下饥且寒;不见四海文章李谪仙,白首长歌行路难。当时富贵谁记某,独有斯人名不朽。请君尽醉扫苛礼,人生落地皆兄弟。明朝别后燕山道,黄叶白云愁欲老。①

正是这种深厚的友谊,使这些朝鲜使者在归国时,与吴大斌再次相聚唱酬。这从同行另一位使臣高用厚《登州海上,奉次吴晴川大斌赠别韵》一诗可以看出:“好在晴川老,吾今指海东。重逢难卜日,怅别更临风。远岛伤心碧,朝霞映水红。秋来倘相忆,一札寄飞鸿。”②实际上,在金尚宪之前,天启三年六月,朝鲜知制教、春秋馆编修李民宬率使团前往北京时,也曾在登州吴大斌寓处开元寺与之热情唱和,吴大斌对李民宬的诗歌艺术给予高度肯定,而李民宬也在文集中留下了“吴公号晴川,越州山阴人,故游击宗道之族父也”,“重厚温雅,且有诗声,见重于士大夫”等纪念。③ 令人称奇的是,当满清入主中国,朝鲜也被迫成为其附属国,金尚宪和他的至交李明汉作为朝鲜国内的思明派领袖被羁押在沈阳改造之际,在冰天雪地中,他

---

① [韩]金尚宪:《清阴集·朝天录》,《韩国文集中的明代史料》第10册,广西师范大学出版社2006年版,第21页。

② [韩]高用厚:《晴沙集》,《韩国文集中的明代史料》第11册,广西师范大学出版社2006年版,第107页。

③ [韩]李民宬:《敬亭集·朝天录》,《韩国文集中的明代史料》第9册,广西师范大学出版社2006年版,第474页。

们又一次结识越籍士人孟英光，孟还是吴晴川的山阴同乡。金尚宪情不自禁地写下《赠孟英光》五律一首。小序直言："吴大斌叔宪甫，会稽山阴人，与我相见于登州，欢然如旧识。别来二十年，音问断绝，心常怅恋。今遇足下，亦是山阴人，感旧日之情，喜新知之乐。"诗云："晴川吴叔宪，昔日遇登州。剩说南中胜，如从梦里游。别离千里隔，音问百年休。邂逅山阴客，悠然涕泗流。"①李明汉则有《会稽孟秀才荣（英）光遗一幅画，自笔也，感其高谊，诗以谢之》云："西和风雨散萍踪，梦里依然玉雪容。一幅题封千里信，丹青何似故情浓。"又有《赠孟画师荣光》（小序提到自己向他"诗以请画"，"萍斋其号"）云："算来身计百无谐，中夜悲吟涕满怀。一木敢期支大夏，千金还愧买残骸。闲花细草春郊外，白石晴沙野水涯。貌得行装须好手，试将缣素属萍斋。"再有《赠孟画师》云："棋一枰，香一炷，古松流水下子声。竹屋萧然落花雨。岸乌纱，挥白羽，扁舟垂钓绿杨洲，醉后闲眠芳草坞。非仙非释是何人？泉石烟霞作盟主。丹青亦有不可状，一片灵台含万古。"②完全可以说，通过与吴晴川、孟英光等的接触，通过吴晴川、孟英光等的行为风范，金尚宪等人一定加深了对越地文学艺术文化和人文精神的全面认知，他们对遥远的越地发出那样的梦游咏叹，他们对眼前的山阴客表现出那样的深情涕流或者无限倾倒，正是诗艺、画艺、忧世热肠和沉醉烟霞两得其便等越地文学艺术文化和士人精神，走进他们心灵深处的具体体现！

其三，越籍中国使节在与外国君臣的交往中，有意无意地带去越文化。

应该说，越籍中国使节是从越地走出的文化精英，在他们身上程度不同地体现了越地士人的文化素养和文化人格，他们出使邻邦，既是封建国家或割据政权的形象使者，也可以说是越文化的形象代言人；他们深入邻邦社会的上层，有意无意都会将越文化精神的诸多方面直接展现在世界面前，引起邻邦社会的一系列反响。前者，还以明英宗失政至复辟时期，明朝先后向朝鲜派出的两位越籍使节与朝鲜士人的文化交往为例。一是景泰元年（1450），钱塘籍翰林院侍读学士倪谦，初到朝鲜，"不留意于题咏"，为朝鲜集贤院儒士所轻，"及游汉江，作诗云云，又作《雪霁登楼赋》，挥毫洒

① ［韩］金尚宪：《清阴集·雪窖后集》，《韩国文集中的明代史料》第10册，广西师范大学出版社2006年版，第80页。

② ［韩］李明汉：《白洲集》，《韩国文集中的明代史料》第13册，广西师范大学出版社2006年版，第220、225、230页。

墨,愈出愈奇,儒士见之,不觉屈膝。馆伴郑麟趾不能敌。世宗命〔宰臣〕申泛翁〔名叔舟,知制教〕成谨甫〔名三问〕往与之游”,“侍讲爱二士,约为兄弟”,“相与酬唱不辍”。① 越籍诗人使者倪谦的到来,无疑在朝鲜诗坛掀起了一次规模不小的旋风。成三问在文集中留下了《次韵呈倪天使》、《敬次倪天使留别之韵》等诗作,而《奉送侍讲倪先生使还诗跋》则直接褒美“先生之雄材伟量,大为远人叹服”②。申叔舟在文集中留下了《次韵奉呈倪内翰大人文几》、《敬赓高韵奉呈诏使倪内翰》、《伏次郭山孝女诗韵奉呈内翰大人文几》、《送内翰辞》、《和雪霁登楼赋》、《送侍讲倪先生使还诗序》;其中,《送内翰辞》云:“随君千里兮送将归,举酒相属兮江之湄。幸从容兮奉德音,庶终身兮铭吾心。”③其他还有朝鲜士人河纬地也留下《奉送侍讲倪先生使还》,李石亨也留下《送倪谦、司马恂两先生还京师》,士人朴彭年也留下《奉送侍讲倪先生使还》、《题倪内翰、司马右史两天使赠匪懈堂诗帖》,徐居正也留下《送倪翰林使还》、《又送倪翰林》,成侃也留下《送倪天使还京》等诗作。④ 二是天顺四年(1461),海盐籍礼科给事中张宁在出使朝鲜期间,“遇景触事,辄形赋咏”,再次掀起朝鲜诗坛的波澜。朝鲜知中枢院事兼艺文大提学崔恒为作《张宁皇华集序》,称许“邦人见其唾落者,争先掇之”,“我殿下嘉其文雅,命词臣编其所著,俾永阙传”;并称“公之至是邦也,自以王事有程,每怀靡及,犹且重道统而访箕子,崇化源而谒宣尼,一动一息,惟礼是稽,在人之接见者,非惟慕其文雅,抑且韵其介操”。⑤ 这些均是越籍使者受到邻邦士人倾倒的极好证明。虽然文献并未记载这些越籍使者,针对家乡的越文化做过什么努力,但他们大受邻邦君臣尊崇这一事件本身,未必不可以看做这是越文化通过其形象使者更近距离地走入邻邦民众的精神世界。

① [韩]成三问:《成谨甫集》附录《实纪》,《韩国文集中的明代史料》第1册,广西师范大学出版社2006年版,第242页。

② 同上书,第239页。

③ [韩]申叔舟:《保闲斋集》,《韩国文集中的明代史料》第1册,广西师范大学出版社2006年版,第226页。

④ 参见[韩]河纬地:《丹溪遗稿》、[韩]李石亨《樗轩集》、[韩]朴彭年《朴先生遗稿》、[韩]徐居正《四佳集》、[韩]成侃《真逸斋稿》,《韩国文集中的明代史料》第1册,广西师范大学出版社2006年版,第175、207、213—214、247、321页。

⑤ [韩]崔恒:《带虚亭集》,《韩国文集中的明代史料》第1册,广西师范大学出版社2006年版,第181—182页。

后者，如五代钱氏吴越国和元末浙东方氏的出使交往，均有线索可寻；这里还是以至正二十三年（1363）陪同高丽使者田禄生从宁波越洋回国的浙东方氏使者胡若海的出使为例。其间的具体情形已不可知，但胡若海归来时，高丽多位重要官员都赋诗以送。如礼曹正郎、成均馆博士、“三韩理学之祖”郑梦周《送胡照磨若海还浙东》云：

十载风尘首独回，与君今日共含杯。
三冬足用文章富，五世同居吉庆来。
使节远游箕子国，归舟却向越王台。
何时四海清如镜，共上天台一笑开。①

史翰李存吾《送胡若海照磨还台州》云：

南省郎官聘我邦，风仪潇洒已心降。
主人宠迫彤弓一，门客知深白璧双。
禹贡山川犹战伐，箕封民俗自淳庞。
秋风不识留君意，直送飞艎渡浙江。

远游看尽好山川，却挂云帆思渺然。
观礼曾闻吴季札，乘槎还忆汉张骞。
扶桑出日明台岭，渤海洪涛接越天。
一笑相逢何处是，更期天下会同年。②

据张羽《静庵集》卷一《赠胡若海》长诗所述，胡若海乃是元明之际以文武全才知名当世的一位越地才子。从上引可知，他对高丽的出使，十分成功地展示了越地士人的才华风仪，也在高丽士人中较为普遍地引发了天下一家、同游越地的憧憬；特别是“扶桑出日明台岭，渤海洪涛接越天”两句，使人们看到，在李存吾之类高丽士人的心中，朝鲜半岛和越地，同一日色，同一波光，同一世界；由此也可以说，他们对越文化是完全不隔膜的。虽然把胡若海比作张骞有点过为揄扬，但就像张骞的出使西域实现了中国文化向西域的大规模传播一样，胡若海出使高丽，也曾把越文化传播到朝鲜，则

① ［韩］郑梦周：《圃隐集》，《韩国文集中的蒙元史料》下册，广西师范大学出版社 2004 年版，第 629 页。

② ［韩］李存吾：《石滩集》，《韩国文集中的蒙元史料》下册，广西师范大学出版社 2004 年版，第 681 页。

是确定无疑的。

四、宗教往来与越文化的传播

宗教本身就是一种文化，但宗教文化又不是单独存在和发展，而与区域文化整体紧密相关，因此，区域性的宗教往来往往就具有了宗教文化传播和"全"区域文化传播的双重意义。由于越地宗教文化积淀的深厚与地理位置上的前沿优势，宗教往来一直是越文化走出本土，走向世界，在东亚广泛传播的一个重要管道。限于篇幅，我们这里主要关注的是佛教往来。

（一）越地佛教文化的对外传播

如前所说，越地佛教在东晋南朝时期开始兴盛，高僧云集，佛寺广建，逐渐占据中国佛教文化的中心位置，其向东亚的传播和辐射也就同时开始。如长期隐居剡县（今绍兴嵊州）的东晋高僧支遁晚年有"《与高丽道人书》云：上座竺法深，……维持法网，内外具瞻，弘道之匠也"（《高僧传》卷四《竺道潜传》），可见与邻邦高僧早有非同一般的交往。陈隋以后，越地佛教宗派纷起，宗风远播，对东亚邻邦僧侣的影响越来越大。如《续高僧传》卷十七《波若传》载，高丽僧波若"入天台，北面智者〔按即天台宗创立者智顗〕求授禅法"，"影不出山十有六载"，大业九年（613）"无疾端坐，正念而卒于国清"。同时宋晁说之《景迂生集》卷十七《仁王护国般若经疏序》载："陈、隋间，天台智者，远禀龙树，立一大教，九传而至荆溪，荆溪复又九传而至新罗法融，融传理应，理应传瑛纯，皆新罗人。以故此教播于日本，而海外盛矣。"在此情况下，越地佛教宗派的异域支派也纷纷出现。据日本《元亨释书》卷一《传智一》载，高丽僧慧灌即从智顗之友、三论宗创立者、会稽嘉祥寺吉藏法师受三论之旨，学成归国后，于日本推古天皇三十三年（625），奉高丽王命入日本，敕住奈良元兴寺，大弘三论宗旨，天皇上下大悦，任职僧正，遂创立日本三论宗；后来慧灌的再传弟子智藏、三传弟子道慈，又分别于唐高宗、武后时来越，研习三论宗各约20年，归国后又创立三论宗的两个支派大安寺派和元兴寺派。《元亨释书》卷一《传智一》又载：

释最澄，世姓三津氏……七岁受学，聪明绝伦，十二投行表法师出家,习唯识,旁博采经论,得《华严经》、《起信论》等疏……然介怀于无师承也,……延历二十有一年〔802〕赐入唐求法诏。二十有三年秋七月,从遣唐使菅原公浮溟渤,着明州界,乃德宗贞元二十年也。九月赴台州,至天台山国清寺,道邃法师一见器许。邃,智者七世之嫡孙也。邃授所传一心三观之旨曰:"弘道在人,人能持道,吾道化行,今其时哉。"并付菩萨三聚大戒,澄就写《天台教门疏记》。又见佛陇寺行满座主。满,又然公高弟,语澄曰:"昔智者大师告门人曰:我灭后二百馀岁,我法传东国,祖谶不虚,子其人也。"乃以荆溪以上诸籍秘赜,倾倒而付曰:"汝持此法文为海东传灯之始祖。"二十有一年,如越州〔临海〕龙兴寺,遇顺晓阿阇梨,受三部灌顶密教,及得陀罗尼经书、印契、图样,灌顶器物……①

根据史料,这位日本高僧最澄是经日本天皇批准,率弟子义真等,随日本第十二次遣唐副使石川道益抵达越地的;在越地待了整整一年,充分领略和感受天台宗的佛教文化精髓以后回国,旋即奉敕开创日本天台宗;随后,其第三代法嗣圆仁、第五代法嗣圆珍又先后来越地巡礼,归国后又分别创立日本天台宗山门派和寺门派,圆珍更成为清和、阳成、光孝、宇多四代天皇的护持僧。在最澄留学天台山180年后,日本又一位高僧、京都东大寺奝然,又于北宋太平兴国八年(983)入越,抵临海,于刚刚改名"开元"的龙兴寺求学天台宗,旋上天台山国清寺巡礼;在北上晋谒宋太宗,游历五台山、洛阳等地后,从雍熙二年(985)六月到次年六月,又在临海龙兴寺潜心修学天台宗要旨一年,最后才搭乘台州商人郑仁德之舶返日。如此一代代传下来,一个以京都睿山为中心,规模宏大的日本天台佛教文化圈逐渐形成,至今犹有教徒四百多万人,寺院三千多所,办有大正大学、睿山学院等;一千多年间,日本佛教徒至越地天台山朝圣膜拜,亦从未断绝;对天台山和北方五台山的崇拜,还使日本佛教从城市佛教向山岳佛教转变,深山幽谷替代城市成为新寺庙的栖身之所。与最澄同时而稍后,日本嵯峨天皇(810—823)太后还曾派惠萼泛海,"到杭州灵池院参〔齐安〕国师,且通太后之币,国师感纳之。萼曰:'我国信根纯熟,教法甚盛,然最上禅宗未有传

① 引自朱云影:《中国文化对日韩越的影响》,广西师范大学出版社2007年版,第445页。

也，愿得师之一枝佛法，为吾土宗门之根底，不亦宜乎。’国师令室中上首义空充其请。空便共萼泛海，著太宰府，萼先驰奏，敕迎空，馆于京师东寺之西院，皇帝赐赉甚渥。太后创檀林寺居焉，时时问道”①，于是越地禅宗又在日本扎根，杭州盐官灵池寺禅师义空成为中国禅宗落户日本第一人。与奝然同时而稍前，禅门法眼宗高僧延寿住持杭州永明寺和天台山，“度戒约万馀人”，“念《法华经》计万三千部，著《宗镜录》一百卷，诗、偈、赋、咏凡千万言，播于海外。高丽国王览师言教，遣使赍书叙弟子之礼”，“彼国僧三十六人，皆承印记，前后归本国，各化一方”（《五灯会元》卷十），禅门法眼宗由此流入高丽。其后，又有高丽王子、僧统义天于宋神宗时来越，遍历宁波、台州、杭州等地丛林，尤从杭州惠因院净源法师和天竺寺慈辨大师问学，归国创建国清寺于开京，创立高丽天台宗；日僧系玄道元于宋宁宗嘉定十六年（1223）来越，学禅于宁波天童山如净禅师，承传禅门曹洞宗法统；圆尔辩尔于宋理宗端平二年（1235）时来越，学禅于杭州径山无准师范，将禅门临济宗引入日本。于是，越境天台、宁波、杭州等地佛寺都成为日本三论宗、天台宗、禅门曹洞宗、临济宗和韩国天台宗的祖庭。

在这一过程中，不仅有一批又一批东邻僧侣教徒入越，虔诚地将越地佛教文化请归其国，也有一些越地高僧不畏艰险，涉海东渡，满腔热情地将自己的佛学造诣传播到东亚邻邦。如越地禅门临济宗人物即有：宁波天童寺高僧兰溪道隆，应镰仓执政北条时赖将军之请，于日本宽元四年（1246）渡日，住持建长寺弘法，道俗皈依，置笔而逝，敕赐大觉禅师，成为日本禅门大觉派的开山祖；宁波象山灵岩寺高僧兀庵普宁，于日本文应元年（1260）渡日，继道隆之后住持建长寺，缁素风从，时赖亦屡从参禅，领受心印，后归国，所遗法脉成为日本禅门兀庵派；同时杭州径山禅师、永嘉（今温州市）人大休正念也在日本弘法，历任禅兴、建长、寿福、圆觉诸寺住持，镰仓武士皈依成风，传法 20 年而卒，敕赐佛源禅师，成为日本禅门大休派（又称佛源派）的开山祖；天童寺首座无学祖元，在日本执政北条时宗所派德诠、宗英二僧护卫下，于弘安二年（1279）渡日，先后住持建长、圆觉等寺，弘法时苦口婆心、细致入微、生动形象，受到日本禅林的喜爱，被日本人称为“老婆

① 引自朱云影：《中国文化对日韩越的影响》，广西师范大学出版社 2007 年版，第 448 页。

禅”,同时祖元还对日本人民抵抗蒙古军队入侵的斗争给予了大力支持,殁于日本,敕赐佛光国师,成为日本禅门祖元派的开山祖;舟山普陀寺住持、元封江浙释教总统一山一宁,于日本正安元年(1299)渡日,先后住持建长寺和其他多寺,在日广开法席,大扬禅风20年,士庶奔波瞻礼,唯恐其后,死后,敕赐一山国师,后宇多上皇亲制像赞称:“宋地万人杰,本朝一国师”①,成为日本禅门一山派的开山祖;杭州净慈寺愚极慧禅师法嗣清拙正澄,应执政北条高时两次盛邀,于日本嘉历元年(1326),率弟子永錤偕同日本入元僧无隐无晦、明叟齐哲等六人渡日,先后住持建长、净智、圆觉、建仁、南禅诸寺,创建开善寺,延元四年(1339)卒,后醍醐天皇敕谥大鉴禅师,成为日本禅门大鉴派的开山祖;杭州径山寺禅师竺仙梵仙,于日本元德元年(1329),应邀同明极楚俊和日本入元僧物外可什、天岸慧广等东渡,历住建长、南禅、建仁诸寺,对日本上流社会的精神生活继续起到显著的影响,成为日本禅门竺仙派的开山祖。禅门曹洞宗和天台宗等越地其他佛教宗派人物蹈海传教者,自然亦有其人。如曹洞宗,明州天宁寺住持直翁德举法嗣、明州定海(浙江镇海)人东明慧日,于日本延庆元年(1308)应邀渡日,历住禅兴、圆觉、建长、万寿、东胜、寿福等诸刹,引接众人,30年如一日,成为日本禅门东明派的开山祖;明州天宁寺禅师、明州鄞县(今宁波市)人东陵永玙,于日本观应二年(1351)应邀渡日,历住天龙、南禅、建长、圆觉诸寺,法化甚盛,卒谥“妙应光国慧海慈济禅师”,成为日本禅门东陵派的开山祖。根据研究,全部日本禅宗二十四流的大多数开山祖,都是越地僧侣。天台宗,《宝庆四明志》卷十一“东寿昌院”条记载:“〔后〕唐清泰二年(935),僧子麟禅师往高丽、日本、百济诸国,传持天台教法,高丽国王遣使李仁旭辈,送还明州。”

值得注意的是,第一,越地佛教文化的对外输出,可以说,是越地意识形态文化最早最成系统的对外输出,也最持久地对东亚邻邦的全社会阶层(从王室到普通民众)发挥了影响,不啻形成了东亚文化圈“儒教”粘合力之外的又一重粘合力,对东亚在文化上以中国为中心进一步的融合,产生了毋庸置疑的促进作用。钱穆曾经在《中国文化史导论》中说:“近千年来的

① 引自朱云影:《中国文化对日韩越的影响》,广西师范大学出版社2007年版,第448页。

中国，在国内进行着民族融合，在国外则进行着文化移植。”①越地佛教文化的输出，应属整个中国文化向国外移植伟大进程的组成部分；只是，钱穆的“近千年来”理应修正为“一两千年来”，才符合历史实际。第二，尽管如上所述，历史上，越地僧侣飘洋过海者不少，但总体上看，外国僧侣前来求法请益，将中国佛教文化带回本土，人数之众，频率之高，还是明显超过了中国本土僧侣的飘洋过海，这是中国和东亚邻邦进行佛教文化交流的基本格局，早在唐代就已奠定。当时，朝鲜半岛和日本均向中国派出了大批学问僧，掀起了一个空前的向中国主动吸收佛教文化的浪潮。诚如史家所言，在朝鲜半岛，“新罗国人既倾慕唐风，其时中国佛教正盛，自亦为新罗朝野人士所向往，所追求，故对于在唐留学僧之返国者，极为尊仰，往往奉为国师，奉若神明，……是以留唐学僧之返国，对于新罗佛教，不但随时增加新血轮，抑且永远居于领导地位”②；在日本，“摄取佛教文化和中国文化是作为国家的事业而在热烈的意愿下开始的。此前，摄取外来文化本来也是我们敢于系求的。但多数情况都是接受别人送来的贡人贡物，停留在消极的态度上。现在则进而达到派遣留学生、学问僧，积极地学取他人的文化的境地”，“以新的佛教文化及中国文化为内容的外来文化的异质领域构成了日本文化中的一个领域”。③ 佛教文化输出的这个“接受方主动”特色，在越地有非常集中的体现。除越地方志屡见不鲜的异域僧侣入越记载，最有说服力的一个例子来自有关学者的研究，仅天目山径山禅寺一地，唐宋时来自日本一国的高僧，就多达413人。④ 另一个典型的例子来自木宫泰彦的研究。根据他的考察，南宋时期，事迹大致可靠的来华（绝大部分都到越地）日僧不少于115人，而同样的中国僧侣（主要也都来自越地）赴日者，则仅14人；元代，中国僧侣渡日者13人，来华日僧，则多达220人以上。⑤ 值得注意的是，外国僧侣对越地佛教的痴迷，还曾使他们自动做出极大的物质奉献。如《咸淳临安志卷》卷七十八“延寿”条载，杭州高僧延寿“道播海

① 钱穆：《中国文化史导论》，上海三联书店1988年版，第149页。

② 严耕望：《新罗留唐学生与僧徒》，张曼涛主编《日韩佛教研究》，台北大乘文化出版社1978年版，第291页。

③ ［日］家永三郎：《外来文化摄取史论》，靳丛林等译，吉林教育出版社1990年版，第9页。

④ 参见蔡丰明：《吴越文化的越海东传与流布》，学林出版社2006年版，第202页。

⑤ 参见［日］木宫泰彦：《日中文化交流史》，胡锡年译，商务印书馆1980年版，第305—334、369—370、407、420页。

外”,“高丽国王遣使赍书叙弟子礼,奉金线织成袈裟、紫水晶数珠、金澡罐等为献”。“惠因院”条载,义天在惠因院学成归国后不久,于元祐二年(1087)“以金书晋译《华严》五十卷、唐则天时译八十卷、德宗朝译四十卷共三部,附海舟,舍入院;元符二年〔1099〕又施金建华严大阁,以崇奉之”。《宝庆四明志》卷十三“天童山景德寺条”载,淳熙十六年(1189),“僧怀敞来主寺,欲改建千佛阁,摹画甚广。先是,日本国僧荣西从敞游。辄辞归,致百围之木,泛鲸波以至。经始于绍熙四年〔1193〕之季秋,历三载始就,梵宇宏丽,遂甲东南”。唐宋时代日本虽然以易长大木知名中国①,但荣西居然将日本本土的“百围之木”,历时三年之久,“泛鲸波”运到了宁波景德寺来,这个例子尤其令人叹服日本僧侣对越地佛教事业的执著甚至迷狂,越地佛教文化在日本宗教人物心目中的地位由此可见一斑!

(二)越地佛教文化对外传播中的其他文化传播

如所周知,佛教并不仅仅是一种宗教,而是一种包容着哲学、文学、音乐、书法、绘画、雕塑、建筑、刻书、医学等多种文化成分和饮茶、用瓷等生活风俗在内的一个广泛的文化体系,因此,越地佛教文化的对外传播,实内在地包含越地其他文化的对外输出。

例如,日本的寺庙建筑,现存奈良东大寺(世界文化遗产)是鸟羽天皇建久年间(1190—1198)住持重源主持重建,这座建筑就打上了浓厚的越地建筑艺术烙印。其一,此前重源曾三到宁波,参与宁波阿育王山广利禅寺的修建,积累了修寺经验。其二,主要工匠陈和卿、伊行末等多名工匠都来自宁波,六郎等四人雕刻了中门石狮子、四天王像,而“大佛殿石坛以及各处走廊铺石是明州石工伊行末修造”②。最近中日学者的共同调查还发现,东大寺南大门的石狮子不仅为宁波工匠所雕,连石料也全部来自宁波,“重修后的奈良东大寺大佛殿的建筑式样,和今天宁波的保国寺几乎一样”③。

---

① 《宝庆四明志》卷六即载:“日本即倭国,地极东,近日所出,最宜木,率数岁成围”,松板、杉板、罗板均为其特产,而松板“文细密如刷丝而莹洁,最上品也”。

② 苌岚:《7—14世纪中日文化交流的考古学研究》,中国社会科学出版社2001年版,第313页。

③ 李军:《日本一对列入世界文化遗产的石狮最近揭开了身世》,《杭州日报》2008年1月4日。

镰仓圆觉寺“与和风建筑完全不同”,“建成于弘安五年〔1282〕11 月,开山是 1279 年来日的南宋名僧明州人佛光国师无学祖元”①。据日本学者研究,佛光为修建该寺,还曾特地派遣日本工匠调查了径山的各堂宇,模仿它的规模进行修建。② 同样,镰仓建长寺也是南宋宁波高僧兰溪道隆的杰作,兰溪道隆并参与了日本武士道精神的催生。“他先到京都,后到镰仓,接受执政北条时赖的皈依,开创了第一个纯正的禅寺建长寺。以前的博多圣福寺、东京东福寺等所谓禅寺,夹杂天台真言宗建筑,非纯粹之禅宗建筑,日本禅宗独立建寺不再依附于其他宗派寺院,当始于道隆。”“兰溪道隆名望极高,镰仓武士多皈依于他,由于禅宗思想和武士气运相和,其后逐渐产生了日本武士道精神。”③凡此可见,越地佛教文化的输出,同时也把当时先进的越地建筑艺术和雕刻艺术带向邻邦。

再以日本的“书道和茶道”为例。书法不仅是中国的国粹,也是日本的国粹,被称为“书道”,与“茶道”齐名,但日本的书法文化,很大程度上源自越地;日本的茶文化,更是越地茶文化东传的结果。它们的主要中介也都是僧侣。以书法来说,鉴真东渡时,曾带有王羲之真迹行书一帖,王献之真迹行书三帖;日本学问僧最澄归国时带回的书法作品有 17 种,其中也包括王羲之父子和褚遂良等越地名家的作品拓本;日本“三笔”之一的高僧空海,在留唐期间悉心钻研王羲之书法,得其真韵,所作竟和王羲之原书一模一样。“奈良时代,日本人学习书法蔚然成风,‘二王’的书法影响最大。”④显然,越地书法艺术的走向世界,越地佛教文化的输出是一个关键性的因素。以茶文化来说,众所周知,越地是中国茶文化的发源地。1990 年在湖州发现的汉代青瓷茶瓮,表明至迟在汉代,越地饮茶风气就已流行;据宋孔延之《会稽掇英总集》卷十四和诸多唐宋别集、笔记可知,唐代越地至少已出现会稽山云门寺茶宴、天目山径山寺茶宴和湖州境会亭茶宴等三大驰名天下的茶宴。茶宴作为借沏茶、品茶以陶冶情操、联络感情的艺术化的生

---

① 苌岚:《7—14 世纪中日文化交流的考古学研究》,中国社会科学出版社 2001 年版,第 313 页。

② 参见[日]木宫泰彦:《日中文化交流史》,胡锡年译,商务印书馆 1980 年版,第 382—386 页。

③ 苌岚:《7—14 世纪中日文化交流的考古学研究》,中国社会科学出版社 2001 年版,第 315 页。

④ 武斌:《中华文化海外传播史》第 1 册,陕西人民出版社 1998 年版,第 593—594 页。

活礼仪,实际上也就是日本茶道的滥觞。根据日本史料记载,最澄在公元804年在明州登岸,往天台山,跟随道邃、行满学习天台宗,后来又到越州龙兴寺学习密教。归国时他一边创立日本天台宗,一边把在越地求法时得到的茶籽,亲自在日本的土地上播种。"当时最澄不仅带回去了茶籽,而且还带回去了天台山的制茶技术,更连带着带回去了天台山僧侣饮茶的习俗文化。"三百多年后,另一位日本高僧荣西,在1168年、1187—1191年两度在明州登陆,广泛游历明州广惠寺、天童寺、天台山万年寺、罗汉寺和临安、瑞安(今温州)等各地名刹,对越地流行的罗汉供茶等宗教礼仪进行详细记载,于1191年从明州归国后,又带回去许多茶籽,"在登陆后的第一站富春院中,他就撒下了这些茶籽,后又在北振山一带种茶"。"以后他又在九州圣福寺种茶。荣西回到京都后,还将茶籽送给了拇尾高山寺的明惠上人",后者"播下的茶树很快蔓延开来,成为日本茶叶生产的基地"。荣西还根据他在越地学习到的大量的制茶饮茶知识,完成了日本历史上的第一部茶文化著作《吃茶养生记》,"荣西也因此被推崇为日本饮茶史上的祖师爷"。荣西之外,其他许多越地和日本高僧也都曾在传播越地茶文化中做出重要贡献。如南浦绍明于公元1259年从明州到临安,作为学问僧,在径山寺留学九年。归国时,不仅带回许多径山名茶,还得到径山寺的一套台子式茶具和七部茶典;后来他移居京都,又把径山茶礼传授给京都大德寺,推动了茶文化在日本上层的传播。① 由此可见,在日本形成自己的具有民族特色的茶文化之前,日本的茶文化几乎都是通过佛教僧侣,将越地茶文化移植过去的。

再如日本的雕版刻书。众所周知,宋代是我国雕版刻书技术在社会文化层面大发展的黄金时代,宋代越地乃是当时全国最重要的刻书中心,时人称为"今天下印书以杭州为上,蜀本次之,福建最下"(叶梦得《石林燕语》卷八);杭州之外,明州、婺州(金华)、绍兴、台州、湖州、嘉兴等,也都是雕版刻书的重镇。越地先进的雕版刻书技术,很大程度上借助宗教交往,通过各种方式不断向日本等邻邦传播,推动了邻邦图书文献事业的不断进步。传播方式有三:一是日本高僧留学越地,归国时带回越地所刻佛书,在

① 以上引文参见蔡丰明:《吴越文化的越海东传与流布》,学林出版社2006年版,第198—202页。

日本掀起仿刻或翻刻之风。根据史家的研究，自称德天皇神护景云四年(770)为装入百万塔中的《无垢净光陀罗尼》刻版以来，直到平安朝中叶约二百七八十年之间，日本的刻版事业完全处于中断的状态，但奝然北宋初留学越地归来，带回大量越地佛典后不久，日本的图书刻版事业出现了一个日渐昌盛的局面，京都贵族中形成纷纷刻印天台经典以“折供养”的风气。南宋庆元五年(1199)到嘉定四年(1211)，日本高僧俊芿在越地留学13年，多次参拜天台山，在明州雪窦寺、景福寺等学习禅宗，在嘉兴超果寺从北峰宗印学习天台宗，“鉴于‘天下印书一杭州为上’，久留杭州考察印书情形，归国后，在泉涌寺弘扬律宗，并覆刻宋版律部，遂开日本印刷史的新纪元”①。二是日本高僧留学越地，将日本的佛书稿本携至越地，请越地优秀刻工开版，然后再带回日本印行，给日本刻书业以更好的垂范。典型的例子是日本禅门大觉派的开山祖兰溪道隆的《大觉禅师语录》。根据保存至今的卷末款识和有关学者的研究，该书即其弟子禅忍、智侃等入越时将原稿带至临安(杭州)，于南宋景定三年(1262)请得上天竺特赐佛光法师法照作序，净慈寺虚堂智愚作跋，又携至天台山，经万年寺惟俊点校、妙弘点正，遂于景定五年(1264)再携至绍兴，由绍兴府知名刻工孙源、石嵇开版，而后带回日本刷印。经此过程，日本僧俗社会充分见识到越地最精湛的刻书技术。三是越地高僧渡日，在日本组织雕版刻书，直接指导、推动了日本雕版刻书技术的发展。如兀庵普宁住建长寺时，曾指示其日本弟子景用开版刻印其语录，现存《兀庵禅师语录》即为依次覆刊而传至今日者。大休正念住寿福寺时，指示弟子于弘安六年、七年(1283、1284)先后刊印了《断际禅师传心法要》和《佛源禅师语录》；弘安十年，又指示弟子分别在灵山寺和建长寺刊印了《传法正宗记》、《禅门宝训集》等古今佛典。在渡日越地高僧的指导和影响之下，执政北条时宗亦组织刊印《圆觉了义经》等佛书，逐渐形成镰仓幕府晚期和吉野时代的武人大力刻书之潮。纵观历史可见，日本雕版刻书史上的每一次发展，都与越地僧侣与日本的宗教往来相关，都与越地先进的刻书技术借助宗教往来向日本的传播相关。

再以日本的文学为例。如所周知，在日本文学史上，14、15世纪先后在禅僧(特别是镰仓五寺、京都五寺的禅僧)中兴盛起来，以“诗的禅化，禅的

① 朱云影：《中国文化对日韩越的影响》，广西师范大学出版社2007年版，第334页。

诗化”为最大特色的汉诗文创作五山文学，是一个重要阶段，实现了古典的、贵族的和地方、庶民的两种对立文化的融合，对于当时日本社会的政治、文化和民众的精神面貌产生不可忽视的影响，在日本文化发展史上具有举足轻重的地位。这一文学，很大程度上就是越地僧侣与日本僧俗进行宗教往来时，将越地禅林文学的创作风尚和精神倾向，向日本传播和输出的结果。例如，前述1299年渡日以终的普陀山高僧一山一宁，就以《十牛图颂》等禅与诗完美结合的大量创作，在日本禅林掀起歆慕风潮，被誉为“这场日本文化发展史上伟大运动的开创者和奠基者”，“后来‘五山文学’的中坚力量，如义堂周信、雪村友梅、虎关师炼等大都出于他的门下，接受过他的教导”，日本学术界亦公认一山一宁乃“五山文学之祖”。① 1326年渡日以终的清拙正澄，被日本学术界推为“在入籍元僧中最为杰出”，“他对于所谓五山文学的发达，也有所贡献，但看随从他来到日本的永錤所编的《禅居集》中载有丰富的诗文，便可了解”。② 1329年渡日以终的竺仙梵仙，也擅长诗文，对当时的五山文学起到推动作用。以上越地僧侣渡日带来越地禅林的创作风尚，这仅是问题的一方面。另一方面，如前所述，来华进入越地的日本僧侣更远多于越地僧侣渡日者，这些西渡日本僧侣更直接、全面地感受到越地禅林和整个越地士人社会的文学氛围，更近距离地接受到越地文学的对外传播。此亦如木宫泰彦在充分肯定一山一宁等渡日禅师对五山文学的贡献时，又说：“日本的五山僧侣之所以能作出摆脱日本腔调的具有纯粹宋元风格的诗文，而被评为日本的中国文学中最优秀的作品”，主要原因“当然是由于他们有很多人长期在元朝留学，过着和中国人一样的生活，因而体会到中国的风趣的缘故”，“凡以五山文学家驰名一时的，大都是入元僧”；“此外，入元僧回国时带回了很多元朝名僧的语录和诗文集也不容忽视。这些书籍不但促进了日本五山及其他禅寺中所谓五山版的出版事业的发展，而且它的流传，对于汉文学的兴盛产生了很大影响，这是不难想象的。试一涉猎这一时代日本禅僧的语录和诗文集等，令人吃惊的是，其中很多序跋、行状、塔铭等出于元朝高僧手笔。这是当日本禅僧在入元时，携带先师的语录和诗文集等，访求当地名僧巨匠给予批评，请他们作序跋，或作行状、塔铭等带了回

① 王连胜：《一山一宁与日本“五山文学”》，《浙江国际海运职业技术学院学报》2006年第4期。

② ［日］木宫泰彦：《日中文化交流史》，胡锡年译，商务印书馆1980年版，第414—415页。

来”，“正因为这些文章都是出于元代第一流大家的手笔，对于五山汉文学的影响一定很大”。① 因为元代中国渡日僧侣绝大多数都是越地僧侣，日本僧侣来华绝大多数也都是留学越地，因此木宫泰彦有关元代中日佛教的交往和中土禅林文学风气对日本的输出和传播论述，亦几乎等同于揭示越地与日本的佛教交往以及越地禅林文学对日本的输出和传播。

再如日本的绘画。僧侣向来是中国画家群体的一个大宗，禅门绘画亦自有其发生、发展、蔚为大观的过程。首先是所谓佛祖赞，就是在释迎、观音、文殊、普贤等佛菩萨以至达摩、布袋、寒山、拾得等的画上题写赞词；后来是禅师的自画自赞，根据他们悟禅时的感受，随心所欲地描绘出主观的东西，完全不拘泥于技巧或形象，因而别具一种淡泊、潇洒的特色；再从具有宗教意味的莲、虎等特殊动植物，而渐及于一般的梅、兰、竹、菊、山、水、鸟、鱼，自画自题，自品互鉴，于是清雅枯淡的水墨画便发达起来。越地绘画艺术和佛教文化均高度发达，擅长绘画的名僧胜流代有其人；邻邦僧侣既纷至沓来于蹈海入越之途，越地精湛的绘画艺术传播于邻邦，自亦不绝如缕。例如，两宋之交，越地有僧法常，号牧溪，乃是嘉兴报恩寺首座（《雍正浙江通志》卷一百九十九引《续传灯录》），能词善绘，独创“牧溪画法”。前人称为：“喜画龙虎、猿鹤、芦雁、山水、树石、人物，皆随笔点墨而成意思，简当不费妆饰”（元夏文彦《图绘宝鉴》卷四），“善写生，所作果、瓜、虾、蟹皆具真态，特用笔稍欠松逸”，“丛竹之杪，止作瓦雀头数十相聚，沓见侧出，而若见其全角者，此大入意匠，不似今人写生，但描依样葫芦而已”（明李日华《六研斋三笔》卷三）。但牧溪画的独创性在中国本土未曾受到足够重视，传统的画评家对之常有微词，如《图绘宝鉴》卷四在上述评论后又说，“但麤恶无古法，诚非雅玩”，同时庄肃《画继补遗》卷上也说，“枯淡山野，诚非雅玩，仅可僧房道舍，以助清幽耳”。然而，牧溪画蝉蜕古法，独崇清幽的风格，却引起了日本禅师的挚爱。南宋嘉定十六年（1223）、端平二年（1235）日本高僧系玄道元、圆尔辩尔先后来越，将牧溪的画作积极搜罗带至日本。② 东京白金台富山纪念馆、京都国立博物院、京都大德寺等处，至

---

① ［日］木宫泰彦：《日中文化交流史》，胡锡年译，商务印书馆 1980 年版，第 419、493 页。

② 此据 Osvald Siren，*Chinese Painting*，Volume II，p. 138，New York：Ronald Press，1956—1958。木宫泰彦则认为元代日僧“可翁宗然是最先把牧溪画风传入日本、开创枯淡墨画之基的人”（［日］木宫泰彦：《日中文化交流史》，胡锡年译，商务印书馆 1980 年版，第 499 页）。

今犹藏南宋末被带至日本的牧溪画作多种。"对于许多日本画僧来说，牧溪的存在具有先驱式的典范作用。如画僧如拙就奉牧溪及马远、夏圭等人为宗。道释画家默庵灵渊追慕牧溪，他于1326—1329年历访中国五山，在中国被称为'牧溪再来'。室町幕府将军的御用绘师宗湛因酷爱牧溪而号'自牧'。在日本绘画史上，有些画家的作品风格就被评定为'和尚样'，即'牧溪样'，可见牧溪在日本影响之深远。牧溪的代表作《潇湘八景图》传入日本后即成为室町时代'天下首屈一指'的珍宝，引领了日本水墨画的发展，对日本美术史产生了巨大的影响。"①正是在牧溪画风的感召之下，日本高僧雪舟等扬才于1468—1469年追步前人的足迹，再次来到越地，在宁波天童山深造，并周游越地，拜访多位著名画师，学习正宗的水墨画技艺，并加以个性化的发展，归国后创作出以"四明天童第一座"落款的《烟雨山水图》、《四季山水图》、《慧可断臂图》等不朽名作，正式创立了日本的水墨画派，成就其日本"画圣"和世界文化名人的崇高地位。可以说，日本的水墨画派，乃是越地牧溪画法通过宗教往来持续不断地向日本传播，与日本画家的艺术追求相结合的结晶。

再如越地哲学的对外输出，佛教僧侣也与有功焉。16世纪初（明正德八年，1513年），日本五山高僧桂悟了庵以88岁高龄充使来华，拜访王阳明，展开了中日文化交流史上仅有的一次日本学者与中国儒学大师的直接对话。回国时，王阳明作《送日本正使了庵和尚归国序》以赠。从此阳明的文录、文集、则言、《传习录》等不断传入日本，大批日本禅僧、学者都怀着对一门新学问的好奇而广泛地阅读王阳明著作，阳明学派在日本传播，经过中江藤树（1608—1648）、熊泽著山（1619—1691）、佐藤一斋（1772—1859）、大盐中斋（1794—1837）等一代代的研究和传承，为日本社会打破封建藩篱，通过明治维新"倒幕"运动走向近代，提供了思想武器。日本学者体认，阳明心学"认为承担道德者不仅是官僚士大夫阶层，而将其普及到农工商的平民阶层"，"将人类内心深层自然而然地流露出来的东西视为真的本性，不仅旋视'童心'为人类之真，导出肯定欲望的人性论"，"否定经书的超历史的绝对化、权威化，开出价值观的多样化"，"满街都是圣人的乐观主义

① 周阅：《"潇湘八景"的诗情画意——兼论中国绘画对日本的影响》，《中国文化研究》2008年第1期。

的人性论，促进了一切愚夫愚妇（明末直至奴仆）承担秩序的自觉”，“阳明学在日本，主要是在幕末变革时期，为那些对抗传统的观念，要以自我信念进行主体性实践的人们所接受”。①

此外，作为越地士人的特殊群体之一，渡海越籍佛教人物的行事作风和精神风采本身，也给邻邦社会以深刻的影响。如镰仓幕府第五代执权北条时赖掌握日本全国政权时期，急欲实现政权与教权的统一，用教权来促进政权的革新，以创建清明政治。当时出身于皇族和官府公家的日本旧佛教徒却在生活上只知贪图私利私欲，腐化堕落达于顶点，在佛教修行上亦日趋僵化停滞，无所发明，完全不足以担当这一使命。而同时南宋越地禅宗各派蓬勃发展，禅门人物在生活上严格奉行百丈怀海禅师“一日不作一日不食”精神，以寡欲朴素、勤俭修行为宗旨；在佛教修行上亦开辟出禅门“顿悟”的种种法门，“文字禅”、“诗禅”盛行，机锋四出，禅趣盎然；在人生观上更表现出“击碎生死牢关”，“出生入死，如同游戏之场”（大休正念《法源禅师语录》卷四），敢于蔑视一切劫难危险，泰然处之的硬骨头精神，总之，展现出艰苦顽强的生活意志、不断创新的思想活力和无所畏惧的强者风范。有见于此，北条时赖遂派员西渡，先后将明州天童寺禅师兰溪道隆、象山灵岩寺禅师兀庵普宁等请来；其后，其子、镰仓幕府第八代执权北条时宗又将杭州径山禅师大休正念、明州天童寺禅师无学祖元等请来，使之住持建长等寺，大扬禅风，使日本僧俗民众向慕成风，不仅武士普遍参禅，妇女也竞相修禅，甚至北条时赖、北条时宗本人和他们的妻子，以及武藏守宗政、左马权头贞时、骏河守业时、越前守业时等北条氏一族重臣也都热心学禅，虔诚皈依于这些越籍禅师门下。在镰仓幕府第五代以降相当长的一个历史时期，渡海而来的越籍佛教高僧，他们的思想观念和精神风采，给日本社会上下带来了深刻的影响。例如北条时宗，曾先后追随兰溪道隆、大休正念、无学祖元参究禅法，并派使者西渡入越，向明州开善寺希叟绍昙请求法语，又从兰溪道隆弟子德温禅师悟得生死禅机。这些越籍高僧的影响，促使北条时宗的精神世界发生微妙而重大的转变。诚如木宫泰彦考察所见：“北条时宗当日本面临空前未有的国难时，所以能够断然贯彻自己的信心，尤其在弘安四年，当元军大举进逼博多时，似乎也毫不介意，能够从容

① ［日］沟口雄三：《中国的思想》，赵士林译，中国社会科学出版社1995年版，第92、95页。

地解除国难,多半应该归功于他对禅学的修养。"而镰仓武士们追随越籍高僧,"凭深奥的禅学修养突破生死的牢关,一旦临事,得以随处采取主动",这对于后来日本武士道的发展亦"产生了颇大的影响"①。

以上仅谈到越地建筑、书法、茶文化、刻书、文学、绘画、哲学以及越地宗教人物本身的精神风采向日本的传播,足见宗教往来和越地宗教文化的输出,其所带来的越地其他多种文化要素也随之走向世界之效应,确曾普遍发生。日本佛教史家曾经指出:"在日中之间的交往中,放在首位的仍然应该是佛教徒的往来","我们应该说,日本的文化,确实是通过日中佛教徒的手建立起来"②,从日本的文化接受角度而言的这个论断,一定程度上也揭示了宗教往来对越文化整体输出的作用真谛。

五、对外贸易与越文化的传播

贸易历来是文化交流与文化传播的重要途径之一。如前所述,由于特殊的地理位置,越地在数以千年计的历史时代,一直是中国对外贸易的前沿和重心所在。南宋《宝庆四明志》卷一《风俗》载:"南通闽广,东接倭人,北距高丽,商舶往来,物货丰溢。"这说的是宁波的优越地理位置和宋代对外贸易盛况,实际上整个浙江的情况也可以这样形容;既然是在"风俗"中记载,则其中包含了官方贸易的盛况,也反映了民间贸易极为活跃的图景。

(一)越地对外贸易的历史进程

越地的对外贸易很早就开始了。20 世纪 60 年代,在日本近畿地区的奈良县东大寺古坟中出土一把有铭文的铁刀。刀上的铭文为:"中平□年五月丙午,造作支刀,百练清刚,上应星宿,下辟不祥",一共 23 个字。"中平"是东汉灵帝的年号之一,为公元 184—l88 年。著名考古学家王仲殊先生认为,这把"中平"纪年铭文的刀是东汉末年从今中国的江南会稽郡传入日本的。③ 20 世纪在日本 3—5 世纪的古坟中还出土了三百多件中国三国

---

① [日]木宫泰彦:《日中文化交流史》,胡锡年译,商务印书馆 1980 年版,第 376 页。
② [日]道端秀良:《日中佛教友好二千年史》,徐明等译,商务印书馆 1992 年版,第 2 页。
③ 参见王仲殊:《论日本出土的景初四年铭三角缘盘龙镜》,《考古》1987 年第 3 期。

时代的三角缘神兽镜,其中岛根县神原神社古坟出土的一件三角缘神兽镜有“景初三年”(239)纪年铭,群马县柴崎古坟、兵库县森尾古坟和山口县竹岛古坟出土的三件“同范”三角缘神兽镜有“正始元年”(240)纪年铭;1988年又在日本京都府福知山广峰十五号坟和兵库县西宫市辰马考古资料馆,发现两件“同范”的有“景初四年”纪年铭的三角缘盘龙镜。王仲殊先生从形制、图纹和铭文等各方面考察,确认,它们均是三国时代“东渡的吴的工匠在日本制作”,同时又是“倭人渡海到吴的会稽郡进行贸易的结果”。《三国志·吴书·吴主传》记载:“亶洲在海中,长老传言,秦始皇帝遣方士徐福将童男童女数千人入海,求蓬莱神山及仙药,止此洲不还。世相承有数万家,其上人民,时有至会稽货布,会稽东县人海行,亦有遭风流移至亶洲者。”王先生认为,此亶洲乃是日本列岛的一部分,“事实上,从东洋古代史和东亚考古学的视野来看,当时太平洋西部的岛国能远渡大海来与中国贸易的,也只有日本”①。根据这些考古发现和文献记载可知,早在东汉和三国吴时期,越地与邻邦日本就展开贸易,在日本古坟中出土的铁刀即从越地出口到日本的商品遗存之一;而在日本古坟中大量发现的青铜镜,则又是越地工匠被日本贸易商人请去彼邦铸造的结果。众所周知,作为灿烂的先秦青铜文化的传承和转化(先秦集中在兵器剑的铸造),越地铜镜铸造工艺不断发展,继汉代会稽郡成为全国铜镜铸造中心之后,孙吴时期越地铜镜铸造更达到极盛:这里铸造的神兽镜和画像镜,数量之多,工艺之精,远非其他地区可比;铜镜背面纷纷铸上含有年号和铸造者姓氏的铭文,既增加了铜镜的文化内涵,又使产品出现明显的商业色彩;不仅铜镜销售对象日益广泛,铜镜的铸造活动本身也出现了不断外移的倾向。② 正是这种工业技术的发达和相应商业氛围,打开了越地对外贸易的大门;换而言之,越地对外贸易始开,就把其精良的物质文化和工艺科技传播到东亚。

东晋南朝时期,越地青铜神兽镜、画像镜及其铸造工艺继续向日本传播,促使日本工匠模仿其铸造技术,生产出大量的“仿制镜”;同时,越地青瓷也开始走向东亚邻邦。此后,越地对外贸易更获得五次加速和繁荣:第一次加速在晚唐时期。随着以遣唐使船为主的中日官方贸易中断,越地又在唐代逐渐

① 王仲殊:《从日本出土的铜镜看三世纪倭与中国江南的交往》,《华夏考古》1988年第2期。
② 参见王志邦:《浙江通史·秦汉六朝卷》,浙江人民出版社2005年版,第413—414页。

发展成为全国的经济中心，物质文化繁荣，越地民间对外贸易遂日益活跃，填补了中日贸易的空白，一些越籍航海商人频频现身于邻邦宫廷，成为史家关注的海商领袖。如根据《大藏经》55册第2173种《智证大师请来目录》和日本《智证大师传》等史料，上述日本天台宗第五代座主圆珍于大中七年(853)入越，以"台州天台山国清寺日本国僧圆珍"名义，在天台山等地修学五年，携回经论章疏四百一十部一千卷及道具法物等十多种，于大中十二年(日本天安二年，858年)回国，乘坐的就是频繁往来于中日之间的明州李延孝商船。日本《三代实录》卷六载："清和天皇贞观四年〔862〕七月，大唐商人李延孝等四十三人来朝，敕太宰府安置供给。"同书卷十一又载："贞观七年〔865〕七月，日廷据报大唐商人李延孝等六十三人驾船一艘抵达，即令太宰府安置于鸿胪寺，照例供给。"当时这样的越地大海商还有李邻德、张支信、张蒙、崔铎、柏志贞等。根据史料，仁明天皇承和九年(842)春，李邻德商船从明州出发到日本，搭载归国请求供养费的惠萼(频繁来往中日)；承和十四年(847)，张支信商船从明州望海镇港前往日本，搭载日僧惠运、仁好、惠萼与春太郎、神一郎等回国；清和天皇贞观四年九月，张支信用在日本专门打造的商船送真如法亲王、宗睿、贤真、惠萼、忠全、安展、禅念、惠池、普寂、原懿等数十位日本僧徒入唐，在明州石丹奥上岸；次年，张支信商船从明州航日，又将贤真、惠萼、忠全等带回，张支信后来久任太宰府通事；阳成天皇元庆元年(877)七月，崔铎商船从台州港往日本，搭载了来华求取香药的天皇使者多治安江和学问僧智聪等归国，据《三代实录》卷三十二所载，"阳成天皇元庆元年〔877〕七月二十五日，大唐商人崔铎等六十人，驾船一艘满载货物抵筑前国，八月二十五日敕援例安置供给"，崔铎此行可以说是人、货俱夥；元庆五年(881)，张蒙商船航日，带来婺州(今金华市)士人李达受圆珍之托找到的一切经阙本120卷；元庆七年(883)，柏志贞商船航日，带来天台国清寺诸德和越州良谞和尚给圆珍的信札。根据木宫泰彦的考证，自日本遣唐使船在9世纪40年代初绝迹之后，中日海上民间贸易却猛烈活跃起来，唐亡前五六十年间，仅见于各种文字记载的唐商货船往来中日之间的次数即近40次之多，而其中的唐商，凡事迹可靠者，除广东、福建商人各一外，其他都是宁波、台州、温州等越地商人。①

① 参见[日]木宫泰彦：《日中文化交流史》，胡锡年译，商务印书馆1980年版，第108—117页。

根据圆仁《入唐求法巡礼行记》卷一的记载,"案旧例,自明州进发之船,为吹着新罗境",唐代越地到朝鲜半岛的海上贸易航路也早已开辟。

第二次加速在五代钱氏吴越国时期。建都于杭州,以今浙江全境和江苏苏州、福建福州为其统治范围的吴越国,在中原纷扰的五代十国时期堪称一方净土和乐土,史家公认"是十国中存在时间最长〔72 年〕、人口密度最大、经济文化相当繁荣而且始终呈现小康局面的一个国家","又是五代十国中唯一同日本有密切联系的国家"。① 其密切联系的主要方式就是航海贸易。如北宋杨亿《杨文公谈苑》所载:"吴越钱氏多因海舶通信,天台智者教五百馀卷,有录而多阙,贾人言日本有之,钱俶置书于其国王,奉黄金五百两,求写其本,尽得之,迄今天台教大布江左。"②今人朱云影先生亦考证指出:"五代时,中原纷扰,但中国商船东航者,仍然不绝","后晋以后,日中关于中国商舶往来之记事更多,但全是吴越商人。由于吴越濒海,领土包有向为中日交通门户的明州,其地商人自唐以来从事对日通商,具有丰富的经验,故吴越国王特别加以利用,欲谋贸易之利以裕国库,并欲以商人为媒介建立两国间的邦交"。③ 史料中留下了吴越商人,也可以说是越地商人,往来中日通商,并穿梭于两国宫廷的诸多踪影。如根据日本资料记载,朱雀天皇承平五年(935)九月,吴越商人蒋承勋至日献羊数头,所带货物在十二月由唐物藏人藤原亲盛由京师赴太宰府检进;次年(936)七月,蒋承勋又与季盈张等航海到日,带来吴越王元瓘之使命,八月二日,日本左大臣藤原忠平有书回复吴越王;天庆元年(938)七月,蒋承勋复至日献羊数头于日廷,八月太宰府以布赐蒋承勋;天庆三年(940)七月,藤原忠平又有书至吴越王元瓘,托吴越商人带回;天庆八年(945)七月,蒋衮、俞仁秀、张文过等一百人驾商舶一艘,载货物三千斤至肥前松浦郡柏岛;村上天皇天历元年(947),吴越王佐令蒋衮带书至日并进土宜,日本左大臣藤原实赖得书后,即复书申谢,并赠沙金二百两;天历七年(953),蒋承勋又以海商兼吴越王钱俶的使者身份来到日本,献上书信并赠锦绮珍货,七月承勋归国,带回右大臣藤原师辅复书;村上天皇天德元年、三年(957、959),吴越海商盛德言又两次兼任吴越国持礼使,来到日本宫廷上书。从史料来看,吴越国时期越地商

① 田久川:《古代中日关系史》,大连工学院出版社 1987 年版,第 191 页。

② 《杨文公谈苑》,上海古籍出版社 1993 年版,第 9 页。

③ 朱云影:《中国文化对日韩越的影响》,广西师范大学出版社 2007 年版,第 353 页。

人东渡日本贸易极为频繁，吴越国和日本的外交来往亦几乎全部借助于海商海舶，宗教文化交流亦多借助海商襄助。而其时越地外贸商人，除了越籍海商外，还有众多外国商人。如《十国春秋》卷八十一《吴越五·忠懿王〔钱俶〕世家上》即载，宋建隆二年（961），“海舶献沉香翁一具，高尺馀，剜镂若鬼工，王号为清门处士。又高丽舶主王大世，选沉香千斤，叠为旖旎山，象衡岳七十二峰，王许以黄金五百两，竟不售。”外国商人舶来异域奇货的同时，自然亦把越地商品销往彼邦。这条材料同时说明，当时越地与朝鲜半岛的贸易关系亦比较密切。而从《旧五代史》卷一百三十三《钱佐传》所言，吴越国“航海所入，岁贡百万”，外国商人每年进献吴越国的贡奉收入就高达百万，由此足见五代吴越国时期整个越地对外贸易的繁荣与发达。

第三次加速在宋代尤其在南宋时期。北宋由于对辽和西夏的战争消耗大量资金，财政十分匮乏，因此便不得不着眼于对海外的贸易，在全国沿海设置了专司对外贸易的四大市舶司，其中除两个设在广州、泉州外，鉴于越地全国经济中心的进一步巩固，另外两个都设置在杭州、明州。《宋会要》并载端拱二年（989）太宗诏曰：“自今商旅出海外蕃国贩易者，须于两浙市舶司陈牒，请官给券以行，违者没入其宝货。”越地在全国对外贸易版图上的重要地位由此日益突出。① “这时往来于日华之间的宋朝商船，一般是搭乘六七十人的小型帆船，大都从两浙地方出发，横渡东中国海，到达肥前的值嘉岛，然后再转航到筑前的博多”，“到了这一时期的末尾，有不少船只从博多更深入日本海，驶进越前的敦贺”。② 南宋时代，随着越地成为全国的文化中心，具有自由包容精神、创新理性意识、俗世平等观念等鲜明特色的宋代文化日益成熟，对周边国家的文化影响力大增；同时因为失去半壁江南，为了弥补国库损失，南宋政府采取了更加奖励对外贸易的措施。而此时日本又适值武家势力崛起，“为了适应新兴武家的爱好，正在试图建立新文化，因此，又和遣唐使时代大量移植唐朝文化一样，一再努力汲取宋朝

---

① 唐代在全国海陆边境设置七大贸易通道，“一曰营州入安东道，二曰登州海行入高丽、渤海道，三曰夏州塞外通大同、云中道，四曰中受降城入回鹘道，五曰安西入西域道，六曰安南通天竺道，七曰广州通海夷道”，当时大食（阿拉伯）地理学家伊本·考尔大贝记录我国交州（越南河内）、广州、泉州和扬州等四大贸易港，均不在越地。参见何敦铧：《唐代对外贸易及其成就》，《史学月刊》1989 年第 6 期。

② ［日］木宫泰彦：《日中文化交流史》，胡锡年译，商务印书馆 1980 年版，第 245 页。

的新文化”①。在这种情况下,具有种种优势的越地对外贸易,在全国的重要性自然再度上升,南宋政府除继续壮大杭州、明州的外贸功能外,又先后设置了隶属两浙市舶司管辖的秀州华亭(今上海市)、青龙(今上海清浦县,与华亭并属宋秀州即嘉兴)市舶务和温州市舶务、澉浦(在今海盐)市舶务,至此,南宋越地境内已有杭州、明州、温州、秀州、澉浦等五六处市舶机关,超过全国一半以上;越地对外贸易更出现空前的繁荣图景。除上述《宝庆四明志》的记载外,类似的记载,如陆游《渭南文集》卷十九《明州育王山买田记》:“惟兹四明,表海大邦,……万里之舶,五方之贾,南金大贝,委积市肆,不可数知。”宋梅应发、刘锡《四明续志》卷六:“商舶之往来于日本、高丽,蕃舟之出没于山东、淮北,撑表拓里,此为重镇。”《梦粱录》卷十八亦载杭州:“杭城富室多是外郡寄寓人居,……其寄寓人多为江商海贾,穹桅巨舶,安行于烟涛渺莽之中。”朝鲜李朝史家朴趾源《热河日记》卷二十六《铜兰涉笔》亦记载:“高丽时,宋商舶频年来泊于礼成江,百货凑集,丽王待之以礼,故当时书籍大备,中国器物无不来者。”《高丽史》的记载表明,这些“宋商绝大多数都是江南商人,尤以泉州、明州、台州等地商人为多。此种商人集团,设有都纲,筹划共同行动,人数自数十人至一二百人不等,也有多至三百馀人者。宋商船航线,南路自明州或台州出发北上,经扬子江口越黄海至黑山岛附近,然后沿朝鲜半岛西岸北上,经江华岛至礼成江”②。在越地对外贸易的庞大海商队伍中,除了越籍商人,还有众多的外国商人。如《宝庆四明续志》卷八载:“倭人冒鲸波之险,舳舻相衔,以其物来售。”日本《太宰府考》等史料亦载,高仓天皇治承(1176—1180)初年,日本太宰大贰平清盛曾派遣筑前国宗象家之子许斐忠太妙典,前来越地明州育王山布施黄金,妙典遂七次往来日本与明州,大力从事日本与越地的贸易。《宋史·日本传》亦载,宋朝淳熙三年(1176)、十年(1183)、绍熙四年(1193)、庆元六年(1200)、嘉泰二年(1202)等,经常有日本商船漂流到中国特别是越地,宋朝为此一再下诏,赈给常平仓钱米,使他们得以回国。越地地方官对外国商人曲为体恤,多方照顾,几乎无以复加,甚至殁而归送其财,留下感动后人的佳话。如《宝庆四明续志》卷八在“倭人冒鲸波之险,舳舻相衔,

① [日]木宫泰彦:《日中文化交流史》,胡锡年译,商务印书馆1980年版,第237页。
② 朱云影:《中国文化对日韩越的影响》,广西师范大学出版社2007年版,第367页。

以其物来售”后又载:“市舶务实司之。然藉抽博之入,以裨国计,硫黄、板木而已,金非所利也。倭金怀袖所携,铢两几何,而官吏之虐取、牙侩之控扼,卒使之干没焉,非朝廷怀远意。大使丞相吴公力陈于上,请弛其禁勿征,愿代输之,上可其奏,…… 自宝祐六年始。公又念倭人之流离于海上者,多阻饥,并请就本司,人各日给米二升,舶司日支钱一贯五百文,候次年归国日止,朝廷从之。”楼钥《攻愧集》卷八十六《皇伯祖崇宪靖王〔赵伯圭〕行状》又载,赵伯圭于隆兴二年(1164)出任明州知府后不久,“真里富国〔今属柬埔寨〕大商死于城下,囊赍巨万,吏请没人。王曰,远人不幸至此,忍因以为利乎?为具棺敛,属其徒护丧以归。明年戎酋致谢曰,吾国贵近亡没,尚籍其家;今见中国仁政,不胜感慕,遂除籍没之例矣。来者且言,死商之家,尽捐所归之赀,建三浮屠,绘王像以祈寿,岛夷传闻,无不感悦。至今其国人以琛贡至,犹问王安否。”外国商人参与越地对外贸易的盛况,还在一些越地地名上保存下来。如《开庆四明续志》卷七记载,宋代宁波城内酒务营边,有地名“波斯团”,应该是当时波斯商人侨民集中住居区;南宋陈耆卿《赤城志》卷十九载,临海县有“新罗屿”,“昔有新罗贾人舣州于此,故名”。

第四次加速在元代。木宫泰彦指出:“元末六、七十年间,恐怕是日本各个时代中商船开往中国最盛的时代”,“入元僧名传至今的,实达二百二十馀人之多,至于无名的入元僧更不知几百人了。而这些入元僧都是搭乘商船,三三两两,来来往往的,可见当时开往元朝的商船该是如何之多”,“日本商船开往元朝的几乎都驶近此港〔庆元,即明州〕,仅有一二个例外”。① 在最初双方交恶的情况下(元世祖忽必烈曾发动两次大规模的对日征伐战争),元代中日贸易中的日商来越尚如此空前,则元代越地整个对外贸易的发达,自不能想象。

第五次繁荣在明代中后期到清乾隆间的约 250 年。此并上,已如前所述。

(二)越地对外贸易的物质文化输出

宋代越地境内有五六处市舶机关,元代有四处市舶司,占了全国七分

① [日]木宫泰彦:《日中文化交流史》,胡锡年译,商务印书馆 1980 年版,第 394、400 页。

之四,明代有全国三大市舶提举司之一和"十六世纪的上海",杭州、宁波、温州等长期都是全国主要的对外贸易港,在这些大港之外,还有众多的中小港口,它们共同构成一个全方位的能量巨大的越地对外贸易体系。

关于这个外贸体系的外贸能量,可以从有关船只之数量、大小等方面观之。史料表明,宋代越地乃是全国最重要的造船中心之一,明州、台州、温州、杭州、越州、秀州等都是重要的海船打造基地,其中尤以明州、温州等地造船业最为发达。官方船场造船,据《宋会要》食货四十六之一和五十之四的记载,越地特别是明州和温州的造船量在北宋不断攀升,户部曾以"裁省浮费"为理由要求控制生产规模,"哲宗元祐五年〔1090〕正月四日,诏温州、明州岁造船以六百只为额,淮南、两浙各三百只"①,即便如此,这个年造船限额仍然为全国首位,与真宗年间(998—1022)的明州177艘限额比,也有成倍的增长。就今浙江全境的官方船场而言,当时的年造船量应不少于一千只。每年仅官方船场的造船量就不下于一千只,年复一年,即使除去其中的破损、消耗,累积数字亦极为可观。而且,这些官方船场打造的船舶,不少还是履险如夷的庞然大物。如神宗元丰年间(1078—1085),明州建造出航高丽的"万斛船"二艘,一名"凌虚安济致远神舟",一名"灵飞顺济神舟","自定海〔今镇海〕绝洋而东,既至,国人欢呼出迎"(《宋史·高丽传》)。据宋徐兢《宣和奉使高丽图经》卷三十四记载,徽宗宣和年间(1119—1125),明州又为出使高丽建造两艘规模更大的神舟,"一曰鼎新利涉怀远康济神舟,二曰循流安逸通济神舟,巍然如山,浮动波上,锦帆鹢首,屈服蛟螭",航至高丽,"倾国耸观而欢呼嘉叹也";同行还有六艘"客舟",客舟"长十馀丈,深三丈,阔二丈五尺","其制皆以全木巨枋搀迭而成,上平如衡,下侧如刃,贵其可以破浪而行也。其中分为三处,前一仓不安艎板,惟于底安灶与水柜,正当两樯之闲也,其下即兵甲宿棚;其次一仓装作四室;又其后一仓谓之屋,高及丈馀,四壁施窗户如房屋之制,上施栏楯,朱绘华焕,而用帘幕增饰,使者官属各以阶序分居之","每舟十橹,开山入港,随潮过门,皆鸣橹而行","大樯高十丈,头樯高八丈,风正则张布帆五十幅,稍偏则用利篷左右翼张以便风势;大樯之巅更加小帆十幅,谓之野狐帆,风息

① 温州、明州额当为温州、明州两地知府负责管理的船场之额,两浙路(今浙江全境和苏南、上海)额当为更高一级的两浙路行政长官负责管理的船场之额。

则用之”,“神舟之长阔、高大、什物、器用、人数,皆三倍于客舟也”。《宋会要》食货五十之十八又载,绍兴三十一年,“温州平〔阳〕县莆门寨新造巡船,面阔二丈八尺,上面转板平坦如路,可通战斗”,朝廷下令两浙沿海船场照式打造。在官方船场之外,还有不计其数的民间船场,它们的产量同样惊人。南宋梅应发等《开庆四明续志》卷六《三郡隘船》记载,明州“濒于海,鳄波吞吐,渺无津涯,商舶之往来于日本、高丽,虏舟之出没于山东、淮北,撑表拓里,此为重镇”,商贸和海疆防守全赖船舶,理宗宝祐五年(1257)统计协同官军防守的明州、温州、台州三地民船:明州,“七千九百一十六只。〔船长〕一长以上,一千七百二十八只;一长以下,六千一百八十八只”。温州,“五千八十三只。一长以上,一千九十九只;一长以下,三千九百八十四只”。台州,“六千二百八十八只。一长以上,一千单六只;一长以下,五千二百八十二只”。总计“为之印籍”而足充军需的民间船舶,“一丈以上,三千八百三十三只;以下,一万五千四百五十四只”,共19287只。此外还有“又下,不堪充军需”而“飘忽去来于沧溟汗漫之中,呼俦啸侣”者。众多的港口,数以几万计的民船,盈千累万、规模庞大的官船,加上高超的航海技术和水手的兢兢业业——《宣和奉使高丽图经》卷三十四又载:“制〔野狐〕帆之意,以浪来迎,舟恐不能胜其势,故加小帆于大帆之上,使之提挈而行”;“风有八面,唯当头不可行”;夜间“维视星斗前迈,若晦冥则用指南浮针,以揆南北”;“海行不畏深,惟惧浅搁,以舟底不平,若潮落则倾覆不可救,故常以绳垂铅锤以试之,每舟篙师水手可六十人,惟恃首领熟识海道,善料天时人事,而得众情”;等等——,形成一个能量巨大的越地对外贸易体系和全开放的越文化对外输出网络。

循此网络,移民迁徙、僧侣出洋、图书播散等越文化主体和越地精神文化对外输出,时有发生;但占绝大部分比重的,还是具有自身鲜明特色的越地物质文化的对外输出,走向世界。

其中尤其值得关注的,是既能体现越地特色,又反映整个中国文明特色的越地丝绸和瓷器,亦即所谓“越丝”和“越瓷”的对外输出。

如前所述,越地是中国丝绸文明的发祥地和持续的中心之一,越地丝织品很早就扬名天下。不论是唐杜牧《李讷除浙东观察使兼御史大夫制》称浙东“机杼耕稼,提封七州,其间茧税鱼盐,衣食半天下”,还是明董斯张《吴兴备志》说“湖丝……遍天下”,这个“天下”都既包括国内,也包括国外；越地丝织品不仅为国内消费者和文人所激赏，也为世界许多国家的人民所喜爱，所依赖。例如，史家考证，在10世纪以降的日本，“宋朝商人运来的贸易物资主要是锦、绫等丝织品和香料、药材等，其次是陶瓷器、文具等”①，同时在高丽、安南（今越南）也出现类似的情景，“当时开京门户的礼成江上，经常有宋商船不断来往，大来的货物，包括茶、绫绢、罗锦、瓷器、金箔、图书、药材、香料、乐器、文房具”等，“宋商带到安南交易的商品，则为绸缎、药材、瓷器、图书之类，尤其绸缎、药材占输出品的大宗”②，总之，丝织品和下面所说的瓷器在宋代的对外贸易中占了极大的比重；而如上所述，越地乃宋代对外贸易的主要舞台，宋商大部分都为明州、台州商人。可见，宋代输外日本、高丽和东南亚等周边国家的商品，越地所产丝织品以及瓷器，亦占了极大的比重。继唐宋时代的“越罗”、“越绫”之后，明清时期，“湖丝”又借助海外贸易，走向日本、韩国、琉球、菲律宾、泰国、柬埔寨，甚至中亚、西欧、北美等地区许多国家，以前所未有的规模走向世界，服务于世界各民族人民的民生福祉，也书写了中华民族为人类发展做出巨大贡献的新篇章。如前引万历间徐光启《海防迂说》载：“有西洋番舶者，市我湖丝诸物，走诸国贸易；若吕宋者，其大都会也。……湖丝有每斤价至五两者。”孙承泽《春明梦馀录》卷四十二载，明崇祯间工科给事中、福建晋江人傅元初在一份提议开海禁，以利用“开洋之税”弥补国家军需的奏章中，也曾提道：

> 海外之夷有大西洋，有东洋。大西洋则暹罗、柬埔诸国道，其国产苏木、胡椒、犀角、象牙诸货物，是皆中国所需；而东洋则吕宋，其夷佛郎机也，其国有银山，夷人铸作，银钱独盛。中国人若往贩大西洋，则以其产物相抵；若贩吕宋，则单得其银钱。是两夷者，皆好中国绫缎杂缯，其土不蚕，惟藉中国之丝到彼，能织精好段匹，服之以为华好；是以中国湖丝百斤值银百两，若至彼，得价二倍。

湖丝运至东南亚贸易的价格，一般是中国本土的两倍，也就是百斤丝售银二百两；最贵的时候，“有每斤价至五两者”，百斤丝也就售银五百两。其再由此而经印度洋远贩至大西洋，或经西班牙（佛郎机）占领的菲律宾（吕宋）远贩至南北美洲，其价格之高、贸易获利之丰，自然又要经过多轮

① 王晓秋：《中日文化交流史大系》（历史卷），浙江人民出版社1996年版，第139页。

② 朱云影：《中国文化对日韩越的影响》，广西师范大学出版社2007年版，第367、377页。

翻番。

我们可以从微观角度去管窥"湖丝"走向世界的规模情形。例如湖州南浔镇,民国《南浔志》卷三十一引温丰《南浔丝市行》说:"一日贸易数万金。"同书卷四又引徐有珂《重浚三十六溇港议》记载:"湖丝极盛时,出洋十万包。"对此,樊树志先生分析指出:"蚕丝贸易的旺季是从小满到中秋,约四个半月(135天),如果一天贸易额以'数万金'的最低点二万两计,那么旺季的贸易额将达白银二百七十万两;如果一天贸易额以四万两计,那么旺季的贸易额将达五百多万两以上。""每包丝重一千三百二十两,十万包丝重达一亿三千二百万两,如果按一万两银可买丝十二万五千两计,那么湖丝极盛时'出洋十万包'的价值达到白银一千万两以上。"①由此可见,光是南浔一镇,湖丝旺季交易量就达白银数百万两,少则270万两,多则500万两以上;光是南浔一镇,湖丝出口最多时就达白银1000万两以上。这不能不令人叹为观止。根据有关学者的研究,1637年墨西哥一处以湖丝为原料的丝织工厂,工人多达1.4万人。足见湖丝出口美洲的巨大贸易量和美洲人民的广泛欢迎。

"湖丝"大量输出,大踏步的走向世界,外贸价格不断上涨,当然也刺激了国内价格的攀升。为平抑国内丝织品价格,清乾隆初曾决策限制湖丝出口。但这招来从东亚邻邦到西欧多国使节和贸易商人的一片哀肯。无奈之下,乾隆皇帝只好又陆续下旨,部分地改变其政策:

> 二十七年奉谕旨:苏昌等奏,口英咭唎夷商□噸等以丝斤禁止出洋,夷货艰于成造,吁恳代奏,酌量准其配买,情词迫切一摺。前因出洋丝斤过多,内地市值翔涌,是以申明限制……远夷生计无资,亦堪轸念。著照该督等所请,循照东洋办铜商船搭配绸缎之例,每船准其配买土丝二千斤、二蚕湖丝三千斤,以示加惠外洋至意。……
>
> 〔二十八年〕得旨:琉球国疏请配买丝斤,部臣议驳,自属遵循例禁。第念该国为海澨远藩,织纫无资,不足以供章服。据奏,情词恳切,著加恩照口英咭唎国例,准其岁买土丝五千斤,二蚕湖丝三千斤,用示加惠外洋至意。……
>
> 二十九年准咖喇吧等国夷商配买丝斤。两广总督苏昌等言,粤省

① 樊树志:《晚明史》上册,复旦大学出版社2003年版,第122页。

本港船户林长发等呈称，咖喇吧、暹罗港口，安南、吗口辰、、叮叽呶、旧港、柬埔寨等处，各国夷民，呈恳配买丝斤绸缎，请令每船酌带土丝一千斤、二蚕湖丝六百斤，绸缎八折扣算。疏下部议。寻议内地丝斤，外洋势所必需……再议，从之。①

就这样，通过对外贸易，"湖丝"这一越地先进的物质文明成果，持续不断地走向了世界；一直到晚清五口通商，转由上海出口，更加便利，而盛况仍不减当年②；"湖丝"的对外输出，也因此和其"前辈"越绫、越罗的对外输出一起，构成了中华文明的一条输出管道——"海上丝绸之路"的主体。

历史的记载还显示，在这条"海上丝绸之路"上，和"湖丝"及其"前辈"常常一同流淌，规模亦极为可观的，就是"越瓷"。如果说，"越丝"帮助解决了世界上许多民族的"衣着"问题，那么，"越瓷"则大大便利了许多国家人民的"饮食"。

在迄今为止朝鲜半岛发现的 6 件中国晋代（公元 3 到 4 世纪）出土瓷器中，有 5 件都是越窑生产的青瓷，它们分别是韩国忠清南道天原郡出土的青瓷天鸡壶，天原郡城南出土的青瓷四耳壶，江原道原城郡法泉里石椁墓出土的青瓷羊，金炯泰氏所藏的黑釉天鸡壶等。日本也发现同时期的一些越地青瓷，如奈良法隆寺收藏的西晋青瓷四耳壶，爱媛县松山市古三津出土的东晋青瓷四耳小壶，为越窑青瓷；九州传世的东晋青瓷盘口壶，属瓯窑青瓷。这可以说是代表越地瓷文化，也是代表整个中国瓷文化，最早"落户"异邦的一批使者。然而，它们之所以被称为使者，是因为数量很少，几乎都是孤品，因而身份极可能是两晋王朝给来华使节的回赠礼品，而非真正贸易对象。

越瓷作为贸易陶瓷，大规模地销往世界各地，始于唐代。例如，日本学术界把来自中国古代的贸易陶瓷，按照时代分为 8 到 11 世纪中期的"初期贸易陶瓷"和 11 世纪中叶以后的"贸易陶瓷"两大类别，它们都以越地所产为主。根据旅日学者苌岚的调查，"初期贸易陶瓷"中，1977 年在福冈发现

① 《皇朝文献通考》卷三十三，《四库全书》本。

② 根据樊树志参考日本学者和西方学者的研究，南浔一镇，1855 年的湖丝出口量为 56211 包，1859 年的出口量为 67874 包，1860、1861、1862 年的出口量分别达到 88754、73322、83264 包，1890 年以后重新达到年出口量 10 万担的高峰，直到辛亥革命前后，出口贸易才逐渐衰落。参见樊树志：《南浔镇与湖丝贸易》，《学术月刊》1988 年第 6 期。

当年接待唐代客商的招待所鸿胪馆遗址，发掘出2500多片越窑青瓷；在日本全境其他地方，截至2000年底，发现189处初期贸易陶瓷遗址，2159片以上陶瓷残片，陶瓷产地有浙江越窑、温岭窑、婺州窑和江西宜兴窑、河南巩县窑、河北刑窑、湖南长沙窑，而以浙江为最主要产地。“日本出土的唐五代中国贸易陶瓷中越州窑青瓷占主流”，“越州窑大批量外销应在9世纪初，晚唐五代继续大批外销，花口沿碗、瓜腹水注、盒子等各种器型均在日本出土”。“婺州窑产品在晚唐五代外销日本，多见于9世纪中叶到10世纪中叶的遗址地层中。”“日本发现的台州温岭窑产品有平安京西寺灯盏、鸿胪馆SK—02青瓷盒子、平安京仁和寺圆堂作为镇坛具出土的青瓷盒子。遗址年代分别为9世纪前期、9世纪末到10世纪初、昌泰二年(899)前。台州的青瓷外销在晚唐五代比较繁荣。”①根据另一位旅日学者截至1998年的研究，日本古代对华贸易的前沿地带，“九州地区出土唐五代中国陶瓷遗址共计86处，其中76处遗址出土了越窑青瓷，占九州地区内遗址总数的88%。九州以外地区出土唐五代中国陶瓷遗址共计89处，其中63处遗址出土越窑青瓷，占九州以外地区内遗址总数的71%”。“日本全国出土的越窑青瓷约1274件(片)，占日本出土唐五代中国陶瓷总数的78%。”②11世纪中叶以后，中国陶瓷在日本不再是少数人的奢侈品，而日渐成为日常生活中的普及用品，其中首要的因素就是龙泉窑青瓷。考古发现显示，“12世纪中叶以后，龙泉窑·同安窑刻划花纹青瓷开始逐渐增加”，“13世纪前后，开始出现龙泉窑刻划莲瓣纹青瓷，数量极多，占出土中国陶瓷的50%以上。13世纪前期到14世纪前后，即南宋后期到元初期，开始流行一种龙泉窑青瓷，青瓷全体施釉，而足底刮釉，器壁薄，施釉厚，上品者呈现出翡翠色”。③这是越瓷通过对外贸易传播到日本的情况。因为路途虽远，但航线上风险更小④的原因，越地贸易陶瓷传播到韩国的数量更多。韩国在五代时期已仿制成功越窑青瓷的绝品“秘色瓷”，被称为“高丽秘色”，与越窑原创产品

---

① 萇岚:《7—14世纪中日文化交流的考古学研究》，中国社会科学出版社2001年版，第24、38页。

② 陈文平:《唐五代中国陶瓷外销日本的考察》，《上海大学学报》(社会科学版)1998年第6期。

③ 萇岚:《7—14世纪中日文化交流的考古学研究》，中国社会科学出版社2001年版，第72页。

④ 参见《宁波市志》第9卷《海港口岸》，中华书局1995年版。

几无二致,一个很重要的前提,即在越窑青瓷在韩国的广泛传播。但即便进行了高水平的仿制,韩国民众仍然向越地瓷器敞开了欢迎的双臂。1975年,一艘元代沉船在韩国西南部的新安海底被发现,在从中打捞出的1万多件中国瓷器中,有不少婺州窑青瓷,但龙泉窑青瓷更多达9000多件,这足以说明龙泉窑青瓷继越窑青瓷之后,在朝鲜半岛乃至整个东亚的受欢迎程度,也足以说明越瓷向东亚输出的长盛不衰。

越瓷向东南亚、中亚乃至非洲、欧洲的输出,见于诸多文献记载,亦为大量的考古发现案例所证明。元代汪大渊《岛夷志略》记载中国向琉球以南海外诸国出口贸易的情况,在瓷器中越瓷占了极大的比例,其中光是龙泉窑青瓷就提到,无枝拔是"处州青白瓷",麻里噜是"处州瓷盘",花面是"青处器",琉球、苏禄、旧港全是各种"处州瓷器"、"处器"、"处瓷"。《明史·琉球传》还有永乐初琉球"山南使臣私赍白金,诣处州市磁器,事发,当论罪"的记载,可见一直到明代,东南亚国家对龙泉窑青瓷,对越瓷的爱重。冷东先生在一篇介绍东南亚中国古代陶瓷发现的论文中曾指出:"唐代的外销瓷窑主要分布在广东和浙江沿海","外销窑器以越窑系和长沙窑两大窑系的青瓷为主","宋代的外销瓷以越窑、龙泉窑青瓷为主",这些在菲律宾马尼拉东南雷库那湖的内湖遗址,东马来西亚沙捞越河口各遗址等地都有鲜明的体现。① 值得提出的还有不久前的一项考古发现。2003年2月,在印尼爪哇井里汶岛海域,发现了一条长30米,宽12米,中国五代时期的海底沉船,考古工作者从满载的船舱中取获超过10万件的越窑青瓷,其中有9万多件碗碟,200多件执壶,及2万多件形状多端的器皿如水盂、盏托、套盒,既是有史以来在水中发现数量最多的越窑青瓷,也是有史以来一次性考古发现数量最多的中国瓷器。青瓷底部的款识说明,这些越窑青瓷来自吴越国末期大量烧造秘色瓷的慈溪上林湖窑场;而船上二千多件带有伊斯兰风格的金银器、锡锭、宝石、香水瓶等器物则表明,该船的目的地是中东地区。② 一条船上十多万件越窑青瓷的惊人发现,使后人得以想象一段越瓷从东海丝绸之路转南海丝绸之路,向东南亚、中东乃至非洲、欧洲广泛传播的壮丽图景。事实上,地下考古发现,埃及是除日本之外,世界上第二

① 参见冷东:《中国瓷器在东南亚的传播》,《东南亚纵横》1999年第1期。

② 参见新加坡林亦秋:《印尼爪哇井里汶沉船的越窑青瓷》,《艺术市场》2006年第11期。

个出土越窑青瓷最多的国家①,就因为那里是越瓷从海上丝绸之路向中东、非洲、欧洲再传播的一个中转站。

另外,众所周知,中国文化的对外输出,还有纵贯大陆,从西北延伸而出的陆上丝绸之路,越丝、越瓷中也有不少是循此途径走向世界的。这条陆上丝绸之路,初探于汉代,在唐代、元代先后经历两次中国文化输出和中西文化交流的繁荣,至明代仍然保持了相当的活力。例如明沈德符《万历野获编》卷三十"夷人市瓷器"条记载:"余于京师,见北馆伴当、馆夫装车,其高至三丈馀,皆鞑靼、女真诸虏及天方诸国贡夷归装所载,他物不论,即瓷器一项,多至数十车。"从清代以来,在这条陆上丝绸之路沿线,一直时有越瓷的出土。如乾隆《御制诗二集》卷六十六《咏龙泉盘子》诗前小序载:"乾隆二十年五月平定伊犁,其明年侍卫哈青阿自军营归,携古瓷盘一,云得之吐鲁蕃,盖宋龙泉窑也。回人掘地而出,以盛乳湩,则夏不败。"1964 年日本陶瓷专家在伊朗发现该国乃沙布尔古城(丝绸之路经过的要地)出土的一只越窑青瓷碗,青中见黄,光素无纹,造型精巧,为唐代中晚期的产品。② 1975—1976 年,在新疆伊犁霍城县境内,再次发现一批龙泉窑青瓷。

15 世纪以后在全世界范围内掀起了一场中国瓷器普及和仿制中国瓷器的浪潮③,很多民族结束了"抓饭"而食,或"用蕉叶为食器"的历史,"渐用瓷器"(《明史·文郎马神传》),悄然完成了一场世界性的饮食革命,瓷器逐渐成为全人类不可缺少的生活伴侣和审美对象,应该说,越瓷之走向世界——先后以越窑青瓷、龙泉窑青瓷为主,伴随了婺州窑、温岭窑、瓯窑青瓷——,在这中间起到了极为紧要的作用。

六、战争交往与越文化的传播

战争与战争交往,也是文化传播的常见途径之一。战争本是不同文化

---

① 参见刘伟:《历代外销瓷》(上),《收藏家》2006 年第 5 期;林士民:《青瓷与越窑》,上海古籍出版社 1999 年版,第 288 页。

② 参见刘家琳:《伊朗乃沙布尔出土的唐越窑碗》,《中国历史博物馆馆刊》1981 年第 3 期。

③ 参见吴妍春、周红:《中国瓷器与中外经济文化交流》,《丝绸之路》1997 年第 1 期。

形态进行交流、碰撞的激烈方式,战争之后俘虏和战利品的换位亦会直接给某种文化带来新的发展元素。越地人民是爱好和平的民族,从来没有主动挑起与周边其他国家的战争;但是,这并不能保证越地人民就不遭受外敌入侵的战争伤害。当外敌袭扰和侵略来临,我们的祖先无所畏惧,奋勇而起,流血赴死,唱响了一曲曲保卫家乡、保卫国家的悲壮战歌。这方面典型的例子是明嘉靖年间越地人民的抗倭战争。在这场持续40年的侵略和反侵略斗争中,大批越地人口被倭寇掳掠,其中有稚弱的儿童、妇女,也有文才出众的书生和技艺高超的工匠,以及佐吏、商人、水手、盐丁等多种特殊职业者。这些人被带回日本,既增加了日本的劳动人口,也为当时经济、科技、文化各方面都比中国落后的日本带来了越文化的多重先进元素。这是不难想见的。

我们这里重点关注的是另一种形式的与战争相关的越文化传播。在大一统的封建国家架构下,越地军民作为国家成员,曾参与支援邻邦的卫国战争,与邻邦人民发生密切交往,这形成了越文化传播——当然以越地军事文化的传播为主,而兼及其他——之有效途径。"浙兵"参加明万历援朝抗倭战争中的动向,堪称战争交往对外传播文化的最突出典型。

在万历二十年以降朝鲜的两次反侵略战争中,作为明朝援军的精锐部队,"浙兵"将士与朝鲜军民进行了亲密的合作,缔结了深厚的友谊。在围绕战争而进行的不可避免的交往中,这些"浙兵"将士一方面以其卓越的功勋赢得了朝鲜军民上下一致的崇敬,一方面也把越地先进的军事文化传给了朝鲜;由于"浙兵"将领多数都是文韬武略兼具的人物,身上程度不同地浸染了越地人文精神,而绝不是简单的赳赳武夫,他们也把越文化的诸多元素传播到了朝鲜军民之中。

如前所述,朝鲜最高学府成均馆负责人、礼曹正郎申钦《天朝先后出兵来援志》等大量朝鲜士人文字表明,万历援朝抗倭的"浙兵"给朝鲜人民留下了这样的记忆:英勇善战,纪律严明,将领无不忠于职守,有些将领还不乏人文情怀与学术眼光,堪称一支战斗力强大而又有情有义有理的"威武文明之师"。朝鲜人民这一记忆的形成本身意味着,越地先进的军事文化的主要精神实质,通过"浙兵"将士在战场上的浴血奋战和与朝鲜军民的战争交往,传播到了朝鲜。

除了"作战勇猛"、"纪律严明"等这样一些优秀品质,"浙兵"作为越地先进军事文化的体现者，它还有独家“秘器”、“秘诀”——先进的武器装备、军事科技以为支撑。越地军事文化的这一重要组成部分，也传播到了朝鲜。

朝鲜首相柳成龙的有关文字为我们提供了个中图景。在第一次抗倭战争取得胜利，倭寇退至半岛南端，明朝主事者不欲除敌务尽，下令主力回撤，朝鲜形势安而复危之时，柳成龙给朝鲜国王上呈自救之策，多道奏状的主题，讲的都是积极学习、移植“浙兵”的军事科技。如《再乞练兵，且仿浙江器械，多造火炮诸具，以备后用状》称：“此乃危急存亡之秋也。……近日骆〔尚志〕参将……言今日我国之所当行者，缕缕不已，意甚诚款。大要以为，天兵尽去，而贼复至，则尔国将何以御之？不如乘此南兵未还之前，急急学习操练火炮、筤筅、长枪、用剑、鸟铳器械，一一传习，以一教十，以十教百，以百教千，则数年之后，可得精卒数万，倭虽再来，而势可防守，不然则尔国之事，将无可为者。其说甚多，而无非为我国深忧远虑，欲备后患。臣闻之，不胜感泣。计今日南方之势，大段危迫，防守之策，当如救焚拯溺，国家扫置万事，专心于御贼一事，如骆参将所言，然后庶或有望于万一矣。”有鉴于此，柳成龙建议采纳“浙兵”将领骆尚志的劝告，“南方御倭器械阵法，自募抄择数百，及南兵未还，别定勤干武将一人，配于天将，昼夜学习操练；其他守城之要，旗帜之色，一仿浙江炮手”。不久，柳成龙又呈《募京城军卒，练习浙江火炮状》，汇报筹措传习“浙兵”器械和阵法的进展云：“今日备倭之事，一刻为急；而抄出年少勇锐之军，配于天将，传习南方器械阵法，乃是第一件事。……臣近于城中，募得七十馀人，其中多火炮匠，自今日为始，送于参将处，择一空旷屋子，使之学习。……追后应募之人，连续来见，其数必不止此。若于数月内，教之成才，则分送诸道，使教外方之人，其益无穷。”同时，他又在《与骆参将尚志书》中曰：

> 恭惟老爷悯恻小邦，屡家提省，凡在闻见，孰不感泣？……敝邦自前兵农为一，有事调发而名为军士者，皆是荷锄畎亩之民，不习战斗，不识旗鼓器械为何物，所以为贼所乘，深可慨叹。前日老爷所教操练之法，以一教十，以十教百，以百教千，甚为切要，虽孙、吴复起，其为小邦谋，不过如此矣。小邦疮残荡败之馀，人民离散，近于城中招募年少伶俐之人得数十，伏愿老爷先下营中，各以南兵一人主教一人，如教阅歌舞者之依趁节奏，择城内房屋闲旷之处而处之，逐日训习，以试其成否如何。所选四

(七)十馀人,其中十馀人乃炮手,其馀枪、剑、筤筅阵法,随其所习,无所不可。又已令京畿诸道,挑选习斗骁健者各数千馀人,以相传习,千万怜察而指挥之,使小邦生灵永蒙老爷之恩,以有辞于万世也。①

对于这首批七十馀人,柳成龙文集中有继续交代,“骆公拨营中南校十人分教之,公或亲至卒伍中,手自舞剑用枪而教之甚勤”,“此我国训练之所由起也”。② 不仅如此,“浙兵”还把其最重要的军事理论和军事科技著作《纪效新书》(嘉靖三十九年,戚继光出任浙江抗倭总兵第六年时所著)通过左议政李德馨提供给了朝鲜当局,使得柳成龙得以亲自研究“浙兵”的制胜法宝,并组织学者对该书加以提炼精华和更直观化的删改,把原著十八卷改成三卷,保留了战无不胜的“鸳鸯阵”阵法等重点内容,并根据原著的内容添加了阵法谱,配上朝鲜文说明,以《纪效新书节要》为名,由负责训练的官员持续刊刻,在军民中广为流布,“使家自为兵,人自为战,一心同力,亲上死长”。③ 柳成龙还根据《纪效新书》有关当时世界范围内最先进的火炮“子母炮”形制文字,试铸成功能适应朝鲜战地环境的改进型“子母炮”,“诚为制胜之良具”④。由此可知,“皆胜于倭”的越地先进“火箭、大炮、枪刀之技”及军事理论、军事科技文献,其集中传播到朝鲜,乃是“浙兵”将领为了培养、壮大邻邦人民反侵略战争的自救自卫能力,主动向朝鲜当局提出,并通过双方共同努力来实施的;“浙兵”将士把独家“秘器”、“秘诀”慷慨地贡献出来,把越地先进的军事文化分享给朝鲜人民,不仅有力地提升了朝鲜反侵略战争的军事实力(这无疑为第二次抗倭战争的最终胜利奠定了朝鲜方面的内在基础),也在很大程度上改变了长期以来积贫积弱的朝鲜国防水平和国防态势。

值得指出的是,在越地军事文化通过援朝抗倭战争集中外传到朝鲜的同时,通过战争间隙“浙兵”将士与朝鲜军民的密切交往,越地文学艺术文化在朝鲜半岛也得到传播。

---

① [韩]柳成龙:《西崖集》,《韩国文集中的明代史料》第 6 册,广西师范大学出版社 2006 年版,第 460—461 页。

② 同上书,第 499—500 页。

③ [韩]郑琢:《药圃集·纪效新书节要序》,《韩国文集中的明代史料》第 4 册,广西师范大学出版社 2006 年版,第 425 页。

④ [韩]柳成龙:《西崖集》,《韩国文集中的明代史料》第 6 册,广西师范大学出版社 2006 年版,第 539 页。

这一传播的主导者同样是"浙兵"将领。他们虽然是身经百战的将军，在威武勇猛的气概之外，却程度不同地内蕴着源自越地故土的文艺素养和人文精神；在出生入死的馀暇，他们频频与朝鲜上层文人进行诗歌、书法、绘画的交往和切磋，主动把越地文学艺术文化的种子播洒到半岛。大量的朝鲜士人文字可以对此作证。如学者李埈《茅游击国器草书独步中朝，投诗以赠之》云："文星兼与将星高，业贯三坟又六韬。绝徼暂携龙虎节，东人快睹凤凰毛。挥戈氛祲收青海，落笔云烟润彩毫。倘荷金钩留一字，瑶池不羡窃仙桃。"①尹斗寿《题浙东周洪略画》："风吹江路梅含冻，水映芦丛雁叫群。知是浙东三昧手，传神馀暇又能文。"《次赠游击茅将军国器》："浙中人物昔闻之，今得吾公果是奇。笔逼钟、王元有自，弓弯钧石合需时。提兵岂惮穷沧海，捣穴要须斩月支。形上麒麟应未远，名留草木亦能知。"《赠茅将军》："落子清声隔壁闻，机权万变在楸纹。将军自是难忘战，黑白相围到夜分。"②这些文字反映了"浙兵"将领在书法、绘画甚至围棋等方面的卓越才艺，它们在朝鲜士人中产生了重大影响，应可看做越地书法、绘画甚至围棋技艺在朝鲜的一种传播。还有更多的文字反映了"浙兵"将领的文学才华，反映了他们与朝鲜士人的诗歌交流，也反映了越地文学文化在朝鲜的扩散。如礼曹正郎申钦《题皇朝游击将军吴宗道诗卷四首》、《题吴游击宗道扇面》③、吏曹佐郎李好闵《东征时，有吴指挥宗道者，江南人，能文有计虑……鹅溪、汉阴、一松、月汀及仆与西坰、月沙、象村、柳川、晚翠、蛟山诸君赋之》④等等。特别值得提出的是前述朝鲜吏曹参判崔岦《呈天将张总兵榜》云：

圣笔由来善救师，家风况著授书时。
三军行绝一毫犯，万户侯兼千首诗。

---

① ［韩］李埈：《苍石集》，《韩国文集中的明代史料》第8册，广西师范大学出版社2006年版，第231页。

② ［韩］尹斗寿：《梧阴遗稿》，《韩国文集中的明代史料》第5册，广西师范大学出版社2006年版，第99—100页。

③ 参见［韩］申钦：《象村稿》，《韩国文集中的明代史料》第9册，广西师范大学出版社2006年版，第243—244页。

④ 参见［韩］李好闵：《五峰集》，《韩国文集中的明代史料》第7册，广西师范大学出版社2006年版，第429页。

去后那堪见大树，归期不必及南枝。

忠州粮马骊州过，自愧将迎何所为。①

作为"草圣"张芝的后人，张榜的书法得自家风传授，不在话下；作为"浙兵"将领，张榜指挥的军队纪律严明，"三军行绝一毫犯"，与"浙兵"一贯的作风一致，也无庸赘赞；令人惊叹的是"万户侯兼千首诗"，一个"浙兵"将领居然在戎马倥偬中创作出大量的诗歌！这使被战火燎烤和战争阴云笼罩的东亚邻邦，不能不平添几许人文精神的柔丽光影！——根据这位朝鲜状元所言，这是在他面前树立了一棵无可再见的参天"大树"，在艺术水平上，这些诗作当也绝非一般凡流。此类文字为我们更全面更深入地把握越地历史上所诞生的杰出军事人才提供了可贵材料。②

记载表明，"浙兵"将领还积极参与了浙地新兴哲学文化阳明心学对朝鲜的传播。如朝鲜礼曹正郎、成均馆司成申钦《天朝先后出兵来援志》中提道，"袁黄，字坤仪，号了凡，浙江嘉兴府嘉善县人"，"壬辰〔万历二十年，1592 年〕以钦差经略赞画防海御倭军务、兵部职方清吏司主事，同刘〔黄裳〕员外出来，一路馆站，置标下差官，禁其作拿"，"尝与我国议政崔兴源语曰：'中国昔时皆宗朱元晦，近来皆不宗朱矣。'兴源曰：'朱子无间然矣。'主事赧然不悦。翌日移咨，举《四书注疏》，逐节非毁之"③，在战争间隙大胆批判程朱理学，表现出心学信徒的精神风采。当时朝鲜另一士人成浑《答皇朝兵部主事袁黄书》也说："今兹小邦不天，妖贼极丧，老爷阁下受命来讨，赞画军谋，军旅之外，旁及讲学之事，谆谆开导，牖以小邦迷昧之失，揭示前古不传之秘，甚盛举也。"④

尤为可贵的是，"浙兵"将士诗歌在朝鲜的传诵，实际上还包含了越地深义文化中自强不息、复国兴邦精神向危难中的朝鲜的传播，而非单纯的

---

① ［韩］崔岦：《简易文集》，《韩国文集中的明代史料》第 6 册，广西师范大学出版社 2006 年版，第 303 页。

② 以张榜为例，此前仅见《雍正浙江通志》卷一七四引《崇祯处州府志》记载："督兵前赴朝鲜应援，事平留防善后，把守汛地，后以撤兵凯旋，所过秋毫无犯。榜自束发从戎，以至功成，雅有儒将风，清操不染，兵民立石，以颂功德"，但从未引起学者注意。

③ ［韩］申钦：《象村稿》，《韩国文集中的明代史料》第 9 册，广西师范大学出版社 2006 年版，第 279—300 页。

④ ［韩］成浑：《牛溪集》，《韩国文集中的明代史料》第 5 册，广西师范大学出版社 2006 年版，第 234—235 页。

文学文化传播。如朝鲜李廷馣《和赠叶游击劝励歌》云：

将军英气殿天邦，馀事笔下摛云章。
腰间跃跃一剑横，义气凛凛弥天壤。
心伤属国作榛莽，为人忠谋极包桑。
征袍不惜冒氛埃，匹马东驰争电光。
忧之深矣思之长，东人感戴何日忘？
休嫌六载困栖遑，倚伏昭昭关上苍。
君不见封豕长蛇食楚强，天心久厌夫差强。
又不见苻坚自诧马鞭长，违时逆众怨难当。
分封自古有画壤，何况圣朝恢天纲。
貔貅百万阵堂堂，一怒无间绥要荒。
老夫耄矣尚轩昂，伫看我武之惟扬。
君臣誓天效勋勦，郑伯徒尔劳牵羊。
北来旗旐正央央，莫道岛夷劲如狼。
由来板荡识忠良，青史要留名字香。
谁挽将军驻我邦，强作狂歌歌周行。
向风长叹溯西方，灭没天际孤鹰扬。①

倭寇的侵略，就像当年的夫差、苻坚，貌似强大，但违背了天意民心，一定会失败；朝鲜的抗倭斗争，决不会像当年郑伯牵羊臣服于楚一样，半路向敌人屈膝；在叶将军一类中国援军的浴血奋战和他们的谋划、指引之下，只要每一个人都保持轩昂的意志，都有留名青史、虽死名香的决心，朝鲜的抗倭战争就一定会赢得最后的胜利，朝鲜的领土完整就一定会得到稳固的保障！诗歌表达了必胜的抗倭信念，流露出昂扬的卫国激情。根据“六载困栖遑”一语，此诗当作于倭寇第二次侵略的次年，第一次侵略后第六年，亦即万历二十六年(1598)。从诗题可知，这一信念和激情，并非自觉萌生于这位朝鲜招讨使心中，而是中国将领“叶游击”通过其《劝励歌》传导给他的。针对倭寇侵略六年来，朝鲜人民在困境中挣扎、彷徨，不免消极情绪弥漫的状况，叶游击一边在战场上疾奔如电，怒绥邻邦兵荒之境，一边利用战

① ［韩］李廷馣：《四留斋集》，《韩国文集中的明代史料》第6册，广西师范大学出版社2006年版，第374页。

争间隙，创作了《劝励歌》，它极大地鼓舞了以李廷馣为代表的朝鲜精英阶层。① 遍查文献，以游记将军身份参与万历援朝抗倭战争的叶姓中国将领，只有前述叶思忠、叶邦荣两人，他们都是金华义乌人。因而"浙兵"将领叶游击等的诗歌创作在朝鲜的传播，不妨也可以看做越地深义文化在朝鲜的传播或曰"精神输血"。

从柳成龙给骆尚志又一信中的文字，"蒙示修守战备，火炮器械，专一锻炼，以备征讨，要之不可一刻怠缓，正须以卧薪尝胆之志行之，事乃有济"，"岂不为小邦再造之一大机也"②，云云，原来，为着从根本上再造邻邦国家和平这一伟大而崇高的目的，"浙兵"将领在朝鲜半岛传播越地深义文化，一直就是和传播越地先进军事文化一起进行的。

总之，在万历援朝抗倭战争中，"浙兵"威武文明之师的形象备受朝鲜人民的赞誉，越地先进的军事文化在朝鲜半岛得到集中传播；同时得到传播的，还有越地自强不息、复国兴邦的深义文化和越地文学艺术文化。它们一起为着这个东方邻邦的起死回生做出了贡献。

由上可见，从史前到明清，越文化走向世界的过程历数千年而不变，它和越文化自身的发展一直同步；从文化创造的主体到精神文化、物质文化乃至军事文化，越文化走向世界的方式是全方位的，它几乎把自己的一切智慧和成果都奉献给了世界。在中华民族对人类发展做出贡献的光荣历史中，越文化书写了其中精彩的一章！

① 无独有偶，崔岦的文集中也有一首《依韵和叶游府劝励歌》，诗体不同，而情调完全一致，见《简易文集》，《韩国文集中的明代史料》第 6 册，广西师范大学出版社 2006 年版，第 286 页。

② ［韩］柳成龙：《西崖集》，《韩国文集中的明代史料》第 6 册，广西师范大学出版社 2006 年版，第 552 页。

主要参考文献

（不含期刊、报纸论文）

1. [德]黑格尔:《历史哲学》,王造时译,三联书店 1956 年版。

2. [荷]冯·皮尔森:《文化战略》,刘利圭等译,中国社会科学出版社 1992 年版。

3. [美]塞缪尔·亨廷顿等主编:《文化的重要作用——价值观如何影响人类进步》,程克雄译,新华出版社 2002 年版。

4. [美]克拉克·威斯勒:《人与文化》,钱岗南等译,商务印书馆 2004 年版。

5. [美]黄仁宇:《中国大历史》,三联书店 1997 年版。

6. [美]黄仁宇:《放宽历史的视界》,三联书店 2001 年版。

7. [法]布罗代尔:《15 至 18 世纪的物质文明、经济和资本主义》,顾良译,三联书店 2002 年版。

8. [美]孟德卫:《1500—1800 中西方的伟大相遇》,江文君等译,新星出版社 2007 年版。

9. [美]史景迁:《追寻现代中国:1600—1912 年的中国历史》,黄纯艳译,上海远东出版社 2005 年版。

10. Mark Elvin, *The Pattern of the Chinese Past*, Stanford University Press (Stanford), 1973.

11. [英]亚当·斯密:《国富论》,唐日松等译,华夏出版社 2005 年版。

12. [德]贡德·弗兰克:《白银资本———重视经济全球化中的东方》,刘北成译,中央编译出版社 2001 年版。

13. [荷]许理和:《佛教征服中国》,李四龙等译,江苏人民出版社 1998 年版。

14. [日]木宫泰彦:《日中文化交流史》,胡锡年译,商务印书馆 1980 年版。

15. [日]沟口雄三:《中国的思想》,赵士林译,中国社会科学出版社 1995 年版。

16. 白寿彝主编:《中国通史》,上海人民出版社 1989—1999 年版。

17. 白寿彝主编:《中国史学史》,上海人民出版社 2006 年版。

18. 侯外庐:《中国早期启蒙思想史》,人民出版社 1956 年版。

19. 钱穆:《中国文化史导论》,上海三联书店 1988 年版。

20. 葛兆光:《中国思想史》,复旦大学出版社 2001 年版。

21. 张岂之、朱汉民主编:《中国思想学说史》,广西师范大学出版社 2008 年版。

22. 葛剑雄主编:《中国人口史》,复旦大学出版社 2002 年版。

23. 梁方仲:《中国历代户口、田地、田赋统计》,上海人民出版社 1980 年版。

24. 任崇岳:《中原移民简史》,河南人民出版社 2006 年版。

25. 严中平:《中国棉纺织史稿(1289—1937):从棉纺织工业史看中国资本主义的发生与发展过程》,科学出版社 1955 年版。

26. 李伯重:《多视角看江南经济史:1250—1850》,三联书店 2003 年版。

27. 梅新林等主编:《江南城市化进程与文化转型研究》,浙江大学出版社 2005 年版。

28. 樊树志:《江南市镇:传统的变革》,复旦大学出版社 2005 年版。

29. 樊树志:《晚明史》,复旦大学出版社 2003 年版。

30. 冯天瑜、谢贵安:《解构专制——明末清初“新民本”思想研究》,湖北人民出版社 2003 年版。

31. 唐君毅:《人文精神之重建》(第 3 版),台湾学生书局 1977 年版。

32. 王会昌:《中国文化地理》,华中师范大学出版社 1992 年版。

33. 许倬云:《中国文化与世界文化》,贵州人民出版社 1991 年版。

34. 冯天渝主编:《东方的黎明:中国文化走向近代的历程》,巴蜀书社 1988 年版。

35. 方豪:《中西交通史》,台北华冈出版公司 1977 年版。

36. 武斌:《中华文化海外传播史》,陕西人民出版社 1998 年版。

37. 张西平:《欧洲早期汉学史》,中华书局 2009 年版。

38. 朱云影:《中国文化对日韩越的影响》,广西师范大学出版社 2007 年版。

39. 张曼涛主编:《日韩佛教研究》,台北大乘文化出版社 1978 年版。

40. 苌岚:《7—14 世纪中日文化交流的考古学研究》,中国社会科学出版社 2001 年版。

41. 陈衣主编:《百越民族史论丛》,广西人民出版社 1985 年版。

42. 陈国强等:《百越民族史》,中国社会科学出版社 1988 年版。

43. 彭适凡主编:《百越民族研究》,江西教育出版社 1990 年版。

44. 魏桥主编:《国际百越文化研究》,中国社会科学出版社 1994 年版。

45. 董楚平:《吴越文化新探》,浙江人民出版社 1988 年版。

46. 陈桥驿:《吴越文化论丛》,中华书局 1999 年版。

47. 蔡丰明:《吴越文化的越海东传与流布》,学林出版社 2006 年版。

48. 吴光主编:《中国文化世家·吴越卷》,湖北教育出版社 2004 年版。

49.《吴文化论坛》(1999 年卷),中央民族大学出版社 2000 年版。

50. 王立人主编:《吴文化与和谐文化》,凤凰出版集团、凤凰出版社 2007 年版。

51. 蒙文通:《越史丛考》,人民出版社 1983 年版。

52. 高至喜:《楚文化的南渐》,湖北教育出版社 1996 年版。

53. 楚文化研究会编:《楚文化研究论集》第 2 集,湖北人民出版社 1991 年版。

54. 方杰主编:《越国文化》,上海社会科学院出版社 1998 年版。

55. 车越乔主编:《越文化实勘研究论文集》,中华书局 2005 年版。

56. 王建华主编:《越文化与水环境研究》,人民出版社 2008 年版。

57. 高利华:《越文化与唐宋文学》,人民出版社 2008 年版。

58. 金普森、陈剩勇主编:《浙江通史》,浙江人民出版社 2005 年版。

59. 沈善洪、费君清主编:《浙江文化史》,浙江大学出版社 2009 年版。

60. 佘德余:《浙江文化简史》,人民出版社 2006 年版。

61. 陈国灿、奚建华:《浙江古代城镇史》,安徽大学出版社 2003 年版。

62. 陈国灿:《浙江城镇发展史》,杭州出版社 2008 年版。

63. 陈桥驿:《浙江灾异简志》,浙江人民出版社 1991 年版。

64. 陈荣富:《浙江佛教史》,华夏出版社 2001 年版。

65. 潘桂明、吴忠伟:《中国天台宗通史》,江苏古籍出版社 2001 年版。

66. 陈爱平:《浙江学术文化通史》,重庆出版社 2008 年版。

67. 何炳松:《浙东学派溯源》,广西师范大学出版社 2004 年版。

68. 方祖猷、滕复主编:《论浙东学术》,中国社会科学出版社 1995 年版。

69. 浙江省社会科学界联合会编:《浙东学派与浙江精神》,浙江古籍出版社 2006 年版。

70. 方同义等:《浙东学术精神》,宁波出版社 2006 年版。

71. 多洛肯:《明代浙江进士研究》,上海古籍出版社 2004 年版。

72.《绍兴市志》,浙江人民出版社 1996 年版。

73.《绍兴籍院士风采》,浙江人民出版社 2002 年版。

74. 朱顺佐、张能耿:《江南人才名镇——陶堰》,浙江大学出版社 1993 年版。

75. 朱顺佐:《江南人物春秋——绍兴东浦》,广州出版社 1993 年版。

76. 许炳荣:《枫桥史志》,史志出版社 2005 年版。

77. 谭坤:《晚明越中曲家群体研究》,上海三联书店 2005 年版。

78. 钟肇鹏、周桂钿:《桓谭王充评传》,南京大学出版社 1993 年版。

79. 张能耿:《祁承㸁家世》,北京出版社 2004 年版。

80. 佘德余:《张岱家世》,北京出版社 2004 年版。

81. 李甦平:《朱之瑜评传》,南京大学出版社 1998 年版。

82. 覃启勋:《朱舜水东瀛授业研究》,人民出版社 2005 年版。

83. 吴光主编:《黄宗羲论:国际黄宗羲学术讨论会论文集》,浙江古籍出版社 1987 年版。

84. 徐定宝:《黄宗羲评传》,南京大学出版社 2002 年版。

85. 王永健:《全祖望评传》,南京大学出版社 1996 年版。

86. 鲍永军:《绍兴师爷汪辉祖研究》,人民出版社 2006 年版。

87. 王汎森:《章太炎的思想(1868—1919)及其对儒学传统的冲击》,台北时报文化出版公司 1985 年版。

88. 陈方竞:《鲁迅与浙东文化》,吉林大学出版社 1999 年版。

89.《四库全书》,上海古籍出版社 1985 年版。

90. 余嘉锡:《四库提要辨证》,中华书局 2007 年版。

91.《四库全书存目丛书》,齐鲁书社 1997 年版。

92.《丛书集成续编》,上海书店 1994 年版。

93.《台湾文献丛刊》,台北明文书局 1984 年版。

94.《韩国文集中的蒙元史料》,广西师范大学出版社 2004 年版。

95.《韩国文集中的明代史料》,广西师范大学出版社 2006 年版。

96. 陈子龙辑:《明经世文编》,中华书局 1962 年版。

97.《徐渭集》,中华书局 1983 年版。

98. 衷尔钜辑注:《陈元赟集》,辽宁人民出版社 1993 年版。

99.《祁彪佳集》,中华书局 1960 年版。

100.《杨园先生全集》,中华书局 2002 年版。

101.《钱牧斋全集》,上海古籍出版社 2003 年版。

102.《朱舜水集》,中华书局 1981 年版。

103.《旅日高僧东皋心越诗文集》,中国社会科学出版社 1994 年版。

104.《黄宗羲全集》(增订版),浙江古籍出版社 2005 年版。

105. 朱铸禹:《全祖望集汇校集注》,上海古籍出版社 2000 年版。

106.《章太炎学术史论集》,中国社会科学出版社 1997 年版。

107.《鲁迅全集》,人民文学出版社 2005 年版。

108. 梁启超:《饮冰室合集》,中华书局 1989 年版。
109. 顾颉刚:《史林杂识》(初编),中华书局 1963 年版。
110. 陈垣:《励耘书屋丛刻》,北京师范大学出版社 1982 年版。